베트남 사회와 문화 들여다보기

베트남 사회와 문화 들여다보기

송정남 지음

VIETNAM

HUEBOOKs

이 도서의 국립중앙도서관 출판시도서목록(CIP)은 서지정보유통지원시스템 홈페이지(http://seoji.nl.go.kr)와
국가자료공동목록시스템(http://www.nl.go.kr/kolisnet)에서 이용하실 수 있습니다.(CIP제어번호: CIP2013016098)

Vietnam

차례

Vietnam

4장 베트남 신앙과 풍속 습관 381

부록 491

베트남 사회와 문화 들여다보기

Vietnam

서언

대학에서 베트남학을 연구하고 강의한지가 30년이 가까워진다. 그동안 교육자와 피교육자에게 절실한 기본서마저 부족하여 때로는 전공의 영역을 일탈한 연구도 적잖게 했다. 그래도 필자와 국내의 선학들이 남긴 편린들을 모아보면 국내 베트남학의 그림이 보이는 듯하여 자위를 느낀다.

이번에 출간되는 『베트남 사회와 문화 들여다보기』도 국내 베트남학의 한 부분을 채우는 차원에서 저술되었다. 본서는 필자가 학과에서 수년간 베트남의 사회와 문화과목을 강의하면서 사용했던 강의 내용을 중심으로 집필되었다.

본서는 베트남학의 기본서가 된다. 사회와 문화는 오랜 시간 속에서 형성되고 변화는 인간의 흔적이기 때문에 한 시대를 떼어서 다룰 수 없다. 따라서 한 나라의 사회와 문화를 알기 위해서는 근본에서부터 변화 과정에 이르기까지를 살펴보아야 한다.

본서는 크게 4장으로 구성되었다. 제1장은 베트남 사회와 문화의 형성조건을 다루었다. 사회와 문화를 형성하는 조건은 다양하다. 본장에서 다루는 베트남 사회와 문화라는 것도 다양한 조건에 의하여 형성되었다. 여기에서는 베트남의 사회와 문화를 형성하는 데 중추적인 역할을 했던 요인들을 자연, 민족, 역사와 사회들을 중심으로 다루었다.

제2장은 베트남 사회를 다루었다. 사회는 일정한 시간과 공간에서 2인 이상의 사람들이 모여 사는 집단을 말한다. 이 집단은 서로 협력하여 공동생활을 하는 인류의 집단 혹은 세상 혹은 어느 특정한 발전단계를 이룬 집단을 의미한다. 본장에서는 베트남의 가족사회, 농촌사회, 도시사회 등 3가지를 다루었다.

제3장은 베트남 문화를 다루었다. 문화는 집단을 이룬 인간 사회가 자연 상태에서 벗어나 일정한 목적 또는 생활 이상을 실현하려는 활동의 과정 및 그 과정에서 이룩해 낸 물질적·정신적 소득의 총칭, 특히 학문·예술·종교·도덕 등의 정신적 소득을 가리킨다. 본장은 선사시대, 고대국가시대, 독립왕조시대, 프랑스 식민지시대, 베트남전쟁시대 등 문화사 형태로 구분하여 다루었다.

제4장은 베트남 신앙과 풍속 습관을 다루었다. 여기에서는 제3장 문화에서 다루지 못한 베트남 신앙과 풍속 습관을 분리하여 심층적으로 다루었다.

이외에도 본서의 이해에 도움을 주기 위하여 베트남 역사 연표, 베트남 왕조 세보, 베트남 왕조 연호, 베트남 의례일 등으로 구성된 부록을 넣었다.

본서는 처음 나오는 인명이나 지명을 우리말로 표기하고 괄호안의 현지어로 표기하는 한편, 일부는 한자까지 표기하였다. 이것들에 대한 우리말 표기는 국립 국어원의 외래어 표기법을 최대한 수용하는 한편 베트남 북부발음에 맞추었다.

본서를 집필함에 있어서 필자 개인의 견해 외에도 국내외의 선학제현들의 탁월하고 다양한 연구 업적을 섭렵·종합하여 반영하는 데 많은 노력을 쏟았다. 이외에도 다양한 참고문헌을 주 없이 인용하였는바, 이에 깊은 사의를 표하고 양해를 구하는 바이다.

본서를 냄에 있어서 도움을 주신 분들에게 고마움을 표한다. 호찌밍시 사범대 브이 마잉 훙(Bùi Mạnh Hùng) 교수가 자료 수집 등에 많은 수고를 아끼지 않았다.

한국외대 베트남어과 학생들은 원고 수정에 많은 도움을 주었다. 한편, 이 책의 출판을 기꺼이 허락해 주신 한국외국어대학교 지식출판콘텐츠원에도 고마움을 표한다.

기존의 내용들을 수정·보완하고 새로운 연구 성과를 반영시켰다 하더라도 필자의 학문적 역량의 부족으로 미흡한 부분이 많은 바, 독자들의 비평과 충고를 수렴하여 차후에 보완할 예정이다.

2018년 겨울
송정남

중국
라오스
태국
캄보디아
하장
까오 방
라이 쩌우
라오 까이
뚜옌 꾸앙
박깐
디엔 비엔
옌 바이
랑썬
타이 응우옌
푸토
1
2
3
4
5
6
박장
꾸앙 닝
썬라
하 떠이
하이 퐁
화빙
타이 빙
닝빙
남딩
타잉 화
1. 빙푹
2 하 노이
3. 박닝
4. 하이 즈엉
5. 흥옌
6. 하남
응에 안
하띵
꾸앙 빙
꾸앙 찌
트어 티엔-훼
다낭
꾸앙 남
꾸앙 응아이
꼰뚬
빙딩
쟈 라이
푸옌
닥락
카잉 화
닥농
빙 프억
럼동
닝퉌
떠이 닝
빙 즈엉
동 나이
빙퉌
롱안
바 지어-붕 따우
안쟝
동탑
띠엔 쟝
벤째
호찌밍
끼엔 쟝
건터
빙롱
허우 쟝
짜빙
쏙짱
박 리에우
까 마우

동남아시아 지도

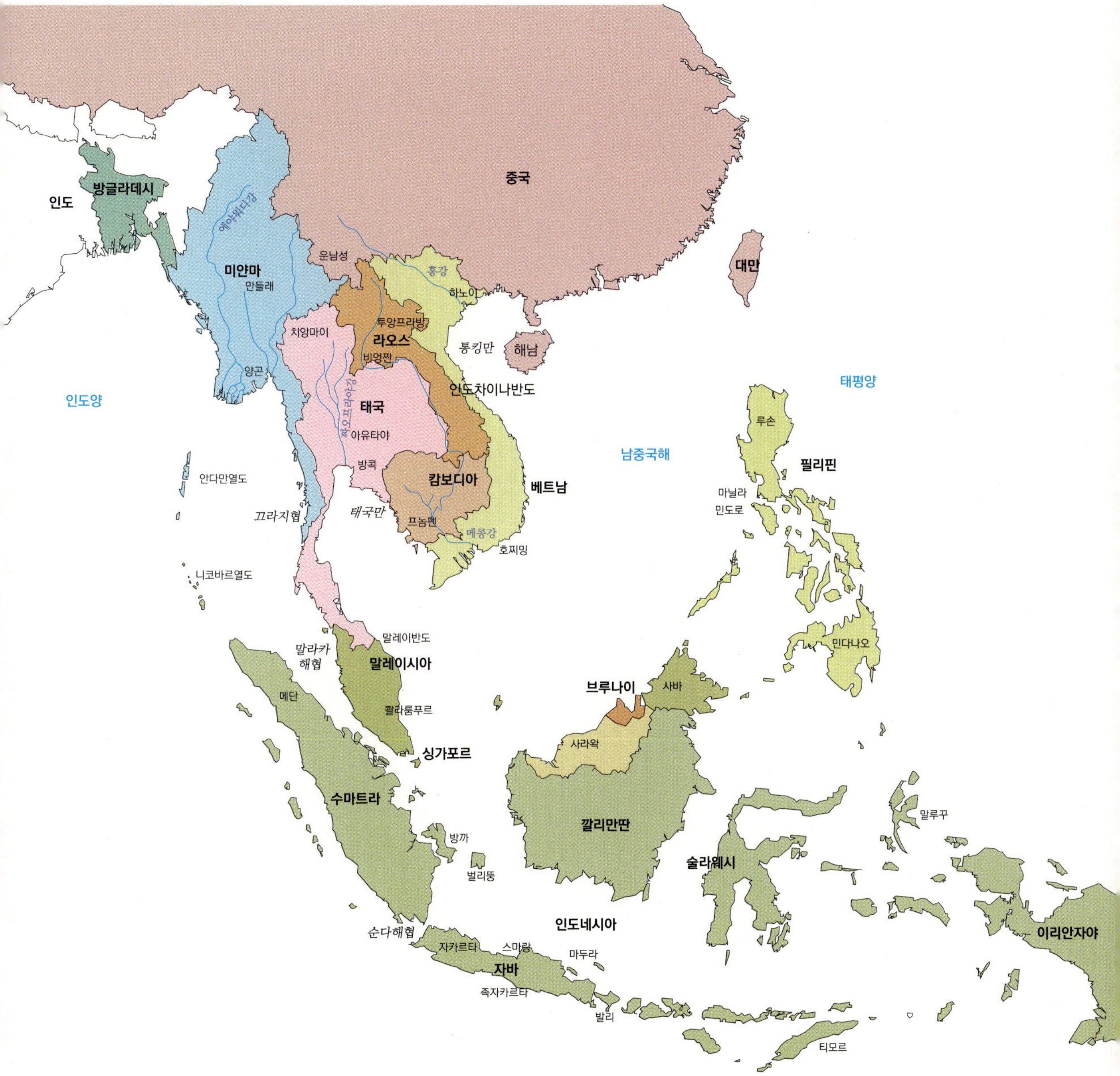

중국
방글라데시
인도
에야워디강
미얀마
만들레
운남성
홍강
하노이
대만
투앙프라방
라오스
통킹만
해남
치앙마이
비엉짠
양곤
인도차이나반도
태평양
인도양
태국
짜오프라야강
아유타야
루손
남중국해
방콕
필리핀
안다만열도
캄보디아
베트남
마닐라
민도로
끄라지협
태국만
프놈펜
메콩강
호찌밍
니코바르열도
말레이반도
말라카
해협
말레이시아
민다나오
브루나이
사바
메단
콸라룸푸르
사라왁
싱가포르
수마트라
깔리만딴
말루꾸
방까
술라웨시
벌리뚱
인도네시아
이리안자야
순다해협
자카르타
스마랑
마두라
자바
족자카르타
발리
티모르

1

베트남 사회와 문화의 형성 요인

Vietnam

1
베트남 사회와 문화의 형성 요인

제1절 자연

I. 지리

베트남은 영토가 넓지 않은 국가이지만 대륙부 동남아시아에서 동쪽 전역을 차지하는 중요한 위치에 놓여있다. 베트남은 동쪽과 남쪽으로는 태평양과, 북쪽으로는 중국과, 서쪽으로는 라오스·캄보디아와 국경을 접함으로써 대륙과 해양을 연결하는 반도의 역할을 한다.

역사에서 중국이 베트남을 지난하게 침략했던 것은 정치적·경제적·지리적 요인 중 지리적 요인이 가장 컸다. 전통시대에 중국은 오랑캐가 거주하는 척박한 사막과 동토의 서쪽과 북쪽을 꺼려했다. 만리장성이 생겨난 것도 여기에 있다. 그러나 남쪽 베트남은

1400km에 걸쳐 국경을 접하면서 육로와 해로를 통해 남방으로 진출할 수 있는 길목에 있었다. 베트남의 자원 또한 서쪽과 북쪽과는 비교할 바가 아니었다. 베트남은 팽창하는 중국에게 큰 메리트였다. 장구한 역사 속에서 중국의 부단한 진출은 베트남의 사회와 문화 형성에 지대한 영향을 미쳤다. 이것과 위에서 언급한 지리적 요인 때문에 베트남은 지리적으로는 동남아시아에 속하지만 문화적으로는 동북아시아에 속한다.

베트남이 역사에서 끊임없이 남쪽으로 진출을 꾀했던 것 역시 지리적 요인에 있다. 북쪽으로는 자신들보다 강한 중국이 있어 진출할 수 없었다. 서쪽으로는 길고 험준한 쯔엉 썬(Trường Sơn, 長山) 산맥이 북남으로 뻗혀있었기 때문에 진출할 수 없었다. 전통시대에 서쪽으로 진출한 적도 있었지만 개발인력으로 쓸 라오스의 인구가 적어 진출이 무의미 했다. 그러나 남쪽은 진출이 수월했을 뿐 아니라 점령 후 개발할 인력도 풍부했다. 베트남은 점성에 이어 캄보디아 영토였던 오늘날 남부 빙퉌(Bình Thuận) 이남지역을 자신들의 영토에 병합했다. 베트남의 남진 또한 베트남의 사회와 문화 형성에 큰 영향을 미쳤다. 많게는 인도 문화와 적게는 이슬람 문화였던 점성과 캄보디아 병합은 베트남의 사회와 문화 영역을 확대시켰기 때문이다.

반도적 특징은 일찍부터 동남아시아를 비롯해 인도, 중국과의 활발한 교류를 가능하게 했다. 여기에 15세기 지리상의 발견으로 서구의 진출이 시작되면서 서구와의 교류 또한 활발케 했다. 육지와 바다를 통한 중국 대륙 진출의 길목에 위치한 소중화(小中華) 베트남은 명·청의 해금(海禁)정책으로 중국 진출이 어려워진 서구인들의 대체 국이었다. 그 결과 당시 베트남은 말라카와 함께 가장 각광을 받는 지역이 되기도 했다.

서구의 진출은 그때까지 베트남의 동아시아, 특히 중국 중심의 역사·문화를 서구 중심의 역사·문화로 바꿔놓는 계기가 되었다. 그 결과 베트남은 '문화의 사거리'로 통할만큼 다양한 문화를 갖게 되었다. 그 중 베트남의 의식주, 종교 등은 사문화(四文化: 동남아시아·중국·인도·프랑스 문화)의 대표적 혼합체라고 할 수 있다.

II. 지형

베트남의 지형은 산악이 전 영토의 3/4을 차지한다. 홍(Hồng, 紅)강 평야와 끄우 롱(Cửu Long, 九龍)강 평야를 제외한 전역에 고루 분포하여 정글을 이뤘던 산악은 소수종족의 화전(火田)농업과 과다한 목재수출 등으로 대부분 파괴되었다.

한반도의 1.45배에 달하는 넓지 않은 영토와 영토의 3/4을 차지하는 산악지대, 그리고 9400만 명(2014년)에 이르는 과잉 인구에도 불구하고 오늘날 베트남이 세계 쌀 수출국 2위가 될 수 있는 데는 무엇보다 경작지의 집중화에 있다. 홍강과 끄우 롱강이 조성한 평야는 각각 3만 1000㎢와 1만 5000㎢이다. 여기에 풍부한 강우량과 일조량, 그리고 다기작이 일조한다.

베트남의 많은 산은 질 좋고 귀한 목재를 생산할 뿐만 아니라 다양하며 많은 동식물의 보고가 되기도 한다. 이외에도 베트남의 산은 동서를 연결하는 많은 강을 형성함으로써 베트남 교통의 한 획을 담당하는 데 기여하고 있다. 베트남이 '물의 나라'라고 불리는 이유는 풍부한 강우량과 함께 평균 1㎢에 1.5㎞의 강과 해안선 20㎞ 간격으로 많은 강구(江口)가 있기 때문이다. 3000m 이상에 이르는 강은 2670개에 이른다. 그 중 홍강과 끄우 롱강은 베트남에서 가장 크고 중요한 강에 속한다.

베트남은 북남에 두 개의 긴 강이 있다. 첫째, 중국의 운남에서 발원하여 베트남의 서북쪽을 지나 북동쪽 해안으로 흐르는 홍강이 있다. "강물이 붉다."고 해서 붙여진 홍강은 전장 1200㎞(베트남 내에서의 길이는 475㎞)에 700-2800억㎥에 이르는 유량을 보유한다. 둘째, 티벳에서 발원하여 미얀마, 라오스, 태국, 캄보디아를 거쳐 베트남 동남부해안으로 흐르는 끄우 롱강이 있다. 전장 4180㎞(베트남 내에서의 길이는 220km)에 달하는 메콩강은 베트남에서 두 개의 큰 지류로 나뉘어

[사진 1] 홍강

[사진 2] 끄우 롱강 후강

[사진 3] 훼의 흐엉 강

흐른다. 이를 전강(前江, Tiền Giang)과 후강(後江, Hậu Giang)이라 한다. 이는 다시 9개의 작은 지류로 나뉘어 흐른다. 베트남에서 이 강을 끄우 롱강이라 부르는 이유는 바로 이 때문이다. 9개의 지류는 또다시 37개의 작은 지류로 나뉘며, 이들은 총길이 2708km의 하천을 가진다. 이중 끄우 롱강의 특징은 길이가 짧지만 폭이 넓고 유량이 많다는 것과 유량이 우기에 집중되기 때문에 자주 홍수를 일으킨다는 것이다. 홍수는 홍강도 마찬가지다. 하지만 이들 강은 매년 엄청난 양의 기름진 부사토를 실어 내려 광활한 평야를 조성함으로써 농업 발전에 크게 기여한다. 베트남 역사의 출발지였던 홍강이 '베트남 문명의 요람'이 될 수 있었던 것도 이 때문이다.

베트남의 지형은 S자 형태로 북쪽에서 남쪽으로 길게 늘어서 있다. 중부 지역에는 동서의 길이가 50km가 안 되는 곳도 있다. 이 같은 지형특징 때문에 베트남은 지역 구분을 크게는 북부 지역·남부 지역, 작게는 북부 지역·중부 지역·남부 지역, 더 작게는 홍강평야·동북부·서북부·북중부연해·남중부연해·떠이 응우옌·동남부연해·끄우 롱강평야 지역으로 나눈다. 이들 지역은 33만 1211.6㎢의 면적으로 구성되어 있다. 인구밀도는 283명/㎢이다.

한편, 베트남의 지형은 서쪽이 높고 동쪽이 낮은 서고동저(西高東低)의 형태이다. 따라서 모든 강은 서쪽에서 동쪽으로 흐른다. 내륙을 관통하는 이들 강은 해안선과 연결된 많은 강구 혹은 해구(海口)를 형성하고 있다. 동쪽과 남쪽의 전역이 기다란 해안선으로 둘러싸여 있는 관계로 베트남을 '태평양을 향한 베란다'라고 한다. 매우 발달한 베트남의 해안선은 북에서 남으로 3260km에 달한다.

이처럼 기다란 땅과 해안선, 서고동저의 지형, 내륙을 관통하는 많은 강은 베트남을 특색 있는 다양한 지역으로 만들었다. 먼저는 북부와 남부의 사회와 문화 혹은 북부·중부·남부의 사회와 문화를, 둘째는 땅과 물의 사회와 문화를 가능케 했다.

III. 기후

베트남은 위도 8°30′-23°22′과 경도 102°9′-109°30′ 사이에 위치한다. 남북의 직선 길이가 1750km에 이를 정도로 길다보니 남북의 기후는 열대몬순과 아열대로 크게 차이가 난다.

열대몬순의 남부는 건기와 우기의 형태로 여름만 존재한다. 건기는 11월부터 4월까지이며, 우기는 5월부터 10월까지이다.

아열대의 북부는 사계절이 존재한다. 이중 여름이 가장 길며, 봄과 가을 그리고 겨울은 짧다. 겨울에는 최저온도가 4℃ 이하로 떨어지는 날이 없기 때문에 눈이 없다. 그러나 구름 낀 날이 많고 안개비가 자주 와서 매우 습하다. 여기에 난방 시설이 없으며 교통이 대부분 오토바이 혹은 자전거이기 때문에 북부의 겨울은 몹시 춥게 느껴진다.

이외에도 베트남의 기후는 해안선이 길고 고도가 높은 지역이 많은 까닭에 독특한 기후를 띠는 곳이 많다. 예컨대, 다랏(Đà Lạt)은 남부에 속하면서도 고도가 높기 때문에 하루 동안에 사계가 존재하는 형태다. 그래서 해발 1500m의 다랏은 베트남인은 물론 외국인이 즐겨 찾는 휴양지로 유명하다. 서북쪽에 위치한 팡씨빵(Phăng Xi Păng)산은 3142m로 높기 때문에 겨울에는 정상에 가끔 눈이 내리기도 한다. 고지대 산간지역에 눈이 내리는 경우 적응을 못한 수우나 채소 등이 동사하여 주민들은 많은 피해를 입기도 한다.

베트남의 강우량은 연평균 1800mm로 많은 편인데 종종 3000mm가 넘을 때도 있다. 하지만 간혹 800mm 밖에 안 되는 해도 있어 심하게 가뭄을 겪는 경우가 있다. 베트남의 비는 주로 5월부터 9월 사이에 집중하여 내린다. 따라서 이때는 전국이 홍수로 심하게 난리를 겪는다. 또한 태풍이 동반되는 관계로 그 피해는 더욱 커진다. 지리, 지형상 중중부 이상에 국한되는 태풍은 연평균 10회, 많게는 16회 이상도 분다.

[사진 4] 다랏의 호쒄 흐엉 호수

[사진 5] 팡씨빵산

[사진 6] 홍수로 침수된 응우옌 짜이 거리

고온 다습한 기후는 동식물의 번식과 생장에 이로운 까닭에 베트남이 '동식물의 보고'로 불리는 데 기여하고 있다. 나아가 고온 다습한 기후는 일찍부터 베트남 도작농업의 발전을 촉진시켰다. "베트남이 세계 도작농업의 요람 중 하나였다."라고 말해지는 것도 바로 이 때문이다.

기후는 인간의 사회와 문화를 결정짓는 중요한 요소이다. 다른 요소를 감안하지 않더라도 아열대와 열대몬순으로 구성된 기후가 베트남을 다양한 사회와 문화로 이끄는 것은 자연스럽다. "매사에 북베트남인들은 긴장감이 있고, 남베트남인들은 늘어진다."는 표현이 이를 잘 반영하겠다.

제2절 민족

I. 민족 기원

베트남 민족의 기원과 관련하여 지금까지 여러 가설들이 제시되었다. 그 가설들은 역사학, 인종학, 언어학 등이 있다. 이외에도 민족의 역사가 긴 나라에서 흔히 존재하는 신화도 있다.

베트남 민족이 다양한 종족으로 구성되었다는 것과 오늘날의 베트남 영토가 장구한 역사를 통해 확정되었던 요인들 때문에 민족 기원을 언급할 때 딱히 어느 한 학설에 치우칠 수도 없다. 54개 종족 중 90%의 최대 다수를 차지하는 비엣(Việt, 越)족 혹은 낑(Kinh, 京)족의 경우는 베트남 북부와 중국 양자강 이남의 광서, 광동 등의 지역에 널리 분포하여 거주했던 월족 혹은 백월족(百越族)이라고 할 수 있다. 중국 영토에 거주했던 백월족은 역사 진행과정에서 다수족인 한족(漢族)에 의하여 소수 종족으로 전락했지만, 베트남에 거주했던 백월족은 베트남의 역사를 움직이는 주류가 되었다.

신화의 경우, 장구한 역사성과 다종족·다문화로 구성된 자신들의 정체성을 설명하는 차원에서 비롯되었다고 할 수 있다. '주먹이 힘의 원천'이라고 여겨졌던 시대, 무엇보다 중국과 국경을 접하여 오랫동안 첨예하게 대립하고 있던 상황에서 자신들의 출발을 중국의 삼황시대처럼 신화화 시킨 것은 필연적이었다.

구체적으로 신농씨(神農氏)는 중국과 동일한 신성을, 락롱꿘(Lạc Long Quân)과 어우 꺼(Âu Cơ)의 결합은 지리적 반도성(半島性)을, 1개 삼(알을 싸고 있는 막과 태반)속의

100개 알은 한 민족의 다종족과 다문화를 설명하기 위한 키워드였다. 이중 신농씨는 중국 삼황[수인씨(燧人氏)·복희씨(伏犧氏)·신농씨(神農氏)]의 하나였던바, 베트남의 농경문화와 베트남 역사·문화에 존재하는 중국의 영향을 의미한다.

현재 동남아시아에 분포하고 있는 언어의 계통은 크게 중국-티벳어족(Sino-Tibetan), 오스트로-아시아어족(Austro-Asistic), 오스트로네시아어족(Austronesian), 따이-까다이어족(Tai-Kadai), 먀오-야오어족(Miao-Yao) 등 5가지로 분류된다. 54개 종족으로 구성된 베트남 민족은 이중에서 오스트로-아시아어족, 오스트로네시아어족, 중국-티벳어족에 속한다. 베트남 대부분의 종족들은 대륙부 동남아시아어가 해당되는 오스트로-아시아어족에 속한다. 54개 종족을 구체적으로 살펴보면 다음과 같다.

[사진 7] 소수종족 허몽족

① 오스트로-아시아어족: 비엣[Việt, 越 혹은 낑(Kinh, 京)], 므엉(Mường), 따이(Tày), 쯧(Chứt), 크매르(Khmer), 바나(Ba Na), 써당(Xơ Đăng), 꺼호(Cơ Ho), 허제(Hrê), 마(Mạ), 써띠엥(Xtiêng), 지에 찌엥(Giẻ Triêng), 꼬(Co), 쩌조(Chơ Ro), 버저우(Brâu), 버주(Bru), 꺼뚜(Cờ Tu), 따 오이(Tà Ôi), 어주(Ơ Du), 커무(Khơ Mú), 캉(Kháng), 망(Mảng), 씽문(Xinh Mun), 머농(Mnông), 저만(Rơ Măn), 따이(Tày), 타이(Thái), 눙(Nùng), 싼 짜이(Sán Chay), 라오(Lào), 르(Lự), 쟈이(Giáy), 보이(Bố Ý) 허몽(Hmông), 자오(Dao), 빠텐(Pa Thẻn), 꺼 라오(Cờ Lao), 뿌 뻬오(Pu Péo), 라찌(La Chí), 라하(La Ha).

② 오스트로네시아어족: 짬(Chăm), 에데(Ê Đê), 쭈주(Chu Ru), 쟈 라이(Gia Rai), 작라이(Raglai).

③ 중국-티벳어족: 화[Hoa, 華 혹은 한(Hán, 漢)], 응아이(Ngái), 싼 지우(Sán Dìu), 하니(Hà Nhì), 라후(La Hủ), 푸라(Phù Lá), 로로(Lô Lô), 꽁(Cống), 씨라(Si La).

[사진 8] 소수종족 따이 족

[사진 9] 비엣족

[사진 10] 소수종족 짬족

다양한 종족은 당연히 다양한 사회와 문화를 갖게 된다. 베트남 민족이 54개 종족으로 구성됐다는 것은 베트남의 다사회와 다문화를 전제한다. 짬족, 에데족, 쟈라이 족의 모계사회는 베트남의 다사회를 보여준다. 지역을 배제하더라도 "베트남의 사회와 문화가 딱히 이것이다"고 단정하기 어려운 것도 이 때문이다. 그렇지만, 여기서 다뤄지는 베트남의 사회와 문화는 다수인 비엣 족에 한한다.

54개 종족은 장구한 역사를 거치면서 하나의 민족을 이뤘고 그 과정에서 종족 간 많든 적든 사회와 문화의 영향을 주고받았다. 하여 베트남의 사회와 문화는 많게는 인도, 중국, 프랑스 외에도 여러 종족 간 영향을 통해 형성됐음도 간과해서는 안 된다.

II. 민족 특징

베트남인의 신체 특징과 기질에 대하여 다오 쥐 아잉(Đào Duy Anh)은 다음과 같이 언급하였다. 여기서 언급하는 베트남인은 최대 다수를 점하는 비엣 족을 지칭한다.

베트남인의 신체 특징은 키가 작고, 체형이 왜소하며, 손발이 작다. 머리는 작고, 머리카락은 검고 곧으며, 얼굴은 갸름하고, 광대뼈는 높으며, 눈은 검고 대부분 쌍꺼풀이며, 눈썹은 검고 짙으며, 코가 낮고, 입술은 약간 두꺼우며, 수염은 곧고 숱이 적으며, 피부는 검은 갈색을 띤다. 걸음걸이는 사뿐하고 민첩하다. 신체 특징을 지역별로 구분하면, 북부와 중북부인은 다른 지역인과 비교하여 키가 더 크고 건장해 보인다.

베트남인의 기질은 총명하고, 기억력이 좋으며, 모방 능력이 뛰어나고, 상상력과 직감력이 풍부하다. 반면에 창조력과 지혜는 출중하지 못하다. 중국의 영향으로 일찍부터 문(文)을 중시했던 경향 때문에 베트남인은 문장을 익히고 나누는 것을 좋아한다. 그리고 자신의 능력을 드러내려는 과시욕이 강하여 혼상제와 같은 대소사에서 허례허식을 좇는 경향이 심하다. 오늘날 베트남인이 교육열이 높고 상품 구매력이 높은 요인도 여기에 있다.

창조력이 부족하지만 뛰어난 모방 능력을 갖췄다는 것은 원형에 색깔을 입혀 자기 것을 만드는 능력이 탁월하다는 의미다. 즉, 문명과 문화의 베트남화가 뛰어나다. 여기서 색깔은 자신들의 사고, 생각, 아이디어 등을 말한다. 베트남의 여러 민족종교 중 까오 다이(cao đài, 高臺)교는 베트남화의 극치라 할 수 있다. 창조력의 부족은 장구한 역사에도 불구하고 독자적이며 뛰어난 과학 기술이 없다는 점이 증명한다. 베트남이 독자적 사상이나 철학이 없는 것도 같은 맥락이다.

베트남인은 인내력과 지구력이 강하고 공동의 목표와 대의를 위한 단결력과 희생정신이 강하다. 이는 숱한 외침 속에서 국가와 자신들이 속해있는 마을, 그리고 가족을 지키고 보호하는 과정에서 수없이 발휘되었다. 무엇보다 베트남은 가족과 마을 중심주의 사회다. 이 같은 사회는 일찍부터 가족과 마을을 위한 희생을 요구했던 바, 베트남인들은 기꺼이 이에 응하면서 이를 전통화시켰다.

베트남인은 성격이 급하고 서두르는 경향도 있다. 하지만 대인관계에서 속내를 쉽게 드러내지 않는다. 이점은 북부인들에게 강하다. 그리고 베트남인은 대인관계에서 격식을 매우 중시한다. 그러면서 베트남인은 다른 사람의 부정적인 면들을 강하게 비판하는가 하면 자신의 부정적인 면들을 감추는 경향이 강하다.

나아가 타인의 사적인 것에 많은 관심을 갖는다. 따라서 내외국인을 구분하지 않고 처음 만난 사람에게 사적인 질문을 서슴없이 한다. 4장 제2절 풍속 습관의 호칭에서 언급하겠지만, 이점은 서로의 호칭설정을 위한 습속이기도 한다. 이러한 속성은 이동이 없는 도작문화와 오랜 시간을 함께해 온 공동체 사회와 문화의 유산이라고 하겠다.

오늘날 베트남인들이 자신들에 대하여 지적하는 몇 가지 부정적 내용들로는 다음과 같은 것들이 있다. 첫째, 수편병(隨便病, bệnh tùy tiện)이다. 이는 유연성의 이면(裏面)이다. 즉, 매사를 자기중심으로 생각하고 행동하는 경향이다. 그 결과 의견을 쉽게 바꾼다거나 거짓말한다거나 법규와 규정들을 지키지 않는 형태로 나타난다. 이러한 경향은 개인뿐만 아니라 국가기관에서도 비일비재하게 볼 수 있다. 공공장소에서 차례나 순서를 지키지 않는 것이 대표적이다. 때문에 외국인은 물론 베트남인도 많은 어려움을 겪는다. 오늘날 베트남 투자 기업인들이 가장 많이 지적하는 부분이다.

둘째, 소생산병(bệnh làm ăn kiểu sản xuất nhỏ)이다. 이는 공동체성과 자치성의 이면이다. 즉, 오랫동안 함께 했던 것 때문에 매사를 적당히 하거나 눈감아준다. 베트남인이 가짜 상품이나 품질이 떨어지는 상품을 제조하여 폭리를 취하는 것도 이 때문이다. 이 병은 사람들을 가족주의로 이끌고 적당주의로 빠지게 하며 남의 업적에 의뢰하게 만든다. 즉, 이롭다는 쪽에 편승하려는 경향이다. 따라서 차별이 없기를 바라고 투기하며 다른 사람이 자기보다 잘 되는 것을 원치 않고 농민들의 한가한 생활 습관처럼 만사태평에 빠진다.

셋째, 위에서 밑으로 통하지 않는 병(bệnh phép vua thua lệ làng: 왕의 법이 마을의 규례에 진다)이다. 이 병은 매개자가 없다면 종적관계가 쉽지 않다. 매개자는 관계 혹은 뇌물이다. 내국인이든 외국인이든 베트남에서 사업하기 힘들다고 자주 하소연하는 것도 바로 이 때문이다.

넷째, 전통시대부터 내려오고 있는 관료병(bệnh quan liêu)이다. 국가나 공공기관에서 일하는 임직원들은 인민을 위한 봉사정신이 아니라 시혜, 억압, 독선적 자세로 임한다. 관료병은 사적 기관에서도 마찬가지다. 시장경제를 시행하고 있을지라도 공공성(公共性)을 강조하는 베트남의 현실에서 이 병은 많은 어려움이 되고 있다. 그중에서도 정부기관과 국립병원이 가장 심하다.

제3절 역사와 사회

I. 역사

베트남은 유리한 자연환경 덕분에 일찍부터 사람들의 유입과 활동이 활발했다. 베트남의 문명이 일찍 시작되고 또 다양한 사회와 문화를 낳게 된 것도 이런 자연환경 때문이었다. 반랑(Văn Lang, 文郎, B.C.7세기-B.C.258)의 문화를 대표하는 동썬(Đông Sơn, 東山)문화는 대륙과 해양에 속한 다종족간 교류가 활발했음을 보여주는 증거가 된다.

선사시대를 거쳐 세워진 반랑은 베트남 최초의 국가이다. 반랑의 설립 시기가 신화에서 말하는 기원전 2879년이든, 동썬문화를 근거로 한 기원전 7세기이든, 양자 모두 베트남의 역사는 길다는 것을 말해준다.

베트남은 대륙과 바다를 이어주는 지리적 위치 때문에 일찍부터 여러 세력의 침탈대상이 되었다. 이러한 침략으로부터 자신들을 지키려는 과정 속에서 베트남은 끊임없는 투쟁의 역사를 겪게 됐다. 그 결과 역사의 대부분은 투쟁의 시간이 되었다. 그 중 국가를 지키기 위한 큰 전쟁은 13차례 이상이 됐다. 이외에도 베트남은 내분 혹은 주권 상실 때문에 수십 차례의 전쟁을 치러야 했다.

베트남의 대외전쟁은 먼저 남북으로 국경을 접하고 있던 중국으로부터 시작되었다. 진(秦)말 광서·광동지역을 중심으로 독립된 왕조를 세웠던 남월(南越)의 침략에 어우 락(Âu Lạc, 甌駱, B.C.258-B.C.179)이 패배함으로써 중국에 병합되었다. 이때부터 A.D.938년까지 중국의 병합기간은 베트남 고대사의 대부분을 차지하게 된다. 반랑과 어우 락 시대는 베트남적·인도적 사회와 문화였다.

장장 1117년 기간 동안의 중국 병합은 베트남의 사회와 문화에 지대한 영향을 미쳤다. 베트남이 독립 이후에도 독자적 행보를 할 수 없었던 것은 정치적·경제적·안보적 요인 외에도 그 기간 동안 문명과 문화적으로 상위에 있었던 중국과 코드가 맞춰져 있었기 때문이다.

독립봉건왕조 이후에도 중국의 간헐적 침략은 계속되었고, 이중 명의 침략으로 베트남은 1406년부터 1428년까지 다시 병합되었다. 중대(中代) 하의 중국의 병합, 그러니까 중국의 두 번째 베트남 병합은 고대(古代)와 비교하여 매우 짧은 기간에도 불구하고 베트남의 사회와 문화에 적잖은 영향을 미쳤다. 다시 베트남을 잃을 수 없다는 중국의 강한 의지가 이전과는 달리 직접지배와 동화정책으로 나타났기 때문이다.

13세기에는 중앙아시아를 유린했던 몽골의 세 차례 침략을 받았다. 같은 시기 베트남은 남쪽에 위치한 점성, 캄보디아 등의 침략도 받았다. 이중 국경을 접했던 점성의 잦은 침략으로 베트남은 수차례 수도가 파괴되기도 했다. 주변국들로부터 잦은 침략을 받았는가 하면 베트남은 10세기 말부터 주변국들을 침략하기도 했다. 11세기부터 시작한 점성 병합을 17세기 말에는 끝마쳤다. 이어 18세기 중반에는 캄보디아 영토의 1/3에 해당하는 남부지역을 병합하기도 했다. 이처럼 외침과 침략 그리고 영토 확장 및 개발과정 하의 짬, 크메르, 화 등 많은 종족의 유입은 베트남의 사회와 문화를 한층 다변화·다양화 시켰다.

지리상의 발견 이후 1858년 프랑스의 침략은 베트남의 투쟁 대상을 중국 등 베트남 주변부 국가들에서 서구로 바꿔놓았다. 이때부터 1945년 독립을 되찾기까지 베트남은 프랑스와 지난한 투쟁을 하였다. 그러나 독립의 기쁨도 잠시, 프랑스의 인도차이나 재식민지화에 맞서 베트남은 1954년까지 또 다시 투쟁을 하였다. 이를 제1차 인도차이나 전쟁이라 한다. 이어 도미노이론에 입각한 미국의 진출로 베트남은 장기항전에 들어갔다. 프랑스와의 전쟁이 식민지시대의 산물이라면 미국과의 전쟁은 냉전시대의 산물이었다.

프랑스의 식민지배 하에 베트남은 1940년 일본의 침략을 받기도 했다. 제2차 세계대전의 양상이 연합군에게 기울었던 1945년 초, 일본은 프랑스군을 무장 해제시키고 베트남을 직접 지배하였다. 일본의 무자비한 착취로 인하여 200만 명의 베트남인이 아사(餓死)하는 초유의 사태가 발생하였다.

서구의 진출, 특히 프랑스의 오랜 식민 역사는 베트남의 사회와 문화에 또 다른 영향을 미쳤다. 많은 부분에서 지금까지 동양적인 것에서 서양적인 것으로 변화를 주었다. 서양적인 것은 남베트남의 경우 미국(1954-1975)의 것도 포함된다. 그러나 공산주의 혁명은 베트남의 전통을 뿌리 채 흔들어 놓았다. 시간 속에서 자연스럽고 점진적인 변화가 아니라 혁명이란 명분을 내세워 짧은 기간에 강제했기 때문이다.

베트남의 대외전쟁은 제2차 인도차이나 전쟁(흔히 베트남 전쟁이라 함)으로 끝나지 않았다. 1975년 통일이후 복잡한 국제질서 속에서 베트남은 1978년 캄보디아를 침략하였고, 중국은 응징 차원에서 1979년 베트남을 침략하였다. 이를 제3차 인도차이나 전쟁이라 한다. 이 전쟁은 이념이 국익을 우선할 없음을 보여주는 사례였다.

공산화 통일 베트남은 다수인 노동자, 농민, 군인 국가의 행복을 위해 1987년부터 개방 개혁 정책을 추진하고 있다. 이는 지금까지 부정적이었던 자본주의 시장경제의 도입이다. 인민의 행복을 목표로 한 공산주의와 자본주의의 병행이다. 고도로 유연한 베트남화이다. 이는 베트남의 사회와 문화를 결정짓는 코드이기도 하다.

II. 사회

사회를 나누는 요소는 시대, 공간, 생산방식, 산업, 직업, 성별, 나이, 이념 등 실로 다양하다. 여기에서는 시대와 생산방식에 따라 베트남 사회를 나눠보고자 한다.

첫째, 원시사회이다. 이는 인류의 일반적 특징을 가졌던, 부나 권력 등에 의한 계급이 존재하지 않고 씨족의 형태로 크고 작은 집단을 이뤘던 사회였다. 생산방식은 누구나 자연에서 얻은 자연 상태로의 도구와 그것에 약간의 지혜와 지식을 가미한, 그리고 자신 혹은 씨족의 노동을 이용한 어로, 채취, 수렵 등이었다. 분배는 필요에 따라 행해졌다.

이때는 문자가 없고 석기에 의존했던 선사·석기시대였다. 후술하겠지만 도[Đọ: 타잉 화(Thanh Hóa)省]산, 썬비[Sơn Vi: 푸토(Phú Thọ)省]·화빙(Hòa Bình)·박썬(Bắc Sơn: 랑썬省)문화는 베트남에 일찍부터 원시사회가 존재했음을 보여준다.

둘째, 봉건사회이다. 이 시대 역시 인류의 일반적 특징을 가졌던, 즉 부와 권력 등에 의한 계급이 존재했던 부족사회 나아가서는 부족국가사회였다. 생산방식은 지배와 피지배의 쌍무관계 속에서 이루어졌다. 지배자는 토지의 최고 소유권자였고, 피지배자는 그 토지의 수전자였다. 후자는 전자의 치국을 위해 조세와 부역, 그리고 군역을 담당했다. 이 시대는 다양하고 풍부한 생산력의 발달로 생산량은 원시사회와 비교할 수 없을 정도로 많았다. 생산력 중에는 금속도구 외에도 노비의 역할이 컸다.

전자에서 언급했듯이 좋은 자연조건 때문에 베트남은 일찍부터 도작농업이 시작·발전했다. 도작농업을 위해서는 많은 노동력과 그 노동력의 정착 및 협동이 요구됐다. 그 결과 자연스런 공동체 사회가 형성되었다. 바로 촌락의 출현이었다. 이들 촌락은 대부분 혈연과 지연을 기반으로 하였다. 이들은 나중에 학연과 함께 베트남의 사회를 결정하는 요소가 되었다. 한편, 베트남의 공동체 사회는 인위와 자연과의 지난한 투쟁을 통해서도 형성 강화되었다.

랑싸(làng xã)라 불렀던 베트남의 촌락은 매우 폐쇄적·자치적 성격을 띠었다. 촌락은 국가로부터 토지를 지급받고 자치를 허용 받은 대신에 국가를 위해 조세, 부역, 군역 등을 담당했다. 촌락의 운영은 자신들이 제정한 향약(鄕約)에 근거했다. 이 같은 특징 때문에 "왕의 법이 마을의 규례에 진다(Phép vua thua lệ làng.)"라는 속어(俗語)가 생겼던 것이다.

왕이 지급하는 토지는 촌락의 정호가 받는 토지 외에도 공신들이 받는 식읍 등이 있었다. 후자의 토지 사용 기간은 수전자의 1대에 국한되었지만 국법을 어겼다는 등의 특별한 경우를 제외하고는 후손에게 계승되었다. 음서제도가 존재했기 때문이다. 식읍을 경작하는 식호는 조세, 즉 지세만을 식읍주에게 납부했다. 따라서 양자의 관계는 영주와 농노형태의 주종 관계가 아니었다. 바로 이점이 서구의 봉건사회와 다른 점이다.

한편, 도작농업은 일찍부터 베트남을 농업, 농촌, 농민사회로 이끌었다. 베트남이 반제·반봉혁명 이후에도 오랫동안 자본주의를 거부하고 사회주의를 지향했던 것도 농업·농촌·농민사회의 유지 요인이 되었다. 1987년부터 시장경제를 도입했다고 하지만 아직도 1차 산업 사회가 다분한 것은 다수인 노동자, 농민, 군인을 위한 사회주의 지향에 있다.

반랑과 어우 락 시대는 베트남의 초기 봉건사회였다. 중국이 어우 락을 멸망시키고 일천년 이상을 지배했던 것은 여러 면에서 베트남에 많은 영향을 미쳤다. 베트남적·인도적인 것에 중국적인 정치, 경제, 사회, 문화, 종교 등의 결합을 그 예로 들 수 있다. 더 나아가 체계적이고 발전된 아시아적 생산방식과 봉건사회를 촉진시켰다.

독립이후에도 베트남은 중국과의 관계를 통하여 아시아적 봉건사회를 유지·발전시켰다. 토지를 매개로 하는 지배와 피지배와의 관계는 더욱 공고해졌다. 영토 확장을 통한 토지 확대와 인구, 도구, 기술과 같은 생산력의 증가로 농업생산은 양질에서 크게 향상되었다. 마침내 매매를 통한 사전(私田)제도가 출현했다. 사전은 매매가 가능할지라도 사용권만을 의미했던바 토지는 여전히 국가, 즉 왕의 소유였다.

이 시대의 공통적 특징은 문자, 법치, 제도, 조직, 교육, 종교, 제정일치의 시대였다. 장기 병합과 중국과의 사대관계 속에서 이것들은 유입 적용되었다. 이중 베트남의 봉건사회를 결정했던 핵심은 종교의 유교였다. 베트남의 사회가 사농공상의 계급사회가 된 것도 유교에 있다. 베트남의 수직사회, 가부장사회, 남존여비사회, 관료사회도 유교가 주범이다.

셋째, 자본주의 사회이다. 베트남은 15세기 이후 사전의 비율이 공전의 비율을 초월하였음에도 여전히 소농경제가 유지되었다. 뿐만 아니라 중농억상의 구조 때문에 상업자본주의는 발전할 수 없었다. 그러나 19세기에 프랑스의 식민지가 되면서 전혀 새로운 생산방식이 전개되었다. 산업자본주의였다. 하지만 프랑스의 식민정책 때문에 아시아적 생산방식과 서구적 생산방식이 공존하는 형태였다. 후자는 독점자본주의였다. 그 결과 베트남의 아시아적 생산방식은 다른 지역과 비교하여 견고하고 중압적인 상태로 오랫동안 유지되었다.

프랑스의 베트남 진출은 근대의 시작이었다. 따라서 베트남의 근대는 서구의 총칼로 시작됐다고 하겠다. 무엇보다 기독교와 서구의 근대사상은 베트남의 기존사회를 흔들기 시작했다. 그중 막스 레닌 사상은 베트남의 전통사회를 크게 위협했다. 새로운 지식인이나 소자산가를 통해서 개혁이 주창되고 세상의 변화를 읽지 못한 봉건사회는 국난의 주범으로 단죄되었다. 마침내 반봉(反封), 반제(反帝)혁명이 시작되었다.

넷째, 공산주의 사회이다. 1945년 독립과 함께 베트남은 현대가 시작되었다. 독립이전부터 베트남은 공산당이 생기고, 해방구를 중심으로 사회와 문화가 크게 변화를 겪게 되었다. 유물론과 무소유는 종교 및 신앙을 부정하는가 하면 지금까지 존재했던 생산방식을 바꿔놓았다. 생산은 집체, 계획, 통제 하에 이뤄졌다. 토지는 왕이 아닌 국가의 소유가 되었다. 인민은 더 이상 소유 때문에 투쟁해야 할 필요가 없어졌다. 노동만을 투자하고 필요에 따라 분배받는 배급시대였으니까. 이제까지 베트남의 사회와 문화를 결정했던 유교는 설 자리를 잃었다.

당시에 남부베트남은 자본주의 사회였다. 따라서 사회는 전통에 자본주의가 가미된 특징을 띠었다. 그렇다고 제도에 의하여 이윤의 분배와 복지가 강조되는 수정자본주의는 아니었다. 하지만 이도 1975년 북부에 의하여 통일되면서 사라졌다. 베트남 전역에는 공유의 개념만이 존재했다. 이전의 것들은 북부처럼 반봉이란 이름하에 퇴출되었다. 대신 공산주의 사회가 대신하였다.

그러나 대가는 혹독했다. 집단, 배급, 계획, 감시, 통제사회는 노동력과 창조력을 저하시키면서 삶의 가장 기본이 되는 먹는 것마저 어렵게 만들었다. 그 결과 수많은 사람들이 빵을 찾아 조국을 탈출했다. 이른바 보트 피플(boat people: 해상난민)이다. 이들 중 일부는 한국에도 왔다.

다섯째, 공산주의와 자본주의의 병존 사회이다. 1986년 12월의 제6차 전당대회는 또다시 베트남에 새로운 변화를 가져왔다. 자본주의를 받아들인 것이다. 그 결과 베트남은 사회주의를 지향하는 자본주의 사회로 변화되고 있다. 그러나 법과 제도에 의한 이윤의 분배와 복지가 병행되는 자본주의가 아니기 때문에 부와 권력이 심각하게 편중된 사회가 되고 있다.

베트남의 공산주의 사회는 베트남화 된 면이 강하다. 전통을 반봉의 잣대로 판단했던 기존의 방식에서 벗어나 정체성 확립 차원에서 재해석했기 때문이다. 이는 전통을 부정하는 반봉 하에서는 자신들의 사회와 문화가 설 자리가 없다고 여겼기 때문이다. 베트남 국회가 2007년 3월 7일에 훙(Hùng, 雄)왕 제사를 국제일(國祭日)로 제정하고 공휴일로 삼았던 것은 이를 잘 반영한다. 이뿐 아니라 공산당보다는 이미 종교가 된 가제[家祭 혹은 옹파도(翁婆道, đạo Ông Bà)]를 비롯하여 동제[洞祭-레 호이(lễ hội, 禮會)]나 각종 종교에 대한 신앙행위에 자신들의 현재와 미래를 의존하는 현실 또한 같은 맥락이다.

베트남 사회

2

Vietnam

2

베트남 사회

제1절 가족

I. 혼인

사회를 구성하는 최소단위는 부부로 결합되어 있는 가정이다. 이 가정은 부부와 자녀들로 구성된 집단, 즉 가족을 이루게 된다. 한편, 가족은 확대되어 친인척을 이루게 된다. 사회를 구성하는 이 요소들을 중심으로 자연스럽게 마을이 형성된다. 마을이 형성되기 위해서는 많은 시간이 필요하다. 어떠한 마을도 처음부터 많은 가정들로 구성되지 않았다.

베트남의 마을은 같은 혈통 아니면 혈통이 다른 가정들이 모여 비슷한 배경 가운데서 형성되었다. 전자의 경우는 동족부락이 된다. 베트남 촌락이 동족부락이 많은 것도 마을의 형성역사와 깊은 관련이 있다. 이는 자연스럽게 베트남 사회를 혈연, 지연, 학연의 사회로 만드는 요인이 되었다.

기원전 2-3세기까지 베트남의 가족제도는 모계사회였다. 부인이 죽어 홀아비

[사진 1] 혼례

가 될 경우, 남자는 아내쪽의 여자와 재혼해야 했는데, 재혼대상은 처제나 처조카 심지어 처이모일 수도 있었다. 반대로 부계사회에서는 남편이 사망할 경우, 과부는 나이와 지위에 상관없이 남편쪽의 남자와 재혼해야 했다. 이 습속은 현대까지도 일부 소수종족에 잔존하고 있다고 하반 꺼우(Hà Văn Cầu)는 『베트남 혼인풍습』에서 실례를 들어 언급하였다. 그 실례로 "떠이 응우옌(Tây Nguyên)지역에 거하는 한 의사가 1975년 통일 이후 고향에 돌아왔을 때, 옛 습속에 따라 80세 된 이모를 아내로 취할 것을 강요당했는데 거부했다는 것과 1982년 박하(Bắc Hà)현 지역의 한 당 간부는 동생이 죽자 친족들이 과부된 제수를 아내로 취할 것을 강요함에 거부했다."는 사실을 들 수 있다. 이 같은 습속들이 현재와 같이 바뀌게 된 큰 요인은 중국의 북속화(北屬化)에 있다고 한다. 혼인의 북속화의 사례로 "어우 락(Âu Lạc)민은 혼인풍습이 없었던 탓으로 일정한 부부의 도나 구별이 없이 다만 성의 구별에 의해서 생산의 기능을 하였다. 때문에 임연(任延)은 권한이 미치는 각 현에 령을 내려 20세에서 50세까지의 남자와 15세에서 40세까지의 여자를 연령에 따라 혼인을 하도록 했다."는 내용이 있다.

가족을 형성하는 행위 중에 가장 기본이 되는 것은 혼인으로부터 시작된다. 물론 현대사회에서 혼인이라는 절차 없이 가족을 이루는 경우도 종종 있지만 자고로 혼인은 사회의 기본구성체인 개인보다 한 단계 높은 사회단위를 이루는 행위로 늘 가족, 친족, 그리고 마을과 연계되어 행해져 왔다. 때문에 베트남인들의 혼인은 나이가 되면 운명적으로 하는 혼인당사자간의 개인사가 아니라 가족, 친족, 그리고 마을과 연관 지어지는 공사의 개념으로 인식되었다. 이는 혼인이 가족과 친족에게는 혈통유지, 명예와 같은 의미를 부여하는 대신 마을에는 공동체와 토지분배와 같은 영역에 영향을 끼쳐왔기 때문이다. 또한 혼인은 신성하며 합법적이어야 한다는 전통적인 혼인관은 혼사를 가정과 친족, 그리고 마을에 결속시키는 요소로 작용해왔다.

베트남인의 혼인관의 핵심은 무엇보다도 가통의 유지에 있었다. 때문에 혼인은 남자들에게 어른이 되었다는 의미, 즉 가통을 이을 수 있는 조건을 갖추었다는 뜻으로 여겨졌다. 이 같은 이유로 전통적인 베트남의 혼인에는 배우자의 선택에서부터 가정을 이루는 시점까지 부모와 중매쟁이의 역할이 컸다. 혼인관이 가통의 유지에 있었던 관계로 여자가 아이를 낳지 못할 경우 칠거지악[七去之惡: 베트남은 칠출(七出)이라 함]에 의해 폐출되거나, 남자는 가통을 잇는다는 이유로 첩을 둘 수 있었다.

가통유지 외에도 베트남인의 혼인관에는 경제적인 이유도 포함되어 있었다. 농사일로 정신없이 바쁜 농촌의 일정에서 집안의 어른들은 생산력 차원에서 혼인당사자를 보지 않을 수 없었다. 2기작이나 3기작 외에 간작으로 일손이 부족했던 베트남인은 자식을 가장 귀한 자산으로 생각하였다. 이와 관련한 속어로 "한 사람은 10개의 재물과 같다(Một mặt người là mười mặt của.)"나 "살아 있는 사람은 많은 황금과 같다(Người sống đống vàng.)" 등이 있다. 이 때문에 서로 만나면 사람들은 재산의 정도를 "아들딸이 몇이냐?"로 가늠하였다. 며느리 역시 재산 중 큰 재산이었기 때문에 '구(具)'자 허리와 '심(心)'자 유방의 신체 조건을 갖춘 처녀가 신부감으로 선호되었다. 여기에 관련된 속어로는 "벌처럼 허리가 잘록한 여자는 남편을 잘 따르고, 아이를 잘 키운다(Đàn bà thắt đáy lưng ong, Vừa khéo chiều chồng, vừa khéo nuôi con.)"가 있다.

시집간 여자의 주임무가 남편의 가문을 위해 아들을 낳는 것과 가사를 돌보는 것이었기 때문에 경제적인 목적을 위하여 어린 자식을 일찍 혼인시키기도 했다. 심지어 경제적인 목적 때문에 부유한 집에서는 많은 첩을 두는 경우도 있었다. 이처럼 과거에 베트남에서는 부모가 자녀의 혼인을 통제하고, 여전히 부모의 영향력 하에서 상당수 혼인이 이루어지고 있지만, 오늘날에는 대체적으로 자기의 뜻에 따른 혼인이 보편적으로 이뤄지고 있다. 여기에는 먼저 공산당의 반봉혁명이 크게 작용했다.

혼인과 관련하여 현재까지 유지되고 있는 가장 주요한 규제로는 근친혼과 동성동본간의 혼인금지를 들 수 있다. 이러한 규제와 관련된 베트남의 설화로 '망부석'을 들 수 있겠다. 망부석의 내용은 "헤어졌던 오누이가 우여곡절을 거친 끝에 만나 혼인을 하였다. 물론 두 사람은 서로가 친 오누이 관계임을 몰랐다. 세월이 흘러 단란하게 살던 어느 날 남편은 부인이 자신의 친동생임을 알고 고민하던 끝에 집을 나갔고, 이 사실을 모르던 부인은 아이와 함께 남편을 기다리다 바위로 변했다."라는 것이다.

베트남 역사에서 보면 근친혼이 예외적으로 허용되었던 왕조가 있다. 바로 쩐왕조(Trần, 1226-1400)가 외척에 의해서 왕위가 찬탈되는 일을 막기 위하여 공주와 외족과의 혼인을 금지했던 규정을 들 수 있는데, 이는 쩐씨왕가에 국한된 특수한 경우일 뿐 베트남 사회에 절대 보편적이었던 습속은 아니다.

공주와 외족과의 금혼 내력은 "리왕조(Lý, 1009-1225) 8대 훼똥(Huệ Tông)의 둘째딸 찌에우 황(Chiêu Hoàng)공주와 혼인한 쩐 까잉(Trần Cảnh)이 리왕조의 왕위를 찬탈하여 쩐왕조를 열었다. 쩐왕조는 이와 비슷하게 재발할 수도 있을 왕위찬탈을 미연에 예방할 목적에서 왕실의 딸과 외족과의 혼인을 금지하고 왕족끼리의 혼인을 제도화 했다."는 것이다.

혼인에 이르기 위한 첫 번째 과제가 혼전교제를 통한 혼인대상자의 선정이라고 할 때, 최근에는 혼인상대를 당사자들이 스스로 결정하는 것이 보편적인 추세다. 물론 최종 선택까지에는 마을 또는 직장과 같은 동일 공간 내에서의 당사자들 간의 자연스런 만남 이외에도 중매, 즉 중신이라는 과정이 개입되기도 한다.

1. 혼전교제

오늘날 베트남의 혼인유형은 중매혼과 연애혼 두 가지로 나눠볼 수 있다. 전통

혼이라고도 하는 중매혼은 갈수록 그 수가 적어지고 있는 반면, 연애혼은 많아지고 있다. 여기서 중매혼이라는 전통혼은 중국에 병합된 시대, 즉 북속(北屬)시대 중국에서 베트남에 유입된 혼인풍습을 말한다. 북속시대 이전인 베트남 최초의 나라였던 반랑(Văn Lang, 文郎, B.C.7세기-B.C.258) 시대에는 지금의 연애혼과 비슷한 혼인습속이 있었다. 이는 성인남녀가 8월축제에서 만나 서로 노래를 주고받는 것을 통하여 마음에 맞는 상대를 찾는 놀이이다. 서로 마음에 맞는 상대를 찾은 남녀는 혼인을 하게 되며, 이 같은 전통은 지금도 일부 소수종족에게 전승되고 있다.

사회가 개방화되고 공업화와 도시화가 심화될수록 연애혼은 도농 구별 없이 보편화되고 있는 추세인데, 이것은 생활공간이 확대됨에 따라 남녀 간 만남의 기회와 대상이 다양해졌기 때문이다. 과거 베트남인들의 생활공간은 벼농사 중심의 농업사회에서 폐쇄성이 강한 마을단위로 유지되었기 때문에 남녀 간 만남의 공간이 좁았고, 또 그 만남은 자연스럽지 못하여 혼사에 있어 선택의 폭이 좁을 수밖에 없었으며, 이를 극복할 수 있는 유일한 방법은 중매혼 이외에 달리 없었다.

경제, 사회의 변화에서 비롯된 연애혼은 가족구조에도 영향을 미쳤다. 연애혼이 부모의 간섭이 없는 당사자들 간의 선택이었던 바, 이들의 가족관은 전통적인 대가족이 아니라 자신만의 생활공간을 소유하고자 하는 욕구에서 점차 핵가족형태를 희망하게 되었다. 여기에는 후술하게 될 토지분배정책과 공업화에 의한 본인들의 경제적 요건의 향상 이외에도 혼인당사자는 물론 부모들의 의식전환이 어느 정도 전제되어 있다고 볼 수 있다.

연애혼의 형태는 같은 장소와 시간이 전제되는 학교나 직장에서의 장기간 만남을 통하여, 또는 축제나 혼인식장과 같은 곳에서 짧은 만남을 통하여 이루어진다. 연애혼은 연애혼의 전제가 되는 여건들이 더 갖추어진 도시에서 더 변한 것이 현실이나 농촌에서의 연애혼 비율도 점차 높아지고 있다. 그러나 농촌의 보수성과 편협한 연애혼의 전제조건 때문에 농촌에서는 아직까지도 중매혼이 흔하게 존재한다.

자녀의 나이가 혼인 적령기에 이르렀을 때 매파를 통해 이뤄지는 중매혼 외에도, 아이가 태중에 있거나 아이들이 아직 장성하지 않았음에도 양가 부모들 간의 약속에 의해서 이뤄지는 약속혼이 있었다. 이외에도 친지, 부모들의 친구, 가까운 지인들의 소개를 통하여 이루어지는 형태가 있다.

<표 1> 혼전 만남의 형태

(단위 : %)

만남의 형태	년 도			
	54-75	76-80	81-85	86-93
유년시절부터 친분관계	28.07	31.48	41.54	32.43
학교	5.26	9.26	4.26	1.35
친지	28.07	18.52	16.92	14.86
친구	17.54	12.96	16.92	33.78
부모의 친구	3.51	3.70	0.00	1.35
혼인식과 축제	3.51	12.96	6.15	9.46
직장	12.28	9.26	7.69	0.00
기타	1.75	3.70	6.15	6.76
계	100.0	100.0	100.0	100.0

<표 1>에서 알 수 있는 바와 같이, 혼전 만남의 가장 보편적인 형태는 유년시절부터 알고 지낸 친분관계이다. 이것은 전자에서 언급된 베트남 사회의 보수성과 남녀 간의 만남의 장이 좁았던 요인에 있다. 이 같은 경향은 85년까지는 계속 상승세를 보였으나 도이 머이(đổi mới)정책이 시행된 이후에는 무려 9.11%가 하향했다. 이는 개방정책 이후 공업화와 도시화의 영향으로 남녀 간 만남의 장이 넓어지고 만남의 형태가 다양해짐에 따라 혼인대상자의 선택의 폭이 확대된 결과라고 할 수 있다. 또 이는 개방의 산물이라고 할 수 있는 친구를 통한 만남과 혼인식과 같은 축제에서의 만남의 기회가 높아진 것에서도 그 원인을 찾을 수 있다. 친구를 통한 만남은 개방 이전과 비교하여 무려 2배나 증가했으며, 이는

베트남 사회의 계속적인 변화를 예측할 수 있는 요소라 할 수 있다.

이처럼 전통적인 혼인형태의 변화는 무엇보다도 45년 이후의 혼인법의 제정에 그 원인이 있다고 하겠다. 여기에는 남녀평등을 법제화한 46년의 헌법을 시작으로 가장권의 축소와 가정을 세우는 일에 자식의 결정권 인정, 조혼폐지 등의 내용을 담은 1950년의 칙령, 일부다처제 폐지와 일부일처제 확립, 자유의사에 의한 혼인, 가정에서 남녀평등과 부녀자의 권리보호, 자녀의 권리보호, 남녀 각각 20세와 18세의 혼인연령 등의 내용을 담은 1959년의 가정과 혼인법 제정이 있다. 이러한 법령 외에 경우에 따라 혼인과 가정에 간섭할 수 있는 호찌밍공산청년단과 베트남 부녀연합회와 같은 사회단체가 조성된 것도 그 원인으로 꼽을 수 있다.

<표 1>에서 우리의 자본주의적 인식에서 이해하기 어려운 항목은 직장에서 만남의 형태가 감소했다는 점일 것이다. 58년부터 시작되었던 합작사제도에 의해서 농민들은 합작사가 운영하는 축산, 잠업, 농기구제조, 교육조합 등과 같은 곳에서 일을 하였다. 이 같은 일터들은 젊은 남녀조합원들의 자연스런 만남의 장소가 되었고, 여기에서 이들은 혼인대상자를 만날 수 있는 기회를 얻게 되었다. 이처럼 합작사는 젊은 남녀로 하여금 만남의 기회와 범위를 확대시켜줌으로써 혼인의 자주성을 높이는 역할을 했다. 그러나 86년 제6차 전당대회 이후 합작사의 기능이 단지 토지분배와 토지세 징수 기능만으로 축소되고, 게다가 기존의 조합들이 해체됨에 따라 남녀의 직장을 통한 만남은 점차 불가능해졌다. 그러나 향후 공업화와 도시화의 정도에 따라, 그리고 개방이 필연적으로 몰고 올 서구 혼인관의 영향으로 베트남의 전통적인 혼전만남의 양태도 이에 맞게 변화될 것으로 예측된다.

혼인대상자의 선정과정에서 과거에는 혼전교제가 있을 수 없었으나 오늘날에는 남녀가 보편적으로 혼전에 교제의 시간을 갖는다. 가장 일반적인 교제기간은 <표 2>에서 나타난 바와 같이, 54년 이후 93년까지는 2년 이상으로 남녀 각각

평균 32.40%와 36.00%로 나타났다. 즉 54년 이후 사귐의 기간이 6개월이나 3년 이상인 경우의 비율이 줄어들고, 대신에 6개월-1년, 1-2년, 2-3년의 교제기간이 늘고 있다. 이는 혼인연령을 높이는 원인이 될 뿐 아니라, 혼인이 서로간의 충분한 이해와 사랑을 전제로 하고 있음을 보여주는 것이라 할 수 있다.

<표 2> 남녀의 교제기간

(비율 : %)

교제기간	남				여			
	54-75	76-80	81-85	86-93	54-75	76-80	81-85	86-93
없음	8.77	0.00	0.00	0.00	5.45	0.00	0.00	0.00
6개월	24.56	24.07	27.69	18.92	21.82	26.79	27.27	20.55
6-1년	17.54	25.93	26.15	28.38	7.27	25.00	27.27	24.66
1-2년	29.82	29.63	32.31	36.49	47.27	26.79	30.30	39.73
2-3년	8.77	11.11	6.15	12.16	10.91	12.50	6.06	10.96
3년 이상	10.53	9.26	7.69	4.05	7.27	8.93	9.09	4.11
계	100.0	100.0	100.0	100.0	100.0	100.0	100.0	100.0

<표 3> 남녀 혼전 교제대상자 수

(단위 : %)

교제대상 수	남				여			
	54-75	76-80	81-85	86-93	54-75	76-80	81-85	86-93
없음	68.42	68.52	70.77	64.86	76.36	69.64	59.09	64.38
1	19.30	18.52	18.46	28.38	9.09	16.07	27.27	19.18
2	7.02	5.56	4.62	2.70	10.91	7.14	4.55	9.59
3	0.00	0.00	1.54	1.35	1.82	1.79	6.06	2.74
4	0.00	0.00	0.00	0.00	0.00	0.00	1.52	0.00
기타	5.26	7.41	4.62	2.70	1.82	5.36	1.52	4.11
계	100.0	100.0	100.0	100.0	100.0	100.0	100.0	100.0

혼인하기까지 남녀가 사귀는 대상자 수를 보면 남녀 공히 2/3가 현재의 남편과 아내 외의 사람과 교제가 없었던 것으로 나타났다. 이는 혼인대상자 선정에

서 남녀간 교제의 폭이 넓지 않다는 의미이겠으나, 통계에 있어 현재의 배우자 이외에 혼전의 교제대상이 1인이었다는 비율이 남녀 각각 20% 정도에 이른 점은 남녀의 만남이 과거보다 자유로워 혼전교제의 폭이 넓어졌다는 것으로 사회의 변화를 반영하고 있다고 할 수 있다.

2. 혼인대상자 조건과 선택

남녀의 자연스런 만남을 규제했던 봉건적인 사회윤리에 의해 혼인대상자의 조건과 선택도 혼인 당사자의 의지나 의식과는 무관하게 과거로부터 이어져 내려오는 천편일률적인 형태에 의해서 결정되었다. 그 형태는 우선 상대방의 사회적 위치와 경제적 상황이 어떠한가 하는 것과 나아가 나이와 생·년·월·일 그리고 시에 의한 남녀의 사주를 따지는 궁합의 가부 등이다. 여기에 세부적인 것으로는 재색이 있는가, 모친은 어떠한가, 며느리감은 건강한가 하는 사항이다. 이중 모친은 장래 며느리의 거울인지라 모친을 보면 며느리를 알 수 있다는 관념과, 며느리의 건강은 다산 및 경제력과 관련된다는 생각에서 비롯되었다. 전통적인 혼인에서는 혼인대상자 선택에 있어 남편보다는 아내의 입김이 강하게 작용했으며, 여자측에 관심이 집중되었다.

이같이 혼인이 혼인당사자의 뜻과 생각은 전혀 고려되지 않고 오직 부모들에 의해서 치뤄지는 관계로 오늘날과 같은 만남의 형태와 당사자 선택에 의한 혼인은 감히 상상할 수 없었다. 혼인이 자기의 의지와는 상관없이 이뤄진 것을 잘 반영한 속어로 "장가를 갈 때는 혈족을 선택하고, 시집을 갈 때는 혈통을 선택한다(Lấy vợ kén tông, lấy chồng kén giống.)", "부모가 어디에 놓든 자식은 그 자리에 앉는다(Cha mẹ đặt đâu con ngồi đấy.)", "남편은 아버지가 아내는 어머니가 간택해준다(Chồng cha vợ mẹ lấy cho.)" 등이 있다.

혼인에 대한 부모의 모든 결정에 순종하는 것도 자식의 부모에 대한 효와 미덕으로 여겨졌다. 더욱이 자급자족을 기반으로 하던 소농경제는 사람들에게 무엇보다도 경제문제 해결을 삶의 우선순위로 놓도록 강요했고, 여기에 보수적인 사회윤리와 자식에 대한 무한적인 소유의식에 의해서 부모는 자식의 혼사를 결정하였다. 이 같은 인식들은 현대화된 오늘날의 사회에도 다소 남아 있으나, 가정과 혼인법과 같은 제도적인 장치, 합작사제도, 가족계획사업에 의한 자녀수 감소, 시장경제, 의식수준의 향상 등을 통해 변화되고 있다. 특히 가정이 경제의 기초단위로 인식되었던 1981년 이후 분가에 의한 가족구조의 변화는 1987년 이후의 시장경제와 어우러져 전통적인 베트남의 혼인제도에 많은 변화를 주고 있다.

이 같은 경제와 사회적인 변화에 의해 오늘날의 혼인조건은 혁신적인 변화를 맞고 있다. 무엇보다도 혼인조건의 기준과 선택이 혼인당사자의 상식과 경험에 의해서 많이 결정된다는 것이다. 물론 여기에는 과거와 같은 문당호대(門堂戶對, môn đăng hộ đối)나 부모의 의견 등이 전혀 무시되는 것은 아니다. 여기서 문당호대는 혼인이 두 가족의 만남이라는 것 때문에 개인에게 초점을 맞추자는 게 아니고 양가의 사회적 지위와 경제적 수준을 맞추자는 것이다. 부모의 의견을 무시할 수 없는 것은 전통적인 관념보다는 혼인당사자가 경제적으로 부모로부터 독립하지 못한 데 큰 원인에 있다. 이 같은 상황에서 여자가 남자측에 원하는 혼인조건으로는 건강, 신체적 조건, 성품을 들 수 있으며, 남자가 여자측에 바라는 조건으로는 건강한 몸, 용모, 온화한 성격을 들 수 있다. 전통시대에 남자는 사덕(四德: 公容言行, công dung ngôn hạnh)을 갖춘 여인을 신부감으로 좋아했다. 이는 솜씨가 좋고, 얼굴이 예쁘며, 언어가 바르고, 행동거지가 바르다는 뜻이다. 속어 "돼지를 사려면 암돼지를 선택하고, 여자를 얻으려면 혈통을 선택해라(Mua heo chọn nái, lấy gái chọn dòng.)", "구걸을 하려면 부유한 곳에서, 사위를 삼으려면 자식이 많은 곳에서 하라(Ăn mày nơi cả thể, làm rể nơi nhiều con.)", "며느리를 얻으려면 어머니를 봐라(Lấy con xem nạ.)" 등은 많은 좋은 자손을 얻기 위한 내용들이다.

많은 자손을 얻기 위해서 합근례에 돗자리를 까는 속례가 있다. 즉 신랑측은 나이가 많고 자식이 많으며 다복하고 부부가 살아있는 여자를 선택하여 신랑신부를 위해 신방의 돗자리를 깔게 한다. 깔아진 돗자리는 합궁을 의미하는 형태로 한 쌍을 면을 다르게 겹쳐서 깐다.

며느리는 자손을 유지해야 할 뿐 아니라 가정을 이롭게 해야 할 책임이 있다. 따라서 “혼인을 하면 시댁의 일을 져야한다(Có chồng phải gánh giang sơn nhà chồng.)”의 속어처럼 며느리로서 아이를 잘 낳아 기르고 가사를 잘 담당하며 시부모를 잘 봉양하고 남편을 잘 섬기는 형태로 남편의 가정에 물질적 이윤을 가져다 줘야 한다. 이에 비하여 사위는 장인·장모를 대신하여 아내를 사랑하는 형태로 아내의 가정에 정신적 이윤을 가져다 줘야 한다. 아래 속어들은 이 같은 의미를 담고 있다.

“남편이 화려해야 아내가 신발을 신게 된다(Chồng sang vợ được đi giầy.)”, “아내가 착하면 남편은 밤낮으로 도움을 받는다(Vợ ngoan chồng được tối ngày cậy trông.)”, “현명한 남자는 붐비는 시장에서 신부를 선택한다(Trai khôn kén vợ chợ đông.)”, “현명한 여자는 삼군에서 신랑을 찾는다(Gái khôn tìm chồng giữa chốn ba quân.)”

집단·배급제도 아래서 여자가 가장 선호했던 혼인상대는 공무원이었다. 도시에서는 지금도 남자의 사회적 지위가 혼인조건으로 중요한 위치를 차지하며, 당사자의 취미 또한 혼인조건이 되고 있다. 오늘날 혼인조건으로 남녀 공히 강조하는 것은 학력이다. 베트남인들의 혼인조건에서 종교적인 특징은 거의 찾아볼 수 없는데, 이는 베트남 사회가 전통적으로 종교간의 갈등이 없었던 것에 있지 않을까? 그 외에 혼인조건으로 빼놓을 수 없는 것은 바로 궁합이다. 물론 궁합이 과거와 같이 절대적인 조건은 아니지만, 혼인 후의 행운을 두 사람의 사주(생년·생월·생일·생시)로 점을 쳐서 좋고 나쁜 것을 가리는 미신적인 습속은 지금까지도 도농에 걸쳐 여전히 행해지고 있다.

궁합은 속궁합과 겉궁합으로 나뉜다. 전자는 남자와 여자의 나이를 보는 것으로 내용은 십이지(十二支: 이중 베트남의 고양이띠, 수우띠, 염소띠는 한국의 토끼띠, 황우띠, 양띠를 대신함)를 상징하는 동물을 가지고 서로 어울리는지를 비교한다. 후자는 남자와 여자의 생년월일을 오행(水·火·木·金·土)에 따라 비교하여 서로 어울리는 지를 알아본다. 겉궁합과 속궁합의 조화와 부조화를 아래 표로 각각 나타내보았다.

<표 4> 궁합 비교

어울리는 궁합	어울리지 않는 궁합
호랑이, 말, 개	개-용/돼지-뱀/수우-염소-호랑이/호랑이-수우-토끼-뱀-원숭이
뱀, 닭, 수우	말-닭-수우-고양이-용-뱀-쥐
원숭이, 쥐, 용	고양이-닭-호랑이/원숭이-수우-닭-고양이-호랑이
돼지, 고양이, 염소	뱀-호랑이-돼지/염소-수우/닭-돼지/용-호랑이-고양이-말-개

<표 5> 오행 비교

	어울리는 오행-상생	어울리지 않는 오행-상극
수	목	화
화	토	금
목	화	토
금	수	목
토	금	수

궁합은 생사화복을 포함한 모든 인간사를 결정하는 중요한 요인이라고 생각하기 때문에 양자간에 다른 조건이 좋다고 할지라도 궁합이 맞지 않으면 혼사는 대부분 이뤄지지 않는다.

오늘날 남녀간의 가장 보편적인 3가지 혼인조건이라고 하는 학력, 경제, 그리고 사회적 위치를 살펴보면 학력정도와 경제수준에서 남자측은 하향세를 보이고 있는 반면, 여자측은 계속 높아져 가고 있다는 점이 주목할 만하다. 특히 1986년 이후에는 모든 항목 즉, 학력정도, 경제수준, 그리고 사회적 지위에서 여자가 남자측 보다 높거나 같다. 이는 남자들의 교육정도, 경제수준, 그리고 사회적 지위가 하락했다기보다는 사회와 경제적인 변화에 의해 여자측의 조건들이 향상

되었기 때문이라고 본다. 여자들에게 있어 제반 요인의 수준제고는 곧 여자들의 가족 내에서는 물론 사회적인 지위향상으로 연결된다고 볼 수 있다. 실제로 베트남에서 여성의 지위향상에는 공산주의의 역할이 크다. 이는 봉건으로 표현되는 유교의 수직적 관계의 틀을 벗어나기 위해 공산과 평등이라는 정책들이 베트남의 전통적인 가정과 사회에 일대 변화를 초래했기 때문이다. 혼인적령기에 있는 남녀의 의견조사에 의하면 혼인대상자 선택에서 60% 이상이 본인 혹은 혼인당사자들 간의 결정에 따르고 있으며, 그 다음이 혼인당사자와 양가 부모간의 합의에 의한 결정으로 나타나 있다.

배우자 선택과 관련하여 간과할 수 없는 것으로 통혼권을 들 수 있다. 전통적인 벼농사 중심의 봉건적 사회특징, 마을을 중심으로 하는 폐쇄적인 공동체성, 공산주의 자체의 통제와 폐쇄성, 그리고 관례화된 부모부양의 습속에 의해서 베트남의 통혼권은 좁은 특성을 갖고 있다. "어느 들판의 수우는 그 들판의 풀을 먹어야 한다(Trầu đồng nào ăn cỏ đồng nấy.)", "딸을 멀리 시집보내면 조상과 자식을 잃는다(Hoài con mà gả chồng xa, một là mất giỗ hai là mất con.)", "시장 앞에 토지, 마을 가운데 아내(Ruộng đầu chợ, vợ giữa làng.)", "들판 가운데 논, 마을 가운데 남편(Ruộng giữa đồng, chồng giữa làng.)", "외부의 부자인 남자와 혼인하는 것보다 마을의 어렵게 사는 남자와 혼인하는 것이 낫다(Lấy chồng khó giữa làng, hơn lấy chồng sang thiên hạ.)", "집에 가서 집 연못에서 목욕한다(Ta về ta tắm ao ta.)", "깨끗한 공동의 연못보다는 더러운 집 연못이 더 좋다(Dù trong dù đục ao nhà vẫn hơn.)" 등의 속어는 이 같은 특성을 잘 반영한다고 할 수 있다. 물론 이 같은 특성이 1987년 이후 개방정책과 공업화로 인하여 퇴색되고는 있지만 큰 변화는 없다.

베트남 혼인에서 통혼권이 동일 마을이었던 것은 마을의 인구가 우리처럼 보통 100호 내외의 형태로 적은 게 아니기 때문이다. 제2장 베트남 사회의 IV. 마을 조직에서 언급할 꾸앙 빙(Quảng Bình)성 보 짜익(Bố Trạch)현 떤 짜익(Tân Trạch)사처럼 136명에 불과한 곳이 있는가 하면 껀터(Cần Thơ)시 톳놋(Thốt Nốt)현 쭝녓

(Trung Nhất)사처럼 4만 4,707명이나 되는 경우가 있다. 베트남인이 통혼권을 동일 촌락으로 선호했던 것은 우리와 면 혹은 읍과 같은 크기의 촌락규모 때문이다.

<표 6> 통혼권

(단위 : %)

지역 \ 년도	54-75	76-80	81-85	86-93
동일 사	63.16	64.80	67.69	54.05
동일 현	26.32	16.67	21.54	27.03
동일 성	7.02	16.67	10.77	16.22
타 성	3.51	1.85	0.00	2.70
계	100.0	100.0	100.0	100.0

출처 : 사회과학원, UNFPA, CEPED,『베트남 가족변화』, (1994)

위의 <표 6>에 나타난 바와 같이 54년에서 85년까지 동일 사 내에서의 배우자 선택은 각각 63.16%, 64.80%, 67.69%로 전체의 2/3 가까이를 차지하고 있다. 그러나 87년 개방정책 이후의 비율을 보면 동일 사 내에서의 배우자 선택이 눈에 띄게 줄어드는 반면, 보다 큰 행정구역단위인 동일 현과 성의 비율이 높아지고 있다. 여기에 타성의 비율도 81-85년의 0%에서 2.70%로 높아졌다. 비록 86년 이후 동일 사 내의 배우자 선택률이 54.05%로 줄어들었다고는 하나, 지금도 여전히 동일지역 내에서의 배우자 선택이 높다는 사실에는 베트남사회의 강한 보수성이 잘 반영되어 있는 것이라 할 수 있겠다. 그리고 이것은 과거의 폐쇄적인 사회가 점차 개방되어가고 있음을 보여주는 것이기도 하다. 결국 87년 이후의 개방과 공업화정책의 영향으로 배우자 선택의 폭이 확대되었다고 할 수 있으며, 이러한 변화는 앞으로도 공업화와 도시화의 진행과 함께 더욱 확대되리라고 예측된다.

3. 혼인 연령과 절차

조혼은 베트남의 전통적인 특징이나, 사회의 변화에 따라 초혼연령은 도시와 농촌 구별 없이 점차 높아지고 있다. 비록 법률로 남녀의 혼인가능연령을 각각 20세와 18세 이상으로 규정하고 있으나 18세 미만 여성의 혼인이 여전히 존재하고 있는 실정이다.

<표 7> 성별 혼인 연령

혼인 연령	남자				여자			
	54-75	76-80	81-86	86-93	54-75	76-80	81-86	86-93
18세 미만	-	-	-	-	-	1.79	3.03	1.37
18-19	5.56	3.70	1.54	0.00	18.18	25.00	19.70	32.88
20-22	21.05	20.37	12.31	16.22	45.45	48.21	43.33	35.32
23-24	24.56	25.93	32.31	35.14	21.82	10.71	16.67	19.18
25-26	21.05	16.67	35.38	24.32	10.81	8.93	9.09	6.85
27-28	19.30	22.22	7.69	20.27	3.64	3.57	0.00	2.74
29세 이상	8.77	11.11	10.77	4.05	0.00	1.79	7.58	1.37

출처 : 사회과학원, UNFPA, CEPED, 『베트남 가족변화』, (1994)

위의 <표 7>의 성별 혼인 연령에 의하면 18세 미만 여성의 혼인 비율이 1954-75년간에 나타나지 않음은 혼인법이 제정되면서 정부가 조혼을 강력히 규제한 결과라고 할 수 있겠다. 18세 미만 남자의 조혼은 전무하며, 1985년까지 존재했던 18-19세의 조혼도 완전히 사라졌다. 여자들의 법적 혼인 가능 연령 미만 혼인은 줄고 있지만 1.37%로 여전히 존재하고 있다. 20-22세에 혼인하는 남자의 비율은 점차 낮아지고 있는 대신 23-26세 혼인 비율은 높아지고 있다. 여자의 혼인 연령은 주로 18-22세로 시장경제 이후에는 이 연령이 68.2%를 차지하고 있다. 1954-75년간에 여자들의 혼인연령이 높았던 것은 "미국과의 전쟁에 있었다."라고 쿼투홍(Khuất Thu Hồng)은 주장하고 있다. 20-22세에 속한 여자의 혼인 연령이 1986년 이후 35.32%인 점은 과거와 비교하여 낮은 것이나, 계속적인 공업화와 도시화로 인한 경제, 사회적인 변화에 의해서 앞으로 높아질 것으로 보인다.

오늘날 베트남인들의 혼인 연령은 남녀 각각 23-26세와 18-19세가 가장 많다. 혼인 연령이 낮은 데에는 조혼을 지향했던 과거 농업사회의 영향과 인구이동이 쉽지 않은 거주이전의 제도에 기인한다. 그러나 향후 공업화와 도시화의 영향에 의해서 발전된 국가들의 모형으로 점차 바뀔 것으로 예측할 수 있다. 이는 농촌에서 출생하여 성장했지만 개방화의 영향으로 도시 혹은 해외에서 생산활동에 참여한 바 있는 젊은이들의 혼인 연령이 농촌을 떠나지 않은 이들보다 높다고 하는 실태조사를 예로 들 수 있다.

베트남인들의 혼인 절차는 북속시대에 중국에서 유입되었다. 북속시대 A.D.1세기 초에 구진(九眞, Cửu Chân)군의 태수로 부임했던 임연은 중국의 혼인풍습을 베트남에 처음 가져왔던 인물이다. 육례(납채, 문명, 납길, 납폐, 청기, 친영) 중 베트남에는 보통 오례 혹은 삼례만이 행해져 왔다. 그러나 하반 꺼우 같은 이는 이 같은 중국의 혼인풍습이 교지(交趾, Giao Chỉ)군의 태수였던 사섭(士燮, 187-226)에 의해서 베트남에 처음 전해졌다고 주장한다.

혼인식 절차는 이렇다. 첫째, 납채(納采)이다. 남자측에서 사회적·경제적 면에서 비슷한 여자를 찾게 되면 중매인을 여자측에 보내어 혼인의사를 타진한다. 둘째, 문명(問名)이다. 여자측이 동의하면 서로의 궁합을 보기 위하여 다시 중매인을 남자측의 대표자와 함께 여자측에 보내어 여자의 생년, 생월, 생일, 생시와 여자 모친의 성씨를 적어오게 한다. 셋째, 납길(納吉)이다. 남자와 여자의 궁합이 일치하면 신랑측에서 혼인이 정해졌음을 신부측에 알린다. 넷째, 납징[納徵 혹은 납폐(納幣)]이다. 정혼의 표시로 중매인은 남자측의 부모님과 함께 구장·빈랑(trầu·cau)과 차 등의 예물을 가지고 여자의 집에 간다. 이는 우리의 약혼식과도 같다. 여자측이 납폐물 중 구장·빈랑을 친

[사진 2] 빈랑·구장

척들에게 나눠주는 행위는 앞으로 있게 될 혼인식을 미리 알리는 역할을 한다. 다섯째, 청기(請期)이다. 남자측은 중매인을 여자 집에 보내어 여자측이 요구하는 예물을 알아보고(찬례라고 함) 또한, 길일을 알아 오도록 한다. 남자측이 여자측에 보내는 혼수를 타익 끄어이(thách cưới)라하며 예물은 남자측의 경제력에 따라 차이가 있으나 일반적으로 여자의 장신구, 예복, 빈랑·구장, 술, 차, 찹쌀, 찐쌀, 돼지고기, 소고기, 돈 등이다. 여섯째, 친영(親迎)이다. 혼인일이 되면 신랑은 가장 좋은 시간을 정하여 신부를 맞으러 여자 집에 간다. 신랑의 행렬은 주로 가족과 친지들로 구성된다. 맨 앞은 구장·빈랑과 신부의 패물함을 든 주혼(主婚: 주혼은 노인부부 중에 금술이 좋고 자손이 많은 남자가 선택됨)이 가고, 그 뒤에 혼인식을 인도하는 사람들이 따른다. 다음으로는 신랑과 2명의 들러리가, 마지막으로 신랑의 부모와 친척들이 뒤를 따른다. 큰 혼인식에서는 맨 앞에 한 쌍의 거위를 들고 가는 두 어린아이와 홍사초롱을 들고 가는 두 어린아이가 있었다.

이중 납징 이후로 남자측은 명절이나 여자측의 기일을 기억하여 여자측에 예물을 보낸다. 예물은 보통 계절에 따라 종류가 다르며, 일 년에 네 번씩 예물을 전해 주는 지역도 있다. 3월에는 천, 5월에는 수박, 설탕, 죽순, 새, 거위, 9월에는 감, 찐쌀, 햅쌀, 호도애, 12월에는 귤, 잼, 떡 등이 있다. 여자측에 보내진 예물은 여자 집에서 절반을 받아들이고, 반은 다시 남자집에 되돌려 보낸다. 심지어 일부지역에서는 남자로 하여금 여자집의 일을 거들도록 하기도 한다. 다오 쥐 아잉(Đào Duy Anh)은 "베트남인들의 딸 혼사는 돈을 벌기 위하여 딸을 판다는 개념이었기 때문에, 여자집이 많은 혼수감을 요구하는 것은 통례였으며 이것이 충족되었을 때 혼사가 가능했다."고 주장한다. 납폐 이후 정식혼인을 하기까지는 보통 3-4년이라는 기간을 두었는데 후(後)레왕조(1428-1527, 1533-1789) 타잉 똥(Thánh Tông) 때 와서 이 같은 기간을 없애고 납폐와 함께 혼인식 날짜를 잡고, 혼인식이 끝나면 바로 다음날 신랑집에 돌아온다. 그리고 3일 후에 근친례를 하도록 개선하였다. 이는 당시 베트남 사회에 만연하였던 혼인풍속의 폐단을 개선하고자 하는 뜻

[사진 3] 전통 혼례 의복

[사진 4] 혼례의 신부맞이

에서 비롯되었다고 할 수 있다.

혼인식은 낮과 밤의 교차 즉, 양·음이 교차된다는 의미에서 보통 오후에 행해졌다. 혼인식이 끝나고 신부를 데려올 때는 밤이 되었던 관계로 초롱이 필요했다. 거위는 늘 함께 한다는 새의 속성처럼 한 쌍의 부부가 늘 함께하여 좋은 금실을 이룰 것을 의미한다.

신랑의 행렬이 신부의 마을을 들어오면 마을 사람들이 실타래로 길을 막아놓거나 신부집의 대문을 닫아 놓아 신랑측에 돈을 요구하게 된다. 이때 신랑측이 돈을 주면 진입이 가능하게 된다. 이 또한 중국에서 유입된 습속의 일종으로 마을에 납부하는 혼인세인 것이다.

이 같은 습속은 오랫동안 존재해 왔었는데, 하 떠이(Hà Tây)성 옌써(Yên Sơ)마을의 경우는 동일 마을의 처녀와 혼인할 시 남자는 200커우(khẩu, 口: 사탕수수와 구장·빈랑에 사용하는 양의 단위로 사탕수수와 같은 경우는 한 입 베어 씹는 양, 구장·빈랑의 경우는 한 번 씹을 수 있는 양을 말함)의 구장·빈랑과 돈 13관을, 다른 마을의 처녀와 혼인할 시에는 이보다 두 배 많은 400커우의 구장·빈랑과 돈 26관을 마을에 납세하도록 규정했다.

베트남인들은 일종의 혼인세인 '째오(cheo)'를 마을에 납부함으로써 혼인을 합법하다고 여겼다. 이는 베트남 왕조정부에서도 인정하는 관습법이었다. 신랑이 마을에 돈을 기부하는 요식행위 째오는 혼인하는 남녀가 동일부락 사람이냐 그렇지 않느냐에 따라 내(內)쩨오와 외(外)쩨오로 구분했다. 쩨오는 같은 마을 사람끼리 혼인을 한다면 많지 않았지만 다른 마을 사람과 혼인을 할 때는 무거웠다. 후자의 외쩨오는 전자의 내쩨오 보다 보통 2, 3배 높았다.

쩨오는 경제적 의미보다는 상징적 의미가 컸다. 하지만 "돼지를 치려면 부평초(浮萍草)를 건져야하고 장가를 가려면 쩨오를 내야한다(Nuôi lợn thì phải vớt. Lấy vợ thì phải nộp cheo cho làng.)", "열 마리 돼지로 아내를 얻었어도, 쩨오를 내지 않으면 아내를 잃는다(Lấy vợ mười heo, không cheo cũng mất.)", "혼인을 하면서 쩨오를 내지 않으면 돈을 개천에 버린 것이다(Lấy vợ không cheo, tiền gieo xuống suối.)" 등과 같은 가요(歌謠, ca dao)에 근거했을 때 결코 그렇지는 않은 것 같다. 이 비용은 정, 사찰, 공동 우물 파기, 출입문 만들기, 도로 만들기, 도로 벽돌포장 등 마을의 공공시설물의 건설과 수리 및 보수에 이용되었다.

혼인 과정에서 신랑과 신부가 마을에 돈이나 물건을 납부하는 쩨오 풍속은 마을의 안정 유지를 위한 경제수단이었다. 전통시대에 존재했던 정호(正戶)와 객호(客戶)의 구별 역시 마을의 안정 유지를 위한 행정수단이었다. "아버지의 고향 조상의 땅"과 "태를 서로 묻는 곳"은 심리적인 것이다.

신부집에 도착하면 먼저 신부집 조상의 신위를 모신 제단(Bàn thờ: 조상의 신위를 모시는 제단)에 가서 가선례를 지낸다. 이어서 신랑 신부는 마당 가운데 차려진 향안[香案: 술, 닭, 구장·빈랑, 쏘이(xôi) 등이 차려진 단] 앞에서 홍사례를 치룬다. 홍사례가 끝나면 신랑은 장인·장모에게 예를 드린 다음 축하객들과 함께 잔치를 벌인다. 여기서 쏘이는 베트남의 전통 음식으로 제사, 명절, 그리고 각종 잔치에서 빼 놓을 수 없는 찹쌀밥이다. 주원료는 찹쌀이며 여기에 땅콩 혹은 녹두를 넣어

[사진 5] 가선례

서 찐다. 먹을 때는 수저로 떠먹기도 하지만 주로 손으로 덩어리를 만들어 먹는다. 이외에도 붉은색이 나는 호박류인 걱(gấc)과일을 넣어 만들기도 한다.

잔치가 끝나면 신랑은 그날 밤에 신부를 데리고 가는데 나이가 지긋한 남자에게 화로를 들고 앞서가게 하고, 신부는 친척들과 함께 뒤따라간다. 이때 신부의 부모는 가지 않는다. 신랑집에 도착하면 할머니가 신부를 제단으로 인도하여 신랑의 조상께 가선례를 올리게 하고, 이어 신랑측의 조상들을 모시고 있는 신묘에 가서 예를 올린 다음 남편의 조부모와 부모님, 그리고 시가 친척들께 인사를 올린다. 이때 이들은 신부에게 자신들이 준비한 금, 은, 천과 같은 축하예물을 준다.

첫날밤에 신랑과 신부는 홍사례의 구장·빈랑을 취하여 서로 절반씩 씹고, 또한 잔의 술을 절반씩 나누어 마시는 합근례를 올린 다음, 먼저 신부가 신랑에게 절 이 배를 하고 답례로 신랑이 신부에게 일 배를 한다.

혼인한 3일 후에 신랑신부는 근친례를 위하여 다시 신부의 집으로 간다. 이때 조상에 대한 가선례를 올리고 신부측 친지들에게 인사를 올린 다음 다시 신랑의 집으로 돌아오는 것으로 혼인식이 끝나게 된다. 이로써 신부는 신랑측 가족의 일부가 되는 것이다.

일반적으로 베트남의 전통 혼인 역사는 공동체의 이익을 위한 역사였다. 미 쩌우(Mỵ Châu)와 쫑티(Trọng Thủ), 후옌 쩐(Huyền Trân)공주와 점성의 쩨 먼(Chế Mân)왕, 응옥 헌(Ngọc Hân)공주와 응우옌 훼(Nguyễn Huệ)와의 혼인, 공주들의 소수종족 추장들과의 혼인, 그리고 이름 없는 수많은 민중의 혼인은 크게는 국가, 작게는 가족이라는 공동의 이익을 목표로 하였다.

베트남의 혼인은 우선 공적 요구가 충족되었을 때 사적 요구를 고려한다. 따라서 혼인은 처음부터 끝까지 당사자는 배제된 채 가족이란 공동체에 의해서 결정된다. 공적 요구는 어떤 형태로든 양가에 도움이 되느냐가 관건이다. 그 결과 신랑과 신부가 첫날밤을 갖기 전까지 모든 것은 객체에 의해서 이뤄진다. 혼인에서 주체 두 사람의 사적인 것이 고려되기는 '합하느냐'이다. 이것도 중매쟁이를 거쳐 서로의 나이 정도만을 물어볼 정도이다. 바로 사주, 궁합이다.

[사진 6] 푸테

양자의 요구가 지속·유지되기를 바라는 차원에서 훙(Hùng)왕시대의 혼인에서는 신랑과 신부는 흙과 소금을 주고받았다. 흙은 마을의 토지와 관련한 이익을 상징하고, 소금은 두 사람의 정조가 변하지 말 것을 의미했다. "매운 생강과 짠 소금은 서로 잊지 말 것을 바란다(Gừng cay muối mặn xin đừng quên nhau.)"는 속어도 이를 뒷받침한다. 오늘날의 혼인식에서 흙과 소금을 이용하지 않을지라도 쑤쎄(su sê)떡이 있다. 여기서 쑤쎄는 푸테[phu thê(夫妻)]의 잘못된 음독이다.

푸테떡은 찹쌀가루로 만들며 떡 속에는 백설탕, 야자열매, 녹두, 오미향, 깨 등이 들어있다. 둥근 형태의 떡은 빈랑 잎이나 야자 잎을 이용하여 오각형 형태로 묶는다. 이는 원과 오각형이라는 음양과 오색[하얀색(白)의 쌀가루와 야자 속살, 노란색(黃)의 녹두, 검정색(黑)의 깨, 푸른색(靑)의 야자수 포장, 붉은색(赤)의 끈]의 상징임과 동시에 하늘과 땅 그리고 사람의 화합을 상징하기도 한다. 합근례를 할 때 신랑과 신부가 찹쌀밥 한 접시를 같이 먹거나, 술 한 잔을 같이 마시거나, 빈랑·구장 한 조각을 나눠씹는 풍속이 있다. 이는 두 사람이 서로 늘 밀접하기를 기원함이다.

오늘날의 혼인식은 과거와는 달리 절차가 복잡하지 않고 간편해졌다. 서양식과 과거의 혼인절차를 약식으로 병행하고 있다. 이는 도시의 경우, 약혼식 때 씩로(xích lô)를 타고 가거나 혼인식 날 차량을 동원하여 신부를 맞으러 가거나, 혼인식이 호텔이나 다른 공공기관에서 행해지는 점이나, 신랑과 신부의 혼인예복이 양복과 드레스라는 점이나, 그리고 일부 신혼부부가 신혼여행을 가거나 하는 경우에서 나타난다. 따라서 오늘날 도시에서는 혼인철인 봄과 가을에 신부를 맞는 차량행렬을 자주 볼 수 있고 신부 차량을 뒤따르는 수많은 차와 오토바이로 인하여 거리가 정체되는 폐단이 나타나기도 한다. 이 같은 혼인식 행사들을 모두 비디오로 찍는다.

혼인철은 보통 가을에서 구정 전까지다. 베트남인들은 여름 혼인을 금기시한다. 개방 이후에 변화가 조금 있기는 하나 농촌에서의 혼인 상대는 여전히 거의 마을 내에서 찾는다. 프랑스 식민지시대와 제2차 인도차이나 전쟁 기간, 그리고 개방 이후 베트남 여자들의 외국 남자와의 혼인이 있기는 했으나 베트남인들은 전통적으로 외국남자와의 혼인을 심히 경멸했다. 이를 잘 표현하는 속어로 '탕 응오 꼰디(Thằng Ngô Con Đĩ)'를 들 수 있다. 이 말은 중국인과 베트남 여인을 지칭하는 것으로 각각 중국놈과 음탕한 년을 뜻한다. 그 후 프랑스와 미국이 베트남에 진출하면서 서양 남자와 혼인한 베트남 여인을 매 떠이(Me Tây: 떠이는 한자의 西로 서양을 뜻함)라는 용어가 나왔다. 그리하여 프랑스인과 혼인한 여인을 매팝(Me Pháp: 팝은 한자의 法으로 프랑스를 뜻함), 미국인과 혼인한 여인을 매미(Me Mỹ: 미는 한자의 美로 미국을 뜻함)라 하였다.

그러나 세계화의 산물이랄까 아니면 외국인에 대한 동경이랄까 이것들도 아니면 경제적인 이유에서일까 오늘날 베트남 여인들의 외국인과의 혼인은 하나의 추세처럼 번지고 있다. 요즘 외국인과의 혼인은 우리 한국도 농촌을 중심으로 급격히 확산되고 있다. 한국의 경우는 베트남과는 반대로 외국 여인들과의 혼인이다. 처음에 사적 차원에서 소리 없이 진행되던 것이 요즘은 흔하게 일부 지방에서는 지방정부의 예산 지원 하에 정책적 차원에서 추진되고 있다. 시간이 지나면서 외국인과의 혼인은 한국이나 베트남 공히 도시에서도 쉽게 볼 수 있다. 한국의 경우 노총각 탈출, 노동력 확보, 인구 증가, 양국간 가교 역할 등의 긍정적인 이면에는 가정불화, 자녀교육 등의 부정적인 면도 공존함으로써 간과할 수 없는 사회문제가 되고 있다. 특히 다문화 가족이 늘어나면서 이 같은 사회문제는 더욱 심각해지고 있다. 이러한 상황에서도 베트남인이나 한국인의 외국인과의 혼인 인식은 전통과는 사뭇 다르게 바뀌고 있다는 것이다.

4. 혼인 생활

혼인 후의 거처는 가족구조의 형태를 결정짓는 요인 중의 하나가 된다. 전통적인 베트남사회에서는 혼인 후에 시부모님과 함께 동거하다가 부친 사후에 분가하는 것이 통례였다. 이 같은 습속이 오늘날에는 많이 변했다고는 하나 아래 <표 8-1>의 수치가 보여주듯 크게 변하지는 않은 것 같다. 혼인한 부부의 평균 85.24%가 혼인직후 시부모와 함께 동거하는 것으로 나타나 있다. 이에 비하여 여자측의 부모와 함께 사는 비율, 즉 처가살이 하는 비율은 개방정책 이후에는 없는 것으로 나타나 있다. 혼인직후 개별가정을 이루는 경우는 과거와 비교하여 두 배 이상 상승하였다.

아래 표들이 말해 주듯이 오늘날에는 부친 사후라든가 장남이기 때문에 와 같은 단서 없이도 일정한 조건, 즉 경제적인 여건이 조성되기만 하면 곧바로 분가를 하고 있다. 이렇게 볼 때 부부가족의 분가를 어렵게 만들었던 요인은 과거와 현재가 차이가 있다고 하겠다. 과거는 부친 사후나 장남은 반드시 부모를 모셔야 한다는 사회윤리적인 인식이 분가를 억제한 반면, 오늘날에는 어느 정도 이 인식을 바탕에 깔면서 경제적 문제가 분가를 억제하고 있다. 물론 과거에도 표면에 나타난 사회윤리적인 면 외에도 전통적인 농업사회가 갖는 노동력 확보와 경제문제가 수면 아래서 오늘날과 같이 부부가족의 분가를 억제하는 요인이었다는 점도 절대 간과할 수 없다. 이 같은 분가는 혼인 이후 보통 1-5년 사이에 가장 많이 이루어진다. 이 시기는 <표 8-3>과 <표 8-4>에 나타나 있는 것처럼 경제적인 여력이 없어 분가를 못하던 부부에게 자녀가 생기고 집이 협소해지는 불편이 맞물리면서 분가를 할 수 있는 경제적인 여유를 어느 정도 가지는 기간으로 보여진다. 즉 1-5년이면 1-2명의 자녀가 생겨나 가족은 부모를 포함하여 최소한

5-6인 이상이 될 것이고, 또 이 기간이면 부부에게 어느 정도의 경제적 여유도 생긴다는 것이다. 물론 이 같은 분가가 경제력을 기반으로 거처의 협소함을 탈피하기 위한 고충에서 행해진다고 할 수도 있겠으나 분가를 촉진한 것은 무엇보다도 사회적인 의식변화가 전제가 된다고 보아야 할 것이다. 이것은 <표 8-3>의 혼인직후 분가를 못한 원인조사에서 '본인이 장남이기 때문에'라는 항목이 1954-85년까지 각각 21.57%, 28.80%, 18.64%, 그리고 1987년 개방화 이후에는 단지 8.06%로 하락하였다. 이 수치와, 전통적인 효사상을 척도할 수 있는 '노부모를 돌보기 위해' 라는 항목이 약 11%정도인 점은 이것을 잘 반영하고 있다. 이 같은 요인과 협소한 집에 대하여 경제적인 여유가 분가를 촉진하는 일반현상이 되고 있긴 하지만 <표 8-2>의 장기간 부모와 동거한다는 1986-93년의 비율 40.32%가 시사하는 바, 부모와 동거한다는 베트남인들의 전통적인 문화관은 아직까지도 상당히 유지되고 있다고 하겠다.

혼인직후 분가를 못하는 이유 중에 가장 큰 항목을 차지했던 '경제적인 문제' 외에 1980년대 이후 1993년까지 두 번째로 큰 부분을 차지한 것은 '본인이 막내이기 때문'이라는 항목이다. 각각 15.25%와 20.97%에 달하는 이 높은 수치는 또 다른 의문을 제기한다. 이러한 현상이 나타난 이유는 무엇보다 1980년 이후의 정부의 토지정책에 있다고 본다. 손위의 형들이 이미 분가하여 단지 자신과 부모만이 동거하는 상황과, 여기에 개별 가정을 세울 수 있는 경제적인 조건이 충족되지 않은 점이 어우러져 본인으로 하여금 분가할 기회를 놓치게 하는 원인으로 작용했기 때문이라 하겠다. 이 같은 요인은 곧바로 장기간 부모와 동거하는 비율을 높이는 원인이 되겠다. 분가 원인에서 특별히 주목할 수 있는 점은 시부모와의 불화가 분가 원인으로 수치상 전혀 나타나 있지 않다는 점이다. 물론 1976-80년 사이에 시부모와의 불화가 분가원인으로 나타난 2.50%의 수치가 있기는 하지만 과거부터 고부간의 갈등이 심각한 사회문제가 되어왔던 점을 감안했을 때, 이는 의문의 여지가 없잖아 있다. 이를테면, 이것은 베트남인들의 보수성, 자신들의 내면의 세계를 표출하기를 주저하는 습속에서 비롯된 것이라 추측할 수 있다. 감추어진 수치를 감안할 때 고부간의 갈등도 분가의 한 원인으로 어느 정도 작용한다.

고부관계는 한국 뿐 아니라 베트남도 순탄치 않았다. 아래 내용은 며느리의 설움을 나타내는 베트남 가요 중 하나이다.

"이 몸이 열여섯 살이었을 때
부모는 강제로 남의 집에 시집보냈다
말하면 사람들이 비웃을까 두려워
세 다섯 개의 참혹한 얘기, 아홉 열 개의 매운 얘기
시집 온지 몇 년이 지났는데
사적인 슬픔만 있지, 기쁜 일은 없다
낮에는 들판에서 힘들게 일하고
밤에는 외롭게 홀로 잠자리에 든다
오경(五更)을 뜬눈으로 새는 밤도 있고
돼지 야채 개 죽(짐승 밥), 이일 저일로 바쁘다
Thân em mười sáu tuổi đầu
Cha mẹ ép gả làm dâu nhà người
Nói ra sợ chị em cười
Năm ba chuyện thảm, chín mười chuyện cay
Tôi về đã mấy năm nay
Buồn riêng thì có, vui rày thì không
Ngày thời vất vả ngoài đồng
Tối về thời lại nằm không một mình
Có đêm thức suốt năm canh
Rau heo cháo chó, loanh quanh đủ trò

고부간의 모순관계를 표현하는 가요로 "소장사도 솔직하다고, 고부도 서로 사랑한다고 한다(Thật thà cũng thể lái trâu, yêu nhau cũng thể nàng dâu mẹ chồng!)"도 있다. 베트남 사회에서 가정의 부인은 내상(內相)이라 여겼다. "남편의 명령은 부인의 징만 못하다(Lệnh ông không bằng cồng bà.)"라는 속어는 이를 잘 드러낸다. 따라서 "며느리가 집안에 들어왔을 때 시어머니가 석회 병을 안고 이웃집으로 피한다."는 내용은 평온한 가정을 위하여 고부간의 충돌을 피해 며느리에게 미래의 내상권(內相權)을 양보한다는 의미다. 그러나 이는 어디까지나 미래이지 현재가 아니었다. 그래서 시어머니는 여인의 권력의 상징이며 여인과 밀접하게 관련된 신성한 석회 병을 안고 피했던 것이다.

위에서 언급한 정부의 토지정책은 고부간의 갈등해소에 주요한 역할을 했다고 볼 수 있다. 변화를 가져왔던 정부의 정책들로는 첫째, 50년대에 제정된 신헌법에서 '아들 딸 구분 없는 균등한 재산분배'를 들 수 있다. 재산 분배에서 장남이 우대를 받았던 관습이 사라짐에 따라 부모를 부양해야 하는 윤리적이며 경제적인 책임도 모든 자녀들에게 동일하게 전가되는 전기가 마련되었다. 더 나아가 공산주의 자체의 조상제사를 무시하는 종교관에 따라 과거에 제사의 큰 기능이라고 할 수 있었던 장남 혹은 장손을 중심으로 하는 가족과 친족의 결속력이 약해지고, '장남=부모 부양=제사'란 전통도 사라지게 되었다. 1950년대 후반에 시작되었던 집단농장제도, 배급제도정책 등은 또다시 과거 베트남의 전통적인 가족의 기능과 가족구성원간의 관계변화에 회오리바람을 일으킨 요인이 되었다.

호구에 따른 토지 분배와 가옥 지급으로 부부 가족의 분가를 촉진시켰고, 수많은 탁아소와 학교는 조부모들이 담당했던 자녀들의 인성 교육과 보호 기능을 대신하게 되었다. <표 8-3>에 나타나 있는 바처럼 경제적으로 부모님을 돕기 위한 자녀의 부모부양 개념이 54년 이후 평균 6%에도 못 미치는 수치가 말해 주듯 이 같은 정책은 전통적인 가족의 부양 기능마저 흔들어 놓았다.

여기에 1980년대부터 사라지기 시작한 집단농장제도와 배급제도 대신에 전

<표 8-1> 혼인 직후의 거처

(단위 : %)

거처 \ 년도	54-75	76-80	81-85	86-93
분 가	10.53	7.41	9.23	16.22
남자측 부모와 동거	82.46	87.04	87.69	83.78
여자측 부모와 동거	7.02	1.85	3.08	0.00
기 타	0.00	3.70	0.00	0.00
계	100.0	100.0	100.0	100.0

<표 8-2> 혼인 후 시부모와의 거주기간

(단위 : %)

기간 \ 년도	54-75	76-80	81-85	86-93
장기간 부모와 동거	19.61	28.80	22.03	40.32
1년 이하	9.80	14.00	16.95	14.52
1-5년	35.29	40.00	42.37	38.71
5년 이상	33.33	18.00	18.64	6.45
기 타	1.96	0.00	0.00	0.00
계	100.0	100.0	100.0	100.0

〈표 8-3〉 혼인 직후 분가를 못하는 원인

(단위 : %)

원인 \ 년도	54-75	76-80	81-85	86-93
본인이 장남	21.57	28.00	18.64	8.06
본인이 막내	3.92	6.00	15.25	20.97
아내가 장녀	3.92	0.00	0.00	0.00
아내가 막내	1.96	2.00	0.00	0.00
경제적으로 부모님을 돕기 위해	9.80	8.00	1.69	4.84
경제적인 부모님의 도움 때문	39.22	38.00	52.54	50.00
노부모를 돌보기 위해	11.76	12.00	10.17	12.90
집이 비싸서	5.88	6.00	0.00	3.23
기타	1.96	0.00	1.69	0.00
계	100.0	100.0	100.0	100.0

<표 8-4> 분가 원인

(단위 : %)

원인 \ 년도	54-75	76-80	81-85	86-93
부모 사망	23.40	15.00	7.69	10.20
시부모와의 불합	0.00	2.50	0.00	0.00
장인 장모와의 불합	0.00	0.00	0.00	0.00
경제적 여유	36.17	25.00	38.46	42.86
직업	10.64	10.00	3.85	4.08
집이 협소(자녀 생김)	27.66	47.50	46.15	40.82
기타	2.13	0.00	3.84	2.04
계	100.0	100.0	100.0	100.0

출처 : 사회과학원, UNFPA, CEPED, 『베트남 가족변화』, (1994)

혀 새롭게 도입된 시장경제 정책에 의해서 오늘날 베트남은 또 다른 변화를 맞고 있다. 그것은 과거의 전통들이 사회주의 국가건설이라는 목표아래 긍정적인 차원에서 재해석되어 복원되거나 개선되고 있으며, 동시에 이것들이 공산주의적 요소와 자본주의적 요소간에 충돌과 혼합을 거듭하면서 새로운 형태의 베트남화로 나타나고 있다.

II. 출산

과거에는 자녀를 출산한다고 하는 것은 자연의 섭리나 운명으로 받아들여져 인간이 인위적으로 조절할 수 없는 것으로 생각하였다. 나아가 전통시대에는 많은 출산에 비례하여 많은 유아사망으로 다산을 할 수밖에 없었으며, 자식이 복이라는 생각으로 다산하여 많은 자녀를 두는 것을 자랑으로 여기고 장려하기까지 하였다. 자식이 태어나서 운명에 따라 살아간다는 관념과, 경제적인 어려움에 자녀들을 방치하는 것이 일반적인 모습이었다. 나아가 가족의 노동력에 많이 의존해야 했던 농업사회였기 때문에 자녀의 수는 생산력의 수단으로도 중요한 의미를 가졌다.

그러나 산업이 발전하고 의식 수준이 향상되면서 출산에 대한 사람들의 인식이 바뀌기 시작했다. 이러한 변화는 도시에 비해 농촌이 늦었으나 베트남 공산당의 일률적이며 통제적인 정책 아래 1960년대에 시행된 가족계획사업과 1980년대 말에 도입된 시장경제정책에 의해서 농촌의 출산율에도 많은 영향을 미쳤다. 전국에 가족계획이 실시되던 1960년대에 4.2명의 자녀수가 적당하다고 하던 농촌여성이 1990년대에 들어와서 가족계획사업에 적극적으로 호응을 보이기 시작하면서 자녀수가 크게 감소하였다. 하지만 도시든 농촌이든 대를 이을 아들을 낳아야 한다는 생각이 잔존하고 있었다. 때문에 남아선호 경향은 출생률을 높이는 원인이 되었으며, 노부모와 함께 사는 거주의 모형을 낳는 주요한 변수가 되었다.

출산과 관련한 베트남인들의 습속은 남아선호, 다산, 태교, 금기 식품 등에서 볼 수 있듯이 우리와 비슷한 점들이 많이 있었다. 과학문명과 의식수준이 낮았던 관계로 잉태에서 출산, 그리고 장성하기까지 모든 것들을 신과 운명간의 함수관계로 이해했다. 이 같은 특징은 다음과 같은 베트남의 출산문화에 그대로 나타나 있다.

혼인 후 아이가 없는 가정에서 아이를 갖기 위한 여러 가지 방법 중에는 기혈을 보충하기 위해 한약을 먹는다거나, 지관에 부탁하여 조상들의 묘지를 옮긴다거나 사원, 사당, 명산 등을 찾아 기원을 드린다거나 삼신할머니(베트남인들은 12인의 삼신할머니에 의해서 태아가 조성된다고 믿음)에게 기도를 드리는 등의 예가 있다. 기원을 위하여 북부 베트남인들이 즐겨 찾는 명산으로는 흐엉 떡(Hương Tích)사찰과 종유석 동굴이 있는 흐엉 떡산이다. 이곳 동굴에는 양쪽에 우뚝 솟은 종유석이 있는데 사람들은 낮에 이곳 사찰에서 예불을 마친 다음 떡을 가지고 동굴에 와서 다시 예를 드린다. 눈에 들어오는 종유석을 만지면서 "우리부부

[사진 7] 흐엉 사찰을 찾는 사람들

[사진 8] 흐엉 사찰

와 함께 집에 돌아가자"라는 기원을 한다. 아들이 없고 딸만 있는 부부도 이곳에 와서 예를 드리는데, 예를 마친 후 나뭇잎에서 떨어진 물을 요구하거나, 지니고 다니기 위하여 부적이나 도장이 박힌 여자의 옘(yếm: 과거 여인들의 앞가슴을 가리는 속옷으로 지금의 브래지어와 같은 역할을 했으며, 소수종족 중에는 지금도 착용하는 여자가 있음)을 구입한다.

아이를 잉태한 경우 산모는 음식과 언어와 행동에 많은 금기사항을 지켜야 한다. 음식의 경우, 게는 아이를 옆으로 낳는다고 하여, 토끼는 언청이를 낳는다 하여, 우렁이는 아이가 침을 많이 흘린다 하여, 오리는 육손을 낳는다 하여, 개구리와 복숭아는 아이가 자주 경기를 한다고 하여 금기식품이 되었다. 임산부는 아이가 똑바로 서지 못할까 하여 옆으로 앉는 것이 금지되었고, 태중의 아이가 영향을 받을까 하여 추하고 나쁜 것들은 보거나 듣지도 못하게 하였다. 임산부의 방안에 역사의 영웅이나 현인들의 화상을 벽에 걸어 놓는 것을 아주 좋은 일로 여겼다.

아이는 산파의 도움을 받아 낳는다. 탯줄은 칼이 아닌 유리나 대나무칼로 잘라서 말려 두는데, 이는 사람들이 배가 아플 때 약으로 쓰기 위해서이다. 산모는 오줌을 마시고, 침대 밑에 숯을 피우고 이불을 둘러 쓴 채 누워 있어야 한다. 산모가 마시는 오줌은 2-3세 된 건강한 사내아이의 것으로 보통 1-2달 마시는데, 베트남인들의 통설에 의하면 오줌 속에 있는 성분이 산모에게 항생작용을 한다고 한다. 오줌을 마실 때 생강즙을 섞는데, 이 또한 통설에 의하면 생강이 발열의 기능을 한다. 삼일 후에 산모는 젖이 풍부하도록 하기 위하여 양파를 넣은 따뜻한 밥으로 유방을 주무르기도 하고, 젖이 적을 경우에는 찹쌀죽이나 돼지족발 등을 먹기도 한다.

산모가 있는 가정에서는 집 앞에 7-9개의 동전(남아 7개, 여아 9개)과 숯을 매단 토란잎을 걸어둔다. 이는 외부인의 방문으로 신생아에게 옮길 수 있는 질병을 사전에 차단하기 위한 의도로 보여진다. 이 때문에 산모 또한 한 달 정도는 외부 출입이 금해졌다. 그러나 일반 가정에서 남아는 7일 후, 여아는 9일 후에 이 같은 금기가 없어진다. 7-9일이 지나면 삼신할머니에게 감사하는 예를 드리는데 이때 아이가 웃고, 뒤집고, 기고, 서고, 걷고, 먹고, 말할 수 있도록 하는 기원을 드린다. 이어서 생후 한 달이 되면 보통 7-9개의 귀 쏘이, 7-9개의 바닷게, 7-9개의 붉은색을 칠한 찐 계란이 갖추어진 상을 차려 삼신할머니에게 다시 예를 드린다. 이때 삼신할머니에게 아이의 이름을 지어달라고 주문한다. 여기서 7과 9의 숫자는 남녀가 각각 칠규(七竅)와 구규(九竅)를 갖는다는 의미에 근거한다.

아이를 악령들로부터 보호하기 위한 여러 가지 방법으로 다음과 같은 것들이 있다. 아이의 생명을 엿보는 악귀를 피하기 위하여 아이의 이름을 개, 고양이와 같은 동물 이름을 붙였다. 때문에 아이에게도 이 같은 짐승에게 하는 것처럼 '먹어라'를 '핥아 먹어라', '머리'를 '대가리', '어린이 요람'을 '둥지' 등으로 표현했다. 이 같은 의도에서 자손이 귀한 집에서는 남아를 낳을 경우 '계집년'과 같은 식으로 여자 이름을 짓기도 하였다. 대문을 부적을 그린 벽돌이나 돌로 만든다든가, 부적을 지니고 다닌다든가, 집 앞에 뱀 시체나 더러운 물건을 걸어놓기도 하였다. 심지어는 대장장이에게 거짓으로 아이를 판 다음 발목에 팔찌모양의 쇠고랑을 채운 다음 아이가 자란 후 데려왔다. 여기서 대장장이는 무거운 쇠망치로 때려친다는 특징에서 '무서운 괴력'의 뜻으로 해석된다. 또는 사원이나 사당

[사진 9] 진성 쩐흥 다오 사당

의 불이나 성에 아이를 판 후(실제로 파는 것이 아니고 불과 성에 드렸다는 의미) 도장이 박힌 옷을 요청하여 아이에게 입혔다. 여기서 도장은 부적과 같은 의미로, 이제 아이는 불과 성의 것이기에 마귀는 절대 건드릴 수 없다는 의미를 갖는다고 생각한 것이다. 더욱 심각했던 것은 아이를 낳았지만 계속하여 아이가 죽을 경우 이 같은 비운을 피하기 위하여 바로 죽은 아이의 시체를 취하여 여러 토막을 낸 다음 묻기도 하였다. 일부 지역에서는 이 비운이 팜냔(Phạm Nhan)이란 귀신에 의해서 생겼다하여 쩐(Trần, 陳)聖에게 기원을 드리기도 했다. 베트남인들은 어린 아이들의 죽음이 부모가 전생에 지은 빚에 대한 대가라고 믿었다.

여기서 팜냔은 본명이 응우옌 바링(Nguyễn Bá Linh)이다. 꾸앙 닝(Quảng Ninh)의 동 찌에우(Đông Triều) 여인과 혼인한 광동 상인의 아들이었다. 아버지를 따라 중국으로 돌아갔던 그는 원나라 때 등과하였다. 방술에 능했던 그는 환자 치료를 위하여 궁궐을 출입하였다. 궁녀와의 사통이 발각되어 사형을 받았다. 사면을 위하여 그는 베트남을 침공하는 몽골군에 입대하였다. 불행하게 그는 바익당(Bạch Đằng)강 전투에서 오 마니(Ô Mã Nhi)와 함께 붙잡혔다. 팜냔이 방술을 할 줄 안다고 믿었던 베트남인은 쩐홍 다오 왕을 초청하여 팜냔의 목을 베었다. 죽기 전에 그가 무엇을 먹고 싶다고 하자, 화가 난 쩐홍 다오 왕은 그에게 산혈을 먹였다. 사람들은 그때부터 그의 혼이 도처에 흩어져서 산부를 보면 아프게 한다고 믿었다. 그때마다 사람들은 사당에 가서 성지에게 도움을 청하였다.

베트남인은 아이가 돌이 되면 한 달 때와 같이 잔치를 한다. 이들은 돌때 아이가 비로소 인격을 갖춘 인간이 되며 죽더라도 귀신이 될 수 있다고 믿었다. 아이가 여자였을 경우, 삼신할머니에게 기원을 마친 다음 귀에 구멍을 뚫었다. 베트남 바나(Ba Na)족의 경우 귀에 구멍이 뚫어진 여자라야만 죽어서 어른들처럼 장례식과 제사의식이 치뤄지며, 부모가 울어주었다고 한다. 이로 볼 때 여자가 귀에 구멍을 뚫는 것은 인격체로 인정받는 의식이라 할 수 있으며, 부차적으로는 베트남 여인들이 즐겨하는 귀걸이 장식을 위한 목적도 있겠다.

돌찬치에서 남아는 땅바닥에 칼, 가위, 도끼, 낫, 활, 종이, 붓 등을 놓고서 삼신할머니가 아이에게 그 어떤 것을 집을 수 있도록 말해줄 것을 기원한다. 이는 우리의 풍습과 비슷한 것으로 아이의 미래 직업을 점치기 위한 습속이라 하겠다.

현대사회에서는 이 같은 출산 전후의 문화가 많이 변화되었다고는 하나 동물

<표 9> 원하는 자녀의 수

(단위 : 명)

원하는 자녀의 수	남자				여자			
	54-75	76-80	81-85	86-93	54-75	76-80	81-85	86-93
1	15.2	7.5	7.3	6.3	8.8	3.8	7.3	9.3
2	74.7	82.7	85.3	88.5	75.5	85.0	84.5	84.5
3	8.1	8.3	5.5	5.2	12.7	10.5	6.4	6.2
4 이상	2.0	1.5	0.9	0.0	2.0	0.8	1.8	0.0
상관없음	0.0	0.0	0.9	0.0	1.0	0.0	0.0	0.0
원하는 아들의 수	남자				여자			
	54-75	76-80	81-85	86-93	54-75	76-80	81-85	86-93
0	1.0	0.8	0.0	0.0	2.0	0.0	0.0	1.0
1	67.7	72.2	73.2	71.9	65.7	75.9	74.5	82.5
2 혹은 이상	6.1	9.0	4.6	4.2	13.7	6.0	7.3	5.2
상관없음	25.3	18.0	22.0	24.0	18.6	18.0	18.2	11.3
원하는 딸의 수	남자				여자			
	54-75	76-80	81-85	86-93	54-75	76-80	81-85	86-93
0	2.0	3.8	2.8	3.1	0.0	1.5	3.6	6.2
1	69.7	74.4	70.6	72.9	77.5	76.7	74.5	74.1
2 혹은 이상	3.0	3.8	4.6	0.0	3.9	3.8	4.5	3.1
상관없음	25.3	18.0	22.0	24.0	18.6	18.0	17.3	20.2

의 이름을 딴 작명이나 유아사망을 방지하기 위한 극단적인 몇 가지 행위들을 제외한 태교, 기원, 돌 행사 등과 같은 습속들은 지금도 여전히 남아 있다. 오늘날에는 물질문명의 발달과 의식수준의 진보에 의해서 과거와 같은 다산의 개념도 없을 뿐만 아니라, 유아 사망률과 출생률도 낮다.

원하는 자녀수에 대한 <표 9>을 살펴보면 1976년부터 원하는 자녀의 수가 감소하고 있음을 알 수 있다. 여기에서 성구별 없는 원하는 자녀수 1-2명을 보면 남녀 모두 비율이 비슷하나, 그러나 다산의 의미가 되는 세 자녀를 원하는 비율은 남자보다 여자가 높다. 하지만 이 수치가 말해주듯 남녀 공히 다산을 원치 않았고, 2자녀를 가장 이상적으로 여기고 있다. 출산에서 간과할 수 없는 것은 성구분이 출생률과 가족규모에 많은 영향을 미치고 있는 점이다. <표 9>에서 보듯이 자녀수가 적었으면 하는 욕구는 두 명의 아들을 요구하는 비율을 감소시켰지만 여자에게 있어 아들 하나는 반드시 있어야 한다는 욕구를 남자보다 높게 만들었다. 이러한 욕구는 전자에서 언급했던 출생률을 높이는 원인이 되었다. 이처럼 반드시 남아가 있어야 한다는 욕구는 전쟁으로 남녀의 균형이 깨진 것에 있기도 하지만, 본질적으로 전통적인 남아선호사상, 가계유지, 노후부양, 제사와 같은 복합적인 요인에서 비롯되었다. 아들딸 성구분에 상관하지 않는다는 항목에서 남자가 여자보다 비율 수치가 높은 것은 여자보다 진보된 남자들의 의식에 있지 않을까?

III. 입양

입양의 제일 큰 목적은 가통을 잇는 데 있었다. 혈통을 잇고자 했던 데서 비롯된 입양제도를 잘 반영하는 베트남의 속어로는 "일남왈유 십여왈무(**Nhất nam viết hữu, thập nữ viết vô,** 一男曰有 十女曰無)"와 "사람이 죽어 아들이 없으면 유산은 비록 여식이 취한다지만 혈통은 누가 이으며, 제사는 누가 지낸단 말인가!"를 들 수 있다. 가통을 잇기 위한 목적 외에도 친구간의 우정을 돈독히 한다거나 채무자로 하여금 빚을 갚도록 하기 위하여, 또는 노동력을 확보하기 위한 목적에서 돈을 주고 입양하는 다양한 예가 있었다.

채무와 관련한 입양에서는 입양된 자는 채무를 갚기 위해서 노동을 해야 했다. 이 때문에 예부터 베트남에서는 남녀를 구별하지 않는 입양제도가 보편화되었다. 가통을 잇는 차원에서의 입양 대상은 주로 형제의 자녀와 같은 동족 가운데 아들 대와 같은 항렬을 가진 집안에서 찾는다. 하지만 설화 '망부석'이나 호왕조(Hồ, 胡, 1400-1406)를 열었던 호꾸리(Hồ Quý Ly)의 예가 말해주듯 가통을 잇는다 할지라도 베트남의 입양제도는 혈통과 관계없이도 이루어졌다. 그러나 "친족의 아이를 안는 것보다 남편의 아이를 안는 것이 낫다(Bế con chồng hơn bồng cháu họ.)"라는 속어에서 알 수 있듯이 대다수 여인들은 친족의 남아를 입양하기 보다는 씨받이나 첩을 통해 얻은 친자를 선호했다.

베트남 역사에서 양부의 성을 버리고 본래의 성을 되찾은 대표적인 인물로는 새로운 왕조를 세운 호꾸리를 들 수 있다. 호꾸리는 본래 중국의 절강(浙江)지방에 살다가 오대십국의 후한(947-950), 즉 베트남에서 12사군의 난이 치열하던 때에 지엔[Diễn(지금의 응에 안성)]주에 속한 로의 태수로 부임한 호흥일(胡興逸)의 후손이었다. 호씨는 쩐(Trần, 陳)왕조에 와서 두 지역, 즉 응에 안(Nghệ An)과 타잉화(Thanh Hóa)에서 가계를 이루며 살게 되었다. 그의 4대 조 호 리엠(Hồ Liêm)은 타잉 화성 다이 라이(Đại lại)현에서 선위(宣尉) 벼슬을 하던 레훤(Lê Huấn)의 양자가 되면서 레씨로 개명하게 되었다. 호꾸리는 왕위에 오른 후 다시 호씨로 개명했다.

후사로 세워진 양자는 친자녀와 같은 권한과 의무를 갖게 된다. 그러나 양자의 친부모 자녀들이 불의의 사고로 인해 후사가 끊기게 되는 경우, 혹은 후사를 세운 가정에서 그 후사에 대하여 만족하지 못할 경우, 그 양자는 자신의 친부모에게 돌아갈 수 있다.

베트남에서는 양자를 후사로 세우는 것 외에도 첩의 자녀를 후사로 세우기도 하였다. 이때 후사로 세워진 서자도 적자와 똑같은 권한과 의무를 갖게 되었다.

입양은 주로 입양대상자가 사리분별이 없는 어렸을 때 이루어졌다. 이는 입양자와의 친밀감을 높이고자 했던 의도로 보여진다. 이러한 입양제도는 최근에 약화되었다고는 하나 가문이나 계통을 중시하는 집안에서 도·농할 것 없이 찾아볼 수 있다. 특히 그 가족이 종손 또는 장손이면 가장 가까운 집안, 예컨대 동생의 큰아들을 큰집의 양자로 입양시킨다. 또 큰집의 아들이 둘이고 작은집에 아들이 없으면 큰집의 차자를 작은집의 양자로 입양시켜 대를 잇게 한다.

오늘날 베트남의 입양은 엄격한 법규아래 주로 가통을 잇거나 고아와 병자들을 돕는 차원에서 이루어진다. 이 같은 목적에서 내국인에 의한 입양 뿐 아니라 인도적인 차원에서 외국인에 의한 입양이 많이 이루어지고 있다. 베트남인은 전통적으로 혈통을 중시하는 사회관습과 개방 이후 미혼모가 늘어나는 사회풍조 때문에 우리처럼 해외입양이 많은 나라 중 하나이다.

IV. 가족구조

가족구조는 크게 두 가지 대가족과 소가족으로 나눌 수 있다. 전자는 3대 이상이 한 지붕에서 함께 사는 것이고, 후자는 1대 혹은 2대가 함께 사는 것을 말한다. 후자의 경우는 핵가족이라고도 한다.

전통시대에 우리 한국처럼 한곳에 오래 거주하면서 많은 일손을 필요로 했던 도작문화였던 것 때문에 베트남의 가족구조는 여러 세대가 함께 하는 대가족이었다. 이는 나중에 언급할 3, 4대가 한 집에서 모여 사는 삼대동당(三代同堂) 혹은 사대동당(四代同堂)의 형태였다. 심지어 5대가 한 지붕 아래 거주하는 경우도 있었다. 당시에는 자손이 많은 것이 복이요 가족의 세(勢)로도 여겨졌던 경향 때문에 비록 의학의 낙후로 생존율과 수명이 낮았을지라도 대가족의 구성원은 적지 않았다. 대부분의 아들들은 부모가 세상을 떠나기 전까지는 분가를 하지 않고 부모와 함께 살았다는 점 역시 대가족의 구성원을 많게 하는 요인이었다. 3대는 부모, 부부, 자식이며, 4대는 부모, 부부, 자식, 손주의 형태다. 그리고 2대는 부부와 자식의 형태다.

개방 이후 정부가 강력하게 추진하고 있는 가족개혁사업에 힘입어 베트남 가족구조는 크게 변하고 있다. 아들 딸 구별 말고 한 가족 두 자녀 갖기 운동이 경족에게는 정착됐을지라도 소수종족들 사이에는 아직도 추진 단계에 있는 까닭에 전체 출생률에는 크게 영향을 미치지 못하고 있다. 물론 경족, 특히 도시의 경우는 정부가 추진하고 있는 가족개혁사업 외에도 지적수준의 향상, 경제활동의 이유, 의학의 발달과 같은 요인에 힘입어 핵가족을 지향하는 경향이다. 따라서 하노이, 호찌밍시와 같은 대도시에서는 두 자녀가 아니라 한 자녀만 갖는 경우가 많다.

아래 <표 10>은 1976년부터 1988년 기간 동안의 베트남 가족구조의 변화를 보여준다. 1976년은 베트남 전쟁이 끝난 이듬해이고, 1988년은 베트남이 개방·개혁정책을 추진한 이듬해이다.

<표 10> 1976-1988년 기간 동안의 베트남 가족구조의 변화

(단위 : 명)

지역 \ 년도	1976	1980	1984	1988
전국	5.84	5.59	5.35	5.26
도시	5.30	5.10	4.84	4.65
농촌	5.93	5.72	5.47	5.42

<표 10>은 베트남 가족의 구조가 지역 구분 없이 대가족에서 핵가족화 되고, 그 가족의 구성원이 점점 줄어들고 있음을 보여준다. 도시의 경우는 1명의 차이가

있을 정도로 그 경향이 심하다. 이후의 연구를 통해 정확히 알 수 있겠지만 현재 베트남 정부가 수십 년째 추진하고 있는 가족계획사업과 동시에 오늘날 진행되고 있는 공업화와 산업화는 향후 베트남 가족 구성원을 더욱 떨어뜨릴 것이다.

베트남 가족의 핵가족화는 베트남 전쟁시기에도 있었다. 이는 전쟁의 장기화, 징집된 장병들의 다수 사망, 이 기간 수많은 민간인의 죽음과 이산가족화 때문이었다. 1987년 개방 이후에는 외화벌이를 위해 베트남 정부가 정책적으로 많은 노동자를 해외로 송출했던 것도 핵가족화의 원인이 되고 있다. 뿐만 아니라 수많은 농촌 젊은이들의 도시진출도 베트남 농촌가족의 핵가족화를 촉진시키고 있다.

제2절 농촌

I. 마을의 일반 특징

베트남 마을은 다양하고 독특한 특징을 띤다. 이는 몬순과 아열대라는 두 가지 기후, 54개 이상의 다종족이라는 특징 외에 긴 시간 속에서 남진에 의한 영토 확장의 역사나 1750km 이상 되는 북남 간 긴 직선거리와 같은 여러 요인에서도 비롯되었다.

농촌사회와 관련하여 마을의 일반 특징, 마을 형성 단위, 마을 조직 등은 『베트남 탐구』의 내용 중 일부를 인용한다.

1. 마을 입구

베트남의 마을 입구에는 출입문이 있다. 아주 오래 전에는 성문처럼 양쪽으로 열고 닫는 문이 있었을지 모르지만 현재는 대부분 사각형의 시멘트 기둥만 존재한다. 문의 처마는 한옥처럼 되어 있고 문 위와 양쪽 기둥에는 한자어 현판이 새겨져 있다. 글자들은 대부분 촌락 설립자 이름, 촌락 이름, 행복을 축원하는 내용들이다. 이러한 글자들은 대부분 오랜 세월동안 비바람에 씻겨 나가 희미하다.

[사진 10] 박장의 토하마을 문

마을 입구의 출입문은 일반 문처럼 열고 닫고 하는 형태가 아니라 철로 건널목에 설치되어 있는 올리고 내릴 수 있는 차단기 형태이다. 여기에는 늘 촌락 사람들이 상주하여 밤낮으로 사람과 우마차의 통행을 살핀다. 차단기는 밤이나 특별한 경우를 제외한 평일에는 늘 올려져있다. 그러나 오늘날에는 특별한 지역을 제외하고는 형체만 남아있다.

대나무가 출입문 양측 기둥에서부터 시작하여 마을 전체를 성채처럼 둘러싸고 있다. 대나무 성채는 외부의 침입으로부터 촌락을 방어하는 군사 및 치안의 역할을 한다. 이 같은 역할을 보다 확고히 하기 위하여 대나무 성채 아래에 깊은 도랑을 파 놓았다. 이러한 특징은 베트남 마을의 폐쇄성을 외형적으로 한층 더 강하게 해주는 요소가 된다.

마을 입구에 들어서면 마을을 관통하는 도로를 따라 촌(村), 쏨[xóm, 𥯍], 읍(邑), 정(亭), 사찰, 우물, 들판 등과 연결되는 여러 작은 길이 있다.

2. 마을 보리수

[사진 11] 마을 보리수

보리수는 대나무, 수우(水牛), 야자수, 빈랑나무, 연꽃 등과 함께 베트남을 특징짓는 요소들 중 하나이다. 보리수는 촌락의 우물가나 촌락 입구에 있다. 보통 수백 년의 역사를 가지고 있는 보리수는 그늘을 만들어 주기 때문에 촌락민이 휴식을 취하는 쉼터가 된다. 아이들에게 있어 보리수는 촌락 어린이들이 오르내리면서 노는 가장 친근한 놀이기구가 된다. 그러나 보리수는 휴식이나 놀이기구로서의 기능보다는 신앙적 기능을 더 갖는다.

보리수는 본래 나무 자체의 기괴한 형상과 오래된 나무의 수명 때문에 베트남인들의 깊은 신앙의 대상이 되고 있다. 촌락민은 보리수 밑동에 대수영신(大樹靈神)이란 글자가 새겨진 위패(位牌)가 있는 작은 제단을 만들어 놓았다. 제단에는 향을 피우는 향단과 꽃을 꽂는 꽃병, 술을 놓을 수 있는 단이 있다. 제단 양측에는 석회를 담는 병이 있다. 제단이 없을 경우에는 그냥 나무에다 향불을 꽂아놓고 간단한 제례의식을 한다. 보리수 밑동에는 보리수에 거주하는 여러 신을 위하여 종이로 만든 붉고 푸른 신발과 논(nón: 원뿔형 혹은 운형의 모자)을 걸어놓았다. 촌락 사람들은 매월 초하루나 보름 외에도 집안 제삿날이나 사찰에 가는 날에 이곳에서 제사를 지낸다.

[사진 12] 논

여기서 석회는 구장 잎과 빈랑 열매를 씹을 때 반드시 필요한 재료다. 석회는 물에 혼합하여 조금 넣는데, 석회의 양에 따라 입안의 열기가 차이가 난다. 만약 석회를 많이 넣게 되면 입안이 얼얼하고 얼굴에 땀과 홍조가 더한다. 구장·빈랑을 씹는 습관 때문에 제단에 석회병이 있었다. 집집마다 석회병은 한 개씩은 있으며, 베트남인은 이것이 집에서 내조를 하는 여인의 내상권(內相權)을 의미한다고 하여 이를 옹빙 보이(Ông bình vôi)라 부른다. 이 때문에 병 속의 석회가 말라서 쓸 수 없다 할지라도 사람들은 석회병을 버리지 않았다. 석회병은 보리수 외에도 정이나 사찰 등 제사행위를 하는 곳에 반드시 있다.

[사진 13] 옹빙 보이 석회병

오늘날 보리수 밑동에는 차, 과자, 과일 등 간단한 식음료를 파는 좌판이 있어 지나가는 객이든 마을민이든 잠시 쉬면서 마을의 정보를 들을 수 있다. 따라서 이곳은 쉼터요 마을과 외부를 연결하는 곳이기도 하다.

3. 마을 들판

베트남의 들판은 연중 2기작 혹은 3기작으로 늘 푸르거나 황금벌판이다. 이 때문에 들판은 농사에 여념이 없는 농부들로 활기가 찬다. 북부와 중부는 2기작에 그치지만 벼를 수확한 직후에 고구마, 옥수수, 콩 등의 곡류와 상추, 배추 등과 같은 채소류의 경작으로 들판의 활기가 남부와 다를 바 없다. 특히 북부의 홍강과 남부의 끄우 롱강에 의하여 형성된 평야는 끝없이 펼쳐지는 광활함으로 보는 이에게 절로 탄성을 자아내게 한다.

연평균 1800㎜이지만 많게는 3000㎜가 넘는 강우량은 베트남의 들판을 더욱 넓고 풍요롭게 만든다. 특히 홍강과 끄우 롱강과 이어지는 많은 작은 강과 이들 강의 수많은 지류들은 예부터 촌락과 촌락을 잇는 해상교통과 상공업의 발전을 촉진시켰다. 그 뿐 아니라, 많은 강은 어족자원을 풍부하게 하였고 수상문화(水上文化)를 발전시켰으며 민물고기 식단에 익숙하도록 만들었다.

[사진 14] 타이 빙의 마을 들판

[사진 15] 싸빠 소수종족의 계단식 논

합작사 시대를 거치면서 베트남의 들판은 경지정리가 잘 되어있다. 여기에 수리시설과 농로가 발달하여 물의 흐름과 농기계의 사용이 편리하다. 그러나 집단농장화 이후 농업생산의 침체 하에서 생산 증대를 목적으로 콴(khoán)경제가 실시되고 소농경제체제로 전환되면서 농로의 발달에도 불구하고 농기계의 사용은 아주 미진하다.

여기 콴제도는 1960년대에 하이 퐁(Hải Phòng)과 빙푸(Vĩnh Phú)지역에서 처음 출현하였다. 이 제도는 생산과정의 일부를 농민에게 자율적으로 관리하게 하여 잉여생산물을 농민이 소유하도록 하는 장려제도로써 시행지역에서 많은 성과를 얻었다. 그러나 베트남 정부는 이 제도가 사회주의 경제제도에 역행된다고 하여 이를 단호히 금하는 동시에 이의 시행 관리들을 엄중히 처벌하였다. 계속되는 농업 생산의 침체 가운데 베트남은 생산력 증대를 목적으로 1981년 1월의 중앙당 서기국 '지시 100호(콴100이라고도 함)'에서 콴제도를 강조하였다. 실제로 베트남은 지시 100호를 통하여 소유경제의 기능, 가정경제의 역할, 집체화의 모순점을 발견하였으며, 이를 근거로 집체화에서 개별화로 전향해야 할 절대적 필요성을 찾게 되었다. 그리하여 제3차 5개년 계획(1981-1985) 기간 동안에 베트남은 콴제도에 힘입어 연평균 5%의 농업성장을 달성하였다.

북부와 남부의 들판을 구별하는 두드러진 특징으로는 북부에는 제방이 있으나 남부에는 없다는 것과 후자는 조석농법(潮汐農法)을 이용하나 전자는 그렇지 않는다는 점이다. 그리고 북부에는 2기작이나 남부에는 3기작에 도작(稻作)에 배가 많이 이용된다는 점이다.

4. 마을 시장

베트남의 마을 시장은 크게 두 가지 형태가 있다. 하나는 정해진 장소와 시간에 매일 열리는 시장이다. 이는 마치 한국의 도깨비시장처럼 아침 일찍 열렸다가 사라지는 시장이다. 장판은 사람들이 쉽게 드나들 수 있는 공터나 길가에 위치하며, 취급하는 물품은 음식물이 주류를 이룬다.

또 하나는 정해진 장소와 날짜에 정기적으로 열리는 시장이다. 이는 도시처럼 많은 사람들이 한 곳에 집중하여 거주하는 형태가 아니라 적은 사람들이 여러 지역으로 멀리 떨어져 거주하기 때문이다. 따라서 하 떠이(Hà Tây)성 타잉 와이(Thanh Oai)현 프엉 쭝(Phương Trung)사의 쭈옹(Chuông)시장의 경우 매달 정해진 기간인 4일, 10일, 14일, 20일, 24일, 30일 여섯 차례 열린다.

마을의 시장이 이처럼 일정한 간격을 두고 정기적으로 열리기 때문에 사람들은 장날을 기억하여 필요한 물건들을 사고 팔 수 있다. 장사를 전업으로 하는 사람들은 인근 마을의 시장은 물론 먼 곳의 시장에까지 가서 상업 활동을 한다.

시장의 점포는 농·림·수·공산품으로 나누어진다. 즉 상품별로 점포 구역이 형성된다. 농림수산품은 대부분 집과 산, 그리고 강과 바다에서 직접 생산·채취·포획·양식한 것이며 공산품은 값싼 일상 생활용품이 주종을 이룬다. 시장은 촌락민의 자급자족과 빈곤 때문에 구매력이 떨어져 상설 점포가 없다. 촌락의 주요 생산품이 무엇인가에 따라 시장의 중심 상품도 다르다. 예를 들어 잠업을 전문으로 하는 촌락일 경우 그 촌락 시장의 주요 상품은 견사·견직으로 자리 잡고, 이 촌락의 시장이 열리는 날에는 도처의 견사·견직 상품이 이곳에서 집산·거래되며, 그 가운데 이 촌락의 시장은 전문적인 견사·견직의 시장이 된다.

촌락의 시장이 열리는 날에는 흡사 촌락의 축제가 된다. 이는 상품 거래라는 촌락 시장의 핵심적 경제 기능 이외에도 촌락 시장은 농사에 지친 농부들이 잠시 허리를 펼 수 있는 쉼터가 되며 만남의 장소인 동시에 여러 지역의 사람들까지 모이는 까닭에 다양한 정보를 상호 교환할 수 있는 장소가 되기 때문이다.

마을 시장이 물건을 사고파는 장소가 아닌 단순히 만남의 장소 기능만을 하는 대표적 사례로는 카우 바이[Khau Vai: 풍류(風流, Phong Lưu) 혹은 카우 바우 정(情, tình)]시장을 들 수 있다. 하장(Hà Giang)성 매오 박(Mèo Vạc)현 카우 바이 사에 위치한 이 시장의 또 다른 특징은 일 년에 단 한번만 열리며 옛 연인끼리 거리낌 없이 사랑을 나눌 수 있다는 것이다.

[사진 16] 카우 바이 정 시장

카우 바우 정 시장이라는 명칭에서 짐작할 수 있듯이 이곳은 남녀가 실제로 사랑을 나누는 곳이다. 서로 사랑했던 남녀가 일 년 혹은 몇 년 전의 약속에 따라 만나서 지난 삶을 얘기하거나 옛 정감을 나눈다. 많은 부부도 참석하는데 이들 부부는 질투 없이 각자 자신들의 옛 연인을 만나 사랑을 나눌 수 있다. 그리고 내년을 기약하면서 헤어진다. 만남을 가진 사람들은 이를 신령하게 여길 뿐 아니라 옛 사랑에 대하여 본분과 책임을 다했다고 여긴다. 시장은 음력 3월 26일 밤에 시작하여 다음날 저녁에 끝난다.

이 시장이 열리게 된 것은 지금으로부터 100여 년 전이라고 한다. 전설에 의하면 바(Ba)라는 총각과 웃(Út)이라는 처녀가 있었다. 바는 허몽(H'Mông)족이고, 웃은 쟈이(Giáy)족이었다. 총각은 준수하고 노래를 잘하며 피리도 잘 불었다. 처녀는 아리따웠다. 두 사람은 사랑을 하였지만 총각의 집이 가난하고 두 종족은 풍속·습관이 다르며 허몽족 남자는 쟈이족 여인과 혼인할 수 없다는 요인들 때문에 가정을 꾸릴 수 없었다. 두 사람은 가출하여 카우 바이 산의 동굴에서 지냈다. 그러자 두 집안 간에 무기를 들고 치고 받으며 불을 지르는 형태로 큰 싸움이 벌어졌다. 산속에서 이를 바라보고 있던 두 사람은 자신들의 사랑 때문에 부모형제가 죽는 것을 막기 위하여 사랑을 희생하기로 하였다. 대신에 헤어지면서 서로 사랑을 영원히 잊지 말 것과 일 년에 한 번씩 헤어지던 날과 장소에서 반드시 만날 것을 약속하였다. 그들이 헤어지던 날이 3월 27일이었다. 약속대로 두 사람은 매년 한 차례 만나면서 밤새 노래를 부르고 지난 일 년 간의 삶을 나누면서 함께하였다. 마을민은 두 사람의 사랑을 기념하기 위하여 할아버지묘(miếu Ông)와 할머니묘(miếu Bà)를 세웠다.

나중에 두 사람의 사랑에 감동을 받은 허몽인들은 이들의 사랑을 기념하기 위하여 두 사람이 헤어지던 날과 장소에서 사랑했던 사람은 누구나 이유 여하를 막론하고 다시 만나 옛 사랑을 나눌 수 있다고 하였다. 이곳이 바로 카우 바이 시장이 되었다. 처음에는 이곳에 허몽족만 모였으나 시간이 갈수록 인근의 다른 여러 소수종족도 참여하게 되었다.

5. 마을 명칭

마을은 반드시 이름을 갖는다. 마을의 명칭은 흔히 마을을 세웠던 사람의 인명 외에도 특산물과 지형의 특징, 그리고 역사적인 인물명이나 전적지명 등을 고려하여 지어진다. 마을의 작명은 촌락의 특산물이나 지형에 근거하기 때문에 베트남의 촌락 이름이 매우 토속적임을 발견할 수 있다. 즉 하이 흥(Hải Hưng)성의 쩌우(Trâu: 수우)부락과 박닝(Bắc Ninh)성의 저우(Dâu: 뽕나무)부락은 수우와 뽕나무가 많다고 하여, 타이 응우옌(Thái Nguyên)성의 곡쏩(Gốc Sộp)촌락은 숍(sộp)나무 밑동(gốc)을 중심으로 촌락이 형성되었다 하여, 라익 즈어(Rạch Dừa)촌락은 개천(rạch)과 야자수(dừa)가 있었다 하여 이름을 지은 형태다.

베트남의 촌락명은 보통 두 개의 이름을 갖는다. 하나는 문서에서 사용하는 고상한 이름과 촌락민과 다른 촌락민이 일상생활에서 부르는 속명(俗名)이 있다. 속명은 한 글자 혹은 두 글자인데, 대부분은 한 글자다. 속명은 본래의 촌락 이름을 엇비슷하게 부르거나 완전히 다르게 부르는 형태다. 전자의 경우 박닝(Bắc Ninh)성 보쟝(Võ Giang)현 프엉 비(Phương Vĩ)촌락의 속명은 비(Vị)마을이며, 박쟝(Bắc Giang)성 비엣 옌(Việt Yên)현 미도(Mỵ Độ)촌락의 속명은 도(Đọ)마을이며, 박쟝성 옌중(Yên Dũng)현 쟈쏜(Giá Sơn)촌락의 속명은 쏜(Sơn)마을이다. 후자는 빙옌(Vĩnh Yên)성 땀 즈엉(Tam Dương)현 호이 홉(Hội Hộp)촌락의 속명은 꼬이(Cói)마을이고, 박닝성 보쟝현 응으 다이(Ngư Đại)촌락의 속명은 조이(Doi)마을이며, 박쟝성 옌중현 쏭르(Song Lư)촌락의 속명은 쓰어(Xưa)마을이다. 두 글자로 된 촌락의 속명으로는 하 떠이 성 트엉 띤(Thường Tín)부 끼에우 튀(Kiều Thụy)촌락의 속명은 쩌 꺼우(Chợ Cầu)마을이고, 흥옌(Hưng Yên)성 띠엔 르(Tiên Lữ)현 당 꺼우(Đặng Cầu)촌락의 속명은 더우 장(Đầu Dàng)마을 등이 있다.

촌락의 본명은 보통 두 글자이나 때로 서너 글자인 경우도 있다. 이는 촌락이 다른 촌락과 결합되었다가 나중에 분리될 때 분별하기 위해서이다. 이때 분리되는 촌락과 구별하기 위하여 고명(古名)에다 동서남북, 상중하 등의 글자를 하나씩 덧붙인다. 즉 짜쿡 트엉(Trà Khúc Thường), 번싸동(Vân Xa Đông), 떤푸쭝(Tân Phú Trung), 벤옌넌(Bền Yên Nhân), 푸토화(Phú Thọ Hòa) 등의 형태로 말이다.

6. 마을 형태

베트남 마을의 형태는 역사성, 지역성, 자연성, 민족성과 같은 여러 요인에 의하여 다양하게 나뉜다. 베트남의 북부와 남부는 문화적으로도 크게 차이가 나지만 마을의 형태에서도 크게 차이가 난다.

박닝(Bắc Ninh)성의 두옹(Đuông)강을 따라 형성된 푸동(Phù Đông)·동 비엔(Đông Viên)촌락이나 하 떠이(Hà Tây)성의 다이(Đáy)강을 따라 형성된 옌써(Yên Sở)·닥써(Đắc Sở)촌락에서 볼 수 있듯이 대다수 베트남의 촌락들은 강가 혹은 큰길을 따라 한 쪽 방향으로 무질서하게 모여 있어 집단형태를 띤다. 이는 촌락의 형성 조건에서 절대 필요한 물과 교통을 염두에 둔 것에서 기인했다. 이러한 촌락 형태는 남부의 촌락에서도 마찬가지다. 즉 벤째(Bến Tre)성의 푸안(Phú An)·안화(An Hóa)촌락은 바 라이(Ba Lai)강을 따라 동서로 16㎞까지, 안장(An Giang)성 롱빙(Long Bình)촌락은 자익 런(Rạch Lớn)수로를 따라 8㎞까지 길게 형성된 예에서 볼 수 있다.

물론 위 세 지역의 촌락들이 강이나 큰길 혹은 수로를 따라 형성되었다 할지라도 촌락의 모양은 북·중부와 남부가 확연히 다르다. 즉 북·중부의 촌락 모양이 집촌인 반면 남부는 산촌의 형태를 이루고 있다. 이러한 촌락의 외적 특징을 통해서도 우리는 북·중부가 남부보다 공동체성이 강함을 알 수 있다.

이처럼 강을 따라 무질서하고 길게 형성된 촌락이 있는가 하면 타이 빙(Thái Bình)성의 턴 후옹(Thần Huống)·룽 더우(Lũng Đầu)촌락에서처럼 해안선을 따라 드문드문 형성된 촌락도 있으며, 박닝성의 번캄(Vân Khám)·롱캄(Long Khám)·카레(Khả Lễ)촌락, 하이 퐁(Hải Phòng)의 찌 라이(Chi Lai)·띠엔 호이(Tiên Hội)촌락, 꾸앙 남(Quảng Nam)성의 푸짜(Phú Trà)촌락, 빙딩(Bình Định)성의 푸 타잉(Phú

Thành)촌락, 쩌우 독(Châu Đốc)성의 빙떼(Vĩnh Tế)촌락, 안쟝(An Giang)성의 바쭉(Ba Chúc)촌락들처럼 언덕 위에 형성된 촌락도 있다. 그리고 썬 떠이(Sơn Tây)성의 화락(Hòa Lạc)촌락이나 박닝성 띠 꺼우(Thị Cầu)촌락의 쑤오이 화(Suối Hoa)읍처럼 상업을 목적으로 군부대 옆에 세워진 촌락도 있다. 이외에도 도로가 교차하는 삼거리 혹은 사거리에 세워진 촌락도 있다.

북부와 중부의 마을은 반드시 하나의 대나무 성채만 있는 것이 아니다. 응옥 도이(Ngọc Đôi)·뀡 도이(Quỳnh Đôi)·낌 도이(Kim Đôi) 등의 3개 촌으로 이루어진 박닝(Bắc Ninh)성 보쟝(Võ Giàng)현 낌 도이(Kim Đôi)사의 경우처럼 대부분의 촌은 각각의 대나무 성채를 가지고 있다. 이렇듯 1-4개의 촌으로 구성되어 있는 많은 북부와 중부 사의 촌들은 개별적인 대나무 성채를 가지고 있을 뿐 아니라 우물과 출입문 등도 따로 가지고 있다. 촌이 개별적인 대나무 성채, 우물, 출입문 등을 가지고 있는 것처럼 본 마을과 격리되어 있는 쏨과 읍도 이와 마찬가지다.

베트남 촌락 구성단위로서 흔히 말하는 일사이삼촌(一社二三村)은 1개의 촌락이 반드시 2, 3개의 촌으로 구성되어 있다는 의미가 아니다. 1개의 촌락은 단지 1개의 촌만으로 구성된 경우가 있는가 하면 2, 3, 4개의 촌으로도 구성될 수 있다는 의미이다. 촌의 크기에 따라 마을의 크기가 결정되기 때문에 비록 1개의 촌으로 구성된 마을이라 할지라도 2-4개로 구성된 마을보다 클 수가 있다.

남부의 촌락은 형태, 특징, 성격 등에서 북·중부의 촌락과는 조금 다르다. 이에 대한 몇 가지를 살펴보면 촌락민이 촌락 전역에 넓게 분산되어 있기 때문에 북부처럼 쏨의 형태를 이루지 못한다. 남부의 촌락은 북부의 촌락에서 성채 역할을 하는 대나무가 없다. 촌락의 면적이 북부와 중부보다 넓으며 많은 읍으로 구성되어있다. 북부와 중부의 1개 촌처럼 여겨질 수 있는 각 읍은 면적이 넓으며, 읍의 주민 수는 북부와 중부의 1개 촌락보다 많다. 롱안(Long An)성 투 트어(Thủ Thừa)군에 속한 카잉 허우(Khành Hậu)사의 경우 징아(Dinh A)·징베(Dinh B)·머이(Mới)·투 뜨우(Thủ Tựu)·년 허우(Nhơn Hậu)·꺼우(Cầu)읍 등의 6개 읍으로 구성되어있다. 6개의 읍은 한 명의 사 주석과 읍마다 읍의 공무를 살피는 읍장이 있다. 남부의 읍은 북·중부의 촌과 같다고 할 수 있다. 대체로 남부의 사·읍 조직은 북·중부와 다르기는 하나 그렇다고 크게 다르지는 않다.

7. 동족 마을

무엇보다 열악한 자연환경을 개발·극복하고 숱한 인위적 위협으로부터 생명과 재산을 보호하려는 목표 하에 베트남인은 일찍부터 혈연끼리의 연합을 추구해나갔다. 이러한 배경은 자연스럽게 엄격한 상하질서와 강력한 결속력을 가진 동족 마을을 출현시켰다.

동족 마을, 즉 집성촌은 하나의 성씨로 구성된 마을을 말한다. 이는 베트남 촌락에서 쉽게 찾아 볼 수 있는 형태이다. 그러면서 이는 베트남 마을의 형성 과정을 쉽게 이해할 수 있는 전형이기도 하다.

동족 마을은 처음에 1개 성씨의 하나 혹은 그 이상의 가정에서 시작하여 혈연집단을 이루었다. 이들 집단은 인근 지역과의 통혼을 통하여 인척관계에 근거한 마을을 이루게 되었다. 이들은 씨족 상호간의 교류가 활발하지 못했던 것이나 공동·집단사회였던 까닭에 단일 혈통을 오랫동안 유지할 수 있었다.

베트남에서 마을과 가족(戶)은 오랫동안 서로 동일 개념으로 인식되었다. 따라서 "마을은 한 동족의 거주지이다"란 흔적은 오늘날 존재하는 수많은 마을명 속에 남아있다. 이는 당싸[Đặng Xá: 싸가 거주지를 뜻하여 당싸는 등가(鄧家)마을이 됨. 중국의 송가촌(宋家村)과 같음], 응오 싸[Ngô Xá: 오가(吳家)마을], 도싸[Đỗ Xá: 두가(杜家)마을], 쩐싸[Trần Xá: 진가(陳家)마을], 응우옌 싸[Nguyễn Xá: 완가(阮家)마을], 쩌우 싸[Châu Xá: 주가(朱家)마을], 레싸[Lê Xá: 려가(黎家)마을] 등이 좋은 증거가 된다. 그리고 싸(Xá) 대신에 도쟈(Đỗ Gia: 杜家), 르우 쟈(Lưu Gia: 柳家)처럼 가정을 의미하는 쟈(Gia, 家)가 쓰이기도 한다. 이 경우는 중국의 송가촌에서 볼 수 있듯이 훨씬 직설적이고 중국적이다. 전설에 의하면 쯔동뜨(Chử

[사진 17] 긴 집 민속학박물관

Đồng Tử)는 오늘날 흥옌(Hưng Yên)성의 쯔 싸[Chử Xá: 저가(褚家)마을]에서 태어났다.

완전한 동족 부락은 오늘날에는 소수종족이 살고 있는 지역에서 많이 나타난다. 떠이 응우옌(Tây Nguyên)지역에는 지금도 수세대의 대가족이 하나로 길게 연결된 집(nhà dài: 긴 집)에서 산다. 이들은 비록 한 지붕 아래서 살지만 거주 형식은 각각이 부엌을 갖고서 소가족 형태로 사는 것이 보통이다. 집은 길이가 보통 30미터 정도로 10개 이상의 가정에 약 100명으로 구성되어 있다. 지금까지 모계사회의 전통을 이어오고 있는 이들은 여자를 중심으로 공동작업과 평균분배생활을 한다.

지금도 이어지고 있는 베트남 모계사회의 특징들로는 집이나 부엌, 그리고 여성을 중시하는 것들이 있다. 이는 "첫째는 아내요, 둘째는 하늘이다(Nhất vợ nhì trời.)", "남자의 명령은 여자의 징만 못하다(Lệnh ông không bằng cồng bà.)", "깊은 논과 암소는 첫째 딸만 못하다(Ruộng sâu trâu nái không bằng con gái đầu lòng.)"와 같은 속어에서 알 수 있다. 가정에서 여자의 재정권이나 교육권도 같은 차원이다. 이와 관련된 속어로는 "여자는 가정의 재정권을 갖는다(Tay hòm chìa khóa.)", "아이가 복덕이 있는 것은 어머니에게 있다(Phúc đức tại mẫu, 福德在母)", "아이가 잘못된 것은 부모에게 있다(Con hư tại mẹ; cháu hư tại bà.)", "아이가 미련하고 잘못된 것에 대하여 부모는 책임을 져야 한다(Con dại cái mang.)" 등이 있다.

[사진 18] 소수종족 에데족

중국의 문화영향을 받지 않은 소수종족 중에는 여전히 모계사회의 특징이 유지되고 있는 종족이 있다. 예컨대 짬족과 떠이 응우옌 지역의 에데(Ê

Đê)족이나 쟈 라이(Gia Rai)족은 여자가 자식의 혼인을 결정하고, 남자가 여자의 집에서 거주하며, 아이들이 모친의 성을 따른다.

오늘날 인구의 다수를 차지하는 경족은 이처럼 긴 집에서 살지는 않으나 여전히 대가족 형태로 사는 것을 좋아한다. 이 같은 특징은 오늘날 농촌과 도시의 구분 없이 노인들이 있는 가족에서 3, 4세대가 한 집에서 모여 사는 삼대동당(三代同堂) 혹은 사대동당(四代同堂)의 형태로 이어지고 있다.

베트남의 혈연관계에서는 가족 구성원 간에서 뿐 아니라 문중 구성원 간에도 엄격한 위계질서가 있다. 위계질서는 나이가 아닌 항렬로서 결정되었는데, 이는 나를 중심으로 위로는 부(bố), 조(ông), 증조(cụ), 고조[(kỵ) 혹은 cố]와 아래로는 자(con), 손(cháu), 증손(chắt), 현손(chút)의 형태였다. 문중에서는 동족의 항렬을 가보(家譜, gia phả: 한국에서는 족보라 함)로 보존하고 있다. 동족 내 서열은 동족의 사당에서 행해지는 문중제사나 장례 혹은 혼례 등 동족이 모였을 때 뚜렷해진다.

친족공동체나 동족부락은 가부장제를 강화하고 수직사회를 낳는다. 또한 그러면서 구성원 간에 긴밀한 결속력을 낳기도 한다. "한 방울의 피가 연못의 물보다 붉다(Một giọt máu đào hơn ao nước lã.)"는 속어가 이에 해당된다. 구성원 간의 끈끈한 결속력은 후술할 베트남 마을의 사조직 갑으로도 나타난다. 따라서 친족공동체나 동족부락은 상부상조차원에서는 더없이 좋다. 그러나 이는 마을 내 다른 동족 간 혹은 마을 공조직 간 충돌을 일으키기도 한다.

혈통에 근거하여 형성된 동족부락은 혼인, 생산, 방어와 같은 공동의 목표 하에 인근 마을과 자연스럽게 교류를 하게 되었다. 그 가운데 지속적이며 확대되는 자연과 인위로부터의 위협은 또 다시 마을과 마을 간의 자연스런 협력과 연합을 부추겼다. 여기에 정착·도작문화는 마을 내 주민들 간의 긴밀한 상부상조를 강화시켰다. 이 같은 마을의 특징은 "원거리의 형제를 팔아 근거리의 마을을 산다(Bán anh em xa, mua láng giềng gần.)"는 베트남의 속어에 잘 담겨져 있다. 이처럼 다른 씨족 간에 형성된 교류와 연계의 산물이 혼합 마을이다.

혼합 마을은 자연스런 이유 외에도 정부의 간섭에 의한 통합 혹은 분리 과정과 객호가 정호가 되는 이동 과정을 통해서도 생겨났다. 베트남과 같이 최저 행정단위인 사가 수백, 수천호가 되는 경우에는 동족부락으로 남기가 쉽지 않았다. 즉 마을이 폐쇄적이고 객호가 정호가 되는 경로가 쉽지 않아 오랫동안 동족부락이었을지라도 왕조정부의 정책에 의하여 마을이 통합과 분리과정을 거치면서 동족부락은 사라졌던 것이다. 그러나 혼합마을 내에 같은 성씨가 수십 혹은 수백 호에 이르는 것이나 이들이 촌, 쏨, 갑의 형태로 집단을 이루는 것은 과거에 이 마을이 동족마을이었음을 보여준다.

8. 수상 마을

[사진 19] 선상가옥

마을은 땅 위 뿐 아니라 물 위에도 있다. 수상 마을은 두 가지 형태이다. 첫째는 수면 아래 목재 혹은 대나무를 단단하게 박은 다음 그 위에 목재, 대나무, 양자수 잎 등을 이용하여 지어진 수상가옥의 마을이다. 이는 강가나 바닷가를 따라 길게 집단으로 지어졌다. 둘째는 선박 위에 지어진 선상가옥의 마을이다. 배의 기능까지 갖는 선상가옥은 이동성을 갖는다. 이는 선상 마을로도 불린다.

베트남은 국토의 절반이 바다로 둘러싸여 있고 강이 많은 까닭에 수상 마을이 꽤 발달하였다. 교통어업, 상업, 운송업에 종사하는 사람들로 구성된 수상 마을을 베트남에서는 튀꺼(Thủy Cơ, 水機)마을, 반(Vạn: 어촌)마을, 짜이(Chài: 그물)마을이라 한다.

수상 마을민들은 특별한 경우를 제외하고 하루를 선상에서 보낸다. 의식주를 포함한 거의 모든 것들을 선상에서 해결하기 때문이다. 육지의 거의 모든 것들이 선상 위에 있다고 해도 과언이 아니다. 따라서 대부분의 수상 마을민들은 선상에서 태어나서 선상에서 살다가 선상에서 생을 마감한다.

[사진 20] 끄우 롱강 전강의 수상마을

다오 쥐 아잉은 "원래 수상 촌락은 육지에 있는 한 촌에 속해있다. 때문에 수상 촌락은 한 촌락의 촌이다. 실제로 수상 촌락은 개별적인 촌락이었음에도 국가는 수상 촌락에 대한 조세 수취를 편리하게 하기 위하여 수상 촌락을 육지의 한 촌락에 연결시켰다. 이 때문에 수상 촌락은 육지 촌락과 아무런 연락이 없어도 육지 촌락의 이장에게 조세를 납부했다. 수상 촌락은 보통 독립적인 행정단위였으며 한 촌락과 같이 충분한 조직을 가졌다. 혹은 육지의 촌락들과 하나의 총(總)을 이루거나, 많은 촌락이 결합하여 개별적인 하나의 수상총(水上總)을 이루기도 한다."고 하였다.

촌락은 촌락민이 모임을 갖거나 성황에게 제사를 지낼 수 있는 정(亭, đình)이 있다. 정은 다른 촌락에서 매입한 땅 위에 세웠다. 땅이 없는 많은 촌락들은 대선을 정으로 이용하거나 뗏목 위에 집을 지어 정으로 이용하였다.

수상 촌락은 이곳저곳으로 자주 이동하였기에 정 또한 촌락민과 함께 이동하였다. 촌락이 다른 곳으로 이동을 할 때는 신령에게 알리는 제례를 가졌다.

전통시대에 수상 촌락은 주로 어업과 운송업으로 생업을 하였기 때문에 왕조 정부에서는 이들에게 강 위 한 지역에서 살 수 있는 권한을 주었다. 이 때문에, 특히 북부와 중부 지역에서 오늘날에도 강 위의 한 지역을 개발하여 어업에 종사하는 수상 촌락들을 가끔 볼 수 있다.

수상 촌락의 형태는 육지의 촌락과 다르지만 촌락민의 생활이나 촌락 조직들은 육지의 촌락과 전혀 차이가 없다. 수상 촌락에 거주하는 사람들 중에는 육지에 부동산을 소유한 자들도 있다. 오늘날에는 계층과 경계가 무너지고 부의 이동이 자유로워지면서 수상 마을민들의 육지 이전도 높아지고 있다.

9. 공동체성과 자치성

폐쇄적 특징의 베트남 마을은 자치성을 띠면서 왕조 정부와 독립되어 별개로 존재했다. 자치성은 마을의 독립을 강조하면서 외부와의 관계를 소원케 했다. 이 같이 음성적이며 내부지향적인 특징 때문에 베트남 마을은 마치 독립된 왕국과도 같았다. 이는 무엇보다 베트남의 자연 조건과 다종족 사회에서 비롯되었다. 다시 말해 베트남이 상호 교류를 어렵게 하는 자연환경과 다양한 종족의 서로 다른 사회와 문화 특징을 가졌기 때문이다. 한편 중국이나 프랑스의 베트남 간접지배형식이나 심지어 베트남 독립왕조정부의 마을 간접지배형식, 그리고 독립왕조의 형성시기가 늦었던 것들도 하나의 요인이다.

독립왕조가 설립되고 독립왕조들이 중앙집권체제를 갖추게 되었음에도 왕권이 마을에 미치기는 쉽지 않았다. 왕조정부에서 사관(社官)을 파견하여 마을에 대한 지배권을 시작한 것도 독립왕조직후가 아니라 약 300년이 흐른 쩐왕조 타이 똥(Thái Tông, 1225-1258) 때였다. 하지만 그것도 오래가지 못하고 쩐왕조 말 퇸 똥(Thuận Tông, 1388-1398) 때에 포기하였다. 그 후 왕조정부의 마을에 대한 직접 지배는 후레왕조 타잉 똥(Thánh Tông, 1460-1497)때 재개되었다. 17세기부터는 사관을 사장(社長)이라 하였다. 그러나 이 역시 후레왕조 말부터는 중앙집권의 약화로 촌락의 지배권이 마을로 돌아갔다.

베트남을 식민지배한 프랑스 식민정부는 베트남에 대한 지배를 확립하기 위하여 촌락행정조직을 개조하였다. 그 차원에서 프랑스 식민정부는 몇 차례 걸쳐 남기(南圻), 북기(北圻), 중기(中圻)에 대한 향정개량정책(鄉政改良政策)을 공포하기도 하였다. 그렇지만 베트남 마을의 전통적인 특징에 부딪혀 기대 이상의 성과를 얻지 못한 프랑스 식민정부는 그 후 지배의 효율화를 위해 베트남 마을 구조를 고려하고 마을행정에 마을민의 역할을 좀 더 확대하는 방향으로 나갔다. 즉,

과거 중국의 베트남 지배에서 경험했듯이 직접통치로 인한 식민지의 반발과 이로 인한 위험 및 손실을 줄이기 위해 전통적인 간접지배형식을 택함으로써 지배효과를 높였던 것이다.

베트남 마을의 독립과 자치성을 두고 흔히들 베트남 마을을 소왕국(小王國) 혹은 소조정(小朝廷)이라고 했다. 이는 향촌의 규례인 향약과 자치 형태의 입법·행정기관인 기목[기목회동(耆目會同)이라고도 함]·기역[耆役: 이역(里役)이라고도 함] 등의 공조직을 근거로 들 수 있다. 이뿐 아니라 마을의 50, 60, 70, 80대를 조정의 핵심 4개 관직[1]에 빗대어 사주(四柱)라 했던 점도 그 중의 하나다. 더 나아가 "왕의 법이 마을의 규례에 진다(Phép vua thua lệ làng.)"는 속어 또한 이를 뒷받침한다.

마을의 정(亭, đình) 마당과 우물 혹은 계곡, 그리고 보리수는 베트남 공동체성의 전통 상징이다. 이중 베트남 마을의 핵심이며 마을 상징의 전형인 정은 제례와 신앙은 물론 질서·단결·공동·향토방위정신·축제·오락·사교·문화·행정 등의 다양한 기능을 한다. 베트남은 정이 없는 마을이 없으며, 심지어 2개 이상 있는 마을도 있다. 따라서 정은 전통에서 현대에 이르기까지 베트남 농촌사회의 특징을 이해할 수 있는 최상의 자료를 제공한다.

정은 마을 행정의 중심지였다. 마을의 중요한 모든 일이 여기에서 다뤄졌다. 기목회동과 이역의 구성원은 여기에서 마을의 업무를 보았다. 마을의 세금이 여기에서 거둬졌고 마을민의 분쟁과 시시비비도 여기에서 가려졌다.

정은 문화의 센터이기도 했다. 따라서 마을의 모든 축제가 지금까지도 여기에서 거행되고 있다. 베트남인들이 즐기는 공연예술 째오(chèo)와 뚜옹(tuồng)이 정마당에서 공연되었다.

정에는 마을민의 보호신인 성황신이 모셔져 있다. 마을민은 매년 성황신 제사

---

1 응우옌 왕조의 4대 관직은 근전대학사(勤殿大學士), 문명대학사(文明大學士), 무현전대학사(武顯殿大學士), 동각전대학사(東閣殿大學士)를 말함

[사진 21] 미 프억 정의 성황신 제단

[사진 22] 정 조각

[사진 23] 정 조각

[사진 24] 종집

를 많은 시간과 비용을 드려 대대적으로 거행한다. 이 때문에 정은 마을 구성원들의 신앙생활의 센터이기도 하다.

마을민은 정이 마을 전체의 운명을 좌우한다고 하여 반드시 풍수에 근거하여 지었다. 정은 건축양식과 재료 등에서 한국의 사찰과 비슷하다. 정의 실내장식인 조각예술은 베트남 조각예술의 보고로서 베트남 미술사 연구는 물론 농민의 신앙과 생활사 연구 자료로도 손색이 없다.

베트남의 정은 중국에 뿌리를 두고 있다고 전해진다. 정이라는 명칭은 오래된 건축물에 대한 옛 개념을 표현하기 위하여 보편적으로 사용하는 용어이다. 떠이 응우옌 지역에서는 정이 '종집(nhà rông)'으로 불린다. 정과 종집은 이명동의어(異名同義語)에 불과하다. 같은 기능과 건축형태를 갖고 있는 이들은 오늘날 우리가 동고(銅鼓)에서 흔히 볼 수 있는 선형(船形)의 굽은 지붕과 높은 마루로 지어진 반랑의 홍왕 시대 마을 가옥의 후신이다. 예컨대, 하 떠이(Hà Tây)성의 떠이 당(Tây Đằng)정·쭈 꾸옌(Chu Quyến)정과 박닝(Bắc Ninh)성의 딩방(Đình Bảng)정은 종집의 건축양식을 그대로 유지하고 있다.

베트남의 정은 마을의 전통 문화를 포괄하는 상징이었다. 하지만 오랜 세월 속에서 다문화, 특히 지리상의 발견 이후 서구 문화의 유입을 통해 정의 문화는 변하기 시작했다. 대표적으로 정이 마을의 본부, 회당 등 행정적 기능으로 바뀐 점을 들 수 있다. 물론 서구문화를 접하기 전 중국의 문화 유입으로 정의 종합성은 약화되었다.

[사진 25] 쭈 꾸옌 정

마을의 정이 남성들만의 장소라면 냇가나 우물은 여성들만의 장소였다. 정에서 배제된 여성들은 마을의 물이 흐르는 냇가나 혹은 우물가로 모이게 되었다. 이곳은 여인들이 빨래를 하거나 머리를 감거나 야채를 씻으면서 자신들의 일상생활을 서슴없이 나누는 장소가 되었다. 따라서 베트남 여인들에게 있어 냇가나 우물은 여인의 상징이다. 이 때문에 마을 간에 갈등이 발생했을 때 이쪽 마을 남자들이 야밤에 저쪽 마을의 우물 속에 막대기를 넣었다. 이는 저쪽 마을 처녀들을 시집 갈 수 없게 한다는 해코지였다.

마을의 정 마당, 냇가 혹은 우물, 보리수 등이 전통적인 공동체의 상징이라면 대나무 성채는 전통적인 자치성의 상징이다. 마을 주위를 빈틈없이 감싸고 있는 대나무 밭은 외부로부터의 어떠한 침입도 막아 낼 수 있는 성채와 같다. 기원전 2세기의 "남월(南越)은 성곽이 있는 읍리(邑里)가 아니며, 냇가와 대나무 숲속에 거주한다."라는 기록은 이를 잘 반영한다.

공동체성은 동족, 동년, 동업, 동향처럼 서로 같음을 강조한다. 이 때문에 베트남인은 한 가정의 형제자매처럼 기꺼이 쉽게 서로 단결하고 상부상조한다. "손이 베이면 창자가 아프다(Tay đứt ruột xót.)", "언니가 넘어지면 동생이 일으킨다(Chị ngã em nâng.)", "온전한 잎으로 찢어진 잎을 감싸다(Lá lành đùm lá rách.)" 등의 속어는 이를 잘 반영한다고 하겠다. 베트남인의 강한 집단성과 집단과의 긴밀함도 같은 맥락에 있다.

서로 같음은 베트남 마을에서, 특히 사조직에서 민주와 평등이 요구되었다. 역으로 서로 같은 개인이 소훼(銷毁)되었다. 이는 '나(tôi)'라는 자신의 칭호 사용이 많지 않고 사회관계 속에서 녹아지는 형태였다. 즉 언어생활에서 이 사람에게는 앰(em), 저 사람에게는 짜우(cháu), 다른 사람에게는 아잉(anh)·찌(chị)의 형태로 말이다. 심지어 따(ta: 우리)라는 대명사 사용을 좋아한다. '전체 마을의 화합(hòa cả làng)'이라는 말은 마을의 모든 충돌을 해결하는 가장 보편적 방법이다. 이처럼 공동체성이 강조되는 대가족이기 때문에 베트남인은 서양인과는 달리 나이를 먹어도 외롭지 않다.

베트남인의 '서로 같음'에는 부정적인 면도 적잖게 있다. 먼저, 개인의 노력에 의존하기 보다는 공동체 구성원 전체의 노력에 편승하려는 경향이 있다. 바로 한국인의 "우리 아버지가 어떤 분이다"라거나 "우리 18대 할아버지가 이런 분이었다."라는 형태 말이다. 그리고 서로 같음 속에는 책임감이 없고 남에게 미루는 경향이 있다. 즉, '나 아니고 그 누군가 하겠지'하는 형식이다. 따라서 주장은 난무하지만 행동하는 이가 없다. 또한 베트남인의 서로 같음 속에는 매우 이기적이어서 상대가 나보다 잘되기를 원치 않고 모두가 공평하거나 모두가 나쁘기를 바란다. 이러한 점들은 "물이 흐르면 부평초가 흐르고, 물이 솟아오르면 배도 솟아오른다(Nước trôi thì bèo trôi, nước nổi thì thuyền nổi.)"나 "공동의 아버지는 우는 놈이 없고, 사찰의 문지기가 많으면 아무도 문을 닫지 않는다(Cha chung không ai khóc, lắm sãi không ai đóng cửa chùa.)"나 "하나만 좋은 것보다는 모두가 나쁜 것이 좋다(Xấu đều hơn tốt lỏi.)" 혹은 "홀로 살아남기 보다는 모두 죽는 게 낫다(Chết một đống còn hơn sống một người.)"와 같은 속어 속에 잘 반영되어 있다. 따라서 좋음은 개별화 되고 나쁨은 일반화 되어 베트남의 고질적인 병이 되었다. 이러한 개념은 사회주의를 거치면서 더욱 보편화되었다. 즉 "눈이 아픈 것은 마을의 정 방향 때문이다(Toét mắt là tại hướng đình.)"나 "마을 전체가 눈이 아파도 내 눈은 괜찮다(Cả làng cùng toét, riêng mình em đâu!)"의 형태로 말이다.

흔히 "베트남은 정감을 중시한다."는 말 역시 그 근본은 공동체에 있다. 전통시대 한국이나 베트남처럼 웬만한 것이 노출된 공동체사회에서 서구처럼 이성과 개인을 강조했다면 가정과 마을 유지가 어려웠을 것이다. 그렇다고 그 사회가 윤리, 도덕, 법 등이 없었던 것은 절대 아니다. 공동체였기에 웬만하면 정감으로 묵인하였다. 따라서 오랫동안 공동체사회를 유지했던 베트남인에게 있어 이성은 낯설다. "한 바구니의 이성은 조금의 정감만 못하다(Một bồ cái lý không bằng một tí cái tình.)"라는 속어가 이를 잘 보여준다.

베트남 공동체 조직의 원칙이 정감을 중시했다면 공동체 조직의 운영 방법은 유연을 중시하였다. 이는 "조롱박에 있으면 둥글고, 관에 있으면 길다(Ở bầu thì tròn, ở ống thì dài.)"나 "부처와 함께 가면 가사를 입고, 마귀와 함께 가면 종이옷을 입는다(Đi với Bụt thì mặc áo cà sa, đi với ma mặc áo giấy.)" 등의 속어에 잘 나타나 있다. 실제로 이 같은 유연성은 세계의 큰 종교들이 베트남 내에서 다툼 없이 공존했다는 역사에서 보여주었다.

베트남의 자치성은 개별성을 강조한다. 이 자치는 이 공동체와 저 공동체와의 구별이다. 자치의 기초인 개별은 자립 공동 정신을 생성시켰다. 다른 공동과 독립하여 활동하는 마을이나 집단은 모든 것을 얻기 위하여 스스로 노력한다. 이 때문에 베트남인은 근면하며 내일의 기쁨을 위해 희생과 슬픔을 감수하는 전통을 갖는다. "땅에 얼굴을 팔고 하늘에 허리를 팔다(Bán mặt cho đất, bán lưng cho trời.)"라는 속어에서 유추할 수 있듯이 근면은 자급자족의 정신을 만들었다. 각 마을과 각 가정은 자신이 속한 마을의 삶을 위한 모든 요구에 부응하기 위하여 노력하였다. 각 가정은 바나나·마(麻)·뽕나무·목화 등과 채소밭·닭장·양식장 등과 대나무·사탕수수·나무 등을 갖추어 스스로 의식주를 해결하였다.

[사진 26] 베트남 농민

한편, 자치성의 기초에는 나쁜 습관인

개인주의와 이기주의가 있다. 개인주의와 이기주의는 베트남 마을의 자치성에서 생성·강화되어 지금까지도 베트남인에게 강하게 비판을 받고 있다. 이것들 역시 "누구의 뗏목이든 그 주인이 뗏목을 젓는다(Bè ai người ấy chống.)", "누구의 땅이든 그 주인이 둑을 쌓는다(Ruộng ai người ấy đắp bờ.)", "누구의 몸이든 그 주인이 돌본다(Ai có thân người ấy lo.)", "누구의 소이든 그 주인이 지킨다(Ai có bò người ấy giữ.)", "자기 것은 지키고 남의 것은 소가 먹게 한다(Của mình thì giữ bo bo, của người thì để cho bò nó ăn.)", "남의 것은 주고, 자기 것은 움켜진다(Của người bồ tắt, của mình buộc lạt.)"와 같은 속어에 잘 반영되어 있다.

이뿐 아니라 베트남의 자치성은 강력한 파벌주의와 지역주의를 양산하였다. 오늘날 베트남이 영토의 크기에 비하여 63개 시·성(市·省)이라는 많은 행정구역을 둔 것은 다종족·다문화의 특징과 행정의 효율화에 있다고 하지만 실상은 전통시대에서부터 지금까지 이어져 오고 있는 자치성을 무시할 수 없다. 베트남공산당 일당 지배체제 하에서 단일지배체제가 아닌 집단지배체제가 유지되는 것도 같은 맥락이다. 그러나 베트남의 파벌과 지역주의는 대상이 자연이든, 사람이든 마을의 적 혹은 국가의 적이 나타났다고 생각될 때는 파벌과 지역을 떠나 신속하게 강력한 공동체로 승화된다.

베트남인들이 타국의 침략으로부터 독립과 자유를 유지할 수 있었던 가장 중요한 힘은 자연과 인위와의 투쟁과정에서 생성·발전한 공동체라 할 것이다. 이 공동체는 남북의 일반적인 특징이 아닌 북부적인 것으로 고대 중국의 침략에서부터 20세기 베트남 전쟁에 이르기까지 실로 엄청난 힘으로 작용했다.

전술했던 것처럼 베트남은 다종족·다문화 국가이다. 이 같은 요인을 갖는 국가는 공동체성이 약하다는 것이 보편적인 이론이다. 왜냐하면 비록 한 국가라고 할지라도 공동의 이익을 위한 상호 협력보다는 종족과 종교간 이익을 우선시한 갈등과 대립현상이 일반적이기 때문이다. 이러한 경향은 베트남도 예외는 아니었음이 역사를 통해 입증되고 있다.

소수종족들은 다수종족인 경족에 밀려 서북 산간지역에 거주하였다. 이들은 종족단위로 추장의 통치 아래 거의 자치적인 형태로 인접 소수종족이나 베트남·중국·라오스 등의 국가와 교류를 하면서 존재하였다. 이러한 특성을 감안하여 베트남은 정치적 안정을 목적으로 소수종족에 대한 유화와 무력이라는 이원화 정책을 시행하였다. 유화정책은 추장들과 통혼관계를 통해 지배체제를 인정해 주는 대가로 이들의 반란을 예방하는 것이었다. 반대로 이들이 베트남의 지배를 거부하고 반기를 든 경우에는 무력으로 진압하였다.

전통적으로 베트남은 가족과 마을중심의 사회이다. 가족은 혈통을 중심으로 친족을 이루고, 가족과 친족은 다시 족보 속에 나타난 대(代)와 수(壽)의 관계를 통하여 철저한 위계질서로 구성된다. 그리고 가족과 친족은 제사와 향화[香火: 조상의 제사경비나 묘지 관리를 위해 조성된 토지로 한국의 위토(位土)와 같음]를 중심으로 수십 대에 걸쳐 거대한 혈연공동체를 형성한다. 가족과 친족은 또다시 공전과 공토(마을의 축제·제사와 같은 마을의 공동행사 경비를 위해 존재하는 마을의 공동재산)를 중심으로 마을을 형성하고, 마을은 각 마을의 특징을 감안하여 만들어진 향약에 의하여 질서정연하게 움직여졌다.

베트남의 마을은 정남의 수나 호에 따라 대·중·소로 분류되었다. 인구의 증가에 따른 마을의 분리는 자연스럽게 동족마을의 존재를 미약하게 하거나 억제하는 한편 간접적으로 친족이 존재하는 인접 마을끼리의 관계를 맺어주는 역할을 하였다. 그렇다고 전통적인 혈족개념이 약화되지는 않았다. 이는 예나 지금이나 베트남인들의 통혼권이 넓지 않았던 점, 분가가 공전과 공토가 있는 동일마을에서 이루어졌던 점, 가통 유지를 최우선으로 하였던 혼인관과 첩제도, 그리고 양자제도 등 여러 예에서 찾아볼 수 있다.

공전과 공토는 마을 형성을 위한 기초, 즉 마을과 마을민을 연결하는 튼튼한 고리로 작용하여 마을의 정체성, 문화, 공동체성을 낳는 기반이 되었다. 이것은 북부 마을의 극히 폐쇄적인 성격을 낳는 요인이 되기도 했다. 이 같은 폐쇄적 특

[사진 27] 대나무와 마을

징은 외부로부터의 침입을 불가능하게 하기 위하여 대나무나 관목 울타리로 빽빽하게 둘러싸여 있는 마을에서 찾아볼 수 있다. 대나무의 경제성이 떨어져서인지는 몰라도 오늘날 일부 마을에서는 대나무를 베는 경우도 있으나 대나무는 북부 베트남의 농촌에서 흔히 볼 수 있는 풍경이다.

마을 주위를 울타리로 둘러싼 것은, 국력의 쇠약으로 안보와 치안이 불안한 상황 하에서 마을 스스로 자신을 방위하고자 함이었다. 국가도 이러한 상황을 이해하여, 후레왕조 타잉 똥 때는 촌락주민들로 하여금 마을 주위에 나무를 심고 울타리를 만들어 도적에 대비할 것을 장려했다. 각 마을이 스스로를 보호해야 했던 현실은 마을 공동체 의식을 강화하는 한편 그 결과 조성된 울타리로 마을과 외부세계와의 분리를 가져왔다.

마을의 공동 축제와 제사, 도이 꽁(đổi công: 우리말의 품앗이), 호망, 효희 역시 마을의 공동체를 강화하는 역할을 하였다. 특히 마을의 정에서 마을을 세우고 지키는 데 공이 있는 인물을 성황신으로 섬기고 제사를 지내는 일은 예나 지금이나 전체 마을민을 하나로 묶는 중요한 기능을 하고 있다. 매년 성황신제 기간에 성황이 과거 외적의 침략에 대항하여 마을민을 이끌고 전투에 참여했던 역사를 재연하는 것이나 인간장기(넓은 공터에 장기판을 그려놓고 각양각색의 옷을 입은 남녀들이 장기 알이 되어 양편의 지도자의 지시에 따라 두어지는 장기), 카누경기, 줄다리기, 민속씨름 등을 하는 것은 마을민의 공동체성을 확인·강화하는 역할을 하였다. 이것들은 전체 마을민의 참여로 가능했던 바, 남녀노소·빈부귀천을 초월한 마을민의 통합을 추구하는 수단이 되었다.

공전과 공토, 대나무와 관목 울타리, 그리고 정에서 행해지는 제사와 축제들이 폐쇄적인 마을의 공동체성을 생성·강화시켰다면, 홍수를 막는 제방사업은 폐쇄적 마을 공동체를 개방으로 인도하는 기능을 하였다. 즉 제방사업은 가족과 촌락 중심의 베트남인들을 밖으로 끌어내어 민족공동의 과제 앞에 개인과 촌락이 어떻게 행해야 하는가를 보여주는 중요한 역할을 하였다. 따라서 홍수를 막기 위한 제방을 쌓는 일은 베트남 역사 전반에 걸쳐 베트남인들을 하나로 묶을 수 있는 인자가 되어 범민족 공동체를 생성·유지·강화시켰고, 이는 인위적 위협 요소와 다른 자연적 위협 요소와의 투쟁 속에서 생성·유지·강화된 공동체와 결합하여 자신들의 재산과 생명은 물론 독립과 자유를 수호하게 하는 위대한 역할을 하였다.

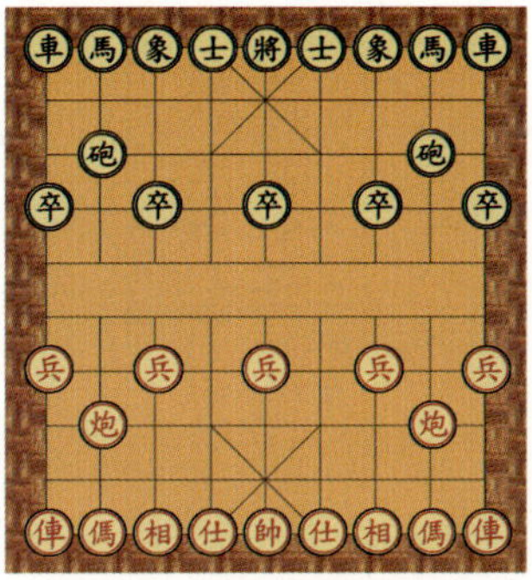

[사진 28] 베트남 장기

[사진 29] 홍강 제방

II. 마을 형성 단위

촌락은 최소행정단위에 불과하지만 국가와 사회의 근본 핵심 단위이다. 그렇지만 촌락은 촌락이 형성되던 때부터 국가를 형성하는 성분단위는 아니었으며, 또한 최고의 단위도 아니었다. 즉 지금처럼 작은 여러 단위로 나뉘지 않았다.

처음에 촌락은 하나의 쏨(xóm, 𥯍)이나 읍(邑)이나 촌(村)이었을 것이고 그 후 이것들이 결합하여 하나의 랑(làng) 혹은 사(社, xã)를 이루었을 것이다. 혹은 새로이 형성된 하나의 쏨이나 촌이나 읍이 기존에 있었던 하나의 랑에 결합되었을 것이다. 따라서 쏨, 읍, 촌 등은 자연스럽게 촌락을 이루는 단위가 되었던 것이다.

실제로 1개의 촌락은 작은 단위들로 나누는데, 이는 보통 지계, 가문, 업종별로 나눈다. 촌락의 작은 구성 단위는 장(莊), 채(寨), 촌(村), 쏨(xóm, 䈪), 읍(邑), 응오(ngõ, 吘) 등이다.

1. 장

원래 장은 촌락을 구성하는 단위가 아니다. 이는 장주(莊主)에 의해서 관리되며 산간지역에서 일부 주민이 집단적으로 거주하는 지역을 지칭한다. 장은 작은 촌락처럼 자치성을 가지고 있다. 장에는 촌락처럼 정, 사찰, 사당(đền), 묘(廟)가 있다. 장주는 장의 대표자로서 정권과의 교섭권을 갖는다.

옛날 중국 국경지역에 거주했던 부유한 자들 중에는 개인 장을 세우는 이가 있었는데, 이를 가장(家莊) 혹은 장원(莊園)이라 하였다. 가장의 사람들은 장주의 가문이었다.

가장은 거주민이 많지 않은 건조한 지역에 세워진 작은 촌락이었기 때문에 외부세력으로부터 자주 착취와 유린을 당했다. 이 같은 불리한 조건을 타파하고 경작에서 부족한 노동력 등을 얻는 과정에서 장들은 서서히 커다란 인근 촌락에 병합되거나 혹은 이 촌락의 촌으로 변했다. 다른 경우는 주민이 늘고 이에 따라 거주지가 점차 확대됨으로써 촌락구조를 충분히 갖춘 마을로 변한 경우이다.

2. 채

채는 사람이 있는 평야 혹은 산간에 있는 구역이다. 여기에는 전답이 있고, 주변에는 방위하는 수목이 있다. 채는 보통 개인이 세우는 예가 많았는데, 이를 채주(寨主)라 하였다. 여기에는 가족 혹은 가문이 거주한다. 채는 보통 어느 한 사람에 의하여 세워지기 때문에 이름도 채주의 이름을 빌려 짓는다.

촌락에 있는 채는 촌락의 어떠한 쏨이나 촌에도 속하지 않지만, 여전히 촌락에 예속되어 촌락의 지배를 받는다. 촌락과 원거리에 있기 때문에 채는 채민(寨民)에 의하여 방위되며, 이 때문에 주위에는 예기치 못한 일에 대비하고자 대나무

장벽을 만들었다. 채는 촌락과 원거리에 있지만 시간이 지남에 따라 거주자가 많아지면 촌이 된다.

채는 비록 하나의 지역이지만 채 내에는 전답이 있다. 채주는 채의 주민과 마찬가지로 작물을 심고 가축을 기르는 일을 한다. 후레왕조 때에는 채를 장과 혼합하여 사용하였다. 그러나 오늘날의 채는 보통 채주의 작은 기업을 세운 장소를 일컫는다.

채주는 족장처럼 채의 모든 일에 대해 책임을 진다. 따라서 채민은 가족의 구성원이 가장에게 복종하는 것처럼 채주에게도 복종한다.

주민이 많은 채의 채주는 채민의 불교활동을 목적으로 1개 사원을 짓고 승려를 두었다.

채는 비록 마을 내의 촌이나 쏨에 속하지 않는다 할지라도 조세나 잡역과 같은 일에서 편의를 위하여 촌락 회동은 채로 구성된 촌에 편성시킨다. 채민은 촌과 쏨의 일상 일과 마찬가지로 촌과 쏨의 제사에도 참여하지 않았다. 그러나 마을의 갑에 가입하는 것은 물론 마을의 일이나 제사에는 참여했다.

3. 촌

마을은 많은 토지와 주민으로 형성되어 있다. 토지와 주민들은 서로 떨어져 집단을 이루고 있는데, 이 집단들을 보통 촌이라 칭한다.

마을은 1-3개 혹은 그 이상의 촌으로 구성되어있다. 우리는 이를 일사일촌, 일사이촌, 일사삼촌 등으로 부른다. 보통 각 촌에는 1명의 부이장이 있다. 마을 전체에는 1명의 이장과 1개의 기목회동이 있다. 촌에는 개별적인 정과 사찰이 있는 경우가 있다. 촌 주위에는 촌락 주위를 감싸는 것처럼 주위를 둘러싼 대나무 장벽이 있다.

촌은 촌의 개별적 행정이 있다고 말할 수 있다. 각 촌에는 촌별 장적이 있다. 촌은 이 장적에 근거하여 조세를 수취하고 잡역을 분배한다. 원칙적으로 13세 이상의 모든 민정은 이 장적에 이름을 기입해야 한다.

촌에는 사의 기목회동에 속하지 않은 사람으로서 촌 내에서 명망, 재력, 연령 조건을 갖춘 자를 촌민이 선발하여 구성한 촌별 회동이 있다. 물론 이 자격은 지방에 따라 약간씩 차이가 있으나 대부분은 이 3가지 조건에 근거하였다. 그렇다고 이 조건이 한결같지는 않았으며, 또한 사기목회동의 관원에게 요구하는 표준만큼 어렵지도 않았다.

촌의 수장은 선지[先紙 혹은 수지(首紙)]였다.

마을의 속례 외에도 촌은 개별적인 축제와 함께 개별적인 속례도 있었다. 촌의 축제와 속례 경비는 촌민의 기부로 충당되었다.

촌이 모임을 가질 경우 촌의 회동은 촌의 정에서 모였으며, 만약 정이 없다면 촌의 공관에서 모였다.

전체 촌락이 하나의 성황에게 제사를 지낼 때는 촌은 제사를 사와 함께 지냈다. 그러나 촌락의 성황과는 달리 다른 성황에게 제사하는 촌이 많이 있었다. 그처럼 제사를 지내는 일은 개별적이었다. 즉 2-3개의 촌으로 구성된 사의 경우 촌마다 서로 다른 성황에게 제사를 지냈다.

촌의 축제를 조직할 경우 촌민은 촌락에 대한 복종과 단결을 나타내고 촌락과 기쁨을 공유한다는 뜻에서 사기목회동의 관원을 초청하였다.

촌은 사에 대하여 거의 자치적인 것처럼 보이나 조세, 군역, 잡역 등과 같은 문제로 촌락에 예속되었다. 정식 서류상의 촌명(村名)은 보통 사명(社名)에 주석을 다는 형식으로 쓰이며, 국가도 촌락까지만 인지하였다. 촌락은 촌락 내 모든 촌에 대하여 책임을 진다. 촌명은 보통 촌락의 위치에 따라 동·서·남·북·상·하촌 등이나 채주의 이름을 따라 채명을 갖고 있는 채가 촌이 되는 경우, 촌명은 인명(人名)을 가졌다. 촌명에 인명을 선호하게 된 시기는 거리명이나 도시명에 인명을 붙였던 8월혁명 이후이다. 이때 사용된 인명은 역사 속에서 큰 업적을 남긴 주요한 인물이었다. 그리고 촌명에는 인명 외에도 전적지명도 사용되었다.

4. 쏨

앞에서 언급했듯이 1개의 사가 많은 쏨으로 구성되어 있듯이 1개의 촌 또한 많은 쏨으로 되어있다. 1개의 쏨은 사람들이 서로 연하여 거주하는 많은 가옥이 있는 구역이다. 쏨과 쏨 사이에는 보통 사람들이 왕래하는 하나의 도로가 있으며, 그 도로 양편에는 쏨민의 집이 있다. 이 도로는 쏨과 쏨을 나누는 기준이 되기도 한다. 쏨 길은 여러 응오(ngõ: 골목길)로 연결되어 있다. 쏨 길은 입구에서 시작하여 막힘이 없이 다른 도로와 연결되는가 하면 대나무나 수목 혹은 쏨의 마지막 집 한 채로 막혀버리는 경우도 있다. 물론 쏨 길로 연결되는 응오도 관통 혹은 막히는 경우가 있다. 쏨이 시작되는 도로의 입구를 쏨의 입구라 하며, 쏨 길은 반드시 마을의 대로와 연결된다.

[사진 30] 농촌 풍경

쏨 내의 가옥들은 서로 연하여 있기는 하지만 도시와 같이 집과 집이 다닥다닥 붙어있는 형태가 아니라 담이나 울타리로 격하여 있다. 서로 연하여 있는 쏨 내의 가정들을 이웃(hàng xóm láng giềng)이라고 한다.

쏨은 법인 자격이 없다. 작은 촌락들에 속하면서도 쏨은 바로 촌락에 부속하여 촌락의 율례를 따른다. 일사다촌(一社多村)으로 이루어져 있는 큰 촌락에서 쏨은 촌에 속하면서 촌과 함께 생활을 영위한다.

쏨의 수장은 쏨장이다. 쏨장은 쏨민이 선출한 품위를 갖춘 인물로 마을과 쏨 간의 중간자 역할을 한다. 쏨은 하나의 회동을 갖고 있는 촌과 같지는 않으나 쏨장은 쏨의 일을 함께 돌볼 2-4명의 보조자가 있다.

이웃을 이루는 쏨은 효행, 경사, 환난 등과 같은 일에서 서로 상부상조할 목적으로 쏨 내 모든 사람들을 결합하고 있다. 많은 쏨들은 개별적인 사원을 갖고는 있으나 개별적인 정은 절대로 없다. 쏨은 하나의 사당을 갖고 있다고 할 수 있으나 이는 마을의 사당이다. 쏨은 마을 공동의 신이 아닌 자신들만의 신을 제사할 수 있는 묘를 가질 수 있다.

5. 응오

응오는 쏨을 이루는 단위이다. 1개의 쏨은 많은 응오가 있을 수 있다. 응오는 쏨을 출입하는 쏨길과 상호 연결되어있는 좁은 길, 바로 골목길을 말한다. 막힌 응오가 있는가 하면 쏨길 혹은 마을길과 연결되어있는 뚫린 응오가 있다. 응오 양편에는 가옥들이 응오를 따라 연결되어 있다.

응오는 응오를 중심으로 조직되었다. 응오의 수장은 응오 장(吘長)이라고 한다. 구장(區長)이라고 하는 곳도 있었으니, 이는 응오를 쏨의 한 구역이라고 여겼던 것에서 비롯된다. 응오는 응오 길 양편에 있는 쏨 내 한 무리 집을 뜻하기도 한다.

응오는 쏨이 촌과 촌락에 예속된 것처럼 쏨에 예속되어 있다. 응오는 법인 자격이 없다. 그러나 응오는 제사 혹은 상부상조하는 방법으로 일상생활을 위하여 조직을 만든다. 응오는 촌락 축제와 제사 등에 참여하기 위하여 모임을 가질 수 있다.

응오가 모임을 가질 때는 응오 내 한 사람이 집례한다. 응오를 위한 일반 지출이 있을 경우에는 모임의 집례자 혹은 다른 한 사람이 지출내역을 기록한다. 예산은 선지출이 있는 다음에 응오의 기금으로 갚는다.

촌락에서 누가 상을 당하면 응오에 도움을 요청하는 습속이 있다. 이때 응오 내의 장정들은 관을 맨다. 만약 응오가 작으면 부족한 일손을 얻기 위하여 쏨에도 도움을 의뢰한다.

승진을 축하하는 연회에는 응오·쏨·촌·사의 민을 초청한다. 응오의 경우 보통 응오 내 모든 민정을 초청했다. 그러나 쏨의 경우에는 연배 혹은 지위에 따라 수를 제한했다. 촌과 사를 초청할 때에는 더욱 제한했다. 사회적 지위나 연배가 있는 사람은 승진 축하, 혼인식, 장례식 때에 응오·쏨·촌·사에서 언제나 초대받았다. 무엇보다 응오 내 주민들은 경사나 애사에 상부상조와 단합이 잘되었다.

6. 읍

읍은 바로 개별적인 쏨이었다. 읍은 마을에 속하지만, 초기의 읍은 황지(荒地) 혹은 마을과 멀리 떨어져 있었기 때문에 개발을 위해 표산유민(漂散流民)을 모집하는 사람도 있었다.

[사진 31] 껀터 농촌 풍경

읍은 마을 내 한 두 사람이 생업을 목적으로 황지에 가서 작물을 재배하면서 정착을 하게 되었다가 이후 다른 사람이 같은 목적으로 이곳에 합류하면서 이루어졌을 것이다. 반대로 마을에서 멀리 떨어진 곳에 많은 토지를 소유한 촌락 내 부유한 한 두 사람이 이곳에 읍을 세우고 소작인을 이곳에 정착시킴으로써 형성되었을 가능성도 있다. 혹은 고기잡이를 하던 마을 내 일부 사람들이 같이 모여 살면서 강가에 읍을 이루기도 하였다.

읍은 하나의 촌에 예속될 수 있으나 보통 읍의 규례는 마을에 예속되어 마을의 지배를 받았다. 박닝(Bắc Ninh)성 보쟝(Võ Giàng)현 티 꺼우(Thị Cầu)사 떤(Tân)읍의 경우에서 보듯이 전통시대에는 읍에 대한 책임자를 두기 위하여 마을에 이장과 부이장이 있으면 읍에는 1명의 부이장을 두었다. 오늘날 남부 베트남의 읍은 앞에서 언급했던 읍과 다르다. 남부의 읍은 북부의 촌과 같은 마을의 단위이다. 읍은 중부와 북부의 촌과 쏨처럼 사에 예속되어 있다.

III. 마을민

마을민은 거주 유형에 따라 크게 두 가지 정호(正戶)와 객호(客戶)로 분류하지만, 직업에 따라 사농공상(士農工商)으로도 분류한다. 이 네 가지 분류는 전통시대부터 베트남 북부와 중부에서는 일반화되었기에 자손들의 직업 선택에 영향을 미쳤지만, 개방적이고 개인주의 성향이 강했던 남부에는 그렇지 않았다.

사농공상에서 농은 현재까지도 농업이 산업구조에서 차지하는 비율이 85%인 것에서 알 수 있듯이 가장 높았다. 그렇지만 유교 영향으로 예나 지금이나 전체 베트남 사회는 사를 가장 선호한다. 이는 과거제도가 권력과 부와 명예로 이어졌던 전통사회의 산물이 그대로 남아있기 때문이다. 따라서 지금까지 농공상은 부단하게 사를 지향하고 있으며, 베트남의 높은 교육열도 여기에서 기인한다.

그러나 모든 마을민이 완전한 사민으로 구성된 것은 아니었다. 상공업전업마을(làng nghề: 전문업종에 종사하는 마을이라고도 할 수 있음)에서 보듯이 전체 마을민이 한 가지 업으로 구성될 수도 있었다. 물론 이러한 경우에도 약하긴 하지만 사민의 형태가 존재했다.

IV. 마을 조직

1. 공조직

국가의 최소 행정구역 단위인 마을은 다양하고 풍부한 베트남적 특징을 가장 잘 담고 있다. 무엇보다 마을은 구성원들과 생사를 함께 한 곳으로 베트남인들이 자랑하는 강력한 공동체이자 국민 개개인에게 정체성을 자각케 하는 근원지다.

봉건시대에 왕조정부는 민을 직접 접촉하지 않았다. 왕명(王命) 등은 단지 촌락까지만 전달되었고, 그것들은 촌락을 통하여 시행될 뿐이었다. 즉 부역, 군역,

조세 등 국사를 요구함에 있어서 왕조정부가 민을 직접 접촉하여 취하는 형식이 아니라 다만 촌락에 일임만 하면 되었다.

마을에는 모든 대소사를 논의하고 추진하는 조직이 있었다. 이를 촌락의 행정조직이라고 하는데, 이것은 왕조정부를 대신하여 촌락의 대소사를 논의하고 추진하는 일 외에도 심지어 국방과 치안까지도 촌락 단위로 자치적으로 감당하는 기능을 하였다. 동시에 촌락의 질서도 각각의 촌락 특징에 맞게 만들어진 향약에 근거하여 이 조직에 의하여 유지되었기에 예부터 질서는 곧 촌락으로부터 시작된다고 말해졌다.

마을을 언급할 때 우리는 먼저 촌락의 행정조직에 대하여 말해야 할 것이다. 국가는 전통시대부터 촌락이 이 조직에 의하여 관리·유지되는 것을 인정하였다. 이러한 데에는 전통시대부터 장기간 경험했던 중국의 간접지배와 독립국가 이후에도 지배가 완전하게 미치지 못하여 오랫동안 자치성을 누렸던 많은 소수종족의 지배체제 등에서 영향을 받았다고 보여진다. 베트남을 식민지로 만들었던 프랑스도 이 같은 전통과 베트남인의 팽배한 반불의식 등을 고려하여 식민 수탈의 극대화를 추구하려는 차원에서 전통시대의 관행을 유지·개혁하였다.

18세기 초기부터 촌락을 운영하는 일, 즉 촌락을 통치하는 일은 촌락민이 뽑은 대표자에 의하여 이루어졌다. 조정에서는 촌락의 대표자를 뽑는 일에 대하여 전혀 간섭하지 않았다. 만약 간섭한다 할지라도 절대적이지는 않지만 대부분 왕의 법이 마을의 규례에 지는 결과를 낳았다. 촌락의 통치는 촌락의 운영·관리 규약으로 촌락마다 차이가 있는 향약에 근거하여 이루어졌다. 물론 조정은 이전과 같이 촌락을 직접 관리하기를 원했다. 그러나 후술하겠지만, 분열 가운데 장기간에 걸친 첨예한 내·외전을 겪으면서 야기된 국가권력의 급격한 약화와 여기에 국가의 지배력이 미치지 못한 방대해진 영토로 이전과 같은 촌락 지배는 더 이상 기대할 수 없었다. 이 때문에 지금까지 폐쇄적인 촌락공동체의 성격을 띠면서 상당부분 자치성을 누려왔던 촌락들은 근대적 성격을 띠는 민주를 추구하게 되었다. 즉 지금까지 국가가 사관(社官)을 임명하였던 것과는 달리 당시로서는 일대 혁명적이라 할 수 있는 선거라는 방법을 통하여 스스로 자신들의 사관을 선출함으로써 "촌락의 주인은 촌락민 자신이다."는 인식을 갖게 되었다.

사실 여기에서 말하는 민주는 당시의 시대상황을 감안한다면 상당한 수준이었다. 왜냐면 객호와 여자를 제외한 촌락의 모든 정남(丁男)이 선거라는 방법을 통하여 직접 혹은 간접으로 촌락의 통치업무에 참여할 수 있었기 때문이다. 그리고 촌락 업무의 대행자는 식견, 업무 수행 능력, 연배 등을 갖춘 사람들이 주류를 이루었지만 어찌 됐든 일정한 자격을 겸비한 촌락민이라면 모두 가능했기 때문이다.

1) 독립왕조 이전 시대

베트남 마을을 지칭하는 싸(xã, 社)는 중국식 표기이며, 순수 베트남식 표기는 랑(làng)이다. 이것들은 각각이 사용되는가 하면 두 개가 결합하여 랑싸(làng xã)의 형태로 사용되기도 한다.

베트남의 마을을 형성하는 단위는 여럿이 있다. 촌(村), 쏨[xóm: 쯔놈(Chữ Nôm)으로 𣛟], 읍(邑), 응오[ngõ: 쯔놈으로 午] 등이다. 이 때문에 마을은 싸톤(xã thôn, 社村), 랑쏨(làng xóm) 등으로 칭하기도 한다. 일반적으로 마을은 구성하는 촌의 개수에 따라 일사일촌(一社一村), 일사이촌(一社二村), 일사삼촌(一社三村)의 형태다.

베트남 마을의 단위는 중국의 한자에서 유래한 사가 아니더라도 베트남 최초의 반랑(Văn Lang, 文郎, B.C.7세기-B.C.258) 시대 이전에도 어떠한 형태로든 존재했을 것이다. 즉, 오늘날 사용하고 있는 '랑'과 같은 문자로 말이다.

반랑이 15개의 부(部)로 구성되었다고 한다면 한국의 마을을 부락이라고 칭하는 예에서 유추해볼 때 당시의 부는 부락이었을 것이다. 그리고 반랑과 어우 락(Âu Lạc, 甌貉, B.C. 257-179)시대에 부 아래의 단위를 '랑(làng)' 혹은 '짜(chạ)'라고 불렀다는 주장은 '사'라는 중국식 명칭이 아니더라도 순수 베트남식 마을 명칭이 일찍부터 존재했음을 의미한다.

베트남의 지역행정구역체계는 조타(趙佗)가 B.C.179년 어우 락을 정복하고 교지(交趾, Giao Chỉ)와 구진(九眞, Cửu Chân) 2군을 둠으로써 중국화 되기 시작했다. 이 같은 중국의 군현제도는 그 후 B.C.111년 한 무제가 남월을 정복함으로써 더욱 강화되었다. 한은 남월에 9군을 두었는데, 그 중 교지, 구진, 일남(日南, Nhật Nam) 3군은 베트남에 두었다. 한의 무제는 9군을 교지주라 하였고, 헌제 3년(203)에는 교주(交州)라 하였다.

중국 한의 향리(鄕里)제도가 베트남에 정확히 언제 유입되었는지는 알 수 없으나 541년 외기 전리기(外紀 前李紀) '환향리(還鄕里)'에 향리가 처음 등장하는 것으로 보아 6세기 정도로 짐작할 수 있다.

베트남의 마을을 지칭하는 중국식 행정구역단위의 사(社)가 출현한 시기는 7세기경이다. 622년 당은 베트남의 행정구역을 군(郡) 단위에서 주(州) 단위로 바꾸었다. 따라서 당시 베트남은 12개 주에 59개 현으로 나뉘었다. 현 아래의 행정구역단위로는 향(鄕)과 사(社)를 두었다. 향과 사는 호수(戶數)에 따라 소향(70-150호)과 대향(160-540호), 소사(10-30호)와 대사(40-60호)로 각각 구분하였다.

베트남의 행정구역단위는 당이 멸망하던 907년 정해절도사였던 쿡 하오(Khúc Hảo)에 이르러 개혁되었다. 즉 주(州)를 로(路)로, 현(縣)을 부(府)와 주(州)로, 향(鄕)을 갑(甲)으로 개편하였다. 그리고 최소 행정구역의 단위를 사라 하였다. 갑에는 세금을 거두고 군사를 모집하는 업무를 담당하는 관갑(管甲)과 부지갑(副知甲)을 각각 한 명씩 두었다. 그리고 사에는 정영장(正令狀)과 좌영장(左令長)을 각각 한 명씩 두어 호적을 작성하고 이에 근거하여 마을민의 조세, 부역, 병역 업무를 관장하였다.

2) 응오·딩·전레·리왕조 시대

응오 왕조(Ngô, 939-968)와 딩왕조(Đinh, 968-980), 그리고 전(前)레왕조(Lê, 980-1009) 시대는 왕조 존재 기간이 극히 짧았던 점이나 중앙집권제마저 확립되지 않은 점이나 중국의 제도에 익숙했던 점으로 볼 때 지역행정구역체계에 큰 변화가 없었을 것이다. 딩왕조는 전레왕조가 행정단위 도(道)를 로(路)로 바꾸고 그 아래에 부(府)와 주(州)를 두었다는 것으로 보아 최고 행정구역의 단위가 도였음을 알 수 있다. 1008년 전레왕조의 롱딩(Long Đĩnh)은 중국 송대의 행정제도를 모방하여 로에는 안무사(按撫使)를, 부에는 지부(知府)를, 주에는 지주(知州)를 각각 두었다. 이같이 베트남 왕조들의 중국 행정제도 수용은 역사 내내 이어졌다. 물론 이 같은 수용은 다른 여러 분야에서도 마찬가지였다.

행정구역체계는 리왕조(Lý, 1009-1225)에 와서 비로소 제도화되기 시작했다. 이는 이전의 왕조들과는 달리 리왕조가 장기왕조였다는 것과 이후의 왕조만큼은 아니지만 왕권이 지방에까지 미쳤던 중앙집권제도의 확립에 있었다.

주목할 것은 리왕조 이전인 8-10세기에 촌락의 행정단위인 사가 종교 활동을 행하는 불교조직에 이용되었다는 점이다. 즉, 948년에 건립된 청매사종명(靑梅社鐘銘)에 나오는 수희사(隨喜社)의 용어나 사주(社主), 사록사(社錄事) 등의 직책에서 볼 수 있듯이 종교와 관련된 용어로도 쓰였다.

리왕조는 전국을 24개의 로(路)로 나누고 아래로 부·주·현·향(府·州·縣·鄉) 등을 두었다. 그러나 로·부·현의 관계는 상하관계가 아니라 동일한 행정구역단위였다. 즉, 평야지역은 로, 평원지역은 부, 산간지역은 주라는 형태로 단위명칭을 달리 하였을 뿐이다. 당시에 나타난 채(寨)는 환(Hoan)주나 아이(Ái)주와 같이 중앙에서 멀리 떨어져 있는 주를 칭했다. 특히 10세기 중반에서 12세기 초에 세워진 『한남명문(漢喃銘文)』에 나타난 '자염촌(慈廉村)', '고월촌(古越村)', '고요향(古寥鄉)'이나 『대월사기전서』본기 이기 태종조(本紀 李紀 太宗條)의 '애주빙산향인(愛州冰山鄉人)'과 '담사이촌경지계(潭舍二村爭地界)' 등의 지명은 이때에 향촌(鄉村)

의 지명이 유입됐음을 보여준다.

3) 쩐·호왕조 시대

쩐왕조(Trần, 1226-1400)의 촌락조직은 리왕조보다 세밀하였다. 전국을 12개의 로로 나누고, 그 아래에 부·주·현·사(갑 혹은 향이라고도 함)를 두었다. 최소 행정구역의 단위로 향·책(冊)·동(洞)을 두었는데, 이중 향과 책·동은 평야지역과 산간지역에 각각 두었다. 1297년에는 갑을 향으로 바꾸었다. 사는 14세기 말에 두었다. 사·책에는 대·소사사(大·小司社)를 각각 두었다. 대사사와 소사사는 각각 5품 이상과 6품관 이하였다. 베트남 역사에서 처음으로 사에 사정(社正)과 사사(社史), 그리고 사감(社監)이라는 사관을 두었다. 이들 중에는 2, 3, 4개의 사를 겸하여 관리하는 이도 있었다. 사관의 임무는 장적과 전적을 만들고 관장하는 것이었다. 쩐왕조 때부터 각 마을에는 사관이 마을의 공무에 의견을 물을 수 있는 자문의 성격을 띤 기목회동이 있었다.

최소 행정구역의 단위에까지 사관을 두었던 것으로 보아 쩐왕조의 통치구조는 리왕조보다 세분화되고 발전되어 중앙집권이 보다 공고화됐다고 할 수 있다. 대·소사사는 퇸똥(Thuận Tông, 1388-1397) 통치기에 사라졌다. 그 대신에 과거처럼 관갑(管甲)을 두었다.

호왕조(Hồ, 1400-1406)는 왕조의 존재기간이 매우 짧았던 것과 쩐왕조의 연속선상에 있었던 것 때문에 행정구역이 거의 변화가 없었다. 일부 바뀐 것은 중앙에서 멀리 떨어져 있는 변방지방의 로와 부를 진(鎭)으로 바꿨다. 즉 타잉 화(Thanh Hóa)로를 타잉 도(Thanh Đô)진으로, 꾸옥 와이(Quốc Oai)로를 꾸앙 와이(Quảng Oai)진으로, 다쟝(Đà Giang)로를 티엔 홍(Thiên Hưng)진으로, 응에 안(Nghệ An)로를 럼안(Lâm An)진으로, 짱안(Tràng An)로를 티엔 꾸안(Thiên Quan)진으로, 지엔 쩌우(Diễn Châu)로를 봉쟝(Vọng Giang)진으로, 랑썬(Lạng Sơn)부를 랑썬진으로, 떤빙(Tân Bình)부를 떠이 빙(Tây Bình)진으로 고쳤다. 이는 중국 명의 침략을 목전에 두고 국방에 중점을 둔 정책으로 볼 수 있다.

촌락의 신앙과 관련하여 비록 오래 전부터 성황(城隍)을 숭배해왔지만 쩐왕조 때부터 성황 숭배 처소로서의 정이 촌락에 세워지기 시작했다. 베트남 마을은 최소 행정구역의 단위가 되기 이전부터 사람들이 함께 동고동락하면서 하나의 신을 숭배하는 신앙의 단위이기도 했다.

4) 중국의 명 지배 시대

베트남을 점령한 명은 베트남을 교지(交趾)라 칭하고 전국을 15개 부로 나누고 그 밑에 주와 현을 두었다. 그러나 1410년 교지에 직속되어 있던 6개 주 중에 타이 응우옌(Thái Nguyên)주와 뚜옌 화(Tuyên Hóa)주가 부로 승격됨에 따라 17개 부가 되었다. 현 아래의 행정구역으로는 리(110호)와 갑(10호)을 두었다. 지방과는 달리 시가(市街)에는 방(坊)을, 시가 주변에는 장(莊)을 두었다.

이외에도 『안남지원(安南志原)』에는 촌·장·책·동·채(村·場·冊·峒·寨) 등의 행정구역의 단위가 보인다. 리와 갑의 수장을 각각 이장(里長)과 갑수(甲首)라 하였다. 이장은 매년 임명되었다.

5) 후레왕조 시대

후레왕조(1428-1527, 1533-1789)는 베트남 왕조사에서 가장 오랫동안 존재했던 왕조이다. 후레왕조를 열었던 레 러이(Lê Lợi)는 명의 축출과 함께 중앙에서 지방에 이르는 행정구역을 개편하였다. 전국을 5개 도로 나누고 진·로·부·주·현·사를 두었다. 타잉 똥(Thánh Tông) 때에는 전국을 13개 도(承宣道)로 확대하는 한편 진과 로를 폐하고 부·주·현·사 체제를 확립하였다. 그리하여 전국은 13개 도, 52개 부, 178개 현, 50개 주, 20개 향, 36개 방(坊), 6851개 사(社), 322개 촌, 637개 장(莊), 40개 책(冊), 40개 동(峒), 30개 원(源), 30개 장(場)으로 나누었다. 이중 촌까지는 평야지역의 마을 단위, 장·책·동 이하는 산간지역의 마을 단위였다. 이처럼 전국의 행정구역이 정비되고 촌락의 수까지 정확히 파악되었다는 것은 국가의 권력이 촌락까지 미쳤음을 의미한다.

지방의 최고 행정구역의 단위는 홍순 연간(1509-1516) 때부터 진으로 바뀌었다. 진의 단위는 응우옌 왕조 1831년까지 사용되었다.

후레조 초에는 명의 지배기간에서처럼 호별로 사의 규모를 구분하지 않고 민정의 수를 기준으로 하였다. 즉 민정 100인 이상이면 대사, 50인 이상이면 중사, 10인 이상이면 소사였다. 여기에 대사와 중사 이상의 사에는 각각 3명과 2명의 사관을, 이보다 작은 소사에는 1명의 사관을 두었다. 그러나 홍덕 연간(1470-1497)에는 인구의 증가로 사를 다시 호별로 구분하여 500호 이상은 대사, 300호 이상은 중사, 100호는 소사로 하였다.

막왕조(Mạc, 1527-1592)의 출현으로 베트남은 북남으로 분리되어 1국 2왕조를 맞았다. 막왕조는 통치기간이 짧았던 것과 후레왕조와의 첨예한 대립 때문에 촌락을 포함한 국가의 어떤 조직에도 변화를 가할 수 없었다. 후레왕조 역시 1533년에 회복되기는 하였지만 북쪽 막왕조와의 전쟁과 권력을 사이에 놓고 벌어졌던 찡(Trịnh)주와 응우옌(Nguyễn)주와의 대립 때문에 촌락에 대한 변화는 전혀 없었다.

1642년에 사관은 사장(社長)으로 바뀌었다. 북남왕조의 대립 때문에 사관 파견을 통한 마을 지배를 못했던 후레왕조는 턴똥(Thần Tông, 1649-1662) 때에 이르러 촌락에 관심을 갖기 시작하였다. 1658년에 주·현에 사장(社長), 사사(社史), 사서(社胥)를 두고 유생(儒生)이나 생도(生徒)들로 담당케 하였다. 이들은 주관(州官)·현관(縣官)·승사(承司)·헌사(憲司) 등에 의하여 업적평가를 받고 그에 대한 상벌이 있었다. 후옌 똥(Huyền Tông, 1663-1672) 치하에서는 덕망가의 자식들 중에서 사장을 임명하였다가 재임 3년간의 업적평가에 따라 높은 점수를 얻을 경우 현관으로 임명하기도 하였다.

그러나 1732년 이후에는 점차 사장을 마을민 중에서 마을이 선발하고 사장의 고과제도(考課制度)가 폐지됨에 따라 사장의 권한도 이전보다는 낮아졌다. 동시에 마을은 왕의 법 대신에 마을의 규례가 적용되었다. 이로써 마을의 권한이 신장되면서 마을은 점차 많은 자치권을 갖게 되었다. 물론 민정이 선거를 통하여 직접 사장을 선출하고 마을의 자치권이 확대됨으로써 민주가 민중들 속에 싹트기 시작했다고 할 수 있으나, 이것은 어디까지나 극히 일부분이면서 마을이라는 범주 내에서만 국한되었다.

6) 응우옌 왕조 시대

응우옌(Nguyễn, 1802-1945) 왕조는 방대한 영토를 23개 진(鎭)과 4개 영(營)으로 나누었다. 23개 진 중 11개 진과 5개 진으로 구성된 각각의 북성(北城, Bắc)과 가정성(嘉定城, Gia Định)을 두었다. 진과 영을 부·현·주로 나누고, 그 밑에 총·사·촌(總·社·村)을 두었다. 이중 총은 1470년에 처음 사료에 나타난 행정구역 단위이며 주로 호적, 표산유민, 토지 소송과 관련되었다.

통일된 방대한 영토를 효과적으로 치리하기 위해서는 지방 행정구역 단위의 정비도 시급했다. 따라서 1831년 밍망제는 두 개의 총진을 포함하여 전국의 진과 영을 없애고 대신에 청의 지방 행정구역 단위를 모방하여 전국을 29개 성(省)으로 개편하였다. 이듬해에는 30개의 성과 1개의 부로 확대하였다. 행정단위의 개편에 따라 산간지역의 일부 행정단위를 므엉(mường)은 현 혹은 주, 동은 현 혹은 총, 책은 총의 형태로 바꾸었다. 그 결과 전국은 30개 성, 89개 부와 분부(分府), 255개 현과 주, 1742개 총, 1만 8200개 사가 되었다. 1개의 트어 티엔(Thừa Thiên)부는 나중에 트어 티엔-훼(Thừa Thiên-Huế)성으로 바뀌면서 31개 성이 되었다.

응우옌 왕조는 행정구역 단위의 상위에는 많은 개혁을 하였으나 하위에는 거의 변화를 주지 못했다. 이는 중앙집권이 확립되지 못했음을 방증한다. 이 때문에 응우옌 왕조는 마을의 조직에는 전혀 손을 대지 못했다. 따라서 후레조 말부터 적용되었던 사장의 선출과 촌락의 자치는 계속 인정되었다. 이 자치는 갈수록 확대되었으며, 특히 공전(公田)을 관리하는 일에서 두드러졌다. 부·현·주에서 구분전을 분배하는 일을 관리하였으나 실제는 촌락 내 향직(鄕職)에서 담당하는 형태였으며, 그 외에도 촌락의 업무는 촌락에서 자치적으로 추진하였다.

뜨득(Tự Đức, 1847-1883) 말부터는 관리 임명을 부와 현까지로 국한하고 총 이하는 마을의 자치에 맡겼다. 따라서 마을민은 스스로 자신들의 관리를 선발하여 마을의 공무를 담당케 하였다. 총은 사의 기목회동에서 선출한 해총(該總)과 부해총(副該總)을 한 명씩 두어 그 마을의 조세, 제방, 치안 업무 등을 담당케 하였다.

마을마다 마을의 공무를 수행하는 기목회동과 기역이 있었다. 이중 집행기관인 기역은 마을민이 직접 선출하였다. 의결기관인 기목회동은 수장으로 선지(先紙)와 차지(次紙)를, 기역은 이장과 부이장을 두었다. 이외에도 마을에는 치안을 전담하는 순방(巡防)기관을 두었다.

19세기부터 사는 명실공히 자치성을 갖게 되었다. 우리가 베트남 마을에 대하여 말하는 "왕의 법이 마을의 규례에 진다."는 속어가 정착되었다. 마을마다 개별성을 띤 풍속과 규율에 대하여 국가는 간섭하지 않았다. 이제까지 지역의 최소 행정구역의 단위에 불과했던 마을은 자치권이 주어지면서 마을이 갖는 힘도 증가되었다. 그리하여 마을의 연합은 국가를 위협할 수 있는 강력한 단위로 부상했다. 그러나 촌락과 국가는 규례와 법을 사이에 두고 충돌 없이 상호 공생의 관계를 유지했다.

7) 프랑스의 식민지 시대

베트남을 점령한 프랑스는 지배의 효율화를 위해 베트남의 행정구역에 대한 개혁을 단행하였다. 당시 베트남 마을은 운영이 자치적이고 외부와의 관계가 지나치게 폐쇄적이어서 외부인의 출입이 쉽지 않았다. 따라서 베트남 마을은 침략자 프랑스인뿐만 아니라 심지어 왕을 대신한 조정의 관리라 할지라도 진입이 쉽지 않았다. 이들은 촌락의 속례에 따라 정 혹은 사찰에서 조심스럽게 영접을 받았다.

베트남 촌락의 자치성과 폐쇄성이 지배자 프랑스에게는 절대 이롭지 못했다. 망국 이후 촌락이 베트남 독립운동세력의 비밀기지임을 간파한 프랑스 식민당국은 촌락에 대한 직접 통치와 지배권을 확보하지 않으면 안되었다. 프랑스 식민정부는 이를 촌락의 조직개혁, 조직의 권한 축소, 자치권 축소 등에서 찾았다.

그러나 이도 쉽지 않았다. 지금까지 프랑스 식민정부의 간접지배형식 외에도 전통시대부터 굳어진 간접지배의 관행과 프랑스 식민 초기에 구국운동에서 비롯된 베트남 정치·사회의 불안 때문이었다.

프랑스 식민당국의 베트남 마을에 대한 개편은 지배기간동안 몇 차례에 걸쳐서 단행되었다. 마을 개편은 남부를 먼저 점령하였기에 남부에서부터 시작되었다. 그 중 1904년 남부의 마을 개편을 통해 세워진 촌락회동, 즉 회제(會齊, hội tề)를 살펴보면 다음과 같다. 북부와 중부에서는 회제를 기목회동이라 하였다.

향직의 수장으로 회제를 주관하며 문고(文庫) 관리의 업무를 담당하는 흐엉 까(hương cả), 회제의 부주관이며 감사를 담당하는 향주(鄕主), 율례를 해석하는 향사(鄕師), 재정 관리 및 집행위원회 구성원과 교원을 지원하는 향장(鄕長), 마을민의 분쟁을 해결하는 향정(鄕政), 신임 향직 안내 및 서기를 담당하는 향교(鄕敎), 치안과 교통 및 운송을 담당하는 향관(鄕管 혹은 鄕檢), 세금과 회계장부 관리 및 마을의 기물과 공공건물을 관리하는 향부(鄕簿), 법원과 회제간의 조절 역할을 하는 향신(鄕紳), 마을과 지방 정부 간의 조절 역할을 하며 세금 수취 및 마을의 직인을 관리하는 사장(社長), 향직집행위원인 향호(鄕豪), 호적 및 방역대책을 관리하는 정육부(正六簿)로 구성하였다. 이외에도 마을의 속례를 담당하는 향례(鄕禮: 제례 담당), 향악(鄕樂: 음악 담당), 향음(鄕飮: 축제와 연회 준비), 향문(鄕文: 제문 작성), 수관(守款: 토지 관리), 해정(該亭: 정과 사찰 관리)과 같은 직을 두었다. 이중 향신, 사장, 향호는 집행위원으로 마을의 치안, 질서 유지 및 상급기관과 법원의 의결을 집행하였다. 각자의 고유한 업무를 갖는 회제의 구성원은 직무 비중에 따라 서열이 매겨졌다.

회제의 구성원은 마을의 전주(田主)들 가운데서 뽑았다. 전주는 당연히 지주들이 주류를 이루었다. 이들은 마을 내 재력가들로서 마을의 공익보다는 자신들의 사익에 우선했다. 프랑스 식민당국을 등에 업고 마을 내 권력을 행사할 수 있었기 때문에 이들은 자연스럽게 친불세력이 되었고, 프랑스 식민정부는 이들을 이용하여 그동안 철옹성 같은 베트남 마을을 침투할 수 있었다.

회제의 조직에서 향례·향악·향음·향문·해정과 같이 풍속관련의 직들은 프랑스 식민당국이 베트남 마을의 전통 속례를 존중하고 보존하였던 것으로 볼 수 있으나, 실은 오늘날 후진국에서 일부 독재자들이 스포츠, 축제, 종교, 신앙 등을 활성화함으로써 국민의 관심을 정치에서 멀게 하려는 수법과 유사하겠다.

1904년의 개혁에 힘입어 프랑스 식민정부는 친불세력을 만드는 데에는 성공했을지라도 회제의 구성원을 선발하는 일에서는 많은 어려움이 따랐다. 왜냐하면 사관을 뽑는 권한이 마을민에 있었던 것과 식민정권에 의하여 촌락의 권한이 다소 약화되었다 할지라도 촌락의 율례가 여전히 존중되었기 때문이다. 따라서 1904년의 개혁으로는 베트남 마을의 지배권을 완전히 장악할 수 없다고 판단한 프랑스 식민정부는 마을에 대한 간섭을 높이기 위하여 1927년 회제를 개혁시켰다. 그 결과 회제는 12명으로 구성된 기호회동(耆豪會同)으로 명칭이 바뀌었다. 1927년의 개혁은 제2차 세계대전 종료 시까지 적용되었다.

프랑스 식민정부는 북부 베트남의 마을 행정조직에도 개혁을 단행하였다. 프랑스는 북부 베트남 마을 자치제도의 장점을 부인하지 않았다. 뽈랭 비알(Paulin Vial)은 『안남과 통킹: L'Annam et le Tonkin』에서 "그것은 우리의 안전에 적합하며 가장 유일한 방안이다. 그것은 현지인들이 매우 관심을 쏟고 있는 것인 바, 이들에게 자치를 부여함으로써 이들을 쉽게 나눌 수 있다. 이 방안은 이미 시험에 들어갔으며 좋은 결과를 기대할 수 있다. 안남인에게는 소망 성취를, 우리에게는 안전을 가져줄 수 있다. 이뿐 아니라 강력한 결속력으로 우리에게 대항하는 이들의 무기를 분쇄할 수 있다."고 하였다. 총독 삐에르 빠스끼에(Pierre

Pasquier) 역시 『예전의 안남: L'Annam d'Autrefois』에서 "베트남 마을의 자치는 기묘한 통치 기구다."고 하였다.

프랑스 식민당국은 베트남 마을의 장점을 자신들의 효과적인 지배수단의 도구로 이용하였다. 그들은 남부의 경험을 살려 북부의 촌락개혁에 착수하였다. 북부의 촌락개혁은 남부와 다른 지배체제와 고조된 항불의식 때문에 1921년에야 가능했다. 북부의 마을 개혁은 1927년과 1941년에도 있었다. 그 중 1927년의 개혁을 살펴보면 다음과 같다.

이때는 마을 내 동족의 대표이면서 민정의 선거로 선발되었던 족표회동이 없어지고 기목회동이 설립되었다. 실은 기목회동은 재립됐지만 구성원은 등과자이거나, 품함을 소유한 자이거나, 촌락에 거주하면서 사 혹은 성에서 직무 경험이 있는 자 형태로 조건이 높았다. 여기에 기목의 수와 임기는 제한이 없었다.

프랑스 식민당국은 촌락을 통제하는 일에서 공사(公使)에게 기목의 명단을 승인하는 권한을 주었고, 명단 중 한 부는 법원이 보관하게 하였다. 구성원의 변화가 있을 때마다 촌락의 향직들은 곧바로 상부에 보고하도록 하였다.

개혁에 따라 사의 집행기관은 이장, 부이장, 순찰장, 수궤, 서기로 구성된 정향회였다. 그 외에도 토지대장을 관리하는 장부(掌簿)와 생사가취(生死嫁娶)를 담당하는 호리(戶吏)가 있었다.

이장과 부이장은 이전과 같이 1930년까지 선거로 선출되었다가 이제는 지명형식으로 바뀌었다. 지명규정에 따라 기존의 이장 선거 방법은 점점 사라졌다. 부이장이 3년을 일하면 이장으로 임명될 수 있었다. 이장 선거는 촌락에 부이장이 많거나 혹은 전혀 없는 두 경우에만 시행되었다.

이때의 개혁은 여전히 성의 관리가 마을의 감찰을 하도록 하였지만 보호협약을 존중하는 차원에서 프랑스 식민당국은 베트남 성헌(省憲)에게 이장 임명권을 주었고, 공사는 단지 승인하는 형태였다. 때에 따라 공사가 승인을 거부하는 경우가 있었다.

프랑스 식민당국은 외형상 기목회동을 재립하여 북부 베트남에 대한 보호협약을 준행하는 듯 했지만 자신들의 목적한 바를 얻지 못했다. 그들은 월남국민당, 월남광복회 등과 같은 지식인들이나 애국지사들의 저항에 부딪혔기 때문이다.

1941년 제2차 세계대전의 패배와 일본군의 베트남 진주로 위협을 느낀 프랑스 식민당국은 베트남 마을에 대한 지배를 강화하고 민의 반불의지를 분쇄할 의도에서 북부 베트남의 향촌행정을 개혁하였다. 이때 1921년과 1927년에 각각 설립되었던 족표회동과 기목회동이 사라지고 대신 기호회동이 설립되었다.

프랑스 식민정부의 중부 마을에 대한 행정개혁은 중부가 형식상이라도 베트남 왕조정부의 지배하에 있었기 때문에 다른 지역과는 달리 쉽지 않았다. 따라서 개혁의 횟수도 한 번에 그쳤고 그것도 지배기간의 막바지인 1942년에야 가능했다. 한편 개혁의 칙령은 베트남 황제의 수결 하에 프랑스 식민정부가 작성한 내용이었다. 그리고 개혁은 북부 베트남 촌락 조직 개편에 대한 1941년의 칙령을 근거로 하였다.

마을의 관리는 기호회동이 담당하였다. 기호회동의 구성원은 촌락마다 규정한 속례에 근거하여 선발하였기에 상부의 통제는 거의 무효했다. 1942년의 칙령으로 기호회동에 참여할 조건은 이 회동의 구성원처럼 분명하게 확정되었다. 즉 기호회동에 참여하고자 할 경우 범죄사실이 없는 도덕적 인격을 갖추고 조정과 프랑스 식민당국에 충성심이 있는 자라야 했다. 그리고 품함 소유, 과거 합격 같은 요건 외에도 공직에서 떠난 지 3년 이상이 된 퇴역 총리(總里)와 오향(五鄉)이어야 했다.

기호회동은 사의 일상 업무를 처리하도록 상임위원에게 권한을 위임했다. 사마다 상임위원을 두었던 중부와는 달리 북부는 큰 사에만 상임위원을 두었다. 사의 집행기관은 이장과 부이장 외에도 실제 업무를 담당하는 5명으로 구성된 오향이 있었다. 오향은 문고를 관리하는 향부(鄉簿), 기금을 관리하는 향본(鄉本), 사법과 치안을 담당하는 향검(鄉檢), 도로와 공공건물의 관리 및 보수를 담당하는 향목(鄕目), 통신 및 위생을 관리하는 향역(鄕役)으로 구성되었다.

이전에 이장은 마을민이 선출했으나 1942년의 제도에 의하여 임명제로 바뀌었다. 이장으로 임명된 부이장은 장기간의 복무 경력이 있어야 하며, 이러한 요건을 갖춘 부이장이 촌락에 두 명이 있을 경우 연장자가 우선이었다. 선출 방법은 단지 촌락에 부이장이 없을 경우에만 가능했다. 부이장과 오향은 기호회동에 의하여 선발되고 성의 관리가 승인했다.

프랑스 식민당국의 중부 촌락행정개혁의 목적은 촌락의 관리들을 긴밀하게 통제하기 위함이었고 이를 통하여 1941년 이후의 북부에서와 같이 촌락의 향직을 점차 친불파로 대체시켰다.

기호회동이 여전히 촌락의 의결기관이며, 집행기관이 이장, 부이장, 오향으로 구성되어 있어 외형상으로는 변화가 없어 보이나 이들을 선발하는 일을 깊이 살펴보면 선거대신에 임명 형식을 통하여 기호회동, 특히 집행위원을 친불성향의 베트남인으로 대체하려고 했던 프랑스의 의도를 엿볼 수 있다.

이상에서 살펴볼 때 베트남 세 지역에 대한 촌락 조직 개편은 시기마다 다르게 진행되었으나, 1942년 5월 23일의 칙령과 1944년 1월 5일의 의정에 근거한 향직 임명 방법과 촌락의 결정기관을 긴밀하게 통제하는 방법을 통하여 프랑스 식민당국은 세 지역을 통일하였다.

8) 8월혁명 이후

일본의 집권 하에서도 프랑스 식민당국이 개혁한 촌락의 행정조직은 여전히 유지되었다. 그러나 1945년 독립 이후 베트남민주공화국은 촌락의 행정조직을 개편하였다. 북베트남은 1946년의 헌법에 근거하여 전국을 기(圻), 도시를 성·시사(省·市社), 농촌을 현·사(縣·社)로 각각 나누었다. 이전의 사와 현 사이에 있었던 행정구역 총은 없어졌다.

전국의 각 사에는 두 개의 대표기관인 인민회동과 행정위원회(1945-1975, 통일

이후에는 인민위원회라 함)를 두었다. 전자는 보통선거에 의하여 먼저 뽑고, 후자는 인민회동이 뽑았다.

행정위원회는 인구수에 비례하여 18-25명의 정위원과 5-7명의 예비후보로 구성되었다. 행정위원회의 입후보 자격과 선거 형식은 때에 따라 바뀌었다. 누구나 18세 이상이면 입후보할 자격과 선거권이 있었다. 입후보자는 6개월 이상, 선거권을 가지려면 3개월 이상 촌락에 거주자라야 가능했다.

사행정위원회는 각각 1인의 주석, 부주석, 수궤(守匱), 서기, 치안 유지 담당 위원 외에 2명의 예비후보로 구성되었다. 입후보와 투표 조건은 일률적으로 바뀌었다. 원칙에 의하면, 누구나 조건을 갖추면 인민위원회에 뽑힐 수 있다.

사행정위원회의 선거는 성위원회에서 승인이 있어야 효력이 발생했다. 원칙대로라면 촌락민은 재선거를 요구하기 위하여 인민회동을 면직할 권한이 있었지만 프랑스 식민지시대와 같이 사인민회동의 모든 결정은 성의 비준이 있어야 했다.

9) 1945-1975년 시대 남부

남기에 다시 들어온 프랑스 식민정부는 1946년 6월 응우옌 반팅(Nguyễn Văn Thinh)을 수상으로 하는 남기자치공화국(1946-1948)의 임시정부를 수립하였다. 남기자치공화국 정부 하에 마을은 보통선거로 뽑힌 8명으로 구성된 회제가 있었다. 이는 사법·행정·사회업무와 재정·경제·의례업무를 담당하는 두 위원회로 구성되었다. 두 위원회의 수장은 각각 흐엉 까와 향주였다.

남기자치공화국 정부의 존속이 짧았기 때문에 회제는 오래가지 못했다. 즉 1949년 수상 바오 다이(Bảo Đại)와 부수상 응우옌 반쉬언(Nguyễn Văn Xuân) 장군을 중심으로 하는 베트남국가(1949-1955)가 세워졌기 때문이다. 응우옌 반쉬언은 혼란스런 국내의 정세 하에서 사의 행정업무와 향직을 정부조직의 산하에 두기 위하여 사의 회동 임명권을 성장에게 주었다. 촌락의 향직을 임명하는 일은 1953년까지 존속하였다. 1953년 3월 19일의 칙령은 사의 행정조직을 재조직하기 위하여 공포되었다. 이 칙령에 따라 각 촌락은 촌락민이 보통·직접선거로 선출한 최고 9명으로 구성된 향정회동이 있었다. 그 중 주석, 부주석, 정서기는 수장에 속했다. 새로운 조직에 의하여 촌락 조직의 일부분은 전통시대의 회동으로 돌아왔으나 여전히 성의 감찰이 있었다. 실제로 1953년의 칙령은 상부의 통제권을 확대하였던 프랑스 식민통치기의 행정을 재립하면서 동시에 촌락의 자치에 대한 전통시대의 일부 습속을 보존하고자 함이었다.

1954년 제네바협정의 결과 베트남은 위도 17도를 경계로 북남으로 양분되었다. 베트남국가의 바오 다이를 축출하고 대통령이 된 베트남공화국(1955-1975)의 응오 딩 지엠(Ngô Đình Diệm)은 행정을 개조하였다. 1956년 6월 18일 응오 딩 지엠 정부는 향정회동을 주석, 재정과 경제 및 사회 문제를 담당할 부주석, 경찰위원 1인으로 구성된 행정위원회로 대체하는 안을 각 성장에게 보냈다. 그 결과 큰 마을은 행정과 재정을 감당할 2명의 보좌관을 둘 수 있었다. 행정위원회의 구성원들은 제도에 충성심을 갖는 지방민 중에서 성장이 선발하였다.

1956년 10월 24일에 행정위원회는 성장이 선발한 3-5명으로 구성된 사회동으로 명칭을 바꾸었다. 이때 큰 마을은 일부 보좌관을 둘 수 있었다. 성장은 제도에 불충한 모든 언어와 행동을 차단하기 위하여 사회동을 조사하고 감시하였다. 그 후 응오 딩 지엠 정권은 1956년 10월 24일 촌락에 법제를 두었지만 1963년 11월 1일의 쿠데타로 정권이 무너지면서 촌락의 행정조직은 또 바뀌게 되었다.

응오 딩 지엠의 정권이 무너지면서 이전의 많은 기구가 재립되었다. 여기에는 마을의 행정조직도 포함되었다. 1963년 11월 1일 이후 싸이 곤 정권은 지역 출신으로 구성된 공직자들이 지역의 업무를 담당하도록 하였다. 이를 위하여 1964년 5월 31일 싸이 곤 정권은 응오 딩 지엠 제도의 유일한 사회동을 의결기관인 사인민회동과 집행기관인 사행정위원회로 대체하는 책령을 공포하였다. 민은 사인민위원회를 뽑았고, 인민위원회는 승인을 위하여 성정권에 행정위원회를 추천하였다.

1964년의 칙령은 다음과 같은 목적으로 촌락을 조직하였다. 첫째, 사의 문제에 대한 의결권을 마을민에게 준다. 둘째, 사인민회동·읍장·부읍장 등을 뽑는 데서 보통선거를 실시함으로써 하부를 민주화한다. 셋째, 국가 예산을 지원하는 방법으로써 마을이 균형 있게 발전하도록 돕는다.

시험기간을 거치면서 많은 결점들이 상부기관에 의하여 지적되었다. 인민회동은 형식만 있지 실권이 없다. 사의 문제 해결은 성과 군의 빈틈없는 감찰 하에 보통 사의 집행기관에 달려있다. 회동의 대표성은 거주기간이 6개월밖에 안 되어 마을을 충분히 이해하지 못한 상황에서 회동에 뽑혔기 때문에 부족하고 이 때문에 그들의 출현은 마을에 이익이 되지 못했다. 2년의 짧은 회동의 임기로는 확정된 안들을 실현하기에는 충분치 않을 뿐 아니라, 자주 선거를 해야 하는 번거로움도 있다.

한편 행정위원회의 경우도 결점이 결코 적지 않았다. 1967년의 싸이 곤 건설총부의 읍·사 공직자 훈련 자료에서는 많은 결점들이 나타났다. 첫째, 내부의 단순성과 지휘의 통일성이 부족했다. 이 때문에 각 위원이 보수와 같이 사업에서도 전문부서의 직접적인 도움 하에 놓임으로써 전문 공직자임에도 불구하고 사행정위원회 주석의 지휘를 벗어나려는 경향을 띤다. 그리고 위원들 간의 대우도 차이가 있다. 둘째, 마을 내에서 밀접하게 관계가 있는 기관이 없었다. 이로써 행정위원회 주석은 안녕과 방위업무를 담당하는 과정에서 지역 민방위를 이용할 수 없거나 마을 예산을 스스로 집행할 수 있는 권한이 부족했다. 셋째, 위원회 구성원이 충분하지 못했다. 그리하여 사행정위원회 주석이 호적위원의 직무를 겸직하여도 물적 지원을 해줄 사람이 없거나 토지개혁과 사회개선 프로그램을 담당할 경농위원(耕農委員)과 사회위원(社會委員)이 부족했다. 넷째, 공무 집행에서 보장성이 부족했다. 읍·사 공직자 임명은 자질보다는 정감에 의존하였기에 임무수행과정에서 공직자가 쉽게 면직 당한다. 다섯째, 공직에 대한 대우가 충분하지 못했다. 경찰이나 안녕위원을 제외한 읍·사 공직자의 급여가 낮아 능력 발휘와 청렴결백을 요구할 수 없다.

이 같은 결점들을 수정하기 위하여 싸이 곤 정권은 읍·사행정을 개편하는 1966년 12월 14일의 칙령을 공포하였다. 칙령의 내용들은 국가공동에서 사의 기본행정단위의 위치를 회복한다. 유권자는 사인민회동을 직접 뽑고, 회동은 사행정위원회 주석을 뽑는 것과 사행정위원회 부주석 및 위원 임명 건을 살펴본다. 사는 민거회동(촌락 선거인단)을 통하여 사의 모든 권한을 다시 회수한다. 그 외에도 사는 사 내 공익사업을 실행하기 위한 사의 재원 사용권도 갖는다. 행정기구에 대한 효과를 높인다. 첫째, 지위를 통일한다. 즉 사행정위원회 주석은 부주석과 위원들에 대한 임명과 파면은 물론 위원회를 지휘할 전권을 갖는다. 둘째, 합리적인 인물을 중용한다. 다시 말해 읍·사의 공직자를 임명하고 파면하는 일은 인민회동의 타협을 거쳐야 한다. 공직자 임명은 모든 입후자들에게는 일반적으로, 각 직무에 대해서는 개별적으로 성이 확정한 조건에 근거해야 한다. 셋째, 훈련이 충분해야 한다. 넷째, 대우가 적합해야 한다. 즉 읍·사 공직자의 봉급증가와 위원간의 기준이 적절해야 한다. 다섯째, 사무행정을 위한 인적·물적 자원을 증가시킨다. 정·부서기 직무를 설립하며, 사무실 비품과 같은 물품을 공급한다. 여섯째, 필요한 직무를 늘인다. 이는 토지개혁안을 담당할 경농위원과 사발전을 촉진키 위한 문화, 교육, 사회, 보건 문제를 담당할 사회위원을 둔다.

1966년 12월 24일의 칙령을 근거로 사인민회동은 사의 대소에 따라 촌락민의 직접·비밀·보통선거로 6-12명의 회원을 뽑았다. 선출된 회원 중 가장 많은 표를 얻은 자가 주석이, 다음 사람이 부주석이 되었다. 사인민회동의 임기는 3년이고 회원은 재선될 수 있었다. 사인민회동은 정부에 의하여 해산될 수 있었으며, 회원은 성장에 의하여 해임될 수 있었다. 사인민회동은 사와 관련된 문제를 토론한 이후 의결권을 가지며, 의결들은 보통 행정위원회에 의하여 시행되었다. 중요한 의결은 소관부처가 받아들이거나 혹은 성장이 승인해야만 시행되었다. 위에서 언급했던 것처럼 1966년의 칙령에 근거하여 사인민회동은 사행정위원회 주석 선출과 이 위원회의 부주석과 각 위원 임명에서 심사권을 갖게 되었다.

사행정위원회는 주석 겸 호리위원(戶吏委員), 부주석 겸 경제위원, 1-4명의 안녕·사회·선운·경농 위원으로 구성되었다. 사행정위원회의 임기는 인민회동의 임기와 동시에 끝났다.

이상에서 전통시대에서 지금까지 사행정조직의 변천을 살펴보았을 때, 처음에 촌락은 조정의 사관에 의하여 지휘·임명되었음에도 자치권이 있었다는 것이다. 그 후 후레왕조에 와서 사관은 점차 민이 선출한 향직으로 대체되었다. 촌락의 자치는 프랑스에 종속될 때까지 견고하게 유지되었고, 프랑스 식민당국은 이 같은 베트남 촌락의 자치에 침투하려는 방법을 찾기는 했으나 촌락의 전통적인 속례는 바꾸지 않았다.

10) 제네바협정 이후

제1차 인도차이나 전쟁을 승리로 이끌었지만 베트남은 제네바협정에 의하여 위도 17도선을 경계로 북남으로 분단되었기에 서로 다른 공조직을 갖게 되었다. 여기에 조국통일이라는 큰 과업을 안게 된 베트남민주공화국은 소련 등 사회주의국가들의 전철을 밟아 토지개혁에 이어 소유집체 및 합작화 개혁을 추진하였다. 그때부터 지금까지 베트남공산당이 추진한 북베트남 행정 구역 단위 개혁의 결과는 아래 표와 같다.

<표 11> 베트남 행정구역

<table>
<tr><td>중앙급</td><td colspan="4">베트남사회주의공화국</td></tr>
<tr><td>성급</td><td colspan="2">성(省)</td><td colspan="2">중앙직할시</td></tr>
<tr><td>현급</td><td>현(縣)</td><td>시(市), 시사(市社)</td><td>군(郡), 시사(市社)</td><td>현(縣)</td></tr>
<tr><td>기초급</td><td>사(社), 시진(市鎭)</td><td colspan="2">방(坊), 사(社)</td><td>사(社), 시진(市鎭)</td></tr>
</table>

1999년의 통계연감에 의하면 베트남의 최저 행정 구역 단위인 사는 8885개이다. 사의 전체 인구와 평균 인구는 각각 5885만명과 6593명이다. 사의 인구밀도는 사마다 크게 차이가 난다. 예컨대, 현재 베트남 사의 인구 밀도 중 최저는 꾸앙 빙(Quảng Bình)성 보 짜익(Bố Trạch)현 떤 짜익(Tân Trạch)사의 136명이며, 최고는 껀터(Cần Thơ)시 톳놋(Thốt Nốt)현 쭝녓(Trung Nhất)사의 4만 4,707명이다.

농촌의 공조직은 당, 정부, 조국전선 외에 청년단, 부녀회, 농민회, 구전병회(舊戰兵會: 참전군인회), 호찌밍공산청년단, 베트남노동연단 등이 있다. 이중 사의 당은 당위와 상무를 통해 사의 정부를 영도한다. 대부분의 사는 당위의 비서가 인민회동의 주석을 겸한다. 이 형태는 행정의 효과를 높이고 권력을 집중하며 간부의 수를 줄이기 위함이다. 지방정부기관의 수장이면서 동시에 사 당위의 부비서인 인민위원회의 주석은 인민회동의 주석을 겸한 비서의 영도를 받는다.

사의 정부는 인민회동, 인민위원회, 합작사로 구성된다. 이중 인민회동은 당의 의결을 실현하는 의결기관이고, 인민위원은 인민회동의 의결을 수행하는 집행기관이며, 합작사는 관개시설 관리, 종자보급, 농작물보호, 비료공급, 신기술보급 등을 담당하는 기관이다.

조국전선은 베트남사회주의공화국의 정치체제 내의 일부분이며 베트남공산당의 외곽조직이고 당에 직속하지 않는 모든 단체의 집합이다. 조국전선은 국회의원선거에서 모든 후보자를 비준하며 선거를 감찰하는 임무를 갖는다. 조국전선은 공산당, 총노조, 농민회, 호찌밍공산청년단, 부녀회 등 37개의 단체로 구성되어 있다.

2. 사조직

1) 갑

갑(甲)은 전통시대에 한때 최소 행정구역의 단위이기도 하였다. 이는 동족관계이거나, 같은 촌·쏨에 거주하거나, 제사와 같은 신앙관계 등으로 마을 내 남성만으로 구성된 사조직이다. 베트남의 갑 뿌리는 거주 지역에 따라 조직되었고 이후 아버지가 자식을 가입시키는 원칙이 지역관계를 깨뜨림으로써 마을 내 각 갑은 서로 겹치게 되었다. 비록 거주 지역 원칙을 정확히 따르지 않는다 할지라도 갑의 명칭은 과거의 것을 따른다. 조사에 의하면 902개의 갑 중 815개의 갑이 상, 하, 동, 서처럼 혹은 사찰, 시장처럼 방향과 거주 지역의 특징을 띤 갑명을 갖는다고 한다.

1개 사에는 많은 갑이 있다. 박닝(Bắc Ninh)성 띠엔 주(Tiên Du)현 푸동(Phù Đổng)사의 경우 동족에 따라 10개의 갑이 있다. 가장 큰 동족은 도아이(Đoài)갑에 속한 당(Đặng, 鄧)가와 쩐(Trần, 陳)가이고 두 번째가 동(Đông)갑에 속한 콩(Khổng, 孔)가이다. 앞에서 지적했던 박닝성 보장현 티 꺼우 촌락은 촌락을 위치에 따라 4개의 갑으로 나눴다. 즉 동쪽에 동갑, 서쪽에 즈어 갑(giáp Giữa: 사이 갑), 남쪽에 쟈갑(giáp Già: 오래된 갑), 북쪽에 북갑으로 나눴다. 사에는 같은 복신(福神)을 섬기는 사람들끼리 모여 갑을 이루기도 한다.

갑은 촌이나 쏨처럼 공간이나 지역성을 갖지 않는다. 갑은 이해관계를 가진 몇몇 사람들의 사조직이지만 갑을 조직하고자 한다면 반드시 상부의 허락이 있어야 한다. 갑을 조직하게 되면 기존의 다른 갑처럼 촌락 내에서 지위를 갖게 된다.

베트남의 갑은 중국의 갑처럼 12개 가정으로 구성되어 촌락의 안녕, 특히 도적을 막기 위한 치안의 의미를 갖는 조직이 아니라 뜻이 맞는 사람들끼리 단결과 상부상조하려는 의도에서 만들어진 조직이다.

갑에서 장례식이 있을 경우 상을 당한 가정에서 갑에 도움을 청하면 갑원은 모두 참여하여 도왔다. 이때 젊은 갑원들은 상여를 메거나 만장(輓章)을 드는 등의 다소 힘든 일을 담당했다. 노인들도 참여하여 갑을 지휘하였다. 갑원은 육체적 도움 외에도 재정적으로 상주를 돕기 위하여 돈을 각출하기도 하였다.

갑 내에 죽은 자가 있다는 소식을 접하게 되면, 갑회동은 장례물품을 준비하여 문상을 간다. 이때 지출되는 경비는 갑 내 기금이 있을 경우 선지출하고 기금이 없다면 회동의 회계가 먼저 자신의 돈을 지출하고 후에 갑원의 각출로 갚는다. 비록 상주가 장례식에 갑의 도움을 청하지 않는다 할지라도 갑의 대표들이 장례식에 참석하여 재정적으로 도움을 준다. 물론 상주가 갑의 도움이 없이 장례식을 치르는 경우는 없다. 갑 내 혼인식에서 주혼이 참석을 권하면 갑원은 기꺼이 참석하여 축하와 축금도 낸다.

갑이 묘나 정에서 개별적인 제례를 치른다면 이때 갑 전체가 참석한다. 제례에는 보통 잔치가 따른다. 잔치에서 소요되는 경비는 갑에서 각출하는데 부담은 균등하거나 나이에 따라 차등을 둔다. 갑의 노인은 보통 경비가 제외되지만, 반드시 부담해야 할 경우에는 우대되었다.

갑은 보통 동족끼리 형성한다. 규모가 큰 동족은 2-3개의 갑을 조직한다. 갑에 가입하는 일은 절대 강제성이 없다. 개인은 이 갑 혹은 저 갑에 가입할 수 있다. 자신의 동족이 아닌 갑에도 가입할 수 있다. 마을민 중에는 어떤 갑에도 가입을 안 할 수도 있다. 물론 이러한 예는 매우 드물다. 베트남 마을의 특징이 지극히 폐쇄적인 공동체이고 구성원의 상부상조가 필연적이어서 갑에 가입하는 것은 상식적이었다.

갑에는 갑원의 이름을 기록한 명부가 있다. 아들이 태어나면 부모는 그 아이를 자신이 속한 갑에 반드시 가입시킨다. 그 때 아이의 부모는 적은 비용을 지불한다. 물론 비용을 내지 않는 곳도 있다. 또 아이가 장성하여 18세가 되면 장정(壯丁)의 계층에 올라가는 신고식을 한다. 이때 갑의 정식 회원이 되어 소속 마을과 국가에 의무를 지고 권리를 갖게 된다. 의무는 세금·군역·잡역 등을 지는 것을, 권리는 마을의 행사에 직접 참여하고 공전을 받는 것을 말한다.

갑의 조직은 매우 민주적이다. 갑의 서열은 갑원 명부에 기록한 순서대로 정해진다. 이 때문에 이름이 먼저 등재된 사람은 나이나 사회적 지위에 상관없이 갑의 모임에서 상석에 앉는다. 비록 기목에 소속되었거나 부유하거나 나이가 많다 할지라도 이름의 등재 순위가 늦다면 상석에 앉지 못했다. 갑원의 권리와 잔치에서 음식을 먹는 순서도 이름의 등재 순위에 있다. 이러한 이유로 부모들은 아들을 낳기가 바쁘게 서둘러 갑에 등록시킨다.

갑회동은 갑의 업무를 담당하는 5개의 위원회로 구성되었다. 각 위원회는 4명씩으로 구성되었다. 갑회동의 수장은 해갑(該甲, cai giáp)이다. 모든 갑원은 연령별로 아동에서 17세까지의 비유와 18세에서 49세까지의 장정(壯丁), 그리고 50세 이상의 노항(老項) 등 세 계층으로 구성된다. 이는 갑이 나이에 따른 존비성과 같은 나이에서 평등하다는 민주성을 동시에 띠었음을 보여준다.

갑은 법인 자격과 개별 자산이 있다. 자산은 갑원의 각출과 기부, 그리고 유산으로 형성된다. 기금은 갑원들로부터 매년 적은 돈을 각출하여 형성한다. 물론 그렇지 않은 지역도 있다. 갑원의 애경사를 도울 경우 갑원은 서로 경비를 각출한다. 이때 갑원이 세 차례 자신의 몫을 부담하지 않는다면 갑 내의 지위가 하향되며, 만약 지위가 네 차례 하향된다면 갑원 명부에서 이름이 제거된다.

갑은 매년 2-3차례 모임을 갖는다. 모임에는 보통 잔치가 있다. 갑원은 돌아가면서 자신의 집에서 모임을 가질 수 있도록 한다. 모임을 갖는 가정에서는 음식 준비 경비 명목으로 갑원으로부터 얼마의 돈을 받는다. 어떤 갑에서는 회계가 음식재료를 직접 구입하여 모임 장소를 제공하는 갑원에게 주는 경우도 있다.

모임에서 갑회동위원회는 갑원에게 업무별 결과보고와 회계보고를 한다. 갑에는 자녀가 없어 재산을 기부한 자를 위한 갑 제사가 있다. 갑은 사당이라는 개인 본부가 있는가 하면 없는 경우도 있다. 갑회동위원회가 모임을 가질 때는 마을의 정에 의뢰하거나 수지·관로·관령(守紙·官老·官令)의 집에서 갖기도 한다.

2) 방

방(坊)은 촌락의 한 지역에서 상호 같은 업에 종사하는 사람들끼리의 조직이다. 업종에 따라 마을민을 나눌 경우 한 마을에는 많은 방이 있을 수 있다. 이 경우 한 업종에 종사하는 사람들은 보통 한 지역 내에서 가까이 산다. 같은 방이라

[사진 32] 36방 중 하나인 항보 거리

하여 사람들이 반드시 인근에 모여 사는 것만은 아니다. 즉 마을 내에 분산되어 있는 경우도 있다.

다수로 구성된 방이 있는가 하면 소수로 구성된 방이 있기도 하다. 방의 수장을 쭘(trùm)이라 하였다. 쭘은 성구별이 없다. 때문에 옹쭘(Ông trùm) 혹은 바쭘(Bà trùm)이라 하였다. 쭘은 촌락과의 관계에서 혹은 업종의 일에서 방을 대표한다.

방이 갑과 다른 점은 남녀로 구성되어있다는 것과 반드시 하나의 업을 갖는다는 것이다. 방도 갑처럼 기금이 있다.

방은 하나의 업종에 따라서 성사(聖師: 업종의 시조)를 제사한다. 매년 제사를 지내는데 이를 방제사라고 한다. 방제사는 방의 본부에서 갖는다. 이곳을 성사제사묘(聖師祭祀廟)라고 한다. 만약 방이 본부가 없다면 방제사는 쭘의 집에서 갖는다. 방제사날에 제례를 갖게 되면 방원은 서로 비용을 각출한다. 규모가 큰 방은 자신들의 성사가 촌락의 성황을 알현하도록 보통 본부나 마을의 정에서 행렬을 갖기도 한다.

방은 상부상조할 목적에서 조직을 형성한다. 방은 활동을 위해 정권이 발급하는 허가서를 가질 수 있다. 방은 마을의 규례를 범하지 않으면서 속례에 따라 활동한다. 프랑스 식민지 시대 하에서 많은 방들은 정부에 허가서를 요구했었다.

전통시대에 하노이에는 많은 방이 있었다. 방은 시간이 흐름에 따라 명칭이 거리로 바뀌었고, 이 거리들은 하나의 업종 혹은 하나의 상품을 취급하는 사람들로 구성되었다. 예를 들면 비단을 판매하는 다오(đào)거리, 종이를 판매하는 종이(giấy)거리, 설탕이나 젤리를 판매하는 설탕(đường)거리, 대나무 발을 판매하는 대나무 발(mành)거리, 돗자리를 판매하는 돗자리(chiếu)거리 등이다. 프랑스 식민지가 되기 전에 하노이는 36개의 업종을 갖는 36개의 거리가 있었다. 그 외에도 째오방, 뚜옹방도 있었다. 심지어는 수우돌보기방, 풀베기방도 있었다.

시골의 방이라 하여 도시와 다르지는 않았다. 옷감 방은 천을 제조하고 파는 사람들로 구성되었다. 빈랑방은 빈랑을 파는 사람들로 구성되었다.

오늘날에 방은 규모 때문에 촌락의 행정단위처럼 여겨지고 있다.

3) 백예회

방이 없는 촌락도 많이 있다. 이러한 마을의 주민들은 농업 외에 서로 다른 업종에 종사하는 사람들과도 어울려 살았다. 비록 마을이 크다 할지라도 방을 구성하지 못한 이유는 업종을 구성하는 인원이 적었기 때문이다. 따라서 이들은 비록 방은 구성할 수 없었을지라도 상부상조할 목적에서 백예회(百藝會)를 구성하였다. 명칭에서 알 수 있듯이 백예회 구성원의 직업은 목수, 벽돌공, 페인트공, 사냥꾼, 금은세공 등으로 다양했다. 업종이 제한되지 않았을 뿐 아니라 구성 인원은 제한되지 않았다. 백예회는 구성원 중에서 선출한 임기 1년의 회장이 있다.

백예회 외에도 같은 취미와 오락생활을 하는 사람들이 조직한 회(會)가 있다. 마을 유학자들의 모임인 문파회, 무술하는 자들의 모임인 무파회, 할아버지들의 모임인 부로회, 씨름하는 사람들의 모임인 씨름회, 닭싸움을 벌리는 닭싸움회, 장기를 두는 사람들의 모임인 장기회 등이 그것이다. 회는 오늘날 베트남집체농민회, 베트남언어학회와 같은 형태로도 나타나고 있다.

회의 구성원들은 장례식이나 혼인식과 같은 일에 도움을 주기 위하여 상호간에 관계를 돈독히 한다. 그리하여 회원 중의 어느 부모가 연로하거나 사망하였거나 혹은 회원 본인이나 처자식이 사망하였을 경우 문병은 물론 조문을 한다. 이때 회원은 비용을 각출하여 돕는다. 회원 중에 경사가 있더라도 초청하여 마음과 물질로 기쁨을 나눈다.

이외에도 백예회는 회원이 생산한 물건을 사주는 형태로 서로 돕는다. 이때 형성된 이익금의 일부로 회의 기금을 만든다. 기금이 많이 조성되는 경우 저리로 회원에게 빌려준다. 기금은 회의 사업에도 쓴다. 회는 매년 성사(聖師)의 기일(忌日)에 회장의 집에서 모임을 갖는다. 이때 제사를 지내고 방의 제사처럼 회원들끼리 먹고 마신다. 또한 긴급한 일이 발생할 경우 회원은 회장의 집에서 모임을 갖는데, 이때 지출되는 경비는 회의 경비에서 충당한다. 백예회는 촌락의 제례나 삭망(朔望)절에 대표를 뽑아 예물을 가지고 참석한다.

역사가 오래된 회는 명성을 얻고자 촌락의 정이나 사찰에 돈, 현판, 일산(日傘) 등을 기부하기도 한다. 회는 회의 이름으로 촌락의 모든 제례에 참석한다. 회를 조직할 때는 서로 상부상조하며 돈독하게 정의를 나누는 등의 반드시 이로운 목적이 있어야 한다. 이를 볼 때 백예회는 촌락의 잡다한 직업에 종사하는 사람들의 모임이라 할 수 있다.

이상에서 우리는 촌락의 단위에 대하여 살펴보았다. 읍이 없이 촌과 쏨이 있는 촌락이 있는가하면 읍은 있고 촌이 없는 촌락이 있다.

V. 마을민의 생활

촌락 생활에서 민은 국가가 촌락을 통하여 요구하는 조세, 군역, 잡역 등을 담당하는 것 외에도 국가의 법과 마을의 규례를 준수해야 했다. 마을민이 국가의 법을 범했을 경우에 바로 마을 내에서 처리하며, 만약 중범일 경우에는 현과 성에 보고를 했다. 비록 "왕의 법은 마을의 규례에 진다."는 속례가 있기는 하지만 마을의 규례가 왕의 법을 거역한 적이 없었으며, 그렇게 사리에 어긋난 행위를 한 사람이라도 마을은 그를 용납해주었다. 국가의 법이 지방의 속례에 부합하지 않는 경우 마을민을 보호하기 위하여 마을의 규례는 마을민의 권리를 거역하였다.

마을민의 생활에는 크게 두 가지 공동생활과 개인생활로 나눈다. 공동생활은 마을민의 모든 공사(公事)이면서 마을민 전체가 참여할 수 있는 권한과 관계되었다. 이것은 동제, 촌락 연회, 순방, 향직 선거 등을 말한다. 개인생활은 마을의 일과는 전혀 상관없는 개인과 가정의 사적인 목적을 위한 활동을 말한다.

공동생활이 개인생활보다 우선되었다. 예로써 동토(動土)례를 갖기 전에는 어느 가정도 망자를 땅에 묻을 수 없다는 관행을 들 수 있다. 즉 연초에 촌락마다 토지신에게 제사를 지내는 동토례는 공사(公事)이고, 시신을 땅에 묻는 안장은 사사(私事)인 바, 동토례 이후에야 안장이 가능했던 것이다. 또 다른 예로 저수지의 물은 촌락 전체의 필요에 따라 일정한 날과 시에 사용되지 어느 개인의 논이 가문다고 하여 그 사람을 위해 저수지물을 방류할 수 없다는 것이다.

그렇다고 개인생활에서 자유가 늘 제한되는 것은 아니었다. 마을민 개인의 자유는 마을의 공익을 저해하지 않으면서 마을의 규례와 국가의 법을 위반하지 않는, 그러면서 마을의 미풍양속을 해치지 않는 범위 내에서 완전했다.

1. 개인생활

마을민은 거의 사생활이 없다 할 정도로 개방된 가운데 서로 가깝게 상부상조하며 살았다. 이들은 자립과 자긍심이 강했다.

촌락이 경농 혹은 수공업 촌락이라 할지라도 촌락은 사농공상의 형태를 갖추었다. 곡식이 부족할 때에 흔히들 일농이사(一農二士)라고도 하였지만 일반적으로 사가 중시되는 일사이농(一士二農)의 관념이 지배적이었다.

마을민의 개인생활은 업종에 따라 다양했으며, 이 다양성은 일하는 장소에 따라 마을 내의 생활과 촌락 외의 생활로 분리되었다. 즉 사농공상의 다양한 개인생활이 주야로 마을 내로 국한되는 사농의 생활과 주간에는 마을 외로 야간에는 마을 내로 이분되는 공상의 생활로 나눌 수 있다. 후자의 경우는 인근 촌락이나 시장을 오가면서 상공업활동을 하는 사람들이다.

선비, 농부, 장인, 상인의 가정생활로 구성된 촌락민의 개인생활 중 선비의 가정생활을 제외한 다른 개인생활은 연중 힘들었다. 이들은 사시사철 밤낮없이 해가 뜨기 전부터 해가 지기까지 생업에 종사했기 때문이다.

2. 공동생활

과거로부터 지금까지 공동생활에서 간과할 수 없는 것 중의 하나로 호망(犒望, khao vọng)과 효희(孝喜, hiếu hỉ)가 있다. 이는 의무적인 것은 아니지만 공동체 내에서 구성원과의 원만한 관계를 위해서는 조금도 소홀히 할 수 없는 것들이었다. 호망과 효희의 특징은 공동체사회를 유지해왔던 우리 한국사회에도 예부터 지금까지 존재하고 있다. 이중 호망은 개인의 크고 작은 기쁨을 마을민 혹은 가까운 사람들과 나누는 것이다. 기쁨이 크면 큰 만큼, 기쁨이 작으면 작은 만큼 호망에서는 반드시 비용이 들어간다.

호요사(犒饒社), 호상수(犒上壽), 호인직무(犒認職務), 호품함(犒品銜), 호급제(犒及第)와 같은 호망에서는 연회를 크게 열어 마을민과 가까운 사람들을 초청하기 때문에 비용이 많이 든다. 이 같은 호망례에 초청된 사람들은 당사자에게 축하인사와 함께 선물을 전달한다.

그러나 어느 상인이 어느 날 장사가 잘 되었다거나 어느 농부가 실한 송아지를 득했을 경우에는 가까운 이웃과 조촐하게 술 한 잔으로 호망을 갖는다. 오늘날에는 누가 새로운 옷을 구입했을 경우, 공부하는 학생이 장학금을 받았거나 좋은 성적을 받았을 경우, 어느 누가 득남했을 경우 등 다양한 형태로 가까운 사람들과 호망을 갖는다.

호망은 나의 기쁨을 가까운 사람들과 나누는 의례이기도 하지만 한편으로 자신을 드러내려는 수단이기도 있다. 호망은 완전히 사사(私事)에 속한다.

그러나, 효희는 사사(私事)이고 대사(大事)이지만 촌락 구성원 모두의 희로애락과 연관되면서 촌락을 떠나서는 결코 행사될 수 없는 특징 때문에 기실은 공사

(公事)와 다름없다. 이는 베트남의 촌락이 외부적으로 폐쇄적이지만 내부적으로 개방적인 공동체사회였던 것과 개인의 애경사라 할지라도 개인으로 국한되지 않고 촌락 구성원 모두의 것으로 여겨졌기 때문이다.

혼상제가 주축을 이루는 효희는 주체와 객체가 같은 시공간에서 물질적·정신적 희생을 통하여 희로애락을 공유하는 것이다. 본장에서는 효희와 마을과의 관계 등을 중심으로 간단히 살펴보자고 한다.

1) 혼인과 마을과의 관계

신랑과 신부는 기호회동에 자신들의 혼인과 소·돼지·염소를 잡는 연회 허용을 요청한다. 그리고 혼인식이 성대하든 아니면 그 반대이든 신랑과 신부 측은 친인척은 물론 마을민을 연회에 초청하는 것과 성황의 덕을 기리는 예를 치르기 위하여 마을의 정에 가야한다.

혼인이 있게 되면 며칠 전부터 친지, 친구, 마을민이 자원하여 기꺼이 도움을 준다. 이들은 음식을 만드는 일, 신랑·신부가 필요로 하는 물건을 준비하는 일, 사람들을 초청하는 일, 식장을 준비하는 일, 음식을 나르는 일 등을 돕는다. 이외에도 신랑과 신부에게 돈이나 생필품을 부조한다. 혼인식에는 모든 촌락민이 참여하여 함께 즐기고 기뻐하는데, 이는 상부상조의 대표적인 일례로 전통시대부터 지금까지 계승되고 있다.

혼인이 마을과 연관되어있다는 또 다른 점으로 마을민 중에 장례가 있거나 얼마 전에 장례를 치른바 있는 사람은 혼인에 참여하지 않는 관습이 있다. 이는 애사가 경사에 영향을 준다는 신앙에서 비롯된 것으로 개인의 문제가 이웃 혹은 마을 전체에 어떠한 형태로든지 영향을 줄 수 있다고 믿음 때문에 지금도 유지되고 있다.

2) 장례와 마을과의 관계

어느 집에 장례가 있다면 마을민은 여러 가지 형태로 슬픔을 함께 한다. 곧바로 갑과 쏨에 속한 촌락의 젊은이들은 장례 준비에 들어간다. 장례를 돕는 데는 장년과 노인, 그리고 어린이들도 빠지지 않는다. 노동력 외에도 장례식에 소요되는 많은 경비를 서로 부담하는 상부상조의 뜻에서 현금·양초·향·빈랑·구장·술·만장 등을 부조한다.

혼례가 경사로서 전체 마을민이 함께하는 사사(私事)라면 장례는 애사로서 모든 마을민이 함께 하는 사사이다. 따라서 혼례와 장례는 베트남 마을민간의 상부상조와 정감 및 공동체성을 가장 잘 보여주는 일이라 할 수 있다.

3) 제례와 마을과의 관계

마을민 중에 어느 가정에 큰 제사가 있으면 가장은 마을민에게 도움을 청한다. 이때 도움을 부탁 받은 마을 사람들은 제례에 사용할 음식을 만들고 구장·빈랑을 싸며 천막을 치고 집을 정돈하는 일 등을 기꺼이 돕는다.

제사가 끝나면 집주인은 여러 가지 형식으로 제사에 수고해준 마을민에게 감사하기 위하여 마을민을 초청하여 연회를 베푼다. 이때는 혼례나 장례 등을 준비할 때처럼 부조가 없다. 그러나 제사를 지냈던 가족의 자손들은 제사 경비를 서로 부담하는 차원에서 가장에게 비용을 준다.

제3절 도시

I. 도시의 일반 특징

도시는 농촌과 국가의 조직과 상호 깊은 연관성이 있다. 일반적으로 농촌이 커서 도시가 되고 이것들이 연합하여 국가를 이루었다. 이 세 가지는 기능과 크기에서는 서로 다르지만 구조는 비슷하다. 매우 폐쇄적이며 자치적인 성격을 띠어 마치 국가의 축소판이라 불렸던 베트남 마을의 경우는 더욱 그렇다.

1. 국가 조직과 도시

베트남 도시는 형성 역사나 기능, 그리고 관리차원에서 독특한 특징을 갖는다. 먼저 형성과정에서 베트남 도시는 국가 혹은 왕조에서 출발하였다. 국가 혹은 왕조가 세워짐과 동시에 도시가 세워졌다. 이때의 도시, 즉 수도는 국가 수장의 출생지 혹은 수장 등극 과정의 주요 활동 무대였다. 따라서 도시는 경제, 교통, 통합 등을 고려하기보다는 자신의 지지기반이나 중국의 침략만을 고려할 뿐이었다. 그리하여 임금이 국사를 담당하고 거처하는 장소가 정해지면 이를 중심으로 중앙정부의 관리와 백성들의 생활공간이 세워졌다. 즉 많은 시간을 두고 여러 가지 목적성을 근거로 도시가 세워지는 것이 아니라 정치적·군사적 목적성을 기초로 짧은 기간에 세워졌다. 바로 매우 불안정한 계획도시였다.

따라서 베트남의 도시는 쉽게 세워진 반면 쉽게 사라지기도 하였다. 이런 도시는 과거 베트남만 아니라 한국이나 중국처럼 왕조국가에서 흔히 있었다. 심지어는 오늘날에도 일어나고 있다. 바로 21세기 초에 세워지고 있는 한국의 세종시가 그것이다. 정치적·군사적 목적성을 빌미로 충청남도 연기군이라는 시골이 행정도시로 세워지고 있기 때문이다.

이러한 도시는 지방분권화가 아니라 한국, 중국, 베트남처럼 전통시대에 중앙집권제도가 발달했던 나라에서 흔히 볼 수 있는 전형이다. 새로이 권력의 수장으로 등극한 자는 천도의 이유로 풍수지리를 내세웠다. 인간의 생사화복이 풍수와 밀접하게 관련지어 있다고 믿던 시대에 지배자는 천도의 정당성을 풍수지리에 둠으로써 다른 소리를 내는 민중을 정리할 수 있었다. 즉 "이전의 국가 멸망 원인이 땅의 기운이 다해서인데 기운이 있는 땅을 찾아야 하지 않느냐!"다. 그럴싸한 논리다. 오늘날 베트남의 수도 하 노이도 이렇게 탄생했다. 탕롱(Thăng Long, 昇龍), 즉 '용이 욱일승천한 곳'이란다.

트어 티엔-훼(Thừa Thiên-Huế)는 베트남 마지막 왕조의 수도다. 1802년에 세워진 후에는 베트남 영토의 중앙에 위치한다. 이는 통일된 방대한 영토를 통합하고 중국의 침략을 고려한다는 의도에서는 인정되나 경제면에서는 수준미달이다. 절대 자족도시는 될 수 없었다. 따라서 프랑스가 남부 6성을 점령하고 이곳 수도의 빵 조달이 멈추면서 응우옌 왕조는 손을 들어야 했다.

기능면에서 베트남 도시는 행정기능과 경제기능이란 두 가지 기능을 갖는다. 그 중 전자가 중심이다. 따라서 도시 건설 목적은 행정관리센터를 만드는 데 있었다. 경제기능은 차선이다. 베트남 왕조사에서 도시의 기능을 두루 갖춘 수도를 처음 세운 왕조는 리왕조이다. 리왕조는 수도를 화르(Hoa Lư)에서 탕롱으로 옮겼다. 탕롱은 리왕조를 열었던 리씨왕족의 고향도, 정치무대도 아니다. 이곳은 당시 베트남 영토의 중앙으로써 경제가 뒷받침 되면서 동서남북으로 사통팔달할 수 있는 통합의 지점이기도 했다.

도시(都市)는 '행정'이란 도와 '상업'이란 시가 결합된 것이다. 일반적으로 도가 형성되면 이를 중심으로 점진적이며 자발적으로 시가 형성된다. 그러나 딩왕조의 화르[Hoa Lư, 華閭: 닝빙(Ninh Bình)성에 속함], 쩐왕조의 티엔 쯔엉[Thiên Trường: 남딩(Nam Định)성에 속함], 호왕조의 떠이 도[Tây Đô: 타잉 화(Thanh Hóa)성에 속함], 후레왕조의 람낑(Lam Kinh: 타잉 화성에 속함), 떠이 썬왕조의 프엉 황쭝도[Phượng Hoàng Trung Đô: 응에 안(Nghệ An)성 빙(Vinh)시에 속함]처럼

도 분야는 형성됐을지라도 시 분야가 발전하지 못한 경우도 있었다.

마지막 관리면에서 베트남 도시는 국가에 의하여 관리되었다. 정치적 차원에서 도시를 세웠기에 국가가 이를 관리하고 발전시키며 유지했다. 랑썬(Lang Sơn)의 빙빙(Vĩnh Bình), 꾸앙 닝(Quảng Ninh)의 번돈(Vân Đồn), 훙 히엔(Hưng Hiến)의 포 히엔(Phố Hiến), 꾸앙 남(Quảng Nam)의 호이 안(Hội An) 등과 같이 상업교통이 편리한 지점에 자발적으로 세워진 일부 도시들은 이후 국가가 행정기관을 두어 관리·개발하기도 하였다. 13세기에 타이 똥(Thái Tông)의 양자 쩐 카잉 즈(Trần Khánh Dư)는 번돈 관리자로 파견되었다.

[사진 33] 화르 고도

[사진 34] 떠이 도 남문

[사진 35] 호이 안

이는 베트남의 도시가 여러 면에서 서양의 도시와 다른 특징을 띠고 있음을 보여준다. 무엇보다 서양의 도시형성은 자발성을 띤다. 어디든 사람이 많이 집중하거나 공업 생산이 있거나 상품이 집중하는 곳이라면 도시가 되었다. 물론 이곳은 사람과 상품이 쉽게 이동할 수 있는 교통의 중심지였다. 그리고 여기에는 많은 시간이 필요했다. 따라서 서양의 도시는 오래된 기원 및 발전 역사를 갖는다. 하지만 서양에도 국가에 의하여 출현한 도시도 있다. 그러나 이 경우도 교통, 경제 요소가 있었다.

기능면에서 베트남 도시가 행정기능에 집중하였다면, 서양의 도시는 경제기능에 집중하였다. 과거 통일이전의 시장경제의 영향이라고 할 수도 있겠지만 오늘날 베트남의 호찌밍시가 수도 하노이를 포함한 다른 도시보다 발전할 수 있는 것도 양자의 기능을 다하고 있었기 때문이다. 지금의 한국 울산광역시가 가장 발전한 도시로 올라설 수 있는 것과 마찬가지다.

관리면에서 베트남 도시가 국가, 즉 중앙정부에 의하여 관리되었다면, 서양의 도시는 자치정부에 의하여 관리되었다. 이 때문에 서양의 도시는 자치조직이라 할 수 있다. 자치도시는 서양에서 매우 오래된 전통이다. 고대 그리스의 경우는 완전히 독립적인 정치활동을 갖는 도시국가가 존재했었다. 그리스의 폴리스(polis)가 그것이다. 이후 서양의 도시는 더 확실하게 자치성을 띠게 되었다. 전통시대 서양의 도시와 도시의 자산은 공상계가 장악했었다. 공상계는 독립적으로 활동을 하였고 봉건영주의 권력 밖에 있었다. 시민들은 자신들을 위한 시장과 시의원을 선출하였다.

전통시대에 베트남의 마을과 서양의 도시는 자치성면에서 유사하였다. 이뿐 아니라 베트남의 마을은 서양의 도시처럼 행정적인 기능과 경제적인 기능을 동시에 가졌었다. 그럼에도 베트남의 농촌이 성장할 수 없었던 것은 서양처럼 개방적이고 이동적이 아니라 폐쇄적이고 정착적이었다는 데 있다. 그리고 문학과 농업을 중시한 반면 공업과 상업을 천시했던 사농공상의 사회구조에 있다.

2. 농촌 조직과 도시

중농억상의 사회 속에서 베트남 농촌은 스스로 도시로 변할 수 없었다. 그러나 이런 배경 하에서도 도시의 경제기능을 실현한 마을들이 있었다. 바로 상공업전업마을이다. 이들 마을로는 도자기를 생산하는 하 노이의 밧짱(Bát Tràng)마을, 청동제품을 생산하는 박닝의 다이 바이(Đại Bái)마을, 종이를 생산하는 하 노이의 브어이(Bưởi)마을, 한약을 판매하는 박닝(Bắc Ninh)의 푸 르우(Phù Lưu)와 홍엔

(Hưng Yên)의 다 응으우(Đa Ngưu)마을, 옷감을 판매하는 남딩(Nam Định)의 바오 답(Báo Đáp)마을 등이 있다. 만약 서양이었다면 이들 촌락들은 성장·발전하여 스스로 도시가 되었을 것이다. 그러나 베트남에서 이들 촌락들은 도시로 성장하지 못하고 공상업전업마을의 하나로 남게 되었다.

상공업전업마을은 마을의 공동체성 때문에 마을 전체가 단일 상품을 생산하거나 판매하는 업을 하게 되었다. 내부적 물물교환이 될 수 없었고 자발적으로 도시가 형성될 수도 없었으며 자치성 때문에 마을민은 자급자족하며 닫힌 삶을 살았기 때문에 시간이 흐르더라도 공상업전업마을은 도시가 될 수 없었다. 왕조정부의 규정에 따라 일부 상품은 일반인을 위해 만들 수도 팔 수도 없었다. 전업마을에서 만들어진 상품은 수도 등 일정한 곳에서만 매매할 수 있었다. 한국의 5일장과 같은 곳이다. 5일장이 전제조건이 교통의 요지로서 사람들이 많이 모이는 곳이었던바, 오랜 세월 속에서 이곳을 중심으로 지방 도시가 세워지는 것이 일반적이었다. 이 경우는 서양이나 다름없는 도시였다.

정치적·사회적·문화적인 여러 요인에 의하여 베트남의 농촌은 도시로 쉽게 발전할 수 없었다. 하지만 어느 지역이 도시가 되더라도 그 도시는 행정조직 등에서 계속 농촌의 영향을 받지 않을 수 없었기에 농촌성을 농후하게 띠게 되었다.

베트남 도시의 행정조직은 농촌의 행정조직을 모방하게 되었다. 전통 도시는 부, 현, 총, 촌으로 나눈다. 수도에 관하여 응우옌 짜이(Nguyễn Trãi)는 『여지지』에서 "상경(上京)은 1개 부, 2개 현, 36개 방으로 구성된 수도 땅이다. 이 지역은 황지(黃地)이며 상중항에 속하는 땅이다."라고 하였다. 반 따오(Văn Tạo)는 "자롱(Gia Long)시대에 하 노이의 토 쓰엉[Thọ Xương: 지금의 환 끼엠(Hoàn Kiếm)군과 두 쯩부인(Hai Bà Trưng)군]현은 8개의 총과 129개의 방, 촌으로 구성되었다. 1940년에 환 끼엠 호수 지역의 마을은 여전히 선지와 차지직이 있었다."고 하였다.

현재 베트남의 도시행정구역단위는 군(郡)과 방(坊)으로 구성되어 있다. 이는 농촌의 행정단위를 취하여 기준으로 삼았기 때문이다. 따라서 군은 현과 방은 사와 비슷해 보인다. 보다 확실한 것은 도시의 최소 행정구역 단위인 방이 농촌 마을의 사조직 방에서 발원하였다는 데 있다. 앞에서 기술했듯이 방은 본래 농촌 마을에서 같은 업종에 종사하는 사람들이 상부상조를 목적으로 조직한 공동체이다. 이들 방에서 분리되어 도시로 들어온 이들은 한 도로에 집을 짓고 안에서는 생산하고 밖에서는 물건을 팔게 되었다.

하 노이에는 전기기술업을 하는 니케(Nhị Khê)마을민, 신발업을 하는 반럼(Văn Lâm)마을민, 대나무발업을 하는 져이 떼(Giới Tế)마을민, 목공업을 하는 리에우 비엔(Liễu Viên)마을민들이 있다. 이들은 하 노이와 인접한 하 떠이, 빙푹, 박닝, 하이 즈엉, 훙옌, 타이 빙 등에 속한다. 이들이 거주하는 거리와 방 명칭은 과거에 이들의 고향 골목이나 방 명칭에서 차용되었다. 예컨대, 펏록(Phất Lộc)골목길은 타이 빙성 동 꾸안(Đông Quan)현 펏록마을민의 거주지역이고, 응우 싸(Ngũ Xá)방은 박닝성 퉌 타잉(Thuận Thành)현에서 청동제품을 제조했던 5개 마을민의 거주지역이다.

오래전에 도시로 이주하여 생업하고 있음에도 불구하고 이들과 이들의 후대는 고향 성황신이나 조상 제사를 지내거나 비록 도시에서 멀리 거주하더라도 문중·마을·호이 해(hội hè) 제사에 적극 참여하는 형태로 고향과의 관계를 계속 맺어가고 있다.

과거 전통시대에 베트남에서 활동을 했던 서양인들은 베트남의 방별(坊別) 도시 형성, 즉 한 거리 전체가 똑같은 종류의 상품을 취급한 것에 대하여 몹시 의아해하였다. 수백 미터씩 한 가지 상품만을 판매하다 보니 거리의 색채도 똑같았다. 이런 형태는 한국의 전통시대에도 있었다. 바로 조선시대 종로에 있었던 육의전이다.

현재의 시장경제체제 하에서도 베트남의 도시는 방의 형태로 계속 조직되고 있다. 예컨대, 하 노이의 전자제품을 파는 두 쫑부인 거리, 신발을 파는 항 저우(Hàng Dầu)거리, 건설자재를 파는 깟링(Cát Linh)거리, 도자기와 유리제품을 파는 함롱(Hàm Long)거리가 그것이다. 호찌밍시의 경우는 나무 제품을 파는 응오 쟈 뜨(Ngô Gia Tự)거리, 건설자재를 파는 또 히엔 타잉(Tô Hiến Thành)거리, 인쇄업을 전문으로 하는 리 타이 또(Lý Thái Tổ)거리, 의복을 파는 2월 3일(Mồng Ba Tháng Hai)거리, 고급 전자제품을 파는 휭툭캉(Huỳnh Thúc Kháng)거리, 문구제품을 파는 레 러이(Lê Lợi)거리 등이다. 여기에 시장원리를 내세워 취급하는 상품을 완전히 바꾸는 거리도 있다.

이 같은 도시의 방별 조직은 공동성과 자치성에 있다. 이중 공동성에 입각한 방별 조직은 상인들의 이익을 극대화하기 위함이다. 이들은 스스로 가격을 결정하고 유지하거나 상품을 서로 빌려주고 빌리거나 손님을 서로 소개하면서 상부상조할 수 있다. 이와 관련한 속어로 "구입은 친구가 있고, 판매는 방이 있다(Buôn có bạn, bán có phường.)"가 있다.

상업은 이익을 목적으로 한다. 이 때문에 구매자를 속이는 경우가 많다. 속임은 상품의 질로, 가격으로, 심지어는 가짜 상품 등으로 다양하다. 방은 그릇된 상도를 예방 혹은 척결하는 기능을 한다. 방, 즉 전체의 명예를 지킨다는 차원에서 방의 이름으로 그릇된 상도에 메스를 댈 수 있기 때문이다. 따라서 소비자는 방의 물건을 신뢰한다. 방의 물건을 사기 위해 원정의 번거로움을 감수하는 이유도 여기에 있다. 그렇다고 방이 완벽하다는 것이 아니다. 방도 가격 등에서 종종 담합을 한다. 오늘날 한국의 제조업체들처럼 말이다.

한편, 방은 소비자가 물건을 쉽게 구입할 수 있도록 도움을 준다. "어느 방에는 어떤 상품이 있다."라고 소비자가 오랫동안 인식하고 있기 때문이다. 한국의 서울 경동시장이 그것이다. 그런 차원에서 전통시대의 5일장이나 오늘날의 백화점 혹은 마트는 방과도 같다. 같은 종류의 상품이 일정한 좌판에 혹은 층별로 진열되기 때문이다.

서양의 상인과는 달리 베트남의 상인은 상품의 질이나 가격 등을 통해 손님의 신뢰를 얻으려는 경향이 약하다. 가짜 상품이 많은 것도 바로 여기에 있다. 가격에서 신뢰를 줄 수 없는 요인으로 흥정문화를 들 수 있다. 이는 누가 속고 속이느냐로 결정된다. 따라서 물건을 구입한 소비자는 찜찜하다. 하지만 서양의 사회는 이를 용납하지 않는다. 혹자는 베트남을 포함한 한국과 중국의 이 같은 매매문화를 즐기는 이도 있다.

베트남 도시는 농촌의 특징인 공동성이 강하게 나타난다. 사회주의 표방 이후 지금까지 베트남 대도시에는 한국 저층 아파트 형태의 집체구(集體區, khu tập thể)가 많이 있다. 집체구는 공동 취사장, 공동 취수장, 공동 쓰레기통, 공동 화장실 등을 갖췄다. 각층은 하나의 긴 복도형태이며, 위아래층은 하나의 계단으로 연결되어 있다. 대중교통수단이 전무하고 자전거가 최대 교통수단이었던 점을 감안하여 계단 중간을 도로 형태로 편편하게 만들었다.

집체구는 보통 직업이나 근무지별로 나뉘었다. 예컨대 A대학에 근무하는 교직원은 A집체구에 거주하는 형태였다. 영토가 컸던 중국에서 흔히 볼 수 있는 것처럼 A집체구가 A대학 내에 있는 경우도 있었다. 집체구는 사회주의국가들의 전형적인 도시거주형태였다. 이는 일사불란한 집단활동과 상호 감시를 목적으로 했다.

개방이후 베트남이나 중국에는 수십 층 높이의 아파트[베트남 북부에서는 이를 종거(終居, chung cư)]가 세워지고 있다. 외형은 비슷하나 높이나 구조 등 여러 면에서 개방 이전에 지어졌던 집체구와는 다르다. 오늘날 한국의 아파트와 전혀 차이가 없다.

베트남인들이 아파트를 선호하는 이유는 아파트가 한국처럼 거주지 문제를 해결해주고 편리함을 제공한다고 인식하기 때문이다. 그러나 저변에는 공동체 문화에 익숙해있기 때문이다. 물론 지금의 아파트가 개방이전의 집체구 형태와 성격이라면 선호될 수 없다.

베트남 도시는 농촌의 자치성을 여전히 지니고 있다. 하 노이 시내에서 좁은 거리를 걷다 보면 문짝이 없는 문을 흔하게 보게 된다. 이는 과거에 마을로 들어가는 입구였음을 말해준다. 심지어 지금도 저녁에 사람의 출입을 통제하는 곳도 있다. 지금은 도시의 방이 되었지만 과거에 이 지역이 마을이었음을 보여준다.

이외에도 하 노이의 많은 방에서는 지금도 과거 농촌의 흔적을 쉽게 찾을 수 있다. 도시의 보리수 밑동에는 여전히 향이 피워지고 조그만 좌판이 벌려져 있으며 그물 침대에서 오수를 즐기는 이가 있다. 새벽을 깨우는 수탉 소리하며 손님이 왔음을 알리는 개 짖는 소리가 들린다. 집안에는 농촌처럼 넓지는 않지만 한 두 그루의 과일 나무와 고추 등 푸성귀가 자라는 텃밭이 있다. 그리고 고기를 키우는 조그만 연못도 있다. 이들 모두는 베트남 농촌의 전형이다.

이 같은 농촌의 흔적 때문에 도심에서 사람을 찾을 때 행정상의 집 주소보다는 집 주인의 이름으로 찾는 것이 쉽다. 전통시대 한국의 농촌 공동체처럼 이웃의 수저와 밥그릇이 몇 개였음을 알았던 농촌이 도시로 편입되었기 때문에 방 입구의 주민은 방 구성원의 이름은 물론 가정환경과 친인척까지도 여전히 안다. 도시의 농촌 흔적은 수도 탕롱(Thăng Long)과 트어 티엔-훼(Thừa Thiên-Huế)를 각각 깨쩌(Kẻ Chợ)와 깨훼(Kẻ Huế)라고 했던 것에서도 볼 수 있다.

이미 언급했듯이 역사 속에서 도시가 농촌화되는 경우도 있었다. 정치적 목적성 하에 세워졌던 도시가 그 정치성이 사라지면서 기능을 상실했기 때문이다. 예컨대 퐁 쩌우(Phong Châu), 반랑(Văn Lang), 꼬롸(Cổ Loa), 화르(Hoa Lư), 떠이 도(Tây Đô), 람낑(Lam Kinh)과 같은 곳들이다. 오늘날 이곳에는 오래전에 수도였음을 알려주는 일부 흔적만 남아있을 뿐이다. 이외에도 과거에 수도는 아니었을지라도 4세기에 큰 상업의 중심지로서 흥화(Hưng Hóa)도의 행정소재지였던 흥화처럼 1905년 이후 성리(省莅)가 푸토(Phú Thọ)시사(市社)로 바뀌면서 사라진 경우도 있다. 그 후 푸토시사는 푸토성과 빙푹(Vĩnh Phúc)성이 통합되고 성리가 비엣찌(Việt Trì)로 바뀌면서 완전히 사라졌다.

개방이전 베트남 도시에는 공터를 일구어 야채를 재배하는 가정이 많았다. 이 같은 야채 재배는 집체구의 옥상에서도 예외는 아니었다. 이뿐 아니라 집체구의 가정에서는 화장실이나 부엌에서 닭이나 돼지를 길렀다. 개방이전 배급제도 하에서 식재료가 부족했기 때문에 생겼다. 야채재배는 서울의 아파트 베란다나 건물 옥상에서도 흔히 볼 수 있다. 하지만 한국 도시는 취미 삼아 혹은 유기농 차원이 강하다. 그렇지만 이도 저도 도시의 농촌 잔재라 아니할 수 없다.

3. 베트남 사회조직의 규율

베트남인의 집단조직문화는 긴밀한 양면성을 낳았다. 즉 국가는 농촌과 도시라는, 농촌은 순농과 공상마을이라는, 도시는 '도'와 '시'라는 형태이다. 이들 요소는 음과 양이라는 양자관계이다.

실제로 농촌은 음에 속하여 정체되고 닫혀있다. 이에 반하여 도시는 양에 속하여 유동적이고 개방되어 있다. 농촌에서도 순수 농촌은 음에 속하여 닫혀있으며, 공상마을은 양에 속하여 열려있다. 그리고 도시에서도 도는 음에 속하여 느리고 정체되어있으며, 시는 양에 속하여 능동적이고 빠르다.

음양의 요소 중에도 베트남의 집단조직문화는 양보다 음적인 요소가 강하다. 실제로 농촌에서 마을의 자치성이 구성원의 공동성보다 강하다. 도시에서 도의 행정활동이 시의 상업활동을 결정하고 지도하는 역할을 한다. 도농 양자간에도 광대한 농촌이 좁은 도시를 제압한다. 도시는 농촌의 영향을 벗어날 수 없을 정도로 약하여 농촌에 예속되어 있다. 서양에서 부자가 공상업에 투자하거나 은행에 예치하는 것에 반하여 베트남에서 부자가 농촌의 토지에 투자하는 것은 우연이 아니다.

음이 양보다 강하다는 것은 발전 가능이 보존 가능보다 약하다는 의미이다. 이 같은 단순 규율은 베트남의 강력한 힘의 원천과 베트남이 그처럼 정신적으로 강한 힘을 가지고 있음에도 발전이 더딘 이유를 설명해준다.

보존 가능은 대내외의 작용으로부터 자신들을 지키는 힘의 근원이었다. 수많은 세월 속에서 외부의 세력들은 수단과 방법을 동원하여 베트남을 동화하려 하였지만 영향은 도시 일부에 국한됐을 뿐 농촌에는 전혀 미치지 못했다. 현재 중국 내 월족을 포함한 많은 종족이 중국의 팽창 과정에서 한족에 동화되었으며 심지어 원이나 청처럼 중국을 오랫동안 지배했던 나라들은 오히려 중국에 동화되어버렸다. 그러나 베트남의 월족은 고대 중국 한족의 일천년(B.C.179-A.D.938) 이상의 지배에서도 이들은 동화되지 않았다. 중국을 향한 베트남 투쟁의 역사는 동화의 거부에서 나온 것이다.

음이 성하면 양이 쇠하는 것은 규율이다. 이 때문에 강한 보존 가능은 전통 베트남 사회를 보수적이게 만들었고 전통 베트남 사회의 솟구치는 힘을 억눌렀다. 이 점은 베트남의 마지막 왕조였던 응우옌 왕조시기에 뚜렷이 나타났다. 응우옌 주가 권력투쟁을 할 때 그들은 도시 발전과 통상확대를 권장하였다. 그러나 손안에 권력을 잡았을 때 안정을 빌미로 즉시 쇄국정책으로 전환하였다. 그 같이 높은 음성 때문에 베트남은 주변의 국가들과 비교하여 발전이 늦은 국가가 되었다.

문화의 비교차원에서도 서양의 유목문화가 양성인 동성(動性)과 발전성을 띠는 것에 비하여, 베트남의 농업문화는 음성인 정성(靜性)과 보존성을 띤다. 동양에서도 도작문화인 베트남이 음성인 보존 쪽에 치우친 반면, 유목문화인 중국은 양성인 발전 쪽에 치우친다. 그렇다면 세계 유명 화교 상인층의 태동은 결코 우연이 아니다.

한반도의 40배 크기에 달하는 광활한 중국은 사회·문화의 결정 요인도 다양하다. 화북의 유목민이 아니었을지라도 강남의 중국인들은 강과 바다를 근거로 일찍부터 상업에 눈을 떴다. 중국 본토의 정치변화의 소용돌이 속에서 베트남을 포함한 동남아시아를 주 무대로 화교화 된 이들은 자신들은 물론 개방된 중국 본토와 연결되어 오늘날 세계 경제의 한 축을 담당하고 있다.

베트남도 북남간에 차이가 있다. 북쪽이 음성인 것에 비하여 남쪽은 양성이다. 따라서 북부인들이 비개방적인 것에 반하여 남부인들은 개방적이다. 그리고 북부인들이 속내를 잘 드러내지 않는 것에 비하여 남부인들은 잘 드러낸다. 남부는 중국 명·청시대에 대거 입국하여 거주하는 화교들도 많다. 그때부터 1975년 베트남이 공산화통일되기 전까지 이들은 남부의 상권을 장악했었다. 개방 이후 외국인들의 베트남 남부에서의 경제활동이 다른 지역보다 수월하다고 하는 것도 이런 요인들의 작용이라 할 수 있다.

II. 도시 유형

일반적으로 베트남의 도시는 시(thành phố, 城舖), 시사(市社), 시진(市鎭)을 포함한다. 베트남 정부는 2001년 10월, 2009년 5월, 2016년 5월 세 차례에 걸쳐 도시 유형 분류에 관한 기준을 발표하였다. 그 중 도시가 되기 위한 기본 기준에서 인구 규모와 지역 내 총 노동자에서 비농업 노동자 비율을 4000명 이상과 최소 55%로 하였다. 2001, 2009, 2016년의 기준에 의하면 현재 베트남의 도시는 특별 유형(loại đặc biệt), 1유형(loại I), 2유형(loại II), 3유형(loại III), 4유형(loại IV), 5유형(loại V) 등 6가지 유형을 갖는다. 이중 특별 유형과 1-2유형은 수상이, 3-4유형은 건설부가, 5유형은 성급 혹은 중앙직할시 인민위원회가 인정을 결정한다. 2017년 현재 특별 유형의 도시는 2개, 1유형의 도시는 17개, 2유형의 도시는 25개, 3유형 도시는 45개, 4유형의 도시는 현재 87개이다. 베트남 인구의 약 38%가 도시에 산다.

특별 유형 도시는 다음과 같은 조건을 갖춰야 한다. 첫째, 기능면에서 정치, 경제, 문화, 과학·기술, 교육, 여행, 서비스, 교통 연결, 국내외 교류의 중심이어야 하며 전국의 경제·사회 발전을 촉진하는 역할을 해야 한다. 둘째, 인구 규모는 500(내성 300)만 명 이상이어야 한다. 셋째, 인구 밀도는 평균 3(내성 12)천 명 이상/㎢이어야 한다. 넷째, 지역 내 총 노동자에서 비농업 노동자 비율이 70(내성 90)% 이상이어야 한다. 다섯째, 숲 조성률이 70% 이상이어야 한다. 다섯째, 인프라가 갖추어져야 한다.

1유형 도시는 다음과 같은 조건을 갖춰야 한다. 첫째, 기능면에서 정치, 경제, 문화, 과학·기술, 교육, 여행, 서비스, 교통 연결, 국내외 교류의 중심이어야 하며 연성(聯省)지역 혹은 전국의 경제·사회 발전을 촉진하는 역할을 해야 한다. 둘째, 인구 규모는 100(내성 50)만 명 이상이어야 한다. 셋째, 인구 밀도는 평균 2(내성 10)천 명 이상/㎢이어야 한다. 넷째, 지역 내 총 노동자에서 비농업 노동자 비율이 65(내성 85)% 이상이어야 한다. 다섯째, 인프라가 갖추어져야 한다.

[사진 36] 하이 퐁 항

베트남은 5개의 중앙직할시가 있다. 위의 기준으로 볼 때, 하 노이 시와 호찌밍시는 중앙직할시의 특별 유형 도시(đô thị loại đặc biệt)가 되며, 하이 퐁·다낭·껀터는 중앙직할시의 1유형 도시(đô thị loại I)가 된다. 성직할시의 1유형 도시는 트어 티엔-훼(Thừa Thiên-Huế), 빙(Vinh), 다랏(Đà Lạt), 냐짱(Nha Trang), 뀌년(Quy Nhơn), 부온 마 투옷(Buôn Ma Thuột), 타이 응우엔(Thái Nguyên), 남딩(Nam Định), 비엣 찌(Việt Trì), 붕 따우(Vũng Tàu), 하롱(Hạ Long), 타잉 화(Thanh Hóa), 비엔 화(Biên Hòa), 미토(Mỹ Tho) 등 14개이다.

[사진 37] 다낭 전경

2유형 도시는 다음과 같다. 첫째, 기능면에서 정치, 경제, 문화, 과학·기술, 교육, 여행, 서비스, 교통 연결, 성·연성·국내외 교류의 중심이어야 하며 성·연성(聯省) 혹은 전국의 경제·사회 발전을 촉진하는 역할을 해야 한다. 둘째, 인구 규모는 20(내성 10)만 명 이상이어야 한다. 셋째, 인구 밀도는 평균 1.8(내성 8)천 명 이상/㎢이어야 한다. 넷째, 지역 내 총 노동자에서 비농업 노동자 비율이 65(내성 80)% 이상이어야 한다. 다섯째, 인프라가 갖추어져야 한다. 현재 성직할시의 2유형 도시는 쁠레이꾸(Pleiku), 롱 쑤옌(Long Xuyên), 하이 즈엉(Hải Dương), 판 티엣(Phan Thiết), 까 마우(Cà Mau), 뛰화(Tuy Hòa), 우옹 비(Uông Bí), 타이 빙(Thái Bình), 자익 쟈(Rạch Giá), 박 리에우(Bạc Liêu), 닝빙(Ninh Bình), 박닝(Bắc Ninh), 투 저우 못(Thủ Dầu Một), 동 허이(Đồng Hới), 푸 꾸옥(Phú Quốc), 빙옌(Vĩnh Yên), 라오 까이(Lào Cai), 바쟈(Bà Rịa), 박장(Bắc Giang), 판 장-탑짬(Phan Rang-Tháp Chàm), 쩌우 독(Châu Đốc), 껌 파(Cẩm Phả), 꾸앙 응아이(Quảng Ngãi), 땀끼(Tam Kỳ), 짜빙(Trà Vinh) 등이다.

[사진 38] 껀터 전경

[사진 39] 훼 시

3유형 도시는 다음과 같다. 첫째, 기능면에서 정치, 경제, 문화, 과학·기술, 교육, 여행, 서비스, 교통 연결, 성·연성 지역 내 교류의 중심이어야 하며 1개의 성 혹은 연성(聯省) 지역 내 일부 지역의 경제·사회 발전을 촉진하는 역할을 해야 한다. 둘째, 인구 규모는 10(내성 5)만 명 이상이어야 한다. 셋째, 인구 밀도는 1.4(내성 7)천 명 이상/㎢이어야 한다. 넷째, 지역 내 총 노동자에서 비농업 노동자 비율이 60(내성 75)% 이상이어야 한다. 다섯째, 인프라가 갖추어져야 한다. 3유형 도시는 성내 하나의 시사 혹은 성직할시일 수 있다.

[사진 40] 다랏

[사진 41] 냐짱

4유형 도시는 다음과 같다. 첫째, 기능면에서 정치, 경제, 문화, 과학·기술, 교육, 여행, 서비스, 교통 연결, 성내 한 지역 혹은 한 성의 교류 중심이어야 하며 성

[사진 42] 하롱만 전경

내 한 지역 혹은 한 성의 일부 지역의 경제·사회 발전을 촉진하는 역할을 해야 한다. 둘째, 인구 규모는 5(내성 2)만 명 이상이어야 한다. 셋째, 인구 밀도는 1.2(내성 6)천 명 이상/㎢이어야 한다. 넷째, 지역 내 총 노동자에서 비농업 노동자 비율이 55(내성 70)% 이상이어야 한다. 다섯째, 인프라가 갖추어져야 한다. 4유형의 도시는 시사 혹은 시진일 수 있다.

5유형 도시는 다음과 같다. 첫째, 기능면에서 경제, 행정, 문화, 교육, 여행, 서비스에서 종합 혹은 전문 센터이다. 둘째, 인구 규모는 4000명 이상이어야 한다. 셋째, 인구 밀도는 1(내성 5)천 명 이상/㎢이어야 한다. 넷째, 지역 내 총 노동자에서 비농업 노동자 비율이 55% 이상이어야 한다. 다섯째, 인프라가 갖추어져 있거나 갖추어지고 있어야 한다.

III. 특별 유형 도시

1. 하 노이 시

[사진 43] 하 노이 랜드마크

[사진 44] 하 노이

면적 3323.6㎢에 인구 758만 8150명(2014년), 인구 밀도 2279명/㎢인 하 노이는 서기 1010년 리왕조(Lý, 李, 1009-1225)의 건국자인 리꽁원(Lý Công Uẩn, 李公蘊)에 의해 수도로 선정되었다. 당시의 수도 명칭은 탕롱(Thăng Long, 昇龍)으로, 이는 용이 비상했다는 유래와 국가가 그처럼 발전하기를 기원하는 소망에서 작명되었다. 수도 탕롱은 베트남의 마지막 왕조인 응우옌 왕조(Nguyễn, 阮, 1802-1945)가 설립되고 수도가 중부 트어 티엔-훼로 이전되는 것을 계기로 1831년부터 하 노이로 개명되었다. 그렇지만 하 노이는 1945년 프랑스로부터 독립을 쟁취한 북부의 베트남민주공화국의 수도에 이어 북남을 통일한 이듬해인 1976년부터는 베트남사회주의공화국의 수도가 되어 지금까지 약 천년의 역사를 자랑하고 있다.

지금의 명칭이 붙여지기까지 하 노이는 역사 속에서 똥빙(Tống Bình)성, 라(La, 羅)성, 다이 라(Đại La, 大羅)성, 탕롱, 동도(Đông Đô, 東都), 동 꾸안(Đông Quan, 東關), 동경(Đông Kinh, 東京) 등 다양한 명칭으로 불렸다. 이외에도 지리상의 발견 이후 서구가 진출하고 통상이 활발해지면서 이곳은 깨쩌(Kẻ Chợ)라고도 불렸다. 서구인들이 진출했던 시기에 인구가 약 백만이었을 정도로 하 노이는 번화했다. 떠이 썬왕조에서부터 응우옌 왕조에 이르기까지 수도가 트어 티엔-훼가 됨으로써 하 노이는 침체에 빠지게 됐다. 1831년 행정구역의 개편에 따라 하 노이는 29개 성(省) 중의 하나인 하 노이 성이 되었다. 그 후 1945년 9월 2일의 독립과 함께 하 노이는 베트남민주공화국의 수도가 되어 지금에 이르고 있다. 현재 하 노이는 12개 군, 17개 현, 1개 시사[썬 떠이(Sơn Tây)]로 구성되었다. 하 노이의 일인당 GDP는 약 3600달러(2015년)에 이른다.

[사진 45] 서호

[사진 46] 소고기 국수

[사진 47] 닭고기 국수

밑에서 다루게 될 호찌밍시가 강의 도시라면 하 노이는 호수의 도시라고 할 수 있다. 그만큼 하 노이 일대에는 호수가 많다. 특히 하 노이의 서호(西湖, Hồ Tây)는 자연호수로 중국의 인공호수인 서호보다 더 넓다. 이러한 수도 하 노이는 붉은 비단에 휘감긴 한 폭의 그림으로 표현되기도 하는데, 이는 앞에서 언급한 홍강이 마치 바람에 나부끼는 비단의 형태로 수도를 감싸면서 굽이굽이 흐르고 있기 때문이다. 이 같은 특징 때문에 하 노이의 한자 표기가 하내(河內: 물 속)가 아닌 듯싶다.

3월부터 시작되는 무더운 날씨 때문에 하 노이 인의 일상생활은 아침 일찍부터 시작된다. 보통 아침 5시가 되면 시장과 거리는 사람들로 활기가 넘친다. 그리고 공원과 거리의 공터에는 체조, 조깅, 제기차기, 태극권, 축구 등을 하는 남녀노소로 요란스럽다. 레닌 공원의 경우 아침과 저녁으로 호수에서 수영을 하는 남자들을 많이 볼 수 있다. 하 노이 인들은 6시 정도부

[사진 48] 국수와 함께 먹는 야채

터 대부분 거리에서 쌀국수, 찹쌀밥, 빵, 죽 등으로 간단히 아침 식사를 해결하고 이른 시간부터 일과를 시작한다. 대부분의 가게들이 일찍 문을 열고 모든 학교수업도 7시면 시작된다. 하루 일과가 일찍 시작되는 까닭에 점심과 저녁식사도 빨라진다. 점심시간 이후에는 오수(午睡)가 있다. 따라서 이 시간에는 거리가 다소 한산해진다. 이들의 오수문화를 인지하지 못하고 일을 추진하려는 외국인들은 가끔씩 낭패를 보거나 민폐를 끼치는 경우가 있다. 급한 일로 목적지에 찾아갔는데 출입구에 '13시 이후에 오십시오'라는 안내 문구라던가 혹은 친밀감에 의존한 불시의 가정 방문으로 오수에 취해 있는 온 식구를 깨우는 무지들이 바로 그것이다. 하 노이의 음식으로는 꼼(cốm: 찐쌀), 바잉 꾸온(bánh cuốn: 쌈), 짜까(chả cá), 퍼(phở: 쌀 국수) 등이 있다.

[사진 49] 하 노이 교통

대부분의 교통수단이 자전거나 오토바이인 까닭에 도로는 늘 복잡하다. 여기에 요즘은 비좁은 도시의 도로사정을 고려하지 않고 운행되는 택시와 버스 때문에 출퇴근시간의 하 노이 도로는 아수라장에 빠지기 일쑤다. 오토바이는 하 노이는 물론 모든 베트남인들의 가장 일반화된 교통수단이어서 도로 위 어디에서나 유리병 혹은 플라스틱 속에 넣어 파는 휘발유 장사들을 쉽게 볼 수 있다.

하 노이의 교통수단으로 빼놓을 수 없는 것이 쌔옴(xe ôm)과 씩로(xích lô)이다. 전자는 오토바이 기사가 자신의 오토바이로 손님을 태우고 목적지까지 실어다

주는, 후자는 앉는 수레 뒤에 자전거를 연결하여 운전자가 자전거를 움직여 가는 교통수단이다. 쌔옴은 '차'를 의미하는 쌔와 '껴안다'를 의미하는 옴에서 알 수 있듯이 손님이 안전을 고려하여 뒤에서 운전자를 껴안는다 해서 붙여진 이름이다. 이는 오늘날 가끔씩 사람도 실어다 주지만 주로 물건을 배달하는 우리의 오토바이 퀵서비스이다. 하 노이 시는 교통체증을 감안하여 시 중심부에서의 씩로 운행을 중단하고 있지만 어쨌든 씩로는 외국인에게 편하고 여유 있게 도시 곳곳을 관광할 수 있도록 하는 최상의 교통수단임에는 틀림이 없다. 쌔옴과 씩로를 이용할 때는 출발 전에 반드시 가격을 흥정해야 한다. 택시는 대부분 콜택시이며 미터기로 운행되기 때문에 이용에 전혀 불편함이 없다.

피부가 뜨거운 자외선에 노출되는 자전거나 오토바이로 구성된 교통수단과 높은 습도를 동반한 더위는 남녀 의상에 많은 영향을 미치고 있다. 따라서 남녀 모두 반팔 상의나 반바지 혹은 치마보다는 대부분 긴 팔 상의와 긴 바지 및 챙이 있는 모자를 착용하는 것을 선호하며 짧은 거리마저도 걷기보다는 신속한 이동을 고려한 탈 것에 의존한다.

[사진 50] 대통령궁

[사진 51] 하 노이 대성당

하 노이의 건축양식은 베트남적·중국적·서구적인 것이 공존하고 있다. 그것은 왕조 시대에 세워진 정(亭), 사원, 사당, 탑들 외에 강하고 잦은 비바람을 피하기 위해 만들어진 단층에 급경사 지붕의 전통적인 베트남 건축양식과 프랑스의 지배가 시작되면서 만들어진 프랑스식 건축양식이다. 서

[사진 52] 하 노이 문묘 내부 전경

구형의 유명한 건축양식으로는 주석궁, 대극장, 역사박물관, 천주교회 등이 있다. 이중 1911년 지어진 대극장은 전형적인 서구의 건축양식으로 공연이 있는 날에는 근대 서구 귀족 중 한 사람이 되어 공연 감상에 흠뻑 빠질 수 있는 곳이다.

하 노이의 문묘와 국자감은 베트남 전통시대 건축양식의 백미를 자랑한다. 문묘는 1070년 공자, 주공, 사배(四配-안자, 자사, 증자, 맹자) 상을 세우고 72인의 상을 그려 4계절 이들에게 제사를 지내기 위해 세워졌다. 1076년에 세워진 국자감은 베트남 최초의 학교인 국학이다. 이는 한국의 성균관과 같은 국립대학이다. 이곳에는 1484년부터 1780년까지 82회 실시된 과거에 급제한 진사 1306명의 성명, 나이, 출생지가 기록된 82개의 비석이 세워져 있다. 국자감은 역사 속에서 보수와 재건의 과정을 거치면서 새 건물이 추가되는 형태로 약간의 변화가 있었지만 처음의 형태를 유지하고 있으며, 사주(四柱), 문묘문(文廟門), 입도구(入道區), 진사비(進士碑區), 제사구(祭祀區), 태학구(太學區) 등 6개 구역으로 나뉘어진다.

베트남 방문, 특히 하 노이 방문에서 빠질 수 없는 곳이 바로 호찌밍 묘소이다. 국회의사당 맞은 편 넓은 공터에 4-5층 형태의 회갈색 대리석 건물이 바로 그것이다. 아침을 먹는 둥 마는 둥 하고 일찍 이곳에 도착하면 여러 형태의 의복을 갖춰 입고 이미 길게 한 줄로 서있는 무리를 만날 수 있을 것이다. 이들은 평생의 소원인 자신들의 국부를 보기 위해 전국에서 찾아온 54개 종족들이다. 차례를

[사진 53] 호찌밍 묘지

지켜 건물에 들어서면 유리관 속에 미라로 보존되어 있는 호찌밍이 여러분을 맞을 것이다. 건물을 나와 오솔길을 따라가면 여러분은 한국의 과수원에서나 볼 수 있는 한 채의 작은 주상가옥을 보게 될 것이다. 여기가 바로 호찌밍이 1954년부터 국정을 살폈고 숙소로 삼았던 곳이다. 사방이 터져 있는 일층에는 회의용 책상, 전화기, 모자, 휴식용 의자가 전부이다. 위층 방 한 칸에는 조그만 책상 하나와 몇 권의 책, 그리고 트랜지스터라디오 1대가 고작이다. 그리고 숙소 옆에는 무덤 같은 것이 있는데, 이것이 바로 미 B52 폭격기의 북폭을 피해 만들어 놓은 벙커다. 모든 것을 인민에게 주고 간 그의 삶에 여러분은 존경을 표하지 않을 수 없을 것이다. 지금은 집 주인은 간데없고 평생에 그의 친구였던 연못의 잉어들이 여러분을 반갑게 맞이할 것이다.

[사진 54] 주상가옥 호찌밍이 사용했던 대통령궁

앞에서 하 노이는 호수의 도시라고 했다. 개방 이후 개발이라는 이름하에 몇몇 호수가 사라지기는 했지만 현재 남아 있는 호수 중 가장 넓고 운치 있는 호수로는 서호와 검호, 그리고 레닌공원 내에 있는 바이 머우(Bảy Mẫu) 호수 등이 있다. 이중 '환검호(還劍湖, Hồ Hoàn kiếm 혹은 검호)'로도 칭하는 검호는 하 노이 중심부에 놓인 꽃바구니로 불린다. 이 호수의 이름과 관련하여 다음과 같은 전설이 전해오고 있다. "1428년 중국의 명을 물리치고 나라의 주권을 되찾은 다음 후레왕조를 세웠던 레 러이(Lê Lợi, 黎利)가 어느 날 이 호수로 뱃놀이를 갔다가 갑자기 커다란 거북이 나타나자 검을 뽑아들고 병사들에게 거북이가 나타난 지점을 가리켰다. 이때 거북이 그 검을 덥석 물고는 호수 아래로 사라지자, 레 러이는 신이 자신에게 전에 검을 주었고 이제 적을 물리치고 평온을 되찾았으니 그 검을 다시 거두어 가는 것으로 생각하였다. 이때부터 이 호수는 환검호로 불러지게 되었다"고 한다. 호수 중앙에는 있는 거북이 탑도 이 전설에서 비롯되었다고 할 수 있다. 이 호수에는 현재에도 여러 마리의 커다란 거북이들이 살고 있으며, 거북이가 모습을 나타내는 날에 이를 본 시민들은 길일이라고 생각한다.

검호에서 간과할 수 없는 곳은 옥산사당이다. 이는 19세기에 검호 한 쪽에 있는 조그만 섬 위에 지어졌다. 초기에는 사찰이었으나 후에 사당으로 바뀌었다. 현재 이곳에는 과시문장에서 핵심적 역할을 담당했던 문신(文神) 문창제군(文昌帝君, Văn Xương Đế Quân) 문창성(文昌星, Văn Xương Tinh)이라고도 하며, 민간과 도교에서 숭배 받는 혹은 사인(士人)의 공명복록(功名福祿)을 주관하는 신이다.

과 13세기 몽골을 물리치는데 공을 세운 쩐홍 다오[Trần Hưng Đạo, 陳興道: 쩐 꾸옥 뛴(Trần Quốc Tuấn, 陳國峻)이라고도 함)] 장군의 신위가 모셔져 있다.

서호 주변이 청춘남녀의 데이트장소라면 검호는 노인들의 소담장소라 할 것이다. 서호가 도시 중심에서 약간 떨어져 있어 차량을 동원해야 하는 것과 유람선 보트 등으로 젊은이들에게 각광을 받는다면 검호는 도시 중심에 있어 노인들이 쉽게 접할 수 있기 때문이다. 그러나 검호의 넘실거리는 물결과 호수 위까지 뻗어 내린 주변의 짙푸른 녹음들은 이들 뿐 아니라 더위에 지친 낯선 이방인에게도 기꺼이 쉼터를 내어준다. 이에 비하여 서호는 오토바이 위에서 뜨거운 사랑으로 한밤의 여름을 식히려는 하 노이의 청춘남녀들에게 기꺼이 자리를 제공한다.

[사진 55] 진국사

서호에는 베트남에서 현존하는 가장 오래된 541년에 세워진 진국사(進國寺)가 있다. 이 사찰에는 1959년 인도 대통령이 기념 식수한 보리수나무가 울창하게 자라고 있다. 한편 하노이에는 기둥 하나 위에 세워진 매우 특이하고 독특한 사원이 있다. '일주사(一柱寺)'라고 칭하는 이 사원은 가로 세로 3m의 정사각형 형태이며 지름 1.25m의 원통형 석주 위에 지어져 있다. 이 석주가 정사각형 연못의 한 중앙에 서있는 것과 석주 위 사원을 받치고 있는 받침대 형태로 일주사는 흡사 연못 위에 피어오른 연꽃을 연상케 한다.

호수와 강은 베트남 문화에도 많은 영향을 미쳤다. 물에서 자라는 연꽃은 물이 있는 곳이라면 베트남 어디서든지 소박한 자태를 자랑하는 연꽃과 함께 자연스럽게 베트남의 국화를 연상케 한다. 이 물은 수상인형극을 발전시켰다. 수상인형극은 세계에서 유일하게 베트남에만 있는 것으로 알려져 있다. 11세기부터 북부의 델타지방에서 시작되었던 수상인형극은 물이 있는 곳이라면 어느 곳이든 무대가 설치되고 공연되었다. 이는 사람이 무대 뒤에서 움직이는 인형을 대나무로 연결하여 조종한다. 악단이 음악을 연주하고 노래와 대사가 나오면 이에 따라 무대 뒤의 사람은 인형을 움직여 내용을 표현한다. 농촌생활을 주 내용으로 하고 있다. 하 노이 검호 주위에는 매일 밤 수상인형극을 공연하는 극장이 있다. 수상인형극은 외국인들에게는 결코 놓칠 수 없는 흥미로운 볼거리임이 틀림없을 것이다.

2. 호찌밍시

호찌밍시는 베트남에서 인구가 가장 많은 중요한 경제, 문화, 교육의 중심지이다. 처음 지명이 쁘레이 노코르(Prey Nokor) 등으로 불렸던 이곳은 응우옌 주의 남부 개발사업에 힘입어 형성되었다. 베트남의 이곳 진출은 1621년 응우옌 주와 캄보디아의 체이 쳇타(Chey Chettha) 2세와 맺은 혼인동맹을 빌미로 베트남인의 자연스런 이주형태로 추진되었다. 그 후 베트남은 캄보디아의 혼란을 이용하여 1689년 수진랍(水眞臘)[2]의 일부인 지금의 동 나이(Đồng Nai)와 싸이 곤(Sài Gòn, 柴

2 캄보디아의 옛 국호 진랍은 8세기부터 수진랍(水眞臘)과 육진랍(陸眞臘)으로 나뉘었다. 그 중 호수 이남지역과 남부 해안지역은 수진랍에 속했다.

棍)지역에 쟈딩(Gia Định, 嘉定)부(府)를 세웠다. 이어 베트남은 무력과 외교정책 등을 동원하여 1757년 오늘날 베트남 남부 전역에 해당하는 6성(省)을 얻게 되었다.

[사진 56] 호찌밍시 전경

캄보디아로부터 획득한 영토는 여러 가지 방법으로 개발되었다. 첫째, 자국의 표산유민들을 초모하여 개발하였다. 둘째, 자국의 지주들을 이용하여 개발하였다. 셋째, 중국의 명 멸망이후 청에 대한 귀속을 거부하고 동남아 각지로 흩어진 중국인들의 역할이 컸다. 넷째, 군대가 동원되었다.

쟈딩부가 세워지고 이후 프랑스가 인도차이나에 진출하여 식민지 개발이 추진되면서 싸이 곤시가 설립되었다. 그 후 빠르게 발전하여 베트남에서 가장 중요한 2개의 도시 중 하나가 된 이곳은 '극동의 진주' 혹은 '동양의 파리'로 불러지게 되었다. 싸이 곤은 1887-1901년까지 인도차이나연방의 수도였다. 1945년 독립과 분단 이후 이곳은 남부정권의 수도가 되었다가 북남통일 이듬해인 1976년 베트남 국회는 싸이 곤시를 베트남민주공화국의 첫 번째 국가 주석의 이름에 따라 호찌밍시로 개명하였다.

동남부지역과 서남부지역 사이에 위치한 호찌밍시는 19개 군과 5개 현으로 구성된 2095.6㎢의 면적을 갖는다. 2014년 통계에 의하면 호찌밍시는 824만 4400명의 인구에 3925명/㎢의 인구밀도를 갖는다. 그러나 거주등록을 안한 사람들을 포함한다면 호찌밍시 거주인구는 9백만 명이 넘는다.

베트남 경제에서 중요한 위치를 차지하고 있는 이곳은 GDP의 21.3%, 국가 총 예산의 29.38%를 차지한다. 순탄한 자연조건에 힘입어 호찌밍시는 육로, 수로, 항로에서 대륙과 해양을 잇는 중요한 교차로이다. 급속한 발전의 이면에는 인구 과밀, 교통체증, 대중교통미비, 환경오염, 매연 등으로 심각한 몸살을 앓고 있다.

베트남 남부지역에 속하는 호찌밍시는 동쪽에서 시계 반대 방향으로 동해, 바 지어(Bà Rịa)-붕 따우(Vũng Tàu), 동 나이(Đồng Nai), 빙 즈엉(Bình Dương), 떠이 닝 (Tây Ninh), 롱안(Long An), 띠엔 쟝(Tiên Giang) 등과 접해있다. 하 노이와 육로로 1730km가 떨어져 있다. 동남부지역과 끄우 롱강평야사이에 연하여 위치한 호 찌밍시는 지형이 북에서 남으로, 서에서 동으로 고저한 형태이다.

호찌밍시는 싸이 곤강과 동 나이 강이 하나로 합류·관통하면서 동해로 연결되는 수로 때문에 항구도시로의 기능을 톡톡히 하고 있다. 호찌밍시의 또 다른 강으로는 싸이 곤강과 동 나이 강의 합류지점인 냐배(Nhà Bè)강이 있고 이곳에서 쏴이 잡(Soài Rạp)과 가잉 자이(Gành Rái) 물길로 나뉜다. 이중 가잉 자이 수로는 선박의 싸이 곤항구 입출의 핵심이다.

[사진 57] 싸이 곤강

[사진 58] 냐배강

호찌밍시는 일찍부터 사람이 거주하였다. 동 나이 문화가 이곳에 존재하였으며, 이들은 주변의 싸휭문화, 옥 애오 문화와 교류를 가졌다. 그 후 이들은 부남이 진랍에 병합되면서 진랍에 편입되었다. 1621년 응옥 반(Ngọc Vạn)공주와 진랍의 체이체타 2세의 혼인관계를 통하여 다이 비엣 인의 이곳 진출이 가능하게 되었다. 1623년 응우옌 주는 싸이 곤과 벤 응애(Bến Nghé)에 세금 징수 기관을 세웠다. 비록 이곳은 황지였지만 베트남 상인들이 캄보디아와 태국을 지나는 지점에 위치했다. 같은 시기에 이곳에 부왕 낙논(Nặc Nộn)의 영채(營寨)와 영서(營署)가 세워졌고 떤미(Tân Mỹ)에 둔영(屯營)이 세워졌다.

1679년 응우옌 푹떤(Nguyễn Phúc Tần)주는 한 무리의 반청복명(反淸復明) 집단의 미토, 비엔 화, 싸이 곤 거주를 허락하였다. 1698년 응우옌 주는 응우옌 흐우 까잉(Nguyễn Hửu Canh)에게 남부 경영을 명령하였다. 이곳에 자발적으로 왔던 베트남 유민들을 토대로 응우옌 흐우 까잉은 쟈딩부(府)와 2개의 프억 롱(Phước Long)과 떤빙(Tân Bình)현을 세워 베트남 영토에 편입시켰다.

초기에 비엔 화와 쟈딩 지역은 1만호에 20만 명의 인구에 이르렀다. 이곳은 다양한 방식으로 개발되었다. 1802년 떠이 썬왕조를 멸망시킨 이후 응우옌 아잉(Nguyễn Ánh)은 본격적으로 이곳에 대한 개발을 추진하였다.

1788년 응우옌 아잉은 싸이 곤을 재점령하고 떠이 썬과의 항전 지역으로 삼았다. 1790년 프랑스의 공병장교들의 도움을 받아 이곳에 새로운 정권의 기관이 되는 팔괘성[팔괘의 형태로 만들어졌다하여 붙여진 이름이며 쟈딩성, 싸이곤성, 피엔 안성(Phiên An)으로도 불림]을 세웠다. 이때 쟈딩성(城)은 쟈딩경(京)으로 바뀌었다. 1802년 트어 티엔-훼에서 재위했을 때 남부는 5개의 진으로 나뉘었다. 6년 후 1808년 쟈딩진(鎭)은 다시 쟈딩성(城)으로 바뀌었다. 1833년에서 1835년 기간에 레반 코이(Lê Văn Khôi)가 반란을 일으켰을 때 팔괘성은 그의 항전의 근거지가 되었다. 반란 진압 이후 밍망(Minh Mạng)제는 팔괘성을 허물고 1836년 이곳에 풍성(Phụng Thành)을 세웠다. 풍성은 트어 티엔-훼의 경성처럼 보반식으로 지어졌지만 1859년 프랑스의 무력침략 시에 소실되었다.

1859년 쟈딩성을 점령한 프랑스는 이곳의 도시계획을 착수했다. 계획 초기에 싸이 곤은 쩌런(Chợ Lớn)까지 포함되었다. 그러나 1864년 도시 면적이 너무 넓어 치안이 어렵다고 생각한 프랑스 식민정부는 쩌런을 싸이 곤에서 분리시켰다.

당시 싸이 곤시는 유럽의 모형에 따라 설계되었다. 6개의 성은 프랑스에 할양되었고 싸이 곤은 쟈딩성에 위치했다. 1874년 3월 15일 프랑스 식민정부 총통은 싸이 곤시를 세웠다. 시의 수장인 시장은 프랑스인이었다.

프랑스 식민지배 기간에 싸이 곤은 인도차이나연방의 행정, 경제, 문화, 교육 중심이 되었다. 이 때문에 앞에서 언급했듯이 싸이 곤은 '극동의 진주' 혹은 '동양의 파리'로 불리게 되었다.

1945년까지 싸이 곤과 쩌런시는 50만 명의 인구를 갖게 되었다. 제1차 인도차이나 전쟁은 농민의 도시 이주를 부추긴 결과 4년 후인 1949년 이곳의 인구를 4배인 120만 명으로 늘렸다. 그리고 1954년 제네바협정 이후에는 200만 명으로 늘어났다.

싸이 곤은 1945년 독립 이후 남부에서 차례로 세워진 남기자치공화국(1946-1948), 베트남국가(1949-1954), 베트남공화국(1955-1976)의 수도가 되었다. 1954년의 제네바협정 이후 이곳은 북부에서 내려온 수십만 천주교인을 받아들였다. 이들은 쏨 머이(Xóm Mới)-고법(Gò Vấp), 빙안(Bình Anh)-8군 등에 집중되었다. 1959년 3월 27일 싸이 곤은 8개 군 45개 방으로 나뉘어졌다.

1950년 말부터 베트남국가는 미국의 원조에 힘입어 또다시 극동의 진주가 되었다. 1960년 중반부터 1970년 초까지 미군이 진출하면서 싸이 곤은 더욱 화려하게 발전하게 되었다. 그 결과 싸이 곤은 미국 문화의 영향을 받게 되었다. 싸이 곤은 정치, 경제, 문화, 휴식의 중심지가 되었다.

베트남 전쟁 말기에 남베트남의 경제는 미국의 원조 감소로 침체에 빠졌다. 전쟁의 상처는 싸이 곤에 엄청난 상처를 남겼다. 1975년 4월 30일 수많은 싸이 곤 사람들을 탈출케 하였다. 이 기간에 70만 명이 신경제지역으로 옮겨졌다.

1975년 4월 30일부터 베트남공화국 정권은 무너졌고 남베트남공화국(1969-1976) 임시혁명정부가 베트남공산당의 지도하에 남부를 관리하였다. 싸이 곤 수도, 쟈딩성, 2개 군 꾸찌(Củ Chi)와 푸화(Phú Hòa)는 합쳐져서 싸이 곤-쟈딩시라는 하나의 행정구역이 되었다. 1976년 7월 2일 통일베트남의 초대 국회는 싸이 곤-

쟈딩시를 호찌밍시로 개명하였다. 현재 싸이 곤시는 19개 군, 5개 현, 322개 방·사·시진으로 구성된다.

현재 호찌밍시는 베트남 면적과 인구의 0.6%와 8.34%이지만 GDP의 20.2%를 점한다. 2015년 호찌밍시의 국민소득은 전국 평균 2200달러보다 훨씬 많은 5500달러이다.

호찌밍시의 인구는 비엣 족(93.52%), 화교(5.78%), 크매르, 짬족 순으로 구성되었다. 이곳의 화교는 베트남 전국 화교에서 가장 많은 50.3%에 이른다. 화교들은 5, 6, 8, 10, 11군에 집중 거주하게 됐으며 남부 경제의 주축을 이룬다. 2009년의 통계에 의하면, 이곳 인구의 198만 3048명(27.68%)이 종교인이다. 그 중 불교가 116만 4930명(16.26%)로 가장 많고, 이어 천주교 74만 5283명(10.4%), 까오 다이 교 3만 1633명(0.44%), 개신교 2만 7016명(0.37%), 회교 6580명(0.09%)순이다.

호찌밍시에는 베트남에서 가장 큰 떤썬녓(Tân Sơn Nhất)공항이 있다. 2006년 통계에 의하면, 떤썬녓공항은 7만 3743톤의 상품을 운송하고 2억 3900회의 승객 운행을 담당하였다. 현재 호찌밍시는 34만대의 자동차와 350만대의 오토바이가 등록됐는데, 이는 하 노이 시의 두 배가 된다. 싸이 곤시에는 2개의 큰 역 쏭턴(Sóng Thần)역과 싸이 곤역이 있다. 호찌밍시에는 크고 작은 여러 항구가 있는데, 그 중 주요 항구는 싸이 곤, 벤 응애, 냐배, 떤깡(Tân Cảng) 등 4개가 있다. 그 중 싸이 곤항구는 베트남에서 가장 큰 항구로 전국 물동량의 25%를 점한다.

[사진 59] 떤썬녓 국제공항

[사진 60] 싸이 곤항

3

베트남 문화

Vietnam

3 베트남 문화

제1절 선사시대 베트남 문화

I. 구석기시대 베트남 문화

일반적으로 인류역사에서 문자발명과 기록이전의 역사는 선사시대로 취급한다. 이 시대는 문화적 성격과 특징에 따라 구석기시대와 신석기시대로 양분한다.

지리·기후 등 순편한 자연조건에 힘입어 사람들의 베트남 유입과 거주가 일찍부터 시작된 결과 오늘날 베트남 영토에는 구석기시대와 신석기시대가 모두 존재하였다. 그 중 구석기시대는 약 50만 년 전에서 1만 1000년 전 사이에 존재하였다. 이 시대는 당시의 유골, 생활 도구나 무기의 형태 및 제조기술에 따라서 전기·중기·후기로 나눌 수 있다.

베트남의 전기구석기시대를 대표하는 문화로는 텀 쿠옌(Thẩm Khuyên)·텀 하이(Thẩm Hải) 유적이 있다. 이 유적은 1964-1965년 기간에 랑썬(Lạng Sơn)성 빙쟈(Bình Gia)현 떤반(Tân Văn)사의 텀 쿠옌 동굴과 텀 하이 동굴에서 발견되었다. 여기에서 약 50만 년 전의 것으로 추정되는 10여 개의 사람 치아가 발견되었다. 치아의 크기가 중국의 북경원인(北京遠人)과 비슷한 점으로 보아 두 지역은 같은 문화권이었던 것 같다.

이 두 곳에서는 사람의 치아 외에 다른 유물은 발견되지 않았으나 1960년 타잉 화(Thanh Hóa)성 티에우 화(Thiệu Hóa)현 티에우 카잉(Thiệu Khánh)사 푸언(Phú Ân)촌의 도(Đọ)山에서는 사람이 제조한 타제석기가 발견되었다. 같은 형태의 타제석기는 1977-1979년 기간에 도산과 멀지 않은 꾸안 옌(Quan Yên)산, 노(Nổ)산, 누옹(Nuông)산 등과 1966-1975년 기간에 동 나이(Đồng Nai)성 항곤(Hàng Gon), 저우 져이(Dầu Giấy)와 배(Bé)江 족머(Dốc Mơ), 브언 주(Vườn Dũ) 등에서도 발견되었다. 도산문화의 연대는 약 40만 년 전으로 추정된다. 이들은 일정한 거주지가 없이 산과 강가를 따라 수렵, 채취, 어로활동을 하며 20-30명을 단위로 동굴과 바위 및 나무 밑에서 생활하였다. 이들은 불을 사용했다. 이들의 사회구조는 씨족 단위의 무산계급이었고, 공동생산과 공평분배의 원칙을 따랐다.

중기구석기시대를 대표하는 문화로는 턴싸(Thần Sa)유적이 있다. 턴싸유적은 1970년 타이 응우옌(Thái Nguyên)성 보 냐이(Võ Nhai)현 턴싸(Thần Sa)사의 미엥호(Miệng Hổ)동굴에서 발견되었다. 이 문화는 랑썬의 랑낙(Lạng Nắc), 타이 응우옌의 텀 허우(Thẩm Hấu), 까오 방(Cao Bằng)의 룽오(Lũng Ô) 등에서도 발견되었다. 턴싸문화의 연대는 2, 3만 년 전에서 1만 7000년 전 사이로 추정된다. 턴싸문화인들은 전기구석기시대의 거칠고 투박한 타제석기에 비하여 가늘고 정교하며 크기가 작은 세석기(細石器)였다. 이것은 당시 중기구석기인의 누적된 경험과 기술 진보의 산물이며 석기의 사용이 더 자유로웠음을 의미한다. 유물이 발견된 동굴이나 바위 밑에서는 사슴, 돼지, 오랑우탄 등의 수골이 발견되었다.

후기구석기시대를 대표하는 문화로는 썬비(Sơn Vi)유적이 있다. 썬비유적은 1968년 푸토(Phú)성 럼 타오(Lâm Thao)현 썬비사에서 발견되었다. 썬비문화의 연대는 1만 8000-1만 1000년 전 사이로 추정된다. 후기구석기문화는 구석기 유적 중에서 가장 널리 발견되었으며, 그 중 푸토(Phú Thọ)와 옌 바이(Yên Bái)에서 집중 발견되었다. 이외에도 라이 쩌우(Lai Châu), 썬라, 라오 까이(Lào Cai), 하쟝(Hà Giang), 박쟝(Bắc Giang), 화빙(Hòa Bình), 썬 떠이(Sơn Tây), 하 노이(Hà Nội), 타잉 화(Thanh Hóa), 응에 안(Nghệ An), 하띵(Hà Tĩnh), 꾸앙 빙(Quảng Bình), 꾸앙 찌(Quảng Trị), 트어 티엔-훼(Thừa Thiên-Huế), 럼동(Lâm Đồng), 동 나이(Đồng Nai), 빙 즈엉(Bình Dương), 빙 프억(Bình Phước) 등 넓은 지역에서 발견되었다.

썬비문화의 발견 지역은 동굴·바위 밑과 언덕·강안으로, 이는 이들의 생활터전이 산에서 평야와 강 등의 저지대로 이동하였음을 보여준다. 발굴된 유물은 석재도구, 조개껍질, 골재도구 등이 있다. 돌도끼, 돌칼 등의 석재도구는 이전보다 날카롭고 예리했다. 썬비문화의 경제활동은 채집, 수렵, 어로였다. 썬비문화의 사회는 이전 보다 집단화된 씨족공동체였으며 모계사회였다. 이들은 사후세계를 인식하기 시작했으며, 매장제도는 이에 대한 표현이었다. 무덤은 시체를 웅크린 자세로 만들어 석재도구들을 부장한 다음 돌, 황토 등으로 마무리하였다. 시체의 웅크린 자세는 태중의 자세로서 사후 세계에서의 탄생을 염원했을 것으로 추정한다.

II. 신석기시대 베트남 문화

베트남의 신석기시대는 1만 2000-4000년 전 사이에 존재했던 것으로 추정된다. 신석기시대는 돌과 흙을 갈고 구워서 석기와 토기를 만든 것 외에도 활과 창 등도 만들어 썼다. 그리고 강변에 정착하여 취락을 형성하고 목축과 농경에 종사하였다. 한편, 신석기시대는 한 씨족단위의 씨족사회를 형성하였다. 신석기시대 역시 당시의 유골, 생활 도구나 무기의 형태 및 제조기술에 따라서 전기·중기·후기로 나눌 수 있다.

전기신석기시대를 대표하는 문화로는 화빙(Hòa Bình)문화와 박썬(Bắc Sơn)문화가 있다. 화빙문화는 1926년 화빙성에서 처음 발견되었으며, 북베트남의 화빙, 라이 쩌우, 썬라, 하쟝, 꾸앙 닝(Quảng Ninh), 닝빙(Ninh Bình), 타잉 화, 응에 안, 꾸앙 빙, 꾸앙 찌의 고산지역과 해도지역에 집중 분포되었다. 이중 화빙과 타잉 화 두 지역의 석회석산에서 집중 발견되었다. 이들의 거주지는 동굴 속과 바위 밑이었다. 화빙문화의 특징은 농경문화였다. 화빙문화의 연대는 1만 1000년 전에 속한다. 이들 유적에서는 화빙문화인들이 제작·사용했던 돌도끼, 돌칼, 돌괭이, 돌삽, 뼈바늘, 뿔도구 등의 각종 타재석기, 마제석기, 골재 생활도구와 벼, 벼껍질, 불탄 미곡난알 등이 출토되었다. 이들 유물을 근거로 화빙문화인들은 신석기시대문화의 특징이었던 농경생활, 가축사육, 정착생활을 하였음을 알 수 있다. 농경생활은 벼, 채소, 과일 등의 농작물을 재배하고, 이것들을 재배하고 수확할 각종 석제농기구를 제조하였을 것이다. 비록 농작물 재배 방법이 출현했을지라도 매우 초기단계였기 때문에 주요 생산 활동은 수렵, 채집, 어로였다. 사육된 가축은 소, 돼지, 개 등이었으며, 수렵 동물은 말, 사슴, 들소, 코뿔소, 멧돼지, 쥐, 코끼리, 염소, 곰, 호랑이 등이었다. 코뿔소, 코끼리, 호랑이 등 크고 힘이 세며 사나운 짐승들을 사냥하였던 것은 이들의 사회가 이전 보다 집단화되었음을 보여준다. 이외에도 야생의 과일, 달팽이, 우렁이, 조개 등을 채집하여 생활을 보다 윤택하게 하였다.

당시 동굴 내 부엌의 개수가 늘었지만 크기가 이전의 것보다 작아진 것은 모계씨족집단이 부모형제라는 단일가족단위로 분리되기 시작했음을 보여준다. 그리고 화빙문화인들은 자신들이 거주하던 동굴에 씨족공동체무덤을 만들었다. 무덤은 돌을 쌓아 만들었으며, 시체는 생산도구와 장식품을 함께 매장했다. 일부는 다른 곳에서 시체의 살이 썩어 없어진 다음 뼈만을 골라 무덤을 만들었다. 화빙문화인들은 사후세계에 대한 신앙 뿐 아니라 자신들이 거주하는 동굴 벽에 사람과 동물의 얼굴, 나뭇가지, 나뭇잎 등을 조각하는 형태로 예술을 탄생시켰다.

이는 당시 전세계 원시인들의 보편적 토템신앙이었다.

박썬문화는 1921-1925년 기간 동안에 랑썬성의 박썬(Bắc Sơn)현에서 발견되었다. 박썬문화는 지금까지 하 떠이(Hà Tây), 화빙, 하남(Hà Nam), 남딩(Nam Định), 타잉 화, 응에 안, 하띵, 꾸앙 빙 등 51개의 유적이 발견되었다. 이 문화인들의 특징은 토기를 제조했다는 것과 마제석기가 보다 예리했다는 것이다. 이 때문에 박썬문화는 베트남의 초기토기신석기문화로 불러진다. 농산물을 담기 위해 사용된 토기는 주둥이가 크고 바닥이 둥근 형태였다. 한편 이들은 산속에 산재하던 대나무를 이용하여 물건을 담는 그릇을 만들었다. 더 나아가 나무껍질이나 짐승 가죽으로 의복도 만들어 입었다. 박썬문화의 연대는 1만 1000-7500년 전 사이로 추정된다.

이들의 거주지는 주로 동굴과 바위 밑이었지만 경제활동과 식재료 구입 지역은 계곡이나 하천이었다. 경제활동은 박썬문화인과 같이 수렵과 채집에 집중했고 농업은 부업이었다. 그러나 토기가 존재하기 시작했다는 것은 식료품과 종자의 보존을 가능케 했고 이와 함께 농기구, 농업기술, 농업생산의 향상으로 이들의 생활이 이전보다 나아졌다고 할 수 있다. 경제활동 중 채집이 차지하는 역할이 여전히 컸기 때문에 모권사회는 계속 유지되었다. 매장은 시체를 비스듬히 눕혀 석재공구를 넣고 돌무덤을 쌓았다. 이들은 석재벽돌, 진흙, 괭이 날, 조약돌 등에 사람 얼굴, 선, 도형, 별 모양들을 새겼다. 이들 유물에서는 갈아서 만든 바다 조개 장식의 예술품이 있었다.

중기신석기시대를 대표하는 문화로는 쏘이 뉴(Soi Nhụ)문화, 까이 배오(Cái Bèo)문화, 다붓(Đa Bút)문화, 뀡반(Quỳnh Văn)문화, 바우 주(Bàu Dũ)문화 등이 있다. 이들 문화는 후기 화빙·박썬문화라 할 수 있으며, 넓지는 않지만 북부와 중부 평야와 해안지역에서 농업·어로·수렵·채취활동을 하였다.

쏘이 뉴문화는 1967년 꾸앙 닝(Quảng Ninh)성 껌파(Cẩm Phả)현 타익 하(Thạch Hà)사의 쏘이 뉴동굴에서 발견되었다. 강물에 사는 연체동물의 껍질더미에서 사람의 두개골과 치아, 소뼈, 토기 조각이 발견되었다. 한편 동굴에서는 10개의 석재도구가 발견되었다. 토기는 점토를 이용하여 손으로 만들어졌으며 빗살무늬, 파도 등의 문양을 새겼다. 이들이 먹고 버린 조개무지, 즉 패총(貝塚) 높이가 1.5m에 이른 것과 이들의 문화를 "꾸앙 닝해안문화"라고 하는 것에서 추론할 수 있듯이 조개는 주식에서 중요한 역할을 했다고 할 수 있다.

까이 배오 문화는 1938년 하이 동(Hải Đông)社의 까이 배오 만(灣), 즉 지금의 하이 퐁(Hải Phòng)市 깟바(Cát Bà)島 깟바시진(市鎮)을 시작으로 1986년까지 발견되었다. 까이 배오 문화 연대는 5646±60년 전 사이에 속한다. 이들은 조약돌, 사석(沙石), 옥석, 석영, 편석 등을 이용하여 공구를 만들었다. 토기는 거칠고 두꺼운, 부드럽고 두꺼운, 거칠고 얇은, 부드러운 4가지 형태였다. 토기는 여전히 손으로 만들어졌고, 여러 가지 빗살무늬가 새겨졌으며, 토기입구는 곧은 혹은 안으로 굽은 형태였다. 이들은 육지 동물 외에도 거주지의 특성상 골재낚시를 만들어 바다의 고기도 잡아먹었다. 이 때문에 이들은 바다와 바닷가의 언덕 두 가지 이점을 동시에 이용한 문화인으로 볼 수 있다. 따라서 이들은 정착 어촌 마을의 효시라고 할 수 있다.

다붓문화는 1926년 타잉 화성 빙록(Vĩnh Lộc)현 다붓(Đa Bút)촌에서 발견되었다. 그 후 계속된 발견을 토대로 다붓문화는 타잉 화와 닝빙지역에 속한 문화로 판명되었다. 석재와 토기로 구성된 유물들은 주로 산기슭, 강구, 해안 등에서 발견되었는데, 이는 농업·어업 활동을 통해 장기 거주를 시작했음을 보여준다. 이들 문화인들은 기존의 조약돌 대신에 편마암을 도구로 사용하기 시작했다. 다붓문화 연대는 약 7000년 전에 속한다.

다붓문화인들의 거주지역은 산기슭과 마(Mã)강 충적토였다. 이들은 강이나 바다에서 그물과 작살을 이용하여 물고기를 잡았을 것으로 추정된다. 이들의 거주지에서 발견된 수골(獸骨)에 근거할 때, 이들은 수우, 황우, 개, 돼지 등을 사육했음을 짐작할 수 있다. 농업, 가축 사육, 고기잡이 등을 통한 경제적 진보는 이들의 정신세계에도 영향을 미쳤을 것이다. 시체를 팔과 다리를 접은 웅크려 앉은 자세로 매장하였다. 이때 두골을 무릎 뼈에 닿게 하고 팔로 무릎 뼈를 감싸는 형태였다. 이 역시 사후세계에서의 탄생을 염원했다고 볼 수 있다. 이외에도 반듯하게 매장하는 경우도 있었다. 시체를 생활용품과 조개껍질의 장식품을 함께 매장함으로써 사후세계의 믿음을 반영했다.

꿩반문화는 응에 안과 하띵, 그중에서도 응에 안에서 집중 발견되었다. 응에 안(Nghệ An)성 꿩 르우(Quỳnh Lưu)현의 유적을 대표적 유적으로 평가하는 이 문화는 먼저 1930년을 시작으로 1963-1964년 기간에 발견되었다. 응에 안의 해안 평야지역에 주로 분포된 꿩반문화의 연대는 약 5000년 전에 속한다. 거주지역의 특징 때문에 유물 중에는 조개나 고동 껍질 등이 많이 발견되었다. 이들 패총에서는 수만 제곱미터에 이를 정도로 넓으면서 언덕처럼 높기도 하다. 일반적으로 신석기시대의 골재(骨材)와 각재(角材)공구는 많이 발견되지 않으나 꿩반문화에서 발견된 공구 중에는 날카로운 송곳이나 끌 등이 있었다. 유물에서 코뿔소 뼈와 상아까지 발견되는 것으로 보아 꿩반문화는 좀 더 집단성을 이루었고 사냥기술이 향상되었음을 보여준다. 토기는 물레가 아닌 손으로만 만들어졌으나 면의 두께가 균형을 갖췄다. 형태는 바닥이 좁은 것이 있으며 안팎에 빗살무늬 혹은 꽃 모양의 문양을 새겼다. 이들의 생산 활동은 여전히 수렵, 어로, 채취였다.

꿩반문화인들의 부엌 내 아궁이 재에서 발견된 수골, 어골, 게 엄지발은 이들이 음식을 구워서 혹은 토기 속에 삶아서 먹었음을 보여준다. 조개무지에 근거할 때, 이들의 경제활동은 주로 강과 바다에서 각종 어패류를 채집하고 잡는 형태였을 것이다. 어획은 이전의 다붓문화나 까이 배오 문화에는 못 미쳤을 것이다. 수렵 역시도 이전 문화에 못 미쳤을 것이다. 이들의 조개무지는 거주지이면서 묘지였다. 이들의 매장문화는 매우 독특했다. 이들은 둥근 묘혈(墓穴)에 죽은 자를 매장했다. 조개무지를 판 곳에 시체를 웅크려 앉은 자세에 다리는 접고 두 팔은 쭉 뻗은 상태로 안장했다. 무덤에는 장식품, 농기구, 토기 등을 함께 매장했다. 이 역시 내세관을 의미했다. 부장품들이 일률적인 것으로 보아 경제적 계급이 없는 씨족의 평등사회였을 것이다. 꿩반문화는 응에 안에서 꾸앙 빙(Quảng Bình) 사이의 해안평야지역문화였다.

바우 주문화는 꾸앙 남(Quảng Nam)성 누이 타잉(Núi Thành)현 땀쒄(Tam Xuân)사 푸동(Phú Đông)촌에서 1981년 발견되었다. 이 문화는 중부와 남중부 해안지역에서 화빙 이후의 신석기 유적을 대표한다고 여길 정도로 독특하다. 유적은 2m 정도의 언덕에서 발견되었기 때문에 홍수 등으로 유실되지 않고 대체적으로 원형을 유지했다. 발견된 유물 중 조개무지와 인골은 바우 주문화가 문화와 연대에서 꿩반문화와 비슷함을 보여준다. 한편, 이 문화는 베트남 중중부지역에서 구석기에서 신석기로 변천하는 단계를 처음으로 그리고 유일하게 알려준다.

바우 주문화 연대는 약 6000년 전에 속한다. 바우 주는 원시인의 거주지이면서 묘지였다. 패총은 자연적인 게 아니라 당시의 사람들이 바닷가에서 채취하여 먹다 버린 각종 조개에 의하여 형성되었다. 패총에는 조개 외에도 다양한 어골과 수골, 그리고 재도 존재했다. 지금까지의 조사에 의하면, 이 문화의 공구와 매장은 각각 화빙문화와 꿩반문화와 비슷하다. 발견된 5구의 무덤은 조개무지 속에 있었으며 다붓문화와 꿩반문화의 매장처럼 시체를 무릎을 묶은 앉은 자세였다. 이들은 멜라네시안(Melanesien)적 특징을 갖는 검은 종족에 속했다.

후기신석기시대의 문화 연대는 약 4500년 전에 속한다. 이 문화는 베트남 북에서 남까지, 그리고 산간·평야·해안·해도지역에서 널리 발견되었다. 이를 대표하는 문화로는 하쟝(Hà Giang)문화, 마이 파(Mai Pha)문화, 하롱(Hạ Long)문화, 바우 쪼(Bàu Tró)문화, 비엔 호(Biển Hồ)문화 등이 있다.

하쟝문화는 1989년 하쟝(Hà Giang)市社 쩐푸(Trần Phú)坊 로 가익(Lò Gạch) 지점에서 발견되었다. 지금까지 이 문화는 하쟝 외에도 까오 방(Cao Bằng), 뚜옌 꾸앙(Tuyên Quang), 타이 응우옌(Thái Nguyên), 옌 바이(Yên Bái) 등에서도 발견됐는데, 이중에서도 하쟝과 까오 방에서 집중 발견되었다. 유물은 모두 강안(江岸)에서 발견되었다. 석재도구 중 도끼는 일자형, 둥근형, 반월형이었다.

마이 파문화는 1920년 랑썬市社 마이 파社의 마이 파동굴에서 발견되었다. 이 문화의 석재공구와 장식품은 톱, 송곳, 선반 등의 기술이 적용되어 부드럽고 광택이 난다. 발견된 장식품 중에는 주로 팔찌, 목걸이, 귀걸이 등이 있다. 토기는 금속기시대와 비교하여 두께가 얇고, 질료는 통일됐지만, 색이 달랐다. 색깔은 주로 황토색이며 화문 등 다양한 문양이 새겨졌다. 토기가 일정하게 얇은 두께와 아름답고 둥근 형태에 단단한 것으로 보아 이들은 물레 사용과 가마를 이용했던 것 같다. 이 문화는 수렵, 채취, 가축사육, 수공업, 문물교환, 농업 등 혼합경제였다. 발견된 유물에서는 인골, 수골, 골재도구 등이 출토되었다. 발견된 인골이 불에 탄 흔적이 많은 것으로 보아 시체를 화장했거나 친족과의 결속을 위해 혹은 짐승들로부터 피해를 막기 위해 부엌과 가까운 곳에 매장했다고 볼 수 있다.

하롱문화는 1938년 꾸앙 닝(Quảng Ninh)성의 번돈(Vân Đồn)島縣 응옥 븡(Ngọc Vừng)島에서 처음 발견되었다. 그 후 30년간의 발굴을 통해 이 문화는 하롱을 중심으로 베트남의 북동해도와 해안지역을 대표하는 문화로 규정됐다. 이 문화유물은 사구, 각 섬의 지협, 해구 외에 일부 동굴에서 발견되었다. 이 문화의 토기 특징은 부드러운 것과 거친 두 가지 형태다. 전자는 바다의 연체껍질을 점토에 많이 섞어 구운 것이고, 후자는 점토 혹은 색깔이 있는 돌가루에 연체껍질을 조금 섞거나 혹은 전혀 섞지 않고 구은 것이다. 이 문화의 연대는 약 4500년 전으로 추정된다.

바우 쪼문화는 1902년 꾸앙 빙(Quảng Bình)과 꾸앙 찌(Quảng Trị)의 평야지역에서 발견되었다. 이 문화는 응에 안에서 꾸앙 찌 사이에서 넓게 발견되었지만, 이 중에서도 응에 안·하띵·꾸앙 빙 해안평야지역과 중북부평야 서쪽 산간지역에서 집중 발견되었다. 토기는 점토에 모래, 연체가루를 섞어 손빚기와 테쌓기 방법을 병행했다. 토기는 솥, 병, 대접, 접시, 잔 등 다양했다. 토기의 주둥이는 큰 것·곧은 것·굽은 것의 형태였으며, 바닥은 평평한 것·둥근 것·뾰쪽 한 것의 형태였다. 토기의 색깔은 주로 홍색, 회색, 흑색이었다. 해안선을 끼고 있었기 때문에 바우 쪼문화인들의 거주지역에서 어패류가 많이 발견되지만 이들의 경제활동은 주로 농업이었다. 유물 중에 찰흙으로 된 실 짜는 틀이 있었던 것으로 보아 이들은 천을 만드는 기술을 가졌던 것 같다. 매장은 맞댄 항아리 속에 팔과 다리를 겹쳐 반듯한 자세로 매장했다. 무덤에는 석재도구와 부장품을 넣었다. 바우 쪼문화 연대는 4000년 전에 속한다.

비엔 호문화는 쟈 라이(Gia Lai)성 쁠레이꾸(Pleiku)고원에서 1953-1954년 기간 동안에 발견되었다. 현재 6개의 현·시, 즉 쯔빠(Chư Pah), 득꺼(Đức Cơ), 쯔 뻐롱(Chư Prông), 망양(Mang Yang), 쯔쎄(Chư Sê), 쁠레이꾸市社로 구성된 쁠레이꾸 고원지역은 말레이-폴리네시안어계에 속하는 쟈 라이 종족의 거주지다. 이 문화는 베트남의 떠이 응우옌(Tây Nguyên) 선사발전과정에서 중요한 위치를 갖는다. 비엔 호문화는 꼰뚬(Kon Tum)·쟈 라이(Gia Lai)·닥락(Đắc Lắc)·닥동(Đắc Đồng)·럼동(Lâm Đồng)지역 뿐 아니라 중부 해안지역, 라오스부락, 캄보디아부락 등과 교류를 가졌다. 이 때문에 비엔 호문화는 베트남과 국경을 접하는 라오스남부와 캄보디아동부지역에서 많이 발견된다.

제2절 고대국가시대 베트남 문화

I. 반랑 · 어우 락시대 베트남 문화

1. 반랑·어우 락의 출현

반랑(Văn Lang, 文郎, B.C.7-B.C.258)은 베트남 최초의 고대국가이다. 이 국가는 동썬(Đông Sơn, 東山)문화 위에 세워졌다. 동썬문화는 1924년 타잉 화성 동썬현 동썬마을에서 처음 발견되었다. 지금까지 동썬문화는 96개 지역에서, 그 중 북부와 중북부 지역의 홍(Hồng)강, 마(Mã)강, 까(Cả)강 유역에서 집중 발견되었다. 이 문화는 지금으로부터 2820±120-1670±85년 전 사이에 존재했다. 동썬문화 유물에서는 청동제품 외에도 철기제품이 발견되었다. 철기제품은 현재까지 16개 지역에서 발견되었다. 청동기시대말기에서 철기시대초기에 속했던 동썬문화는 풍 응우옌(Phùng Nguyên)문화, 동 더우(Đồng Đậu)문화, 고문(Gò Mụn)문화 등 3단계를 거쳐 형성되었다.

풍 응우옌 문화는 1959년 푸토(Phú Thọ)성 럼 타오(Lân Thao)현 낑께(Kinh Kệ)사 풍 응우옌(Phùng Nguyên)촌에서 처음 발견되었다. 지금까지 이 문화는 51개 지역, 그 중 빙푹(Vĩnh Phúc), 푸토, 박닝(Bắc Ninh), 박쟝(Bắc Giang), 하 떠이(Hà Tây), 하 노이(Hà Nội), 하이 퐁(Hải Phòng) 등의 홍(Hồng)강, 다(Đà)강, 로(Lô)강, 타오(Thao)강, 다이(Đáy)강 유역에서 주로 발견되었다. 이 문화의 연대는 지금으로부터 약 4000년 전에 속한다.

동 더우 문화는 1964년 빙푹성 옌락(Yên Lạc)현 밍떤(Minh Tân)사의 동 더우 언덕에서 처음 발견되었다. 청동기시대 중기에 해당되는 이 문화는 지금까지 15개 지역, 그 중 빙푹, 푸토, 하 떠이, 화빙, 박닝, 박쟝, 하 노이에서 주로 발견되었다. 이 문화의 연대는 지금으로부터 약 3500년 전에 속한다.

고문문화는 1961년 푸토성 퐁 쩌우(Phong Châu)현 뜨싸(Tứ Xã)사의 고문에서 처음 발견되었다. 청동기시대 후기에 해당되는 이 문화는 현재까지 27개 지역에서 발견되었으며, 그 중 빙푹, 푸토, 하 떠이, 화빙, 박닝, 박쟝, 하 노이에서 집중 발견되었다. 이 문화의 연대는 지금으로부터 약 3000년 전에 속한다.

생산력 변화, 즉 석기에서 금속기로의 변천은 인류 역사에 엄청난 변화를 가져왔다. 사회는 2개 이상 씨족단위의 부족으로 바뀌었다. 생산력 증가, 잉여생산물, 생산격차 등은 개인 간의 빈부격차와 계급의 분화를 출현·촉진시켰다. 사회분화는 경제적 요인 외에도 부족 간 대립을 통해서도 이루어졌다. 부족은 정복 혹은 연합 등의 방법을 통해 지배영역을 확장해 갔다. 그 결과 부족연맹체는 초기국가의 형태로 나타났다. 바로 베트남 최초의 국가였던 반랑이 출현하였다.

동썬문화가 분화된 사회였으며 부족간 대립이 첨예했다는 점은 유물에서 찾아볼 수 있다. 푸토성 성도(省都)의 랑까(Làng Cả)묘지에는 동썬문화에 속하는 307개의 무덤이 있다. 이들 무덤 속을 조사한 결과 84.1%의 무덤은 부장품이 전혀 없는, 10.1%는 1-2개의 부장품이 있는, 1.8%는 11-15개의 부장품이 있는, 1%는 16개 이상의 부장품이 있는 것으로 나타났다. 그 중 한 무덤에서는 1개의 단검, 2개의 도끼, 1개의 삽, 1개의 병, 1개의 항아리, 1개의 혁대 등 15개의 부장품이 발견되었다. 하이 퐁(Hải Phòng) 비엣 케(Việt Khê)의 5개 무덤 중 4개 무덤에서는 부장품이 전혀 없었으나 1개의 무덤에서는 107개의 부장품이 발견되었다. 이중 93개가 단검, 고(鼓), 갑옷 등으로 구성된 청동제품이었다.

반랑의 출현과 관련하여 쩐왕조(Trần, 陳, 1226-1400) 말에 쓰여진 『월사략(Việt sử lược)』은 "주나라 장왕(莊王, B.C.697-682) 때에 쟈닝(Gia Ninh, 嘉寧)부락에 마술로 각 부락을 제압한 기인이 있었다. 그는 자칭 훙(Hùng)왕이라는 왕호와 반랑이라는 국호를 쓰고 수도를 반랑에 정했다"는 형태로 언급하였다.

어우 락(Âu Lạc, 甌駱, B.C.258-B.C.179)은 반랑을 이어 세워진 국가이다. 반랑이 국가를 이루던 15개 부락 중 하나인 '반랑'이란 지역명을 빌어서 국호를 지었던 것에 비하여 어우 락은 북월과 동북부지역에 거주했던 락(Lạc)민과 어우[Âu: 혹은 떠이 어우(Tây Âu, 西甌)]민의 부족명을 빌어서 국호를 지었다. 이 월족의 두 성분은 인접지역에서 교류와 대립 관계 하에 공존했을 것이다. 북월지역의 어우 민 연맹부락의 수령 툭판(Thục Phán, 蜀泮)은 반랑의 18대 훙(Hùng, 雄)왕의 쇠약함을 틈타 반랑을 정복하여 어우 락을 세웠다(B.C.258년).

2. 반랑·어우 락의 물질생활

금속기문화의 출현으로 농경문화가 크게 발전하기 시작했다. 당시의 농업은 화전과 수도작이었다. 화전이 산간지역에서 보편적이었다면 수도작은 홍강, 마강, 까강의 강안지역 충적토(沖積土)에서 일반적이었다. 락민과 어우 민은 초보적이지만 제방을 쌓아 홍수를 막으며, 수로를 만들고 물을 저장하여 논을 갈고 볍씨를 뿌리는 시기 등에 관개(灌漑)할 줄 알았다. 동썬문화유물에서 발견된 쟁기날은 수우와 황우를 이용한 농경이 전개되었음을 말한다. 쟁기질에는 우력(牛力) 외에도 인력도 동원되었다. 어우 락의 수도였던 꼬롸(Cổ Loa)에서 발견된 쟁기날 중에는 다양한 종류가 있는데, 그 중 넓이와 길이 각각 10-13cm와 4cm로 작은 것은 사람이 끄는 쟁기질에, 18cm와 24cm로 큰 것은 수우와 황우가 끄는 쟁기질에 이용됐을 것이다.

농경은 주로 수도작이었다. 메벼와 찰벼가 주식에서 중요한 위치를 차지했다. 수도작과 함께 구근야채와 과일농경도 병행되었다. 의생활을 위해 뽕나무재배와 목화재배를 시작했다. 비록 금속기시대가 시작됐을지라도 선사시대부터 존재해오던 수렵, 채집, 어로활동은 보다 진보된 방식으로 존속되었다. 가축사육 역시 코끼리, 말, 수우, 황우, 염소, 돼지, 개, 닭, 오리 등 다양한 종을 다양한 방식으로 더 많이 기를 수 있었다.

금속기문화의 출현은 수공업 발전도 촉진시켰다. 농경과 집단정착생활이 보편화되면서 여기에 필요한 농기구, 토기, 무기, 배, 실, 천, 장식품 등의 수요가 급증하게 되었다. 따라서 여기에 관련된 수공업형태의 각종 제조업이 발전하기 시

[사진 1] 동고

작했다.

농업과 수공업 발전은 반랑·어우 락 내부는 물론 외부와의 상품교류활동을 촉진시켰다. 이런 의미에서 동고(銅鼓)는 해상을 통해 당시 남중국, 동남아지역의 상품교류활동이 활발했음을 반영한다.

동고에 나타난 문양을 볼 때 남녀의 의생활은 구분되었다. 무엇보다 남녀의 의복과 머리모양은 기후를 감안했다. 남자는 코(khố)만을 착용했고, 여자는 하의 치마와 상의 저고리·옘(yếm)을 입었다. 치마는 통으로 되어있는 일반적 치마와 열대지역에서 남녀가 입는 사롱(sarong) 두 종류였다. 그리고 남자는 머리카락을 짧게 잘랐고, 여자는 자연스럽게 어깨까지 내려뜨리거나 댕기를 땋거나 감아 올린 형태였다. 한편 남녀는 귀, 목, 손가락, 팔, 다리 등에 각종 장식품을 착용했다.

[사진 2] 옘

[사진 3] 옘2

락민과 어우 민의 거주지역은 강이나 바다와 가까운 평야와 구릉이었다. 이들은 목재, 대나무, 꼬(cọ) 등의 잎을 이용하여 냐산(nhà sàn)이란 주상가옥을 만들어 살았다. 주상가옥은 덥고 습한 기후에 적응하면서 뱀 등과 같은 짐승들로부터 자신을 보호하기 위해서였다. 주상가옥에는 마을 제사 혹은 회의와 같은 마을 공동의 활동을 위한 건물도 마을의 중앙에 지어졌다. 오늘날에도 베트남 소수종족의 대부분은 주상가옥에서 생활한다.

[사진 4] 주상가옥

락민과 어우 민의 교통수단은 주로 도보였지만 강과 바다가 많았기 때문에 선박도 이용되었다. 동고에 나타난 대형 선박의 문양은 당시에 선박이 중요한 교통수단이었음을 보여준다. 이외에도 코끼리, 말 등이 교통수단으로 이용되었다.

락민과 어우 민은 토기, 청동기, 대나무, 목재, 등나무, 야자나무 잎 등을 이용한 각종 생활용품을 만들어 썼다.

[사진 5] 동고 선박 문양

3. 반랑·어우 락의 사회생활

생산력의 다변화와 생산의 증가는 사회구조에 변화를 가져왔다. 모계사회가 부계사회로 바뀌기 시작했으며 씨족단위의 부족은 다시 연맹체부족단위로 확대되었다. 그 결과 촌락이 생기고 촌락과 촌락의 연합은 마침내 국가로 발전되었다. 썬띵(Sơn Tinh)-응옥 화(Ngọc Hoa), 쯔동뜨(Chữ Đồng Tử)-띠엔 중(Tiên Dung), 쩌우(Trầu: 구장)-까우(Cau: 빈랑) 전설은 당시 사회가 부계사회였음을 보여준다. 그렇더라도 모계사회의 특징은 이후 베트남의 풍속에 오랫동안 존속했다.

B.C.111년 중국 한의 남월 지배이후 인구조사에서 베트남 지배지역에 속한 교지(Giao Chỉ, 交趾)군, 구진(Cửu Chân, 九眞)군, 일남(Nhật Nam, 日南)군의 호구와 인구가 각각 9만 2440호에 74만 6237인, 3만 5743호에 16만 6613인, 1만 5460호에 6만 9485인이었다는 것은 반랑·어우 락 사회가 단일가정형태였음을 보여준다. 즉, 가정은 자급자족의 경제단위이면서 사회의 가장 작은 단위로 자리를 잡았다. 가정은 대부분 대가족 형태였고 본가 중심의 분가였기 때문에, 마을은 동족부락의 특징을 띠었다. 그러나 시간 속에서 경제적, 정치적, 사회적 요인 등으로 이성(異姓) 가정과 섞이게 되면서 이성 부락도 출현나기 시작했다.

오늘날 베트남의 촌락을 '랑싸(làng xã)'라고 하지만, 그 이전 깨방(Kẻ Bàng), 깨랑(Kẻ Láng), 깨머(Kẻ Mơ), 깨 쩌우(Kẻ Trầu)처럼 북부와 북중부 많은 마을의 놈

(Nôm)名이나 찡 찌엥(trình chiềng), 찡짜(trình chạ)처럼 째오(chèo) 등에 나타난 '캐(kẻ)', '짜(chạ)', '찌엥(chiềng)'이라는 형태의 고어로 부르기도 했다. 마을은 마을의 대표기관을 두었고 이의 수장으로 포정(蒲正, bồ chính)을 세웠다. 대표기관은 마을 내 혹은 마을 간 대소사 문제를 처리했다. 촌락의 모든 토지는 마을의 공동소유로써 대표기관의 규정에 근거하여 마을 민에게 분배되었다. 토지의 일부는 마을의 제사 등 마을의 공사를 위해 남겨두었다. 토지개발, 도로건설, 수로건설 등은 마을 민의 공동부역으로 추진되었다.

부족단위의 마을은 연합을 통해 마침내 베트남 최초의 국가인 반랑을 이루게 되었다. 15개의 부족연맹체로 구성된 반랑은 조직이 매우 단순했다. 국가의 수장은 '훙(Hùng, 雄)왕'이라고 했다. 훙은 추장 혹은 수령을 가리키는 므엉(Mường)어의 꾼(Kun) 혹은 몬-크메르(Mon- Khmer)어와 타이어의 쿤(Khun)과 의미가 같다. 정교일치(政教一致)였기 때문에 훙왕은 종교행위를 주관하는 제사장이기도 했다. 왕위는 자식에게 세습되어 18대까지 이어졌다. 왕을 돕는 관리로 락후(Lạc hầu, 貉侯)가 있었다. 왕과 락후, 그리고 바로 밑에서 언급할 락장(Lạc tướng, 貉將)은 귀족계급에 속했다. 이 이하에는 평민과 천민이 있었다.

부락의 수장으로 락장이 있었다. 일부 신화에서는 이를 보 쭈어(Bộ chúa, 部主), 보 뜨엉(Bộ tướng, 部將), 푸 다오(Phụ đạo, 蒲導)라고 했다. 부락의 수장직도 자식에게 세습되었다. 푸 다오는 한 지역의 우두머리인 추장 혹은 수령을 의미하는 므엉 어의 다오(đạo), 따이·타이 어의 따오(tạo), 쟈 라이 어의 뻐 따오(pơ tao), 에데어의 머 따오(mơ tao), 바나어의 버 다오(bơ đao), 짬어의 빠 따오(pa tao)이다.

마을의 포정은 그 마을에서 가장 권위를 지닌 일인의 남자 노인으로 세워졌다. 포정은 마을과 15개 부락을 구성하는 마을 혹은 15개 부락단위 중 하나인 부락 혹은 국가와의 관계에서 마을을 대표했다. 마을은 상위급과의 관계에서 대체적으로 자치형태였으나 중앙의 국가에 절대 복종했다.

사회가 분화되고 소유권이 생겨나며 지배와 피지배관계가 성립되면서 이를 보호하기 위한 제도가 생겨났다. 바로 법이다. 중국 한의 광무제시에 마원이 두 쯩부인(Hai Bà Trưng) 봉기를 제압한 이후 "교주의 법은 10개 조 이상에서 한의 법과 다르다."했던 점은 바로 교주인 고유의 법이 존재하고 있었음을 암시한다. 이 법은 반드시 당시 교주인들의 습속을 내포하고 있었을 것이다.

4. 반랑·어우 락의 정신생활

『영남척괴(Lĩnh Nam trích quái)』에 의하면, 아이를 낳으면 마른 바나나 잎으로 요람을 만들었다. 아이의 복을 구하기 위하여 삼신할머니에게 신비한 성격을 띠는 의식을 행했다. 생후 7일(남아의 경우) 혹은 9일(여아의 경우)이 지나면 삼신할머니에게 감사하는 예와 함께 아이가 웃고, 뒤집고, 기고, 서고, 걷고, 먹고, 말할 수 있도록 기원했다. 이어 1개월과 1년이 되면 또 다시 삼신할머니에게 감사하는 예를 드렸다. 이때 전자의 경우 삼신할머니에게 아이의 이름을 지어달라고, 후자의 경우 땅바닥에 칼, 가위, 도끼, 낫, 활, 종이, 붓 등을 놓고서 아이에게 그 어떤 것을 집을 수 있도록 말해줄 것을 주문했다.

아이가 장성하면 공동체의 구성원이 되기 위하여 성인식을 거쳤다. 즉 공동체 앞에서 자신의 전투능력과 생산능력을 보여야 하고 자기가 속한 공동체의 규례를 알아야 하며 용감성·민첩성·총명성 등을 드러내야 했다. 그 후 집단의 새로운 구성원으로 받아들인다는 공동체의 승인을 받았다는 의미로 문신[文身: 입묵(入墨) 혹은 자문(刺文)이라고도 함]을 하였다. 성인식 중에는 남녀 공히 치아를 검게 물들이는 염색이 있었다.

성인식을 거친 다음에는 남자는 마을이 인정하는 권리를 누리며 동시에 의무를 져야했다. 혼인관계는 일부일처제였으며, 혼인 이후 부부는 남편의 집에서 거주했다. 당시의 혼인의식은 중국의 영향을 받기 이전이었기 때문에 순수 반랑·어우 락적이었다. 썬띵(Sơn Tinh)과 튀띵(Thủy Tinh) 신화에서처럼 혼인예물은 신랑측에서 신부측에 제공하였다. 이 같은 혼인예물형식은 지금도 유지되고 있으며, 이 형식이 전통시대에는 신랑측에 너무 부담이 되어 사회문제가 되었기 때문에 후(後)레왕조 성종 때에는 약혼식 이후 빠른 기간에 혼례를 치르도록 훈유하기도 했다.

『영남척괴』에 의하면, 혼례에는 먼저 신랑측에서 신부측에 의사를 타진했다. 이때 혼인할 두 사람의 관계에서 긴밀한 정감을 구현할 상징물을 만들기 위하여 태운 흙 혹은 소금을 포장해 썼다. 여기서 흙이나 소금은 정조를 의미했다. 혼인식에는 예물을 삼기 위해 수우나 염소를 잡았다. 혼인식에는 재미를 더하기 위하여 흙, 진흙, 썩은 과일 등을 신랑에게 던지는 풍속이 있었다. 한편, 신랑·신부가 신방을 갖기 전에 함께 찰밥을 먹기도 했다. 이와 함께 형사취수혼[兄死娶嫂婚 혹은 형제연혼(兄弟緣婚)]이나 시집에 거하거나 신부가 한동안 친정집에 거하는 풍속도 있었다.

장례는 사람이 세상을 떠나면 절구를 찍는 행위를 통해 부고를 알렸다. 이는 마을 민의 도움을 청하는 것으로 애경사에서 상부상조하기 위함이었다. 시체는 돗자리 등으로 감싸서 부장품과 함께 묘혈, 독, 홈을 판 통나무 등에 안장했다. 이외에도 화장하여 뼈를 재로 만들고 그를 동탑이나 동고에 안장하기도 했다. 장례행렬에는 자녀들이 사제의 뒤를 따르면서 고인의 영혼복락을 빌거나 영원한 이별을 아쉬워하는 의미에서 곡하거나 노래를 하면서 애도를 표했다.

락민과 어우 민은 천신, 자연신, 인신, 동물신 등을 숭배하는 신앙을 가졌다. 토템신앙, 정령숭배신앙, 샤먼신앙을 가졌다. 베트남 민족 기원을 언급하고 있는 락롱뀐(Lạc Long Quân)·어우 꺼(Âu Cơ)신화, 꼬롸(Cổ Loa)성의 신화, 쫑티(Trọng Thỉ)·미 쩌우(Mị Châu)신화, 딴 비엔(Tản Viên, 傘圓)산 숭배 등은 토템과 정령숭배의 대표적 사례가 된다. 교룡 토템은 많은 시간을 물에서 지냈던 당시 베트남인들의 생활사와 관련된다.

이때부터 락롱뀐·어우 꺼의 백성을 돌보는 행위나 제사 및 공동체에 기여한 인물을 숭배하는 의식들이 나타났다. 그리고 지배계급은 통치자로서의 권력을 강화하기 위하여 신권에 의존하기 시작했다. 이는 어우 락을 세웠던 안 즈엉(An Dương)왕이 금귀(金龜)의 지원을 받아 백계(白鷄)를 죽이고 꼬롸성을 건축했던 신화나 어우 락의 멸망이 금귀의 도움에서 멀어졌기 때문이라는 신화나 닭으로 점을 치는 행위에서 찾아 볼 수 있다. 마술도 지배자의 권력을 강화하는 수단 중 하나였던 바, 썬떵과 퉈떵신화는 이를 잘 반영하고 있다.

락민과 어우 민은 노래, 춤, 조각, 소묘 등 음악과 미술에도 발전을 보였다. 무엇보다 신앙생활은 예술의 발전을 촉진시켰다. 조각미술의 발전을 살펴볼 수 있는 동고와 토기의 문양들은 대체적으로 기하형과 동물형이 많다. 문양의 소재는 대부분 사람, 동물, 풍경을 이용했으며, 이를 대칭과 조화롭게 표현하기 위하여 직선, 단선, 곡선을 이용하였다. 한편, 이들은 흙과 청동을 이용하여 사람과 동물을 조소(彫塑)하였다.

II. 싸휭지역 문화

1. 싸휭(Sa Huỳnh)문화의 발견 과정

싸휭문화는 꾸앙 응아이(Quảng Ngãi)성 득포(Đức Phổ)현 싸휭(Sa Huỳnh)시진에서 발견되었다. 1909년 극동학원에서 발간한 연감의 싸휭 관련 내용을 기초로 1923년부터 지금까지 조사·발견을 통해 많은 토기군과 무덤군들이 발견되었다. 이곳에서는 철제품, 청동제품, 석재장신구, 유리제품 등이 발견되었다.

싸휭문화는 강우량이 적은 지역인 관계로 예로부터 지금까지 소금을 많이 생산하는 지역으로 유명하다. 이 문화는 꾸앙 빙(Quảng Bình)에서 동 나이(Đồng Nai)성까지 오랫동안 매우 넓게 분포했지만, 중부 연해 여러 성에서 집중 발견되었다. 그 중 꾸앙 빙과 극중남부는 접변이란 지역성 때문에 전자는 동썬문화와 싸휭문화가, 후자는 싸휭문화와 동 나이 문화가 겹치는 곳이다.

싸huỳnh의 문화유적은 크게 거주유적, 묘지유적, 거주·묘지유적으로 분류한다. 그 중 거주유적층은 2m 이상의 두꺼운 문화층을 형성한다. 1975년 이전까지 해안 지역에서 단지 묘지유적만을 발견했던 서구의 고고학자들은 본시 바닷사람들이 유골을 이곳에 가져와서 매장했을 것으로 생각했다. 그러나 싸훵의 문화유적들이 연대가 빠르거나 늦은 형태로 여러 곳에서 발견됨으로써 이 문화의 발전단계와 주인공을 판단할 수 있었다.

지금까지의 조사·연구를 바탕으로 베트남 고고학은 싸휭문화의 연대를 청동기시대 초기에서 철기시대까지(4000년부터 기원전후 1-2세기), 청동기시대 초기에서 철기시대 초까지, 철기시대 등 세 가지로 나눈다.

2. 싸휭문화의 발전 단계

계속된 조사 결과 전싸휭 청동기시대에 속하는 25개 이상의 유적과 철기시대 싸휭문화에 속하는 30개 이상의 유적이 발견되었다. 이를 지역별로 대략 살펴보면, 꾸앙 남과 다낭에서는 바우 짬(Bàu Trám), 고 미에우(Gò Miếu), 푸화(Phù Hòa) 유적들이, 꾸앙 응아이에서는 롱 타잉(Long Thạnh), 빙 쩌우(Bình Châu)유적들이, 카잉 화에서는 쏨꼰(Xóm Cồn), 빙흥(Bình Hưng), 므이 내(Mũi Né)유적들이 발견되었다. 그 중 쏨꼰유적, 롱 타잉 유적, 빙 쩌우 유적들은 전싸휭(Tiền Sa Huỳnh)문화를 대표한다.

현재까지 쏨꼰유적은 8개 지역에서 발견되었다. 이 유적들은 푸옌(Phú Yên)성과 카잉 화(Khánh Hóa)성의 해안평야와 섬에 분포한다. 쏨꼰유적을 열었던 초기 사람들은 비록 육지와 섬에서 살았지만 음식물 구입을 위해 연안의 사구나 산자락에 집단 거주했다.

이 문화의 석기와 장식품은 신석기시대의 일반적 특징을 띠었다. 따라서 뗀석기, 간석기 형태의 생산도구와 구슬, 팔찌 등의 장신구가 많이 발견되었다. 이 문화에서는 뼈, 뿔, 연체로 만들어진 다양한 유형의 공구와 장식품이 많이 발견되었다. 그 중 대왕조개껍질과 소라껍질로 만들어진 팔찌는 베트남 영토에서 처음 발견되었다.

토기는 쏨꼰문화유적지의 거의 모든 지역에서 발견되었다. 토기는 재료, 제작 기술, 문양의 소재와 유형에서 동일성을 보였다. 토기는 진흙에 고운 바다 모래를 섞어서 만들었다. 토기의 대부분은 냄비였다. 문양은 빗살무늬가 많았다. 문양을 만든 방법은 선을 세기거나 점을 찍거나 덧붙이는 형태였다.

쏨꼰문화의 주인공은 오스트랄로-몽골로이드 종족에 속하며, 이중 후자의 요소가 더 두드러진다. 이 문화의 연대는 지금으로부터 3500-3000년 전의 청동기시대로 추정된다. 쏨꼰문화의 초기인들은 다른 문화인들과 같이 수렵, 어로, 채집과 동시에 농경, 가축사육, 장식품 제조, 문물교환도 하였을 것이다. 이 문화는 동 나이 강유역의 당시 문화들과 중부 및 떠이 응우옌 지역과의 연결 다리이면서 남중부에 싸휭문화를 세운 조합원(組合源)들 중의 하나로 여겨진다.

롱 타잉 유적은 강안이나 구릉 평야지역, 그리고 해안을 따라 분포했다. 대부분의 거주유적은 동시대와 이보다 늦은 묘지지역과 겹쳤다. 2m 이상이 넘는 두꺼운 문화층은 이들이 오랫동안 안정된 삶을 살았음을 반영한다.

롱 타잉 문화유적에서 주목할 점은 토기이다. 토기는 종류와 모양에서 많을 뿐 아니라 문양에서도 다양하다. 병, 냄비, 사발과 같은 토기 외에도 흙을 구워서 만든 그물추, 바늘추, 귀고리가 있다. 이 문화 토기의 두드러진 특징은 뚜껑이 있으며 관으로 사용된 큰 단지 혹은 항아리로, 이는 나중에 싸휭문화의 특징 중 하나가 되었다.

롱 타잉 문화의 석기와 청동기시대 초기에 속하는 돌괭이, 돌도끼들이 발견되었다. 이외에도 가는 판이나 석영으로 만들어진 돌송곳, 절굿공이, 쐐기돌도 발견되었다. 옥과 같은 각종 보석과 조개껍질 등으로 제조한 귀걸이, 목걸이, 팔찌 등의 장식품도 나왔다. 여기서 주목할 점은 청동기시대 초기에 속하는 모든 유적들에서는 지금까지 금속류의 흔적을 찾아 볼 수 없지만 발견된 유물들은 농업을 진행하기 위하여 연해평야지역을 정복·점령한 시대의 산물이라고 할 수 있다. 롱 타잉 단계의 연대는 약 3400년 전에 속한다.

빙 쩌우는 꾸앙 응아이(Quảng Ngãi)성, 빙썬(Bình Sơn)현, 빙 쩌우(Bình Châu)사 쩌우 퉌(Châu Thuận)촌에 속한다. 이 문화는 주로 꾸앙 남과 꾸앙 응아이, 그리고 닝퉌·빙퉌 등의 일부 지역에서 발견되었다. 이 문화는 청동기시대 초기에서 철기시대 초기까지 싸휭문화의 연결된 발전과정을 보여준다.

빙 쩌우 문화 유적은 해안과 강안의 사구에 주로 분포했다. 빙 쩌우나 바우 짬 문화단계에서 석제공구는 생산에서 여전히 중요한 위치를 점했다. 0.6-1m 정도의 깊지 않은 거주층에서 괭이, 도끼, 칼, 절굿공이, 청동거푸집 조각들이 발견되었다. 한편, 거주층에서는 토기의 겉을 칠하기 위하여 사용한 흑연도 발견되었다.

이들은 거주지와 멀지 않은 일정한 지역에 시체를 커다란 독이나 항아리에 묻었다. 이 같은 독무덤 혹은 옹관묘(甕棺墓)는 싸휭문화인의 전통 매장문화였지만 기존의 베트남에 없었던 다른 형태의 매장문화였다. 옹관묘는 중국 본토, 남만주, 한국, 일본 등에서도 볼 수 있는 형태이며, 이들 지역의 옹관묘가 주로 두 개의 독 입구를 마주보게 하는 형태였던 것에 비하여 싸휭의 옹관묘는 뚜껑이 있는 독을 세워서 매장했다. 옹관묘의 크기와 형태는 다양했다. 큰 것은 공 모양으로 지름과 높이가 각각 40cm와 40-50cm였다. 작은 것은 중간크기의 냄비모양에 속한다. 옹관묘는 크기에 따라 뚜껑이 각각 원뿔모양과 바구니모양이다. 이는 싸휭문화의 초기청동기시기의 보편적 뚜껑이다. 빙 쩌우에서는 옹관묘 입구를 땅 밑에 놓는 독특한 매장풍속도 있었다. 옹관묘 안에는 끌, 도끼, 창, 낚시 바늘, 화살촉 등의 청동유물과 저울 추, 귀걸이 등 흙으로 만든 다양한 부장품을 넣었다. 다른 지역과 달리 옥석장식품이 적은 것은 옥석이 없었던 자연환경 때문이었다.

빙 쩌우의 토기는 롱 타잉과 비교하여 색다른 점들이 있다. 이른 시기의 토기 특징인 매끈한 모양 외에 장어가 굽어있는 형태의 선이나 넓은 배 혹은 목 부분에 급격하게 구부러진 선을 만들을 만드는 추세가 나타났다. 바닥은 룽 타잉처럼 넓고 평평하며 둥글지 않고 좁고 둥근 형태였다. 주둥이 부분과 받침대 다리를 만드는데 관심을 갖기 시작했다. 한편 문양도 조개무늬나 곡식 껍질 무늬 등을 찍는 형태에서 장식도안과 그리는 무늬로 바뀌었다. 빙 쩌우 시기에는 초기 청동기시기처럼 파도모양의 선뿐만 아니라 지그재그, 원추형선이 보편적이었다. 홈을 내어 만든 점선 형태의 문양은 빙 쩌우 토기만의 독창적 문양이다. 빙 쩌우의 대부분 토기는 주로 적색과 검은 흑연색, 그 외 노란색, 흰색 등으로 색칠이 되었다. 색칠 방식은 밧줄 무늬, 줄무늬, 점선 무늬 등이다. 무늬도안은 농경사회였음을 암시하는 거미형, 물방울형, 구름형, 벼이삭형 등이 있다.

빙 쩌우 문화에서 토기의 색채 및 문양, 매장방법 등에서 베트남 북부와 북중부, 더 나아가 동남아시아와 유사한 풍격을 볼 수 있는데, 이는 지역 간 상호 연결이 있었음을 반영한다. 그 중 베트남 북중부의 역할이 가장 컸을 것으로 본다. 지금까지 발견된 유물로는 이 문화가 룽 타잉 이후와 싸휭 이전을 연결하는 단계라고 확신할 수는 없지만 유물의 특징, 특히 청동 제련기술의 출현에 근거할 때 이를 배제할 수 없다. 이 문화의 연대는 기원전 약 2000년 말에서 기원전 1000년 초에 속한다.

3. 싸휭문화의 특징

싸휭문화의 특징은 몇 가지로 요약할 수 있다. 먼저 싸휭문화는 재료에서 청동, 철, 흙 등 다양하다. 그 중 철제도구가 가장 보편적이며, 철제도구는 무기보다 도끼, 괭이 등 생활과 관련된 것이 많다. 토기는 독특한 유형과 다양한 색으로 개별성을 띄었다. 토기의 가장 두드러진 특징은 크다는 것으로, 이는 죽은 이를 매장하는 도구로 이용되었다. 그 중 큰 것은 높이가 100-130cm, 입구 지름이 50-60cm, 몸 둘레 지름이 70-80cm에 이른다. 이는 현재 베트남 영토의 선사시대 토기의 역사에서 가장 큰 것에 속한다. 이외에도 다양한 크기, 모양, 종류의 토기가 많다. 이들 토기들은 흙 빚기, 형태 만들기, 고온 굽기 등에서 높은 수준의 기술을 갖춘 것으로 판단된다.

토기의 문양은 소재와 형태에서 다양하며 개별적 풍격을 띠었다. 토기의 문양 방법은 각종 문양을 토기 위에 새기거나, 찍거나, 긋는 형태였다. 그 중 새기는 형태의 보편적 소재는 쌍직선형, 톱날형, 삼각형, 밧줄무늬형, 빗살무늬형 등이다. 찍기 문양은 조개껍질이나 손가락을 토기 표면에 누르는 형태였다. 한편, 싸휭토기에서 주목할 바는 각종 문양의 소재와 방법을 하나의 토기 위에 종합적으로 구사한 점이다.

싸휭문화의 장식품은 다양하고 풍부하며 심미한 예술성을 구현했다. 장식품은 팔찌, 귀걸이, 목걸이, 구슬, 석·동·수정·철·은 반지 등이 있다. 장식품 중에는 두 개의 동물머리 귀걸이와 세 쪽이 돌출된 귀걸이는 금속기시대 홍강유역에서 유행했던 네 쪽이 돌출된 귀걸이를 변형한 것으로 판단된다. 양쪽에 대칭을 이룬 두 마리 짐승 머리의 귀걸이는 싸휭 이전 문화에는 기원을 찾아 볼 수 없지만 싸휭문화인의 창조물로 여겨진다.

싸휭문화의 매장풍속은 매우 독창적이다. 이는 모든 무덤이 토기로 만들어졌다는 것이다. 매장방식은 처음에 시신을 화장하여 뼈를 일부 부장품과 함께 토기에 넣고 토기의 뚜껑을 닫은 다음 그를 수액(樹液)으로 밀봉하여 거주지 근처나 일정한 지역에 묻었다. 이 때문에 한 지역에서 한꺼번에 수백구의 독무덤이 발견되기도 했다. 화장풍속과 큰 독무덤을 사용했던 두드러진 특징 때문에 이들 주인공의 인종 성분을 이해하는 데 큰 어려움이 되고 있다.

4. 싸휭문화의 연대와 주인

앞에서 싸휭문화의 연대의 대한 견해는 다양하다고 하였다. 싸휭문화의 뿌리에 대한 견해 역시 다양하다. 거주지역이나 이른 시기의 문화들이 발견되기 전에 서구 학자들은 싸휭 무덤에 근거하여 싸휭문화인들은 외부에서 왔을 것으로 판단했다. 그러나, 이후 발견된 다양한 유물들에 근거하여 대부분 베트남 학자들은 싸휭문화는 현재 베트남 영토 위에 존재했던 전싸휭(Tiền Sa Huỳnh)문화들로부터 뿌리가 있다고 주장한다. 즉 싸휭문화는 전자에서 언급했던 싸휭문화 이전에 해당하는 쏨꼰, 롱 타잉, 빙 쩌우 등의 문화단계를 거쳐 출현했다는 것이다.

싸휭문화는 화장(火葬)문화 때문에 주인공을 확정하기가 어렵다. 지금까지 수백 개의 무덤을 발견했지만 유골이 있는 지점은 몇 개에 불과하다. 일부 두골이나 치아 등을 근거로 인도네시안 유형 혹은 인도네시안-동남아시아 혼종유형에 속하는 것으로 생각한다. 싸휭문화의 주인공은 언어학적으로 말레이-폴리네시안어계와 몬-크메르어계에 속하며, 그 중 전자가 주종을 이룬다.

5. 싸휭문화인의 정신생활

싸휭문화인은 농경을 위해 연해 평야지역에 거주했다. 싸휭문화의 주요 지역인 중부, 특히 남중부지역은 농업활동에 좋은 토양과 기후 조건은 아니지만, 이 문화의 주인공들은 농경을 위해 환경에 적응했다. 이들의 거주지는 바다와 바닷가 담수호, 그리고 강구에 위치했다. 이들의 문화층이 20m 이상이 될 정도로 두꺼웠던 것은 싸휭문화인들이 안정적이며 지속적으로 장기간 공동체를 이루며 살았다는 것을 반영한다.

이들의 문화는 복잡하고 다양한 공간에서 지속되었다. 거주 공간은 서쪽에서 동으로 흐르는 많은 강과 산으로 나뉘어졌다. 따라서 거주공간은 강과 바다를 잇는 작은 평야, 해안사구, 산기슭, 석호지역을 중심으로 형성되었다. 토지의 대부분은 비옥하지 못하고 건조하며, 여기에 기후 변화가 심하여 농업에 불리했다. 이처럼 자연환경은 농경에 이롭지 않았을지라도 바다와 산의 풍부한 해산물과 임산물은 농업의 부족함을 채워주었고 많은 강구와 해구는 지역 간 교류와 대내외 통상발전에 기여했다.

청동과 철기문화인이었기 때문에 이들은 금속공구를 제조하여 농업발전을 이룰 수 있었다. 철제공구로는 괭이, 가래, 낫, 칼, 도끼들이 주류를 이뤘다. 아직까지 미곡난알이 출토된 적이 없지만 왕겨를 진흙과 섞어 토기의 재료로 삼았던 것이나 토기의 문양으로 벼를 이용했던 것으로 보아 벼가 중심 농작물이었다고 할 수 있다. 이와 함께 충적사토(沖積砂土)가 많았던 지역 특성상 고구마, 카사바, 땅콩, 콩 등의 농작물도 재배되었다. 이들은 목화, 황마, 모시 등을 심어 의생활을 향상시켰다. 무덤에서 발견된 바늘 추는 싸휭문화의 의생활을 짐작케 한다. 거주지가 강과 바다였던 것과 주변의 많은 목재와 대나무를 이용하여 배와 각종 도구를 만들었을 것이다.

조개껍질을 눌러서 토기의 문양을 만들었던 점이나 파도를 토기 문양의 소재로 많이 이용했던 점은 강과 바다가 많았던 지역 특징을 반영한다. 그 중 파도문양을 부드럽게 혹은 거칠게 표현했던 것은 상당한 표현력을 갖춘 예술작품이라고 할 수 있다. 한편 토기, 수정, 문양 등에 노란색, 하얀색, 붉은색, 파란색, 빛이 나는 검은색 등 다양한 색을 사용했다는 것은 뛰어난 색감을 반영한다.

싸휭문화의 수공업은 토기, 철제도구, 수정, 장식품, 선박 제조 등에서 크게 발전했다. 그 중 토기는 죽은 자를 토기에 안장하는 특별한 수요 때문에 크게 발전했다. 토기의 정교하며 다양한 각종 문양은 높은 기술과 예술성을 반영한다. 한편 크기, 모양, 문양 등에서 통일성을 보인다는 것은 토기의 생산에서 일정한 규정이 있었음을 암시한다.

이들은 일찍부터 제련기술을 알았다. 청동으로 공구와 장식품을 제조했는데, 이들의 청동제련기술은 외부에서 유입된 것이 아니라 독자적이었다. 이들의 거주지와 묘지에서는 노(爐), 거푸집, 청동제품들이 발견되었다. 이뿐 아니라, 다양한 철제공구는 이들이 철제련기술에도 뛰어났음을 말해준다. 한편, 싸휭인들은 각종 장식품 제조에 쓰이는 수정 제조 기술도 가졌다. 그 중 두 개의 짐승 머리형상과 세 개의 돌기형상의 귀걸이를 들 수 있다. 예술성과 기술을 갖춘 이들의 수정 장식품은 발달한 해안선을 통해 동썬문화의 동고와 같이 북부와 남부베트남,

남중국, 동남아시아 등에 널리 유통되었다.

싸휭문화의 다양하고 정미하며 특색 있는 장식품은 이들의 다양한 정신생활과 수공업 발전을 반영한다. 장식품을 만들었던 수공업자들은 높은 기술과 좋은 장비와 일정한 심미안을 가졌을 것이다.

다양한 물질생활과 함께 이들은 풍부한 정신생활도 누렸다. 이들은 금속기시대 동남아시아인들의 공통적 요소와 더불어 개별적 요소를 가지고 살았다. 이들은 죽은 자를 자신들의 거주지 내 혹은 가까운 곳의 해안 혹은 강안의 사구 등에 매장했다. 독무덤이 이장, 화장, 전신 무덤, 사체의 부분 무덤인지 정확히 알 수 없지만 어린 아이의 경우 전신 무덤인 것만은 확실하다. 싸휭의 독무덤은 동남아시아, 그중에서도 금속기시대 도서부 동남아시아의 독특한 전통 매장 풍속 중 하나였다. 아직까지 성인의 뼈 혹은 불탄 뼈를 담은 독무덤은 발견되지 않았다. 독무덤이 성인의 원형 무덤이 아니었다는 것은 무덤 내 각종 부장품이 깨지거나 흐트러짐이 없이 밑바닥을 아래로 향한 채 세워져있음에서 판단할 수 있다.

생활이 항상 바다와 깊은 관련이 있었기 때문에 이들은 해신(海神)을 숭배했다. 죽은 자를 토기에 넣어 해안의 사구에 매장했던 것은 자신이 왔던 자연, 즉 바다로 돌아간다는 윤회의 의미였다. 다시 말해 땅위의 독무덤들은 영혼들이 거주하는 집과 고향을 상징했다. 따라서 무덤은 집단을 이루며 지층에 질서 있게 똑바로 서 있고 영혼들이 출입할 수 있도록 토기의 바닥에 한 쌍의 구멍을 뚫었던 것이다. 여기서 어린 아이의 독무덤을 해안에 매장하지 않고 거주지에 전신 매장했던 것은 아직 고향으로 돌아갈 수 없는 부모의 도움이 필요한 나이라고 생각해서였다.

싸휭문화인의 심미적 사유는 문양예술을 통해서도 살펴볼 수 있다. 예컨대 삶의 터전이 바다와 밀접했기 때문에 이들은 바다를 묘사하는데 능숙했다. 따라서 바다가 어떠했는가에 따라 이들은 파도의 문양을 거칠게, 부드럽게 등 실로 다양하게 표현했다.

III. 동 나이 지역 문화

1. 동 나이(Đồng Nai) 문화 발견 과정

동 나이 문화는 지역적으로 떠이 닝(Tây Ninh), 동 나이, 빙 즈엉(Bình Dương), 빙 프억(Bình Phước), 바 지어(Bà Rịa)-붕 따우(Vũng Tàu)성과 일부 럼동(Lâm Đồng), 빙튄(Bình Thuận), 롱안(Long An), 호찌밍(Hồ Chí Minh)시로 구성된 동 나이 강유역의 동남부지역 문화를 말한다.

이 지역은 오래전에 형성된 충적토지역이며, 지형은 대체적으로 평평하고, 토양은 붉은색, 황갈색, 회색을 띤다. 이 지역은 해수면에서 평균 100-200m 가량 높은 지역에 속한다. 이곳은 건기와 우기의 여름만 존재하면서 태풍과 안개가 없는 안정된 기후 때문에, 게다가 강물과 바닷물이 교차하는 조류지역이기 때문에 다종의 다양한 동식물이 생존한다.

동 나이 문화와 후술할 옥 애오 문화는 A.D.1세기에서 7세기 사이에 지금의 말레이반도, 캄보디아, 태국, 미얀마, 남부 베트남, 라오스 등에 존재했던 푸난(Funan, 扶南)국의 과거 문화이다. 이 문화는 19세기 말부터 유럽의 고고학자, 선교사, 여행가, 탐험가 등의 관심 하에 1870년대 말 프랑스인이 마제석기와 동제공구를 발견한 것을 시작으로 현재까지 많은 유적이 발견되었다. 1975년 이후에는 베트남 학자들을 중심으로 그동안 외국인들에 의하여 발견된 유적에 대한 재조사와 재발굴이 진행된 결과 지금까지 수많은 유물들이 발견되었다. 유물들의 존재는 선사시대에서 금속기시대까지를 아우르는 문화였으며 동남부지역은 금속기시대의 큰 문화중심지로 판명되었다.

2. 동 나이 문화 연대

지금까지 조사·발견·분석된 유적들을 근거로 동 나이 문화는 꺼우 쌋(Cầu Sắt)단계, 벤도(Bến Đò)단계, 꾸 라오 주어(Cù Lao Rùa)단계, 족 쭈어(Dốc Chùa)단계로 나눌 수 있다. 이중 꺼우 쌋단계는 동 나이 강유역 금속기시대의 가장 빠른 단계를 대표한다. 이 단계에서는 청동유물과 독무덤이 발견되지 않았다. 연대에서 꺼우 쌋문화와 족 쭈어 문화는 각각 북부 베트남의 풍 응우옌 문화단계와 동썬 문화단계와 비슷하다.

벤도문화는 꺼우 쌋문화단계의 석기제작기술을 계승·발전시켰다. 병, 그릇, 접시 같은 토기들은 물레가 이용되었고, 꺼우 쌋문화와 같이 이 단계에서도 청동유물의 흔적은 발견되지 않았다. 벤도문화단계는 3040±140-3000±110년 전에 속한다. 물론 이 연대는 벤도연대의 후기에 속한다.

꾸 라오 주어단계는 꺼우 쌋단계와 벤도단계에서 사용했던 크기가 작은 낫이나 정 등이 완전히 사라지고 크기가 큰 공구도 감소하고 대부분 괭이나 삽이 사용되었다. 이 단계에서는 청동제련기술을 알 수 있는 청동거푸집과 청동도끼가 발견되었다. 꾸 라오 주어단계는 3145±105-2990±105년 전에 속한다.

족 쭈어(Dốc Chùa)단계는 북부의 동썬문화단계와 비슷한 철기시대의 초기 단계에 속한다. 이 단계에서 현재 베트남 영토에서 청동거푸집이 가장 많이 발견되었으며, 도끼·창·목걸이·팔찌 등 다양한 다종의 청동제품도 발견되었다. 청동도끼의 두드러진 특징은 굽은 형태의 날에 한 면은 평평하고 다른 한 면은 튀어나왔다는 것이다. 롱 브우(Long Bửu), 푸화(Phú Hòa), 저우 져이(Dầu Giây) 등에서 족 쭈어 후기에 속한 유적이 발견되었다. 족 쭈어 후기에 속했기 때문에 여기에서는 철기유물이 다양하고 풍부하게 발견되었으며, 옥·금·은 등의 장신구도 많이 발견되었다. 한편, 여기에서는 싸휭문화형태의 독무덤이 발견되었다.

3. 동 나이 문화의 특징

동 나이 문화유적지는 동 나이 강 하류지역에 속한 동 나이, 빙 즈엉, 빙 프억 성과, 호찌밍시에 주로 분포한다. 이 문화의 특징은 유적지의 분포도와 간격이 높고 가깝다는 점이다. 거주면적은 수만 혹은 수십만 제곱미터에 이를 정도로 매우 넓다. 동 나이 문화의 유적 역시 거주유적, 거주·무덤유적, 공장유적으로 나눌 수 있다. 이중 족 쭈어 지역에서 발견된 공장유적은 청동유물을 제조했던 지역을 말한다. 구조적인 면에서 이 지역의 유적들은 꽤 다양하며 문화층의 두께도 일정치 않다. 문화층은 하나의 층만을 갖는가 하면 다양한 층을 갖는 경우도 있고 시기도 빠르거나 늦은 형태로 다양하다. 문화층의 두께는 0.4m에서 5m에 이른다.

지금까지 조사·발견된 석기, 청동기, 철기, 토기, 골재, 각재, 수정 유물 등에서 주목할 점은 베트남 어느 지역에서도 볼 수 없는 석제 유물의 대량 발견이다. 유물에서 어깨 모양의 도끼는 가장 많은 수량을 차지하였다. 원석의 부족으로 볼 수 있는 바, 동 나이 문화에서는 홍강유역에서 많이 발견되었던 옥석 공구와 장식품이 거의 발견되지 않았다. 한편 이곳에서는 베트남 북부와 중북부의 어느 지역과도 비교할 수 없는 많은 석제거푸집이 발견되었다. 이곳에서는 도끼, 창, 낚시 바늘, 악기 종 등을 사암 혹은 구운 거푸집으로 만들었다.

토기 역시 종류와 양에서 많이 발견되었다. 토기의 분포도는 북부의 풍 응우옌, 고문 등 보다 훨씬 높았다. 토기는 주로 물레를 이용하였다. 이곳의 토기는 사토, 진흙, 연체동물의 껍질 등을 혼합하여 만들었다. 검은색이나 회갈색 토기는 외부를 회색 혹은 적갈색을 덧씌웠다. 초기단계에서는 낮은 온도였으나 후기로 갈수록 고온에서 토기를 구웠다. 고원에서 구워진 단단한 토기는 항아리, 솥, 병, 그릇 등이 주종을 이룬다. 토기의 문양은 에스자형, 파도형, 삼각형과 같은 다양한 소재와 새기기, 누르기, 긋기 등의 형태로 목 부위에서 밑 부위까지 넣었다.

청동유물은 홍강이나 마강유역보다는 적지만 싸휭문화보다는 많다. 족 쭈어는 동 나이 문화에서 청동 유물이 가장 많이 발견된 지역이다. 동 나이 문화에서는 각종 석제, 동제, 수골, 철제유물과 토기 외에도 팔찌, 목걸이, 구슬, 반지 등이 많이 발견되었다. 이외에도 동 나이 유적에서는 유리재료로 만든 많은 유물과 금은 유물도 많이 발견되었다. 수정장식품 중에는 싸휭문화 등에서 발견되었던 2개의 짐승 머리형상과 3개의 돌기형상의 귀걸이 외에도 삼각형, 타원형, 마름

모형, 원형 등 다양한 형태의 귀걸이가 발견되었다.

돌, 청동, 토기 등으로 제작한 돼지, 거북이, 개, 새, 사람 등의 상(像)은 동 나이 문화인들의 예술과 신앙을 짐작할 수 있다. 비록 동썬문화처럼 많은 묘지는 발견되지 않았지만 동 나이 지역 선사시대 거민의 인종과 사회계층을 판단할 수 있는 묘지 정도는 발견되었다.

동 나이 문화의 매장은 땅을 파서 묘혈에 묻는 형태와 토기 속에 묻는 형태 두 가지였다. 무덤은 부유한 무덤의 경우 30개 이상이, 가난한 무덤의 경우 1-2개의 부장품이 있었다. 무덤은 주변에 큰 돌을 놓고 중앙에 토기 조각이나 조약돌을 깔며 1-1.8m의 깊이였다. 매장의 형태는 통일되지 않았다. 즉, 전신을 일자형으로 반듯하게, 어린아이의 경우 평장으로 머리를 남향에 두고 일자형으로 반듯하게, 엎드린 상태로 손을 허벅지에 가운데 놓고 동향의 형태로 매장했다. 발견된 유골을 분석한 결과 동 나이 문화인은 몽골로이드와 말레이계의 특징을 띠었다. 동 나이 문화는 싸휭문화, 동썬문화와 같이 독무덤문화였지만 나름대로 개별성을 가졌다.

4. 동 나이 문화인의 물질과 정신생활

동 나이 문화유적지가 층이 두껍고 다양한 재료로 만들어진 다종류의 유물이 많이 발견됐다는 것은 이 문화인들의 삶이 안정적으로 오랫동안 유지됐음을 반영한다. 이곳에서는 돌, 청동, 철로 만들어진 자르고 베는 칼이 발견됐지만 북부의 동썬문화에서 많이 발견된 쟁기 공구류는 발견되지 않았다. 그러나 지금까지 발견된 다량의 돌칼, 돌괭이, 돌도끼 등은 이들 문화의 주인공들이 주위의 환경을 이용하여 일찍이 농업에 종사했음을 뒷받침한다. 농업 외에도 발달한 해안과 강안을 중심으로 이들은 활발하게 어로, 채집, 수렵생활을 하였다.

동 나이 문화인들은 석재를 이용하여 괭이 등의 농기구와 팔찌 등의 장식품, 그리고 악기를 대량으로 전문적으로 생산하는 공장이 있었다. 이들은 다양한 종류의 많은 토기를 만들고 실과 천을 만들어 자신들의 생활을 윤택하게 했다. 한편, 족 쭈어를 비롯한 여러 지역에서 발견된 저울추는 이곳의 상업출현과 발전한 항시 껀저(Cần Giờ)를 이해하는 중요한 자료가 된다.

이곳 유물에서는 무기류가 차지하는 비율이 3.1%로 매우 낮다. 그 중 금속류 무기가 더욱 낮다는 점은 대내외간 전쟁이 많았던 북부 베트남과는 달리 안정된 사회였음을 암시한다. 그러나 각국의 문명사에서 철검이 권력의 상징이었듯이 기원전 5세기경부터 베트남 동남부지역에 출현·보편화되기 시작했던 철검이 각종 부장품과 함께 일부 무덤에서 발견된 점은 이곳에도 계급사회가 존재했음을 말해준다.

동 나이 문화인들의 예술성은 토기, 장식품 등에 표현되어있다. 장식품 중 2개의 짐승 머리형상과 3개의 돌기형상의 귀걸이는 도서부 동남아시아에서 애호했으며 싸휭문화에서 많이 발견되었다.

동 나이 문화인의 미감은 소박하고 질박하며 실용적이었음을 토기의 문양에서 보여준다. 다시 말해 이들의 미감은 홍강, 마강, 싸휭문화인들처럼 섬세하고 복잡하지 않다. 이들의 토기는 대부분 일상생활 속에서 음식을 만들고 담는 종류였다. 그렇다고 토기의 질이 이들 문화인들과 비교하여 떨어졌다는 의미는 아니다.

동 나이 문화유적에서는 개, 말, 돼지, 새, 거북이 등 각종 동물의 형상을 생동감 있게 혹은 해학적으로 표현한 상이 무덤에서 많이 발견되었다. 이것들은 실용성은 없지만 당시 동 나이 문화인들이 종교생활에서 사용했던 신물(神物)이었던 바, 이들의 정신생활과 예술성을 표현했다는 데서 그 가치를 찾을 수 있다.

이들의 건축문화로 주상가옥을 들 수 있다. 이들은 빈번하게 물에 잠기는 저지대에 살았기 때문에 일찍부터 주상가옥을 만들어 생활하였다. 주상가옥 외에도 이들은 거석건축문화를 남겼다. 동 나이 성의 쑤언록(Xuân Lộc)社에서 발견된 길이 4.2m, 넓이 2m, 높이 2m의 수십 톤 무게의 거석무덤은 동 나이 강유역의 특별한 건축문화가 된다. 이는 돌을 숭배하는 신앙과 관련된 건축신앙으로 보인다.

동 나이 선사시대인들의 예술성을 볼 수 있는 것으로 타악기가 있다. 동 나이 성 비엔 화(Biên Hòa)市의 안빙(An Bình)坊에서 발견된 이 악기는 돌을 서로 다른 크기로 잘라서 두드려 소리를 내는 형태이다. 약 4000-2700년 전에 만들어진 것으로 보이는 석재 악기는 당시 이 지역민의 음악과 종교 예술을 짐작케 한다.

동 나이 문화는 지역성을 띠지만 지역과 지역을 연결할 수 있는 지리적 특성 때문에 발전과정에서 주변의 동썬문화, 싸휭문화를 포함하여 캄보디아, 태국, 필리핀 등과 활발한 교류를 가졌던 국제성도 띠었다. 당시에 닝튄(Ninh Thuận)과 빙튄(Bình Thuận)은 싸휭과 동 나이 간 문화교류가 가장 활발하게 이루어진 지역이었다.

IV. 옥 애오 지역 문화

1. 옥 애오(Óc Eo) 문화의 발견 과정

옥 애오 문화는 부남이 차남인 진랍(眞臘)에 멸망하고, 진랍의 일부인 수진랍(水眞臘)이 지금의 베트남 남부에 병합된 이후 안쟝(An Giang)성 토아이 썬(Thoại Sơn)현의 바 테(Ba Thê)산 기슭의 옥 애오에서 발견되었다.

20세기 초 빙 타잉(Bình Thạnh)에서 탑을 발견한 것을 시작으로 여러 지역에서 많은 유물이 발견되었다. 이를 분석한 결과 이들 유적들은 여러 면에서 부남에서 발견한 것들과 비슷함을 알아냈다.

1975년 북남통일이후 세계의 많은 학자들의 참여와 지원 하에 베트남 학자들을 중심으로 옥 애오 문화에 대한 연구가 체계적으로 진행되었다. 그 결과 수백개의 유적지가 발견되었고 호찌밍시사회과학원의 레쒄 지엠(Lê Xuân Diệm)과 다오 링꼰(Đào Linh Côn), 보씨 카이(Võ Sĩ Khái) 등은 『옥 애오 문화, 새로운 발견들』이란 책을 출판했다.

2. 옥 애오 문화의 유적과 지역

베트남, 라오스, 캄보디아 삼국이 인도차이나라는 명칭으로 오랫동안 프랑스의 식민지였기 때문에 옥 애오 문화도 다른 베트남의 문화유적처럼 프랑스인들에 의하여 19세기 초부터 발견되기 시작했다. 옥 애오에 처음 뿌리를 내렸던 사람들은 서남부지역이 형성되었을 때 이주해온 청동기시대 동 나이 거민의 후예로 본다. 따라서 옥 애오 문화는 베트남의 서남부·동남부지역에 넓게 분포하며, 그 중에서도 안쟝성, 동탑(Đồng Tháp)성, 롱안(Long An)성에서 집중 발견되었다. 동남부지역은 동 나이 강과 그 지류를 따라 분포한다. 유적들은 강가의 흙더미, 평원지대는 높은 둔덕, 강 옆을 따라 낮은 둔덕에 분포한다.

옥 애오 문화는 생태환경에 따라 롱 쑤옌(Long Xuyên)사각지역, 동탑 므어이(Đồng Tháp Mười)지역, 서남해안지역, 싹(Sác)-연해정글지역, 전강(前江)에서 까 마우(Cà Mau)까지의 동해안지역, 남중부에서 끄우 롱강까지의 동남부지역 등 6개의 소지역으로 나눈다. 이중 싹-연해정글지역은 옥 애오, 동 나이, 싸휭문화 간 교류지역이었다. 그리고 전강과 까 마우 지역은 산스크리트 문명이 발견된 지역이다.

옥 애오 문화는 다양하고 복잡한 생태환경을 갖는다. 옥 애오 문화인들은 홍강 문화인보다는 강 유역에 적응을 잘했다. 이곳은 인도와 중국 간 교류에서 반드시 거쳐야 하는 길목에 있었기 때문에 당시 여러 국제통상지 중 중요하게 여겨졌던 항시(港市)였다. 이는 메콩강에서 흘러내린 충적토로 지금의 남부 베트남 영토를 형성하기 수천 년 전의 얘기이다. 지대가 낮았던 지역의 특징상 이곳에서는 당시의 사람들이 거주했거나 집단 종교행위를 했던 주상가옥이 많이 발견된다. 이들의 문화유적은 거주유적, 건축유적, 무덤유적 등 세 가지로 분류할 수 있다.

거주유적은 변화가 많은 충적토였기 때문에 발견이 많지 않고 육로와 수로의 교통 중심지, 특히 후강(後江)남쪽의 충적토지역에 형성되었다. 거주 문화층이 두껍거나 무거운 재료를 이용하여 건축물을 지었던 점들은 옥 애오 문화가 안정된 정착생활을 했음을 반영한다. 한편 유적들의 대부분은 교통망이 교차하는 혹은 집중하는 곳에 분포했다. 건축유적은 지반이 약하고 지대가 낮은 것을 감안하여 지반을 튼실하게 다진 다음 주상가옥의 형태로 지어졌다. 건축물 중 규모가 큰 것은 지역민의 종교행위를 위해 지어졌다. 건축물들은 수로를 따라 시장 항구를 중심으로 지어졌다. 무덤유적은 풍속, 의식, 구조에서 통일성을 가졌다. 시체는 화장하여 평지에 봉분의 형태로 묻거나 높은 언덕에 묻는 두 가지 형태였다. 묘혈의 형태는 사각형, 일자형, 깔때기형이며, 일부 무덤은 건축형태로 위에는 벽돌과 돌을, 중심에는 기둥이 있었다.

3. 옥 애오 문화의 특징

옥 애오 문화는 돌, 흙, 동, 철, 금, 목재 등 다양한 재료로 만들어졌다. 건축자재는 돌, 벽돌, 대나무, 목재, 나뭇잎들로 다양했겠으나 지금까지 발견된 것은 주로 돌과 벽돌에 불과하다. 돌은 원형 혹은 다듬어 사용한 형태며, 돌이 많지 않았던 지역 특성 때문에 벽돌이 많이 이용되었다. 벽돌은 주로 종교건물과 무덤 등을 만들기 위해 사용되었으며 온도차에 따른 다양한 종류의 벽돌을 구워냈고 주로 분홍색과 빨간색이며 다양한 크기이고 일자형과 사각형이었다.

옥 애오 문화에서 토기는 원형이 많지 않다. 충적토의 토양 때문에 토기의 재료는 모래가 섞여 있는 점토였다. 토기는 물레가 이용되었으며, 매끈한 것과 거친 것 두 종류였다. 전자는 순수 점토만으로 매끈하게 만들었으며, 후자는 점토에 다른 물질을 첨가하여 거칠게 만들어졌다. 전자는 회백색이나 옅은 노란색을, 후자는 회백색을 띈다. 생활환경 등을 감안한 다양한 종류의 토기가 만들어졌는데, 그 중 수면 위의 생활에 부합하도록 만들어진 선박에 묶을 끈이 있는 병, 물을 따르는 부분이 구부러져 있고 뚜껑이 잠기는 주전자 등이 있다. 토기의 문양 방식은 덧대기, 그리기, 누르기, 빗기 등 다양했다. 문양의 소재 또한 오선지 무늬, 평행 줄무늬, 톱니무늬, 연결된 원무늬, 구부러진 장어무늬 형태로 다양했다.

옥 애오 문화에서 주목할 것은 종교와 신앙에 관련된 다양한 형태의 상들이다. 테라코타, 목재, 돌, 동 등 다양한 재료로 만들어진 상들은 불상과 신상 두 가지로 집중된다. 지금까지 가장 많이 발견된 불상은 석불이다. 목불상은 고탑(Gò Tháp)에서 발견된 것이 유일하다. 불상은 입상과 좌상의 형태다. 동불상은 수량이 매우 적고 형태가 작지만 자비롭고 인자한 얼굴 묘사가 특징이다. 옥 애오 문화의 다양한 불상은 이곳 부남 불교의 발전을 짐작할 수 있는 중요한 단서가 된다.

한편 옥 애오 문화의 종교건축물에서는 인도의 힌두교 신상이 많이 발견되었다. 신상의 종류는 브라마, 비슈누, 시바, 수리아, 가네사, 드바라팔라, 야크사, 난딘, 링가 등 다양했다. 이는 옥 애오 종교가 인도의 힌두교 영향도 많이 받았음을 반영한다.

옥 애오 문화에서는 생산 공구는 많이 발견되지 않았지만, 종류가 다양한 것은 생산활동의 다양을 반영한다. 즉, 금속을 다루고 토기를 만들며 천을 짜고 어로생활을 하는 등으로 생산력을 높였던 것이다. 기원후 1-7세기의 부남 문화가 가능했던 것도 바로 여기에 있다.

옥 애오 문화의 장식물은 종류, 수량, 재료에서 다양하다. 금, 은, 보석, 마노(瑪瑙), 옥 등을 재료로 만들어진 장식물은 팔찌, 귀걸이, 목걸이, 구슬, 반지 등이다. 금은 옥 애오 문화에서 장식물을 만드는 데 쓰이는 보편적 재료였다. 이뿐 아니라 옥 애오 문화에서는 도장, 금전(金錢), 주석전과 외래문화요소를 띄는 유물들이 많이 발견되었다. 그 중 가장 관심이 가는 것은 주석으로 만들어진 유물이며, 주석 제품의 보편성 때문에 일부에서는 옥 애오 문화를 "주석문화"라고 말한다.

4. 옥 애오 문화의 주인공

옥 애오 문화는 넓은 공간과 오랜 시간 속에 존재했던 것 때문에 연대를 확정하기가 쉽지 않다. 1975년 이전, 서구의 일부 학자들은 서남부에서 발견된 유물에 근거하여 이 문화가 부남이 존재했던 연대에 속한다고 하였다. 그러나 지금까지 발견된 유물에 근거하여 기원전 약 2세기에서 기원후 9세기에 존재했던 문화라고 본다.

옥 애오 문화의 주인공에 대한 견해는 다양하다. 그 것은 두 가지 기본 문제, 즉 동남부의 금속기시대문화로부터 옥 애오 문화로의 발전과정과 외래문화요소, 특별히 인도 문화의 역할로 집중된다. 서구 학자들은 인도 문화의 요소를 띄는 유물을 근거로 하여 옥 애오 문화의 뿌리를 인도에서 찾는다. 이에 비하여 대부분 베트남 학자들은 1975년부터 지금까지 서남부와 동남부지역에서 발견된 유물들을 근거로 금속기시대의 유적, 특히 남부 철기시대의 유적으로부터 옥 애오 문화에 진출한 길은 하나 혹은 여러 개의 길이 있었다는 것이다. 언어적으로 이 문화의 주인공은 말레이-폴리네시안어계에 속한다.

5. 옥 애오 문화인의 생활

옥 애오 문화인들은 농업생산에 유리한 자연환경 속에 거주했다. 높은 일조량과 많은 강우량, 그리고 비옥한 충적토는 다양한 식물, 그중에서도 벼가 성장하기에 적합했다. 부남인들이 일찍부터 매년 몇 차례의 수도작을 통하여 풍성한 삶을 살았다고 말해지는 것도 바로 여기에 있었다. 당시의 벼는 오늘날에도 여전히 존재하는 야생벼(뜬 벼)일 것이다. 앞에서 언급했던 선상위의 부엌, 구부러진 부리가 있는 물주전자, 끈을 매달 수 있는 병 등은 물 환경에 적응하기 위해서였다. 그물추와 장식품의 문양 소재로 이용되었던 물고기, 소라, 뱀 등도 자연환경을 반영했다.

메콩강 하류의 많은 지류와 이와 연결된 바다는 어족자원을 풍부하게 했다. 흡사 거미줄처럼 형성된 강과 이와 연결된 바다는 사람들의 왕래에도 많은 도움을 주었다. 이러한 자연환경을 이용하여 이곳 거민들은 자신들의 문화를 발전시켜 나갔으며 이를 바탕으로 푸난이란 고대국가를 일찍이 세울 수 있었다.

수공업은 옥 애오 시대에 특히 발전했던 분야이다. 여러 업종 중 토기제조, 제련, 금속류 주조, 수정 제품 제조, 건설, 상 제조, 금은의 장신구 제조 등은 각별했다. 이중 정교하게 만들어진 금 장신구, 유리구슬, 수정·마노·보석 장신구는 제조자의 빼어난 재능을 가능케 한다.

옥 애오 문화에서 토기는 수량을 헤아리기 어려울 정도로 많다. 유형과 문양에서 다양하고 풍부했던 토기는 발전적이며 독창적인 토기 제조 기술의 수준을 보여준다. 규모가 큰 건축물의 수요에 따라 여기에 관련된 자재생산 활동도 발전하게 되었다. 대표적인 관련 자재 산업으로 벽돌을 들 수 있다. 한편 강이 많았던 자연환경은 옥 애오 문화인의 선박 생산 활동을 부추겼을 것이다. 비슷한 상품들이 대량으로 생산되었던 것으로 볼 때, 이들의 수공업은 상품을 생산하는 종류에 따라 지역별로 집단화되었을 것이다.

[사진 6] 꺼져에서 발견된 옥 애오 문화 귀걸이

남부의 강은 대내외간 활발한 교류의 길을 열어놓았다. 동 나이 강과 끄롱강, 그리고 거미줄 같은 수많은 하천은 지역과 지역을 연결해주는 교통망이 되어 사람과 상품을 자유롭게 이동케 했다. 그 결과 강구와 해구를 중심으로 항시가 생겨났고, 항시는 정치·경제·문화의 도시로 발전하기 시작했다. 끄우 롱강 충적토의 해안 주민들은 기원전 몇 세기부터 외부의 상인들과 접촉을 하였다. 일찍부터 선박을 이용하여 대외통상을 하던 말레이-폴리네시안어계인들은 인도, 중국, 아프리카, 로마 등의 상품을 가지고 옥 애오의 항시에 왔다. 인도인과 인도의 각종 종교가 유입될 수 있었던 것도 바로 여기에 있다. 잔돈을 만들기 위해 둘, 넷, 여덟 조각으로 분리한 돈이 발견된 것은 이 지역에서 대외상품교류가 활발하게 이루어졌음을 반영한다.

저지대이면서 홍수가 잦았던 자연환경은 옥 애오 문화인 뿐 아니라 동남아시아인의 주거문화를 결정짓는 중요한 요소가 되었다. 오늘날 베트남의 경우 소수 종족의 주거 형태인 주상가옥은 자연환경에 적응하기 위한 산물이다. 한편, 이들은 종교건축물이나 화장무덤 등을 만들기 위하여 광활한 늪지대를 흙으로 다지는 형태로 자연을 극복하기도 했다. 오늘날 캄보디아의 앙코르와트사원이 대표적이다.

반랑이나 부남이 일찍이 출현할 수 있었던 것은 결코 우연이 아니다. 양국이 출현했던 것은 '물'이라는 자연환경을 공동으로 극복하면서 형성되었던 공동체와 그 공동체의 운영체제가 있었기에 가능했다. 한편 이곳에서는 정착 거주민에 의한 수도작이 일찍부터 시작된 곳이다. 수도작은 유목과 달리 집단의 노동력을 필요로 한다. 이렇게 형성되고 강화된 공동체 속에 종교와 신앙이 가미됨으로써 국가의 출현이 가능했던 것이다.

옥 애오 문화인들은 북부 베트남인처럼 제방이 아닌 하천을 만드는 형태로 치수를 다스렸다. 매년 엄청나게 내려오는 부사토를 사방으로 자연스럽게 흘러내리는 형태로 물을 관리했다. 따라서 매년 새롭고 비옥한 넓은 토지가 만들어졌으며, 이들은 이를 개발함으로써 거주지와 생산 활동을 넓히고 높여나갔다.

옥 애오 문화인들의 정신생활은 매우 다양하게 발전했다. 이들의 정신문화는 현존하는 물체를 통해 구현되었음을 알 수 있다. 그 중 부적은 옥 애오 인의 주술신앙생활을 반영한다. 이들은 부적을 차고 다니면 부적 형상의 소재가 갖는 힘이 천둥번개, 흉신, 마귀, 질병, 다산촉진, 기아퇴치 등이 가능하다고 믿었다. 옥 애오 유적에서는 많은 부적이 발견되었는데, 이들은 부적을 장식물처럼 가지고 다녔고 일부 부적 중에는 소유를 나타내는 표시가 있다.

부적의 형상은 소, 코끼리, 우렁이 등의 동물, 초목, 앉은 자세의 나체 남녀, 삼지창, 선박 혹은 일자형의 향병 등 다양했다. 부적은 보석, 수정, 주석합금들로 만들어졌다. 부적 중 뿔이 길고 등에 봉이 있는 소와 시바신을 상징하는 삼지창, 그리고 비시누신을 상징하는 소라는 이를 차고 다니는 사람에게 이 신들의 능력이 전달되거나 이 신들의 보호 하에 놓이게 된다고 믿었다. 그리고 자연스런 자세의 나체 여인 형상의 부적은 보통 임신한 여인이 지니고 다녔는데, 이는 다산 촉진 혹은 토지의 비옥 혹은 생산 활동의 번영을 의미했다. 끄우 롱강 충적토에서 발견되는 일부 짐승의 머리나 생식기상은 석기와 청동기시대의 영물(靈物)이나 배물교(拜物敎)신앙의 대상이었다.

죽은 자를 숭배하는 풍속은 선사시대부터 지금까지 계승되고 있는 인간의 가장 대표적인 신앙행위이다. 옥 애오 문화인은 죽은 자를 화장했다. 무덤은 중앙에 모래 혹은 죽은 자의 뼈 가루를 넣은 곡(斛)처럼 벽돌 혹은 돌로 만든 육면체와 각종 부장품 및 안쪽에 놓인 보석, 그리고 주위를 돌과 벽돌로 2m 이상의 높이로 단단하게 쌓고 위를 크고 작은 돌로 쌓았다. 이는 거석무덤의 전통이다.

여러 재료와 풍격의 신불상은 옥 애오 지역의 토착신앙에서 외래 종교까지 각종 종교와 신앙의 발전을 반영한다. 이들 각 종교와 신앙의 다양은 이곳 거민의 풍부한 심령생활을 보여준다.

장식예술은 일차적인 것에 인위적인 변화를 주어 아름답게 하는 것이다. 한편 장식예술은 시대적이며 공간적인 사유의 산물이기도 하다. 따라서 테라코타, 수정, 보석, 다이아몬드, 흑연, 주석, 은, 금 등 다양한 재료를 가지고 정교하게 만든 장식품들은 옥 애오 문화인들의 미각과 심미한 사유를 보여준다고 하겠다.

그림, 조각, 상 등의 조형예술(造形藝術)에서 옥 애오 문화인들은 거위 머리, 악기를 치는 사람, 소녀, 염소 머리 등을 선과 면과 공간을 통해 있는 그대로 표현하는가 하면 딱히 고양이·개·돼지라고 말할 수 없는 신비의 형상도 표현할 줄 알았다.

옥 애오 문화에서 상(像)의 소재는 평범한 인상과 신상 두 가지다. 인상의 재료는 나무, 돌, 동 세 가지다. 상에서 평범한 인상은 매우 드물다. 청동 인상은 지금까지 2개가 발견되었는데, 하나는 노예 혹은 하인상이며, 나머지 하나는 연대가 기원후 1세기로 추정되는 춤추는 상이다.

나무 불상은 고탑(Gò Tháp), 안장(An Giang), 허우 장(Hậu Giang), 끼엔 장(Kiên Giang) 등 일부지역에서만 발견되지만 돌과 동의 힌두교 신상은 거의 모든 유적지에서 발견되었다. 초기 철기시대의 끄우 롱강 평야지대에서 발견된 각종 신불상의 예술성은 독특한 예술의 출현과 발전을 의미한다. 불교 중심의 하나로 여겨지는 옥 애오 문화의 독특한 예술사유와 특별한 조형풍격은 확실히 이곳 불교예술의 흐름을 형성하는데 기여한 원천이 되었다.

V. 중국 식민지시대 베트남 문화

1. 북속시대

북속시대(北屬時代)는 고대시대 중국의 남월(南越)이 베트남의 어우 락을 지배했던 B.C.179년부터 5대10국 중 하나였던 남한(南漢)이 지배했던 938년까지를 말한다. 장장 1117년에 이르는 지배기간에 베트남을 지배했던 중국의 국가들은 다양했다. 먼저 진나라 말 중국의 남쪽에 위치한 남해군·계림군·상군 등 3개 군을 중심으로 B.C.207년에 독립국가를 세웠던 남월의 지배가 있었다. 남월이 어우 락을 점령하고 이곳에 교지(交趾, Giao Chỉ)와 구진(九眞, Cửu Chân) 등의 2개 군을 둠으로써 베트남에는 처음으로 중국의 군현제도가 실시되었다. B.C.111년에는 남월이 한에 평정됨으로써 베트남은 자연스럽게 한나라의 지배에 놓였다. 한은 기존의 2개 군의 이남 지역에 일남(Nhật Nam, 日南)군을 더 두었다. 한은 이곳에 자사, 태수, 도위 등을 파견하여 간접지배를 하였다. 따라서 각 지역의 실질적 수장인 현령은 한동안 반랑과 어우 락 시대의 락장, 락후가 담당했다. 그 결과 베트남의 전통 요소들은 계속 유지·발전할 수 있었다.

위·촉·오 삼국시대 하의 베트남은 오의 지배하에 놓였지만 진(晋)의 삼국 통일로 진의 지배하에 놓였다. 그러나 서진(西晉)이 오호[五胡: 흉노(匈奴)·갈(羯)·선비(鮮卑)·저(氐)·강(羌)][1] 중 하나인 흉노에 멸망하면서 베트남은 강남(江南)지방에 세워진 동진(東晋)의 지배가 되었다. 따라서 중국 남북조시대(386-589)에는 북위(北魏)·동위(東魏)·서위(西魏)·북제(北齊)·북주(北周)의 북조가 아니라 남조의 송(宋)·제(齊)·양(梁)·진(陳)의 지배를 차례로 받았다.

서위의 귀족 출신 양견(楊堅)이 수를 세우고(581) 진을 멸하여 중국을 통일하면서(589) 베트남은 수의 지배하에 놓였다. 수를 이어서는 당의 지배하에 놓였다. 당은 622년 베트남에 교주도호부(交州都護府)를 두었다가 679년 이를 안남도호부(安南都護府)로 바꾸었다. 따라서 '안남'이란 명칭은 이때부터 시작되었다. 이외에도 당의 베트남 지배시기에 베트남의 명칭은 758년 진남도호부(鎮南都護府), 768년 안남도호부, 866년 정해군(靜海郡)의 형태로 몇 차례 바뀌었다. 그 결과 중국의 지배기간에 베트남의 명칭은 교지주, 교주, 안남, 진남, 정해 등 여러 가지로 불려졌다.

당이 주전충에 망한 이후 송이 건국되기까지 혼란기간(907-960)의 오대[후양(後梁)·후당(後唐)·후진(後晉)·후한(後漢)·후주(後周)]십국[전촉(前蜀)·오(吳)·오월(吳越)·민(閩)·촉(楚)·남한(南漢)·형남(荊南)·후촉(後蜀)·남당(南唐)·북한(北漢)]시대가 전개되었다. 당이 멸망하자 잠시 베트남은 주전충이 세운 오대 후양의 지배하에 놓였다.

917년 청해절도사(清海節度使) 유암(劉巖)이 대월(大越)을 세웠다. 이듬해에 대월은 국호를 남한(南漢)으로 바꾸었다. 그리고 923년 후양이 망하고 후당이 일어나는 형태로 중국이 혼란한 틈을 이용하여 930년 남한은 베트남을 정복했다. 남한의 베트남 정복은 즈엉 딩 응에(Dương Đình Nghệ)가 반란을 일으켜 자칭 절도사가 되었기 때문에 1년 만에 끝났다. 937년 아장(牙將) 끼에우 꽁 띠엔(Kiểu Công

1 십육국은 흉노의 한(漢: 前趙)·북양(北涼)·하(夏), 갈의 후조(後趙), 선비의 전연(前燕)·후연(後燕)·남연(南燕)·서진(西秦)·남양(南涼), 강의 후진(後秦), 저의 성(成: 成漢)·전진(前秦)·후량(後涼) 외에 한족이 세운 전량(前涼), 서량(西涼), 북연(北燕)을 말한다. 오호십육국은 439년 선비가 세운 북위에 망하기까지 136년 간 지속되었다.

Tiễn)이 즈엉 딩 응에를 살해하고 남한에 심복을 자청하였다. 이에 즈엉 딩 응에의 사위 응오 꾸옌(Ngô Quyền)이 끼에우 꽁 띠엔 축출에 나섰고 그를 지원하기 위하여 파견된 남한군을 바익 당(Bạch Đằng)강에서 격파하여 그동안 일천년이 넘게 유지되었던 중국의 지배 사슬을 끊었다.

중국의 베트남 지배는 베트남인의 지속적인 저항으로 순탄하지 않았다. 저항의 요인은 무엇보다 독립의 염원이었으며 여기에 중국인 관리들의 지나친 경제적 수탈에 있었다. 수탈은 병합된 베트남이 중국의 최남난 오지에 위치하여 중앙의 관리·감독이 원활하지 않았던 점과 이를 이용한 수준 낮은 파견 중국인 관리들의 무자비한 착취에 있었다.

중국인 관리들은 공식 혹은 비공식 기간에 중앙에 납부하는 조공 외에도 자신들의 중앙 진출을 위한 뇌물 확보와 사욕을 채우기 위해 베트남인 착취에 심혈을 기울였다. 이들이 중앙에 납부하는 조공은 진주, 금, 대모, 산호, 코뿔소 뿔, 상아, 꿩 깃털, 물총새 깃털, 옥, 침향, 향신료, 코끼리, 과일, 비단, 종이, 설탕, 소금, 계피 등이었다.

물질적 착취 외에도 지배기간에 베트남인들은 성을 쌓고, 도로를 건설하며, 지역을 방어하는 등의 힘든 부역과 군역을 담당했다. 베트남인들의 부역은 현지에서 뿐 아니라 수도를 세우는 일 등으로 중국 본토에서도 이뤄졌다.

2. 물질생활

1) 농업

중국의 지배하에 있었지만 생산력의 발전으로 농업, 수공업, 상업 등 전반에 걸친 경제 발전은 계속되었다. 철제농기구, 우경(牛耕), 제방과 하천사업, 수로 건설, 퇴비 및 재 사용, 이기작 등에 힘입어 농업 생산이 획기적으로 늘었다. 농업의 중심인 벼농사 외에도 고구마, 감자, 카사바, 콩, 목화, 황마, 사탕수수, 토마토, 파, 생강, 부추, 연, 오이, 호박, 수박, 바나나, 리치, 용안, 귤, 코코넛, 망고, 자

두, 석류 등 다양한 작물이 재배되었다. 베트남의 과일 중 리치, 용안, 귤, 오렌지, 바나나 등은 중국인들이 즐겨 찾는 조공품에 들어갔다. 측천무후가 남방의 리치와 용안이 진상된다는 소식을 듣고 버선발로 나왔다는 설이 이를 입증한다.

기호식품이면서 혼인의례에서도 중요하게 사용되었던 빈랑과 구장이 가정마다 폭넓게 재배되었다. 베트남의 빈랑은 작지만 맛이 달아 인기가 높아 각국에 많이 수출되었다.

과수재배에는 곤충을 이용하여 곤충의 피해를 막는 기술이 이용되었다. 즉 개미를 이용하여 오렌지 열매를 해치는 곤충을 막는 방법으로, 진딧물의 천적인 무당벌레를 이용하여 진딧물을 없애는 방법이라고 하겠다.

건축재료, 병기재료, 선박재료, 가정용품으로 널리 쓰이던 대나무가 널리 재배되었다. 오늘날 베트남 북부, 특히 마강 지역에 널리 재배되고 있는 대나무는 당시를 잘 반영한다고 하겠다.

수우, 황우, 말, 코끼리, 개, 돼지 등의 가축과 닭, 오리, 거위, 공작새 등의 가금류 사육이 발전했다. 베트남인들은 일찍부터 말과 코끼리를 이동과 전쟁수단으로 사육했다. 공작새는 부채를 만들기 위해 사육했다. 중국에 진상하는 조공품 중에 꿩이나 물총새 깃털이 포함됐던 것은 부채를 만들기 위함이었다. 중국인들의 깃털 부채와 관련하여서는 깃털 부채를 트레이드마크처럼 늘 지니고 다녔던 삼국지의 제갈공명이 좋은 예가 되겠다.

지금도 베트남 농민의 주요 생산품의 하나인 비단은 수도작 만큼이나 당시의 농업에서 중요한 위치를 차지했다. 기름진 부사토가 만들어낸 넓은 충적토와 많은 강우량과 일조량, 그리고 풍부한 노동력을 이용하여 지금도 베트남은 연중 8차례의 잠업을 할 수 있다. 오늘날 베트남을 여행하는 외국 관광객이 쉽게 접할 수 있고 즐겨 찾을 수 있는 베트남의 다양한 견사제품도 이 같은 내력이 있다.

2) 수공업

중국의 지배 하에서도 베트남인들은 자신들의 전통방식을 계승하여 수공업 발전을 유지했다. 중국의 지배 이후 발전한 북방의 철기제조기술이 유입되면서 청동의 발전은 쇠퇴하기 시작했으나 병, 향로, 비파, 그릇, 접시, 주전자, 냄비, 명기(冥器) 등 다양한 종류의 청동제 품은 계속 생산되었다. 철기제품으로는 도끼, 괭이, 칼, 창, 작살, 솥, 등, 못 외에 다양한 농기구, 무기, 생활도구가 생산되었다. 중국의 지배기간에는 소금과 철 등 일부 특정 제품에 대한 중국의 철저한 관리와 독점 때문에 철기의 발전이 크게 제한을 받았다.

청동이나 철기와는 달리 토기는 전통과 중국의 기술이 접목되어 보다 발전할 수 있었다. 이 시기에 중국의 유약기법이 적용되었다. 당시에 토기를 제조했던 가마터가 타잉 화(Thanh Hóa)와 박닝(Bắc Ninh)에서 발견되었다. 당시의 토기 발전 수준을 짐작할 수 있는 항아리, 병, 그릇, 접시, 컵, 쟁반, 주전자, 냄비, 찜통, 향로, 램프, 향병, 젓가락, 숟가락, 집 등의 토기가 무덤에서 발견되었다. 이외에도 가옥, 성곽, 사원의 탑, 묘지 등의 건축 재료로 쓰이는 벽돌제조기술이 발전되었다. 벽돌은 일반적인 사각형 외에도 반구 혹은 도끼날 형태도 만들어졌다. 한편, 유약을 발라 윤택을 내는 형태, 금색 혹은 파란색 등 색채를 갖는 형태, 꽃무늬 혹은 다면을 갖는 형태, 제조 연대를 표시하기 위하여 한자의 연호를 새긴 형태 등 실로 다양했다. 기와도 숫기와 암기와 등 용도에 따라 모양이 다양했다.

잠업과 더불어서 대나무와 바나나 잎을 이용한 직조가 발전했다. 면직물이 발전했는데, 특히 자수가 여인들 사이에 크게 발전했다. 또한 마와 모시를 이용한 직조도 발전했다. 당시 죽순의 잎이나 바나나의 잎으로 만든 천은 '쟈오 찌의 직물'로 불렸다.

양봉과 설탕을 만드는 일도 매우 발전했다. 당시에 중국은 사탕수수로 설탕을 제조하는 기술이 없었기 때문에 베트남의 설탕은 중국에 헌상하는 조공품목에서 중요한 위치를 차지했다.

바다와 접해있어 베트남은 일찍부터 소금생산을 하였다. 전통시대에는 바다가 있었다할지라도 소금생산 기술이 지금처럼 발전하지 못했고 소금제조가 어느 산업보다 자연환경에 영향을 받았으며 생산과 판매에서 정부의 철저한 관리와 통제를 받았기 때문에 소금 생산량은 많지 않았다. 중국의 식민지기간에 중국은 베트남에 염관(鹽官)을 두어 베트남인의 소금 생산과 판매를 관리했다. 소금이 금보다 비쌌다고 했던 것은 이러한 요인에 있었다. 베트남의 서북지역에 거주하던 토족이 835년 안남경략사 이탁(李涿)의 소금 1되에 소 1두 혹은 말 1필의 교환규정에 반란을 일으켰던 사건도 당시를 이해할 수 있는 사례가 된다.

발효식품인 술이 언제부터 베트남에서 제조되었는지는 알 수 없다. 술의 기원은 심산의 원숭이가 빚은 술이 곧잘 예화로 등장한다. 나뭇가지가 갈라진 곳이나 바위가 움푹 팬 곳에 저장해 둔 과실이 발효된 것을 먹어 본 결과 맛이 좋았으므로 의식적으로 만들었을 것이라는 설이다. 인류 발달사의 차원에서 보면, 수렵시대에는 과실을 원료로 한 과주(果酒)가, 유목시대에는 가축의 젖을 원료로 한 유주(乳酒)가, 농경시대에는 곡류를 원료로 한 곡주(穀酒)가 빚어지기 시작하였을 것이다.

오늘날 베트남에는 다양한 술들이 있다. 과주나 곡주 외에도 술 속에 꽃, 뱀, 인삼, 지네, 전갈 등 다양한 것들을 일정기간 넣어두었다가 마시는 술도 있다. 지금도 베트남인들이 즐겨 마시는 찹쌀술이 중국 식민지기간에 중국의 황제와 관리들에게 진상되었다고 했으니 당시 베트남인의 양조기술은 뛰어났다고 할 것이다.

종이는 기원전에 중국인이 개발한 상품이다. 제지기술이 유입된 이후 베트남인들은 다양한 원료를 이용하여 종이를 만들어냈다. 즉, 나무껍질이나 바다의 이끼류 등을 이용하여 종이를 만들었는데, 그 중 침향을 원료로 만들어진 종이는 질이 좋을 뿐 아니라 향기가 나서 중국에 진상되는 조공품에 들어갔다.

남방과 인도와의 교류과정에서 일찍이 베트남에 유입되었던 유리는 베트남인의 주요 공예로 자리매김했다. 지금까지 무덤에서 발견되는 다양한 색깔과 디자인을 갖춘 유리병이나 유리구슬 등은 이를 반영한다.

한편 베트남인들은 금, 은, 옥, 진주, 호박, 마노 등 풍부한 원료를 가지고 반지, 팔찌, 비녀, 빗, 귀걸이, 구슬 등의 다양한 장식품을 만들었다. 그리고 이들은 강과 바다에서 채집한 다양하고 아름다운 색깔의 굴이나 조개를 가지고 나전(螺鈿)을 만들었다. 나전과 더불어 검은색 혹은 붉은색의 칠기 혹은 나전칠기도 만들었다. 나전칠기는 상감(象嵌)과 함께 오늘날 베트남의 특색 있는 공예품으로 자리 잡고 있다.

3) 상업

북속 하의 베트남 상업, 특히 대외통상은 경제발전 요인과 더불어 지금처럼 국가 간 경쟁, 관리, 보호, 통제 등이 엄격하지 않았기 때문에 낮은 인프라에도 불구하고 활발했다. 베트남은 북남을 잇는 발달된 해안과 내륙과 바다를 잇는 많은 강, 그리고 아시아에서 가장 상권이 큰 중국이 남방으로 진출하는 첫 관문이며, 반대로 유럽·중동·아프리카·인도·동남아시아 등이 해로를 통하여 중국으로 진출하는 교두보였기 때문에 매우 중요했다. 루이 러우(Luy Lâu)와 롱 비엔(Long Biên)이 종교와 정치의 중심지가 될 수 있었던 것도 이를 기반으로 가능했다.

예나 지금이나 통상에는 종교가 함께했다. 험난한 바다의 긴 여정에서 상인과 상선의 안전 외에 본인들의 종교 활동을 위해서도 승려나 신부 등의 승선을 필요로 했기 때문이다. 전통시대 국제간 전쟁 등에서 신의 가호를 바라면서 승려나 신부가 적극 참여했던 것도 같은 차원이었다. 베트남에 입항한 외국인들은 이듬해 북동풍이 불어올 때까지 물건을 수집하거나 전도를 하는 형태로 머물렀다. 후술할 루이 러우가 동아시아 최대 불교 발전지역 중 하나가 될 수 있었던 요인도 여기에 있다.

군소지역마다 일정한 기간에 열리는 시장을 통해 지역 내 토산품은 물물교환 혹은 매매형식으로 유통되었다. 지역 상품은 수집상들을 통해 육로와 수로를 경유하여 번돈(Vân Đồn) 등과 같은 항구로 집산되었다. 중국의 남쪽과 가까이 위치하며 당시 정치·상업의 중심지였던 롱 비엔·똥빙(Tống Bình)과 수로를 통해 연결됐다는 좋은 입지 조건 때문에 번돈은 북부 베트남의 최고 항구로 유명했다.

당시에 중앙아시아·사천·운남인들은 홍강을 이용하여, 말레이·자바·진랍·인도·파사·아랍인들은 바다를 이용하여 베트남을 출입했다. 베트남이 중국의 지배하에 있었기 때문에 통상은 중국인들이 독점하는 형태였다. 중국의 오수전(五銖錢)이 화폐로 통용되었다는 것 역시 이를 반영한다. 외국인들은 도자기·차·한약·비단·사치품 등을 가져온 반면, 베트남의 향료·토산품·해산물·견사·설탕 등을 가져갔다.

3. 문화생활

1) 습속

베트남인은 '다름'을 강하게 거부하지 않는다. 따라서 타문화를 능동적 혹은 적극적으로 수용, 모방하여 자기의 문화로 만드는 능력이 탁월하다.

주지하다시피 베트남 민족은 54개 종족으로 구성되어 있다. 베트남 문화가 다문화라고 말해지는 것도 이 때문이다. 다종족·다문화 특징은 하루아침에 이뤄진 것이 아니라 오랜 시간 속에서 다양한 경로와 방법을 통하여 이뤄졌다.

다름을 거부하지 않음은 과거 혹은 전통에 집착하지 않는다는 의미를 갖는다. 그렇다고 베트남인들이 과거와 전통을 경시한다는 의미는 아니다. 현실과 미래를 위해 사고와 행위에서 매우 유연하다는 것이다. 직설적인 표현으로 "매우 계산적이다."라는 것이다. 따라서 베트남인들은 변화에 능하다. 오늘날 베트남 공산당의 변화도 여기에 기초한다.

베트남의 문화를 말할 때 간과할 수 없는 것이 중국의 문화이다. 북쪽의 국경선 1400km와 해안선이 중국과 접해있고 고대사에서 일천년이 넘게 중국의 지배하에 있었으며 독립 이후에도 정치적, 외교적, 경제적 이유로 양국이 긴밀한 관계를 가졌던 요인들 때문에 베트남에는 중국적인 것이 많다.

중국인들의 베트남 유입 경로와 유형은 다양했다. 주요 육로로는 라이 쩌우(Lai Châu), 라오 까이(Lào Cai), 하장(Hà Giang), 까오 방(Cao Bằng), 랑썬(Lạng Sơn), 몽 까이(Móng Cái) 등이었고, 그 중 라오 까이와 랑썬은 지금도 하루에 외국인을 포함한 수만 명의 베트남인과 중국인이 국경을 넘나드는 곳으로 중요한 역할을 한다. 수로로는 라오 까이, 하 노이를 거쳐 동해로 흐르는 홍강을 주로 이용했다.

중국인들의 베트남 유입 유형은 자사, 태수, 도위, 현령, 군인 등의 파견 형태, 정치적·경제적·종교적 목적 등이었다. 이들은 단기, 장기, 영구 정착하는 형태로 베트남에 거주했다. 중국의 문화는 바로 이들로 인하여 베트남에 유입되었다.

경로와 유형이 장기간에 걸쳐 다양하게 진행되었기 때문에 베트남의 중국적인 것은 중국의 다른 주변 지역과 비교하여 더 많고 짙다. 따라서 베트남의 문화가 다른 동남아시아 국가들과 비교하여 인도적인 것이 적고 중국적이 것이 많다고 말해진다. 오늘날 베트남의 인도적인 것은 앞에서 언급했듯이 고대이후 점성과 진랍의 일부 병합이 크게 작용했다.

[사진 7] 라오 까이

고대 중국의 지배시기에 베트남 유입 외국인은 중국인 외에도 인도인을 포함한 다른 외국인도 있었다. 중국을 제외한 외국인들의 베트남 유입은 경제적·종교적 목적성을 띠었다. 당시에 지금의 캄보디아와 베트남과 국경을 접하는 점성은 인도의 문화가 깊이 침투하였다. 그때 베트남이 다른 동남아시아국가들과 비교하여 인도적인 것이 옅은 것은

[사진 8] 랑썬의 우의관

중국의 지배하에 있었던 점과 그 가운데 중국의 영향이 컸기 때문이다. 이는 베트남의 불교가 해로를 통하여 남중국보다 먼저 유입됐을지라도 점차 중국 불교가 되었던 예를 통해서도 알 수 있다.

중국 문화의 베트남 유입은 양국의 자의적 혹은 타의적 형식을 띠었다. 여기에는 지배라는 틀 속에서 지배의 효율화를 위해 중국이 문화를 전파했다는 것이 대세론이기는 하나, 물이 위에서 아래로 흐르는 것과 같은 문화의 속성과 변화에 능한 베트남인의 특징도 크게 작용했다. 이는 독립봉건왕조시대 이후 지금까지 베트남이 중국의 관계에서 보여준 여러 행태로도 추론할 수 있다.

남월의 지배에 놓이면서 중국의 문화는 베트남에 유입되기 시작했다. "이들은 머리카락을 자른다.", "모자를 쓰지 않는다.", "전신에 문신을 한다.", "띠를 두르지 않는다.", "중국의 력(歷)을 따르지 않는다.", "부자(父子)의 도를 모른다(부자가 강에서 함께 목욕을 한다.)", "음욕을 좇고 부부의 도를 모른다.",[2] "중국의 예법을 모른다." 등은 당시에 베트남에 들어왔던 중국인들이 했던 말이다. 이처럼 베트남인들은 중국과 다른 자신들만의 문화를 가지고 있었던 것이다. 폄하의 의도를 배제할 수 없지만 삼국지 남만평정사는 중국의 남방지역 문화가 중국과 확연히 달랐음을 방증한다. 여기서 하나 밝혀둘 것은 삼국지의 남만평정은 당시 베트남(교주)이 촉(蜀)이 아닌 오(吳)의 지배하에 있었기 때문에 베트남과 상관없다는 점이다. 따라서 맹획의 칠종칠금사건은 베트남과 무관하다.

일천년이 넘는 지배라고 해서 베트남의 전통이 다 바뀐 것은 아니었다. 무엇보다 전통의 보루가 되는 베트남의 마을이 보존될 수 있었던 간접지배였기 때문이다. 이러한 지배형식은 이후 독립봉건왕조시대를 포함하여 프랑스 식민지시대에서도 유지되었다.

---

2 지금도 베트남 일부 소수 종족 중에 유지되고 있는 축제 등에서 청춘남녀가 자유롭게 짝을 찾는 풍속을 중국은 음욕으로 이해함. 후한서는 "어우 락민은 혼인풍습이 없었던 관계로 일정한 부부의 도나 구별이 없이 다만 성의 구별에 의해서 생산의 기능을 유지했다."고 함.

마을의 독립성은 대나무로 촘촘하게 둘러싸인 견고한 마을의 모습과 마을을 들어가고 나가는 곳마다 설치되어 있는 차단기에서 볼 수 있다. 이러한 특징은 "왕의 법이 마을의 규례에 진다(Phép vua thua lệ làng.)"라는 속어로 설명된다.

중국의 지배에 베트남인 최초로 반기를 들었던 인물이 있다. 바로 쯩(Trưng) 자매이다. 이들의 반란에는 많은 여자들이 참여했다. 여자가 반란의 수장이 되어 중국에 반기를 들었던 때는 그로부터 약 200년 이후에도 있었다. 바로 찌에우 어우(Triệu Ẩu)이다.

두 사건이 각각 A.D.40년과 A.D.248년에 일어났던 해는 중국의 지배 기간이 각각 219년과 427년이 되던 해이다. 이 사건은 부권사회인 중국의 오랜 지배에도 불구하고 베트남의 모권사회가 여전히 유지되고 있었음을 보여준다.

"여자아이가 자라 2-3세가 되면 항아리에 술을 빚어 연못가에 묻어 뒀다. 아이가 장성하여 시집을 갈 때는 그 술을 가져와 손님들을 대접했다. 일명 여주(女酒, nữ tửu) 혹은 딸 술(rượu con gái)로 불렸던 이 술은 향이 짙고 맛있었다.", "동고(銅鼓) 제작을 마치면 모든 마을 사람들을 초대하여 잔치를 벌였다. 이때 마을의 여성에게 그 동고를 가장 먼저 치게 하는 영광을 주었다.", "베트남에서 가장 먼저 세워진 법운(Pháp Vân)사를 바 저우(Bà Dâu)라고도 부르며 저우 불상이 가장 크다."는 것들도 모권사회의 특징을 반영한다.

중국의 지배 하에서도 단발머리, 통나무 속 시체 안치, 치아 염색, 전신 문신, 빈랑·구장 씹기 등의 습속이 유지되었다. 이중 빈랑과 구장 씹기 풍속은 지금도 혼례, 농촌, 소수 종족 거주 지역, 도시의 노인들 가운데 유지되고 있다. 아직도 동남아시아에서 흔히 볼 수 있으며 베트남의 경우 소수 종족의 거주 지역에서 볼 수 있는 주상가옥 역시 베트남인의 건축문화로 유지되고 있다.

비록 중국어와 한자가 베트남에 유입되고 통용되었다 할지라도 사용하는 이가 베트남 거주 중국인이나 정치적·경제적·교육적 목적을 위하여 이들을 접촉하는 일부 상류층 베트남인, 그리고 승려 및 도인 등에 불과했기 때문에 베트남인들이 사용하던 말(言)은 대부분 베트남인들 속에 유지될 수 있었다. 그렇더라도 베트남인들은 중국의 한자를 차용하여 자신들의 언어를 더욱 풍부하게 만들었다. 베트남어 명사의 80%가 중국어 명사를 차용했다는 주장이 여기에 기초한다. 예컨대 독럽(độc lập, 獨立), 뜨조(tự do, 自由), 하잉 푹(hạnh phúc, 幸福), 찡치(chính trị, 政治), 낑떼(kinh tế, 經濟), 싸 호이(xã hội, 社會) 등이다.

이외에도 중국 한자를 차용한 베트남어의 어휘 확대는 다양하다. 이는 단어의 축약 형태로 낙화생(落花生)을 꾸락(củ lạc: 땅콩), 단어의 치환 혹은 일부 단어의 대체 형태로 석방(釋放)을 퐁틱(phóng thích, 放釋), 일거양득(一擧兩得)을 녓끄르엉 띠엔(nhất cử lưỡng tiện, 一擧兩便), 의미를 바꾸거나 확대 혹은 축소하는 형태로 방비(芳非: 향기로운 화초)를 배오 뜻(béo tốt: 살이 찌고 건강한), 배회(徘徊)를 본쫀(bồn chồn: 불안한) 혹은 쑥동(xúc động: 감동하다), 낭발기호(狼跋其胡)를 랑탕캅 너이(lang thang khắp nơi: 유랑하다), 단어 창조의 지원 역할 형태로 바오 곰(bao gồm: 包O: 漢+越) 등을 들 수 있다. 베트남어의 허사(虛辭) 역시도 중국어에서 왔다.

중국의 한자를 사용하는 베트남인이 소수였을지라도 이들은 여기에 머물지 않고 한자와 한자의 형성방법을 이용하여 새로운 문자를 만들어냈다. 바로 쯔놈(chữ Nôm)이다. 이는 꾸옥 엄(quốc âm, 國音)의 의미로 '宁字 喃'이라고 쓴다. 고유명사인 '쯔(chữ)'와 '놈(Nôm)'은 각각 글자와 베트남을 의미한다.

물론 베트남어의 형성과 발전에는 중국 한자 유입이전에 현재 베트남 영토에 거주하고 있는 다양한 종족의 언어가 크게 기여하였다. 므엉(Mường)어, 따이(Tày)어, 타이(Thái)어 등이 그것이다. 그 중 베트남어는 음과 의미에서 므엉어와 가장 유사하다고 한다.

이외에도 베트남어는 말레이, 땅-미엔(Tạng-Miến), 인도 등의 언어 영향을 받았다. 그 중 인도의 언어는 불(bụt), 보리수(bồ đề), 보살(bồ tát), 부도(phù đồ), 사찰(chùa), 탑(tháp), 승가(tăng già) 등과 같은 불교 용어와 쟈스민(nhài), 잭 프룻(mít) 등과 같은 식물용어를 풍부하게 했다.

2) 종교

베트남은 세계의 큰 종교가 모두 존재하는 국가들 중 하나이다. 이외에도 베트남은 이들 종교들을 혼합 혹은 단순화하여 만들어낸 까오 다이(Cao Đài, 高臺)교, 화 하오(Hòa Hảo, 和好)교와 같은 민족종교도 많다. 따라서 베트남은 다종교의 국가에 속한다. 이러한 특징이 쯔놈과 함께 베트남인들이 모방 혹은 변신의 귀재라고 말해지는 근거이다.

인도인들의 진출로 브라만교, 불교, 힌두교, 밀교가 들어왔다. 그 중 힌두교와 상좌부불교의 유입과 발전은 앞에서 이미 언급했듯이 점성과 진랍의 일부 영토가 자국에 병합되었던 요인이 크다. 여기에 중국의 진출은 유교와 도교의 유입으로 이어졌다. 중국의 식민지와 불경의 한역은 베트남 불교의 중국화를 촉진시켰다. 그 외 이슬람교와 천주교, 그리고 개신교는 북속시기 이후에 많은 시차를 두고 유입되었다. 후술하겠지만, 베트남의 이슬람교는 점성의 병합 요인이 크게 작용했다.

불교의 베트남 유입 시기는 아직까지 정확히 알 수 없다. 일부 현존 자료나 지리적 위치, 그리고 후술할 불교가 베트남에 전해졌을 당시의 상황 등을 고려해 볼 때 일찍이 해로를 통하여 인도에서 들어왔던 것만은 확실하다.

베트남 불교의 전래시기를 짐작할 수 있는 대표적 인물로는 중국 한인으로 194-195년경에 쟈오 주에서 불교에 귀의한 모자(牟子)가 있다. 본시 중국 한의 창오군(蒼梧郡) 사람으로 유교·도교인이었던 그는 쟈오 찌에서 불교에 귀의 이후 인도의 불교 경전을 한역하는 일에 전념하거나 본국에 돌아가 중국 불교사에서 최초의 저작인 『리혹론(理惑論)』을 저술하는 형태로 중국 불교사상에 영향을 미쳤다. 베트남의 불교를 본국에 알리기 위한 목적에서 저술하였던 『리혹론』에서 그는 유교·불교·도교의 사상을 체계화시킴으로써 후일 베트남인의 삼교일치개념에도 기여하였다.

베트남 불교 발전과 관련한 또 다른 인물로는 모자보다 약간 앞선 인물로 후한 말에 쟈오 찌군의 태수(187-226년)였던 사섭(士燮)이 있다. 그는 유학에 조예가 깊은 인물이면서 불교에도 심취한 인물이었다. 이는 『삼국지』의 「오지 사섭전」의 "태수로 재직하던 중 그의 출입 시에 많은 인도 승려들이 향을 피우며 수행했다."고 하는 사실에서 추론할 수 있다. 물론 그가 처음부터 불교인이었는지 아니면 쟈오 찌 파견 이후였는지는 알 수 없지만 쟈오 찌가 육로와 해로를 이용하여 중국에 가는 길목에 있었던 점과 인도의 승려들이 중국에 입국하거나 불경이 중국에 유입되기 전에 이곳에 먼저 전해졌던 전례에 비춰볼 때 쟈오 찌에서 불교 영향을 많이 받았던 사실만은 부인 할 수 없다.

사섭이나 모자가 활동했던 시기에 베트남 불교 발전의 중심지였던 루이 러우(Luy Lâu, 羸漊)는 불교의 베트남 유입 시기를 추론할 수 있는 중요한 사적지가 된다. 중국의 기록에 의하면, "중국에 유입된 불교가 남중국에 전파되기 이전에 박닝(Bắc Ninh)성 퇸 타잉(Thuận Thành)현의 루이 러우에는 20층의 보탑이 있는 사원이 있었으며, 이곳에서 500명 이상의 승려에 의해서 20권 이상의 불경이 한역되었다."라고 하였다. 사실 루이 러우는 당시 중국 불교의 3대 중심지(팽성, 낙양, 영루) 중 하나였으며, 정치적으로도 교주에서 가장 중심지였다.

후한의 수도였던 낙양은 불교 발전에서 팽성의 영향을 많이 받았다. 한편, 중국의 불교사에서 팽성의 불교가 수로를 통하여 유입되었다는 것은 베트남이 중국보다 불교 유입시기가 빨랐음을 입증해준다. 즉, 앞에서 언급했듯이 지리적으로 베트남은 남에서 북으로 가는 길목에 위치했기 때문이다.

당시 교주에서 불경을 한역했던 대표적인 승려로는 소그디아나(康居: 사마르칸트지방: 옛 페르시아)의 승려 강승회(康僧會), 월씨(아프가니스탄 지방)의 칼리아나루치(Kalyanaruci, 彊梁婁至), 북인도 천축의 마라지바카(Marajivaka, 摩羅耆城), 그리고 브라만교의 크수드라(Ksudra, 丘陀羅) 등이 있다. 이중 강승회는 당시에 교주에서 무역활동을 하고 있던 소그디아나인 부모 밑에서 태어나 불학을 공부했던 인물로, 중국 오의 수도 건업에 이르러 손권을 불교에 귀의시키기도 하였다.

불교의 종파 중 교종(教宗)은 선종(禪宗)보다 일찍이 베트남에 유입되었다. 교종은 모자와 강승회가 최초다. 선종은 남인도 승려 비니다류지(毘尼多流支)가 선조이다. 그는 580년에 교주의 박닝(Bắc Ninh)성 퉌 타잉(Thuận Thành)현의 법운사에서 수행을 했는가하면 중국에서 달마 선을 배운 이후에도 돌아와 교주에서 선을 가르쳤다. 이 종파는 19대까지 유지되었다.

이어 무언통(無言通)이 820년에 중국의 선종을 유입했다. 그는 광주에서 출생하여 절강성의 쌍림사(雙林寺)에서 수행을 하였고, 그 후 남종선(南宗禪)의 개조(開祖)인 혜능(慧能)으로부터 4대째인 백장회해(百丈懷海)에 이르기까지 오랫동안 선을 배웠다. 826년 열반에 이르기까지 그는 박닝성 푸동의 끼엔 써(Kiến Sơ)사원에서 깜 타잉(Cảm Thành)에게 선을 전수했다. 이 종파는 17대까지 유지되었다.

베트남에 유입된 불교는 4단계를 거치게 된다. 첫째, 유입에서 북속시기이다. 이는 인도에서 유입되었다가 중국의 지배하에 발전하게 된 시기이다. 초기에는 남조 송의 소승불교 영향을 받았다가 이후에는 대승불교 영향을 받았다. 중국으로부터 유입된 불교의 종파는 선종, 정토종, 밀종이었다. 이중 정토종은 수행의 단순함으로 베트남에서 보편화된 종파가 되었고, 밀종은 하나의 독립된 종파로 존재하지 않고 법술이나 부적 사용, 질병 치료, 마귀 퇴치, 샤만 등의 민간신과 융화되었다. 둘째, 다이 비엣(Đại Việt, 大越)시기이다. 이는 베트남 불교사에서 불교가 양적·질적으로 가장 발전하게 된 시기이다. 셋째, 후레왕조에서 19세기이다. 이는 유교의 발전과 서구의 진출 등으로 불교가 쇠퇴하게 된 시기이다. 넷째, 20세기 초에서 지금까지의 시기이다. 이는 이념의 잣대로 재단되는 시기이다.

4단계를 거치면서 베트남 불교는 독특한 특징을 갖게 되었다. 몇 가지를 살펴보면, 베트남 불교의 가장 두드러진 특징은 종합성이다. 유입된 베트남의 불교는 바로 전통신앙과 결합되었다. 신앙과 풍속에서도 언급하겠지만, 사법사(四法寺)는 비록 사찰이라고 하지만 구름, 비, 천둥, 번개와 같은 전통 자연신들과 돌을 섬기는 민간 사당과 묘이다. 이러한 특징은 선불후신(先佛後神) 구조의 베트남 사찰건축에서도 나타난다. 따라서 사찰에서 신, 성, 모(母), 성황, 민족 영웅 등을 숭배한다. 지금은 호찌밍까지도 숭배하는 사찰이 있다.

베트남의 불교는 종파의 종합성을 갖는다. 따라서 베트남에는 불교의 순수한 종파는 없다. 한편 베트남의 불교는 교종과 선종이 결합하는 형태로 긴밀하게 융합하였다. 이뿐 아니라 베트남의 불교는 다른 종교와의 결합성을 강하게 띤다. 이는 과거 삼교시(三教試)의 실시나 삼교동원(三教同原), 더나가 기독교의 유입 이후에 나타난 사교동원, 그리고 20세기 초에 생겨난 까오 다이 교 등에서 찾아 볼 수 있다. 따라서 남베트남의 불교가 대승과 소승이 결합하는 형태로 발전하게 된 것도 전혀 이상치 않다.

베트남의 불교는 출가와 환속이 공존하였다. 따라서 전통시대에 많은 고승들이 고문의 형태로 정치에 깊이 참여하였다. 딩 왕조의 승려 팝퇀(Pháp Thuận, 法順)이 외교 분야에서 크게 활동할 수 있었던 것도 여기에 있다.

전통시대 베트남 불교사에는 왕을 포함한 귀족들의 출가가 많았다. 과거 승려의 정치 참여와 외교활동, 그리고 왕을 포함한 귀족들의 출가는 우리나라에서도 보편적이었다. 베트남 초당파의 제자들 중에는 왕과 고관들이 있었다. 리왕조(Lý, 1009-1225)의 타잉 똥(1054-1072), 아잉 똥(Anh Tông, 1138-1175), 까오 똥(Cao Tông, 1176-1210) 등이 대표적이다. 심지어 쩐왕조의 년똥(Nhân Tông, 1279-1293)은 선종의 또 다른 종파인 죽림파를 세우기도 하였다. 쩐왕조의 고향에 세워진 포밍(Phổ Minh)사찰의 정(鼎)은 왕권과 신권의 결합을 나타내는 전형이다.

베트남의 불교 역시 사회참여가 강하다. 이러한 경향은 주로 근현대사에서 주로 볼 수 있다. 불교인의 판 보이 쩌우(Phan Bội Châu) 석방운동이나 베트남 전쟁시 1963년 6월 석광(Thích Quảng)승려의 분신자살 등이 대표적이다.

베트남의 불교는 여신에 치우침이 있는 음양의 조화가 강하다. 이는 농업문화의 본질적 경향이다. 인도의 불상은 본래 남불상이다. 이것이 베트남에 유입된 이후 남불(男佛)과 여불(女佛)로 변했다. 예컨대, 매우 원초적인 이름을 유지하고 있는 므엉(Mường)사찰들이 있다. 관세음보살의 변체인 관음여불은 본래 백월문화지역인 강 지역 거주민의 생명을 보호하는 신이 되었다. 하여 여불을 남해관음이라 부른다.

[사진 9] 훼 도성의 아홉개 정

베트남인은 스스로 만들어낸 여불이 많다. 예컨대, 4월 8일에 태어났다고 전하는 만(Man)낭자의 딸은 베트남 불조(佛祖)로 여겨진다. 만낭자 자신은 불모(佛母)가 되었다. 이외 여러 사찰의 관음시경과 흐엉(Hương)사의 여불이 있다. 베트남의 사찰에는 유명(有名) 혹은 불명(不明)의 여불과 여보살이 많이 있다.

베트남의 사찰에는 여성의 이름을 갖는 사찰이 많다. 사법체계의 바 저우(Bà Dâu), 바 더우(Bà Đậu), 바 뜨엉(Bà Tướng), 바잔(Bà Dàn) 사찰 등이 그것이다. 하노이의 바다(Bà Đá), 바 다잉(Bà Đanh), 바 나잉(Bà Nành), 바 응오(Bà Ngô), 바쟈(Bà Già), 바목(Bà Móc) 등의 사찰도 마찬가지다. 베트남은 가정의 불자의 대부분도 여자이다. "어려서는 집이 즐겁고, 늙어서는 사찰이 즐겁다(Trẻ vui nhà, già vui chùa.)"는 속어도 할머니들의 심경을 말한다.

베트남의 사찰은 자연과 조화를 이루어 언제나 유정(有情)의 풍경을 자아낸다. 이를 의미하는 속어로 "왕의 토지, 마을의 사찰, 부처의 풍경(Đất Vua, chùa làng, phong cảnh Bụt)"이나 "축제에 가는 것처럼 즐겁다(Vui như trẩy hội.)"가 있다. 사찰의 풍경은 정감이 있고, 사찰의 축제는 재미가 있으며, 사찰의 문은 넓게 열려있기 때문에 많은 남녀가 정사를 하도록 가려줄 수 있다. "타이(Thày)사찰의 축제는 가려진 공간이 있어 미혼의 남자는 이곳의 축제를 생각한다(Hội chùa Thày có hang cắc cớ, Trai chưa vợ nhớ hội chùa Thày.)"는 속어는 이를 반연한다.

종합성과 여성에 치우치는 음양의 조화성은 농업문화전통의 다양한 표현이다. 이와 함께 농업문화의 전통은 유연성을 갖는다. 이 유연성은 유입된 불교를

[사진 10] 바 저우 사찰

[사진 11] 바 저우 사찰의 여불상

[사진 12] 쭈어 타이 사찰 불상

베트남화시켰다. 불교가 베트남에 유입되자마자, 베트남인은 자신의 불교역사를 만들어 갔다. 박닝성 저우(Dâu)마을의 처자 만낭자는 불교의 첫 번째 제자들 중의 하나로서 베트남의 불모(佛母)가 되었다. 그리고 낭자의 딸은 4월 8일 석가탄신일을 생일로 불조(佛祖)가 되기 위하여 돌 속에 들어갔다.

베트남인은 사찰에 가는 것보다 덕을 베풀고 충실하게 사는 것을 중시한다. 이와 관련하여 "첫째는 집에서 수행하고, 둘째는 시장에서 수행하며, 셋째는 사찰에서 수행한다(Thứ nhất là tu tại nhà, Thứ nhì tu chợ, Thứ ba tu chùa.)", "부모, 조부모는 부처와 동일하다(Đồng nhất cha mẹ, ông bà với Phật.)", "집안의 부처는 숭배하지 않고 도로의 석가를 숭배한다(Phật trong nhà không thờ, đi thờ Thích ca ngoài đường.)"라는 가요나 속어가 있다.

베트남에 유입된 부처는 불자만이 아닌 모든 사람이 어떠한 어려움에서도 벗어날 수 있도록 도울 수 있는 전통 신상 속의 신들과 동일 시 되었다.

불교가 자신과 영원히 있도록 하기 위하여 베트남인은 흔히 계율을 파괴하였다. 이는 승려가 오직 자기 마을만의 사원을 지키고 제례를 담당하도록 할 목적에서 마을민이 승려를 혼인시켜 가정의 사찰로 만드는 형태로 나타났다. 이는 주로 빈한한 마을에서 일어났다.

중국 한대에 봉건전제중앙집권제도와 황제의 절대권위를 공고히 하는 정치사상적 학설과 도구로써의 유교는 한자 교육을 위한 학교 설립과 한의 지배를 도울 수 있는 베트남인 인재 양성, 그리고 여러 계층의 한인을 베트남에 이주시키는 형태로 유입·발전되었다. 그러나 유교와 한자가 도호 관리와 사회의 상위계층에 국한되어 전파·발전되었기 때문에 전통 촌락의 대부분 주민들은 이와 접촉할 기회가 거의 없었다. 따라서 국가를 세우고 지키는 과정에서 형성·발전된 베트남인의 전통 풍속과 습관은 북속기간에도 여전히 보존·발전될 수 있었다.

도교는 유교보다 늦게 중국에서 유입된 사상이자 신앙이지만 전파와 발전은 빠르고 넓고 깊었다. 베트남에 유입된 도교도 초기에는 유교와 같이 사회 속에 보편화되지 못하고 주로 상위 계층에 국한되었다. 그러나 민간에서는 신선적인 것보다는 주술적인 경향이 강한 민간신앙의 집대성형태로 베트남의 전통적 미신 신앙, 즉 운수보기, 관상보기, 손금보기, 점보기, 별 보기, 굿, 기우제, 부적 등과 결합하여 발전하게 되었다. 따라서 도교와 민간신앙은 구별이 어려웠다. 락롱꿘(Lạc Long Quân), 쯔동뜨(Chử Đồng Tử), 썬띵·튀띵(Sơn Tinh·Thủy Tinh), 푸동티엔(Phù Đổng Thiên)왕 등의 신화도 모두 도교의 신선화에 기원을 두고 있다.

베트남에 유입된 도교는 또한 사찰에도 침투했다. 승려들이 도술을 부려 병을 치료하고 마귀를 제어하던 행위 때문에 민간에서는 불교를 방술을 행하는 종교로 여겼다. 도교가 민간신앙과 어우러져 발전하던 것처럼 불교 또한 민간신앙과 어우러져 발전했다. 예컨대 정(亭, đình), 사당(đền) 등에서 숭배되는 인신, 자연신들이 지금까지 불교사원에서 여전히 숭배되는 것이 그렇다.

역사 속에서 유교가 주로 통치자의 무기가 되었는가 하면 도교는 통치계급에 저항하는 무기로 사용되기도 하였다. 주지하듯이 중국의 농민봉기는 도교의 영향이 크다. 태평교의 창시자 장각이 일으킨 황건적의 난이 대표적이다. 황건적의 난이 제압될 당시 잔당 중 일부가 베트남으로 도피하여 활동을 전개하였는데, 이들은 2세기 말경 중국 지배에 대한 교주민의 반란에 크게 영향을 미치기도 하였다.

베트남 역사에도 이 같은 사례가 많이 있다. 베트남 리왕조 년똥(Nhân Tông) 때 지엔 쩌우(Diễn Châu)에서 반란을 일으켰던 리작(Lý Giác)은 나뭇잎으로 사람을 만드는 능력을 가졌다. 프랑스 식민지시대 1895년 북부 해안지역에서 봉기를 일으켰던 막딩푹(Mạc Đĩnh Phúc)은 방술을 부려 프랑스인들의 총구가 자신들을 쏘도록 하였다. 빙딩(Bình Định)의 보쯔(Võ Trứ)와 꾸앙 남(Quảng Nam)의 쩐 까오 번(Trần Cao Vân)은 부적을 달고 궁, 창, 칼 등을 가지고 다니면서 적을 무찔렀다. 판 씩롱(Phan Xích Long)을 황제로 받들고 남부의 따런(Tà Lớn)산에 항불활동을 전개하던 응우옌 흐우 찌(Nguyễn Hữu Trí)는 적의 총이 발사되지 않도록 방술을 부렸다. 물론 이것들은 믿을 수 없는 것들이다.

VI. 점성 문화

1. 왕국의 형성과 발전

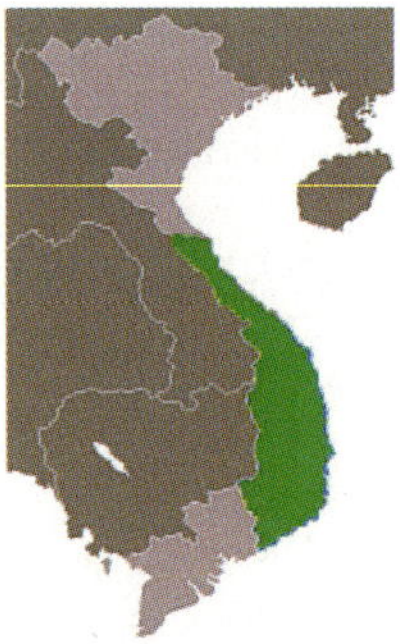

[사진 13] 점성

중국의 사료에서는 점성왕국의 초기 국호를 임읍(林邑)이라 하였다. 8세기 중반에 환왕(環王)으로 바꾸었다가 9세기 말에 점파 혹은 점성[대점(大占)이라 부를 때도 있었음]이라 하였다. 여기서 점파는 고대 산스크리트어에 뿌리를 두고 있는 참파(Champa)의 한자음이다.

오랜 역사성을 가진 국가임에도 불구하고 이들의 기원은 명확하지 않다. 『흠정월사』에는 "102년 후한 화제(和帝) 때 녓남의 남단에 뜨엉 럼(Tượng Lâm)현이 있었다. 이곳 사람들의 잦은 침략을 방어하기 위하여 화제는 이곳에 관리를 두었다. 또 후한 말 이곳 출신 쿠리엔(Khu Liên, 區連)이 현령을 살해하고 칭왕하며 '임읍(林邑, Lâm Ấp)'이란 국호를 썼다. 중국의 삼국시대(220-265)에 임읍인들은 녓남과 끄우 쩐을 자주 침범하여 양민을 죽이고 재산을 약탈해 갔다."라는 형태의 기록이 있다.

임읍에 대한 중국의 기록으로는 중국을 통일한 진(晉)이 각 주의 군사를 줄이고자 할 때에 당시 교주의 자사였던 도황의 상소가 있다. 그 내용은 "임읍이 부남과 동맹하여 일남을 자주 침범하고 있사온데 만약 이때에 교주의 군사를 줄인다면 어찌 국토를 보존할 수 있으리이까!"이다.

임읍은 교주와 부남 사이, 즉 오늘날 베트남 중북부에서 중남부지역에 존재했던 국가이다. 임읍의 주인공에 대하여 서구 학자들은 약 5000년 전에 말레이 지역으로부터 이주하여 싸휭문화를 일으킨 말레이-폴리네시아어계로 보고 있다. 새로 발견된 유적들을 근거로 오늘날 베트남 학자들은 싸휭문화는 전싸휭문화를 거쳐 형성됐다고 주장한다.

싸휭문화의 주인공들은 발전을 거듭한 결과 까우(Cau, Kramuka vams'a: 빈랑)부락과 즈어(Dừa, Nakirela vams'a: 코코넛)부락을 이루었다. 이들 부락명은 빈랑과 코코넛이 많았던 마을의 특징을 근거로 했을 것이다. 베트남의 사료에서는 전자가 푸옌(Phú Yên)에서 빙퉌(Bình Thuận)을 중심으로, 후자가 다낭(Đà Nẵng)에서 빙딩(Bình Định)을 중심으로 형성되었다고 하였다. 전자는 기원후 초기에 꾸몽(Cù Mông: 빙딩과 푸옌의 경계)협곡을 중심으로 소국을 세웠다. 냐쨩의 보 까잉(Võ Cạnh) 마을에서 발견된 범어(산스크리트어)로 쓰여진 2세기 말경의 것으로 추정되는 석판은 소국의 설립자를 스리 마라(Sri Mara)라 하였다. 일명 남짬(Nam Cham)으로 불리는 이 소국은 후의 기록에서 공식 국호를 판두란가(Panduranga)라 하였다.

베트남의 자료는 남짬의 발전시기에 북짬은 중국 한의 지배에 있었고 이곳에 일남(日南, Nhật Nam)군을 두었다고 하였다. 따라서 일남군은 오늘날의 화잉 썬(Hoành Sơn)에서 꾸앙 남(Quảng Nam)까지이며, 일남군에서 가장 남쪽에 위치한 상림(象林, Tượng Lâm)현은 꾸앙 남에서 빙딩까지였다는 것이다. 후한 시대에 이곳 주민들의 잦은 반란은 원거리 때문에 중국의 지배가 확고하지 못했던 점과 교주에서도 월족이 아닌 이민족이란 점 등이 작용했다. 이들은 A.D.40년의 두 쫑부인 봉기에 가담했던 것을 시작으로 수차(100, 136, 144, 157, 178)에 걸쳐 직접 반란을 일으키기도 했다. 그 후 2세기 말(190-192) 중국 후한의 혼란을 틈타 북짬의 쿠 리엔은 반란을 성공시켜 임읍을 세웠다. 국호 임읍은 상림읍(象林邑, Ấp Tượng Lâm)의 '상'자가 생략된 형태로 본다. 팜반(Phạm Văn, 337-349)의 지배기에 임읍은 화잉 썬까지 영토를 확장하였다. 이어 판반의 아들 팜펏(Phạm Phật, Bhadravarman I, 349-361)의 지배기에 남짬을 병합하여 통일왕국의 기틀을 세웠다.

최초의 통일왕조는 간가라자(Gangaraja, 4-8세기)였다. 이 왕조는 몇 차례 중국의 침략을 제외하고는 안정적으로 발전했다. 통일왕조는 수도를 사자의 도시라는 의미의 신하푸라(Sinhapura)라 하였다. 위치는 지금의 꾸앙 남(Quảng Nam)성 쥐 쑤옌(Duy Xuyên)현의 투본(Thu Bồn)강 남쪽이다. 이때 수도에서 20km 떨어진 서쪽에 미썬(Mỹ Sơn)사원이 세워졌다. 미썬사원은 힌두교 사원의 건축형식을 모방하여 붉은 벽돌로 지어졌다. 약 68개의 주 건축물 중 대부분이 간가라자왕조하에 지어졌다.

임읍의 간가라자왕조 이후 환왕의 판두란가(Panduranga, 8-9세기)왕조가 세워졌다. 이 왕조는 수도를 지금의 판장[Phan Rang: 닝퉌(Ninh Thuận)성에 속함]인 판두란가에 세웠다. 이는 왕조명이 지역명에서 왔음을 보여준다. 그렇지만 수도가 냐짱(Nha Trang)의 비라푸라(Virapura: 밝은 빛의 수도)일 때도 있었다.

판두란가왕조의 수도 중심에는 왕궁과 사원이 있었다. 그 중 시바신의 아내인 우마신을 숭배하는 큰 사원 포 나가(Po Nagar)가 있었다. 왕조가 짧았기 때문에 왕위는 6대로 끝났다. 이 왕조는 두 차례 자바의 침략을 받았는가 하면 진랍을 침략하기도 했다. 5대 왕 하리바르만 1세(Harivarman I, 801-817)는 중국에 조공을 거부하는가 하면 802년과 809년 두 차례 교주를 침략하는 형태로 대외팽창정책을 펴기도 했다. 하지만 비크란타바르만 3세(Vikrantavarman III, 829-854)를 마지막으로 판두란가왕조는 끝났다.

판두란가왕조를 이어 점성의 인드라푸라왕조가 세워졌다. 9세기 중반에서 10세기 말까지 존재했던 이 왕조는 수도가 인드라푸라[Indrapura, 꾸앙 남(Quảng Nam)성 탕빙(Thăng Bình)현 동 즈엉(Đồng Dương) 마을]였던 것에서 볼 수 있듯이 힘의 중심을 남쪽에서 북쪽으로 이동하였다. 인드라푸라는 모든 신들의 수장인 인드라(Indra)신의 도시로써 짜 끼에우(Trà Kiệu: 꾸앙 남의 쥐 쑤옌 현)에서 동남방향으로 15km 떨어진 투본(Thu Bồn)강의 한 지류인 리리(Ly Ly)강변의 동 즈엉(Đồng Dương) 마을에 위치했다. 수도의 지역 명칭을 따라 동 즈엉 왕조라고도 했던 이 왕조는 대승불교가 홍성했던 것을 고려하여 불교왕조라고도 했다.

불교의 발전 하에서도 힌두교는 배제되지 않았다. 당시에 동 즈엉 청동 불상이 만들어졌다. 인드라바르만 III(875-890)는 자신의 묘호(廟號)를 만들기 위하여 불이라는 존호(尊號)를 취하기도 했다. 바로 파라마부다로카(Paramabudhaloka)이다. 동 즈엉에 남겨진 30여개의 건물 흔적을 통해 이 왕조가 새로운 수도를 세웠던 것으로 추정되며, 여기에는 불교사원과 힌두교사원도 있었다.

인드라프라왕조는 안남을 세 차례(861, 862, 865) 침략하였다. 약 889-890년 기간에 진랍의 침략을 역공하여 크게 손실을 입혔지만 약 945-946년 기간 동안의 침략에서는 타격을 크게 입었다. 이 왕조는 약 982-983년 기간에 멸망하기까지 9명의 왕이 존재했다.

2. 국가조직

국가 설립 과정에서 점성의 통치자는 인도 지배 계급의 브라만교사상을 도입하여 신권정치의 토대를 마련했다. 그 결과 점성의 정치조직은 인도의 모델을 따르게 되었다. 점성의 왕은 자신을 지상 신령의 후신이라 여겼으며 시바신과 동일화시켰다. 브라만교와 힌두교 외에 불교도 정치, 사회 속에 깊이 유입되었다.

점성은 전국을 5개의 군과 38개의 현으로 나누었다. 왕은 자신의 형제들을 부왕 혹은 차왕으로 책봉하여 지배를 강화하였다. 절대 최고 권력자였던 왕은 대왕(Maharaja), 최고대왕(Maharajadhiraja), 최고왕(Adhikhraja) 등으로 칭했으며, 고관이라 할지라도 감히 왕을 가까이 할 수 없었다. 왕위는 부자승계였으나 종종 왕족과 외척이 승계하기도 하였다. 그러나 점성의 역사에는 전혀 다른 인물이 무력을 이용하여 왕위를 계승하는 경우가 많았다.

왕 밑에는 계왕(繼王) 혹은 부왕(副王)이라는 유바라자(Yuvaraja)가 있었다. 그 이하에는 상서라는 아마티아(Amatya)가 있었다. 문관과 무관의 수장을 각 1명씩 두었으며, 그 밑에 3등급의 문무관직을 두었다. 여기에는 동서남북 각 2명씩 8명의 고급 관리를 두었다. 이어 세금 징수 업무를 담당하는 50인의 문관과 국고를 관리하는 12관직을 두었다. 그 외에도 지방을 관리하는 관리를 두었다. 관직체제가 정돈된 이후에는 재상을 두었다.

왕은 보통 금테를 두른 비단으로 된 털 장식의 높은 모자를 썼다. 왕은 행차 시에 코끼리를 타거나 4명이 메고 가는 가마를 이용했다. 전방에는 징과 일산이, 주위에는 깃발이, 그리고 후방에는 활과 창을 든 20명의 무사가 함께했다. 왕의 행차가 지나갈 때 백성들은 반드시 땅에 엎드렸다. 관리가 백성을 접견할 때도 반드시 엎드려 손을 조아렸다.

조정에서 여자는 특별한 역할을 하였다. 즉, 왕이 어전에 오를 때에 칼을 든 30여명의 여자가 수행하거나 빈랑·구장 쟁반을 든 1명의 호위(護衛)가 시중하는 형태였다.

인도의 브라만 승려 또한 특별한 역할을 하였다. 그들은 종교에서 고위 직책을 갖고 점성의 조정에서 정치와 문화에 큰 영향을 미쳤기 때문이다.

점성은 성문법이 없었다. 가벼운 형벌은 50-100대의 태장에 처했다. 그 이상은 나무에 매달아 뾰족한 막대기로 목이나 머리를 찔렀다. 또 그 이상은 코끼리로 밟아 죽이거나 때려 죽였다. 범죄자가 붙잡혔을 때 벗 라오(Bất Lao)산에서 자살

케 하는 경우도 있었다.

통일왕조의 최초 수도 신하푸라에는 신권과 왕권에 대한 5가지 상징이 있었다. 첫째, 시바신을 상징하는 영산(靈山) 미썬산(고양이 치아산이라고도 함)이다. 둘째, 시바신의 부인인 간자(Ganja)를 상징하는 영강(靈江) 투본강이다. 셋째, 통상무역의 중심지 영해구(靈海口) 항시 호이 안(Hội An)이다. 넷째, 수도 신하푸라의 왕권 중심지 영시(靈市)이다. 다섯째, 미썬 성지의 신권 중심지 영지(靈地)이다.

북남으로 강한 국가와 첨예한 대립관계에 있었기 때문에 점성은 군사력 증진에 힘썼다. 보병, 상병, 기병, 수병으로 조직된 군대는 4-5만에 이르던 때도 있었다. 이외에도 왕과 수도를 지키는 5000명 규모의 금위군을 두었다. 군대의 고위장교는 대왕, 대장, 장, 사령의 형태로 왕족 중에서 왕이 임명했다.

점성의 전력에는 상병의 역할이 컸다. 여기에는 코끼리가 많았기 때문이다. 대외전투에서 왕은 등갑옷을 입고 코끼리를 타고 참가했다. 코끼리 한 마리에는 5명의 기병과 30명의 보병이 함께했다. 30명의 보병은 전후 15명씩 나뉘었다. 진격 시에는 아군의 사기를 북돋기 위하여, 반대로 적군의 사기를 떨어뜨리기 위하여 북을 쳤다.

바다와 접했던 관계로 점성은 수군도 강했다. 점성군이 수차에 걸쳐 수백 척의 선단을 이끌고 교주-다이 비엣을 침략할 수 있었던 것도 여기에 있다.

사회가 가족과 마을로 구성된 공동체 사회였던 관계로 토지는 마을 공동의 소유였다. 마을 공동의 토지는 가족에게 분배되어 경작되었다. 토지를 경작하는 자는 소득의 1/6은 관리에게, 1/10은 국가에 세금으로 납부했다. 1/6은 관리에게 녹봉이 지급되었다는 의미가 된다. 성직자와 관리 외의 일반인은 국가를 위하여 군역과 부역도 졌다. 강력한 신권정치의 영향으로 사원은 많은 토지를 소유했다. 사원의 토지는 농민이 경작을 하였다. 사원전을 경작하는 농민의 경우는 사원을 위해 조세와 부역을 감당했기 때문에 국가의 조세와 부역에서 자유로웠다.

사원이 많았던 것이나 사원마다 크고 작은 종교 활동이 많았던 것 때문에 점성의 사원은 노비 외에 여승, 악공, 무희와 같은 전문가도 많았다. 사원의 노비는 대부분 농경에 동원되고 나머지 소수는 사원의 의례와 일상생활에 활용되었다.

백성의 대부분을 차지하는 농민 외에도 상공업, 어업 등에 종사하는 계층이 있었다. 비록 인도의 문화를 수용하였기에 계급사회가 존재했을지라도 인도만큼 엄격하지는 않았다. 사회구조는 지배계급과 피지배계급으로 나뉘었다. 전자는 왕·관리·승려, 후자는 농공상어업에 종사자하는 평민과 노예로 구성되었다.

3. 물질생활

점성은 산이 많고 평야가 적었기 때문에 농작물은 풍요롭지 않았다. 대신 산과 바다는 다양하고 풍부한 임해산물을 제공했다. 이들이 중국에 바쳤던 조공품은 교주가 중국에 바쳤던 조공품과 큰 차이가 없었다. 조공품 중에는 교주에서 볼 수 없는 호피가 보이는데, 이는 산림이 많았던 자연환경 때문이었을 것이다.

이들도 이기작을 하였다. 이곳은 지대가 높았기 때문에 계단식 논이 많았다. 무엇보다 이곳에서는 빈랑이 많이 재배되었다. 이에 대하여 당시에 이곳을 방문했던 외국인들은 "오로지 빈랑나무만 보였다."고 하였다. 이들도 교주인과 같이 빈랑을 씹거나 치아를 검게 염색했다. 짬족은 왕에게 빈랑을 헌상하는 것을 왕에게 존경을 표하는 것으로 여겼다. 따라서 왕이 입궐할 때마다 시녀는 왕에게 빈랑을 올렸다. 이들은 야자 잎을 이용하여 방석을 만들었는가 하면 야자수를 이용하여 술을 만들었다. 이들도 누에를 치고 목화와 황마를 재배하여 의생활을 높였다. 이들은 말보다 소를 많이 길렀다. 이들은 운송, 교통, 군사를 위하여 많은 코끼리를 길렀다.

원료가 다양하고 풍부했기 때문에 수공업이 발달했다. 이들은 누에고치, 목화, 황마, 깟 보이(cát bối) 등을 이용하여 면방직(綿紡織)을 발전시켰다. 이중 깟 보이는 나무의 이름으로 꽃이 거위 털과 같이 생겨 실을 뽑듯이 잡아내어 천을 만들면 흰색의 천이 되었다. 이들은 각종 천을 다양한 색으로 염색하여 이용하였다.

점성에서는 금 생산이 많았던 것 같다. 이들은 금을 이용하여 다양한 용기와 제기, 그리고 신상 등을 만들었다. 따라서 이들이 중국에 바치는 조공품 중에는 금제 병, 쟁반, 접시, 징 등이 있었다. 베트남의 북속시기에 중국의 점성 침략자들이 수십 만근이 넘는 금 신상들을 전리품으로 했다는 사실은 이를 반영한다.

점성의 미썬(Mỹ Sơn)유적에서 알 수 있듯이 이들은 벽돌제조와 건축, 그리고 조각에서 매우 뛰어난 재능을 발휘했다. 기단과 같은 일부분만 제외하고 이곳의 건축물은 모두 벽돌로 지어졌다. 비록 베트남 전쟁(1960-1975)으로 대부분 훼손됐지만 일천년이 훨씬 지난 지금까지 사원이 건재한 것은 벽돌의 질과 뛰어난 건축기술에 있다고 하겠다. 벽돌은 굴 껍데기를 썩혀 가루로 만든 다음 흙에 섞여 구워졌다. 가마에서 구워진 벽돌은 분홍색을 띠었는데, 지금도 이곳 건축물의 색깔은 여전히 분홍색을 유지하고 있다. 한편 기단 등에 정교하게 조각한 힌두교의 여러 신상들은 당시 점성인 예술의 극치를 말해준다.

열악한 자연환경 때문에 점성의 경제는 발전하지 못하고 자급자족의 수준을 유지했다. 따라서 점성의 역사가 자신들과 남북으로 국경을 접하고 있는 부남-진랍과 교주-다이 비엣을 수차에 걸쳐 침략했던 이유는 생존차원에서 비롯됐다고 할 것이다.

인도의 영향을 받았기 때문에 이들의 복장은 맨발에 천을 휘감는 형태였다. 이를 도만(đô man) 혹은 깐만(can man)이라고 하였다. 귀족의 경우는 깟 보이를 착용하고 가죽신을 신었으며 귀걸이 등의 장신구를 착용했다.

4. 풍속

짬족의 인사는 오늘날 태국인들처럼 합장한 손을 상하로 약간씩 흔들면서 고개를 숙이는 형태였다. 이들은 인도에서 전파되었던 빈랑과 구장을 씹었다. 여기에 교주-다이 비엣인들처럼 이를 염색했다.

모계사회였던 짬족에서 여자는 가정과 사회, 그리고 생산활동에서 중요한 역할을 하였다. 따라서 혼인시즌인 8월의 경우 여성의 역할은 절대적이었다. 혼인식 날 승려는 신랑을 신부 집에 인도하였다. 신랑과 신부가 손을 잡고 서로 평생을 부탁하면, 하객들은 큰 소리로 이들을 축하하였다.

이와는 반대인 경우도 있다. "남자 쪽에서 중매쟁이를 통해 금, 은 패물과 술, 물고기 등을 여자 측에 보낸다. 신부를 맞을 길일이 정해지고 신부를 맞을 준비가 되면 승려에게 신부를 신랑 집으로 데려오도록 부탁한다. 신부가 오면 신랑은 손을 씻고 신부를 맞아들인다.". 이는 귀족의 혼인식으로 보는 경향이 있다.

이들은 형사취수혼(兄死娶嫂婚)과는 달리 남편이 아내 사후 아내의 여동생을 취하는 형태의 풍습이 있었다.

짬족은 사람이 죽으면 화장을 하였다. 신분을 구분하지 않고 시신을 화장한 후 뼈를 수습하여 수장하였다. 이 때 신분과 형편에 따라 뼈는 금, 동, 토기 등의 병에 담기어 강물에 보내졌다. 화장풍속 외에도 시신을 볏짚으로 만든 옷을 입힌 다음 불교 의례를 하고 땅에 묻는 매장풍속도 있었다. 이는 불교의례에 따른 장례풍속으로 이 역시 인도의 영향으로 볼 수 있다.

5. 종교

짬족은 인도로부터 많은 종교를 받아들였다. 그것은 2, 3세기에 유입한 힌두교를 포함하여 9세기에 유입한 불교 등이다. 비록 불교 사찰과 교리를 언급한 비문이 많기는 하지만 불교의 영향과 역할은 힌두교와 비교하여 크지 않았다. 그리고 11세기에 유입합 이슬람교의 영향과 역할도 크지 않았다. 짬족의 이슬람교도가 많아지기 시작한 시기가 국력이 급속히 약화되기 시작했던 15세기부터였기 때문이다. 따라서 점성국에 영향을 많이 미쳤던 종교는 힌두교가 된다.

인도 문화가 짬족 문화에 강하게 영향을 미쳤던 시기는 7세기부터 15세기 기간이다. 유입된 힌두교는 일찍부터 멸망 때까지 짬족의 국교가 되었다. 점성인들은 인도인들의 초기 신들을 숭배했다. 그 중 인드라(Indra)신은 신들의 주신이었다. 이들은 특별히 힌두교의 브라마신(Brahma), 비스누신(Visnu), 시바신(Siva)을 숭배했다. 그리고 이들은 대승불교도 받아들였다. 그러나 가장 중요한 것은 시바신이었다. 이는 지금까지 발견된 130개의 비기(碑記) 중 무려 93개가 시바신에 관한 것이라는 사실에서도 입증된다.

[사진 14] 포 나가 여신

특히 미썬성지에서 시바신은 점성국의 조신(祖神)으로 받들어졌다. 포 누가(Po Nugar) 성지에서는 처음에 시바신이 가장 높은 위치를 차지했으나 후에는 바가바티(Bhagavati) 여신이 높여졌다. 본래 이 여신은 시바신의 아내로 우마(Uma)라고 불렀으며 점성에 의하여 포 나가(Po Nagar) 여신이 되었다. 시바신은 점성에서 가장 많은 이름을 갖는 신이었다. 마해스바라(Mahesvara), 마하대바(Mahadeva), 아디아(Adhía), 스바라대바타(svaradevata)신들처럼 최고 위치를 나타내는 신들도 있었다.

[사진 15] 시바신

시바계파에서 시바신 외에 다른 신들이 있다. 그 중 걸출하기는 시바신의 사크티(sakti)들이다. 이는 우마(Uma), 가우리(Gauri), 바가바티(Bhagavati), 마하브라가티(Mahabragati), 대비(Devi), 바하대비(Mahadevi), 부미스바라(Bhumisvara)와 같은 여신들로 시바신의 아내이다. 가내사(Ganesa)신 혹은 비나야카(Vianyaka)신은 시바신과 우마신의 아들이다. 카티캐야(Kartikeya)신은 가내사(Ganesa)신의 아들이다. 이 신들은 개별적 혹은 자신의 어머니 바가바티(Bhagavati) 여신과 함께 숭배되기도 했다. 이외에도 이 계파에는 공신(公神)의 자식 형상인 승물(乘物) 위에 서있는 스칸다

(Skanda)신이 있다.

점성의 시바계파는 가장 강력한 계파이며 힌두교에서 주체이기도 하다. 이는 점성 사회에서 정치와 종교의 계파, 그리고 신권과 왕권 사이를 연결하는 역할을 하였다. 점성의 왕조는 시바계파의 신성한 권력을 늘 존중했다. 점성은 시바계파 이외에 비수누계파에 속하는 신상들이 있었고 브라마까지 숭배하였기에 힌두교 신전을 매우 복잡하게 만들었지만, 시바계파가 주도적 역할을 하였다.

힌두교와 더불어 불교의 영향도 있었다. 처음에는 소승불교였으나 이후에는 대승불교였다. 인도차이나의 비문은 바로 인도차이나에 대승불교의 성지를 세운 인드라푸라(Indrapura) 왕조의 설립자 스리 자야 인드라바르만 (Sri Jaya Indravarman) 왕의 공적을 기록하였다. 대승불교는 왕조에 지대한 영향을 미쳤으며 인드라푸라왕조에서 한 때 국교가 되었다. 점성 사회에서 대승불교의 발전은 일반적으로 힌두교, 특히 시바계파에 불리하게 작용했다. 그래서 오래지 않아 시바계파는 인드라바르만 이후의 왕들에 의하여 다시 발전하게 되었다. 미썬성지가 회복되고 시바파는 국교가 되었다. 대승불교는 그때부터 독립된 정치세력을 점차 잃기 시작했으며 마침내 시바파에 흡수되어 점성인의 공동문화 속에서 찾아볼 수 없게 되었다.

6. 예술

양이 많거나 다양하지는 않지만 다낭의 짬박 물관에는 사원의 기단, 부조, 탑 등의 유적이 전시되어 있다. 온전한 형태는 아니지만 미썬의 사원들은 과거 점성의 건축과 조각 예술의 백미를 보여준다. 벽돌로 세워진 탑의 경우 사암 부조 장식은 그야말로 조각예술의 진수이다. 탑신은 해가 뜨는 방향이며 신령의 거주처가 되는 동쪽에 정문이 하나 있고 세 개의 가짜 문이 있다. 탑은 정면에서 봤을 때 정사각형 위에 정삼각형을 올려놓은 형태이다. 정삼각형도 각각의 층으로 구성되어 있으며, 각 층의 사면 모서리에 작은 주탑 형태의 네 개의 탑이 있다.

점성의 종교건축에서 두드러진 특징은 외면의 전체가 정교하고 세밀하게 장식되어 있다는 것이다. 조각예술에서 대부분의 상은 브라만교와 불교의 신상이다. 그것은 천둥과 번개의 신인 인드라상, 창조의 신인 브라마상, 보존의 신인 비스누상, 훼멸의 신인 시바상, 태양의 신인 수르야상, 시바신의 아내 우마상, 시바신의 아들 가네사상, 호법신의 드바라파라상, 라마야마 서사시의 작가 발미끼상과 브라만 수사, 끼나리 악공, 압사라 무희상, 시바신·비스누신·새의 신 가루다·뱀의 신 나가·소의 신 난딘·코끼리의 신 가자심하·바다괴물 마카라 등의 승물(乘物)들이며, 보편적으로는 링가(Linga)와 요니(Yoni)이다.

신령과 인물형상은 인도의 신화와 조각에서 소재를 얻었다. 그렇지만 일부의 경우는 상에서 현실, 생동, 자연, 우아함을 찾아볼 수 있다. 예컨대, 8세기에 속한 팍바티(Pacvati) 여신상은 평범한 짬족 여인과 남도(南島)의 아담하고 미소 짓는 모습을 보임으로써 예술성에서 세계의 유명 반신상들과 비교하여 조금도 부족함이 없다. 짜 끼에우 압사라스 무희는 캄보디아처럼 거칠고 엄숙하지 않으며 인도나 다른 일부 나라처럼 가슴을 강조하지 않았고 온화하며 우아하다. 이곳의 탑과 사원, 그리고 부조는 옛 점성인의 창조적이며 독자적인 재능을 구현하였다.

점성의 음악과 춤 역시 매우 독특했다. 점성인들은 힌두교의 궁정생활과 의례에서 기쁨과 장엄함을 위하여 가무를 이용하였다. 이는 무엇보다 공동체 생활 습관 때문이었다. 혼인 등의 축제에는 항상 춤과 노래가 있었다. 부조에는 북을 치고 피리는 부는 사람의 모습이 있다. 악기는 유입됐거나 그렇지 않았을 수도 있지만, 음악은 독자적으로 탄생했다. 오늘날 남아 있는 짬족의 음악이 슬픔을 담고 있다고 하여 모든 음악이 그랬을 것으로 볼 수 없다. 음악은 궁정, 의례, 혼상 등 용도에 따라 유형이 달랐기 때문이다. 사료의 부족으로 과거 짬족의 춤을 정확히 알 수는 없으나 궁정과 사원의 부조[임금과 신을 위한 압사라(Apsara)춤 동작을 부조의 소재로 삼음. 오늘날 캄보디아인은 부조의 형상을 보고 압사라 춤을 재현하고 있음], 그리고 혼상에 나타난 춤 동작들을 근거로 할 때 독창성과 다양한 장르를 가지고 있었다고 할 수 있다. 이뿐 아니라 전레왕조를 세웠던 레 환(Lê Hoàn)이 점성 침략에서 100명 이상의 무녀들을 붙잡아 왔다는 사실도 이를 반영한다. 말할 것도 없이 이들을 통해 짬족의 궁정 음악 예술이 다이 꼬 비엣(Đại Cồ Việt)에 전해졌을 것이다.

7. 문자

짬족은 인도의 고대 문자인 범어(Sanskrit)를 사용하였다. 이는 2세기에서 8세기 사이에 주로 사용되었으며, 비문을 제작하거나 타국과의 외교 및 통상 문서를 주고받을 때 쓰였다. 과거 베트남인들이 중국의 한자를 빌어 쯔놈을 만들었던 것처럼 짬족도 범어를 빌어 자신들의 문자를 만들었다. 이는 16개의 모음과 31개의 자음, 그리고 약 32개의 알파벳으로 구성되었다. 비록 창조적이었음에도 불구하고 이 문자는 주로 토지, 노예, 제사 도구 등 국한적으로 사용되었다.

대부분 범어로 쓰여진 점성의 비문은 신성과 왕을 칭송하는 내용이다. 가장 오래된 비문으로는 4세기 것이 있다. 지금의 꾸앙 남성 쥐 쑤옌 현에 속한 찌엠 썬의 혼끗에서 발견된 비문은 "위대하신 행운의 바드래스바라(Bhadresvara)신을 경배하라."는 내용이다. 미썬의 비문 중에는 바드라바르만(Bhadravarman)왕이 바드라바라(Bhadravara)신의 사원을 설립하고 사원에 토지를 하사한 내용들이 기록되어있다.

짬족은 일찍부터 인도의 사카(Saka) 역법체제를 받아들였다. 이때부터 이들은 역 사용과 역 계산 방법을 알았다. 이 역의 시작 시점은 공력(公曆) 78년 3월 3일과 같다. 이 역은 12년을 주기로 하며, 매 년은 12달이고, 12달 주기 내 매 달을 표현하기 위하여 12마리의 동물 이름을 이용하였다. 여기서 주목할 점은 오늘날 중국인과 베트남인이 사용하고 있는 십이간지의 동물과 비슷하다는 것이다. 짬력의 달은 밝은 주와 어두운 주 2 주로 나뉜다. 한 주는 7일이며 하루는 태양계의 일곱 개 행성 중 하나의 이름을 따라 붙여졌다. 점성 조정의 학자들은 정확하게 시간의 주기를 정하기 위하여 행성들의 시간에 따라 이동하는 위치를 매우 정확하게 연구하고 계산했다. 점성은 또한 무게와 길이를 측정하는 독자적 도량체계를 가지고 있었다.

VII. 부남 문화

1. 부남의 형성과 존재

동 나이와 끄우 롱강 평원에서의 고고학 발견을 통해서 구석기시대부터 이곳에서 사람이 살았음을 알 수 있다. 발견된 우물 중 대부분은 돌도끼와 토기이며 그 중 돌칼은 수렵, 채집, 사냥 경제에서 벼를 재배하는 농업 경제로의 이전을 보여준다. 이후 금속기문화까지 이어지는 이들의 문화는 정신과 물질생활에서 꽤 발전했음을 보여준다. 이들 문화는 인도 문명과의 접촉 이전, 즉 토착성을 증명한다.

비기 등의 사료에 의하면, 당시 베트남 남부의 고지대와 인접 캄보디아 지역에는 7개 부족 연맹과 일부 씨족, 그리고 부락들이 있었다. 따캐오(Takeo)지역과 당시 하 띠엔과 안쟝 등의 남부 해안은 코 트롯(Koh thlot) 부족 연맹의 거주 지역으로 아홉 개 머리 뱀(나가, Naga)신의 딸인 소마(Soma)여왕이 다스리고 있었다. 1세기 초 카운딘야(Kaundinya)라는 인도인이 해로를 이용하여 1만 2천명을 이끌고 이곳에 왔다. 소마의 군대와 카운딘야의 군대 사이에 전투가 벌어졌으며, 신궁의 능력을 힘입어 승리한 카운딘야는 소마여왕을 아내로 맞이하였다. 그 후 그는 다른 부락과 씨족을 정복하여 부남을 세웠다. 그는 부인이 나체로 사는 것이 싫어 천을 가져다가 목에서 아래까지 감쌌다. 그는 여성들에게 의복 착용을 가르치는 일 외에 인도 법률, 문자, 종교 등을 전했다. 이는 인도 문화가 동남아시아에 전해지는 전기가 되었다.

[사진 16] 동탑에서 발견된 2~3세기 것의 부남 비석

중국의 『남제서(南齊書)』와 『양서(梁書)』들은 부남인들을 검은 피부, 곱슬머리, 둥근 얼굴, 짧은 코로 언급하고 있다. 실제로 부남 문화의 주인공은 토착민으로 말레이계에 속한다. 발전과정에서 그들은 다른 인종과 접촉하여 함께 공존했다. 이들의 대부분은 몬-크메르어를 사용했다.

부남의 이름은 옛 크메르어 '브남(Bnam)'의 발음이며, 고대 중국어 만다린어 '포우 난(Fou Nan)'의 발음이기도 하다. 이는 지금의 프놈(Phnom)이며 '산' 혹은 '언덕'의 뜻을 갖는다. 부남의 왕호는 사이라자야(Sailaraja)이며 '산왕'이라는 의미이고 크메르어로는 쿠룽 브남(Kurung Bnam)이다. 브남의 의미는 '산인(山人)', 즉 '족명(族名)'이지 '지명(地名)'이 아니라는 의견도 있다. 다시 말해 고유명사이지 산을 지칭하는 명사가 아니라는 것이다. 이 때문에 브남은 산간지역의 종족으로 이해되어야 한다.

부남왕국은 서기 1세기에 출현하여 7세기 초까지 존재하였다. 이 왕국이 가장 번창했던 시기는 약 3세기에서 5세기까지이다. 팜만(Phạm Mạn, 220-225) 통치하에 부남은 주변을 정복하여 인도차이나반도를 대부분 석권한 다음 스스로 부남대왕이 되었다. 팜 찌엔(Phạm Chiên, 225-245) 시기에는 인도, 중국 삼국시대의 오와 정식 외교관계를 맺었다. 팜떰(Phạm Tầm, 245-287) 시기에는 입읍과 동맹하여 교주의 구진군을 공략하였다.

부남은 주변을 점령하여 지배하에 두었을지라도 관리를 파견하여 직접 지배하지는 않았다. 지배 지역들은 소왕의 형태로 자신들의 통치 기구, 명칭, 전통 생활 풍속을 유지하면서 부남왕에게 공물을 바치는 의무를 졌다. 이러한 지배 형식이 부남왕국의 멸망요인이 되었는데, 부남은 메콩강 유역에서 반란을 일으킨

두 형제 바바르만(Bhavarman)과 시트라세나(Sitrasena)의하여 무너지게 되었다.

전자는 태국을 중심으로 적토와, 후자는 캄보디아를 중심으로 진랍을 세웠다. 적토와 진랍 외에도 썸반(Sâm Bán), 따오 밍(Tao Ming) 등의 나라가 세워졌다. 부남은 550년 진랍의 점령을 받았지만 그 후에도 4명의 왕이 627년 멸망되기까지 제위에 있었으며 모두 18명의 왕이 존재했다.

2. 물질생활

부남은 열대몬순기후와 메콩강이 만들어 놓은 비옥한 넓은 충적토와 중국과 인도 항로를 잇는 이로운 지역성 때문에 일찍부터 경제와 문화가 발전할 수 있었다. 중국과 인도를 이어주는 항로의 특징상 부남은 무역업에 종사하는 자가 많았다. 그들은 서쪽으로는 아프리카까지, 동쪽으로는 중국까지 진출했다. 그들은 조미료·향신료 등을 인도 시장에, 해귀·진주·산호·설탕·밀랍·제비집 등을 중국 시장에 팔았다. 무역은 부남을 발전 왕국으로 만드는 일등 공신이었다. 그러나 2, 3세기에 수마트라(Sumatra) 남부가 자바 해안지역의 새로운 무역 집중지로 부각되고 5세기 말부터 동남아시아의 무역 중심지가 옥 애오에서 말레이반도 남쪽에 위치한 말라카(Malacca)로 옮겨지면서 부남의 경제 강국의 역할도 점차 쇠퇴하기 시작했다.

[사진 17] 안장성 부남문화 주상가옥 잔재

부남인들의 주식은 쌀이었다. 중국의 사료는 부남인들은 우물이 없이 호수를 공동으로 사용하며 나체로 살고 맨발로 다니며 몸에 문신을 하였다고 한다. 그리고 이들은 머리카락을 허리까지 내려오게 길었다고 한다. 또한 일부 사료에서는 부유한 사람은 비단으로, 가난한 사람은 천으로 몸을 감쌌다고 한다. 부남인들의 주생활은 두 가지 형태가 있다. 즉 왕과 귀족들은 돌, 벽돌, 목재로 지어진 집에서, 일반인은 주상가옥에서 살았다.

초기 부남의 정치 체제는 씨족성을 많이 띠었다. 전설에 의하면, 최초의 왕조는 달과 해라는 씨족의 결합이었다. 왕국은 군주제도였으며, 국가조직의 수장은 한 명의 왕이었다. 부남의 수도는 사냥하러 가는 사람의 도시라는 뜻의 비아다푸라(Vyadhapura)였다. 이는 오늘날의 캄보디아 프레이즈벤(Preijven)성의 바놈(Banom)언덕에 가깝다. 부남 왕은 자칭 우주의 황제 파르바타부파라(Parvathabhupala)라고 하였다. 민간에서는 산의 왕이란 의미를 갖는 쿠룽 브남(Kurung Bnam)이라 하였다. 범어로는 사이라라자(Sailaraja)이다. 앞에서 언급했듯이 팜 쓰 만은 대왕으로 칭했으며, 이는 인도의 마하라자(Maharaja) 개념을 모방한 것 같다.

이곳에서 왕권은 인도 문화에서 받아들인 브라만교의 신권과 긴밀하게 결합되었다. 입궐 시에 왕은 긴 옷을 입고 금띠를 차며 옥구슬을 달고 높은 모자를 쓰며 금검을 찼다. 군신들은 하루에 3, 4회 왕을 알현했다. 지방 순행 시 왕은 코끼리를 탔다. 이때 백성은 존경의 의미로 왕이 지나는 길에 천을 깔았다.

부남의 법률은 신적인 요소가 강했다. 증거가 부족하여 판결이 힘든 경우 신의 도움을 요청하였다. 예컨대, 피고는 3일을 굶은 이후 벌겋게 달군 도끼날을 손에 들고 일곱 걸음을 걷게 하거나 끓는 물에 손을 넣어 달걀이나 금팔찌를 집어내게 하여 데면 유죄요 데이지 않으면 무죄로 판단하는 형식이었다. 또 다른 판결법으로 피고를 악어 우리에 넣었다가 먹히지 않으면 무죄로 간주하는 형식도 있었다.

3. 신앙과 종교

인도의 문화 영향이 있기 전에 부남인들은 거석을 숭배하는 전통과 함께 배물교 신앙이 있었다. 구운흙이나 자연석으로 만들어진 생식기와 초목, 금수 등을 숭배하는 습속은 시바상이 있기 전 충적토 지역에서 오랫동안 존재했던 것으로 보인다.

[사진 18] 안장 박물관 소재 옥 애오 문화-링가

인도의 문화가 전파되고 브라만교와 힌두교, 그리고 불교가 부남에 존재하게 되었다. 힌두교의 거의 모든 신령들과 그의 변형된 상들이 불교의 현상과 마찬가지로 옥 애오 문화 유적에서 발견되었다. 브라마(창조의 신), 비스누(보존의 신), 시바(파멸의 신), 하리-하라(시바와 비스누를 숭배하는 두 파 간 신학적 모순을 해결하기 위하여 좌우 절반을 비스누와 시바신으로 결합함), 수르야(북쪽 추운 지방의 태양신으로 두꺼운 외투를 입고 부츠를 신었으며 모자를 쓰고 연꽃을 들고 햇빛을 상징하는 목걸이를 차고 있음), 드바라파티[Dvarapati, 호법(護法)의 신], 링가-요니, 난딘(Nandin, 소의 신)·가루다(Garuda, 새의 신)·나가(뱀의 신)와 같은 신상들을 통하여 브라만교가 부남에 꽤 발전했음을 알 수 있다.

하리-하라는 신학의 대립에서 출발한 것이 아니라 보다 더 큰 신력을 만들기 위하여 결합한 것 혹은 부남인들이 막연하게 두 신을 모두 받아들인 데서 생겨난 것일 수도 있다. 비스누는 그들의 생명과 재산을 보호하고, 시바는 사회 내의 악한 자들을 벌하기 위함이었다. 이곳에서는 비스누가 더 숭배된다. 이는 시바가 왕권, 귀족, 전사들의 표상이기 때문이다. 비스누가 민간의 신이었을 때 부남인들의 대부분은 농민, 수공업자, 상인들이었다.

동탑(Đồng Tháp)성의 고탑에서 대략 4세기경으로 추정되는 나무 불상이 발견되었다. 명문에는 불교가 5세기경에 부남에 존재했다고 하나 중국의 사료에 따르면 2세기로 보인다. 부남의 불교는 다른 지역과 차이가 있다. 불상이 브라만신상과 같이 놓인 것이나 대승과 소승이 공존하는 것이다. 여기에서 발견된 불교의 보살상은 비스누신처럼 4개의 팔이다.

사료들에 근거할 때 부남의 불교는 꽤 발전했음을 알 수 있다. 무엇보다 부남이 불교가 인도에서 해로를 통해 중국으로 전해지는 중간 지점에 있었기 때문이다. 따라서 부남왕은 부남 거주 인도 고승이나 자국인 고승들을 중국에 많이 파견했으며 중국 또한 불경 수집 등을 이유로 많은 승려들을 부남에 파견했다.

4. 풍속

부남인들에 대하여 중국의 사료들은 "삶이 매우 단순하지만 훔치지 않는다. 이들은 지혜롭고 계략적이지만 마음씨가 착하고 정직하다"고 하였다.

부남인들의 장례에 대하여 중국의 사서 『양서(梁書)』는 "장례 시 이들은 머리와 수염을 깎고 흰옷을 입는다. 매장 방법은 수장(水葬), 화장(火葬), 토장(土葬), 조장(鳥葬) 등 4가지가 있었다."고 하였다.

무덤에서는 생활도구, 부적, 장신구 등의 많은 매장품이 발견되었다. 부남의 시체 매장 풍속은 임읍이나 말레이반도 등에서 발견되며 인도에서는 베다시대부터 존재했다. 매장 풍속은 이생에서 저승으로의 공간적 이동이라는 관념에서 비롯되었다. 저생은 이생과 같을 수도 있기 때문에 이생에서 사용했던 물건들이 필요하다고 생각했다. 한편, 저생은 신령의 세계일 수도 있어 옥 애오의 화장 묘에서처럼 무덤의 부장품은 일상생활의 물건이 아니라 비스누신을 상징하는 소라, 바퀴, 공, 막대기, 거북이, 난딘 소, 시바신을 상징하는 삼지창, 그믐달, 브라마신을 상징하는 연꽃처럼 신령의 상징들을 새긴 금들이었다. 옥 애오 문화에서 볼 수 있듯이 저생은 영원한 세계로 견고한 무덤들을 자연의 파괴로부터 막기 위하여 죽은 자의 안식처를 견고케 하여 구현하였다. 영원함은 자연과의 화합으로, 조장의 새, 수장의 물고기, 화장의 불꽃으로의 승화, 매장의 흙모래먼지로의 돌아감을 의미했다.

부남인들의 보편적 놀이는 닭싸움과 돼지 싸움, 그리고 새와 동물 기르기였다.

주민들은 조각하거나 자신의 집 장식을 좋아했다. 사냥은 경제활동이면서 귀족들에게는 오락이었다. 부남왕은 사냥을 좋아하여 사냥 시에는 모든 사람이 코끼리를 탔으며 사냥은 몇 달씩 지속되기도 했다.

5. 예술

인도의 문화를 받아들였던 부남인들은 일찍부터 인도의 문자를 사용하였다. 이에 대하여 중국의 사료에는 부남인들은 책을 읽을 줄 알았고 문고가 있었다고 하였다. 부남인들이 사용했던 문자는 브라미(Brahmi) 문자였다. 이는 2-5세기에 인도에서 사용했던 문자다. 좀 더 늦은 것은 북인도의 산스크리트문자와 유사한 부분이 있다. 부남인들은 목걸이와 반지 같은 장식품이나 차고 다니는 부적, 그리고 비석 등에 산스크리트 문자를 새겼다. 이외에도 부남인들은 문자를 이용하여 왕들의 치적을 담은 비기를 남겼다.

시가와 음악은 부남인이 즐기는 예술이었다. 삼국지는 "적오 연호 이듬해 11월에 부남왕 팜 찌엔(Pham Chien)이 사신 한 명을 선발하여 그곳의 많은 악공과 산물을 바쳤다."고 하였다. 이는 부남이 악공이 뛰어났을 뿐만 아니라 중국의 음악에도 영향을 미쳤을 것으로 보인다.

부남의 명문들은 대부분 범어의 심오한 문장이 율시체 형태로 쓰여져 있다. 이들은 고상하고 솔직한 정감이 가득담긴 인문·철학 사상을 묘사하고 있다. 부남의 범어 문장은 인간, 삶, 죽음에 대한 시대의 관념과 사상, 그리고 그 어떤 영원한 세계에 대한 자신의 이상을 말하고 있다.

일찍이 왕국이 형성되었던 것과 경제발전에 힘입어 부남은 오랫동안 번영을 누릴 수 있었다. 이 같은 번영은 문학과 종교의 발전 외에도 건축의 발전도 촉진시켰다. 중국 오의 주응(朱應)과 강태(康泰)의 부남기는 부남의 도시는 성벽으로 둘러 싸여 있었고 그 안에 궁전과 거주지가 있었다고 하였다. 1944년 옥 애오 유적 발굴 당시 마르렛(L Malleret)은 "이곳은 200km 이상에 달하는 인공 농업 수로로 나뉘어진 주상가옥으로 구성된 도시집단이었다"고 하였다. 모든 도시는 서로 연결되었고 하천을 통하여 선박이 출입할 수 있는 바다와도 연결되었다. 고지대는 벽돌과 돌로 집을 지었고, 저지대는 나무와 나무 잎을 가지고 집을 지었으며, 주위는 흙으로 담을 만들었다. 여기서 후자는 오늘날 베트남 소수종족들이 거주하는 주상가옥이다.

건축이 발전했을 것임에도 불구하고 부남의 실존하는 건축물은 전무하다. 건축물이 세워졌던 지역이 낮아서 수많은 세월 속에서 퇴적되어 사라졌거나 덥고 습한 환경 속에서 자연스럽게 소멸되었기 때문이다. 물론 여기에는 자연 외에도 인재도 배재할 수는 없다.

조각은 부남인들이 남긴 중요한 유산중 하나이다. 그들은 목재나 보석 등에 창조적이며 수준 높은 형상들을 조각했다. 부남의 둥근 상은 처음에 목상이었고 나중에 석상이었다. 브라만교와 불교의 발전으로 이곳의 조각 예술은 주로 브라만신상과 불상이었다. 부남의 불상 얼굴은 보통 복스럽고 인자한 모습을, 몸체는 부드럽고 장어가 구부러진듯한 가벼움을 풍긴다. 브라만신상은 실제 사람의 형상을 띈다.

조각을 언급할 때는 개인 혹은 집단이 공덕을 쌓거나 신의 가호를 구하기 위하여 신성의 영지가 되는 기둥(sima) 바닥에 놓는 수천 개의 금 조각을 빠뜨릴 수 없다. 이는 신자 개인의 원하는 형상을 뾰족한 물체로 금 잎에 새기는 방법으로써 개인의 흔적을 구현했다. 금 잎에 새겨진 형상들은 소, 소라, 연꽃, 코끼리, 거북이, 뱀, 물고기, 바퀴 등 신들을 상징하는 것들이었다.

7세기 동안의 존재기간에 부남은 다양하고 풍부한 문화유산을 남겼다. 이는 지정학적인 요인으로 인하여 비록 인도, 중앙아시아, 지중해 등 다국적 특징을 띠고 있지만 동남아시아 고대사에서 새로운 문화 창조의 길을 열었다는데 의의가 있다.

제3절 독립왕조시대 베트남 문화

I. 응오 · 딩 · 전레왕조시대 베트남 문화

1. 독립왕조의 확립

베트남 최초의 독립왕조는 응오 꾸옌(Ngô Quyền, 吳權)이 세운 응오 왕조이다. 독립왕조였을지라도 응오 왕조는 국호가 없었다. 하지만 응오 꾸옌은 칭왕을 하고 수도를 두었다. 수도는 베트남의 두 번째 국가였던 어우 락의 수도 꼬롸(Cổ Loa, 古螺)였다.

응오 왕조의 국가조직은 매우 초보적이었다. 조정의 관리를 문무관으로 나누고 중국을 모방하여 관등제와 관복제를 실시하였다. 관등제와 관복제를 포함한 중국의 여러 제도는 이후 왕조들에서도 모방되었다.

중앙집권제가 확립되지 않았기 때문에 왕권은 수도를 중심한 일부 지방에 국한되었다. 따라서 왕권이 미치지 못하는 지역은 그 지역의 실력자에 의하여 지배되었다. 응오 꾸옌의 사후에 지방 호족의 반란인 12사군의 반란이 일어났던 제일 요인도 바로 여기에 있다.

12사군의 반란으로 왕조가 짧게 존재(938-968년)했을지라도 응오 왕조는 일천년이 넘는 중국의 지배 사슬을 끊고 최초로 독립된 왕조를 열었다는 데 큰 의의가 있다. 물론 이후의 딩왕조와 전레왕조도 각각 12년(968-980년)과 29년(980-1009년)의 형태로 매우 짧게 존재했다. 그러나 이후에 장기왕조가 나타나고 계속하여 독립왕조로 이어질 수 있었던 것은 응오 왕조가 세워놓은 업적이 있었기에 가능했다.

12사군의 반란을 평정하고 딩왕조를 열었던 인물은 딩보링(Đinh Bộ Lĩnh, 丁部領)이다. 그는 칭제를 하고, 다이 꼬 비엣(Đại Cồ Việt, 大瞿越)이란 국호를 쓰며, 타이 빙(Thái Bình, 太平)이란 독자적 연호를 쓰는 형태로 독립성을 표방했다. 그의 독립의지는 화폐 태평통보(太平通寶)를 제작하는 형태로도 확대되었다. 그는 수도를 자신의 고향인 닝빙(Ninh Bình)성의 화르(Hoa Lư)로 옮겼다. 이는 지지기반의 확보와 중국의 위협 등을 고려한 다목적 차원이었다. 비록 황자들 간의 충돌로 실패하기는 하였지만 태자책봉도 왕권강화차원에서 시행되었다.

딩왕조는 중앙집권제가 응오 왕조보다는 진일보하였다. 이는 전국을 행정구역 단위로 나누었다는 점, 식읍제도를 시행하였다는 점, 100만의 군대를 단위로 편재하였다는 점, 중국 송과의 대외관계를 확립하였다는 점 등에서 유추할 수 있다. 딩왕조는 통일된 중국의 왕조와 최초로 책봉과 조공관계를 세웠던 왕조이다.

왕권강화에서 승려와 도사들의 역할도 컸다. 아직까지 공식적인 교육기관이 없어 인재를 양성할 수 없는 상황에서 이들의 정치와 외교 분야에서의 참여는 국정운영에 큰 도움이 되었기 때문이다. 원시적이기는 하나 모반, 반역 등의 죄인들을 끓는 기름에 넣는 형이나 호랑이 우리에 넣는 형 등이 왕권강화를 위한 수단으로 이용되었다.

대내외적인 안정과 발전이 있었기 때문에 제위다툼이란 대혼란에도 불구하고 딩왕조는 점성의 침략을 물리칠 수 있었는가 하면, 딩왕조를 물려받은 레환(Lê Hoàn, 黎桓)은 중국 송의 침략을 막아낼 수 있었다.

전레왕조를 세웠던 이는 레환이다. 그 역시 딩왕조의 전례를 따라 제호와 연호를 썼다. 그는 딩왕조의 전통을 계승·발전시키는 차원에서 국호와 수도를 그대로 유지했다.

송군은 광서(廣西)에서 육로를 이용하여 랑썬으로, 광동(廣東)에서 해로를 이용하여 바익 당강으로 침략했다. 하지만 바익 당강에서 무너진 것을 시작으로 랑썬에서 마저 무너짐으로써 송군의 다이 꼬 비엣 침략은 수포로 돌아갔다.

전레왕조는 포로를 신속히 송환하는 형태로 송과의 대외관계를 회복하였다. 당시 송의 사신 이각(李覺)과 다이 꼬 비엣의 승려 팝퉌(Pháp Thuận, 法順)간 선상에서 시 낭송 일화는 양국간 외교사의 일면을 보여준다. 이후 전레왕조는 송과의 관계회복을 기반으로 점성을 침략하여 차후 점성의 침략역량을 약화시켰다.

전례왕조는 중국을 모방하여 자신과 수도를 보호할 금위군을 두었다. 이들은 이마에 '천자군'이란 글자를 새겼다. 이 역시 왕권강화에 기여했다.

전례왕조는 농업을 장려하기 위하여 적전제도(籍田制度)를 시행하였다. 같은 차원에서 군사와 농사를 하나로 하는 우병어농(寓兵於農, ngụ binh ư nông)정책을 실시하였다. 적전제도는 전례왕조의 유교 흔적을 보여준다. 전례왕조의 유교 흔적은 중국의 송에 구경(九經)[3]을 요청했던 사실에서도 보여준다. 적전제도와 우병어농정책은 이후 모든 왕조로 이어졌다. 전례왕조는 또한 중앙집권제의 확립과 공고화를 위해 중앙과 지방을 신속하게 연결하는 역참제도를 실시하였다. 같은 차원에서 전례왕조는 율령을 공포하였다. 이는 법에 의한 국가지배를 천명하는 것이었다.

2. 문화

선사시대부터 이어져오던 민간신앙은 계속하여 모든 사회영역에 영향을 미쳤다. 여기에 인도와 중국으로부터 유입·발전된 불교, 유교, 도교 역시 베트남 사회에 크게 영향을 미쳤다. 베트남의 민간신앙과 외래종교인 불교와 도교의 경우는 개별적인 형태로 발전하기 보다는 자연스럽게 서로 혼합되어 발전하는 형태였다. 같은 시기에 유입되었던 유교는 불교와 도교만큼 베트남 사회에 영향을 미치지 못했다.

인도로부터 직접 유입되었던 베트남의 인도 불교는 독립왕조이전, 즉 5세기부터 중국 불교의 영향을 받았다. 베트남이 중국의 식민지였으며 불교의 경전들이 중국어로 번역되었고 중국 승려들의 활동이 컸기 때문이었다. 베트남 불교가 대

---

3 아홉 종의 유교 경서(經書)로 주역(周易)·주례(周禮)·의례(儀禮)·예기(禮記)·춘추좌씨전(春秋左氏傳)·춘추곡량전(春秋穀梁傳)·춘추공양전(春秋公羊傳)·시경(詩經)·서경(書經)라는 설과 주역·시경·서경·예기·춘추(春秋)·효경(孝經)·논어(論語)·맹자(孟子)·주례(周禮)라는 설과 주역·상서(尙書)·모시(毛詩)·예기·주례·의례·춘추공양전·춘추좌씨전·춘추곡량전이라는 설 등이 있음.

승불교였던 것도 이 때문이다.

독립왕조에서 불교와 도교는 종교 본연의 역할 외에도 정치, 외교, 교육, 사회 면에서도 크게 역할을 하였다. 문자를 아는 자가 많지 않았고, 특히 중국과의 대외관계에서 한자는 절대적인 도구였던 바 이를 구비한 승려와 도사의 역할은 매우 컸다. 따라서 승려와 도사는 국사, 승통, 승록, 승정 등 개별적 관직을 가지고 국사에 깊이 참여했다.

당시 승려와 도사는 지식인의 대명사로서 대중으로부터 가장 존경을 받는 계층이었다. 여기에 사원은 개인과 사회, 그리고 나라를 위해 기도하는 장소 외에 문자를 가르치며 정신적·육체적으로 아픈 자를 치료하고 위로하며 배고픈 자에게 먹을 것을 제공하는 마치 학교, 병원, 사회복지기관과도 같았다.

활발한 대내외활동 외에도 승려들은 많은 기록을 남겼다. 대표적으로 팝퉌(Pháp Thuận), 응오 쩐 르우(Ngô Chân Lưu), 반 하잉(Vạn Hạnh) 등의 시를 들 수 있다. 이들이 남긴 시는 베트남 문자문학, 즉 한자문학의 시작을 알리는 데 기여했다.

수도, 성곽, 궁전, 사당, 그리고 많은 불교 사원이 세워졌다는 것은 건축과 조각 예술의 발전을 의미한다. 사원에는 단순히 건물만 지어진 게 아니고 많은 탑과 종이 만들어졌다. 이는 광물의 채광과 제련 및 주조, 벽돌 및 기와의 생산 등 다양한 분야에서의 수공업발전의 전제를 의미했다. 각종 무기를 생산하고 선박을 제작하며 화폐를 주조하였다는 것 역시 수공업발전의 전제를 의미했다.

II. 리 · 쩐왕조시대 베트남 문화

1. 장기 왕조

리왕조는 이전의 응오·딩·전레 3왕조를 거치면서 국정전반에서 기초가 다져진 가운데 세워진 왕조였다. 따라서 리왕조가 베트남 최초의 독립장기왕조가 될 수 있었던 것은 자신들의 국력신장도 있겠지만 이전 왕조들의 업적도 간과될 수 없다.

리왕조를 열었던 이는 리꽁원(Lý Công Uẩn, 李公蘊)이다. 그의 태생과 성장과정은 불교의 사원과 깊은 관련이 있다. 따라서 그의 제위와 치적에는 불교와 관련한 것들이 많다. 즉, 승려의 가르침을 통해 학문적 조예를 갖추었으며 제위 과정에서 승려의 지원을 받았고 베트남역사에서 불교가 가장 발전한 왕조를 세웠던 것들이다.

[사진 19] 하 노이 성

보다 미래지향적인 왕조를 세우는 차원에서 리왕조는 1010년 수도를 지금의 하 노이인 탕롱(Thăng Long, 昇龍)으로 옮겼다. 하 노이는 용이 승천한 곳이란다. 자연재해와 전쟁과 같은 파괴, 왕조의 바뀜과 같은 특별한 경우라 할지라도 예나 지금이나 천도가 쉽지 않았던 점을 감안한다면 일천년 전에 가장 신성시되는 상상의 동물인 용의 승천 조화(造話)만큼 민중을 설득시킬 수 있는 거리는 없었을 것이다. 바로 풍수지리의 전형이다.

리왕조는 딩왕조에서부터 사용되어오던 국호 다이 꼬 비엣(Đại Cồ Việt, 大瞿越)의 '꼬'자를 생략하고 다이 비엣(Đại Việt, 大越)이라 하였다. 이는 앞서 언급했듯이 청해절도사 유암이 후양과의 관계를 끊고 917년 제위에 오르면서 사용했던 국호이기도 하다. 국호 다이 비엣은 베트남 역사에서 가장 오랫동안(1054-1802년)[4] 사용했던 국호가 되었다.

중앙에서 지방에 이르는 국가조직과 문무로 구성된 관리조직은 이전의 왕조와 비교할 수 없을 정도로 정교하고 체계화되었다. 이러한 조직과 제도는 중국의 것을 모방했다. 그 중 1075년부터 실시했던 중국의 과거제도는 능력을 갖춘 자가 관리로 임용됨으로써 통치 능률을 높일 수 있었는가 하면 왕권을 강화함으로써 중앙집권제를 확립할 수 있는 기능을 했다. 한편 과거제도는 한국이나 중국처럼 문이 무를 지배하는 사회, 사농공상의 계급사회, 유교사회를 낳는 요인으로 작용했다. 오늘날 한국과 베트남, 그리고 중국에서 교육열이 높은 것이나 사교육 열풍이 심한 것도 근원은 과거제도에 있다.

[사진 20] 하 노이 문묘 입구

과거시험 실시 5년 전인 1070년에 문묘를 세웠던 것은 다이 비엣이 숭불, 숭도만이 아닌 숭유국가임도 천명하는 것이었다. 그리고 리왕조와 쩐왕조에 유교, 불교, 도교 전문가를 선발했던 삼교시(三教試)는 이의 구현이라 하겠다. 물론 삼교시는 삼교동원(三教同原)의 구현이기도 했다. 문묘에 이어 1076년에는 국자감을 세움으로써 유학자 양성을 본격화하였다.

리왕조는 법치국가의 기틀을 세웠다. 법률을 전문적으로 연구하고 편찬하는 중서(中書)기관을 두었으며 1042년에는 3권으로 구성된 최초의 성문법인 형서(刑書)를 반포하였다. 이를 기반으로 쩐왕조는 국조통제, 국조상례, 공문격식, 황조대전 등 다양한 내용의 법규들을 반포하여 지배영역의 확대와 공고화를 추구

4 호왕조가 국호를 다이 응우(Đại Ngu, 大虞)로 하였던 기간(1400-1406)과 명의 식민지 기간(1406-1428)은 제외함.

하였다.

리왕조는 천거, 음서, 과시, 매관과 같은 관리등용제도와 더불어 모든 관리의 등급을 9단계로 나눈 9품제를 시행하였다. 그리고 이들의 근태(勤怠), 집무성적, 재능 등을 조사하여 승진을 결정하는 고과(考課)제도를 시행하였다. 쩐왕조에서는 이를 15년을 주기로 시행하였다.

리왕조에서도 승려와 도사들의 국정참여는 여전했다. 과거시험이나 삼교시에서 볼 수 있듯이 유교의 수면 위 활동도 리왕조를 기점으로 하였다.

리왕조는 최초로 점성으로의 영토를 확장했던 왕조이다. 영토 확장은 이후 베트남 모든 왕조의 정책이기도 했는데, 리왕조가 중국의 송을 침략했던 것과 더불어 영토를 남으로 확장할 수 있었던 것은 국력의 전제를 함의한다. 바로 이러한 바탕위에 리왕조는 베트남 최초의 장기왕조가 될 수 있었다.

영토 확장과 더불어 리왕조는 소수 종족의 지배강화에도 크게 기여했다. 당시 소수종족의 잦은 반란은 중앙의 지배력이 지방에까지 미치지 못했다는 의미도 있겠지만 역으로 중앙의 지배가 강화됨으로써 비롯된 반작용이었다고도 할 수 있다. 아무튼 이도 리왕조의 국력을 바탕으로 가능했다.

리왕조의 외교는 매우 적극적이며 능동적이었다. 지나친 문치주의로 무(武)에서 약했던 송의 침략을 감지하고 베트남 역사에서 처음이자 마지막으로 중국을 침략했는가 하면 북방의 대립이 자국의 안정과 발전에 도움이 되지 않는다는 점을 감안하여 사대(事大)와 자신의 국력을 바탕으로 남으로 영토를 넓히기도 했다.

2. 몽골 항전

리왕조를 이어 1226년 쩐왕조가 세워졌다. 쩐왕조는 리왕조 마지막 황제의 부마였던 쩐 까잉(Trần Cảnh)이 선양(禪讓)의 형식을 빌려 왕조를 열었다. 이 같은 출현배경은 쩐왕조가 리왕조의 수도와 국호를 계승한 것은 물론 국정전반에 대한 계승·발전으로 이어졌다.

[사진 21] 몽골항쟁화

쩐가 세력이 200년이 넘는 장기왕조를 무너뜨리고 새로운 왕조를 세우는 데는 고도의 기술이 요구되었다. 따라서 아직 역사에 없었던 어린 여황제를 세우고 제위를 남편에게 선양하는 형식이나 황족을 멸하거나 생명 부지를 원하는 자로 하여금 성씨를 바꾸도록 하는 조치나 쩐가 황족에 의한 권력집중화와 황녀의 타성과의 혼인 금지 등의 조치가 필요했다. 그렇다면 왕권강화 차원에서 베트남 역사에서 처음 실시했던 태상황제도와 베트남 역사에서 처음이자 마지막으로 실시했던 촌락의 사관 파견 역시도 같은 차원에서 이루어졌다고 할 수 있다.

쩐왕조는 출현배경과 당시의 국제정세와 같은 요인 때문에 강력한 군사력이 절실했다. 이는 왕조를 열었던 쩐가(陳家)가 대내적으로 리왕조 말의 약화와 혼란을 틈타 재력과 무력을 갖춘 지방의 호족을 제압하고, 대외적으로 코앞에 다가온 몽골의 침략을 저지해야 하는 위급한 상황에 있었기 때문이다. 따라서 왕조는 무력을 바탕으로 우선 지방호족과 국경지역 소수종족의 반란을 제압하고 점성을 침략하여 세력을 약화시킴으로써 몽골의 남하를 대비하였다. 후자를 위해 지금까지 첨예하게 대립하고 있던 점성과의 관계를 협력관계로 전환하기도 하였다.

몽골의 세 차례(1258, 1285, 1288) 다이 비엣 침략은 다목적이었다. 첫째, 남송을 침략하기 위한 전략이었다. 즉, 양자강 이남의 남송을 점령하기 위하여 남쪽 육지로 접해있는 다이 비엣을 점령함으로써 침략을 용이하게 하고자 함이었다. 이를 위해 먼저 몽골은 1253년 운남(雲南)을 점령하였다. 당시 몽골의 운남 점령은 이민족에 의한 중국 영토의 확장 사례 중 하나가 된다. 둘째, 해상을 점령함으로써 명실공히 육지와 바다에서 세계정복을 완수하려 함이었다. 이를 위해 해상의 관문에 있는 다이 비엣의 점령은 최우선 과제였으며 해상진출을 위해 필요한 전력을 다이 비엣으로부터 얻어야 했다.

그러나 다이 비엣이 승리함으로써 몽골의 꿈은 좌절되었다. 따라서 다이 비엣의 몽골 항전 승리는 세계사의 변화에도 영향을 미쳤다. 세 차례 침략 중 2, 3차 침략 간 간격이 짧은 것은 대규모 2차 침략에 대한 몽골의 패배와 이에 대한 설욕 때문이었다. 이를 위해 몽골은 3차 일본 원정을 중지하였다. 이 때문에 다이 비엣의 몽골 항쟁 승리는 일본의 안정에도 기여했다.

3. 문화

1) 물질문화

리왕조와 쩐왕조가 장기왕조가 될 수 있었던 데는 무엇보다 경제적 역할이 컸다. 두 왕조의 경제가 발전할 수 있었던 요소 중 핵심은 토지제도의 확립이다. 두 왕조는 전국에 대한 지배권 확립을 토대로 토지를 효과적으로 관리, 분배하게 됨으로써 민의 생업과 재정 확보를 이룰 수 있었다.

지금까지 도작농업이 경제의 중심이었던 점과 독립왕조정부에서부터 중농정책에 힘입어 농업은 더욱 발전할 수 있었던 반면 공상은 정부의 엄격한 관리·감독·통제 때문에 발전이 어려웠다. 중농정책의 일환으로 전레왕조에서부터 시작되었던 적전제도는 리·쩐왕조에서도 계속 유지되었다.

공상에서도 특히 국제통상은 독립왕조정부에서 매우 침체했다. 여기에는 국가의 중농정책이나 공상을 경시하는 유교의 영향도 있겠지만 주변국들 간의 첨예한 대립도 크게 작용했다. 서로 먹고 먹히는 복잡한 국제환경 가운데, 그 중 쩐왕조의 경우 몽골과의 대전을 치르는 상황에서 안보를 담보로 통상을 활발하게 전개할 수 없었다. 이는 대국이었던 중국에서도 마찬가지였다. 이처럼 자유롭지 못했던 통상 때문에 중국이나 베트남은 대륙지향적이었다는 주장이 설득력을 얻는 것이다. 그렇다고 다이 비엣이 대외통상을 완전히 무시했던 것은 아니다. 번돈과 같은 일부지역으로 한정하여 송, 점성, 진랍, 라곡, 섬라, 자바, 팔렘방, 서역 등과 대외무역을 하였기 때문이다. 당연히 이때는 관무역이었다.

리·쩐왕조 하에 다양한 종류의 화폐가 발행되고 문(文)·맥(陌)·관[貫 혹은 강(鏹)·민(緡)]의 형태로 화폐가 세분화되었으며 각종 도량형 단위가 통일되었다는 점은 내상(內商), 즉 상품경제의 발전을 의미한다. 이것들은 경제뿐만 아니라 당시 사회발전과 안전을 전제로 했다. 한편, 오늘날 수도 하 노이의 관광코스로 알려져 있는 36방(坊)이 이때 출현했다. 이는 왕조 정부가 수공업의 업종별 전문화를 목적으로 1230년 거주 지역을 따로 분리하여 이곳에 61개 방을 두고 관리를 두어 관리하면서 시작되었다.

2) 정신문화

리왕조 하에서도 불교와 도교는 국가의 발전과 유지에서 중요한 역할을 하였다. 그 중 불교는 왕조를 열었던 이의 이력에 힘입어 불교의 전성시대를 맞게 되었다. 특히, 불교는 리왕조에서 양적 팽창의 극치를 누렸다.

리왕조의 불교는 6세기 말과 9세기 초에 각각 유입되어 발전하고 있던 선종의 비니다류지파와 무언통파 외에 초당파(草堂派)가 유입되어 발전하게 되었다. 초당파는 중국의 초당선사에 의하여 유입되어 주로 베트남 귀족들 속에서 발전했다. 초당 승려는 점성에서 붙잡힌 군인으로서 타잉 똥(Thánh Tông, 1054-1072) 때 노예에서 석방되어 1069년 개국사에서 도장을 개설하였다. 그를 따르는 제자가 많았으며 타잉 똥도 그 중의 한사람이었다. 이 종파는 6대까지 존재하였다.

쩐왕조에서는 선종의 또 다른 종파인 죽림파가 생겨났다. 이 종파는 몽골과의 2, 3차 항전을 승리로 이끈 년똥(Nhân Tông, 仁宗, 1279-1293)에 의하여 생겨났다. 이는 불교 유입 일천년 이후에 인도인이나 중국인이 아닌 현지인에 의한 새로운 종파의 출현이었다. 죽림파는 14세기 말에 사라진 비니다류지파와 무언통파를 대신하여 베트남의 선종을 잇게 되었다. 이로써 그전에 존재하던 선종의 모든 파가 통일되었다.

리·쩐왕조는 불교의 발전에 힘입어 어느 때보다도 불교 건축과 조각, 그리고 문학에서 많은 성과를 남겼다. 건축과 조각은 양식이나 장식 등에 있어 서로 유사하기 때문에 두 왕조의 문화를 '탕롱문화'라고 칭한다. 두 왕조의 건축과 조각은 중국과 점성의 영향을 많이 받았다. 당시의 대표적인 건축으로는 하 노이의 일주사(一柱寺), 비엣 찌(Việt Trì)에서 가까운 빙 옌(Vĩnh Yên)에 세워진 11층 높이의 빙선(Bình Sơn)탑, 남딩의 포밍(Phổ Minh)사가 있다.

[사진 22] 일주사

[사진 23] 포밍사 탑

이중 1049년에 세워진 일주사[一柱寺: 왕의 장수를 기원하는 뜻에서 연우사(延祐寺)라고 칭했음]는 힌두교의 영향을 받아 세워진 베트남 불교 건축 문화의 대표로 꼽히고 있다. 건물은 일반 건물처럼 처음에 흙 위에 지어졌다. 이를 아름답게 하기 위하여 1105년 건물 외곽으로 호수를 파고 호수 주위를 거닐 수 있도록 행랑을 만들었다. 이후 행랑 주위에 다시 호수를 팠고 안팎의 행랑을 아치형 다리로 연결하였다. 사원 마당 전방 양쪽에는 탑을 세웠다. 프랑스 재식민지 기간인 1954년에 완전히 파괴되었다가 1958년에 재건되어 오늘에 이르고 있는 건물은 형태가 바뀐 축소형에 불과하다. 건물은 가로 세로 각각 3미터의 정사각형 형태로 사각형 호수의 커다란 하나의 기둥 위의 8개의 받침틀 위에 세워졌다. 이 때문에 건물은 수면 위에 피어있는 연꽃을 연상케 한다. 건물은 지상과 여덟 개의 계단으로 연결되었으며, 건물 내부에는 하나의 불상이 있다.

리·쩐왕조의 대표적인 불교문학으로는 각각 죽림파의 2, 3대조였던 승려 팝롸(Pháp Loa)의 『단책록(Đoạn sách lục)』과 후옌 꾸앙(Huyên Quang)의 『단책록(Đoạn sách lục)』 등의 한시가 있다.

리왕조는 불교 발전 외에도 동고산신묘(銅鼓山神廟), 두 쯩부인(Hai Bà Trưng), 풍흥(Phùng Hưng) 등을 제사하는 사당을 세움으로써 전통문화의 계승과 발전에도 기여했다. 리꽁원이 즉위 직후 자신의 고향 꼬팝주를 방문하여 기로(耆老)들을 크게 접대했던 것은 전통적으로 노인을 우대하는 경로사상을 발휘하기 위함이었다. 물론 여기에는 도덕적 차원 외에도 가부장적 사회에서 노인이 가정과 사회에서 차지하는 위치와 역할이 컸기 때문이다.

리왕조에는 유교가 가시적으로 발전하기 시작했다. 먼저 1070년에 문묘를 세워 유교국임을, 1075년에는 유학삼장(儒學三場)을 실시하여 과시국(科試國)임을, 1076년에는 국자감을 세워 교육국임을 천명했다. 여기서 유학삼장은 중국 당대에 실시되었던 삼장연권법(三場連劵法)을 말한다. 전통시대에 베트남의 과시는 삼장 외에도 사장 혹은 오장의 형태로 시법을 운영하기도 하였다.

리왕조에서 열 한두 차례정도 실시되었던 과시는 쩐왕조에서는 이보다 많은 열아홉 차례 실시되었다. 원나라의 과거삼층법(科擧三層法), 즉 향시(鄕試)·회시(會試)·정시[廷試 혹은 궁전에서 치러졌기에 전시(殿試)라고도 함] 형태의 3단계 시험법은 1393년에 규정되었다. 이 시법은 후레왕조에서부터 시행되었다.

불교, 유교, 도교의 전문가를 선발하는 삼교시 혹은 삼교자시(三敎子試)는 리왕조와 쩐왕조에서만 존재했다. 행정전문가를 선발하는 잡과, 즉 리원시(吏員試)는 리왕조부터 시행되었다. 리왕조와 쩐왕조 하에서는 무과는 시행되지 않았다.

쩐왕조에서는 수도 외에 지방에도 관학이 세워졌다. 그것은 넌똥 1281년 지금의 남딩(Nam Định)성의 뜩막(Tức Mặc)지역에 해당하는 티엔 쯔엉(Thiên Trường)부에 세워졌다. 이곳은 쩐왕조 황족의 고향이다. 쩐왕조는 베트남 역사에서 태상황제도를 처음 시행한 왕조이다. 당시 탕롱이 수도였을지라도 태상황제도의 성격상 실제적 수도는 태상황이 고향에 세워놓고 근무하는 궁전이었다고 할 수 있다. 따라서 수도 탕롱에 관학이 있었던 것처럼 티엔 쯔엉에도 관학을 세워 격을 맞춰야 할 필요가 있었다.

유학자들의 출현과 함께 지금까지 승려들이 주류를 이루었던 한문 작품 세계에도 변화가 나타났다. 리·쩐왕조는 소수종족의 잦은 내란을 평정하고 송, 몽골, 점성, 진랍 등과의 잦은 전쟁 때문에 어느 때보다도 국가적 통합이 절실했다. 당시의 작품에는 민족의 자부심, 독립 정신, 애국심 등이 잘 담겨있다. 대표적으로는 리 트엉 끼엣(Lý Thường Kiệt)의 남국산하(Nam quốc sơn hà), 쩐 꾸앙 카이(Trần Quang Khải)의 『태평수노력(Thái bình tu nỗ lực)』, 쩐 꾸옥 뚼의 『격장사(Hịch tướng sĩ)』, 쯔엉 한 씨에우의 『백등강부(Bạch Đằng giang phú)』 등이 있다.

쩐왕조의 문화에서 가장 두드러진 것이라면 쯔놈의 발전과 역사 편찬이다. 왕조는 민족어 쯔놈의 위상을 국어시와 음악가사를 통하여 높여 놓았다. 년똥, 막딩찌(Mạc Đĩnh Chi), 응우옌 투옌[Nguyễn Thuyên 혹은 한 투옌(Hàn Thuyên)]과 응우옌 씨꼬(Nguyễn Sĩ Cổ), 쭈반안(Chu Văn An), 호뀌리(Hồ Quý Ly) 등은 당대의 유명한 쯔놈 작가로 유명하다.

쩐왕조는 국사원을 설립하는 형태로 역사기록에 관심을 보였다. 쩐떤(Trần Tấn)이 『월지』를,[5] 한림원 학사 겸 국사원 감수였던 레반 흐우는 『월지』를 바탕으로 남월의 조타(趙佗)에서 리왕조의 리 찌에우 황(Lý Chiêu Hoàng)까지를 서술한 모두 30권의 『대월사기』를 썼다. 쩐왕조 말에는 『대월사기』의 요약본이라 할 수 있는 『대월사략』이 나왔다. 작가 미상의 이 책은 홍방(Hồng Bàng, 鴻厖)씨에서 리왕조까지 3권으로 구성되었으나 베트남에는 존재하지 않다가 중국의 청대 고

5 현존하지는 않지만 베트남 최초의 역사서는 리왕조에 도 티엔(Đỗ Thiện)이 쓴 『사기』이며, 일부 내용이 『월전유령』과 『영남척괴』에 전한다.

종(1736-1795) 때에 『월사략』이란 이름으로 재판되었다. 이외에도 쩐왕조 말에 호똥톡(Hồ Tông Thốc)이 편찬한 『월사강목』과 『월남세지』 등이 있다. 그리고 몽골 항전 장수들의 공적을 기록한 『중흥실록』, 밍똥의 애뢰(哀牢, Ai Lao) 평정을 기록한 응우옌 쭝 응안의 『실록』, 쩐왕조까지 여러 내용을 백과사전식으로 기록한 레딱(Lê Tắc)의 『안남지략』 등이 있다. 이중 『대월사기』, 『남월세지)』, 『중흥실록』 등은 현존하지 않는다.

쩐왕조의 민간문학으로 리떼 쑤옌(Lý Tế Xuyên)의 『월전유령집』과 쩐테팝(Trần Thế Pháp)의 『영남척괴』 등이 있다. 이들 작품은 비록 종교적인 색채가 강하게 스며있기는 하지만 지금까지 구전돼오던 신화와 전설들을 수집하여 문자화와 시켰다는 데 큰 의의가 있다.

쩐왕조의 문화는 중국 문화의 요소 외에도 인도와 점성과 몽골 문화의 요소가 많이 가미되었다. 인도와 점성, 그리고 몽골 문화 요소의 가미는 다이 비엣의 일부 점성 영토 병합과 몽골과의 교류에서 비롯되었다.

쩐왕조는 몽골 항쟁에서 각종 무기제조기술의 향상과 지형, 지물, 기후 등을 활용한 전술의 개발을 통해 군사문화의 발전을 이루게 되었다. 특히 손자병법을 다이 비엣의 자연환경에 맞추어 편집한 쩐 꾸옥 뛘의 『병서요략』은 전술개발의 대표적인 것이라 할 수 있다. 그리고 민간에서는 외침에 대비하기 위한 목적에서 무예를 익히는 일과, 신체를 단련하고 촌민의 단합을 꾀하기 위한 민속씨름과 격투기 등이 활성화되었다.

문묘, 과시, 국자감 등은 모두 유교와 관련된 것이다. 이것들은 지금까지 베트남 사회와는 전혀 다른 사회를 출현시켰다. 바로 사인사회(士人社會)였다. 지금까지 베트남 지식인 사회의 대명사로서 상위계층에서 다양한 특권을 누리던 승려와 도사 외에 유학경전을 통한 새로운 신지식인이 출현하게 된 것이다.

리왕조에서부터 유교가 발전할 수 있었던 근본 요인은 국가와 가정과 사회의 질서유지에 기여했다는 데 있다. 무엇보다 봉건통치계급은 중앙집권제의 강화

수단으로써 유교를 적극 수용하기 시작했다. 과거시험과 이의 준비 기관으로서의 많은 관학과 사학은 유교의 발전과 사인사회의 발전을 촉진시켰다.

과시의 시행기간이 길어지고 동시에 유학자가 늘어나면서 이들의 정치적 비중도 높아졌다. 이들은 이를 바탕으로 그동안 양적팽창 이면에 만연된 불교의 폐단을 14세기 말부터 비판하기에 이르렀다. "백성의 절반이 승려이며, 전국의 어디든 사찰이 있다"와 "천하의 절반은 승려가 점했다"라고 했던 사학자 레반 흐우(Lê Văn Hưu)와 유학자 쯔엉 한 씨에우(Trương Hán Siêu) 등이 대표적이다.

유교가 정치, 사회에 뿌리를 내리기 시작하면서 가정과 사회에서 남자의 지위가 상승하는 반면 여자의 지위는 점차 축소되기 시작했다. 그와 동시에 여자의 활동 영역도 점점 가정으로 국한되면서 여자의 위치는 내조자로 굳혀지기 시작했다. 한편, 사회는 축첩제도를 인정하기에 이르렀다.

베트남의 축첩제도는 여러 가지 요인에 있다. 무엇보다 가부장제도를 들 수 있다. 이 가운데 사회는 축첩을 남자의 능력과 동일시하는 풍조가 유행했다. 둘째는 혈통 중시 사회이다. 축첩제도를 혈통을 잇는 수단으로 부부가 공히 이용했다. 이때 씨받이가 유행했다. 셋째는 제사 중시 사회이다. 사후 외로운 망자가 되지 않기 위해 부부가 축첩제도를 공히 이용했다.

전통적 제사관에 유교의 제사관이 결합하면서 제사는 더욱 정례화·정형화·제도화 되었다. 가제(家祭), 동제(洞祭), 국제(國祭)로 보편화 된 제사는 갈수록 가정과 사회와 국가를 하나로 묶는 중요한 역할을 하였다. 제사의 기능을 숙지하고 있던 왕조의 수장들은 다투어 역사의 인물들을 자신 혹은 자신들의 시대와 연관 짓고자 했으며, 그 차원에서 그들을 신으로 삼아 제사를 지내기 시작했고, 섬기는 일정한 장소로서 사당 등을 짓기 시작했다. 동제와 국제의 대상으로서 신적(神跡)은 건국과 보국의 영웅들 외에도 마을 창립자와 수공업 시조 등으로 확대되었다. 그리고 동고산신묘(銅鼓山神廟)에서 볼 수 있듯이 지역에 따라 자연까지도 신으로 인정되었다.

혈통과 제사 중시, 그리고 투쟁 등은 베트남의 가족·친족·마을·지역·국가 등을 끈끈하게 하나로 묶는 역할을 하였다. 이중 투쟁은 인위와의 투쟁 외에도 자연과의 투쟁도 있다. 이러한 과정을 통해 형성·강화된 공동체는 장구한 역사 속에서 자신들을 지키는 데 크게 기여하였다.

베트남 전통무대예술로서 빼놓을 수 없는 것이 째오(chèo), 수상인형극(múa rối nước 혹은 trò rối nước),[6] 뚜옹(tuồng)이다. 이중 째오는 중국의 경극(京劇)과 일본의 노(能)처럼 베트남의 가무악극(歌舞樂劇)을 대표한다. 북부 평야지역, 그중에서도 응에 안과 하띵지역에서 크게 발전했던 째오는 가장 대중성과 민족성을 띈다. 째오의 발원지는 닝빙성의 화르이며, 창립자는 10세기에 딩왕조 궁전의 가무인이었던 팜티쩐(Phạm Thị Trân)이다. 초기엔 말하고 민요를 읊는 단순한 형식이었던 째오는 13세기 몽골 항전을 거치면서 크게 변화를 맞았다. 몽골 항전 시에 경극 배우였던 몽골 군인이 다이 비엣 군에 붙잡히면서 그가 중국의 경극을 째오에 접목시켰던 것이다. 도작문화이던 북부 베트남은 수확시기가 되면 레 호이(lễ hội, 禮會)를 조직하여 천지신에게 풍년제를 드리고 이를 즐기는 축제를 가졌다. 이때 째오를 공연하였는데, 공연 시의 주요 악기는 지금도 베트남 농민들의 주요 악기 중 하나인 북이었다.

째오의 내용은 뚜옹처럼 권문세가의 영웅적 행동만을 찬양하는 것이 아니라 농민의 평범한 삶을 다뤘다. 그것도 대부분 농촌 여인의 힘들고 희생적인 삶을 다뤘다. 주제는 선이 악을 이기는, 어질고 좋은 사인(士人)이 급제하는, 절의를 지킨 여인이 남편과 결합하는 내용이었다.

후술하겠지만 째오는 공연의 공간과 형식에 따라 썬딩(sân đình: 정 마당)째오, 개량(改良)째오, 짜이 헤(chái hê)째오, 현대째오로 분류한다. 썬딩째오는 정과 불교사원 등의 마당 혹은 부자의 마당에서 공연한다. 개량째오는 1920-1945년 기

6 육상인형극(múa rối cạn)도 있었으나 크게 유행하지 못했음.

간 동안에 째오의 전통을 보존하기 위하여 공연 시 춤 등을 제거하였다. 짜이 헤 째오는 매년 7월이나 장수한 사람의 장례 혹은 제사 시에 공연한다. 마지막 현대 째오는 1954년 이후 새로운 시대에 맞추어 주제들을 현대화시켰다.

수상인형극은 베트남인의 독특한 민간전통무대 예술유형 중 하나이다. 일반적으로 수상인형극은 홍강 충적토 지역에서 약 10세기 이전에 출현했다고 하지만, 신화와 전설은 이보다 훨씬 이른 기원전 255년 꼬롸성을 세우던 때라고 한다. 이에 비하여 역사서나 비문은 1121년이라고 한다.

[사진 24] 수상인형극 공연

수상인형극은 마을 의례나 축제 혹은 원단절과 같은 명절에 공연됐다. 이는 일반 인형극과는 달리 인형의 집 혹은 수궁(水宮)이라는 물을 무대로 하여 공연됐다. 무대는 연못, 호수 중앙에 베트남 농촌지역의 정(đình) 지붕을 세워놓은 형태로 지었다. 커튼으로 가려진 무대 뒤에는 인형을 움직이는 사람들이 있었다. 나무로 만들어진 인형은 가벼운 막대 혹은 줄로 연결되었다. 공연장이 물이라는 것과 쉽게 물에 뜨고 잠겨야하는 것 때문에 인형은 나무로 만들어졌다. 인형은 여러 형상에 다양한 장식을 갖추었다. 공연 중 요란한 북소리와 폭죽소리도 깃발 등과 함께 빠질 수 없는 소품이었다.

[사진 25] 수상인형극 악단

수상인형극은 베트남인의 일상생활과 민간사적들을 내용으로 하는 고전과 현대 각각 30개와 수백 개의 절로 구성되어있다. 수상인형극은 보통 띠에우 아저씨(chú Tiễu)의 소개로 시작된다. 수상인형극은 탕롱성을 중심으로 발전하여 북부 평야지역의 전역으로 확대되었다.

째오와 수상인형극이 서민을 중심으로 하는 극이라면, 뚜옹은 궁전에서 귀족들을 대상으로 하는 가무악극이다. 쨔오가 놈(Nôm)전·노래·춤 등의 민간예술로 구성되었다면, 뚜옹은 이 같은 민간예술 외에도 민족무술과 예악 등으로 구성되었다. 쨔오와 뚜옹은 극본에서도 서로 차이가 있다. 전자는 민간의 얘기들을 말하는 형식으로 구성하여 구전가요나 육팔시와 같은 시조형태로, 후자는 주로 중국의 고전에 의존하여 창작한 내용을 당의 시부(詩賦)와 같은 고전시문형식으로 표현한다. 특히, 뚜옹의 작품 성격은 관료들에게 충군사상을 심어주기 위한 정치적 의도가 강했기 때문에 뚜옹은 19세기 응우옌 왕조 하에서 황금기를 맞을 수 있었다.

[사진 26] 뚜옹 공연

핫보(hát bộ), 핫 보이(hát bội), 루옹 뚜옹(luông tuồng) 등 다양한 명칭으로 불리는 뚜옹은 유입 시기를 정확하게 확정할 수 없다. 전설에 의하면, "1005년 전레왕조 시기에 리에우 투떰(Liêu Thủ Tâm)이란 중국인 가수가 화르에 와서 중국에서 성행하고 있는 노래를 소개하자, 롱딩왕은 그를 궁녀에게 노래를 가르치는 방장으로 임명했다."고 한다. 쩐왕조 때에 쩐 꾸옥 뛴이 노래를 부르는 몽골군 리 응우옌 깟(Lý Nguyên Cát)을 포로로 잡았다. 왕은 그로 하여금 베트남 병사들에게 노래를 가르치도록 하였다. 그렇지만 베트남 뚜옹에 기초를 세운 첫 번째 인물은 다오 쥐뜨(Đào Duy Từ, 1572-1634)이다. 중부 베트남에서는 이야기의 시작과 끝이 있는 극을 계속한다는 연장의 글자로부터 뚜옹이라 부르게 되었다. 연장이라는 글자는 지방언어에 루옹 뚜옹, 루온 뚜옹(luôn tuồng)이 되었다.

뚜옹은 빙딩(Bình Định)뚜옹, 꾸앙 남(Quảng Nam)뚜옹, 쟈딩(Gia Định)뚜옹 등 3장파로 나눈다. 대본은 삼국지와 같은 고전소설들을 사용한다. 이 때문에 다양하고 많은 과거의 소품을 사용하며 배우들은 짙은 화장을 한다. 한편, 고전소설을 대본으로 삼기 때문에 내용 이해는 어렵지 않다. 연주에는 북, 징 등 다양한 악기가 이용된다. 후술하겠지만, 뜨옹은 남부 베트남을 중심으로 크게 발전했다.

III. 호왕조와 명 식민지시대 베트남 문화

1. 호왕조의 개혁정책

몽골과의 장기 항전에서 야기된 심각한 전흔, 왕정의 흔들림, 농민의 유리, 점성의 침략 등으로 쩐왕조는 쇠락하기 시작했다. 쩐왕조 말 왕은 국정을 멀리한 채 향락에 빠져들었고, 수많은 농민들은 토지를 잃거나 관리와 지주들의 착취를 피하여 유리하였으며, 남쪽의 점성은 다이 비엣의 약화를 틈타 수차례 침략하였다.

국정의 혼란 속에 밍똥(Minh Tông, 1314-1329)의 부마이기도 했던 호꾸이리(Hồ Quý Ly)는 몇 대에 걸친 쩐왕의 외척이라는 배경 하에 권력의 중심에 서게 되었다. 초심에는 그도 쩐왕조의 회복을 자신의 과업으로 여겼을는지 모른다. 그렇다면, 찬탈은 개혁과정에서의 자라게 된 그의 사욕과 주변의 상황이 만들어낸 결과일 것이다.

그의 개혁정책은 쩐왕조와 그가 세웠던 왕조에서도 정치, 경제, 사회, 국방, 교육 등 전반에 걸쳐 급진적으로 추진되었다. 그의 개혁 중 정치, 경제, 사회, 교육은 중앙집권화에 집중된 점이 강하다. 물론 찬탈이란 잣대로 봤을 때, 이는 구세력을 제거하기 위한 수단으로 보일 수 있다. 한편, 교육개혁에서 몇 차의 과시를 통해 선발된 다수의 관료는 지금까지 정치, 사회 등에서 기득권을 누려오던 불교를 대신할 유능한 유학자 계층의 출현을 의미했다.

불교의 추락은 유입 이후 일천년이 넘는 세월 속에서 자정하지 못했던 잘못도 크지만 그동안 과시를 통해 늘어난 유학자 세력이 확대된 점과 호꾸이리가 뛰어난 유학자였다는 점, 그리고 이전의 불교와 같이 유교가 왕권을 등에 업을 수 있었던 점들 때문에 가능했다. 여기에 한전법(限田法), 한노법(限奴法)의 불교 사원 적용, 승려의 무장화 및 나이 제한, 승과시와 도첩제 등도 불교 추락의 요인으로 작용했다.

일련의 과정을 거치면서 조정은 유학자가 승려를 대신하기에 이르렀다. 당시에 유교는 정통화를 요구하는가 하면 귀족화경향이 나타나기 시작했다. 따라서 지금까지 문제없던 삼교동존(三教同存)도 무너지기 시작했다.

당시 다이 비엣의 유교는 송유(宋儒)였다. 그러나 재론하겠지만 지나치게 민족적 혹은 정통적이었던 호뀌리는 송유가 아닌 정통 유교를 추구했다. 그는 자신이 편찬한 14편의 『명도(明道)』를 통해 주공(周公)은 선성(先聖)이요 공자(孔子)는 선사(先師)라는 형태로 주공을 높이는가 하면 논어의 4가지 의문점을 내세워 공자의 도덕성을 비판하는 형태로 송유를 강하게 공격했다.

시대적으로 매우 급진적이며 포괄적인 개혁을 추진했던 호뀌리는 유학에 깊은 조예를 갖춘 인물이었다. 뿐만 아니라, 그는 민족의식이 매우 강했던 인물로 평가된다. 이는 그가 『서경(書經)』의 무일편(無逸編)을 민족어인 쯔놈으로 번역하여 퇀똥(Thuận Tông)을 가르쳤으며, 『시경(詩經)』을 역시 쯔놈으로 번역한 『국어시의(國語詩義)』를 편찬하여 후비와 궁인들의 교육교재로 삼았고, 『시경』의 번역에서 서문에 주자의 집전(集傳)을 따르지 않고 자신의 의견을 반영하여 기술했던 점 등에서 엿볼 수 있다. 아무튼 일련의 사건들에 비추어 볼 때 호뀌리는 후레왕조의 유교의 국교화 토대 마련에 크게 기여한 인물임에는 틀림없다.

다방면에서 혁신적으로 추진되었음에도 불구하고 그의 개혁정책은 명의 침입과 주권상실로 끝나고 말았다. 개혁정책의 주요 실패 요인은 명의 침략으로 개혁이 뿌리를 내릴만한 시간이 부족했다는 것이다. 쩐왕조가 리왕조를 무너뜨리고 몽골의 침략을 받기까지는 33년이란 시간이 있었던 것에 비하여 호왕조가 쩐왕조를 무너뜨리고 명의 침략을 받기까지는 단지 6년에 불과했다. 즉, 전자는 새로운 왕조가 안정을 찾을 수 있는 시간적 여유가 있었던 것에 비하여 후자는 그렇지 못했다는 것이다.

2. 명의 다이 응우 동화정책

비록 종주종속의 관계였지만 다이 비엣의 병합을 노리고 있었던 명은 호꾸리의 등극을 빌미로 다이 응우를 침략하였다. 침략명분을 "쩐왕조를 찬탈한 반적 호꾸리를 징벌하고, 그 동안 도탄에 빠져있는 민을 구원하기 위한 의로운 출군"이라고 내세웠지만 어디까지나 병합에 있었다. 이는 고대사에 이어 중대사에 중국의 두 번째 베트남 병합이었다. 명의 병합에 쩐왕조 회복을 위한 독립운동이 일어나기는 했지만 통합적·조직적이지 못해 무위로 끝났다.

명의 다이 응우 병합에서 주목할 점은 동화정책이다. 이를 위해 명은 교지의 습속을 만속(蠻俗) 혹은 이속(夷俗)으로 폄하하며 자신들의 습속을 따르도록 강요하였다. 동화정책의 일환으로 남녀의 치아염색과 단발을 금지하고 여자의 긴 치마와 짧은 상의 착용을 강요하였다. 『안남지원』은 "만이의 습속을 버리고 명인의 의례를 익히도록 교지에 많은 학교를 세웠다."고 하였다.

같은 차원에서 교지의 역사를 지우기 위하여 명은 수많은 서적과 비문들을 태우거나 본국으로 가져가거나 깨뜨렸다. 『역조헌장유지』에서 언급하는 일부 서적을 살펴보면, 리왕조 타이 똥의 『형서』3권, 쩐왕조 타이 똥의 『국조통례』10권, 쩐왕조 타이 똥의 『형률』과 『과허집(Khóa hư tập)』각 1권, 쩐 꾸옥 뛴의 『병가요략(Binh gia yếu lược)』과 『만겁비전(Vạn kiếp bí truyền)』각 1부, 호똥툭의 『월남세지』와 『월사강목』각 1부, 레반 흐우의 『대월사기』30권, 한 투옌의 『피사집(Phi sa tập)』1권, 리떼 쑤옌의 『월전유령집』1권 등이 있다. 당시에 명이 가져간 자료들은 현존하지 않는다. 서적 중 불교와 도교의 경전들은 제외하였다.

이뿐 아니라, 명은 교지에 자신들의 학술과 종교를 전파하기 위하여 의학, 양학, 승강사(僧綱司), 승정사(僧正司), 승회사(僧會司), 도기사(道紀司), 도정사(道正司), 도회사(道會司) 등의 여러 기관을 두었다. 토착민의 민간신앙을 억압하는 차원에서 풍운뇌우산천단(風雲雷雨山川壇), 사직단(社稷壇), 군속단(郡屬壇), 읍속단(邑屬壇) 등의 단장(壇場)을 설치하여 춘추에 두 차례씩 제사를 지내게 했다.

IV. 펏테왕조시대 점성문화

1. 왕조의 형성과 전개

베트남이 중국의 장기 식민지로 있었고, 중국 또한 점성으로의 진출이 여의치 않았던 상황에서 점성은 인도 문명을 바탕으로 역량을 키워나갈 수 있었지만 938년 베트남의 독립을 기점으로 서서히 축소되기 시작했다. 1000년이 넘는 중국의 지배라고 하지만 그동안 발전한 중국의 문명과 짧은 독립왕조 기간에 구축한 자신들의 힘을 바탕으로 다이 꼬 비엣은 9세기 중반에 시작되었던 점성의 인드라푸라왕조를 982년 침략하여 멸망시켰다.

파라메스바라바르만 1세(Paramesvaravarman I)를 대신하여 왕위에 오른 인드라바르만 4세(Indravarman IV)는 남쪽의 판두란가(Panduranga)로 후퇴하고, 중국의 송에 구원을 요청하는 형태로 국가의 안정을 찾으려 하였다. 986년 인드라바르만 4세가 죽자, 베트남 전례왕조의 관갑(管甲)으로 점성으로 도망쳤던 르우 께똥(Lưu Kế Tông)이 왕위를 빼앗고 중국과의 관계를 맺었다. 989년 그의 사후 짬족의 귀족 중 한사람이 비자야[Vijaya: 지금의 빙딩(Bình Định)에 속하며 승리라는 뜻]에서 왕으로 추대되어 스리 하리바르만 2세(Sri Harivarman II)가 되었다. 그는 치위기간에 중국의 송과 조공관계를 맺고 다이 꼬 비엣 (Đại Cồ Việt)의 남쪽 국경 지역을 여러 차례 침략하였다.

다이 꼬 비엣을 침략할 장기 계획을 준비하기 위하여 스리 하리바르만 2세는 비자야에 새 수도를 세우기로 결정하였다. 999년 그의 사후 왕위에 오른 양 포 쿠 비자야 스리(Yang Po Ku Vijaya Sri)는 이듬해에 수도를 인드라푸라에서 펏테[Phật Thệ: 짜반(Chà Bàn)성 혹은 도반(Đồ Bàn)성이라도 함]로 옮겼다. 이를 펏테왕조 혹은 비자야왕조라고 한다.

왕조는 10세기 초부터 15세기 말까지 약 35명의 왕들이 나왔다. 펏테왕조 하의 특이 사항으로는 다음과 같은 것들이 있다. 루드라바르만 3세[Ludravarman

III, 쩨꾸(Chế Củ, 制矩, 1061-1074)]는 다이 비엣의 점령 시에 생포되어 보찡(Bố Chính, 布政), 디어 리(Địa Lý, 地理), 마링(Ma Linh, 麻令) 등 3개 주를 할양하고 석방되었다. 자야 인드라바르만 2세(Jaya Indravarman II)가 9살의 어린 나이로 1080년 즉위하였지만 그의 숙부에게 왕위를 찬탈당했다. 그러나 자야 인드라바르만 2세[쩨마나(Chế Ma Na, 制麻那)]는 6년 후에 왕위를 되찾아 1113년까지 치리하였다. 그는 다이 비엣을 침략하여 일전에 잃었던 3개 주를 일시 되찾기도 하였다. 자야 인드라바르만 3세(1139-1145)는 진랍의 비자야 원정 시에 죽었다. 루드라바르만 4세(Rudravarman IV, 1145-1147)는 진랍의 수도 점령 시에 판두란가에서 숨어 지냈다. 자야 하리바르만 1세(Jaya Harivarman I, 1147-1166)는 1149년 진랍을 몰아내고 수도 비자야를 되찾았으며 아마라바티(Amaravati)에서부터 판두란가까지 주권을 회복했다. 자야 인드라바르만 4세(1166-1190)는 군사를 이끌고 1177년 진랍을 친정하여 1181년까지 점령하였다. 1190년 진랍은 점성을 침략하여 비자야를 점령하고 점성왕을 사로잡아 귀국하였다. 수리아바르만데바(Suryavarmandeva)가 1190년 즉위했지만 지배 영역은 판두란가에 국한되었고 비자야 이남 지역은 진랍이 세운 왕이 통치하였다. 1203년부터 1220년까지 점성은 진랍에 병합된 형태였다. 따라서 다이 비엣을 친정하다 죽었던 자야 파라메스바라바르만 2세(Jaya Paramesvaravarman II, 1226-1256)도 진랍의 도움을 받아 왕위를 계승하였다. 자야 심하바르만 3세(Jaya Simhavarman III, Chế Mân, ?-1307)는 하리짓(Harijit)태자로 몽골의 침략을 물리친 왕으로서 점성의 극성기를 열었던 영웅이다. 후술하겠지만, 그는 쩐왕조 년똥(Nhân Tông)의 부마가 되었다. 쩨봉 응아(Chế Bồng Nga, 1360-1390)가 제위에 있을 때, 그는 영토와 명예 회복을 위해 다이 비엣을 수차례 침략하였다. 당시에 다이 비엣은 왕조말의 약세였기 때문에 수도 탕롱이 세 차례나 유린당했다.

1390년 이후 점성은 극심한 쇠퇴기에 빠졌다. 그러나 명의 다이 응우 지배기간에는 과거 중국 한 이후의 지배기간에서처럼 점성은 명과의 종주조공관계를 통해 잠시 안정을 유지할 수 있었을 뿐 아니라 1402년 호왕조에 빼앗겼던 찌엠 동(Chiêm Động: 지금의 꾸앙 남)과 꼬 루이(Cổ Lũy: 지금의 꾸앙 응아이)를 되찾기도 하였다.

마하 비자야(Maha Vijaya, 1441-1446)는 여러 차례 다이 비엣을 친정하였으나 역으로 다이 비엣의 침략을 받아 수도 비자야에서 붙잡혀 탕롱으로 압송 당했다. 짜똰(Trà Toàn, 1460-1471)은 선대의 수모를 갚기 위해 몇 차례 다이 비엣을 친정하였지만, 오히려 타인 똥(Thánh Tông)의 1470년 친정 때에 붙잡혀 탕롱으로 압송 중 노상에서 객사하였다. 이때의 원정은 이후 다이 비엣에게 점성을 더욱 쉽게 병합할 수 있는 발판을 마련해 주었다. 즉, 엄청난 피해를 입힌 가운데 획득한 영토 외에도 다이 비엣이 점성의 남은 영토를 피엔 룽[Phiên Lung: 지금의 닝 퉌(Ninh Thuận)에 속한 판장(Phan Rang)], 남반[Nam Bàn: 지금의 쟈 라이(Gia Lai)·꼰뚬(Côn Tum)·닥락(Đắc Lắc)에 속함], 화 아잉[Hoa Anh: 푸옌(Phú Yên)·카잉 화(Khánh Hóa)에 속함] 등 세 지역으로 분할함으로써 언제든지 이곳을 완전히 병합할 수 있는 기반을 세웠기 때문이다. 그 후 비자야왕조는 6명의 왕이 지속되었지만 다이 비엣의 북남대립시기에 응우옌 주의 남진정책에 휘말려 1697년에 망하면서 짬족이 세운 나라는 지도에서 사라지게 되었다.

2. 국가 조직

펏테왕조의 국가조직은 과거와 차이가 없었다. 절대군주제로서 왕위는 부자계승이었다. 그렇다고 장자승계는 아니었기 때문에 왕의 형이나 동생들로 구성된 부왕 혹은 차왕은 이전처럼 종종 부자승계를 무시하고 권력을 찬탈하는 경우가 많았다.

펏테왕조는 전국을 랏트나(Raxtna), 아마러바티(Amarâvati), 비자야(Vijaya), 카우타라 (Kauthara), 판두란가(Panduranga) 등 5개의 군으로 나누었다. 군 이하의 행정구역단위로는 주, 현, 진, 촌 등을 두었다. 전국에는 38개의 주가 있었다. 최소행정구역단위의 촌락은 300호 혹은 500호로 구성되었으며 700호가 되는 경우도 있었다. 중국의 『송사』는 펏테왕조의 남쪽은 티비(Thi Bị)주, 북쪽은 보찡(Bố Chính)·디어 리(Địa Lý)·마링(Ma Linh)·오(Ô)·리(Lý)주, 서쪽은 트엉 응우옌(Thượng Nguyên)주가 있었다고 하였다. 이중 다이 비엣과 국경을 접해 있던 보찡, 디어 리, 마링 등 3개주는 1069년에 리왕조에 할양되었다.

점성은 많은 것에서 인도의 영향을 많이 받고 있었기 때문에 정치조직 역시 인도의 것을 모방하였다. 왕은 땅 위에 있는 신의 신하로 여겨졌고, 시바신과 동일시되었다. 임금은 신민을 보호하는 사람으로 "신성한 법"에 따라 국가 질서를 유지하였다.

점성은 인도의 정권 조직의 모형 외에 인도의 사회계급체계까지도 받아들였지만 명칭은 달랐다. 수도사계급은 하러우 짠응(Halâu chàn ừng), 귀족계급은 우랑 지눕(Urang ginup), 노비와 내시계급은 팔와(Palwa)라고 칭했다. 가장 많은 수를 차지했던 평민계급은 농민, 수공업자, 어민, 상인들로 구성되었다. 파타바(Patava)는 왕을 가리키는 용어였다. 물론 점성의 사회계급제도는 인도에서처럼 혹독할 정도는 아니었다.

점성은 노예제도가 매우 보편화되었다. 따라서 노예의 매매가 광범위하게 존재하였다. 노예들은 왕, 귀족, 승려들의 각종 사업에 이용되었다. 종교가 발달했던 것 때문에 사당이나 능 등에서 낮은 신분으로 활동하는 전문 무희와 악공들도 많았다. 파세(Paseh)로 불린 수도사들은 도덕적 품격이나 지식이나 종교 차원의 신성한 신분 때문에 사회 전체의 존경을 받았다. 온 그루(On Grù)는 촌락 내 점성인의 정신적 삶을 인도하는 사람이었다.

사회계층구별은 장례 형식에서 뚜렷이 나타났다. 계층이 낮은 사람은 시신을 화장할 수 없으며, 무덤에 석상을 세울 수도 없었다. 장례 의식을 진행하거나 석상을 세우는 일들은 수도사 파세만이 할 수 있었다.

인도의 문화영향은 장례에서도 나타난다. 즉 남편이 죽으면 부인도 죽음을 같이 하는 써티(Suttee) 풍속이다. 이 풍속 때문에 다이 비엣과 점성간에 전쟁이 발발했던 사례도 있다. 전통적으로 양국의 관계는 다이 비엣의 남진정책과 점성의 호전성 때문에 좋지 않았다. 이 같은 상황에서 양국은 몽골이라는 공적 앞에 잠시 화해의 무드를 탔다. 1301년 다이 비엣의 태상황 년똥(Nhân Tông)은 점성 방문을 기회로 후옌 쩐(Huyền Trân)공주를 점성왕 쩨먼(Chế Mân)에게 출가시키기로 하였다. 다이 비엣 조정의 반대를 간파한 점성은 오[Ô: 꾸앙 찌(Quảng Trị)]주와 리[Lý: 트어 티엔-훼(Thừa Thiên-Huế)]주를 다이 비엣에 할양하는 형태로 1306년 혼인을 성사시켰다. 그러나 혼인한지 1년도 못되어 쩨먼이 죽자 공주는 써티풍속에 의하여 왕과 함께 화장되어야 했다. 이를 알게 된 다이 비엣의 아잉 똥(Anh Tông, 1293-1314)이 사람을 보내 모략으로 공주를 구해내자 분노한 점성은 다이 비엣을 침략하였다. 양국은 양국의 수도 탕롱과 비자야가 수차례 유린되는 형태로 첨예한 전쟁을 치렀다.

3. 경제 활동

1) 농업

오늘날 베트남의 중부지역에 속했던 점성은 산악이 많았던 것 때문에 농지가 많지 않았다. 이는 점성의 경제력과 국력의 약화로 이어졌으며 다이 비엣과의 첨예한 장기 대결국면에서 운명을 결정하는 요인으로 작용했다.

점성의 논은 수전(水田), 침수전(浸水田), 산전(山田) 등 세 가지로 분류되었다. 수전은 일반 논으로 가장 많은 양을 차지하였고, 침수전은 물이 많아 일 년 내내 침수된 논이며, 산전은 우리의 밭과 같다. 침수전의 경우는 모내기가 어려워 바로 볍씨를 뿌리는 직파였다. 산전 역시 직파였다. 우리는 산전의 벼를 밭벼라 하는데, 열대몬순과 아열대기후인 베트남은 우리처럼 보리나 밀을 경작할 수 없기 때문에 산전에 밭벼를 심었다. 쌀이 베트남인의 주식이 된 것은 바로 자연환경에 있다.

점성인은 매년 이기작을 하였다. 이는 7월에 심어 10월에 수확하는 것과 12월에 심어 이듬해 4월에 수확하는 형식이다. 전자와 후자는 각각 루어 무어(lúa mùa: 계절 벼)와 루어 찌엠(lúa chiêm: 점성 벼)이라 부르며, 이 형태는 지금도 베트남의 중부와 북부에서 유지되고 있다.

점성은 논이 적었기 때문에 식량 생산을 높이기 위하여 계곡이나 물이 있는 고지대를 계단식 형태로 많이 개발하였다. 일조량과 강수량이 많기 때문에 계단식 논은 오늘날 베트남 중부나 북부의 산간지역에서 흔히 볼 수 있다. 계단식 논은 비가 길게 많이 내리는 여름에 한 번 가능했다. 미곡의 생산이 충분하지 않았기 때문에 점성인들은 벼 외에 옥수수, 콩, 깨, 사탕수수, 고구마, 카사바, 박, 호박 등을 많이 재배했다. 이뿐 아니라 점성인들은 바나나, 코코넛 등의 과일과 빈랑·구장 등의 기호식품과 목화, 뽕나무 등의 의복 원료와 침향, 육두구 등의 향신료와 서각, 상아 등의 토산물을 많이 수확하였다.

북부의 홍강이나 남부의 끄우 롱강의 평야지역과 같이 물이 풍부한 논이 많지 않았기 때문에 이들은 일찍이 관개수로에 눈을 떴다. 당시 점성인들이 만들었던 수리시설들은 푸옌(Phú Yên), 카잉 화(Khánh Hòa), 닝퉌(Ninh Thuận), 빙퉌(Bình Thuận) 등에 아직 남아있다. 대표적으로 판장(Phan Rang)의 2개 제방 냐찡(Nha Trinh)과 마렌(Marên)이 있다. 전자는 포 클라웅 가라이(Pô Klaung Garai, 1151-1205) 왕 때 건설되었다. 이는 까이(Cái)강 수원의 물을 막는 1개의 둑과 강물을 논으로 이끄는 4개의 작은 둑과 2 개의 도랑으로 구성되어 있다. 2개의 도랑 므엉 까이(Mương Cái)와 므엉 득(Mương Đực)은 각각의 길이가 약 60km와 50km이다. 이는 1만 헥타의 논에 물을 공급할 수 있다. 후자는 포 로메(Pô Rômê, 1627-1651) 왕 때에 세워졌다. 비에우(Biêu)강에 건설된 마렌둑은 핵심 둑 1개를 포함하여, 7개의 작은 둑과, 작은 도랑 1개로 구성되었다. 모든 논은 냐찡 혹은 마렌 둑의 도랑으로부터 물을 얻을 수 있는 1개 혹은 2개의 둑을 가졌다. 징(Dinh) 강줄기와 함께 이 2개의 수리체계는 판 장 평야에 물을 공급하였다.

점성인들은 촌락마다 수리시설을 전담하는 관리를 한 명씩 두었다. 까이 므엉(cai mương) 혹은 까이 덥(cai đập)이라 불렀던 관리는 둑과 도랑을 돌보고 수리하며 매년 수리문제에 관한 의견을 제출하는 임무를 가졌다. 도랑은 그 도랑이 접해있는 논 주인이 관리와 보수 책임을 졌으며, 물 분배는 공평의 원칙이었다.

농업생산에서 점성인은 도랑 만들기를 끝마쳤거나 둑 쌓기를 시작할 때나 벼 성장 주기와 관련하여 농업의식을 행하였다. 의식을 주제하는 자를 까이 레(cai lễ, Riya hamu)라 하였으며, 농업활동에서 많은 경험과 이를 통해 신임을 얻은 자가 담당하였다.

2) 수공업

점성의 수공업은 여러 분야에서 두루 발전하였다. 점성인은 지역의 특성을 이용하여 오래전부터 금과 철을 개발하고 소금을 생산하였다. 일상생활에 필요한 도자기, 천, 염색 천, 선박, 금은 장식품 등을 생산하였다. 점성인들은 금을 선별하고 녹이며 주조하며 상감하는 기술이 뛰어났다. 점성인들은 왕의 의복이나 모자를 만들 때 실과 함께 사용할 금실을 생산하였다. 또 링가 등의 각종 신상에 붙이는 금종이를 생산하였다.

점성인들은 벽돌 생산에 탁월한 기술을 가졌다. 오늘날 미썬지역의 여러 사원에서 볼 수 있듯이 점성인들은 건축물에 많은 벽돌을 사용하였다. 이들 벽돌은

[사진 27] 미썬 성지

[사진 28] 미썬 성지의 사적

매우 세심하게 구워졌다. 일천년 이전에 세워졌음에도 건축물이 그대로 유지되고 있는 것은 무엇보다 건축술의 뛰어남에 있겠지만 수많은 세월 속에서도 단단함과 선명한 붉은 색을 보존하면서 건물을 지탱하고 있는 벽돌에도 있다고 하겠다. 대부분의 건물이 훼손되어서 세계문화유산의 수준에는 다소 거리가 있어 보이지만 훼손의 원인은 세월이 아닌 베트남 전쟁 때문이었다.

발달한 해안선과 대륙붕, 그리고 바닷물의 높은 염도 때문에 중부지방은 질 좋은 소금이 많이 생산되었다. 당시에 꾸앙 응아이(Quảng Ngãi), 빙 딩(Bình Định), 닝 투언(Ninh Thuận)지역에는 많은 염전이 형성되었다.

3) 상업

점성은 상아, 서각, 해귀, 밀납, 호박, 등나무, 향료, 후추 등과 같이 외국 상인들이 좋아 하는 토산물 외에 북쪽의 다이 비엣처럼 상업을 억제하지 않았으며 해안선이 발달하였기 때문에 대외통상이 발달하였다. 당시 점성과 대외통상을 하였던 국가는 다이 비엣, 중국, 진랍, 인도, 자바, 삼불제(Patlembang), 페르시아 등이었다.

중앙의 지배가 확고하지 않았던 후진성을 틈타 해안에는 점성인 해적이 많았다. 전통시대 베트남이나 중국사는 이들의 출몰을 자주 언급하였다. 이들은 수출입 상품 외에도 중국 황제에게 진상하는 물건까지도 약탈하였다. 점성인들의 해적활동과 해상의 불안은 대외통상의 발전을 저해하는 일 요인이 되었다. 또 이들은 노예 매매와 노예 운송 대행에도 깊이 관여하였다. 이뿐 아니라, 이들은 노예를 직접 기르기도 하였다. 이는 당시 노예가 보편화되었던 점성의 사회 때문으로 보여진다.

활발했던 대외통상과는 달리 대내통상은 활발하지 못하고 물물교환의 수준에 머물렀다. 물론 대외통상도의 주역도 일반인이 아니라 왕과 귀족, 그리고 극소수 부상에 국한되었다. 이는 상품이 사치품에 국한되었다는 의미가 된다.

4. 종교

당시 점성인의 중심 종교는 힌두교였다. 점성인 귀족계급의 종교로서의 힌두교는 왕권신화를 위해 이용되었다.

그동안 많은 대외전쟁과 궁전의 권력 다툼으로 인하여 무수한 종교건물들이 파괴되었다. 평화의 시기에 점성의 왕들은 많은 재정과 노동력을 동원하여 파괴된 사원과 탑 등을 보수 혹은 재건하거나 새로 지었다. 미썬 성지는 하리바르만 4세(Harivarman IV, 1074-1080) 때 많은 사당과 탑이 새로 세워졌고, 자야 인드라바르만 3세(1139-1145)와 자야 하리바르만 1세(1147-1166) 때 보수되었다. 포 나가(Pô Nagar) 탑도 자야 인드라바르만 3세에 의해 보수되었다. 자야 인드라바르만 4세(1166-1190)는 많은 사원과 탑을 수리하도록 했으며, 스리사나-바드래스바라(Srisana-Bhadresvara)탑은 은으로 재 장식되었고, 탑의 꼭대기는 금으로 덮었다. 13세기 말에 자야 심하바르만 3세도 포 클라웅 가라이(Pô Klaung Garai) 탑과 같이 많은 새로운 탑을 세웠다. 힌두교의 주요 세 신, 특히 최고의 신 시바신은 귀족계급과 승려들이 숭배하였다. 대부분의 민중은 신명(神名)을 포함하여 신적(神籍)을 알 수 없는 신들을 숭배하였다. 이 신들의 신적은 포 클라웅 가라이 왕, 포 로메(Pô Rômê) 왕, 메 쓰 써 포 이느 나가(Mẹ Xứ Sở Pô Inư Nagar) 여신처럼 외부 침략 세력을 물리쳤거나 도랑을 파고 둑을 만든 사업을 하였거나 민중들에게 수공업을 가르쳤거나 논을 비옥하게 만들었거나 하는 일에서 공이 있는 왕과 관련한 민간전설에 의존하였다.

[사진 29-1] 꾸앙남성 방안탑 [사진 29-2] 열을 지은 링가

링가-요니나 돌기둥 숭배신앙은 점성인뿐만 아니라 동남아시아인들이 번식을 기원하는 신앙이다. 점성의 링가는 탑 중앙의 중요한 제사 장소, 하지만 또 장식적 성격이 있는 위치 혹은 바깥 혹은 바냐짱(Bà Nha Trang)탑처럼 탑 꼭대기에 놓였다. 링가는 남성의 생식기를 상징하는 것으로 형태와 구조에 따라 3가지 유형으로 구분한다.

[사진 29-3] 미썬 성지의 링가-요니

첫째, 남자의 생식기만을 상징하는 둥근 기둥의 유형이다. 이는 안장의 옥 애오에서 발견한 가장 오래된 유형에 속한다. 이 유형은 몇 개가 열을 짓는 경우도 있다. 이처럼 집단성을 띠는 링가는 인도에 없다. 양성에 치우친 점성의 문화 성격을 보여주는 사례가 된다.

[사진 29-4] 링가-밑부분 원형

둘째, 위의 부분과 아래의 부분으로 구성된 유형이다. 위 부분은 둥근 기둥 형이다. 아래 부분에 따라서 링가는 두 가지 형태로 나눌 수 있다. 이 중 하나는 아래의 부분이 둥근 맷돌형태이다. 이는 다낭의 짬박물관에 소장된 짜 끼에우(Trà Kiệu)형태이다. 이 형태도 인도에 없다. 이는 남녀의 생식기를 상징하는 절구와 절구통의 형태가 된다. 이 역시 문화의 현지화를 보여주는 사례가 된다. 나머지 하나는 아래의 부분이 사각형 형태이다. 이 형태는 가장 보편적이다. 이는 원형과 사각형, 즉 음양원리에서 양과 음의 결합 형태가 된다. 따라서 아래의 부분 요니는 여자의 생식기를 상징한다. 그러나 링가라 할 때 위의 부분과 아래의 부

[사진 29-5] 링가-세 부분 구성

분을 나누지는 않는다. 위아래 부분을 합하여 링가라 할 뿐이다.

셋째, 세 가지 부분으로 구성된 유형이다. 이는 원형 기둥의 윗부분과 사각형의 아랫부분 외에 중간에 육각형 혹은 팔각형 부분으로 구성되었다. 만약 사각형과 원형이 음양이라면 사각형-육각형-원형은 삼재가 된다. 이중 육각형은 사각형과 원형의 轉接이다. 이는 보존이 창조와 훼멸 간 전접인 것과 같다. 세 가지 구성은 세 신을 한 세트로 숭배하는 브라만교와 링가를 숭배하는 본토 번식신앙과의 연결다리가 되었다. 즉, 음을 상징하는 아래 부분의 사각형은 창조의 브라마신과, 중간 부분(전접 부분)의 육각형은 보존의 비스누신과, 양을 상징하는 위 부분의 둥근형은 훼멸의 시바신과 응한다.

[사진 30] 쩌우 독의 이슬람 사원

10-11세기부터 인도와 자바 상인들이 드나들면서 이슬람교가 점성에 유입되었다. 14세기 말부터는 점성에 이슬람공동체가 형성되었다. 이슬람교의 유입과 함께 점성에는 힌두교의 수도사 온 그루(On Grù)와 파세(Paseh)계층 외에 이슬람교의 수도사 포차(Pô Char)계층이 생겨났다. 기존에 유입되어 크게 발전하고 있던 힌두교처럼 발전하지는 못했지만 자야 심하바르만 3세의 황후나 쩨봉 응아(Chế Bồng Nga)의 황후 등이 이슬람교도가 되었던 예에서 보는 것처럼 적잖은 사람들이 이슬람교를 따랐을 것으로 보인다. 포 어우로아(Pô Âuloah, 1000-1036)왕의 경우는 메카에 성지순례를 다녀왔다는 설도 있다.

유입된 이슬람교는 여러 부분에서 현지화되었다. 일반 신도들은 이슬람교의 근본적 본분을 실현하는 것은 포차들의 임무이고, 자신들은 먹고 마시는 것에 관련된 금계들을 지키거나 의식을 행할 때 성소에서 정식으로 예를 드리는 것이면 충분하다고 여겼다. 한편 점성인들은 모계사회였기 때문에 카탓(Katat: 남자가

의식에 참여)의식을 카러(Karơh: 여자가 의식에 참여)의식으로 대체하였다. 더 나아가 점성인의 중심 신앙으로서 힌두교를 약화시킨 바 있던 조상숭배신앙은 이슬람교까지도 변화시켰다.

5. 예술

1) 문학

고유문자를 개발했던 점성인들은 문자를 이용하여 창작시문을 지었다. 당시 점성인들이 기록했던 경전이나 시문들은 오늘날에도 남아있다. 200부 이상의 이들 자료들은 주로 외국의 박물관에 보존되어 있다. 닝퉌과 빙퉌지역의 점성인 수도사들에 의하여 보존돼 오던 역사서, 서사시, 전설들은 이후에 짬어로 다시 쓰여졌다.

바니(Bà ni)짬인들은 장치나 예배에서 아랍어를 적잖게 사용하였다. 점성인 사회에서 광범위하게 유행했던 라마야나(Ramayana), 마하바라타(Mahabarata) 등의 인도 서사시는 참파문학의 형성에 기여했다. 대표적으로 수천 개의 문장으로 된 '데와 머노(Dewa Mnô)', '인 자파트라(In Japatra)'와 같은 천장가가 있다. 이는 자 톼(Dạ Thoa)왕 이야기로 베트남 리·쩐왕조시대 베트남인의 민간문학에까지 유입되었다. 참파 시가는 음조가 많고 서정적 내용이 매우 풍부하며 보통 6자운행과 8자운행의 육팔시체이다.

점성의 민간문학 또한 발전하였다. 민간문학은 민간심리와 사회배경들을 여러 유형으로 다루었다. 먼저 신들의 이야기인 신화나 우주, 인간, 종족들의 탄생에 관한 전설이 있다. 점성인의 고전은 모든 민중 계층에 폭넓게 전해졌다. 그것은 힌두교와 이슬람교간의 종교 충돌이나 모계가족제도 등 사회의 다양한 면을 반영하였다. 사람들의 사회윤리와 인간심리들도 속어나 가요를 통해 명료하게 반영하였다.

점성인의 민간문학 중 묘탑에서의 노래와 창례(唱禮)를 언급하지 않을 수 없다.

여기에는 자장가, 인연을 교감하는 노래, 예식에 부르는 노래 등이 있다. 이는 풍부한 정신생활로서 지역마다 사당과 무덤에서 숭배 받는 신들을 찬양하고 소원하는 다양한 서사시였다. 혹은 수도사들이 민간문학으로부터 개척한 서사시나 전설일수도 있다. 더 나아가 민간의 무명예술가들의 상고사 혹은 참시(讖詩)일수도 있다. 그밖에 창작 문학에서 중요한 싸쿠카이(Sakukay), 우므럽(Umurup) 등의 장가(長歌)도 언급할 필요가 있다. 그 중 우므럽은 힌두교와 이슬람교 간 충돌이 있었던 점성인 사회를 반영하였다.

2) 음악과 춤

[사진 31] 짬인의 압사라춤

주로 신앙과 종교행사, 그리고 각종 의식에 이용되었던 음악과 춤은 점성인들의 정신생활에 매우 중요한 역할을 하였다. 이는 음악과 춤이 궁중성과 종교성을 동시에 띠었기 때문이다. 리자 느가(Rija Nugar) 혹은 리자 프롱(Rija Prong)과 같이 일주일 동안 지속되는 큰 의례에서 사람들은 내내 즐겁게 춤을 추고 노래를 하였다.

[사진 32-1] 탑 위의 부조

참파의 악기는 현악기, 북, 나팔, 피리, 징 등 다양했다. 춤 역시 다양했다. 그 중 머리에 물을 이고 추는 도아푸(Đoapụ)춤은 점성인들만의 춤이다. 그 외 파딧(padit)부채춤, 수건춤, 검무, 곤봉 던지기 춤 등이 있다. 모든 가무와 악기 사용은 의례의 성격과 생활형식에 맞췄다. 가무마다 개별적인 음에 맞는 악기들을 사용했다. 예컨대 부채춤에서는 파딧(padit)음에 맞춰 북을 쳤다.

당시 돌 위에 조각된 작품에서 무희와 악공들의 부드러운 손바닥, 유연한 심신,

탱탱한 가슴과 허리, 굴곡이 있는 엉덩이, 구부린 다리, 매우 현대적으로 보이는 비즈장식의 의상과 북, 현악기, 피리 등의 형상을 쉽게 찾아 볼 수 있다. 연구가들은 부조에서 춤추는 사람의 손이 넷이고, 여덟 종류의 춤 형식이 있다고 한다.

[사진 32-2] 압사라 춤 부조

점성인들의 명절, 기우제, 굿 등의 각종 의식에는 음악과 춤이 있었다. 의식에는 이를 진행하는 수도사나 무당 외에 전문 악단과 무녀단이 함께하여 의식 진행 중이나 종료 후에 가무를 했다. 가무도 신을 위한 인간의 행위 중 하나였기 때문에 가무는 의식에 참가한 모든 사람이 참가하였다.

종교적·신앙적 음악과 춤 외에도 점성의 민간에는 남녀의 애정을 주제로 한 노래가 많았다. 따라서 노래의 가사는 사랑의 장애물로 인한 비애와 탄식, 종교와 의례의 예속, 이별의 그리움 등을 내용으로 하였다. 그밖에 자장가, 친구 맺는 노래, 둘이서 주고받는 노래, 교훈하는 노래, 동요, 벼를 찧을 때나 모내기를 하거나 채소를 거둘 때 부르는 농부가, 곤봉을 던지며 부르는 노래 등 실로 다양했다. 점성 민간음악의 특징은 서정적 비애와 생동감 넘치는 즐거움을 동시에 나타냈다.

3) 건축과 조각

비자야로의 수도이전은 신권정치의 발전과 당시 많은 종교와 공공건축물의 신축으로 이어졌다. 비자야에는 거대한 짜반(Trà Bàn)성 외에 많은 사당과 묘가 중수되고 신축되었다. 오늘날 남아있는 13개의 탑 중 바잉 잇(Bánh Ít), 까잉 띠엔(Cánh Tiên), 즈엉 롱(Dương Long), 흥 타잉(Hưng Thạnh), 푸록(Phú Lộc), 타잉 쭉(Thanh Trúc), 투 티엔(Thủ Thiện), 롱 찌에우 (Long Triều), 빙 럼(Bình Lâm) 등은 중요한 탑이다. 비자야 외곽지역에는 찌엔 단(Chiên Đàn), 안푸(An Phú), 방안(Bằng An)들도 당시에 건설되었다.

[사진 33] 미썬 성지의 탑

[사진 34] 미썬 성지의 탑

모든 탑은 부조, 니(nhĩ)잎, 돌기둥 등이 장식된 벽돌로 지어졌다. 탑은 보통 사각형이지만 탑의 외형은 사각형이며, 꼭대기는 뾰족하고, 더러는 선박형의 지붕을 가진 탑도 있다. 이 건축물들은 보통 보조 건물들을 세우거나 본 사원을 돕기 위해 이용되었다. 미썬성지의 출현한 뾰쪽한 지붕에 팔각형 기둥의 탑은 꾸앙 남의 방안(Bằng An)탑과 꾸앙 응아이의 짜잉 로(Chánh Lộ)탑이 대표적이다. 이는 다이 비엣의 불탑 형태를 모방하여 만들어졌다.

점성의 사각형 탑과 진랍의 끝이 뾰족한 금자탑이 결합된 형태의 건축도 있다. '사각형 탑, 금자탑 형태의 지붕'이라고 말해지는 이 탑에는 빙딩의 훙 타잉(Hưng Thạnh)탑, 카잉 화의 포 나가(Po Nagar)탑, 닥락의 양 프롱 (Yang Prong)탑 등이 있다.

점성의 건축에서 주의할 점은 '계단식 지붕 형태의 사각형 탑' 형태와 '긴 집과 말안장 형태로 구부러진 지붕(선박 모양)' 형태는 본토 주민의 전통 건축 예술과 관련된 점이다. 이처럼 참파의 카란(kalan)건축은 힌두교 및 대승불교의 건축과 진랍의 건축, 그리고 본토민간건축의 복합건축예술이다. 탑의 구조는 안정성을 띠면서 일관된 우주 관념을 표현하지만, 건축양식은 여전히 변화가 있으면서 특별히 장치나 문양의 모티브에서 분명한 변화를 구현하였다. 양식에 근거하여 프랑스의 예술학자 스턴(P.Stern)은 빙럼(Bình Lâm)탑, 찌엔 단(Chiên Đàn)탑, 바(Bà)탑, 바잉 잇(Bánh Ít)탑은 10세기의 미썬양식에, 12세기 중반부터 13세기 말 혹은 14세기 초까지에 속하는 빙딩양식 혹은 14세기에 속하는 포 나가(Pô Nagar) 양식에 속한다고 하였다. 빙딩양식에 속하는 것으로는 훙팅(Hưng Thịnh), 즈엉 롱(Dương Long), 투 티엔(Thủ Thiện), 까잉 띠엔(Cánh Tiên), 푸록(Phú Lộc), 냔(Nhạn)탑 등이 있다. 14세기 초부터 17세기 초 사이에 속한 것으로는 포 크라웅 가라이(Pô Klaung Garai), 포 로메(Pô Rômê), 양 프롱(Yang Prong), 양문(Yang Mun)탑 등이 있다. 빙딩양식에 속한 점성탑들의 특징은 장엄하게 보이도록 높은 언덕의 정상에 세워졌지만, 외로워 보이고, 건조하며, 썰렁하고, 자연과 주민이 사는 주변과 조화를 이루지 못하여 이 시기의 건축 예술의 쇠퇴를 보여준다.

V. 후레왕조시대 베트남 문화

1. 독립 획득

후(後)레왕조는 두 기간(1428-1527, 1533-1789)으로 나뉜다. 두 기간의 전자와 후자를 각각 레초시대와 레중흥시대라 한다. 후자 중 1533-1592년 기간은 북·남 두 왕조가 존재했던 기간이다. 이중 북왕조가 되었던 막왕조는 1527-1592년 기간에 존재했다. 이장에서는 전자를 중심으로 다룬다.

1418년 2월 레 러이(Lê Lợi), 레 라이(Lê Lai), 찡도(Trịnh Đồ), 찡카(Trịnh Khả), 레반안(Lê Văn An), 레반링(Lê Văn Linh), 르우 년쭈(Lưu Nhân Chú), 레쌋(Lê Sát), 쩐응우옌 한(Trần Nguyên Hãn), 응우옌 짜이(Nguyễn Trãi) 등 18인은 2천여 명의 의병을 이끌고 타잉 화(Thanh Hóa)부의 토쉬언(Thọ Xuân)현 람썬(Lam Sơn)에서 구국의 봉기를 일으켰다. 그때부터 이들은 10년간의 악전고투를 거친 끝에 명군을 물리치고 잃었던 독립을 되찾았다.

…

우리 다이 비엣은

진실로 문명 국가이다.

산천의 봉역이 다르듯

남북의 풍속이 또한 다르다.

찌에우·딩·리·쩐이 독립적으로 존재했던 바

한·당·원 역시 한 지역의 제국이었다.

비록 강하고 약할 때가 있었으나

영웅호걸은 늘 존재하지 않았더냐.

…

이는 전승을 천하에 알리기 위하여 응우옌 짜이가 레 러이의 명을 받아 지었던 '평오대고(平吳大誥)'의 일부로, 리왕조의 리 트엉 끼엣이 송군(宋軍)과 접전할 때 군인들의 사기를 진작시키기 위하여 지었던 시에 이어 베트남의 두 번째 독립선언서가 된 것이다. 아래의 시는 리 트엉 끼엣의 '남국산하(南國山河)'이다.

남국의 강산에는 남제(南帝)가 거(居)한다고

천서에 분명히 규정하고 있는데

어이하여 역노(逆虜)는 우리의 영토를 침범했는가.

틀림없이 적도들은 허무하게 패하고 말 것이다

2. 중앙집권제의 확립

람썬봉기의 승리는 베트남 역사 발전의 새로운 장을 열었다. 먼저 중국 명의 지배사슬을 끊고 또다시 독립봉건왕조를 가능케 했다. 이를 기반으로 후레왕조는 베트남 역사에서 가장 강력한 중앙집권제를 확립할 수 있었다. 여기에는 유교 발전과 왕권 강화가 전제되었다.

한편, 후레왕조는 리왕조에서부터 추진하기 시작했던 남쪽으로의 영토 확장을 계속할 수 있었다. 그 결과 점성의 멸망과 진랍으로의 영토잠식 그리고 다이 비엣과 진랍, 다이 비엣과 태국과의 첨예한 충돌로 이어졌다.

후레왕조는 호꾸리가 썼던 국호 다이 응우와 수도 서도(西都)를 버리고 리·쩐왕조가 썼던 국호 다이 비엣과 수도 동도(東都)를 취했다. 이는 보다 독립적이면서 이전 장기 독립왕조의 전통을 잇는 염원에서였다. 여기서 서도는 호꾸리가 개혁을 시도하던 쩐왕조 말 1397년 지지기반을 고려하여 자신의 고향인 타잉 화성 빙록(Vĩnh Lộc)현 옌똔(Yên Tôn)으로 천도했던 지역을 말한다. 당시의 사람들은 탕롱이 동도인 까닭에 대칭하여 서도 혹은 호가(胡家)로 말미암은 성이라 하여 호가 성이라 불렀다.

후레왕조는 중앙의 관등제에서 역사상 처음으로 당의 이부, 호부, 예부, 병부, 형부, 공부 등 6부를 두었다. 이와 더불어 6부의 업무를 감찰하는 중서과, 해과, 동과, 서과, 남과, 북과 등 6과를 두었다. 얼마 뒤에는 이들 기관의 명칭을 이원, 호원, 예원, 병원, 형원, 공원 등의 6원과 이과, 호과, 예과, 병과, 형과, 공과 등의 6과로 바꾸었다. 그리고 6부가 담당하지 못하는 업무를 돌보는 대리사, 태상사, 광록사, 태복사, 홍로사, 상보사 등 6사를 두었다. 이는 국가기관의 세분화, 기능화, 효율화, 철저화를 통한 지배체제의 공고화를 추구하려 했다.

후레왕조는 원나라 때 실시했던 과거삼층법을 실시했다. 이는 과거제도의 단계화 내지는 정례화로 3년 1시의 향시, 회시, 전시(혹은 정시)를 말한다. 그리고 후레왕조는 역사상 처음으로 무과를 실시했다.

후레왕조는 법치국가 구현에도 노력을 하였다. 타이 또(Thái Tổ), 타이 똥(Thái Tông), 년똥(Nhân Tông) 치하에 율례를 공포하는데 이어 4대 타잉 똥(Thánh Tông) 1483년에는 왕조의 제도, 율례, 조례들을 수집하여 100권의 『천남여가집(天南餘暇集)』을 만들었다. 같은 해에는 이전 왕조의 법률과 당의 법률을 참고하여 『국조형률(國朝刑律)』을 편찬하였다. 『여조형률(黎朝刑律)』혹은 『홍덕법(洪德法)』으로

도 불리는 이 법전은 현존하는 베트남 최고의 성문법으로 모두 6권 16장 722조로 구성되어 있다. 기본은 형법이지만, 내용은 형사법, 행정법, 소송법, 민사법, 군사법, 국제법 등 실로 광범위하다. 이 법전의 기본 내용과 정신은 전제집권국가의 통치권과 지주계급의 권리를 보호하는 것이지만 인도주의와 관용정신, 여성의 권리 존중과 죄인 감화 목표 등을 구현하기도 했다.

3. 통치사상

후레왕조부터는 유교가 국교가 되었다. 비록 쩐왕조말부터 불교를 가시적으로 비판하고 사원 개혁을 단행하며, 단명하기는 하였지만 유학에 정통한 호왕조가 세워지고, 마침내 유교를 국교로 하는 후레왕조가 세워졌을 지라도 베트남은 역사에서 억불 혹은 유교와 불교간 종교전쟁은 없었다.

약 22년간의 명의 지배를 거치면서 독립 후레왕조는 송유(宋儒)의 영향을 받게 되었다. 송유는 유학의 혁신으로 일컬어지는 신유학(新儒學)이라고 할 수 있다. 전한·후한 이래로 유학은 자구해석에 치중하는 훈고학에 얽매이고 또 형식적인 예에 치중하였으므로 후한말 이래 사회적 지도이념의 위치를 상실하였다. 그리고 위진남북조시대와 수·당시대, 그리고 오대십국시대에는 오히려 불교와 도교사상이 난세기의 민심에 영합되어 더 융성하였다. 당 후기에 한유(韓愈)와 그의 제자 이고(李翺)가 이 같은 상황에 반기를 들고 유학의 복고적인 혁신운동을 주장하였는데, 이것이 유학 혁신의 계기가 되었다. 송대에 유학의 혁신적 토대를 최초로 마련한 사람은 범중엄(范仲淹)과 구양수(歐陽修)였다. 그리고 고전을 직접 연구하여 유학의 근본정신을 파악하고 우주 생성의 원리를 규명해서 인간의 본성을 밝히며 이를 기반으로 정신을 수양하고 윤리의 실천에 매진해야 한다는 학풍이 송유 사이에 크게 일어났다. 이 같은 전통을 이어받아 유학의 새로운 연구를 시도한 이는 북송 중기의 주돈이(周敦頤)이다.

그는 우주의 생성과 인성의 본질을 깊이 연구하여 『태극도설(太極圖說)』을 편찬하였다. 이에 의하면, 태극이라는 우주의 본질에서 음양의 2기(氣)가 생성하고 여기에서 목·화·토·금·수라는 오행이 생기는데, 이 오행의 배합과 결합에 의하여 남녀 2기가 출생하고, 이 2기의 교감과 조화에 의하여 삼라만상의 현상계가 이루어진다고 하였다. 이는 우주 생성의 법칙을 도식화한 것으로 주자(周子)의 '리기이원론(理氣二元論)'이 나타난다. 이 같은 주자의 학설은 장재(張載)와 정호(程顥)·정이(程頤) 형제를 거쳐 남송의 주희(朱熹, 1130-1200)에 의해 완성되었다.

주희에 의하면, 우주의 근본은 태극으로서 리인데, 리가 존재를 갖추기 위해서는 기의 참여가 필요하다. 리에 대한 기의 참여에 의하여 현상이 성립함으로, 이 세계는 리와 기의 의하여 성립되었다고 할 수 있다. 그런데 인간에 있어서 리는 본연의 성(性)으로서 선(善)그 자체이나 기는 그 물질성에 의하여 정욕을 일으킨다고 하였다. 그러므로 인간은 본연의 성인 리의 입장에서 선하지만 기의 의하여 정욕이 생기므로 선악의 상충적인 요소를 내재하고 있다. 그러므로 수양에 의하여 정욕을 버리고 리, 즉 선에로 귀의해야 하는데, 이것을 도덕이라고 하였다. 따라서 사람은 사물의 리를 깨달아서 덕을 쌓아야 한다고 하였다.

이 같은 주자의 새로운 사상은 그가 저술한 『사서집주(四書集註)』에 집약되어 있다. 이는 대학, 중용, 논어, 맹자로 구성되었으며, 송학(宋學)의 정수로서 이후 오경(시경, 서경, 역경, 예기, 춘추)과 함께 유학의 경전이 되었다.

이처럼 송대의 사대부들은 경전을 새로이 연구하고 도의의 근본을 수립하여 불교와 도교의 이론에 도전하고 이민족에 의한 국치, 국난을 극복하려 하였다. 여기에서 송학은 종래의 훈고적 학풍과 치술 위주의 경학(經學) 중심에서 우주 생성의 이치와 인간의 본성을 밝히고 또 유학의 실천적 과제로서 대의명분과 군신, 부자, 부부의 관계를 옹호하는 사상적 기반이 되었을 뿐 아니라 조선, 다이비엣, 일본에까지 전파되어 깊은 영향을 미치게 되었다.

전제제도를 변호하고 봉건질서를 주장하는 송유는 후레왕조의 통치사상이 되었다. 따라서 숭유와 함께 주돈이, 주희, 정호, 정이 등이 주해를 단 경전들이 과시 학습 과목으로 선택되었다. 타잉 똥이 만들어 마을민이 지키게 했던 훈유 24조 역시 송유의 예법에 기초한다. 송유의 규정들은 『국조형률』에도 많이 반영되었다.

후레왕조 초(약하여 레초라고 함)는 베트남 역사에서 유교가 가장 발달한 시기였으며 송유의 사상의식체계는 15세기 다이 비엣 사회를 깊고 전면적으로 지배했다.

숭유와는 달리 후레왕조는 불교와 도교의 역할과 작용을 제한하는 다양한 방법을 시행하였다. 왕조를 열었던 타이 또는 승려에 대한 규정으로 승과시를 두고 50세 이상이라는 나이 제한과 불경에 대한 통달은 물론 국가가 시행하는 검증을 거치게 했다. 그리하여 기존의 승려라 할지라도 이에 미치지 못할 경우 환속케 했다. 이러한 형태의 불교개혁은 쩐왕조 말과 호왕조에서 이미 시행한바 있다. 이것은 유교의 확대도 있겠지만 그동안 국가와 백성의 전폭적인 보호와 지원 하에 양적으로 급격히 성장한 불교의 추락에 대한 정치, 사회의 쇄신 요구에서 비롯되었다. 타잉 똥의 경우는 관리와 백성의 새로운 사찰 건립과 종 및 불상의 제조를 금지하는 형태로 불교와 도교의 발전을 더욱 제한했다. 더 나아가 승려와 도사의 왕래를 제한하고 조정의 관료가 승려 및 도사와 교류하는 것을 금했다.

그렇다고 불교와 도교의 발전을 절대 제한하지는 않았다. 후레왕조가 이들의 역할과 발전을 봉건유교사회질서의 범위내로 한정함으로써 이들은 자연스럽게 정치권력에서 멀어지는 대신에 사회 속에서 종교본연의 역할로서 발전할 수 있는 기회를 얻게 되었다. 한편, 중앙정부는 승통과 도통을 수장으로 하는 승록사와 도록사와 같은 기관을 두어 그동안 지배자로부터 피지배자에 이르기까지 삶의 일부가 되어버린 이들 종교를 효과적으로 관리하였다. 따라서 황제들의 사원 보수나 사원의 대례에 조정의 신하 파견이 가능하였다. 후레왕조의 최고 통치자였던 타잉 똥의 경우 사원 참배에 많이 참여했는가 하면 수도안팎에 망선대와 빅 꺼우(Bích Câu)도관을 세우기도 했다. 그의 작품 『성종유초』는 왕이 꿈속에서 여러 번 신선을 만났음을 보여준다.

후레왕조는 1449년 매년 순우화풍(順雨和風)을 기원하기 위한 바람신, 구름신, 비신, 천둥·번개신 사당과 함께 수도에 도대(Đô Đại)성황사당을 세우는 형태로 자연신을 숭배하였다. 레초에 람썬(Lam Sơn)전이 세워지자 매년 왕들은 선조들에게 제사를 드리기 위하여 이곳에 왔다. 후레왕조 선조들의 무덤과 왕들의 무덤은 모두 타잉 화의 람낑(Lam Kinh)에 있다.

백성들 가운데는 국가에 공이 있는 영웅들을 제사하는 풍속이 보급되었다. 따라서 람썬봉기에 공을 세운 사람들은 모두 백성들의 숭배 대상이 되었다. 이뿐 아니라 어디에서나 조상제사가 보편화되었다. 마을이나 국가에 공이 있는 가문들은 모두 백성들에 의하여 숭배할 사당에 세워지고 매년 향이 피워졌다.

4. 교육과 과거제도

유학의 발전은 당연히 교육과 과거제도의 발전을 촉진했다. 레 러이(Lê Lợi)는 즉위하던 해에 수도의 국자감을 재건하고 지방에 관학을 세우는 형태로 인재양성에 힘썼다. 교육에 대한 수요가 늘어나고 이에 따라 관학과 사학의 교육기관이 늘어났을지라도 국가의 최고 교육기관인 수도의 국자감 수학 학생이 제한적이었던 것과 여기에 입학하지 못한 귀족관리들의 불만을 해소하는 차원에서 이들 자녀들의 교육을 위한 숭문관(1505년 조문관으로 명칭 바뀜)·유림관·수림국 등도 세워졌다.

[사진 35] 진사제명비

22년간의 짧지 않은 명의 지배기간과 그동안 한 차례도 시행하지 못한 과거시험으로 부족한 관원 해결, 그리고 능력 있는 관리 선발은 물론 왕권강화차원에서 1429년 명경과를 시작으로 레 러이는 과거시험을 시행했다. 쩐왕조 말

1396년에 결정되었던 과거삼층법은 1442년부터 시행되었다. 물론 이 시법도 1438년 향시, 1439년 회시의 형태로 시행하기로 했으나 시행이 늦어졌다.

레초의 과거제도는 1484년의 진사시에서 1442년부터 진사에 합격한 자들의 명예를 기리기 위하여 문묘에 진사제명비(進士題名碑)를 세우는 형태로 독특함이 있다. 한편, 쩐왕조에서부터 시작되었던 등과자의 영예를 기르기 위한 3일간의 유가(遊街: 시내행진), 경축연회, 어의(御衣) 하사 외에도 영친의(榮親儀: 귀향의식)가 이때부터 시행되었다. 이외에도 과거시험을 치를 수 있는 신분을 평민 이상으로 규정한 것과 수험생에 대한 보증과 이력서 제도를 두었다. 이 제도를 각각 '보결향시례(保結鄕試例)'와 '공개삼대(恭開三代)'라고 칭했는데, 전자는 수험생이 소속되어 있는 마을이 수험생의 도덕성과 자격에 대한 책임을 진다는 것이며, 후자는 수험생의 3대에 해당하는 이력을 공개하는 것이었다. 후자의 경우 가족의 구성원 중에 누가 조정에 범죄 사실이 있을 경우 과시응시자격이 박탈당했다. 이를 통하여 짐작할 수 있는 것은 관리가 되기 위한 요건은 단지 시험결과에만 국한되지 않고 도덕성에 의해서도 좌우되었다는 점이다.

5. 편찬

숭유를 내세웠던 후레왕조 때는 민족어 쯔놈이 경시되고 한자가 '성현의 문자'로 숭배된 것에 힘입어 비록 한문학이 크게 발달했음에도 불구하고 쯔놈문학(혹은 國音文學)은 일부 지식인들을 중심으로 발전할 수 있었다. 현존하면서 가장 오래된 쯔놈시집으로는 응우옌 짜이의 『국음시집』이 있다. 이는 1868년 출판된 『억제유집(Ức trai di tập)』이라고도 하는 『억제시집(Ức trai thi tập)』에 수록되어 있다. 『국음시집』은 국가의 아름다운 경치를 노래하거나 민족의 자부심을 노래하는 것과 더불어 음해와 부정부패로 가득한 관료들을 책망하고 경멸하는 동시에 사대부의 시대적 책임의식을 고취하는 내용들로 가득하다.

후레왕조 하에 응우옌 짜이가 쯔놈문학을 대표하는 작가였다면 타잉 똥(Thánh

Tông)은 한문학을 대표하는 작가였다. 시작(詩作)과 평시(評詩)에 탁월한 재능을 가졌던 그는 자신을 소단원수(Tao đàn nguyên súy)라 칭하고 소단회(騷壇會: 騷壇貳拾八宿이라고도 함)의 회원이었던 턴년쭝(Thân Nhân Trung), 도 뉴언(Đỗ Nhuận) 등과 함께 작품『경원구가(Quỳnh uyển cửu ca』를 남겼다.

레초 문학의 특징은 왕조가 외부와의 투쟁을 통하여 형성되었던 배경 때문에 주로 애국, 자부심, 민족의 기백을 찬양하는 내용이 많았고, 특히 국가의 제도나 왕의 위엄을 찬양하는 내용이 주류를 이루었다. 이 같은 특징은 당시의 문인단체에서도 찾아 볼 수 있는데, 대표적으로는 소단회가 있다. 소단회는 베트남 문학사에서 가장 먼저 출현한 문학조직으로 1494년 타잉 똥을 포함한 28명의 왕의 근신 문인 유학자들로 구성되어 주로 시작과 평시활동을 했다.

당시의 대표적인 한문 문학 작품으로는『월전유령』,『영남척괴』,『전기만록』등이 있다.『월전유령』과『영남척괴』는 본래 쩐왕조 때에 리떼 쑤이옌과 쩐테팝의 작품이었으나 후레왕조 초에 여러 문인들에 의하여 내용이 첨가되어『속월전유령집』과『영남척괴열전』의 형태로 다시 나왔다.

턴년쭝, 도 뉴언 등은 타잉 똥의 명을 받아 모두 100권으로 된 백과사전류『천남여가집』을 완성했다. 이 작품은 법률, 행정, 종교, 철학, 시, 산문 등의 내용을 담고 있으며, 대부분 타잉 똥 때의 형률을 다루었다. 유감스럽게도 이 작품은 10권밖에 남아있지 않다.

레 러이가 응우옌 짜이에게 명하여 편찬케 하고 레 러이 자신이 서문을 단『람산실록』은 자신의 봉기 형성과 발전 및 승리 과정을 다룬 역사서이다. 이는 후레왕조의 첫 번째 역사서이기도 하다. 역시 응우옌 짜이의 작품인『여지지』는 베트남 최초의 역사지리서로서 당시의 베트남 영토 외에 상품, 천연자원, 백성의 일부 습속들을 다수 소개했다. 그 밖의 지리서로 담반레(Đàm Văn Lễ)의『안남형승도』와 형부에서 완성한『천하반도』등도 있다. 1455년 판푸 띠엔(Phan Phù Tiên)은 레반 흐우의『대월사기』의 후편으로『대월사기속편』을 썼다. 타이 똥(1225-

[사진 36] 대월사기전서

1257)부터 명군이 철수할 때까지를 기록한 모두 10권으로 구성된 이 역사서는 현존하지 않는다. 1479년 응오 씨 리엔은 타잉 똥의 영을 받들어 15권으로 된 『대월사기전서』를 편찬했다. 이는 홍방씨에서 12사군까지를 기록한 5권의 외기와 딩왕조 968년에서 후레왕조 타이 또 1428년까지를 기록한 10권의 본기로 구성되었다. 응오 씨 리엔의 『대월사기전서』는 그가 홍방씨에서 조타까지의 내용만을 일부 첨삭했을 뿐, 나머지는 레반 흐우와 판푸 띠엔의 작품을 의존하여 자신의 역사관에 따라 수정한 것이다. 『대월사기전서』는 반랑 시대를 처음으로 정사(正史)에 넣었다.

뜨엉 즉(Tương Dực, 1510-1516) 때에는 병부상서 부뀡(Vũ Quỳnh)에 의하여 총 26권의 편년체 역사서인 『대월통감(Đại Việt thông giám)』이 외기와 본기로 출판되었다. 외기는 홍방씨에서 12사군까지로, 본기는 딩왕조에서 후레왕조 타잉 똥까지로 시기를 각각 나누었다. 레뚱(Lê Tung)은 『대월통감』에 대한 총론을 썼다.

이외에도 의학과 산학 분야에 관련된 다수의 작품들이 있다. 판푸 띠엔(Phan Phu Tiên)의 『본초식물찬요(Bản thảo thực vật toản yếu)』는 남방의 약초와 질병예방에 관한 연구서이며, 응우옌 쯕(Nguyễn Trực)의 『보영양방(Bảo anh lương phương)』은 어린아이들의 건강 유지 방법을 가르친 책이다. 그리고 르엉 테빙(Lương Thế Vinh)의 『대성산법(Đại thành toán pháp)』과 부 흐우(Vũ Hữu)의 『입성산법(Lập thành toán pháp)』은 기하학과 수학의 연구서이다. 의학의 발전에서 보듯이 후레왕조는 전염병이 발생하면 관리를 파견하여 환자의 치료와 방제에 힘쓰는 한편 재생원(齋生院)을 두어 병자를 돌보기도 하였다.

6. 예술

후레왕조는 유학이 발전했던 관계로 지금까지 예술에서 중요한 위치를 차지해왔던 조형예술, 그중에서도 불교 분야가 침체되었다. 그렇다고 불교의 조형예술이 완전히 침체했다는 것이 아니라 하 노이의 보천(Bảo Thiên)사와 서방(Tây Phương)사, 하 떠이의 천복(Thiên Phúc)사와 금련(Kim Liên)사 등을 재건하는 형태로 제한된 틀 내에서 발전·유지될 수 있었다. 한편, 사원건축의 제한으로 불교 조형예술은 침체되었지만 지방에는 베트남 건축 및 조각예술의 보고 중 하나인 정이 여러 지역에 많이 세워짐으로써 조형예술은 계속 발전·유지될 수 있었다.

왕조를 열었던 레 러이의 고향 람썬에 궁전을 비롯한 사당, 묘실, 능 등 많은 건축물을 세우는 형태로 당시의 조형예술은 궁중화 추세를 띠었다. 왕조의 조형예술은 문묘와 국자감이 재건되거나 남교단, 사직단, 풍운단 등이 세워지는 형태로 발전했다.

당시 조각예술의 특징은 크기가 작으며, 필법이 균형을 이루고, 틀이 잡혔으며, 장엄하고, 균형이 잘 맞았다. 조각은 사람 형상이나 개, 사자, 거북, 기린, 호랑이, 코뿔소, 말, 코끼리, 용 등의 짐승 형상 그리고 구름, 물, 꽃, 잎 등의 자연 소재들이 주종을 이뤘다.

15세기 초 중반의 조형예술은 리·쩐·호왕조의 전통을 계승했지만 15세기 이후 중반에 가서 새로운 방식으로 변화하기 시작했다. 변화는 장식도안에서 가장 명확하게 나타났으며, 대표적인 예는 용의 상이다. 타잉 똥 시대의 용상은 건강하고 머리가 크며 뿔과 갈기가 있고 등에는 지느러미가 높게 돋아 있으며 날카롭게 보이는 5개의 발톱을 가졌다. 이러한 용상은 중국 명의 영향을 받았으며 봉건왕조권위의 독특한 형상이 되었고 임금 자신의 생활용품을 장식하는 것으로만 사용되었다.

레초는 상대적으로 음악이 발전한 시기로, 특히 궁중음악이 발전했다. 르엉 당(Lương Đăng)은 1437년 왕명을 받들어 조정의 의례에서 연주하는 음악인 아악

[사진 37] 전통 악기 연주

(雅樂)을 제정하였다. 그는 악기를 북(trống cái), 경(bộ khánh), 종(bộ chuông), 금(đàn cầm), 철(đàn sắt), 생(sinh), 소(tiêu), 관(quản), 약(thược), 어(ngữ), 훈(huân), 호(trì), 방향(phương hưởng), 공후(không hầu), 비파(tỳ bà), 관적(quản địch) 등으로 규정하였다. 그가 제정한 아악과 악기는 명칭에서 알 수 있듯이 대부분 중국 명의 것을 모방하였지만 베트남의 궁정음악을 한 단계 발전시키는 데 기여했다. 이외에도 르엉 당은 년똥의 영을 받들어 조정의 각종 의식과 관리들의 의복을 규정하기도 했다.

턴넌쫑, 도 뉴언, 르엉 테빙(Lương Thế Vinh) 등은 타잉 똥의 명을 받아 중국의 음악을 연구하여 조정의 예악을 재정비하였으며 악기연습과 노래를 전문으로 하는 동문부와 아악부를 세웠다. 당시에 민간음악은 궁전에서 밀려났으며 속악으로 여겨져 교방사에서 돌봐졌다.

후레왕조의 궁중음악이 발전하는 과정에서 두드러진 것으로 평오파전(Bình Ngô phá trận)음악을 들 수 있다. 이는 매년 전승을 기리기 위하여 축제날에 가무를 위하여 연주되었다. 노래의 내용은 람썬봉기군이 명군을 물리치는 과정에서 펼쳐지는 장기항전의 승리를 찬양했다.

의례의식의 성격을 갖는 궁중음악과 함께 민간에는 생명력과 창조력이 넘치며 민중의 노동, 투쟁 생활과 정감 교류를 반영하는 음악이 존재·발전하였다. 한편, 전통 음악과 춤도 여전히 발전하였다. 그렇지만 지배계급은 노래하는 직업을 경시하고, 이 직업에 종사하는 사람들을 창가무류로 폄하하며, "노래를 연습하지 말라, 풍속에 해가 된다"는 형태로 민중을 권했다. 보결향시례에서 타잉 똥은 프엉 째오(phường chèo: 째오 坊이라 함)에 속한 자녀들의 과거시험 참여를 금했다. 년똥은 1448년 리 리엔(lý liên 혹은 rí ren) 민간 춤을 "음속(淫俗)하며 거짓된다"고 여겨 민간 공연을 금했다.

타잉 똥(Thánh Tông) 때부터는 째오의 궁중공연이 금지되었다. 이때부터 째오는 농민 속에서 발전하게 되었으며, 19세기말에는 전성기를 맞았다. 째오는 쯔놈전을 극본으로 삼았는데, 관음시경과 같은 유명한 극본이 바로 이때 나왔다. 19세기에는 뚜옹의 영향을 받아 새로운 극본이 만들어졌다.

무대예술에서 뚜옹과 째오를 부르는 방식은 민중의 보편적 감정을 표현하는 형식이 되었다. 1501년 르엉 테빙은 째오 예술의 이론서인 『희방파록(Hý phường phả lục)』을 출간하였다. 여기에서 저자는 연기, 가무, 북치는 것 등 공연예술규정들을 총괄적으로 언급했다. 이는 베트남 민족의 고전가극예술에 대한 첫 번째 이론서로 볼 수 있다.

뚜옹은 축제나 제례 시에 궁전에서 공연되었지만 르엉 당이 아악을 제정하면서부터 궁전에서 배척되었다. 1437년 타이 똥이 뚜옹의 궁전 공연을 금지했음에도 불구하고 뚜옹은 여전히 귀족들의 사랑을 받는 예술로 자리를 고수하면서 민간에도 전파되기 시작하였다.

VI. 북남조시대 베트남 문화

1. 북남조 대립

발전하던 후레왕조는 뚝똥(Túc Tông, 1505) 때를 기점으로 급격히 쇠퇴하기 시작했다. 그 결과 왕조는 정국의 혼란을 수습하던 과정에서 등극하게 된 무신 막당중(Mạc Đăng Dung)에 의하여 1527년에 망했다. 그의 제위 찬탈 이후 얼마 안 되어 응우옌 낌(Nguyễn Kim)이 1533년 타잉 화를 중심으로 후레왕조를 회복시킴으로써 다이 비엣은 두 개의 왕조가 존재하게 되었다. 이들을 각각 북왕조와 남왕조, 즉 북남조시대(1533-1592)라 한다.

북남조 대립은 짱똥(Trang Tông, 1533-1548) 즉위 1533년부터 북조의 통치를 끝낸 1592년까지 전개되었다. 약 60년 동안의 대치기간에 40여 차례에 걸쳐 크고 작은 전쟁이 일어났다.

이 시기는 통상과 기독교 전파를 목적으로 서구인들의 베트남을 포함한 동아시아에 발을 들여놓기 시작한 때였다. 따라서 지금까지 중국 중심의 베트남 문화는 전혀 새로운 서구의 문화를 접하게 되었고, 이는 급기야 베트남의 운명을 결정하기에 이르렀다.

2. 북조의 문화

레초의 발달한 정치제도도 그렇거니와 심각한 정치, 사회적 공황 속에서 출현한 왕조였던 것 때문에도 막왕조는 레초의 제도를 계승하는 형태였다. 무엇보다 정통왕조를 무너뜨리고 새로운 왕조를 옮으로써 느끼는 중압감과 위험을 덜고 왕권을 공고히 하려는 차원에서 막왕조는 과거 쩐왕조와 호왕조가 시행했던 태상황제도를 시행하였다.

레초시대 말의 혼란을 비교한 것일 수도 있겠지만 경제면에서 막왕조는 무난했던 것 같다. 후레왕조시대에 『역조헌장유지』의 저자 판휘쭈(Phan Huy Chú)는 "국가와 민은 배부르고 여유가 있어 당시를 치평(治平)의 시기였다."고 하였다.

북조는 이전의 왕조들과는 달리 중농억상의 정책이 아니었으며 남조와 대립하는 상황에서 경제력 확보를 위해 상공업을 발전시키고 조심스럽게 개방하는 정책을 추진하였다. 화폐 주조, 선박 제조, 총포 제작 등 수공업이 발전하게 되었고, 이는 대내외 상업 발전으로 이어졌다. 1528년 통보전을 시작으로 짧은 지배기간에 명덕통보, 명덕원보, 대정통보, 광화통보, 영정통보, 영정지보 등 다양한 화폐 주조는 당시 내상의 발전을 의미한다. 당시에 탕롱과 포 히엔(Phố Hiến)은 북조의 대표적 상업지역으로 중국, 일본, 네덜란드와 같은 외국 상인들도 활동을 하였다. 하지만 외국과의 통상은 국내의 정치 안정이 선결조건이었던 것인바, 첨예한 북남조 대립이라는 변수 때문에 기대에 못 미쳤다.

[사진 38] 리에우 하잉-모도 사당

복잡한 정치, 사회적 배경은 막왕조에게 불교와 도교에 대한 개방적인 태도를 갖게 만들었다. 그 결과 삼교 공존의 분위기가 국가의 평안과 왕조정부의 안정을 염원하는 형태로 민중과 군신관료들 속에 회복되었다. 도처에는 왕에서 백성에 이르는 시주에 힘입어 사찰과 도관이 세워졌다. 막왕조 사찰에 나타나는 특이한 점은 '전불후성(前佛後聖)'으로 구성된 혼합 유형이다. 그리고 사당과 정은 '전신후불(前神後佛)' 유형이다. 바로 그 배경 속에서 모(母, Mẫu) 숭배신앙이 리에우 하잉(Liễu Hạnh, 柳杏)의 출현과 함께 강력하게 발전하였다. 베트남에서 모 숭배 신앙은 하나의 종교[다오 머우(Đạo Mẫu, 母道)라고 함]처럼 성장해나갔다. 당시에는 서양인의 진출로 천주교가 베트남에 유입되기 시작했다.

레초와 같지는 않았지만 막왕조에서도 송유는 여전히 지위가 유지되었다. 이 가운데 비록 학교 교육이 한자로 진행되었을지라도 쯔놈에 대한 개방에 힘입어 막왕조 1565년 시행된 회시 제4장에서는 부(賦) 일편이 쯔놈으로 요구되었다.

과시와 관련하여 막왕조는 비록 65년의 존재기간에도 불구하고 22차례의 회시를 실시하여 11명의 장원과 485명의 진사를 배출하였다. 판휘쭈는 "막왕조는 전쟁하기에 바빴을지라도 과시를 포기하지 않았기 때문에 남조와의 대립에서 도움을 줄 수 있는 많은 인재를 얻을 수 있었고 60년 이상을 지속할 수 있었다"는 형태로 막왕조의 과시를 높이 평가하였다.

많은 사대부출신과 함께 막왕조는 우수한 문학 작가들을 배출했다. 대표적으로 응우옌 빙 키엠(Nguyễn Bỉnh Khiêm), 잡 하이(Giáp Hải), 레 꾸앙 비(Lê Quang Bí), 응우옌 잔 타잉(Nguyễn Giản Thanh), 하념 다이(Hà Nhậm Đại), 황씨 카이

(Hoàng Sĩ Khải), 부깐(Vũ Cán), 응우옌 즈(Nguyễn Dư), 응우옌 항(Nguyễn Hàng), 레 득 마오(Lê Đức Mao) 등을 들 수 있다.

인도주의와 애국주의를 계승했던 막왕조의 문학은 장기 내전과 물질지향사회, 그리고 사람들의 도덕과 윤리 가치가 흔들리던 환경 속에서 새로운 단계에 올라서게 되었다. 대표적인 작품들로는 응우옌 빙 키엠(1491-1585)의 『백운암시문집(Bạch Vân am thi tập)』과 『백운국어시(Bạch Vân quốc ngữ thi)』가 있다.

응우옌 빙 키엠은 당대는 물론 후대에까지 이름을 떨친 문사요, 철학자였다. 그는 1535년 시행된 과거시험에서 장원급제하여 막왕조의 관리가 된 적이 있었으나 혼탁한 정치에 회의를 느낀 이후로는 관직을 포기하고 귀향하여 학교를 세워 인재양성에 힘썼다. 그는 은둔하면서 천 편이 넘는 한시와 많은 쯔놈시를 남겼다. 유교와 도교의 영향을 깊이 받았던 그의 작품세계는 당시의 부패한 사회를 비판하거나 부패한 정치를 떠나 한가로이 인생을 즐기는 것들로 가득하다. 다음은 그의 은둔생활을 잘 표현한 작품이다.

> 조수 따라 물결은 왔다가 가는데,
> 가을날 선객(船客)은 배를 띄웠구나 노는 한쪽에 놓아둔 채.
> 덥개(船蓬)를 걷고 달빛을 즐기니 홍취가 더하여,
> 부는 바람에 배를 맡겨 마음대로 떠나게 하노라.
> 하얗게 머리가 센 노인이 낚시를 드리우고,
> 고양이 눈처럼 푸른 물결 위에 떠 있구나.
> 유심(有心)한 구로(鷗鷺)는 날 좇아,
> 이르는 곳마다 따라오는구나.

이 시기 주목할 점은 전원, 은둔, 안빈낙도생활과 자연과의 즐거움을 찬양하는 경향의 시문 출현이다. 대표적으로는 응우옌 항의 쯔놈시 『삼우동부(Tam Ngung động phú)』, 『정거명체부(Tịnh cư minh thể phú)』, 『대동풍경부(Đại Đồng phong cảnh phú)』를 들 수 있다. 이 시문과 비슷한 장르로 타국에 사행으로 가면서 자신의 불타는 의지와 애국정신을 표현한 시문들도 있다. 대표적으로는 레 꾸앙 비의 『사향운록(Tư hương vân lục)』, 황씨 카이의 『사북국어시집(Sứ Bắc quốc ngữ thi tập)』과 『사정국(Sứ trình khúc)』, 쟙 하이의 『응답방교(Ứng đáp bang giao)』 등이 있다.

당시의 대표적 쯔놈문학으로는 응우옌 빙 키엠의 『백운국어시』, 응우옌 쟌 타잉의 『봉성춘색부(Phụng thành xuân sắc phú)』, 레득 마오의 『응이 호땀 쟈이 트엉 핫아 다오(Nghĩ hộ tám giáp giải thưởng hát ả đào)』, 부이 빙의 『궁중보헌(Cung trung bảo huấn)』 등이 있다. 이중 레득 마오의 작품은 최초의 7·7·6·8시체이다. 이전에 출현했던 6·8시체는 당시에 완성단계에 있었다. 장르에서 응우옌 항과 응우옌 쟌 타잉의 부(賦)는 단편시를 확장하여 장편 쯔놈작품을 탄생시켰다. 레득 마오의 『봉성춘색부』는 수도에 대한 자긍심을 표하고 제도를 찬양한 한편의 놈(Nôm)부이며, 언어면에서 한(漢)부에서 놈부로 넘어가는 최초의 변화를 구현한 작품이다.

막왕조는 존재기간이 65년에 불과했던 것과 이 기간 남조와 첨예하게 대립을 하였던 것 때문에 궁전 등 대형건축발전이 저조했다. 대신에 막왕조에서는 사찰, 정, 관, 사당, 묘 등 민간 건축이 발전했다. 일반적으로 막왕조의 건축물은 규모가 작다. 사찰의 기본 구조는 삼관, 전당, 소향, 상전의 형태이다. 그 밖의 일부 사찰에는 후당, 종각, 마당, 행랑, 아치형 다리 등이다. 정은 갈수록 단순하여 일자형 양식에 칼 모양처럼 휘어진 지붕 4개로 설계되었다. 관은 건축양식이 사찰과 비슷했지만 크기는 더 작았다. 관은 보통 전당, 소향, 상전의 특징과 공(工)자 형태로 설계되었다.

막왕조의 조각은 새김과 표현 등에서 아주 발달했다. 소재는 신, 불(佛), 신선, 성황, 금동(신선을 따르는 동자), 옥녀, 악공, 무희, 황제·황후, 사령, 자연(꽃·잎·강물·구름 등)상으로 다양했다. 막왕조 사찰과 정 등의 조각예술은 아이를 들쳐 매고 있거나, 장작을 패거나, 호랑이를 쫓거나, 사냥을 하거나, 뱃놀이를 하거나, 서커스를 하거나, 그네를 타거나, 씨름을 하거나, 남녀가 정사를 하거나 등 사람들의 일상생활모습을 부조물의 소재로 삼았다. 막왕조의 조각은 주제를 강한 선을 이용하여 개괄적으로 묘사하는가 하면, 묘사도 세부적이기 보다는 의미 전달에 초점을 두었다. 이처럼 독창적인 막왕조의 문화는 17, 18세기의 베트남 민간문화를 꽃피우는 데 기여했다.

3. 남조의 문화

남조는 왕조가 잠시 사라졌다가 다시 회복되었던 것 때문에 레초시대와 비교하여 문화, 사회 등에서 크게 변화가 없었다. 남조의 문화는 정치의 약화로 유교가 쇠약하면서 기존에 발전을 누린 바 있던 불교와 도교가 다시 발전할 수 있는 기회를 얻었다. 따라서 많은 사원들이 세워지거나 보수됐으며, 여기에 정치적·사회적 혼란 속에서 민중들의 종교 및 신앙 활동도 활발해졌다. 그 결과 사당, 묘 등도 중수 혹은 신축되었다. 고산대왕(Cao Sơn Đại vương)묘는 자신의 왕위 등극에 대한 신의 도움에 감사하기 위하여 뜨엉 즉(Tương Dực)이 중수했다. 많은 인신(人神)들이 성황신전에 추가되었으며, 성황신은 국가급·현급·진급차원과 촌락 차원에서 숭배 및 관리되었다. 중앙봉건국가의 쇠약으로 인하여 사람들의 종교 생활과 민간신앙은 발전의 기회를 맞게 되었다.

혼란스런 시대를 반영한 문학도 계속하여 발전하였다. 대표적인 작가와 작품들로는 응우옌 바오(Nguyễn Bảo)의 『주계집(Châu Khê tập)』, 부뀐(Vũ Quỳnh)의 『소금집(Tô Cầm tập)』과 쩐왕조 쩐테팝의 작품을 편저한 『영남척괴』, 명장·명신·명유·절의·열녀 등을 찬양한 당밍 키엠(Đặng Minh Khiêm)의 『월감영사시집(Việt giám vịnh sử thi tập)』 등이 있다. 이중 『월감영사시집』은 베트남 문학의 최초 영사시(詠史詩)이다. 부쮀(Vũ Duệ)의 시 『가행보주감작(Gia hạnh Bảo Châu cảm tác)』, 무료한 관직생활을 그만두고 은둔생활을 염원한 황쯩(Hoàng Trưng)의 시 『술의증

휴인(Thuật ý tặng hữu nhân)』, 역사·지리·사회생활을 언급한 부깐(Vũ Cán)의 『숭현문집(Tùng Hiên văn tập)』, 중국과 베트남 명가의 시가 선집이 포함된 『상곤주옥집(Thương Côn châu ngọc tập)』 등이 있다.

사학은 부꿩의 홍방씨에서 레 타이 또까지를 다룬 『대월통감, 26권』, 레뚱(Lê Tung)의 『대월통감』에 대한 『대월통감총론』, 당밍 키엠(Đặng Minh Khiêm)의 『대월역대사기』 등이 있다.

VII. 후레왕조 북남분열시대 베트남 문화

1. 북남분열

남왕조가 북왕조, 즉 막왕조를 멸망시킴으로써 하나의 왕조로 통일되었지만 권력을 탐했던 찡(Trịnh)가와 응우옌(Nguyễn)가 두 가문에 의하여 나라는 쟈잉(Gianh)강을 경계로 북남으로 나뉘어 다시 장기간의 첨예한 분열시대를 맞게 되었다. 이때를 북남분열시대라 하며 분열된 지역을 각각 당 응와이(Đàng Ngoài)와 당쫑(Đàng Trong)이라 불렀다.

북남의 권력자들은 명실공히 후레왕조의 왕권을 회복한다는 명분을 내세웠다. 이들은 자신들을 주호(主號) 혹은 왕호(王號)를 써서 각각 찡(Trịnh)주와 응우옌(Nguyễn)주 혹은 찡(Trịnh)왕과 응우옌(Nguyễn)왕이라 칭했다. 이들이 황제를 능가하는 권력을 행사했음에도 칭제를 못했던 것은 서로 왕권 회복을 명분으로 내세웠기 때문이다.

북남분열은 1558년 응우옌 황(Nguyễn Hoàng)이 퉌화(Thuận Hóa)로 파견되고 어느 정도 세력을 구축했던 70년 후부터 전개되었다. 북남분열기간 중 45년(1627-1672) 기간 동안 북남은 쟈잉 강을 경계로 7차례 대규모 침략전쟁을 일으켰다. 그 중 6차례는 북에서 남으로, 단지 1차례는 남에서 북으로 침략을 하였다.

이는 국력에서 남이 북보다 열세였기 때문이다.

북남분열은 민족간 대립, 갈등, 반목, 혼란, 침체, 상처, 손실이라는 부정적 결과에도 불구하고 영토확장이라는 긍정적 결과도 가져왔다. 그리고 북남분열은 역사에서 유래없던 대외통상의 발전을 촉진시켰다. 이는 천주교 발전과 베트남어 창제라는 결과를 가져왔다. 나아가 북남분열은 대외관계차원에서 베트남과 캄보디아, 베트남과 태국관계를 긴장과 대립으로 이끌었다.

장기간 그리고 첨예한 침략전쟁과 대립에도 불구하고 승자는 없었다. 북남분열의 종식은 분열로 야기된 상처와 후유증이 가져다준 농민반란 때문이었다.

2. 대외통상

당쫑의 삶은 아직 개발되지는 않았지만 광활한 토지와 비옥한 토지, 그리고 적은 인구 때문에 다소 여유가 있었다. 그렇지만 여러 면에서, 특히 경제와 군사 면에서 당 응와이에 열세였던 당쫑은 이를 만회하기 위하여 외국과의 대외통상을 보다 적극적으로 추진해 나갔다. 당 응와이보다는 개방을 먼저 하고 개방에 적극성을 띠었으며 서구인들이 먼저 접근할 수 있는 지리에 힘입어 당쫑의 대외통상은 더 발전할 수 있었다.

당쫑보다는 적극적이지 못했지만 북남분열을 승리로 이끌기 위한 목적에서 당 응와이 역시 수공업 발전과 대외통상에 역점을 두었다. 따라서 수공업과 대외통상은 군사력 강화에 맞춰졌고 수공업과 대외통상은 무기, 선박 등의 군수품 제조와 수입에 치중되었다.

수공업 발전의 결과 전국에는 제련, 소금 생산, 견산 및 견직 생산, 조각 등 각종 장신구 생산, 도자기, 비석과 상 등 각종 석재 상품 생산, 돗자리 생산 등 다양한 업종의 수공업마을이 출현했다. 밧짱(Bát Tràng), 토하(Thổ Hà), 흐엉 까잉(Hương Canh), 번딩(Vân Đình), 딩쭝(Đình Trung), 함종(Hàm Rồng), 푸랑(Phù Lãng), 미 티엔(Mỹ Thiện), 푸캉(Phú Khang), 비엔 화(Biên Hòa) 지역들은 도자기 생산으로 유명했다. 탕롱(Thăng Long), 썬 떠이(Sơn Tây), 퉌화(Thuận Hóa), 꾸앙 남(Quảng Nam) 등은 견사와 견직생산으로 유명했다. 당쫑의 꾸앙 남과 꾸앙 응아이(Quảng Ngãi)는 설탕 제조가 크게 발전했다. 이곳의 설탕은 하얗고 입자가 고왔으며 결정체가 투명한 형태로 품질이 좋아 대외 상인들이 크게 선호했다. 로싸(Lỗ Xã), 껌 드엉(Cẩm Đường), 지쓰(Dị Sử), 바익 쌈(Bạch Sam), 다 호이(Đa Hội), 번짱(Vân Chàng), 뇨럼(Nho Lâm), 쭝 르엉(Trung Lương), 히엔 르엉(Hiền Lường), 푸 바이(Phù Bài) 등은 전업제련마을로 유명했다. 옌 타이(Yên Thái), 푸딩(Phù Định), 독써(Đốc Sơ), 쩌우 케(Châu Khê), 다이 푸(Đại Phú) 지역들은 질 좋은 다양한 종이 생산으로 유명했다. 홍룩(Hồng Lục)과 리에우 짱(Liễu Chàng)은 목판인쇄로 유명했다. 당시에 서양으로부터 시계 생산 기술이 유입되었다. 퉌화(Thuận Hóa)진 당 쓰엉(Đăng Xương)현의 응우옌 반뚜(Nguyễn Văn Tú) 가족은 시계생산을 전업으로 하였다.

[사진 39] 밧짱 도자기

북남분열로 지역간 왕래는 물론 통상이 금지되었을지라도 해외 무역상들을 통한 북남교역은 유지되었다. 따라서 남부 베트남에서 생산이 안 됐지만 생활에서 필요했던 동제품들이 당 응와이에서 당쫑으로 유입될 수 있었다.

포르투갈, 화란, 스페인, 영국, 프랑스, 중국, 일본, 쟈바, 태국 등 동서양의 많은 외국상선들의 진출로 당 응와이와 당쫑의 강구와 해구, 그리고 교통의 요지에는 시장촌이 출현했다. 홍옌(Hưng Yên)의 다 응으우(Đa Ngưu), 남딩(Nam Định)의 바

[사진 40] 호이 안

[사진 41] 호이 안의 다리 사찰
- 일본 다리라고도 함

[사진 42] 호이 안의 복건회관

오 답(Báo Đáp), 박닝(Bắc Ninh)의 푸 르우(Phù Lưu), 하이 즈엉(Hải Dương)의 단롼(Đan Loan)은 시장촌으로 유명했다. 그렇더라도 이들 마을의 본업은 농업이지 상업이 아니었다. 상업은 부업에 불과했다.

이뿐 아니라, 상공업 발달은 동당(Đồng Đăng), 끼 르어(Kỳ Lừa), 번돈(Vân Đồn), 반닝(Vạn Ninh), 동 찌에우(Đông Triều), 비황(Vị Hoàng), 푸 타익(Phù Thạch), 푹레(Phục Lễ), 푸쒼(Phú Xuân), 느억 만(Nước Mặn), 벤 응애(Bến Nghé), 농 나이(Nông Nại), 하 띠엔(Hà Tiên) 등 국제통상지역을 출현시켰다. 외국인 선원과 물건을 수집하는 외국인 수집상을 위한 숙박시설과 각종 점포가 생기면서 이들 지역에 자연스럽게 항포(港鋪)가 생겼는데, 훙옌(Hưng Yên)의 포 히엔(Phố Hiến), 트어 티엔(Thừa Thiên)의 타잉 하(Thanh Hà), 꾸앙 남(Quảng Nam)의 호이 안(Hội An)은 최고의 대외통상지역으로 유명했다. 그 중 호이 안은 동아시아에서 손꼽히는 국제항구에 속했다. 이곳에는 많은 중국인과 일본인의 집단 거류지가 생겼으며, 이들의 거류흔적은 지금도 상당히 보존되었고, 현재 유네스코 세계문화유산으로 지정되어있다. 같은 시기 수도 탕롱은 36방의 깨쩌(Kẻ Chợ)시장으로 유명했다.

3. 문화

1) 종교

북남분열기의 유교는 지배사상과 사회기강으로서의 가치는 유지되고 있었을지라도 독존적 지위는 추락한 상태였다. 여기에는 장기간에 걸친 정치적·사회적 혼란과 이로 말미암은 사회적 불안, 그리고 서구로 유입된 천주교 영향도 컸다.

베트남에 진출한 외국인들은 통상과 기독교 전파라는 두 부류로 구성되었다. 베트남의 천주교는 포르투갈, 이탈리아, 일본, 프랑스 선교사들에 의하여 전파되었다. 일본인 선교사는 도쿠가와 이에야스시대에 천주교 박해를 피하여 베트남으로 이주해온 일본인들을 말한다. 종교성이 강하고 전통적으로 종교의 다양성에 익숙했던 베트남인들은 천주교에 대하여도 쉽게 문을 열었다. 그 결과 17세기 말 베트남 천주교인은 25만 명에 이르렀다. 짧은 기간에 많은 이가 천주교인이 될 수 있었던 것은 위의 요인 외에도 북남대립기에 국력신장을 추구해야 하는 상황에서 북남의 수장들이 선교활동을 허용한 요인도 있다.

많은 사찰과 도장이 국가 혹은 개인의 지원을 받아 보수 혹은 건설되었다. 대표적으로 동 찌에우(Đông Triều)의 뀡 럼(Quỳnh Lâm)사찰, 하 떠이(Hà Tây)의 떠이 프엉(Tây Phương)사찰, 훼(Huế)의 티엔 무(Thiên Mụ)사찰 등이 있다. 도장으로는 응에 안(Nghệ An)의 팜 비엔(Phạm Viên), 타잉 화(Thanh Hóa)의 응우옌 환(Nguyễn Hoãn) 등이 있다.

17세기 턴똥(Thần Tông) 때 쩐똰(Trần Toàn)에 의하여 타잉 화의 꾸앙 쓰엉(Quảng Xương)에 베트남 도교의 한 파인 내도(內道)가 출현했다. 본시 조정의 고관이던 그는 막왕조를 따르지 않고 귀향하여 환(Hoan)주와 아이(Ái)주 주민의 마귀 퇴치에 도움을 주었다. 그가 타잉 화에서 도장을 개설하자 10만의 신도가 그를 따랐다. 신도들은 그를 상사(上師)로 추존하였다. 그는 부적과 신주를 이용하여 턴똥의 병을 치료하였는가 하면 공주의 아이도 치료해 주었다. 하여 왕과 공주는 그의 고향에 집을 지어주었다. 왕은 손수 내도장이란 세 글자 현판을 써주

[사진 43] 티엔 무 사 탑

[사진 44] 티엔 무 사찰 종

었다. 도법에 능한 그의 세 아들은 삼성(三聖)으로 추존되었다. 내도파는 응에 안에서 발전하여 북으로 퍼져갔다. 20세기에는 타잉 화, 응에 안, 하이 즈엉, 훙옌, 하 노이 등에 이 파의 센터가 많이 세워졌다. 심지어 제1차 세계대전 이후에도 하 노이의 쟝 보(Giảng Võ)에서는 매년 수만 명의 신도들이 제례와 질병치료를 위해 내도장에 왔었다.

이는 방술도교이다. 베트남의 방술도교는 옥황상제, 태상로군, 현무, 관공과 같은 도교의 보편적 신위를 숭배하는 것과 더불어 성진[聖陳, Đức Thánh Trần: 쩐훙 다오(Trần Hưng Đạo를 말함)], 성모(聖母, Bà Thánh Mẫu: Bà Chúa Liễu, Liễu Hạnh, Mẫu Liễu Hạnh, 柳杏公主 등으로도 불림)와 같이 베트남인이 세운 많은 신위를 숭배하기도 한다. 속어 "8월은 아버지 제사, 3월은 어머니 제사(Tháng 8 giỗ Cha, tháng 3 giỗ Mẹ.)"에서 아버지와 어머니는 성진과 성모를 의미한다. 몽골과의 항전에서 크게 공을 세운 쩐훙 다오가 마귀를 물리쳐 민을 구원하는 재능을 갖고 있다[특별히 요괴 팜난(Phạm Nhan)을 물리쳤다]고 믿어지면서 성진으로 숭배되었다. 리에우 하잉은 신통술이 뛰어나 민을 보호한다고 믿어지면서 성모로 숭배되었다. 민간에서는 성진(聖陳)과 성모(聖母)가 양쪽에 늘 함께 한다고 믿는다. 이는 음양 원리의 산물이다. 신전에서 리에우 하잉을 숭배할 때 언제나 모삼부(母三府), 모사부(母四府)도 같이 숭배된다. 이는 도교가 모를 숭배하는 민간 신앙과 결합됐음을 말해준다.

성모, 성진, 삼부, 사부를 숭배하는 일은 보통 샤만신앙과 관련된다. 삼부(天府·

地府·水府)와 사부(天府, 樂府, 水府, 地府)[7]는 베트남 모(母, Mẫu) 숭배신앙 중 하나로 각각 세 여신과 네 여신을 지칭한다. 삼부와 사부는 북베트남의 대부분 사찰에서 숭배된다. 지역적이고 구전적인 신앙의 성격 때문에 모호하기는 하지만 사부체계는 리에우 하잉를 더한 삼부체계로부터 세워졌다는 설도 있다. 성진을 숭배하는 사람을 타잉 동(Thanh đồng 혹은 Ông đồng: 남자 무당-법사)이라고 부른다. 바동(Bà đồng: 여자 무당)은 삼부와 사부를 숭배한다.

[사진 45] 하 노이 도교 진무관

방술도교 외에도 베트남에는 신선도교도 있었다. 신선도교는 내수(內修)와 외양(外養) 두 파가 있다. 내수파는 베트남 신선도교에서 더 보편화되었다. 베트남인은 쯔동뜨(Chử Đồng Tử)나 딴 비엔(Tản Viên)聖과 같은 다른 많은 신성들을 숭배한다. 이중 신선이 되어 하늘로 올라갔다는 쯔동뜨는 베트남 도교의 시조이다. 베트남 역사와 전설에는 많은 도사와 일반인이 수련으로 신선이 되었다거나 많은 기적을 행했다는 사적이 있다. 몇 가지를 살펴보면 다음과 같다.

쩐왕조 퉌똥(Thuận Tông, 1388-1398) 때 타잉 화의 뜨특(Từ Thức)은 박닝(Bắc Ninh)의 띠엔 주(Tiên Du)에서 관직에 있으면서 소녀를 구원해준바 있었다. 귀향 후 은거하던 그는 수행 후 신선이 되었으며 쟝 흐엉(Giáng Hương)선녀-과거에 그가 구원했던 아가씨-와 혼인하였다. 쩐·호왕조 때에 타잉 화의 느어(Nưa)산에 신선이 있었다. 당시에 사람들은 그를 황미(Hoàng Mi)선생이라 불렀다. 그는 호(Hồ)씨 부자의 운명을 정확하게 예측했었다. 후레왕조와 응우옌 왕조에서도 그를 만났다는 사람이 있었다. 후레왕조 타잉 똥(Thánh Tông) 때에 한 번은 왕

7 사부의 악부(樂府)는 숲을 관리하고 중생에게 물질적 복을 주는 제2 모(母)이다.

이 서호에 놀러갔다가 아름다운 소녀와 함께 시문을 부르게 되었다. 왕은 소녀를 수레에 태워 궁으로 돌아왔다. 탕롱성 대흥문(大興門: 지금은 하 노이 남문이라 함)에 도착했을 때, 선녀였던 그녀는 날아서 하늘로 사라졌다. 너무나 허전했던 왕은 그곳에 집 한 채를 지어 망선루(望仙樓)라 불었다. 지금의 하 노이 항봉(Hàng Bông) 120B에 있는 망선관(望仙館)이 그것이다.

전통시대에 베트남 사대부들은 하늘의 때나 세상의 길흉사를 알아보기 위하여 부선[phụ tiên 혹은 구선(cầu tiên)이라고도 함]을 조직하였다. 하 노이의 응옥썬(Ngọc Sơn)사당, 썬 떠이(Sơn Tây)의 딴 비엔 사당, 흥옌(Hưng Yên)의 다오 싸(Đào Xá)사당은 한 때 유명했었다. 넓은 저택을 소유한 유사(儒士)들은 자신들의 집에 부선단을 세웠다. 20세기 초에 여러 지역에 세워진 구선단[선단(善壇)이라고도 함]은 국민의 애국과 항불의지를 고무하는데 기여했다. 남부의 많은 구선단[구기(求機)라고도 함]은 까오 다이 교의 형성에도 기여하였다.

신선도교는 노장사상의 영향으로 인하여 청정(淸靜)과 한락(閒樂)을 좋아하는 경향이 있었다. 많은 베트남 유가들은 이 사상을 띈다. 세상에 나왔지만 시기를 타고 나지 못했거나 등 여러 가지 이유로 자신의 뜻을 접고 은거한 사람이 많았다. 쭈반안(Chu Văn An), 응우옌 빙 키엠(Nguyễn Bỉnh Khiêm), 판휘익(Phan Huy Ích), 응우옌 꽁쯔(Nguyễn Công Trứ) 등이 전형적인 인물이다.

외양파는 사람이 금단이라는 장생약을 먹으면 신선이 되어 오래 살 수 있다고 믿었다. 이 파는 남중국에서 출현하자마자 베트남에 유입되었다. 이는 중국의 도사들이 금단을 만들 때 쓰는 원료 진사(辰砂: 수은이 함유된 붉은 광물로 약을 만드는 데 사용)를 구하기 위함이었다. 두 쯩부인의 봉기 평정을 위한 마원의 파견도 이와 관련이 있다. 광무제는 마원에게 봉기 평정 외에도 진사광산을 찾아보라는 지시도 내렸다. 따라서 껌케[Cấm Khê: 빙푸省 옌락(Yên Lạc)縣]에서 패한 쯩부인이 핫몬(Hát Môn)사 핫[Hát: 다이(Đáy)]강에서 자살함으로써 봉기가 평정됐음에도 마원은 진사를 찾기 위하여 꾸앙 남(Quảng Nam)까지 진격하였고 마침내 꾸

라오 짬(Cù Lao Chàm)에서 대규모 진사광산을 발견하였다. 이 광산은 중국 송대에 고갈되었다.

이후에도 진사와 관련한, 그리고 불로장생과 관련한 얘기들이 오랫동안 베트남에 전해지기는 했지만 외양파는 베트남에서 보편화되지 못했다.

2) 베트남어

천주교를 전파하는 과정에서 베트남어는 만들어졌다. 말은 있어도 문자가 없어 한자와 쯔놈을 사용하는 베트남인들에게 복음을 전하는 일이 어려웠던 서양 선교사들은 로마자를 이용한 베트남말 표기에 나섰다. 바로 이것이 오늘날 베트남인들이 쓰고 있는 베트남어의 창제계기이다.

베트남어 창제에서 빼놓을 수 없는 인물로 알렉산드로 드 로드 신부가 있다. 프랑스의 아비뇽 출신으로 베트남말의 로마자화에 지대한 공헌을 한 그는 1627년에서 1630년까지 당 응와이에서의 포교활동에서 무려 6700여명을 개종하였다. 그가 이처럼 놀라운 사역을 할 수 있었던 데는 무엇보다도 현지어 구사능력에 있었다. 추방되어 마카오로 갔던 그는 10년 후에 다시 당쫑으로 돌아와 포교활동에 종사하다가 1645년 또 다시 추방되어 로마로 돌아갔다.

로마로 돌아온 후에도 그의 선교열정은 식지 않았던바, 그는 교황을 설득하여 동아시아 지역에서의 선교활동을 담당할 파리외방선교회를 결성하였다. 그의 사역은 전도사역 외에 문서사역에도 많은 열매를 맺었다. 지역연구서라 할 수 있는 통킹사와 베트남어로 된 교리문답, 그리고 다이 비엣어·포르투갈·라틴어의 대역사전을 만들었다. 선교활동을 위해 만들어진 이것들은 베트남말의 문자화로 베트남어, 즉 국어의 출현을 의미했다.

로드신부의 이 같은 문서사역 이전에 포르투갈, 로마 신부들은 교리문답과 베트남어·포르투갈어, 포르투갈어·베트남어로 된 대역사전을 편찬했었다. 이 같은 자료와 다년간 베트남 사역에서 얻었던 결과들을 토대로 하여 로드신부는 로마에서 3년간(1649-1651)에 걸쳐 대작업을 하였다. 국어의 창제는 베트남역사에서 위대한 문명사적인 가치가 있음에도 불구하고 창제 목적이 당시에 조정이 엄격히 금지하고 있던 선교활동과 창제자가 자신들을 식민지화시켰던 프랑스인이었다는 사실 외에도 오랫동안 귀족사회에 통용되고 있었던 중국의 한자문화에 의해 평가절하 되었다.

고립어(Isolating language)로서의 베트남어는 다음과 같은 몇 가지 특징을 갖는다. 첫째, 베트남어 알파벳은 29자로, 영어 알파벳의 'F, J, W, Z'가 없는 대신에 'Ă, Â, Đ, Ê, Ô, Ư'가 추가되었다.

<표 12>베트남어 알파벳

대문자	A	Ă	Â	B	C	D	Đ	E	Ê	G	H	I	K	L	M	N	O	Ô	Ơ	P	Q	R	S	T	U	Ư	V	X	Y
소문자	a	ă	â	b	c	d	đ	e	ê	g	h	i	k	l	m	n	o	ô	ơ	p	q	r	s	t	u	ư	v	x	y

둘째, 베트남어는 한 음절이 한 형태소가 될 수 있다. 셋째, 베트남어의 단어형태는 변하지 않는다. 즉 격, 수, 인칭, 성, 시제와 같은 문법적인 특징에 의해서 변하는 어미가 없다는 것이다. 넷째, 베트남어는 성조어(聲調語)이다. 다섯째, 베트남어는 단음절어인 까닭에 발음이 너무 짧고 딱딱하다. 여섯째, 베트남어에는 thay đổi↔đổi thay, yêu thương↔thương yêu의 형태처럼 단어를 치환하여도 의미가 변하지 않는 것들이 많다.

3) 교육과 과거제도

북남이 첨예하게 대립하고 여기에 유학이 침체하던 요인들로 인하여 북남분열기에 당 응와이와 당쫑의 교육은 이전만 못했다. 당 응와이의 경우 대립을 감안하여 군사력 증강에 힘을 쏟았다. 이를 위해 무술학교를 세워 관리 자녀들에게 군사교육을 시키고 이들의 교육을 담당하는 교수관(教授官)을 두었다. 이들은 봄과 가을에 무예를, 여름과 겨울에 무경(武經)을 익혔다. 무과는 3년1시로 실시됐으며, 시험과목은 활쏘기·창술·검술·승마 외에 수험생의 학력과 재능은 물론 병법을 알아보는 구두시험도 있었다.

교육의 침체 결과 관리를 선발하는 과시도 부정기적이거나 시행되더라도 부정부패가 만연하여 소기의 목적을 달성할 수 없었다. 예컨대, 당 응와이가 1750년 부족한 재정을 확보할 목적에서 직업과 신분에 상관없이 누구나 3관을 납부하는 자는 바로 향시를 볼 수 있도록 하는 통경전(通經錢) 규례를 근거로 실시한 과시에서 시험장은 혼잡하여 서로 밟혀 죽는 사례까지 속출했으며, 책을 이용한 부정행위는 말할 것도 없이 심지어 돈을 주고 대리응시자를 고용하는 행위까지도 있었다. 이뿐 아니라, 채점관들의 부정사례가 만연하여 이를 규탄하는 투서가 조정에 쇄도하기도 했다.

과시를 정기적으로 엄격하게 실시할 수 없었던 당쫑은 천거, 음서, 매관매직을 통한 관리 임용이 많았다. 장신 50관, 사장 45관의 1725년 규정은 한 마을에 심지어 16-17명의 장신과 20명 이상의 사장을 가능케 했다.

4) 편찬

북남의 치열한 분쟁과 민족어 쯔놈에 대한 경시풍조에도 불구하고 북남분열기는 민족문학과 고전예술이 발전하였다. 쯔놈문학의 거두로는 응우옌 빙 키엠(Nguyễn Bỉnh Khiêm, 1491-1585)과 다오 쥐뜨(Đào Duy Từ, 1572-1634)를 들 수 있다. 이들은 각각 북쪽과 남쪽을 대표했던 인물이라 할 수 있다. 다오 쥐뜨의 사상은 응우옌 빙 키엠과 유사하지만, 응우옌 주에 중용되어 적극적으로 정치활동을 했던 것에서 차이를 보였다.

당시에는 중국의 당시체(唐詩體) 외에도 베트남 고유의 민족시체인 육팔체·쌍칠육팔체와 운문소설체가 나왔다. 육팔체나 쌍칠육팔체는 전자의 경우 행이 6·8자로 한 수, 후자의 경우 행이 7·7·6·8자로 한 수를 이루는 형식을 말한다. 당쩐꼰(Đặng

Trần Côn, 1710?-1745?)의 『정부음곡(Chinh phụ Ngâm Khúc)』은 전쟁에 나가 남편을 그리는 부인의 애절한 심정을 노래한 장편 한시이다. 이 작품은 여러 사람에 의해서 베트남 고유 문자인 쯔놈으로, 그리고 베트남 고유시가 형식에 따라 개작되었는데 처음으로 개작한 사람은 여류시인 된티 디엠(Đoàn Thị Điểm, 1705-1748)으로 알려지고 있다. 다음은 된티 디엠이 개작한 『정부음곡』의 일부이다.

> …
> 소첩은 출정 병사의
> 아내가 될 줄은 생각도 못했고,
> 당신도 귀한 사람이 되기 위해
> 공부를 했었지요.
> 어찌하여 이처럼
> 멀리 떨어져 있나이까?
> 그것이 소첩을 조석으로
> 슬프게 만듭니다.
> 젊은 풍류객과
> 예쁜 규수가 만나,
> 서로를 견주며
> 연을 맺었는데.
> 젊은 우리 둘이 어찌
> 견딜 수 있나요?
> 관산이 가로막으니,
> 추위와 따뜻함도 따로 해야 하나요.

쯔놈시와 쯔놈소설 외에도 전설, 정사, 야사 등을 쯔놈시로 기록한 최초의 운

문체 역사서인 『천남어록(Thiên Nam ngữ lục)』이 있다. 이는 홍방씨에서 막왕조까지의 역사를 팔천 개 이상의 육팔시구로 구성되었다.

이 시기 문학의 성과는 서정적이며 인도적인 경향을 띠는 베트남 전기문학의 출현이다. 대표적으로는 응우옌 즈(Nguyễn Dữ: 출생과 사망연대를 알 수 없고 응우옌 빙 키엠의 제자로만 알려짐)의 한문 전기(傳記)문학 『전기만록(傳奇漫錄)』이 있다. 이는 김시습의 『금오신화(金鰲新話)』처럼 중국 명대의 작품 『전등신화(剪燈新話)』를 베트남의 소재를 가지고 재구성한 한문 번안 작품이다. 응우옌 즈는 작품에서 당시 민초들의 고달픈 삶과 왕과 관리들의 잔악성을 잘 묘사했다. 당시의 지사들은 소극적이긴 하지만 작품을 통하여 북남조분열과 그로 야기된 어두운 사회를 묘사하는가 하면 동시에 지배자들의 행태를 폭로했다.

후레중흥말은 베트남역사에서 평민문학이 가장 발달했던 시기라고 일컬어진다. 18세기 초에 들어와 정치·경제·사회의 혼란이 더욱 격해지면서 민간에서는 쯔놈을 사용하여 찡주와 관리들을 비판하는 작품이 크게 유행했다. 작품 『짱런(Trạng lợn)』전은 권세와 부를 이용하여 과거시험에 합격하고자 했던 수험생들의 세태를 잘 묘사했다. 이 같은 사회 고발 형의 작품 활동을 억제하기 위해 당 응와이는 쯔놈을 이용한 작품출판을 금지하는 령을 내리기도 했다.

북남분열의 시기는 어느 때보다도 많은 역사서가 출판되었다. 1697년 24권(5권은 외기이며 19권은 본기)으로 구성된 홍방씨에서 쟈똥(Gia Tông, 1672-1675)까지 기록한 『대월사기전서』를 들 수 있다. 이는 홍방씨부터 1417년까지는 응오씨 리엔에 의하여, 1418년부터 1532년까지는 여러 사가들에 의하여, 1533부터 1662년까지는 팜꽁쯔(Phạm Công Trứ)에 의해서, 나머지 1663년부터 1675년까지는 레히(Lê Hy)와 응우옌 뀌득(Nguyễn Quý Đức)에 의하여 각각 쓰였다. 1775년 응우옌 환(Nguyễn Hoàn), 레뀌돈(Lê Quý Đôn), 부 미엔(Vũ Miên) 등이 찡썸(Trịnh Sâm)의 명을 받아 1676년 이후의 전서를 썼으나 남아 있는 작품은 없고 이들이 남긴 업적에 근거하여 쓰인 것으로 판단되는 1417년부터 1789년까지를 기록한

『대월사기속편』, 『대월사기본기속편』, 『월사속편』 등이 작가 없이 남아 있다.

레뀌돈은 타이 빙(Thái Bình) 사람으로 1752년 진사에 장원급제한 이후 조정에 중용되어 외교사절로서 뿐 아니라 학자로서도 당대의 뛰어난 인물이었다. 그는 유학, 불학, 도학, 의학, 문학, 사학을 망라한 영역에서 수많은 작품을 남겼다.

1734년에는 베트남 역사에서 처음으로 활판인쇄가 시작되자 그때까지 중국에서 인쇄, 수입된 책의 판매가 금지되었다. 이는 국가의 재정 절감은 물론 베트남 인쇄술의 발전에 크게 기여했다.

이외에도 레 러이 봉기를 기록한 호씨 즈엉(Hồ Sĩ Dương)의 『람산실록(Lam Sơn thực lục), 3권』, 레 러이에서 자똥까지 기록한 호씨 즈엉의 『여조중흥공업실록(Lê triều trung hưng công nghiệp thực lục), 3권』, 레뀌돈의 『여조통사(Lê triều thông sử), 대월통사(Đại Việt thông sử)라고도 함』, 퉌 꾸앙(Thuận Quảng)지역의 역사·지리·정치·풍속 등을 기록한 레뀌돈의 『무변잡록(Phủ biên tạp lục), 6권』, 1075년에서 1789년까지 과거에 합격한 자들을 이름을 기록한 응우옌 환(Nguyễn Hoàn)의 『대월역조등과록(Đại Việt lịch triều đăng khoa lục), 4권』, 현별 진사 합격자들을 기록한 판휘온(Phan Huy Ôn)의 『천남역조열현등과비고(Thiên Nam lịch triều liệt huyện đăng khoa bị khảo), 6집』, 과거의 역사적 사건들을 고찰과 검증을 통하여 잘못된 부분들을 수정하여 편찬한 베트남 최초의 역사 평론집이라 할 수 있는 응오 티씨(Ngô Thì Sĩ)의 『월사표안(Việt sử tiêu án)』 등이 있다. 응오 티씨는 『월사표안』에서 베트남의 첫 번째 북속시기의 시작은 한이 남월을 병합했던 B.C.111년이 아니라 남월이 어우 락을 병합했던 B.C.179년이라고 주장하였다.

정사(正史) 외에도 역사의 한 부분이나 지역사정 등을 이야기 혹은 기록문 형태로 남긴 작품도 있다. 대표적으로 응우옌 즈의 『전기만록』, 된티 디엠의 『속전기(Tục truyền kỳ)』, 부 프엉 데(Vũ Phương Đề)의 『공여첩기(Công dư tiệp ký)』, 레 흐우 짝(Lê Hữu Trác)의 『상경기사(Thương kinh ký sự)』, 응오 티찌(Ngô Thì Chí)의 『안남일통지(An Nam nhất thống chí)』, 팜휘온의 『과방표기(Khoa bảng tiêu kỳ)』, 레뀌돈의 『견문소록(Kiến văn tiểu lục)』, 팜딩호(Phạm Đình Hổ)의 『우중수필(Vũ trung tùy bút)』과 『상창우록(Tang thương ngẫu lục)』 등이 있다.

5) 공연예술

16-18세기 예술의 특징은 고전 민간 예술의 회복과 발전이라고 해야 할 것이다. 15세기는 전제군주제의 발전에 의하여 민간문화예술은 정통문화예술의 틀에서 많은 제한을 받았지만 북남조시대와 찡·응우옌 주 분열기는 역으로 민간문화예술이 발전을 보게 되었다. 음악과 춤, 그리고 카누·낚시·그네타기·씨름·무술·줄타기 등 서민생활과 밀접하게 관련된 예술 활동이 민간사회에 보편화되었다. 그 중 빼놓을 수 없는 것으로 무대예술인 수상인형극, 뚜옹, 쩨오를 들 수 있다.

당시에는 예술과 문장에 재능이 있는 사대부들의 증가로 인하여 15세기 북베트남에서 시작되었던 핫아 다오(hát ả đào)가 핫까쭈[hát ca trù: 핫 노이(hát nói)라고도 함]형태로 발전하였다. 핫까쭈는 아주 단순한 몇 가지 민속악기와 시가 및 노래로 연주되는 작은 실내음악으로 당 응와이에서 귀족과 지식인들 사이에서 꽤 발전하였다. 19세기부터 6·8과 7·7·6·8시체가 보편적으로 사용되면서 핫까쭈체는 예술적 가치와 풍부한 정감을 전달할 수 있는 시체로 발전하였다. 응우옌 꽁쯔(Nguyễn Công Trứ), 까오 바 꾸앗(Cao Bá Quát), 쩐떼 쓰엉(Trần Tế Xương), 응우옌 쿠옌(Nguyễn Khuyến) 등은 까쭈체의 발전에 크게 기여 한 인물들이다. 이는 2009년 유네스코무형문화제로 등재되었다.

18세기 말 푸쒄(Phú Xuân)에서 훼 음악(ca Huế)이라는 작은 실내음악이 출현하였다. 이 새로운 노래 유형에 맞는 여덟 줄 악기 남금(南琴, Nam cầm: 남쪽인의 현악기)은 당시의 세자 응우옌 푹죽(Nguyễn Phúc Dục)이 만들었다.

당시 농촌에는 뚜옹과 쩨오를 이동하면서 공연하는 유람단이 출현하였다. 또한 이때에 꾸안 호(quan họ), 쫑꿘(trống quân), 비잠(ví dặm), 스리 스르언(sli slươn) 민요조의 발전이 있었다. 당시에 지역성을 띠었던 레 호이(lễ hội, 禮會: 제례와 축제)의 발전은 폐쇄적인 베트남 촌락 간 긴밀한 교류와 개방에 도움을 주었다.

6) 조형예술

봉건질서의 쇠퇴는 베트남 순수 조형예술의 발전을 촉진하였다. 생활 속의 예술로 승화되면서 사찰, 사당, 정 등의 조각은 농사를 지으며 사냥을 하고 낚시질을 하며 집을 짓고 장기를 두며 닭싸움과 수우싸움을 하고 카누경기를 하는 등 일상생활의 다양한 모습을 소재로 삼게 되었다. 이외에도 봉건사회에서 감히 생각할 수 없는 모습이 소재가 되기도 했다. 즉 해와 달과 나체 여인이 새겨진 하이 훙(Hải Hưng)의 옹(Ông)사찰 비문, 호수에서 나체로 목욕을 하는 모습이 새겨진 하 떠이(Hà Tây)의 동 비엔(Đông Viên)정, 남녀가 은밀하게 사랑을 속삭이는 모습이 새겨진 박닝(Bắc Ninh)의 호이 꾸안(Hồi Quan)정, 하 떠이의 떠이 당(Tây Đằng)정과 풍(Phùng)정, 남딩(Nam Định)의 흐엉 록(Hương Lộc)정, 하 노이의 죵(Gióng)사당, 남녀가 성교하는 모습을 새긴 박쟝(Bắc Giang)닝의 응오 호이(Ngô Hội)정과 푸 라오(Phù Lão)정의 소재들이 바로 그것이다.

이것들은 봉건질서를 뛰어넘는 일탈행위로 볼 수도 있겠으나 어디까지나 신적(神跡)을 근거로 하면서 정치적 혼란으로 봉건지배체제가 느슨했던 시대를 반영한 것이라 할 수 있겠다.

박닝(Bắc Ninh) 붓탑(Bút Tháp)사찰의 천개의 눈과 손을 가진 여자 관음불상은 이 시기 불교조각예술의 특징을 보여준다. 불상은 다이 비엣 여인의 부드럽고 자연스런 아름다움을 드러냈다. 수많은 팔들은 춤추는 동작처럼 유연하게 뻗혀 있고, 작은 손바닥은 주변을 비추는 찬란한 빛처럼 보이게 정돈되어있다. 불상은 손바닥과 두뇌, 노동과 지혜의 상징을 반영하며 인간의 생명력과 진취를 나타냈다.

당시 조각예술의 또 다른 특징은 사당이나 사찰을 중수 혹은 건축하기 위하여 많은 돈과 토지를 기부한 왕, 주, 귀족, 일반인들의 상을 제작하는 경향이었다.

비록 사회 내 귀족과 부유한 층을 위한 것이었지만, 이 조각들은 현실 표현 방법에서 성공적이었으며 베트남 미술사에서 매우 가치 있는 자료가 된다.

건축은 북남으로 분리되었던 것과 황궁 외에 각 지역의 수장들이 권위와 위엄을 나타내기 위하여 지은 궁전이 많다. 민간에서는 유학의 쇠퇴와 상공업 발전에 힘입어 정, 사당, 사찰, 묘 등이 많이 지어졌다.

VIII. 떠이 썬왕조시대 베트남 문화

1. 떠이 썬왕조의 출현

1672년을 기점으로 북남간 전쟁은 끝이 났지만 그동안 장기간에 걸친 북남왕조와 찡·응우옌 양가 간 북남분열은 국가 전반에 걸쳐 심각한 후유증을 남겼다. 18세기 초 당 응와이를 시작으로 도탄에 빠진 농민들이 각처에서 반란을 일으켰다. 당쫑 역시 다르지 않았다. 나라를 잃어버린 짬족이나 졸지에 다이 비엣에 병합된 크메르족 등이 반란을 일으키고 18세기 초부터 산발적으로 일어나던 도적떼의 활동으로 내치가 극도로 불안한 가운데 농민의 반란 가세는 당쫑을 막다른 골목으로 내몰았다. 바로 이때 1771년 응우옌 냑(Nguyễn Nhạc, 阮岳)·응우옌 르(Nguyễn Lữ, 阮呂)·응우옌 훼(Nguyễn Huệ, 阮惠) 삼형제가 꾸앙 남(Quảng Nam)영 뀌년(Quy Nhơn)부 푸리(Phù Ly)현, 떠이 썬(Tây Sơn)읍에서 반란을 일으켰다.

삼형제 중 말째인 응우옌 훼는 18년 기간 동안 응우옌 주, 찡주, 사이암, 후레왕조, 청 그리고 형제간의 전쟁을 승리로 이끈 끝에 떠이 썬왕조(1789-1802)를 열었다. 이 왕조는 외형상 유일무이하게 농민반란의 성공으로 세워진 왕조가 되었는가 하면 베트남 역사에서 지역명을 근거로 왕조명을 지은 유일한 사례가 되었다. 13년이란 짧은 존재기간에도 불구하고 이 왕조는 230년간 분단되었던 국가를 하나로 통일했다는 데 큰 의미가 있겠다.

2. 민족문화의 발전

최초로 통일된 넓은 국가를 치리하게 되었지만 지난 수백 년간의 대립이 남긴 상처는 처참했다. 상흔을 수습해야 할 상황에서 왕권은 땅에 떨어졌고, 왕조 정부는 국란을 수습할 인재도 부족했다. 여기에 청과의 대외관계회복도 급선무였다.

떠이 썬왕조는 전제봉건왕조의 체제구축을 레초처럼 숭유에서 찾았다. 탕롱의 문묘를 보수하고 온전치 못한 진사제명비를 재건하였다. 중앙뿐만 아니라 지방 교육 사업에도 노력을 하였다. 그 결과 사학(社學: 마을 단위의 학교)이 세워지고 해당 마을의 유학자가 정부의 인정 하에 교육을 담당하였다. 부족한 교사(校舍)를 위해 마을의 사당과 사찰을 빌려 쓰기도 하였다. 부급(府給)의 학교에는 부훈도(府訓導)가 파견되어 강의를 담당하였다. 베트남 역사에서 사급(社給) 단위에 학교가 세워지기는 이때가 처음이다.

응우옌 훼는 즉위 해에 응에 안(Nghệ An)진에서 향시를 처음 시행하였다. 이때 응시생은 제3장 시부를 쯔놈으로 작성하였다. 향시 합격자를 수재(手才)라 칭했는데, 우항수재와 차항수재는 각각 국학(국자감)과 부학(府學)에 입학되었다.

후레중흥시에 크게 문제시되었던 과거제도의 병폐를 익히 알고 있던 꾸앙 쭝(Quang Trung)제는 당시에 부정한 방법으로 선발된 능력 없는 관리들을 처리할 목적에서 유생과 생도들에 대한 재시험을 실시하여 합격, 재학습, 귀향 등으로 분류했다.

유학에 바탕을 둔 꾸앙 쭝제의 교육정책에는 실사구시적 경향이 강했다. 그는 이전의 문장적(文章的)이며 기계적인 학습법을 버리고 실용적인 학습방법으로 대체하며 피교육자의 사유 독립 정신의 발휘를 주장하였다.

꾸앙 쭝제의 민족문화 발전정책에서 가장 두드러진 점이라면 민족어 쯔놈의 고양이다. 이는 과시에서 쯔놈으로 문제 출제와 제3장 시·부 작성, 절·표·상소·방·조서 등 각종 공식문서의 쯔놈화 규정, 소학·사서·시경·서경·역경 등 한문 서적의 쯔놈 번역 등으로 나타났다.

당시의 유명한 쯔놈 작가로는 응우옌 흐우 찡(Nguyễn Hưu Chỉnh), 팜 타이(Phạm Thái), 호쒄 흐엉(Hồ Xuân Hương), 황 꾸앙(Hoàng Quang), 응우옌 흐우 르엉(Nguyễn Hưu Lượng), 레 응옥 헌(Lê Ngọc Hân), 레휘 자오(Lê Huy Dao) 등이 있다. 이들의 작품세계는 자유분방하며 낭만적인 형식을 빌려 세태를 잘 묘사한 특징을 띤다. 그 중 팜 타이는 『소경신장(Sơ kinh tân trang)』을 통하여 귀족 젊음이의 염세와 좌절을 낭만적이며 개인주의적 필치로 그려냈다. 황 꾸앙은 『회남가곡(Hoài nam ca khúc)』에서 응우옌 주가 복귀하여 귀족들의 희망과 꿈을 재현시켜 줄 것을 표현했다. 오늘날 쯔놈시의 여왕이라고 칭송되는 호쒄 흐엉은 작품을 통하여 여성의 몸과 성애(性愛)를 은유적으로 묘사하면서 봉건적 남성중심의 윤리와 도덕을 조롱하였다. 다음은 그녀의 작품 '찢긴 북(Trống thủng)'이다.

제 것은 깊이 감추었지만 여전히 울적해요,
그것이 찢긴 건 무거운 북채로 두드렸기 때문이지요.
조용한 대낮에 예닐곱 차례 마구 두드리고,
고요한 밤중에 한두 번 함부로 두드렸지요.
때로는 팔을 쭉 뻗고 때로는 머리를 푹 숙이고,
일어서서 치다 말고서 다시 앉아서 쳤지요.
누가 가서 타일러주세요 제발 가엽게 여기라고요,
살가죽은 누구나 다 같은 것이 아니냐고요.

한편 1791년 숭정원 원장으로 임명되어 한문서적의 쯔놈 번역을 담당했던 입봉거사[笠峯居士 혹은 배봉거사(裴峯居士) 혹은 행암(幸庵)이라고도 함] 응우옌 티엡은 『행암시고(Hạnh Am thi cảo) 혹은 라산선생시집(羅山先生詩集)이라고도 함』, 『행암유문(Hạnh Am di văn)』 등을 작품으로 남겼다.

꾸앙 쭝제가 지배체제의 강화를 위해 숭유를 표방했을지라도 불교 등 다른 종교를 배척하지는 않았다. 하지만 사찰이 많은 토지·승려·노비 등을 소유한 집단이면서 타락하여 사회적 지탄을 받고 있는 승려로 넘쳐났다는 사실과 더불어 장기간 내·외전의 혼란을 틈타 생명의 보존은 물론 각종 의무를 면하는 피난처로 전락했던 점은 개혁을 단행하던 꾸앙 쭝제의 입장에서 결코 간과될 수 없었다. 개혁에 대한 몇 가지 내용들로는 자질이 부족한 승려의 환속, 퇴락한 소사(小寺)를 철거하고 나온 자재를 대사(大寺)의 보수로 재사용, 사원의 종을 수거하여 대포를 제조했던 것들이 있다.

일련의 조치로 인하여 불교가 양적인 면에서 어느 정도 쇠퇴를 한 반면 천주교는 대외정책에 힘입어 다소간 발전을 할 수 있었다. 천주교의 발전 요인은 떠이썬왕조가 찡주와 응우옌 주처럼 천주교를 금하는 정책을 시행한바가 없었던 것이나 관원들이 서양 사역자들에게 공개전도와 교회설립을 허용하거나 사역자 모욕 혹은 사역자와 교회의 재산에 손해를 끼치지 않았던 점들도 있다.

IX. 응우옌 왕조시대 베트남 문화

1. 중앙집권제도의 회복

응우옌 왕조(Nguyễn, 1802-1945)는 응우옌 주가 떠이 썬왕조와의 고단한 장기 투쟁을 통하여 세운 왕조이다. 유구한 베트남 왕조사에서 143년이란 길지 않은 존재기간에도 불구하고 응우옌 왕조는 중부 훼(Huế) 중심의 왕조, 지금의 영토형태로 전국을 통합한 최초의 왕조, 중·근대 양대에 걸쳐 존재했던 왕조, 쇄국정책을 추구했던 왕조, 왕조 설립과정에서 외세의 지원을 추구했던 왕조, 식민제국주의에 주권을 빼앗겼던 왕조, 마지막 왕조 등 다양한 특징을 갖는다.

응우옌 왕조는 중앙집권제를 회복하고 유지하기 위하여 여러 가지 정책을 실시했다. 첫째, 재상을 두지 않고, 전시에서 장원을 뽑지 않았으며, 황후를 세우지 않고, 황족 외에는 왕을 책봉하지 않았던 사불(四不)정책이 있다. 둘째, 밍망(Minh Mạng)제의 경우 이름뿐인 삼태(三太), 삼소(三少), 참정(參政), 참의(參議)직마저 없앴다. 셋째, 기밀원을 두어 황제가가 직접 국정에 깊이 참여하였다. 넷째, 산간지역의 추장을 수장으로 임명했던 이전 왕조들의 정책과는 달리 1828년부터 경(kinh)족을 수장으로 임명하였던 유관(留官)제도가 있다. 이는 농반번(Nông Văn Vân)의 반란에서 볼 수 있듯이 소수 종족의 저항이 컸기 때문에 완전한 시행까지는 많은 시간이 요구되었다.

법전 편찬 역시도 같은 차원에 있다. 황제의 명을 받은 응우옌 반 타잉(Nguyễn Văn Thành)은 후레왕조의 『홍덕법(洪德法)』과 청의 『대청율례(大清律例)』를 참고하여 22권 398조로 구성된 『황월율례(皇越律例)』를 편찬하였다. 『황조율례(皇朝律例)』혹은 『가룽법(嘉隆法)』이라고도 하는 이 법전은 1815년 반포된 이후 1830년에 약간의 수정이 있었다. 법전이 『홍덕법』을 기본으로 했다고는 하나 약간의 수정만 했을 뿐 청의 『대청율례』를 그대로 복사한 성격 때문에 부반 머우(Vũ Văn Mậu) 같은 이는 "베트남 법제의 개성을 완전히 상실했다."는 형태로 이를 혹평하기도 한다.

법전편찬의 목적이 통일초기에 나타난 사회전반의 혼란을 막고 국가 기강을 확립하여 강력한 관료군주제 형태의 중앙집권제에 있었기 때문에 법전의 특징은 가부장권이 한층 강화된 반면 『홍덕법』에서 나타난 부녀자의 권위가 다소 약화되었다. 한편 동일한 목적에서 민간에서는 미신적 행위와 음주 및 향락행위가, 관리들에게는 민에 대한 착취와 폐단 행위가 엄격히 금지되었다.

중국 청으로부터의 학습효과도 무시할 수는 없겠지만, 응우옌 왕조가 쇄국정책을 추구했던 것도 일견은 중앙집권제의 강화에 있겠다. 단일 왕조였지만 지방분권형태의 박(Bắc)성과 쟈딩(Gia Định)성 지배체제를 유지할 수밖에 없었던 통일 초기의 왕권약화와 143년이란 왕조 존재기간에 농민반란이 가장 많았던 혼란스런 내정 하에서 식민제국주의 야욕을 실현하려는 서양과의 통상은 결코 쉽지 않았을 것이다. 여기에 기존의 아시아 종교에 배치되는 기독교(서구 종교로 인식)의 유입과 활동, 그리고 확대로 인한 전통의 파괴 또한 서구와의 단절을 부추겼다.

2. 응우옌 왕조의 문화

1) 종교와 신앙

중앙집권제가 아직 회복되지 않은 상황에서 방대한 지역을 지배해야하는 응우옌 왕조로서는 왕권의 강화가 우선했다. 따라서 중국은 물론 다이 비엣의 이전 왕조들이 왕권강화와 통치사상을 유교에서 찾았던 것처럼 응우옌 왕조도 숭유를 추구하였다. 당시 중국의 지배기간에 유입되어 지금까지 약 2000년을 발달하게 된 베트남의 유교는 정치, 경제, 사회, 문화, 종교 등 전반에 걸쳐 크게 영향을 미치고 있었다. 응우옌 왕조의 유학은 송유가 대세였지만 한유와 당유도 공존했다.

응우옌 왕조는 다양한 방법으로 유교의 진흥에 힘썼다. 이전 왕조에서는 문묘를 수도에만 두었던 것에 비하여 응우옌 왕조에서는 진·부·현은 말할 것도 없이 사(社) 단위에까지도 두었다. 문묘 외에도 지방에는 문성(文聖), 문사(文祠), 문지(文址) 등을 세웠다. 이전 왕조의 수도였던 탕롱에는 문묘를 중수하고 규문각을 세웠다. 유교사상이 사회 전체에 스며들 수 있도록 교육을 재정돈하였는가하면 사회현실에 근거하여 '십훈유'를 만들고 지방관으로 이를 백성이 이해하고 실천케 하였다. 뜨득(Tự Đức)제는 백성이 이를 쉽게 암기하고 기억할 수 있도록 국음시 훈역십조해의가로 만들었다.

미풍양속을 바로잡으며 왕권을 강화할 목적으로 제정했던 '십훈유'의 내용은 '① 돈인륜(惇人倫): 삼강오상을 중시하자. ② 정심술(正心術): 무슨 일을 하더라고 바른 마음으로 하자. ③ 무본업(務本業): 자신의 직업에 최선을 다하자. ④ 상절검(尙節儉): 근검절약하자. ⑤ 후풍속(厚風俗): 미풍양속을 유지하자. ⑥ 훈자제(訓

子弟): 자녀들을 훈육하자. ⑦숭정학(崇正學): 바른 도를 숭배하자. ⑧ 계음특(戒淫慝): 음욕과 간사함을 경계하자. ⑨ 신법수(愼法守): 법을 준수하자. ⑩ 광선행(廣善行): 선행을 확대하자' 등이다.

응우옌 왕조는 숭유를 하였을지라도 불교와 도교, 그리고 전통 민간신앙을 고려하는데도 관심을 가졌다. 티엔 무(Thiên Mụ, 天姥)사찰이 중수되었던 것도 여기에 있다. 이는 공동의 가치를 지향하면서 흔들리는 민심을 달래려는 데 있었다. 그 결과 지방의 정, 사찰, 사당, 묘 등의 신축 및 중수를 허용하였으며 이곳에서 숭배되는 신들에 대한 성황책봉을 활성화하였다. 19세기 60년대 말까지 전국에서 숭배되는 신은 7000개 이상이 되었다. 이뿐 아니라 조상제사도 국가차원에서 권장되었다.

불교 및 도교와 전통신앙에 대한 배려와는 달리 응우옌 왕조는 천주교에 대하여는 철저하게 금지하였다. 응우옌 왕조의 천주교 금지는 중앙집권체제의 강화뿐만 아니라 기존의 종교와 사상, 그리고 식민제국으로부터 주권을 보존하려는 의도였다. "식민제국은 천주교다."라는 일반 공식을 끊기 위한 정책에서 비롯된 금지요 박해였다고 하지만 제국주의 프랑스의 침탈 빌미 제공과 민족의 공동체 파괴라는 차원에서 봤을 때 상책은 아니었다.

2) 교육

왕권강화와 숭유를 바탕으로 응우옌 왕조는 교육과 과시를 중시하였다. 왕조를 세웠던 이듬해 1803년에 수도 훼에 독학당(督學堂: 1821년부터 국자감이라 함)을 세웠다. 이로써 탕롱의 국자감은 지방의 관학으로 전락했다. 응우옌 왕조는 관학을 세우고 교육 담당 관원을 파견하는 형태로 지방교육에도 힘썼다. 진, 부, 현에는 각각 독학, 훈도, 교수를 파견하였다. 관학 외에도 지방에는 유학자들에 의하여 사학도 세워졌다.

향시는 1807년에 처음 실시되었다. 6년 1시로 시행되었던 향시는 1822년부터

3년 1시로 바뀌었다. 십이지에 따른 과거삼층법의 구체적 시행은 향시의 경우 자년·묘년·오년·유년에, 회시의 경우 진년·술년·축년·미년에, 그리고 전시의 경우 인년·사년·신년·해년의 형태였다.

모두 4장으로 구성된 향시에서 3장과 4장 합격자를 후레왕조처럼 생도와 향공이라 칭했다. 1828년부터는 생도와 향공을 각각 수재와 거인이라 개칭했다. 진사는 회시를 합격한 자에게 주어졌지만 1829년부터는 부방(副榜)을 더 선발했다. 회시 등과자는 성적에 따라 제1갑, 제2갑, 제3갑으로 분류되고 각각 진사급제, 진사출신, 동진사출신의 칭호가 주어졌다. 여기서 부방은 제3갑의 동진사출신 미만의 서열에게 주어졌다. 진사 등과자에 대한 유가, 경축연회, 어의 하사, 영친의, 제명비가 뒤따랐다.

이같이 해를 정하여 정규적으로 과시를 시행했던 것 외에도 등광례(登光禮: 즉위식), 만수례(萬壽禮: 왕의 장수 축하 식) 등을 경축하기 위하여 과시를 실시하기도 하였다. 이들 시험을 아사과(雅士科), 길사과(吉士科)라 하였다.

3) 편찬

응우옌 왕조의 두드러진 업적은 문화사업, 그 중에서도 역사, 지리 서적에 대한 편찬사업이다. 쟈롱제와 밍망제 하에 레 꾸앙 딩(Lê Quang Định)은 1806년 랑썬에서 하 띠엔에 이르는 영과 진의 강, 산, 도로, 다리, 시장, 풍속, 토산품을 표기한 지리·역사서『황월일통여지지, 10권』을, 응우옌 득 후옌(Nguyễn Dức Huyền)과 된 비엣 응우옌(Đoàn Viết Nguyên)은 몽 까이에서 하 띠엔에 이르는 연안을 조사 기록한『연해록, 2권』을 편찬하였다.

밍망제는 국사편찬을 전담하는 국사관을 설치하였다. 이곳에서 편찬된 대표적 작품들로는 1558-1777년 기간 동안의 응우옌 왕조 역사를 기록한『대남식록전편』, 쟈롱제부터 뜨득제까지의 정치·경제·문화·군사·외교 등을 기록한『대남식록정편』, 응우옌 주에서 응우옌 왕조까지 인물들의 이야기를 기록한『대남열

전전편·정편』, 홍방씨에서 십이사군까지를 기록한 『흠정월사통감강목전편, 5권』, 딩왕조에서 후레왕조까지 기록한 『흠정월사통감강목정편, 47권』, 응우옌주의 역사를 기록한 『열성식록전편(Liệt thánh thực lục tiền biên)』, 밍망제의 언사를 기록한 『명명정요』, 6·8체의 형태로 홍방씨에서 1788년까지의 역사 변천을 기록한 『흠정초구방략(Khâm định tiễu khấu phương lược)』과 『본조반역열전(Bản triều bạn nghịch liệt truyện)』, 지리서 『대남일통지』, 후레왕조의 역사를 기록한 『여사전요(Lê sử toản yếu)』 등이 있다. 『안남일통지』로도 불리는 『황여일통지』는 역사 뿐 아니라 문학적 가치도 있다. 사관 레 응오 깟(Lê Ngô Cát)은 뜨득제의 명을 받아 팜딩 뙤이(Phạm Đình Toái)의 쯔놈으로 된 역사책을 수정 윤색하여 『대남국사연가』를 편저하였다.

개인의 역사, 지리서도 많이 편찬되었다. 그 중 판휘쭈의 『역조헌장유지』와 『황월지여지』, 응우옌 반 씨에우의 『방정지여지(Phương Đình địa dư chí』, 찡 화이득(Trịnh Hoài Đức)의 『가정성통지』와 『대월고금연객지지고(Đại Việt cổ kim duyên cách địa chí khảo)』, 응오 까오 랑(Ngô Cao Lãng)의 『역조잡기』, 당쒼방(Đặng Xuân Bảng)의 『사학비고(Sử học bị khảo)』, 판툭쯕(Phan Thúc Trực)의 『국사이변(Quốc sử di biên)』 등이 있다. 그 중 『역조헌장유지』는 백과전서 형태로 많은 영역의 내용을 담고 있다.

이외에도 다양한 내용의 작품들이 나왔다. 일부를 들자면 황반 따이(Hoàng Văn Tài)의 『본조옥보(Bản Triều Ngọc Phả)』, 꿍반히(Cung Văn Hy)의 『개국공업연지(Khai Quốc Công Nghiệp Diễn Chí), 7권』, 응우옌 딩찡(Nguyễn Đình Chính)의 『명량계고록(Minh lương khai cao lục), 34권』, 부반 띠에우(Vũ Văn Tiêu)의 『고사편록(Cổ Sự Biên Lục)』 등이 있다.

한편, 서양의 일부 기술서적들을 한자로 번역한 작품도 나왔다. 대표적으로는 『박물신편(Bác vật tân biên)』, 『개매요법(Khai môi yếu pháp)』, 『항해금침(Hàng hải kim châm)』 등이 있다.

[사진 46] 응우옌 주

민간 창작 활동이 계속되는 가운데 19세기 초 중반부터는 베트남 민간 문학 역시 가요, 속어, 민가, 호베(hò vè)[8]에서 재미있고 풍자적이며 유머 있는 이야기에 이르기까지 다양한 장르의 창작품이 출현·발전하기 시작했다. 음성과 영상이 밝고 풍부한 민간언어로서, 그리고 매우 정제된 풍자예술로서 민간문학은 악습을 비판하고 지배계급의 죄악을 고발하였다. 이같이 비판정신과 생명력이 넘치는 민간 창작 활동들은 뛰어난 문인들을 길러냈으며, 그 당시 걸출한 쯔놈문학이 나올 수 있었다. 그 결과 쯔놈 사용에 대한 억제정책에도 불구하고 뛰어난 쯔놈작품들이 많이 나왔다. 응우옌 주(Nguyễn Du, 阮攸)는 1814년 중국에 사신으로 갔다가 돌아오는 길에 청심재인(青心才人)이 지은 소설 『금운교전(金雲翹傳)』을 가져와서 쯔놈을 사용하여 『교전(Truyện Kiều)』의 제목으로 번역했다. 『금운교(Kim Vân Kiều)』, 『단장신성(Đoạn Trường tân thanh)』, 『왕취교(Vương Thúy Kiều)』, 『취교전(Truyện Thúy Kiều)』 등으로 다양하게 불리는 이 작품은 번역 작품임에도 불구하고 단순히 직역이 아니라 운문·축약의 형태로 번역되면서, 심지어 어떤 부분은 개작되기도 함으로써 독자적인 생명력을 갖는 고전소설이 되어 베트남 사람들의 영혼을 사로잡을 수 있었다. 작가는 주인공 브엉 튀 끼에우(Vương Thúy Kiều)의 기구한 인생역정을 통하여 당시의 사회를 고발하고 싶었다. 이외에도 그는 『북행잡록(北行雜錄)』, 『남중잡음(南中雜吟)』, 『청헌시집(淸軒詩集)』 등의 한문 작품도 많이 남겼다. 그의 작품세계는 쇠퇴한 당시 사회의 어두운 면들을 현실주의적 입장에서 잘 묘사하였다.

---

8 북부와 중부지방에서 부르는 노동민요 중 하나.

4) 예술

숭유와 강력한 중앙집권의 추구는 예술에도 영향을 미쳤다. 따라서 이때는 궁중예술의 성격을 띠었던 뚜옹이 발전할 수 있었다. 응우옌 왕조의 궁중예술은 중국 음악의 영향을 많이 받았다. 이뿐 아니라 점성을 완전 병합했던 것과 과거 점성의 중심지였던 중부지역에 수도가 위치했던 것들로 응우옌 왕조의 예술은 짬예술의 영향도 깊이 받았다.

이전의 베트남 음악은 궁·상·각·치·우의 5음을 기준하였으나 나중에 호(hò)·쓰(xự)·이(y)·쌍(xang)·쎄(xê)·꽁(cống)·팡(phàng)의 7성으로 바뀌었다. 이는 서양 음악 도·레·미·파·솔·라·시·도의 7음 음계와 동양 음약 궁(宮)·상(商)·각(角)·변치(變徵)·치(徵)·우(羽)·변궁(變宮)의 7음 음계인 것이다.

훼 음악(ca Huế)은 비록 17세기 말에 형성됐지만 19세기 응우옌 왕조에 이르러서야 남애(Nam ai), 남평(Nam bình), 남춘(Nam xuân), 남상(Nam thương), 부륙(Phú lục), 용등(Long đăng), 용음(Long ngâm) 등과 같은 유명한 곡이 나오기 시작했다. 황제, 태자, 공주들을 비롯한 황족들의 음악활동이 활발했는데, 대표적으로는 뚱 티엔(Tùng Thiện)왕의 남금보(Nam cầm phổ), 뚜이 리(Tuy Lý)왕의 남금곡(Nam cầm khúc), 남싸익 뀐(Nam Sách Quận)공의 월금보(Nguyệt cầm phổ), 뜨엉 안뀐(Tương An Quận)왕의 향강회고곡(Hương Giang hoài cổ khúc) 등이 있다. 다이 노이 훼(Đại Nội Huế)에는 왕을 비롯한 황족과 조정 신하들을 위해 궁정 음악과 무대예술을 공연하는 공연장 주옛 티(Duyệt Thị)당이 이었다.

[사진 47] 꾸안 호 공연

응우옌 왕조는 궁중무용을 위한 팔일(Bát dật), 육궁화등(Lục cúng hoa đăng), 사령(Tứ linh), 쌍광(Song quang), 삼정축수(Tam tinh chúc thọ), 팔편헌수(Bát tiên hiến thọ), 육철화마등(Lục triệt hoa mã đăng), 정상십경(Trình tường tập khánh) 등의 춤곡

[사진 48] 훼 황성-오문형태

[사진 49] 티에 찌 황제 능

[사진 50] 자롱황제 능

이 있었다.

당시에 일상적으로 쓰던 악기로는 단 짜잉(đàn tranh), 단녓(đàn nhật), 단 응우옛(đàn nguyệt), 니(nhị), 비파, 단독 후옌(đàn độc huyền), 타잉 라(thanh la), 쫑 까이(trống cái), 쫑껌(trống cơm), 쫑 밧 꺼우(trống bát câu) 등이 있었다.

뜨옹, 째오, 핫아 다오 외에도 지역성 혹은 종족성을 띠는 음악이 있었다. 푸토(Phú Thọ)의 쏘안(Xoan)과 쫑꿘(Trống quân), 박닝(Bắc Ninh)의 꾸안 호(Quan họ), 응에-띵(Nghệ-Tĩnh)의 비(Ví)와 잠(Dặm), 하남(Hà Nam)의 점(Dậm), 중부의 호리(Hò lý), 남부의 싸막(Sa mạc)과 꼬라(Cò lả), 따이 족과 눙족의 쓰리(Sli)와 쓰르언(Slươn), 타이 족의 캅(Khắp), 꽝족의 퀘(Khuê), 므엉 족의 트엉(Thường), 바나족의 아봉(A vông), 쟈 라이족의 아르(Alư), 재 찌엥 족의 아랫(Aret), 짬족의 조잠(Doh dam), 몽족의 커우 씨어(Khâu xia), 에데족의 칸(Khan), 크메르족의 아자이(Aday) 등이다.

조형예술로는 목재, 종이, 상, 유리와 같은 재료 위에 인물이나 풍경을 그린 그림이 발전했다. 특히, 동호(Đông Hồ)와 항쫑(Hàng Trống)의 목판화를 들 수 있다. 그 중 동호의 목판화는 주제가 단순하지만 베트남 농민의 평범하고 익살스러우며 총명하고 인자한 심혼을 반영하고 있다. 동호의 그림 속에는 암퇘지, 닭 무리, 수우 기르기, 쥐 혼인식, 시샘, 코코넛 받기 등의 형상이 많다. 그 외에도 하 떠이(Hà Tây)의 낌황(Kim Hoàng), 타잉 화(Thanh Hóa)의 꿘돗(Quần Đót), 트어 티엔(Thừa Thiên)의 랑씽(Làng Sình)그림처럼 지방별 그림도 있다.

당시 훼의 도자기는 대부분 청색 유약 위에 짙은 보라색 그림을 그렸다. 이 때문에 외국인들은 '훼의 청색 예술', 즉 '훼의 짙푸른 도자기'라고 불렀다.

[사진 51] 밍망황제 능

당시에는 조각예술도 풍부했다. 조각은 보통 목재나 돌 위에 각종 형상을 새겼다. 특히, 차거(硨磲)조각, 도자기 조각, 수정 조각을 붙이는 방식인 상감법이 발전하였다. 상감은 사령[四靈(용·기린·거북·봉황)], 사우[四友(매·난·국·죽)], 사계[四季(매·난·국·죽)], 오복, 칠현, 중국 춘추시대의 백이(伯夷)·숙제(叔齊)·우중(虞仲)·이일(夷逸)·주장(朱張)·소련(少連)·유하혜(柳下惠) 등의 일곱 현인.

[사진 52] 카이 딩 황제 능

팔보 등과 복(福)·녹(祿)·수(壽)자를 모티브로 한 것이 보편적이다. 이 시기 조각의 특별한 성취는 구정(九鼎)의 부조형태의 조각 형상이다. 구정의 둥근 몸체 주변은 각종 인상, 불상, 신상, 수상(獸像), 특히 용, 봉황, 사자, 용마 등 영물들을 조각하였다.

[사진 53] 뜨득황제 능

사찰, 사당, 묘 등의 건축예술은 대부분 중수형식을 취했다. 대표적으로 훼의 티엔 무사찰을 들 수 있다. 당시 남부에 새워진 새로운 사당과 사찰은 동남아시아 건축양식의 영향을 받았다. 훙(Hùng)사당, 퀘반(Khuê Văn)층계, 프억 주엔

(Phước Duyên)탑, 응오 몬(Ngọ Môn)문, 타이 화(Thái Hòa)전, 하 노이 국기게양대(Cột cờ Hà Nội)와 같은 응우옌 왕조의 일부 건축물은 베트남 문화의 표상이 되었다.

응우옌 왕조를 대표할 수 있는 건축예술로는 훼의 경성과 왕릉을 들 수 있다. 모두 동서양의 영향을 받았던 바, 보반(vauban)식 건축양식을 따라 건설된 경성은 삼중의 별개 성벽으로 세워졌으며 외부로부터 안쪽으로 자금성(紫禁城)·황성(皇城)·경성(京城)의 형태로 불린다.

모두 13명의 왕이 존재했던 응우옌 왕조는 7개의 왕릉이 있다. 모두 경성의 남쪽에 위치한 왕릉은 배산임수의 풍수지리에 입각하여 넓은 대지 위에 자연과 조화를 이루며 매우 화려하고 웅장하게 세워졌다. 왕릉 중 쟈롱제의 능은 웅장함을, 밍망제의 능은 장엄하고 심오함을, 티에우 찌(Thiệu Trị)제의 능은 순수함을, 뜨득(Tự Đức)제의 능은 시적인 감흥을 자아낸다. 그중에서도 12대 카이 딩(Khải Định, 1916-1925)제의 왕릉은 전통과 서구의 혼합형 건축 양식의 특징을 가장 잘 나타낸다. 경성과 왕릉은 모두 유네스코 세계문화유산으로 지정되어 있다.

제4절 프랑스 식민지시대 베트남 문화

I. 프랑스 지배시대 베트남 문화

1. 프랑스의 베트남 지배

국내외의 여러 변수 등으로 베트남 식민지화를 미뤄오던 프랑스는 1858년 7월 중장 리고 드 즈누이(Rigault de genouilly)가 15척의 전함과 1500명의 병력을 휘동하여 다낭을 공격함으로써 시작하였다. 이때 스페인도 전년에 통킹에서 처형된 디아즈(Diaz) 주교에 대한 보복차원에서 필리핀인으로 구성된 병력 850명을 동원하여 공격에 가담하였다.

1858년 9월 1일부터 시작된 전투는 다음해 1월까지 계속되었으나 베트남인의 저항과 여기에 연합군이 기후에 적응하지 못하여 풍토병에 걸린 이유 등으로 실패하였다. 이에 프랑스·스페인 연합군은 경제적이며 전략적인 이유를 들어 남부를 공격한 결과 1859년 2월 15일 쟈딩을 점령하였다. 그 결과 1862년 3월 쟈딩(Gia Định), 딩 뜨엉(Định Tường), 비엔 화(Biên Hòa) 등 동남부 3성에 이어 1867년 6월 빙롱(Vĩnh Long), 안쟝(An Giang), 하 띠엔(Hà Tiên) 등 서남부 3성의 점령을 시작으로 베트남 식민지화에 들어갔다. 이때부터 1887년까지 프랑스는 베트남과 캄보디아를, 1899년에는 라오스를, 그리고 1900년에는 조차지 중국의 광주만을 인도차이나연방으로 만들었다.

프랑스는 인도차이나연방 중 베트남을 남기(南圻), 중기(中圻), 북기(北圻) 등 세 지역으로 분할 지배하였다. 그 중 남기는 프랑스에 할양되었고, 중기는 반보호령이 되었으며, 북기는 캄보디아와 라오스처럼 프랑스의 보호령이 되었다. 이중 중기의 반보호령은 프랑스 식민정부의 베트남 지배의 효율화를 위하여 응우옌 왕조정부를 허수아비상태로 존속시킨 형태다.

1885년 이홍장과 청국주재 프랑스 공사 빠뜨노뜨로(Patenotre)간에 6월 9일 천진에서 천진조약이 맺어짐으로써 시작된 프랑스의 베트남 전역에 대한 식민 지배는 호찌밍이 바딩(Ba Đình)광장에서 독립선언서를 낭독하던 1945년 9월 2일까지 60년간 이어졌다. 물론 프랑스의 베트남 지배는 이것으로 끝나지 않고 1954년 7월 21일의 제네바협정 때까지 계속되었다.

2. 교육

프랑스의 지배와 함께 서구의 문화는 베트남에 무차별적으로 유입되기 시작하였다. 서구 문화의 베트남 유입 방식은 전달자와 피전달자가 의도적이든 비의도적이든 실로 다양했다. 프랑스의 베트남 지배가 1862년부터 재식민지기간을 포함한 1954년까지 100여년이란 장기였기 때문에 서구의 문화 유입은 의식주를 비롯한 언어, 교육, 예술, 종교, 사상 등 여러 영역에서 넓고 포괄적이었다.

그 중 남기 동남부 3성 점령 직후 프랑스의 로마자화 된 베트남어의 사용 확대 방안은 어려운 한자문화를 단절하면서 자신들의 조상들이 창조한 언어를 통해 보다 쉽고 빠르게 베트남 지배를 완성하기 위함이었다. 이와 더불어 프랑스 식민정부는 새로운 교육 규정을 공포하고 자국어의 베트남 확대를 힘쓰며 필요한 인재양성에도 힘썼다.

식민 초기 프랑스의 베트남 교육정책은 큰 변화가 없었다. 따라서 과거제도 등이 여전히 유지되었다. 그러나 프랑스 식민정부는 지배의 효율화를 위하여 그때까지 사용되던 한자를 자신들이 만들었던 베트남어로 대체하고 근대적 교육제도를 도입하며 과거제도를 폐지하는 형태로 베트남 교육을 개혁하기 시작했다.

프랑스 식민정부는 1862년부터 로마자로 된 베트남어를 남기의 모든 공문서와 학교에서 공식적으로 사용케 했다. 프랑스어는 1903년부터 학교에서 교육했다. 식민 지배 과정에서 시급하게 필요했던 통역원, 교원, 공무원을 양성하기 위하여 남기에 1871년과 1873년에 각각 사범학교와 인력양성학교(trường Hậu bổ)를 세우는데 이어, 북기와 중기 점령 이후에는 하 노이와 훼에 통역학교(1886)·인력양성학교(1897)·사범학교(1897)와 국학학교(1896)를 각각 세웠다. 이중 호찌밍도 다닌바 있는 트어 티엔-훼의 국학학교에서는 베트남어와 프랑스어도 가르쳤다. 국학학교는 빙(Vinh)과 뀌년(Quy Nhơn)에도 세웠다. 그리고 성리(省莅, tỉnh lị)와 규모가 큰 부현(府縣)에는 불·월초등학교를 세웠다. 이 과정을 마친 학생은 국학학교나 식민지학교(trường Bảo hộ)에 입학하였다.

두메르(Duumer)의 뒤를 이어 총독이 된 폴 보(Paul Beau, 1902-1907)는 1905년 교육개혁을 주장하고 인도차이나교육개혁회동을 설립하며 1906년 인도차이나학정국을 세우고 유치원, 초등, 중·고 과정을 만들었다. 그 결과 1908년까지 베트남 전역에는 25개의 초등학교, 3개의 중·고등학교, 1개의 대학교가 세워졌다. 1개의 대학교는 동양대학원(Viện Đại học Đông Dương: 인도차이나대학원)의 명칭으로 1906년 하 노이에 세워졌다. 이는 오늘날 하노이국가대학교의 전신이기도 한다.

현재 하노이국가대학교는 기술대학, 경제대학, 자연과학대학, 인문사회과학대학, 외국어대학, 교육대학 등 6개의 단과대학으로 구성되어있다. 1993년 베트남 정부는 하노이종학대학교, 하노이사범대학1, 하노이외국어사범대학 등 3대학을 통합하여 하노이국가대학교(Vietnam National University, Hanoi)로 만들었다. 1999년 하노이사범대학1은 탈퇴하여 하노이사범대학교로 독립하였다. 오늘날 6개의 이들 단과대학들이 하노이인문사회과학대학교(University of Social Sciences and Humanities)처럼 자신들을 대학교라고 칭하는 것은 대학교 내에 대학교가 있는 구조이기 때문에 큰 잘못이다. 이 같은 구조는 호찌밍국가대학교의 단과대학에서도 나타나고 있다.

1906년 베트남어를 부과목으로 사용하는 학무개혁평의회(學務改革評議會)의 지시는 그 후 한학에 의한 과거제도의 폐지와 더불어 베트남인의 한자와 쯔놈 사용을 억제하는 결과를 가져왔다. 이때부터 한자는 부과목이 되어 주당 2-3시간 정도로 제한되었고, 고등학교과정부터는 프랑스어로만 강의가 이루어졌다.

불·월교육을 위한 시험과 준비과정을 거친 프랑스 식민정부는 1915년 북기를 시작으로 1919년 훼에서 회시와 정시를 끝으로 지금까지 844년 기간 동안 교육 및 관리 선발시험으로 유지돼 왔던 중국식 교육 및 과거제도를 완전히 없앴다. 남기에서는 이보다 이른 1867년에 폐지하였다. 따라서 베트남의 교육과 관리 선발 제도는 프랑스식제도였다.

1920년대에 대부분의 촌락에는 초등학교가 설립되었다. 총·부·현에는 중학교가, 그리고 규모가 큰 시에는 고등학교가 세워졌다. 국립학교 외에도 프랑스인과 베트남인 귀족자녀들을 위한 프랑스학교와 사립학교가 하 노이와 싸이 곤 등 대도시에 세워졌다.

인도차이나의 개발을 목적으로 경제, 역사, 언어, 문화, 지리, 지질, 기후 등을 연구하는 각종 연구소를 세웠다. 싸이 곤(1891)·냐짱(1896)·하 노이(1900)에 세균 연구원을, 1897년 수의소를, 1898년 원동박고원(Viện Viễn Đông Bác cổ: 극동학원이라고도 함)을, 1898년 기상소를, 1898년 지질소를, 1898년 농학과 기술연구원을, 1899년 지리소를, 1901년 검림소를, 1902년 하노이의과대학을, 1904년 전문학교과정의 하노이의과대학을 세웠다. 이중 싸이 곤에서 하 노이로 이전한 원동박고원은 인도차이나는 물론 동아시아 여러 민족의 역사, 풍속, 언어, 미술, 문학 등 문화 전반에 관한 연구를 깊이 있게 수행하였다. 극동학원은 파리로 이전되기 전 1960년대 후반까지 베트남에서 활동했다. 극동학원의 가장 대표적인 업적은 앙코르와트의 유적 복구와 보존이라 할 수 있다.

3. 종교

베트남인의 유연성, 결합성, 종합성, 융합성은 문화에서도 나타난다. 따라서 베트남인은 외부의 것이 다르다고 배척하기보다는 내부의 것과 결합하여 새로운 것을 창조하는 능력이 뛰어나다. 대상은 운송수단, 능, 음악, 미술, 건축, 종교 등 실로 다양하다. 씩로(xích lô), 카이 딩(Khải Định) 황제의 능, 까이 르엉(cải lương, 改良)가극, 라카페인팅(Sơn mài), 팟 지엠(Phát Diệm)성당, 까오 다이 교 등은 대표적 산물이다.

베트남에는 신도가 각각 200만이 넘는 민족 종교가 두 개 있다. 이는 20세기 초 프랑스 식민지시대에 만들어진 까오 다이(Cao Đài, 高臺)교와 화 하오(Hòa Hảo, 和好)교다. 두 종교는 삼교동원이나 불교의 단순화를 통한 '문화의 베트남화'를 잘 보여준 사례이다. 민족종교라고는 하지만 이 두 종교는 지역성이 강하다. 따라서 까오 다이 교는 떠이 닝(Tây Ninh)성을, 화 하오 교는 안쟝(An Giang)성을 중심으로 신도가 분포되어 있다.

[사진 54] 카이 딩 황제 능

[사진 54] 떠이 닝의 까오 다이 교 성전

[사진 56] 까오 다이 교 예배 장면

1) 까오 다이 교

베트남의 까오 다이 교는 종교의 종합성을 가장 잘 나타냈다고 할 수 있다. 고대도(高臺道: 베트남은 佛道, 儒道처럼 종교에 道를 병용하여 잘 씀)는 1926년 11월 18일 떠이 닝(Tây Ninh) 고깬(Gò Kén)의 뜨럼(Từ Lâm)사찰에서 개도식(開道式)을 가졌다. 이때부터 떠이 닝은 까오 다이 교의 중심지가 되었다. 1년 만에 신도가 6만에 이를 정도로 까오 다이 교는 민중 속에 급속히 전파되어 1934년에는 150만에 이르렀다. 까오 다이 교는 발전과정에서 많은 지파를 갖게 되었으며, 1993년의 통계에서 20개 조직에 200만 성도로 나타났다.

까오 다이 교의 교리에 의하면 삼기(三期)[9]에 옥황상제는 친히 중생을 구원하기 위하여 '고대선옹대보살마가살(高臺仙翁大菩薩摩訶薩: 약자로 高臺)'이라는 명호로 교주가 되었다. 이 명호는 3가지 종교, 즉 유교(高臺)·도교(仙翁)·불교(大菩薩摩訶薩)의 종합이다. 옥황상제와 인간을 돕는 신성들, 그리고 제자들과의 연락 방법은 기불(機佛)이다. 까오 다이와 신성의 강해들은 합쳐져서 까오 다이 교의 성언협선(聖言協選), 즉 경전이 되었다. 까오 다이는 첫 번째 제자 응오 반 찌에우[Ngô Văn Chiêu: 도호는 응오 밍 찌에우(Ngô Minh Chiêu)]에게 교를 세울 준비 임무를 맡겼다.

응오 반 찌에우는 본시 도박을 좋아하는 사람이었다. 1920년 푸 (Phủ Quốc)도에서 도박을 하던 그에게 어느 날 까오 다이라 칭하는 선옹(仙翁)이 나타나서 그에게 교리를 가르쳤다. 그로부터 계속하여 교리를 배운 그는 1924년 말 싸이곤으로 갔다. 이듬해 까오 다이는 까오 뀡끄(Cao Quỳnh Cư), 팜꽁딱(Phạm Công Tắc) 등에게 나타나 이들을 교훈하였다. 1926년 까오 다이 선옹은 이들을 응오 밍 찌에우에게 인도하였다. 이때부터 까오 다이는 이들 제자에게 교리, 숭배 방법, 조직 방법, 종교를 세우는 방법 등을 가르쳤다. 그 결과 1926년 10월 17일 28명은 247명의 신도를 대표하여 종교 설립 선언서에 서명하였다.

까오 다이 교의 교리는 다음과 같다. 인간이 존재할 때부터 상제는 중생을 두 번 구원하였다. 그때 인간이 오대양육대주에 흩어져 살았기 때문에 상제는 지역마다 나타나서 지역의 풍속에 부합한 종교를 세웠다. 이 종교들은 상제에 의하여 중생구원을 목적으로 출발했지만 종교들이 개별적으로 존재하였기 때문에 서서히 모순과 경쟁과 충돌을 낳게 되었다. 이제는 교류가 쉬어진 조건에서 오대양육대주는 하나의 시장이요, 사방은 공동의 집이 되었다. 하여 옥황상제는 세 번째 중생을 구제하기 위하여 새로운 종교를 세우기로 결심하였다. 까오 다

9 일기는 복희·신농, 연등고불(燃燈古佛), 아브라함·모세시대이며, 이기는 공자, 노자, 석가, 예수, 모하멧시대이다.

이 교는 삼교(유교·불교·도교)뿐만 아니라 만교 융합으로 나아갔으며, 인간의 심령과 우주의 심령을 융합하였다. 까오 다이 교의 종지(宗旨)는 천인합일(天人合一)과 만교일리(萬教一理)이다.

까오 다이 교는 전통가치를 매우 중시한다. 예컨대, 숫자 3 혹은 삼재(天·地·人)는 무엇보다 중시되는 수이다. 따라서 천의 일·월·성(日·月·星), 지의 수·화·풍(水·火·風), 인의 정·기·신(精·氣·神)을 강조한다. 같은 원리에서 까오 다이 교는 여러 종교에서 삼교를 핵심으로 여긴다. 정·기·신을 유교의 경우는 삼강(三綱: 君爲臣綱, 父爲子綱, 夫爲婦綱)이라고, 불교의 경우 삼보(三寶: 불보, 법보, 승보)라고, 도교의 경우는 삼청(三清: 玉清, 上清, 太清)이라고 해석하였다. 까오 다이 교의 제단에는 세 가지 향화(香花), 술, 차가 있다. 대례를 거행할 때 이것들을 세 차례 올린다. 첫 번째는 향화를, 두 번째는 술을, 세 번째는 차를 올린다. 여기서 향화, 술, 차는 각각 정·기·신을 의미한다.

삼교가 결합하여 까오 다이 교의 핵심이 되었다. 까오 다이 교의 성전에는 인물벽화가 그려져 있다. 그 중 가장 높은 곳에 삼교조사(三教祖師)가 있다. 삼교조사는 좌측에서부터 노자, 석가, 공자 순이다. 삼교조사 바로 밑에는 좌측에서 불교를 대표하는 관음여불, 도교를 대표하는 이태백, 유교를 대표하는 관성(중국 삼국시대의 관우)이 있다. 이 삼위는 삼교를 대표하여 까오 다이가 중생을 구제하는 일을 돕는다. 옥청·상청·태청 3파로 나뉘는 까오 다이 교의 직책은 유교·도교·불교 삼교와 상응한다. 이들의 예복은 각각 붉은색, 파란색, 노란색 3색이다. 이들 색깔은 각각 신뢰, 덕행, 포용을 상징한다. 삼색의 옷은 직분자들만 착용한다.

[사진 57] 까오 다이 교 예복의 3색

까오 다이 교에서 삼교는 다른 동서양의 종교와 융합하는데서 핵심 역할을 한다. 숭배 그림

[사진 58] 삼성기화약

[사진 59] 천안

체계에서 노자·석가·공자와 관음여불·이태백·관성 외에 기독교를 대표하는 예수와 신교(神道라고 함)를 대표하는 강태공도 있다. 까오 다이 교는 이들 불도(佛道), 인도(人道), 선도(仙道), 성도(聖道), 신도(神道) 다섯을 오지대도(五支大道)라 한다.

한편 까오 다이 교의 성전 입구를 들어서면 응우엔 빙 키엠, 손문, 빅토르 위고(Victor Hugo)의 삼성기화약(三聖記和約)의 벽화가 있다. 이는 동서양 문화종합정신을 나타내는 것으로 인애, 애정, 진리에 대한 인류 공통의 희망을 의미한다.

까오 다이 교 신도의 주요 숭배 대상은 왼쪽 눈이다. 눈은 심령(心在眼)을 상징하고, 왼쪽은 양(하늘)이며, 왼쪽 눈은 하늘을 상징하게 된다. 하여 천안(天眼)이라 부른다. 천안은 일월성신층의 푸른 하늘이 있는 우주에 놓여있다. 무형의 심령에 대한 표상으로서 태양은 유일하고 어디에나 통일되어 있으며 만교종합정신의 산물이다. 달은 모든 곳을 비추고 모든 것을 안다. 천안을 바라보는 신도는 자신의 심령을 바라보는 것과 같다.

까오 다이 교는 음성의 전통과 여성을 중시하는 특징을 갖는다. 따라서 옹[Ông: 지존 혹은 까오 다이]를 숭배하는 성전에는 바[Bà: 구천현녀(Bà Trời)]를 숭배하는 전도 있다. 그리고 서왕모(西王母: 모든 신선을 감독하는 最高位 여신)와 불모(佛母: 諸佛을 낳는 어머니)가 동일시된다. 불모를 숭배하는 제단은 여러 곳에 있다. 까오 다이 교는 매년 옹(Ông)과 바(Bà)에 대한 대제가 조화롭게 있다. 그것은 1월 9일(Mồng chín vía Trời, mồng mười vía Đất)의 지존례(lễ Đức Chí Tôn)와 8월 15일의 여신례(lễ Đức Bà)이다. 전통 베트남인의 사유 방법은 남불-여불, 남자 무당-

여자 무당, 월로[月老(부부의 인을 맺어주는 전설상의 늙은이, ông Tơ-bà Nguyệt]처럼 음양의 조화를 이룬다.

까오 다이 교의 궁극적 목표는 종교 활동을 통하여 까오 다이가 되는 것이다. 이는 외교(外敎)와 내교(內敎)라는 두 가지 방법을 통해서 가능하다. 전자는 신자들이 일상생활 속에서 지켜야할 기본 계율을, 후자는 명상수련을 말한다. 그 중 외교는 다음과 같다.

① 자신, 가족, 사회, 국가, 우주 만물에 대한 의무를 다한다. ② 선을 행하고 악을 멀리한다. ③ 자연·동식물·인간에게 친절을 베풀며, 이 세상의 어떤 피조물이라도 신의 기운을 갖고 있는 바, 그것들을 쓸데없이 파괴하는 행위를 삼간다. ④ 살생, 도둑질, 간음, 음주, 거짓말 등의 5계를 지킨다. ⑤ 한 달에 최소한 10일간 채식을 한다. 이로써 자신의 육신과 영혼을 정화하고 살생을 피하는 바, 자비를 실천하게 된다. ⑥ 까오 다이에 대한 예배에 참가해야 한다. 예배시간은 매일 오전 6시, 정오, 오후 6시, 자정 등 네 번으로 집에서 매일 최소한 한 번의 예배를 해야 한다.

까이 다이 교는 현실 참여에 강하다. 이는 모든 것을 융합하려는 종교의 특성 때문이다. 따라서 까오 다이 교는 역사 속에서 지금까지 반불 혹은 친불, 반일 혹은 친일, 반미 혹은 친미, 반정 혹은 친정의 다양한 형태로 정치활동을 하였다. 까오 다이 교는 1975년 통일 이전까지 군대를 보유하고 있었다.

1975년 북남이 통일되면서 까오 다이 교의 많은 군소 교파들과 정치조직들은 해체되고 대도삼기보도(大道三期普度, Đại Đạo Tam Kỳ Phổ Độ)로 통합되었다. 지금의 종교 명칭 까오 다이 교는 이의 약칭이다.

2) 화 하오 교

화 하오 도(和好道: 화 하오 교와 같은 의미)는 불도(불교)와 옹파도(đạo Ông Bà, 翁婆道)의 결합으로 만들어졌다. 불교의 단순화 종교라고 하지만 엄밀히 말하면 화 하오 교는 불교의 한 종파이다. 이 때문에 화 하오 교를 화 하오 불교라고도 한다.

[사진 60] 화 하오 교 브우 썬 사원

[사진 61] 화 하오 교의 예배 장면

이 종교는 1939년 휭푸쏘(Huỳnh Phú Sổ)가 만들었지만 실제는 돤밍 후옌[Đoàn Minh Huyên: Phật Thầy Tây An(西安佛師)라 칭했음]에 의하여 1849년 바이 누이[Bảy Núi(七山): 안쟝(An Giang)성의 띵 비엔(Tịnh Biên)현과 찌똔(Tri Tôn)현의 텃썬(Thất Sơn)]에서 세워져 브우 썬끼 흐엉(Bửu Sơn Kỳ Hương, 寶山奇香: 신기한 향이 보산에서 사방으로 날아 갈 것이다)이란 명칭으로 남부 평야에서 100년 전부터 존재했던 한 불교 종파의 전통과 연결되어 있다.

화 하오 교는 3시기의 발전단계를 거쳤다. 첫째, 서안불사란 이름으로 1868-1856년 기간 동안의 개교시기이다. 둘째, 서안불사를 계승한 인물 펏쭘[Phật Trùm: 본쓰(Bổn Sư)라고도 함]의 이름으로 1868-1901년 기간 동안의 확립기간이다. 셋째, 휭푸쏘의 이름과 관련된 시기이다. 이 시기는 화 하오 교가 가장 발전했던 시기이다. 1946년 화 하오 교는 신도가 100만이 넘었다. 20세기 1970년대는 200만이 넘었다. 발전한 화 하오 교는 언론기관과 저널을 갖게 되었다.

화 하오 교의 교리는 정토종 법문을 근본으로 삼고 여기에 민족의 옹파도를 결합하였다. 이 종교의 종지(宗旨)는 학불수인(學佛修仁)이다. 따라서 자신을 수행하고 은혜를 적극적으로 갚기 위하여 부처의 교리를 부지런히 배운다. 은혜는 조상(부모 포함)의 은혜, 나라의 은혜, 삼보(佛·法·僧)의 은혜, 인류의 은혜이다. 이 네 가지 은혜 중 조상의 은혜를 가장 우선하였다. 이는 베트남인이 중시하는 도리이기도 한다. 나라의 은혜는 민족과 조국에 대한 은혜이다. 이 때문에 화 하오 교는 조상은 물론 지방과 국가의 영웅들도 숭배한다. 이에 대하여 화 하오 교 신도를 포함한 모든 베트남인은 "태어 난 것은 부모·조상의 덕분이요, 자란 것은 국가와 고향의 덕분이다."라고 한다. 삼보의 은혜는 불교 신자들의 도리이다. 화 호아 교는 특별히 민족정신과 외적에 대한 저항의식을 강조하였다. 이 교가 정치와 군사조직을 갖게 된 것도 여기에 있다. 인류에 대한 은혜는 사해동포의 은혜이다. 이 종교가 국수주의를 벗어났다고 하는 것도 여기에 있다.

화 하오 교 역시 역사 속에서 반불 혹은 친불, 반일 혹은 친일, 반미 혹은 친미, 반정 혹은 친정 등의 형태로 활발하게 정치활동을 전개하였다. 정치활동은 1946년 베트남민주사회당(Việt Nam Dân chủ Xã hội Đảng, 약칭 民社黨)을 세울 정도로 적극적이었다. 이때부터 이 종교는 종교성 보다는 정치성을 더 강하게 드러내게 되었다.

암울한 현실을 벗어나 태평스런 삶이 도래할 거라는 희망의 예언과 부패한 관리들에 대한 징계와 저항의식이 강하게 담겨진 축문은 어려움에 처해있던 농민들에게 큰 위로였다. 그 결과 짧은 기간에 많은 농민이 화 하오 교를 추종하게 되었고, 마침내 농민의 종교로 자리를 잡게 되었다. 이 점을 감안하여 서안불사와 휭푸쏘는 신도의 수행과 농권을 강조하였다.

이 종교는 사원과 불상이 없다. 한편 화려하고 틀에 박힌 의례를 피한다. 그리고 집안 수행을 주장한다. 집에는 아주 간단한 숭배처가 있다. 이는 쩐 디에우(Trần điều) 혹은 쩐자(Trần dà)라는 하나의 붉은 천으로 된 액자가 있는 불단이다. 붉은 액자는 서안불사가 남긴 유물이면서 화합과 선가(禪家)의 색에 대한 상징이다. 불단 아래는 구현칠조(九玄七祖)를 숭배하는, 즉 세상을 떠난 조상을 숭배하는 제단이다. 집 앞에는 하늘을 숭배하는 통천(通天)제단이 있다. 그러나 이것들은 통일되어 있지 않다.

화 하오 교는 미신을 받아들이지 않는다. 손금도 안 보며, 불상에 음식을 올리지도 않고, 지전 등을 태우지도 않는다.

4. 사상

그동안 오랫동안 중국을 포함한 주변 이민족들의 잦은 침략과 저항에서 경험한 학습효과와 동양문화에 대한 우월의식, 그리고 서구의 침략적 식민제국주의 등은 베트남인들의 폐쇄성을 더욱 자극하였다. 따라서 당시의 베트남은 서구로부터 몰려오는 새롭고 거대한 물결을 단호히 거부하고 저항해 나가는 것을 제일로 삼았다. 그러나 지금까지 세계문명의 중심으로서 자신들의 종주국이었던 중국이 영국을 비롯한 서구 문명에 무참하게 무너져가는 상황은 베트남 지식인들에게 시사하는 바가 컸다.

이들은 그동안 서구 천주교 선교사들의 교육이나 서구 견학을 통하여 다소간 국내외 현실을 이해한 이들은 프랑스의 식민 병합 앞에 응우옌 왕조정부의 협상을 주장하는 분위기 속에서 개혁을 통한 부국강병으로 독립을 유지하자는 현실적 주장을 펼쳤다. 대표적 인물로는 응우옌 쯔엉 또(Nguyễn Trường Tộ)와 딩반 디엔(Đinh Văn Điền) 등이 있다. 그러나 주장자도 소수에 불과하였고, 조정의 요직이 수구세력에 의해 장악돼 있었기 때문에 이들의 주장은 수용이 쉽지 않았다. 하지만 이때를 기점으로 베트남에서는 비록 외형적이나마 서구 형태의 개혁을 통한 부국강병론이 대두되기 시작하였고, 이는 프랑스로부터 독립을 회복하는 과정에서 끊임없이 변형·발전되었다.

20세기 초는 지금까지 문신(文紳)들의 주도하에 전개되었던 독립운동이 실패하였지만 이 기간에 태어나 유교적인 소양과 1900년을 전후하여 중국을 통해 유입된 서구의 근대주의 사상에 영향을 받은 새로운 세대들이 활동하던 시기였다. 이들은 서구의 사상과 신학(新學), 그리고 중국과 일본의 변화를 담은 신서와 신문들을 통하여 독립운동의 방법과 추구해야 국가 등을 알게 되었다. 대표적 인물로는 판 보이 쩌우(Phan Bội Châu), 판 쩌우 찡(Phan Châu Trinh), 휑툭캉(Huỳnh Thúc Kháng), 르엉 반깐(Lương Văn Can), 응우옌 꾸옌(Nguyễn Quyền), 쩐뀌깝(Trần Quý Cáp), 응우옌 타이 혹(Nguyễn Thái Học), 호찌밍 등이 있다. 이중 판 보이 쩌우는 입헌군주제를 추구하는 가운데 무력투쟁과 외세를 등에 업는 주권회복인 반면, 유신운동을 전개했던 판 쩌우 찡, 휭툭캉, 쩐꾸깝 등은 군주제를 부정하면서 개민지(開民智), 진민기(振民氣), 후민생(厚民生), 학교설립, 상공업발전, 풍속개혁, 고루한 봉건관습 타파, 단발, 국가산업 양성, 민주사상 수용 등을 강력히 주장하였다. 르엉 반깐과 응우옌 꾸옌 등은 동경의숙(東京義塾)을 세워 성차별 없는 현대식 학교교육 외에 연설과 출판활동을 통한 국민의식개혁에 치중하였다. 응우옌 타이 혹은 중국 손중산(孫中山)의 삼민주의에 입각하여 베트남 민족 자산가 계급을 중심으로 베트남 민족해방운동을 주도하였다. 호찌밍은 민족주의와 공산주의에 입각하여 노동자와 농민을 중심으로 베트남의 대불·대미항전을 이끌었다.

프랑스의 베트남 진출은 베트남의 근대화를 촉진시켰다. 다양한 서구 사상들의 유입은 기존 질서에 대한 변화를 요구하였다. 이러한 요구는 어떤 형태로든 서구의 영향을 받은 소위 서구화된 소수 남여지식인들로부터 분출되었다. 이들의 사회개조운동은 주로 문단활동을 통해 주로 나타났는데, 내용은 봉건주의, 대가족제, 고부갈등, 자유연애, 남녀평등, 혼인문화, 가부장제 등을 다루었다.

5. 저널

프랑스 식민지시대에 베트남인의 문화생활에 나타난 새로운 요소들 중 저널을 들 수 있다. 저널은 주로 프랑스 식민정부가 베트남인에게 자신들의 정책을 알리고 이해시키는 선전도구로 이용되었다. 저널이 처음 나타난 곳은 싸이곤이었으며 프랑스어판 'Le Bulletin officiel de l'Expédition(탐사단)'과 한자판 'Le Bulletin des communé(마을 신문)'이었다. 1865년 4월 15일에는 쯔엉 빙끼(Trương Vinh Kỹ) 주필의 최초 베트남어신문 '가정보(Gia đình báo)'가 나왔다.

1898년 프랑스 식민정부는 인도차이나 출판에 관련한 책령을 발표했다. 여기에서 주필과 편집장을 프랑스인 혹은 프랑스 국적 소유 외국인으로 한정했다. 한편 프랑스 식민정부에 해를 끼치는 출판물을 엄금했다. 따라서 인도차이나의 출판물은 프랑스 본국과 식민정부의 정책을 선전하고 찬양하는 매체에 불과했다.

저널 중 '남기일정(Nhật trình Nam Kỳ, 1883)', '대남동문일보(Đại Nam Đồng văn Nhật báo, 1892-1907)', '농고명담(Nông cổ mín đàm, 1900-1921)', '육성신문(Lục tỉnh tân văn, 1907-1944)' 등은 프랑스인이 주필을 맡았다. 일부 저널은 프랑스 식민정부의 허가 하에 쯔엉 빙끼가 '가정보'와 '통류과정(1888)'의 주필을, 응우옌 반 빙(Nguyễn Văn Vĩnh)이 '동양잡지(1913-1917)'와 '중북신문(1913-1935)'의 주필을, 응우옌 반꿔(Nguyễn Văn Của)가 '남중일보(1917-1921)'의 주필을, 호 비에우 짜잉(Hồ Biểu Chánh)이 '대월잡지(1918)'의 주필을, 팜뀡(Phạm Quỳnh)이 '남풍잡지(Nam phong tạp chí, 1917-1934)'의 주필을 맡았다. 이들 저널은 프랑스 식민정부의 대변인 역할을 하였다. 그렇지만 영향력이 가장 컸던 동양잡지와 남풍잡지는 베트남 국어와 국어문학의 발전과 베트남인들의 지적수준을 크게 넓혀주는 데 기여한 점만은 간과될 수 없다.

제1차 세계대전이후 출현한 베트남 민족자산가계급도 저널을 통해 자신들의 소리를 냈다. 먼저 응우옌 푸 카이(Nguyễn Phú Khái)와 부이 꾸앙 찌에우(Bùi Quang Chiều)의 주장으로 1922-1923년 기간에 출간된 'La Tribune indegène(현지연단)'을 들 수 있다. 싸이 곤 항구 독점에 대한 투쟁 이후 베트남 자산가계급 입헌당의 언론 역할을 한 'La Tribune Indochinoise(인도차이나연단)'와 'L'Echo annamite(안남 메아리)'이 나왔다. 이들 저널 중 일부는 프랑스 식민정부의 결점들을 공개적으로 비판하면서도 프랑스 식민정부에 충성하는 양면성을 가졌다.

그러나 이들 저널들과는 달리 응우옌 안닝(Nguyễn An Ninh)의 'La Cloche félée(금이 간 종)'는 타락한 관리를 공격하고 프랑스 식민제도를 비판하며 진보적인 민족문화를 세우자는 형태로 베트남 애국소자산계급의 소리를 대표하였다. 판반 쯔엉(Phan Văn Trương)의 프랑스어판 순보 'L'annam(안남)'은 '불·월제휴'파기를 공개적으로 주장하는가 하면 프랑스 식민정부가 모로코·시리아·레바논의 민족해방운동을 탄압하기 위해 베트남 병사들을 파병하는 것을 극렬하게 반대하였다. 프랑스어판 'Le Jeune Annam(젊은 안남)' 역시 식민주의를 비판하는 기사를 실었다. 응우옌 카잉 똰(Nguyễn Khánh Toàn) 주필의 'Le Nhaqué(시골 사람)'은 봉건식민제도를 직접적으로 공격하고 자산지주계급의 대표와 상류계의 배신에 가까워지고 있는 개량사상을 폭로하였다.

프랑스어판 저널과 더불어 응우옌 칵 히에우(Nguyễn Khắc Hiếu)가 주필로 있던 하 노이 '유성(Hữu thanh)', 휭툭캉(Huỳnh Thúc Kháng)의 훼 '민의 소리(Tiếng dân)', 쩐휘 리에우(Trần Huy Liệu)의 싸이 곤 '동법시보(Đông Pháp thời báo)' 등 다수 베트남어판 저널도 있었다. 이들은 진보적인 문화운동들을 고무하고 민주사상들을 전파한 저널로서 민중들로부터 크게 호응을 받았다.

한편 하 노이의 '실업민보'는 1925년 6월 중국의 항주에서 프랑스에 체포되어 연금된 판 보이 쩌우의 석방요구와 타계한 판 쩌우 찡의 장례·조문을 비중 있게 다루어 동포들의 애국의식을 고무시켰다. 특히 '법월일가(Pháp Việt nhứt gia)'는 프랑스 식민정권의 검열을 피해 출간된 마지막 호에서 식민제도, 인도차이나은행, 불월제휴 등을 맹렬히 반대하면서 민주와 자유를 요구하였다.

베트남공산당 출범 이후에는 언론을 이용한 베트남공산당의 프랑스 식민주의 타도운동이 전개되었다. 1933-1934년 기간 동안에 '부녀시담'(1933) 등 여러 저널들은 유물과 유심간 논쟁을 다루었다. 1935년 이후의 '신세대(Đời Mới)', '영상(Ánh Sáng)', '중기(Trung Kỳ)', '진보(Tiến Bộ)' 등의 저널은 '예술은 위한 예술과 인생을 위한 예술'에 대한 논쟁을 다루었다. '베트남 독립', '해방과 구국의 깃발'은 1945년의 8월혁명을 승리로 이끄는데 특별히 기여한 혁명저널이다.

제2차 세계대전 기간에는 싸이 곤에서 여성을 대상으로 하는 '일반여계(Nữ giới chung)'와 '부녀신문(Phụ nữ tân văn)'이 나왔다. 이중 판 코이(Phan Khôi)가 1932년 '부녀신문'에 발표한 '옛정(Tình già)'은 베트남 신시(新詩)의 본격화를 알리는 작품으로 간주된다. 응우옌 반빙이 자신이 주필로 있던 '동양잡지'에 프랑스 시인 라퐁뗀의 우화시 가운데 한편을 '매이와 개미(Con ve và con kiến)'라는 제목으로 번역하여 발표한 시를 베트남 신시의 시작으로 간주한다. 신시는 기존의 구시(舊詩)처럼 운문과 압운의 제약을 받지 않고 개인의 정감을 자유롭게 표출한 시를 말한다.

6. 문학

프랑스 식민지하의 베트남 문학은 순수문학성을 추구하기 보다는 항불과 애국애족의 고취 등 주로 정치성을 추구하였다. 따라서 문학은 저항 문학이 주류를 이루었다. 그렇더라도 프랑스 식민지하의 베트남 문학은 지금까지 '주류문학(혹은 정통문학)'으로 인식돼 오던 한문학이나 '비주류문학'으로 여겨지던 쯔놈문학에서 벗어나 베트남어 문학, 즉 국어문학(國語文學)을 열었다는 것에 그 가치가 있다.

19세기 말과 20세기 초의 대표적 항불저항문인으로는 응우옌 딩 찌에우(Nguyễn Đình Chiểu), 판반찌(Phan Văn Trị), 호휜 응이엡(Hồ Huân Nghiệp), 돤 흐우 쯩(Đoàn Hữu Trưng), 쩐떼 쓰엉(Trần Tế Xương), 응우옌 쿠옌(Nguyễn Khuyến), 판반 응이(Phạm Văn Nghị) 등이 있다. 이중 맹인 시인 응우옌 딩 찌에우는 농민의 항불의식을 고양하고 남기민의 애국심에 불을 지피는 도화선이 되었던 형태로 전민의 대불항전사업에 크게 공헌하였다. 그의 놈시(thơ Nôm) 육팔체 작품 『육운선(陸雲僊, Lục Vân Tiên)』은 응우옌 주의 『교전(翹傳, Truyện Kiều)』바로 다음 자리에 놓이는 베트남 중세 소설의 대표작이다.

이후의 문인들로는 판 보이 쩌우(Phan Bội Châu), 판 쩌우 찡(Phan Châu Trinh), 르엉 반깐(Lương Văn Can), 응우옌 꾸옌(Nguyễn Quyền), 휭툭캉(Huỳnh Thúc Kháng), 응우옌 트엉 히엔(Nguyễn Thượng Hiền), 응오 득께(Ngô Đức Kế), 당 응우옌 껀(Đặng Nguyên Cẩn), 레반휜(Lê Văn Huân) 등이 있다. 20세 초 베트남 대불항전을 이끌었던 이들 중 판 보이 쩌우와 판 쩌우 찡은 20세 초 베트남 민족주의운동의 거목이다.

19세기 말과 20세기 초의 베트남 문학은 내용과 형식에서 빠르게 발전했다. 먼저 문학창작을 위한 국어 사용은 베트남 국어문학의 탄생을 가져왔다. 처음에 국어는 한어, 놈어, 불어 서적들을 독음하는데 이용되었다. 예컨대, 한어 작품의 『대학』, 『중용』, 『시경』, 『명심보감』 등과 놈어 작품의 『교전』, 『이도매(Nhị Độ Mai)』, 『육운선)』 등, 그리고 노동민요 및 민간얘기들이 남부에서 국어로 독자들에게 나타났다. 여기에 관련된 19세기 말의 인물로는 쯔엉 빙끼(Trương Vĩnh Ký), 휭띵꿔(Huỳnh Tịnh Của), 쩐퐁싹(Trần Phong Sắc), 풍황쌍(Phụng Hoàng Sang), 부이 꾸앙 뇨(Bùi Quang Nho), 커우 보 응이(Khấu Võ Nghi) 등이 있다. 베트남 근대산문은 쯔엉 빙끼의 중국과 베트남 고전의 베트남어 번역에서 시작되었다고 할 수 있다.

이와 더불어 국어 창작 작품도 출현하기 시작하였다. 쯔엉 빙끼의 작품 『을해년 북기로 가는 길(Chuyến đi Bắc Kỳ năm Ất Hợi)』이 1876년 기사(記事)체로 가장 먼저 나왔다. 이어 1887년 응우옌 쫑 꾸안(Nguyễn Trọng Quản)의 『라자로 피엔 선생님 이야기(Truyện thầy Lazarô Phiền)』, 1910년 쩐 짜잉 찌에우(Trần Chánh Chiếu)의 『황또 오아잉이 원한을 품다 (Hoàng Tố Oanh hàm oan)』가 나왔다. 이중 응우옌 쫑 꾸안의 『라자로 피엔 선생님 이야기』는 남부에서 나온 최초의 산문소설이면서 서구의 소설구조에 입각해서 창작된 베트남 최초의 근대소설이기도 하다.

서양문화의 접촉은 베트남 소설문학의 현대소설체를 탄생시켰다. 1920년대부터는 국어소설이 많이 나오기 시작하였다. 지역별 대표 작가로는 싸이 곤의 팜쥐똔(Phạm Duy Tốn), 응우옌 짜잉 쌋(Nguyễn Chánh Sắt), 호 비에우 짜잉(Hồ Biểu Chánh), 브우 딩(Bửu Đình)과 하 노이의 응우옌 바혹(Nguyễn Bá Học), 응우옌 쫑(Nguyễn Trọng Thuật) 등이 있다.

당시에 낭만문학도 출현하기 시작하였다. 대표적 낭만문인작가로는 뜨엉 포(Tương Phố), 동호(Đông Hồ), 돤느퀘(Đoàn Như Khuê), 황 응옥 파익(Hoàng Ngọc Phách), 응우옌 칵 히에우(Nguyễn Khắc Hiếu) 등이 있다. 이중 황 응옥 파익이

1925년 발표한 『또떰(Tố Tâm)』은 베트남 최초의 낭만소설로 높이 평가된다. 또떰은 가족들의 반대로 남녀 주인공의 사랑이 맺어지지 못하고 여주인공이 죽음에 이르자 남자 주인공이 여자 주인공이 남긴 일기와 함께 여생을 보냈다는 내용이다. 이 소설은 당시에 많은 베트남 청춘남녀들이 즐겨 읽었다.

1925-26년 기간은 민중의 애국정신을 고무하려고 베트남 역사를 소재로 한 역사소설이 많이 나왔다. 대표적으로는 응우옌 뜨 씨에우(Nguyễn Tử Siêu)의 『레 다이 하잉(Lê Đại Hành)』이 있다. 당시에 생겨난 진보적 성향의 출판사 남동서사(Nam Đồng thư xã), 유신서사(Duy Tân thư xã), 관해총서(Quan Hải tùng thư), 각군서사(Giác Quần thư xã) 등은 쩐휘 리에우(Trần Huy Liệu), 쩐뛴 카이(Trần Tuấn Khải), 팜떳닥(Phạm Tất Đắc), 판 보이 쩌우(Phan Bội Châu), 딩쟈 뚜옛(Đinh Gia Thuyết), 응우옌 뜨 씨에우(Nguyễn Tử Siêu), 황땅비(Hoàng Tăng Bí), 비엣 꾸옌(Việt Quyên) 등의 작품을 출판하였다. 이중 남동서사는 애국애민의 정신을 고무하는 서적을 출판하고 보급하는 일 외에도 베트남어를 무상으로 교육하는 센터를 개설하며 민중의 판 보이 쩌우 사면 요구와 판 쩌우 찡 장례 참여를 독려하기도 하였다.

1930년대와 1940년대의 베트남 국어산문은 훨씬 진보하게 되었다. 녓링(Nhất Linh), 카이 훙(Khái Hưng), 황 다오(Hoàng Đạo) 등의 작가로 구성된 자력문단(自力文壇)은 『단절(Đoạn tuyệt)』, 『흰 나비(Bướm trắng)』, 『봄의 중반에(Nửa chừng xuân)』, 『비바람 세대(Đời mưa gió)』 등의 작품을 내놓았다. 이들 작품은 낭만주의에 속했음에도 사회개혁이나 서구화를 주장하는 논제의 소설이었다. 이중 녓링의 『단절』은 주인공 신여성 롼(Loan)이 정작 사랑하는 사람이 아닌 사람과 혼인하여 살면서 낡은 윤리관 때문에 아픔을 겪으며, 어느 날 자신과 다투던 남편이 칼에 찔리어 죽게 되고, 변호사의 도움을 통해 무죄로 풀려났다가 우연히 친구를 통하여 가슴에 품고 있던 사람도 자신을 사랑한다는 사실을 알게 된다는 내용이다.

응오 떳또(Ngô Tất Tố), 남 까오(Nam Cao), 부쫑풍(Vũ Trọng Phụng), 응우옌 꽁환

(Nguyễn Công Hoan), 응우옌 홍(Nguyễn Hồng), 란 카이(Lan Khai), 비 후옌 닥(Vi Huyền Đắc)처럼 현실을 비판하는 작가들도 있었다. 이들의 작품은 일정한 제한과 자연주의사상의 영향을 받았지만 현실 비판과 사회 고발, 그리고 작품 속 베트남어의 순수함은 베트남 국어산문의 새로운 진보를 가져왔다. 이중 응오 떳또의 『등불을 끄다(Tắt đèn)』는 납세를 위해 가산과 딸을 파는가 하면 심지어 자신이 유모로 있던 주인에게 정조까지 빼앗길 위기에 처한 식민지 세태를 고발하였다.

산문과 서양의 개인주의는 시가영역에 영향을 미쳤고 새로운 시풍의 전개를 이끌었으며 테르(Thế Lữ), 쑨 지에우(Xuân Diệu), 휘껀(Huy Cận), 쩨란 비엔(Chế Lan Viên), 한막뜨(Hàn Mặc Tử)와 같은 유명 작가들의 출현과 현대화에 입각한 베트남문학의 전환을 강조하였다. 이는 또 민족문화생활에서 국어문학의 영예를 대체하였다. 당시 베트남문학의 전환은 형식만이 아니었다. 개인성격, 개체의식, 자력문단의 소설이나 새로운 시집 속에 나타난 남녀의 애정 등은 베트남문학의 새로운 현상이었다. 이 기간(1933-35)에 막스관념과 대립관념간의 투쟁이 발생하였다. 하이 찌에우(Hải Triều)는 부녀시담신문에 유심주의와 예술을 위한 예술 관념을 차단하기 위하여 변증유물주의와 역사유물주의 원리 및 관념에 관한 글을 다수 게재하였다. 1943년 인도차이나공산당은 민족, 과학, 대중이란 세 가지 방침으로 구성된 새로운 문화 건설을 위한 베트남문화대강을 제시하였다.

7. 예술

1) 음악

프랑스 식민지하에 베트남 음악은 새로운 반주법, 표현법, 창법 등과 더불어 기타·만돌린·바이올린·피아노 등의 새로운 악기들을 이용한 가곡이 나타났다. 이는 고전음악과 구별되는 새로운 음악, 즉 신음악을 형성하였다.

신음악의 초기 단계에 다양한 유형의 가곡이 출현하였다. 이들은 대상에 따라 아동 가곡, 성인 가곡, 군중 가곡, 예술 가곡 등으로 분류하였다. 당시 가곡 창작에는 낭만경향, 애국영웅가경향, 혁명경향 등 크게 3가지 경향이 있었다. 이외에도 청춘예찬경향, 농촌동요경향, 종교경향 등도 있었다. 음악개혁 이후 도시에는 베트남 자연의 다양한 색채를 담은 낭만경향이 나타났다.

낭만가곡경향의 음악가들로는 신음악창작운동에 불을 지핀 응우옌 반 뚜옌(Nguyễn Tuyên)과 신음악창작을 위해 고전음악유산을 학습하고 계승하는 데서 첫 번째 주자인 응우옌 쑤언 코앗(Nguyễn Xuân Khoát)을 들 수 있다. 이외에도 반쭝(Văn Chung), 레옌(Lê Yên), 조안 먼(Doãn Mẫn), 레 트엉(Lê Thương), 당테퐁(Đặng Thế Phong), 텀 오아잉(Thẩm Oánh), 즈엉 티에우 뜨억(Dương Thiệu Tước), 응우옌 반 트엉(Nguyễn Văn Thương), 반 까오(Văn Cao), 응우옌 딩푹(Nguyễn Đình Phúc), 팜쥐(Phạm Duy), 라 호이(La Hối), 즈엉 밍닝(Dương Minh Ninh), 판 휭 디에우(Phan Huỳnh Điểu) 등이 있다.

청춘예찬경향과 애국영웅가경향에는 황뀌(Hoàng Quý)가 주축이 된 동봉(Đồng Vọng)단체가 두드러졌다. 황뀌 외에도 반 까오(Văn Cao), 도 뉴언(Đỗ Nhuận), 팜응우(Phạm Nhữ), 황푸(Hoàng Phú)가 있으며, 르우 흐우 프억(Lưu Hữu Phước)은 애국영웅가경향에서 가장 뛰어났었다.

혁명경향은 응에-띵(Nghệ-Tĩnh)소비에트 운동이 전개되던 바로 1930년에 딩뉴(Đinh Nhu)의 『영웅 병사와 함께 가자』로 출현했다. 혁명가곡은 비밀 활동이나 정치 수용소에서 유행하였다. 혁명경향의 음악가로는 딩뉴, 브엉 쟈 크엉(Vương Gia Khương) 외에 황반 타이(Hoàng Văn Thái), 쩐방욱(Trần Văn Úc), 도 뉴언(Đỗ Nhuận) 등이 있다.

1940년부터 크게 발전하던 애국영웅가경향은 1943년부터 낭만경향을 압도하였다. 애국영웅가경향은 도 뉴언의 '유격가', 응우옌 딩티(Nguyễn Đình Thi)의 '파시스트 제거(Diệt phát xít)', 반 까오의 '진군가' 등의 혁명가곡과 함께 8월혁명을 준비하는 기간에 조화를 이뤘다. 반 까오의 '진군가'는 8월혁명 기간에 베트남의 국가(國歌)로 결정되어 지금까지 이용되고 있다.

2) 극

[사진 62] 하 노이 대극장

1920년 초에 베트남은 프랑스 순회공연단을 통하여 대화극(kích nói)을 받아들였다. 당시에 응우옌 반빙(Nguễn Văn Vĩnh)과 다른 몇몇 작가들은 불어 작품을 베트남어로 번역한 서양의 연극을 선보였다. 1921년 베트남의 대화연극이 처음 출현하였다. 1922년 부딩롱(Vũ Đình Long)의 베트남어 창작극 '독잔(Chén thuốc độc)'이 하 노이 대극장에서 공연되었다. 베트남 대화연극의 촉진제가 되었던 이 작품은 가장의 도덕적 타락이 가족 모두의 타락을 야기하자 죄책감 때문에 독약을 먹고 자살하기로 하였지만 잘못을 뉘우치고 도덕적인 삶을 살기로 함으로써 가족 모두를 구원한다는 내용이다.

극본창작운동이 서서히 전개되면서 부딩롱의 '양심재판(Tòa án lương tâm, 1923)', 비 후옌 닥(Vi Huyền Đắc)의 '황몽첩(Hoàng Mộng Điệp, 1928)', 남 쓰엉(Nam Xương)의 '안남의 서양인(Ông Tây An Nam, 1930)' 등과 같은 일부 작품은 많은 사람들의 관심을 끌었다. 이중 비 후옌 닥의 '금전(Kim Tiền)'은 돈을 벌기 위해 수단과 방법을 가리지 않는 매판자본의 비인간성을 폭로한 작품으로서 당시에 관중들로부터 크게 주목을 받았다. 대화 연극의 활성화와 함께 테르(Thế Lữ), 동경(Đông Kinh) 등의 전문극단이 생겨났다. 1945년 8월혁명 이전까지 베트남의 대화 연극 대본은 대략 100편이 나왔다.

베트남의 고전 가극은 기존의 뚜옹과 쨰오 외에도 까이 르엉이 나타났다. 까자보(ca ra bộ: 남부의 아마추어 음악운동을 통하여 탄생한 가극)유형인 까이 르엉은 재자단가(才子單歌, Đờn ca Tài tử), 구룡강평야민요, 제례악 등의 기초 위에 서양 연극을 일부 받아들여 만들어졌다. 1910년대 남베트남에서 출현 이후 빠르게 성장

[사진 63] 호이 안의 바이 쪼이 음악공연

한 까이 르엉은 남피(Nam Phi), 남 쩌우(Nam Châu), 풍하(Phùng Há)와 같은 뛰어난 배우들에 의하여 북베트남으로 빠르게 확대되었다. 그들은 다양한 계층으로부터 대중적 인기를 크게 받았다. 당시에 재미있는 작품 중 하나였던 쩐 흐우 짱(Trần Hữu Trang)의 '르우의 삶(Đời Cô Lựu)'은 지주의 모략 때문에 가족이 깨지고 삶이 파괴된 르우의 비극적인 삶을 드러냈다.

까이 르엉의 학습을 바탕으로 빙딩(Bình Định)의 핫 바이 쪼이(hát bài chòi, 바이 쪼이라고도 함)는 무대화에 성공하면서 뚜옹, 째오, 까이 르엉 이후 베트남의 새로운 가극유형의 하나로 탄생하였다. 바이 쪼이는 중부 가극이다.

까이 르엉의 성공을 경험 삼아 현대화를 추진한 뚜옹과 째오는 문명 째오와 개선 뚜옹의 유형으로 대중 앞에 나타났다. 개량째오운동을 제창했던 예술가 응우옌 딩 응이(Nguyễn Đình Nghị)는 "연출 방법을 개혁하고, 배우들은 극본에 충실할 것과 대사를 정확히 암기 해야지 그렇지 못하고 얼버무리거나 틀려서는 안 된다."고 주장했다. 그의 많은 째오 대본들은 '쩐 끄어이(Trận cười: 웃음 바다)'로 불리는 재미있는 째오 유형이다.

뚜옹과 째오는 오랜 시간 동안 당과 국가, 그리고 종사자들의 부단한 노력에도 불구하고 새로운 예술 유형에 밀려 기대만큼의 성과를 거두지 못했다. 이러한 경향은 프랑스의 재지배기간, 베트남 전쟁기간, 북남통일 이후 지금까지 계속 이어지고 있다.

3) 영화

프랑스 식민지시대 하의 베트남 문화생활에서 특별히 주목되는 한 가지는 영화의 출현이다. 건축, 회화, 조각, 연극, 무용, 문학 등과 같은 자매예술이 수 천년, 수 만 년의 역사를 가진 것과 비교하면 영화의 역사는 이제 막 시작에 불과하다. 하여 '제7의 예술'로 불리는 영화는 1896년 프랑스의 루이 뤼미에르와 오귀스트 뤼미에르 형제가 1896년 3월 22일 작품 『뤼미에르 공장의 점심시간』을 시사(試寫)함으로 시작되었다. 프랑스인이 처음 만들었던 것과 베트남이 프랑스의 식민지였던 것 때문에 베트남의 영화역사는 빨리 시작되었다.

베트남의 영화는 1910년 프랑스 식민기관과 군부대에서 상영되면서 유입되었다. 베트남 최초의 영화관은 1920년 8월 하 노이의 짱 띠엔(Tràng Tiền) 거리에 세워진 빠떼 프레르(Pathé Frères)극장이다. 이는 지금의 꽁년(Công Nhân, 工人)극장이다. 1927년까지 전국에는 33개의 극장이 세워졌다. 1923년 9월 베트남 최초의 영화사 인도차이나시네마가 설립되었다. 1930년 설립된 인도차이나시네마공사 역시 프랑스인이 투자하였다.

이들 영화사들은 프랑스인 배우를 출연시켜 베트남의 습속이나 유명한 소설이나 아름다운 풍경들을 소재로 하여 베트남에서 영화를 만들었다. 1923년에 제작된 영화 '낌번 끼에우(Kim Vân Kiều, 金雲翹)'는 첫 번째 인도차이나 소설을 소재로 제작한 영화이다. 세계경제공황기간에 베트남의 영화산업은 침체되었다. 1937년에 홍콩영화사의 지원 하에 '유령의 들판(Canh đồng ma)'이란 영화가 처음으로 베트남 배우와 베트남어만으로 제작되었으나 홍행에 실패했다. 1938-1940년 기간 동안에 일부 베트남인들이 그룹을 형성하여 영화를 만들었으나 모두 실패하였다. 그 후 해방까지 베트남 영화는 완전한 암흑기에 들어갔다.

4) 조형

하 노이와 호찌밍시의 거리와 건축물은 프랑스 식민지 시대에 프랑스의 설계에 의하여 세워졌다. 따라서 조형예술은 프랑스 영향을 많이 받은 것 중의 하나이다. 앞에서 언급했듯이 프랑스의 식민지가 되기 전까지 베트남의 건축양식은

[사진 64] 호찌밍시 시청

[사진 65] 호찌밍시 중앙 우체국

[사진 66] 호찌밍시 성모교회

우리처럼 대부분 一자형의 단층이었다. 一자형은 주로 일간방이상방(一間房二廂房) 혹은 이간방이상방(二間房二廂房)형태였다.

베트남의 서구 양식의 건축은 주로 천주교 성당이나 프랑스 식민정부의 관공서, 그리고 프랑스인들의 사업장 및 숙소였다. 이 형태는 대도시를 중심으로 점차 베트남인들의 건축양식에 적용되었다.

천주교 성당은 뾰쪽하고 높은 지붕의 고딕형식을 갖췄다. 관공서들은 희랍건축, 특히 바로크양식으로 세워졌다. 이후에는 장엄하고 웅장한 모덱(modec)형식이 나타났다. 일부 관공서는 꽃이나 다양한 형상들을 부조형태로 장식한 기법을 사용하였다. 팟 지엠(Phát Diệm)과 꼰뚬(Kontum)교처의 성당, 인도차이나대학, 원동박고원, 외교부, 하 노이의 총독부, 국가도서관 등과 같은 일부 건물은 동서양의 건축양식을 결합한 형태이다. 이들 건축물은 베트남화와 지리·기후·지역 성 등을 감안하여 지어졌기 때문에 베트남의 고전건축물과 아름다운 조화를 이루면서 새롭고 이국적인 예술성을 제공하였다.

조각은 입체형, 비율, 의복 특징 같은 서구 조각의 과학적 방법들이 도입되고, 이것들이 베트남의 고전조각과 결합함으로써 새로운 성과를 이루게 되었다. 프랑스 식민지배하에 전신과 반신 조각상이 출현·발전하였다. 조각·상·부조 등이 관공서나 민간의 집 장식에 이용되었다. 건축 외부장식의 소재는 서양의 신화나 종교의 인물들이 주류를 이루었다. 조각의 재료는 목재, 돌, 청동 외에 석고, 시멘트 등도 사용되었다.

[사진 67] 꼰뚬성당

5) 회화

오늘날 '베트남미술대학'의 전신인 '동양미술학교'가 1924년 하 노이에 세워지면서 베트남 회화는 서양 회화 예술의 영향을 받게 되었다. 베트남 미술은 프랑스인들로부터 유화, 수채화, 가루 안료, 연필 등 새로운 재료를 이용한 회회기법을 받아들였다. 베트남 화가들은 서양의 회화 기법, 기술, 표현 형식뿐만 아니라 내용과 표현 의도까지도 받아들였다. 베트남 화가들은 고전주의에서 낭만주의, 형식주의, 초현실주의, 인상주의, 입체주의, 추상주의에 이르기까지 서구 회화의 모든 경향들을 수용하여 자신들의 창작활동에 적용하였다.

프랑스 식민지시대에 베트남 회화의 중요한 성과는 한국, 중국, 일본 등에서 유행하는 전통 나전칠기를 회화의 한 영역으로 만든 점이다. 베트남은 이를 라카페인팅(sơn mài)기법이라 한다. 이는 나무판에 원하는 형상을 그리고 그 형상에 따라 홈을 파며 그 위에 다듬은 계란껍질, 우렁이 및 달팽이 껍질, 소라, 조개, 금판, 은판 등을 접착제로 붙이고 수차례 옻칠과 연마를 반복하여 작품을 완성한다. 화가 쩐 꾸앙 쩐(Trần Quang Trân)은 라카페인팅으로 성공한 첫 번째 인물이다. 응우옌 쟈찌(Nguyễn Gia Trí, 1908-1993) 역시 라카페인팅으로 크게 성공한 화가이며, '기쁨(Dọc mừng)'은 그의 대표작이다. 응우옌 쟈찌를 포함한 또 응옥 번(Tô Ngọc Vân, 1906-1954), 응우옌 뜨엉 런(Nguyễn Tường Lân, 1906-1946), 쩐반껀

(Trần Văn Cẩn, 1910-1994)은 베트남 현대미술의 4대 거장으로 불린다. 베트남은 이들을 일찌, 이번, 삼린, 사껀의 형태로 부른다.

라카페인팅 외에 비단을 재료로 한 그림도 베트남 회화의 독특한 창조물이다. 응우옌 판 짜잉(Nguyễn Phan Chánh, 1892-1984)은 비단 위 그림에 서양의 회화 방법을 접목시켰다. 그의 첫 성공 작품은 1931년의 '오안 꾸안 놀이(Chơi ô ăn quan)'이다.

8. 물질문화

프랑스의 베트남 지배는 물질생활에도 크게 영향을 미쳤다. 고무와 커피와 같은 공업수나 서구의 발전된 기계문명의 유입은 베트남의 전통 산업구조, 생산방식, 사회구조 등에 큰 변화를 주었다. 물론 농업이 차지하는 비율은 여전히 절대적이었지만 커피플랜테이션처럼 자본주의적 농업생산방식이 적용되면서 노동자계급이 출현하였다. 농업에서 토목사업과 화학비료는 농지확대와 수로 발전, 그리고 생산 증가를 촉진시켰다. 프랑스 식민지시대에 베트남이 세계 쌀 수출 2위가 되었던 것도 이 때문이다.

광산, 전력, 기계, 화학, 금속 제련, 도정, 양조, 맥주, 성냥, 담배, 비누, 양약, 플라스틱, 시멘트 등 새로운 산업도 출현하였다. 광산에서 석탄이 가장 큰 비중을 차지하였다. 여기에 1, 2차 산업을 뒷받침해줄 철도, 아스팔트 도로, 항공로 등 교통 운송 산업도 출현하였다. 동시에 서구식 회사나 은행이 설립되고 서구식 회계와 경영 기법이 적용되는 등 서비스 산업도 출현하였다. 하 노이, 하이 퐁, 남딩, 빙, 다낭, 비엔 호아, 싸이 곤, 하 띠엔 등에 공업 및 서비스 도시가 출현하게 된 것은 서구 물질문화의 산물이라 하겠다.

서구적 물질생활은 자전거, 씩로(xích lô), 자동차, 전차, 기차, 선박 등 교통으로만 국한하지 않고 베트남의 전통 의식주에도 크게 영향을 미쳤다. 첫째, 빵, 우유, 버터, 치즈 등의 밀가루와 유제품, 콜라비, 배추, 당근, 포도, 사과 등의 온대

과일과 채소, 맥주, 샴페인, 커피, 코코아 등 서양인들이 즐겨 마시는 주류와 음료수, 스프, 스테이크, 오믈렛 등의 서구식 요리와, 숟가락, 포크, 나이프 등의 서구식 식사 도구와 예절, 그리고 다양한 개별 음식 등이 출현하였다. 둘째, 와이셔츠, 넥타이, 양복, 외투, 서양 치마, 서양 바지, 모자, 신발 등이 출현하였다. 의복에서 따르는 서양 화장품과 장신구도 출현하였다. 셋째, 콘크리트, 철근, 다층, 복합형 등 재료, 층수, 설계에서 다양하였다. 그 중 설계는 베트남의 화장실이 따로 있는 '一자형'의 일간방이상방(一間房二廂房) 형태가 아니라 화장실을 포함하는 오늘날 아파트 형태였다. 건물은 창문이 많아지고 출입문이 커지며 천장이 높아졌다. 하 노이나 호찌밍 등 베트남 대도시의 많은 건물을 포함하여 거리 등은 프랑스 식민정부의 도시계획 하에 만들어졌다.

[사진 68] 씩로

II. 프랑스 재지배시대 베트남 문화

1. 프랑스의 베트남 재지배

제2차 세계대전에 대한 연합군의 승리와 베트남의 1945년 8월혁명의 성공을 바탕으로 베트남민주공화국 임시정부는 9월 2일 독립을 선언하였다. 그러나 베트남은 1945년 7월 미·영·소의 포츠담회담 결정에 따라 북위 16도선을 경계로 하여 일본군의 무장해제를 위해 남쪽에는 영국군이, 북쪽에는 중국군이 진출하게 되었다.

당시 베트남은 독립의 기쁨과 프랑스의 재지배 가능성에 대한 염려가 공존하는 분위기였다. 싸이 곤에서는 민중집회에 참석한 수많은 대중과 프랑스인 사이에 무력충돌이 발생하였다. 프랑스군은 1945년 3월 9일에 무장이 해제된 상태였기 때문에 시위는 무장일본군에 의하여 탄압되었다. 하지만 일본군도 1945년 9월 12일 베트남 남부에 도착한 영국군에 의하여 무장이 해제되었다. 이때 베트남 시민의 무장해제도 병행되었다. 영국군이 베트남에 진출하던 날에 프랑스군도 베트남의 재지배를 위해 영국군과 함께 입국하였다.

영국군의 지원 하에 프랑스의 남베트남 재지배가 가시화되면서 베트남인의 대불감정은 고조되기 시작하였다. 이를 감지한 영국군은 연합군 이외의 병기휴대 등의 내용을 담은 계엄령을 선포하였다. 하지만 고조된 베트남인의 대불감정은 더욱 악화되어 영·불연합군간 전투로 이어졌고, 전투는 남부 전역으로 확대되었으며, 이를 저지하면서 재지배를 현실화하기 위한 프랑스의 베트남 파견군도 늘어났다.

1946년 초부터 베트남인의 저항이 진압되고 프랑스 원정군의 재편성과 베트남 남부를 포함한 캄보디아에 이르는 프랑스 원정군의 점령이 진행됨에 따라 1946년 1월 28일 이후 연합군의 임무는 프랑스군에 이양되었다. 이어 동남아시아 군사령부는 3월 5일 이후 인도차이나 남부는 동남아시아 군사령부의 관할에서 인도차이나 당국의 관할로 옮겨진다고 발표하였다.

영국군의 지원 하에 프랑스의 북위 16도선 이남의 베트남을 재지배하는데 성공했을 지라도 이북의 베트남 재지배는 중국의 장개석군으로 인하여 이뤄질 수 없었다. 중국의 입장에서도 연합군의 일원으로 북베트남진출은 잃었던 베트남을 되찾을 수 있는 절호의 기회였지만 공산당과의 불리한 대결국면 때문에 순탄치는 않았다. 하여 양국은 북베트남의 관리권을 주는 대신에 곤명-하이 퐁철도 이양 등을 받는 형태로 현안을 처리하였다.

1946년 2월의 불-중협정에 의하여 프랑스가 북베트남의 관리권을 받았을지라도 총선거 등을 통해, 그리고 전국의 지지 하에 합법적인 활동을 하고 있는 베트남민주공화국 연합정부를 간과할 수 없었다. 한편 월맹정부도 현실을 무시할 수 없었던 바, 이보전진을 위한 일보 후퇴의 차원에서 프랑스측과 협약을 가졌다. 1946년 3월 6일의 베-프초보협약을 통해 베트남은 외국세력의 단일화, 국내 정치세력과 국외세력과의 단절화, 일정한 권리를 갖는 해방국가 등의 실리를 얻었는가하면, 프랑스는 16도선 이북으로의 진주를 할 수 있었다.

그러나 현격한 입장차이로 양자는 충돌을 치닫게 되었다. 일본군의 무장해제 등을 통한 인도차이나의 건국을 돕는다는 연합군의 진출 목적 실현이아니라 이를 빌미로 한 인도차이나의 재식민지화를 실현해가는 프랑스의 술수 앞에 베트남인의 인내는 한계를 드러냈기 때문이다. 1946년 12월 19일 호찌밍은 베트남 민주공화국 주석의 이름으로 전국민의 항전을 호소하였다.

2. 문맹퇴치운동

8월혁명 직후에 전개되었던 베트남인의 활동에서 가장 특별한 성과는 문맹퇴치운동이다. 당시 베트남인의 문맹률은 매우 높았다. 이에 대하여 호찌밍은 1945년 9월 3일에 개최된 정부회동에서 "무지는 식민주의자들이 우리를 지배하기 위해 사용했던 악독한 방법이다. 90% 이상의 동포가 문맹이다. 무지한 민족은 약한 민족이다. 그 때문에 나는 무지의 적에 대항키 위한 운동 전개를 제의한다."고 하였다.

독립 이후 북베트남 정부는 기아·문맹·외적을 당시의 위험한 3대적으로 규정하고 이의 해결과 퇴치, 그리고 척결을 가장 시급한 당면과제로 선정했다. 1945년 9월 8일 정부는 시민들의 문맹난 해소 및 무지, 배고픔 그리고 외세침략의 문제를 담당하는 평민학무아(平民學務衙) 설립 책령을 내렸다. 문맹 청산 책무는 국가 교육의 베트남어 사용을 우선과제로 삼았다.

짧은 기간에도 불구하고 도시에서 농촌에 이르는 여러 곳에 많은 평민학무학교가 생겼으며, 7, 8세 어린이로부터 시작하여 7, 80세의 노인에 이르기까지 많은 사람들이 학습에 참여했다. 사원, 집, 시장, 그늘 있는 나무, 논, 공장, 병원, 정거장, 교도소에 이르기까지 사람이 있는 곳에는 교실이 생겼다. 1945년 9월 8일부터 이듬해 9월 8일까지 단 일 년 만에 7만 4957개의 교실과 9만 5665명의 교원이 있었다. 문맹에서 벗어난 이는 252만 673명에 달했다.

문맹퇴치운동 이후 베트남민주공화국은 국민교육발전에 힘을 쏟았다. 8월혁명 이후 베트남의 교육은 강력한 개혁에도 불구하고 여전히 걸음마 수준이었다. 따라서 확정된 새로운 교육의 목적은 국가의 항전과 건국사업에 봉사하기 위하여 좋은 국민과 좋은 간부를 양성하는 데 두었다. 이를 위해 학비 면제, 빈한한 학생들에 대한 장학금 지급, 기숙사 건축, 중·고등학교와 대학 이상에서 전문가 양성 등의 각종 사업을 전개하였다. 교육사업에 힘입어 1946년까지 북부와 중부에서는 5654개의 초등학교와 25개의 중·고등학교가 설립되어 각각 20만 6784명과 7514명의 학생을 갖게 되었다.

3. 혁명문화건설

1945년 8월혁명 이후 당과 국가는 지식층과 문예사(文藝士: 전업문학·예술가)들이 새로운 문화건설사업에 적극 참여해 줄 것을 요청하였다. 독립을 통하여 베트남민주공화국이 설립되었을지라도 프랑스의 재식민지화를 저지하기 위한 전민의 전쟁을 치루는 상황에서 문화는 자연스럽게 중요한 전선이 될 수밖에 없었다.

새로운 문화건설사업은 역량 확보가 중요했다. 8월혁명을 준비하던 때부터 재능 있는 많은 문예사들은 주권회복을 위한 혁명과 새로운 문화를 건설하려는 깃발 아래 모여들었다. 그 결과 문예사층이 출현·성장하게 됐으며, 감격과 영웅심으로 참전한 일부 학생들 중에는 혁명에 대하여 다소 낭만적 색깔을 띠는 경향도 있었다. 문예사층은 학생들 외에도 공민, 농민, 정치 간부 출신 등 다양한 계층으로 구성되었다.

새로운 문화건설사업 속에 북베트남은 역사를 다시 쓰고 선조가 남긴 문화와 문예를 지키고 개발하며 보존하는 일에 집중하였다. 당시에 문예사들은 8월혁명 전부터 설립된 구국문화회로 모였다. 8월혁명 이후 구국문화회대회는 전국문화회대회처럼 애국자와 국가의 문화사업에 종사하는 사람들을 통일하는 일을 하였다. 대부분의 문예사들은 식민과 봉건제도 하에서 한동안 정신적 공황을 겪은 이후 자신의 돌파구를 찾았다. 문예사들은 스스로를 혁명전사라고 여기면서 끝없는 열정으로 혁명에 가담하였다. 문예사들 중에는 조국의 독립을 위하여 젊음을 받치고 있는 사람들의 활동을 진실하고 생동감 있게 담기 위하여 남진하는 군대를 따라가는 이들도 있었다. 문예사들은 혁명의 우선 과업을 적기에 이루기 위하여 창작에 집중하였다.

노동과 전투의 주제가 갈수록 문학과 예술 속에 많이 나타났다. 마르크시즘서적과 저널이 출간되고 널리 보편화되었다. 시, 노래, 노동가, 풍자민요, 음악, 연극 등은 독립국 인민의 자유로운 삶을 찬양하거나 조국건설과 생산 증대를 부추기는 형태로 창작되었다. 아무튼 당시의 모든 문화사업은 남베트남에서 전개되고 있는 전쟁에 집중되었다.

저널과 출판사업이 매우 중시 되었다. 혁명저널은 반혁명 저널을 대항하는 전선을 형성하였다. 저널은 적에 저항하는 효과 있는 무기요 인민이 혁명을 깨닫게 하는 도구가 되었다. '해방의 깃발(Cờ giải phóng)' 이후 베트남공산당의 중앙기관지 '사실'과 비엣 밍 총부의 기관지 '구국'은 군중의 신임을 크게 얻었다. 처음으로 베트남에 막스-레닌 문학이 공개적으로 전파되었다. 막스-레닌의 『공산당선언』, 스탈인의 『레닌주의 원리』와 같은 막스-레닌주의경전들이 출판되었다. 당시 베트남 혁명에 관한 서적 중에는 쯔엉 찡(Trường Chinh)의 『8월혁명』이 크게 주목을 받았다.

호찌밍 주석이 발동한 새로운 문화생활운동은 많은 군중들의 호응을 받았고, 구제도가 남겨 놓은 미신, 이단, 속례 속에 파고들었다. 새로운 문화생활운동의 내용은 근검, 청렴, 정직, 공평무사의 생활이다. 이 운동은 인민의 새로운 사회도

덕교육에 큰 영향을 미쳤다. 농촌에 도박·음주·절도·창녀 등이 많이 줄었고, 관혼상제가 검소화·문명화·건전화되었다. 하지만 운동과정에서 전통문화의 상당 부분을 상실하는 오류를 범한 결과 당과 국가는 1987년 개방과 함께 그에 대한 회복정책을 추진하게 되었다.

8월혁명 이후에는 국민의 체육활동에도 관심을 갖기 시작했다. 당과 국가의 지도하에 "국가와 국가건설을 위해 건강하자"라는 운동이 도시, 기관, 회사 등에 퍼져나갔다. 스포츠 활동에 대한 전문부서들이 각급 정부기관에 세워졌으며, 스포츠 활동은 활발하게 발전하였다.

4. 문화

1946년 12월부터 인민의 전쟁이 시작되었다. 당시에 제시된 혁명의 구호는 '모든 것을 전승을 위하여', '모든 것을 전선을 위하여'였다. 장기대불항전에서 문화는 하나의 전선이었고, 문화·과학·예술 활동을 하는 사람은 그 전선의 전사였다. 베트남은 '문화항전화'와 '항전문화화'를 실현하기 위해여 힘을 쏟았다. 이 기간 문화 활동의 주요내용은 애국과 침략자를 증오하는 마음, 결전·결승의 의지, 조국의 독립과 통일을 위해 투쟁하도록 고무하는 것이었다. 문화의 항전 임무는 우민문화와 프랑스 식민 침략문화를 분쇄하고 갓 전개되고 있는 베트남의 민주문화를 세우는 것이었다. 그 문화는 민족화, 과학화, 민중화라는 3가지 원칙위에 세워졌다. 문화 활동의 활동범위는 해방구뿐만 아니라 프랑스가 점령하고 있는 지역까지 포함되었다.

시대의 요구에 맞는 문화 활동을 위하여 베트남은 몇 차례 전국문화대회를 개최하였다. 1948년 7월의 대회에서 베트남문예회, 베트남악사단, 베트남무대단이 설립되었다. 이듬해 9월 군대문예회의가 조직되었다. 모든 문예활동은 국가의 대불항전과 토지개혁 등에 집중되었다.

1) 문학

8월혁명 이후의 문학은 프랑스의 재식민지화에 대한 전민의 항전 때문에 혁명문학과 항전문학의 속성을 띨 수밖에 없었다. 따라서 문학은 항전을 고무하는 선전 성격이 최우선되었고 전선에서 영웅전신을 구현하도록 부추겼으며 민족과 계급공동의 힘을 발휘하도록 선동하였다. 당시의 시와 소설작가로는 또 흐우(Tố Hữu), 응우옌 뛴(Nguyễn Tuân), 남 까오(Nam Cao), 응우옌 휘 뜨엉(Nguyễn Huy Tưởng), 또 화이(Tô Hoài), 뚜머(Tú Mỡ), 홍 응우옌(Hồng Nguyên), 찡 흐우(Chính Hữu), 황껌(Hoàng Cầm), 흐우 론(Hữu Loan), 쩐 흐우 퉁(Trần Hữu Thung), 밍훼(Minh Huệ), 응우옌 딩티(Nguyễn Đình Thi), 박호(Bác Hồ) 등이 있다.

시와 소설 외에도 이 시기에 전쟁과 혁명에 관한 사건들을 기록한 회고록, 기사문, 수기, 전기 등이 많이 출간되었다. 대표 작가로는 응우옌 뛴, 남 까오, 호 프엉(Hồ Phương), 또 화이, 응우옌 휘 뜨엉, 부이 히엔(Bùi Hiển), 타잉 띵(Thanh Tịnh), 돤 죠이(Đoàn Giỏi), 보휘떰(Võ Huy Tâm), 응우옌 반봉(Nguyễn Văn Bổng) 등이 있다.

2) 음악

음악차원에서 8월혁명의 성공과 베트남민주공화국의 성립은 이전에 베트남에 존재했던 여러 음악들이 한 자리에 모일 수 있는, 현대음악의 시대에서 하나의 단계를 열 수 있는, 그리고 민족과 과학과 대중의 경향에 맞는 음악을 세울 수 있는 기회가 되었다. 혁명정권이 지배하는 지역에서 고전음악, 특히 민간음악은 크게 발전할 수 있었다. 따라서 음악의 민족성은 갈수록 짙어졌고 풍부해졌다. 물론 여기에는 고전음악에 대한 자료 수집과 연구가 한몫 하였다.

가곡은 혁명음악에서 가장 발전한 음악 유형이었다. 이는 역사 단계에서 사람들의 요구를 빠르게 반영하고 쉽게 수용하였기 때문이다. 따라서 가곡은 베트남의 음악생활에서 항상 핵심적인 역할을 하였다. 특히, 음악언어에서 혁명가곡은 유형이나 서양의 것을 수용하는 데서 민족화경향에 맞추어 강하고 포괄적인 변화가 있었다. 당시의 대표 음악가로는 르우 흐우 프억(Lưu Hữu Phước), 반 까오(Văn Cao), 도 뉴언(Đỗ Nhuận), 레 옌(Lê Yên), 반쭝(Văn Chung), 응우옌 반 트엉(Nguễn Văn Thương), 응우옌 딩푹(Nguyễn Đình Phúc), 또부(Tô Vũ), 레 로이(Lê Lôi), 황번(Hoàng Vân), 황 비엣(Hoàng Việt), 쩐환(Trần Hoàn), 르엉 응옥 짝(Lương Ngọc Trác), 응우옌 번띠(Nguễn Vân Tý), 판휭 디에우(Phàn Huỳnh Điểu), 휘주(Huy Du), 반끼(Văn Ký), 반껀(Văn Cận), 황 히엡(Hoàng Hiệp), 응우옌 득똰(Nguyễn Đức Toàn), 아잉 쭝(Anh Chung), 호박(Hồ Bắc), 팜 뚜옌(Phạm Tuyên) 등이 있다.

3) 영화

어느 예술보다도 영화는 자본과 기술, 그리고 능력을 갖춘 인력 등이 필요한 영역이다. 영화는 프랑스 식민지시대에 프랑스로부터 유입되었고, 프랑스인들이 거의 독점하였던 분야였기에 8월혁명 이후 국가 혹인 개인이 영화사업을 활성화하기에는 무리였다.

8월혁명 이후부터 베트남은 시사기록영화를 만들기 시작했다. 당시의 영화는 무성영화였다. 대표 작품으로는 1948년의 '목화전선(Trận Mộc Hóa)', 1950년의 '까오-박-랑 전적(Chiến dịch Cao-Bắc-Lạng)'과 '라반-꺼우 깨 전적(Chiến dịch La Ban-Cầu Kè)' 등이 있다.

1952년 처음으로 유성기록영화 '서북전승(Chiến thắng Tây Bắc)'을 만들었다. 이듬해에는 중국과 합작하여 영화 '베트남 항전(Việt Nam kháng chiến)'을 만들었다. 그 이듬해에는 대불항전의 승리를 담은 기록영화 '디엔 비엔 푸 전승(Chiến thắng Điện Biên Phủ)'을 제작하였다. 같은 해에는 소련의 지원을 받아 영화 '디엔 비엔 푸'를 제작하였다.

1953년 3월 호찌밍주석은 베트남 영화·사진제작 국영기업설립을 결정하는 147호 책령을 발표하였다. 이는 베트남 국영영화사라 할 수 있다. 책령은 영화와 사진의 임무를 "정부의 정책 선전, 베트남 인민군의 용감한 투쟁 장면과 전승 찬양, 우방국 인민의 건국투쟁노력과 생활 소개, 인민의 정치 문화교육 등"으로 규정하였다.

4) 극

베트남 혁명시대 하의 예술은 "인민과 혁명에 봉사한다."는 당의 방침에 따라 발전하였고, 방침의 실천가인 예술가는 국가로부터 적극적인 지원을 받았다. 그러나 이때에 뚜옹, 째오, 까이 르엉 등은 봉건계급의 산물인바, "버리거나 박물관에 보내야 한다."는 주장이 나오기도 하였다. 1951-1952년 기간 동안 비엣 박 전투지역에서 "뚜옹, 째오, 까이 르엉이 봉건계급의 산물이냐 아니냐."를 놓고 수차에 걸친 열띤 논쟁이 있었다. 다수의 의견은 "이들 무대예술은 민족의 산물이며 인민의 익숙한 정신의 양식이기 때문에 인민에 봉사하기 위하여 보존·발전시켜야한다."고 하였다. 그 후 중앙당은 민족의 무대예술과 민족예술을 회복하고 부활시키도록 지시하였다. 따라서 전국의 뚜옹, 째오, 까이 르엉 등은 여기에 호응하여 결집하고 항불투쟁을 위한 공연에 매진하기로 하였다.

이 기간에 연극도 빠르게 발전하였다. 기존의 전통 무대예술과 달리 새로운 유형이면서 생동감 때문에 연극을 보는 사람들이 늘어났다. 혁명연극의 첫 대표 작품으로 평가되고 있는 응우옌 휘 뜨엉(Nguyễn Huy Tưởng)의 '박썬(Bắc Sơn)'은 당시에 가장 많은 여론을 탔다.

장기 항불기간에 뚜옹, 째오, 까이 르엉, 연극 등과 더불어 바이 쪼이(Bài chòi) 가극과 훼(Huế) 가극도 제5연구와 빙딩-꾸앙 찌-훼 등에서 발전이 있었다.

[사진 69] 까이 르엉(개량)공연

5) 미술

8월혁명 이후 예술가들은 혁명예술가, 예술가-전사가 되었다. 1946년에 하 노이에서 첫 번째 전국미술전람회가 개최되었다.

장기대불항전기간의 대표적 화가로는 응우옌 도꿍(Nguyễn Đỗ Cung), 쩐딩토(Trần Đình Thọ), 응우옌 띠엔 쭝(Nguyễn Tiến Chung), 또 응옥 번(Tô Ngọc Vân), 응우옌 도꿍(Nguyễn Đỗ Cung), 응우옌 쌍(Nguyễn Sáng), 즈엉 빅 리엔(Dương Bích Liên) 등이 있다. 이들의 그림은 당시 군민의 어려운 항전의 현실들을 주로 반영하였다. 이중 또 응옥 번, 응우옌 쌍, 즈엉 빅 리엔(Dương Bích Liên) 등은 유화로 유명하다. 또 응옥 번은 앞에서 언급했듯이 베트남 현대미술의 4대 거장 중 한 사람이다. 이들 3인의 대표작으로는 각각 '훼 꽃 옆의 소녀(Thiếu nữ bên hoa huệ)', '디엔 비엔 푸에서 입당(Kết nạp Đảng ở Điện Biên Phủ)', '북월 전구의 박호(Bác Hồ ở chiến khu Việt Bắc)'이 있다. 즈엉 빅 리엔은 주로 소녀를 모델로 한 그림을 많이 그렸다.

다른 분야와 마찬가지로 미술 역시 군과 민이 항전에 적극 참여하는데 기여하였고 정감사상과 독립과 자유를 위하여 모든 것을 기꺼이 희생하도록 교육하는 도구였으며 민족 항전 승리에 한 부분 중요한 역할을 하였다.

제5절 베트남 전쟁시대 베트남 문화

I. 베트남 전쟁

제1차 인도차이나 전쟁이 프랑스의 베트남 재식민화에 대한 베트남인의 저항에서 비롯된 전쟁이라면 우리가 흔히 말하는 베트남 전쟁, 즉 제2차 인도차이나 전쟁은 미국의 인도차이나 개입에 대한 베트남인의 저항에서 비롯된 전쟁이다. 제2차 인도차이나 전쟁을 베트남인들은 '구국을 위한 대미항전(kháng chiến chống Mỹ cứu nước)'이라 한다. 이는 전쟁의 성격을 외전으로, 주적을 미국으로 규정하고 있기 때문이다.

실제로 제1차 인도차이나 전쟁이 식민지전쟁이었다면, 제2차 인도차이나 전쟁은 이념전쟁의 성격을 갖는다. 하지만, 양자는 시간의 흐름 속에서 성격을 겹치게 되었다. 1917년 볼셰비키혁명 이후 공산화의 확대는 서방세계를 긴장시켰고, 그 가운데 1949년 중국의 공산화는 미국으로 하여금 인도차이나를 프랑스로부터 인계받게 만들었기 때문이다.

[사진 70] 프랑스의 베트남 지배를 종식시킨 디엔비엔푸 전승

미국의 인도차이나에 대한 군사와 경제원조가 1951년 인도차이나의 프랑스 예산 19%, 1952년 35%, 1953년 43%, 1954년 73%를 차지했음에도 불구하고 제1차 인도차이나 전쟁은 1954년 5월 7일 베트남의 승리로 끝났다. 1954년 7월 21일의 제네바협정은 인도차이나에서 식민과 피식민간의 지난한 싸움을 끝내는 듯 했다. 그러나 도미노이론 앞에 제네바협정은 설자리가 없었다.

미국의 남베트남에 대한 엄청난 군사와 경제원조에도 불구하고 베트남의 상황은 미국의 뜻대로 되지 않았다. 미국의 선택은 직접 참전이었다. 하지만 명분이 필요했다. 국내외로부터 침략자라는 여론을 피하기 위함이었다. 명분은 만들면 되었다. 그것이 1964년 8월의 통킹만 사건이다.

[사진 71] 파리협정에 따라 남베트남에서 철수하는 미군

[사진 72] 베트남 전쟁의 잔재

[사진 73] 베트남 전쟁 열사 무덤

전선 없는 전장에서의 대가는 엄청났다. 미국이 투하한 폭탄투하는 제2차 세계대전에서 사용했던 총 화력의 4배에 달하는 800만 톤이었다. 총 54만 명의 미군 주둔, 2400억 달러에 달하는 전비지출, 8000명의 공군을 포함한 5만 7000명의 미군전사, 5700대의 비행기 손실에도 불구하고 미국은 남베트남을 잃었다.

미국의 직접 참전에 우리를 포함한 아시아의 몇몇 나라도 함께했다. 전쟁에는 특수가 따르는 법, 우리도 예외는 아니었다. 참전의 대가로 우리는 가난에서 벗어날 수 있는 기틀을 마련하였다.

1975년 4월 30일의 통일은 너무 많은 대가가 따랐다. 북베트남은 정부군과 비엣 꽁(Việt Cộng: 베트남공산주의자의 약자이며 우리는 이를 베트콩이라 부름)을 포함하여 110만 명이 사망하고 60만 명이 부상했다. 남베트남은 정부군 11만 명 이상이 전사하고 약 50만 명이 부상당했다. 민간인도 약 52만 명이 사망했다. 엄청난 물적·인적피해 외에 오랜 기간의 이념적 대립으로 비롯된 사상적 혼란과 문화적 이질감으로 오는 상처는 더욱 컸다.

II. 교육과 문화정책

1. 교육정책

1954년 7월의 제네바협정에 따라 베트남은 북남으로 나눠졌다. 북베트남은 1954년 이후에도 기존에 추진해오던 문맹퇴치운동을 계속 전개하였다. 1958년 말을 기점으로 북베트남의 문맹퇴치운동은 산간지역을 제외하고 거반 완성되었다.

당시 북베트남은 두 개의 보통교육학제가 존재하고 있었다. 하나는 구 자유지역에 9년 과정의 보통교육학제였고, 다른 하나는 새로운 해방구에 남아 있는 식민학교의 중소교육학제였다. 따라서 1956년 전북부보통교육회의는 지덕체 교육과정을 실현하기 위한 1급(4년), 2급(3년), 3급(3년) 과정으로 구성된 10년 과정의 학제를 결정하였다. 이 체제에 맞추어 교과서도 새롭게 편찬되었다.

1954-1955년 기간 동안 73만 7000명이었던 보통학교의 학생 수는 1959-1960년 기간 동안 152만 2000명으로 늘어났다.

대학과 전문교육은 의약대학, 과학사범대학, 문과사범대학 등 3개 대학을 다시 조직하였다. 1956년 2개의 과학사범대학과 문과사범대학을 사범대학으로 통합하였다. 이어 중고등학교 교원과 과학연구간부를 양성하는 종합대학을, 공업·수리·건축 분야의 기사를 양성하는 백과대학을, 농촌지역의 농학기사를 양성하는 농림대학을 세웠다. 1957년 미술전문대학을, 1959년 경제재정대학과 응에안성 빙시에 사범대학을 세움으로써 북베트남에는 8개의 대학에 50개 전공이 생겼다. 그 후 비엣 박 사범대학, 산간지역 농림대학 등과 더불어 건설대학과 교통대학이 세워졌다. 이외에도 중급수준의 전문 간부를 양성하는 전문중학교를 설립하였다. 당시에 사회주의국가, 특히 소련과 중국은 시설 지원과 교원 파견을 통해 북베트남의 교육발전에 도움을 주었다.

17도 선으로 분리된 1954년부터 베트남의 학제는 북남간에 서로 달랐다. 북부가 초등학교 4년, 중등학교 3년, 고등학교 3년, 대학교 4년의 소련식 학제인 것에 비하여, 남부는 초등학교 5년, 중등학교 7년, 대학교 4년의 형태로 외형상 고등학교 과정이 없는 프랑스식 학제였다. 그러나 남부는 1964년 미국의 요구에 따라 미국식인 초등학교 5년, 중등학교 4년, 고등학교 3년, 대학교 4년의 학제로 바꾸었다.

2. 문화정책

문화 발전 사업을 촉진하기 위하여 북베트남은 1955년 문화부를 설립하였다. 당시에 문화부는 '사회주의 사상 교육, 막스-레닌주의 선전, 봉건사상·자산·소자산의 잔재 청산, 구 사회의 구습들을 극복하고 생산을 발전하기 위한 과학·기술의 보편화, 갈수록 높아가는 인민의 높은 문화와 예술의 욕구 충족'이라는 임무를 제시하였다.

대미장기항전에 들어갔던 1965년부터 문화·예술사업은 제국주의자와 친미파에 대한 적개심을 일깨우고 애국정신을 고무하며 사회주의를 신봉하고 혁명영웅주의를 교육하며 군중의 정신생활을 높이고 인민과 조국을 위한 합당한 문화를 세우며 항미와 민족의 구국사업에 기여하였다. 작가, 시인, 화가, 음악가들은 문화의 전사로서 활동하였다.

문화사업을 발전시키는 차원에서 전문문화인력을 양성하기로 하였다. 이를 위해 정부는 항전 시부터 있던 미술학교를 미술전문학교로 격상시켰다. 미예학교를 중급 수준으로 격상하고 음악, 영화, 민족가극, 무용, 간부 문화 학교를 더 설립하였다. 정규 학교 이외에 지방과 기관을 위한 간부배양과 교육을 위한 단기 학급을 조직하였다. 수집, 연구, 이론사업을 높이고, 문화, 과학, 기술, 예술 활동을 발전시키기 위하여 사학원, 문학원, 미술·미예원, 음악·무용원, 극원 등의 연구원을 설립하였다. 몇몇 아시아-아프리카 국가 및 사회주의국가들과의 문화 관계 증진을 위하여 문화 사절단을 파견 혹은 맞기도 하였다. 그리고 각국에서 개최하는 많은 문화 회의에 참가하기도 하였다.

III. 예술

1. 문학

1954년 분단이후부터 북베트남의 혁명문학은 시문, 산문, 장가, 소설, 중편, 단편, 뉴스기사, 조사, 전기, 수필, 비판, 평론문학 등 여러 유형에서 발전을 하였다. 이 시기 문학의 일반 특징은 전승의 기쁨과 분단의 아픔을 주로 반영하였다. 당시의 대표 시인으로는 또 흐우(Tố Hữu), 쒄 지에우(Xuân Diệu), 휘껀(Huy Cận), 쩨 란 비엔(Chế Lan Viên), 떼 하잉(Tế Hanh) 등이 있다.

산문의 대표 작가와 작품으로는 응우옌 꽁환(Nguyễn Công Hoan)의 『오래된 쓰레기 더미(Đống rác cũ)』, 응우옌 홍(Nguyễn Hồng)의 『해구(Cửa biển)』, 응우옌 딩 티(Nguyễn Đình Thi)의 『해변을 깨뜨리다(Vỡ bờ)』, 또 화이(Tô Hoài)의 『10년(Mười năm)』, 응우옌 휘 뜨엉(Nguyễn Huy Tưởng)의 『수도와 영원히(Sống mãi với thủ đo)』, 레컴(Lê Khâm)의 『발포 전(Trước giờ nổ súng)』, 흐우 마이(Hữu Mai)의 『마지막 고점(Cao điểm cuối cùng)』, 응우옌 꾸앙 쌍(Nguyễn Quang Sáng)의 『불의 땅(Đất lửa)』, 부티 트엉(Vũ Thị Thường)의 『총성의 꽃(Bông hoa súng)』, 보휘떰(Võ Huy Tâm)의 『광산지역(Vùng mỏ)』, 응우옌 카이(Nguyễn Khải)의 『잃어버리는 계절(Mùa lạc)』, 응우옌 응옥(Nguyên Ngọc)의 『나라가 일어서다(Đất nước đứng lên)』, 부이 득 아이(Bùi Đức Ái)의 『병원에서 기록한 이야기(Một chuyện chép ở bệnh viện)』 등이 있다.

1965-1975 기간 동안 베트남 시가에서는 제3세대로 불리는 젊은 세대가 나타났다. 이 문예사는 문화 수준을 갖춘 군대에서 나왔으며 학식이 있는 공인, 농

민, 교원이자 과학 기술 간부였다. 치열한 장기 전쟁에서 축적된 이들의 삶은 새로운 가치를 창조하는데 도움을 주었다. 대표 작가와 작품으로는 응우옌 카이(Nguyễn Khải)의 『그들은 살면서 싸웠다(Họ đã sống và chiến đấu)』, 『구름 속 거리(Đường trong mây)』, 『전사(Chiến sĩ)』, 쩨란 비엔(Chế Lan Viên)의 『성난 날들(Những ngày nổi giận)』, 쭈반(Chu Văn)의 『해일(Bão biển)』, 쩐 히에우 밍(Trần Hiếu Minh)의 『우밍 숲(Rừng U Minh)』, 판뜨(Phan Tứ)의 『어머니가 일곱인 가족(Gia đình má bảy)』, 응우옌 티(Nguyễn Thi)의 『쭝 응이어 마을에서(Ở xã Trung Nghĩa)』, 아잉 득(Anh Đức)의 『까 마우 편지(Bức thư Cà Mau)』, 판뜨(Phan Tứ)의 『귀향(Về làng)』, 응우옌 뚼(Nguyễn Tuân)의 『우리의 하 노이가 미국을 무찌르다(Hà Nội ta đánh Mỹ giỏi)』, 응우옌 쭝 타잉(Nguyễn Trung Thành)의 『싸누 숲(Rừng xà nu)』, 아잉 득(Anh Đức)의 『땅(Đất)』, 응우옌 찌쭝(Nguyễn Chí Trung)의 『 마을의 편지(Bức thư làng Mực)』, 흐우 마이(Hữu Mai)의 『하늘(Vùng trời)』, 응우옌 밍 쩌우(Nguyễn Minh Châu)의 『군인의 발자국(Dấu chân người lính)』과 『강구(Cửa sông)』, 쒼 티에우(Xuân Thiều)의 『거리의 촌(Thôn ven đường)』, 호 프엉(Hồ Phương)의 『바다가 부른다(Biển gọi)』 등이 있다.

2. 음악

대미장기항전의 포화 속에서 음악인들도 직접 참전하거나 생산활동에 참여하거나 창작활동에 참여하는 형태로 시대적 사명을 완수하였다. 노래 가사는 풍부하고 생동감 있는 전투 생활을 소재로 하였다. 노래는 침략자와 친미파들을 증오하도록 마음을 격동시키고 미국을 무찌르기 위하여 자신의 모든 것을 기꺼이 희생하도록 부추겼다.

국가는 해방구에서 전문 음악가가 고전음악, 특히 민간 음악을 발전시키도록 관심을 가졌다. 이 가운데 베트남 현대음악은 성장을 하여 수준 있는 작품들을 생산하기에 이르렀다. 60년대부터는 가곡과 성악 외에도 기악도 발전하기 시작하였다. 1954년, 특히 60년 이후 북베트남은 각종 합창, 가무, 오페라(뮤지컬) 등이 성장·발전하였다. 도 뉴언(Đỗ Nhuận), 쭈밍(Chu Minh), 호박(Hồ Bắc), 조안 뇨(Doãn Nho), 까오 비엣 바익(Cao Việt Bách), 도중(Đỗ Dũng), 돤피(Đoàn Phi) 등의 합창곡이 나왔다. 그리고 소규모와 대규모 교향악단들이 설립되었다.

1954-75년 기간 동안은 애국과 혁명 음악의 특징이 강했다. 혁명가곡의 음악가사는 민족화 경향을 강하게 띠었다. 이 때문에 베트남의 혁명가곡은 조국의 통일을 위한 인민의 영웅적 불굴의 투쟁 역사를 반영한 편년체 역사책이 되었다. 여기에 기여한 음악가들은 '음악개혁'의 초기 세대에 속한다. 대표적으로 르우 흐우 프억(Lưu Hữu Phước), 반 까오(Văn Cao), 도 뉴언(Đỗ Nhuận), 레옌(Lê Yên), 반쭝(Văn Chung), 응우옌 반 트엉(Nguyễn Văn Thương), 응우옌 딩푹(Nguyễn Đình Phúc), 또부(Tô Vũ), 레 로이(Lê Lôi), 황반(Hoàng Văn), 황 비엣(Hoàng Việt), 쩐환(Trần Hoàn), 르엉 응옥 짝(Lương Ngọc Trác), 응우옌 반띠(Nguyễn Văn Tý), 판휭 디에우(Phan Huỳnh Điểu), 휘주(Huy Du), 반끼(Văn Ký), 반껀(Văn Cận), 황 히엡(Hoàng Hiệp), 응우옌 득똰(Nguyễn Đức Toàn), 안쭝(An Chung), 호박(Hồ Bắc), 팜 투옌(Phạm Thuyên), 떤 후옌(Tân Huyền), 응우옌 늉(Nguyễn Nhung), 조안 뇨(Doãn Nho), 휘툭(Huy Thục), 응우옌 따이 뚜에(Nguyễn Tài Tuệ), 녓 라이(Nhật Lai), 황당(Hoàng Đăng), 부 타잉(Vũ Thanh), 쯔엉 꾸앙 룩(Trương Quang Lục), 판년(Phan Nhân) 등이 있다.

3. 극

전업무대예술활동은 더욱 발전·확대되었다. 1954년 직후 개최된 전국문공대회에는 북부의 쩨오·까이 르엉·뚜옹·연극단 이외에 남부문공단, 제5연구(Liên khu V)문공단, 군대문공단도 참여하였다. 그 후 하 노이의 민영무대예술단 중 까이 르엉은 국영단으로 바뀌었는데, 이는 민족무대예술분야에 종사하고자 하는 사람들을 늘리고 그들에게 자긍심을 갖게 만들었다. 1960년 북베트남에는 59개의 공연예술활동단이 있었다. 59개는 10개의 중앙문공단, 32개의 지방문공단, 17개의 민영예술단으로 구성되었다. 동시에 37개의 극장도 생겼다. 뚜옹, 째오, 까이 르엉, 연극, 노래, 무용, 서커스 등의 다양한 무대예술은 확실한 자리매김을 하게 되었다. 베트남 문공단은 외국 공연을 나갔으며 공연을 가졌던 국가에서 높은 예술적 가치를 받았다.

전통무대예술을 회복하고 발전시키기 위하여 뚜옹·째오·까이 르엉 연구위원회가 설립되었다. 같은 기간 동안에 무대예술학교와 연극학교가 설립되어 양성된 수 백 명의 젊은 배우들은 국내의 전업무대예술단에 진출하였다. 그동안 성장한 예술인들에 힘입어 문화부는 뚜옹·째오·까이 르엉·연극·노래 극장과 서커스연단 등을 세웠다. 그 외 바이 쪼이(Bài chòi), 훼 노래(Ca Huế)도 독립 분야로 발전하여 활발하게 활동을 전개하였다. 특히, 연극 분야는 빠르게 발전하여 2, 3년 후에 10개의 전문공연단이 생겼다. 작가들은 감조 및 감식(조세 및 이자 인하), 토지개혁, 거주이전억압, 상공업 개조, 국가통일투쟁, 민족해방투쟁 등 다양한 이슈를 주제로 다루었다.

미국의 직접 참전 속에서도 연극무대는 여전히 발전하였다. 북과 남에는 수백 편의 단편극과 장편극이 생겨났다. 1965-1970년 기간 동안 중앙오페라극장에서 공연된 58개의 작품 중 14개는 장편, 51개는 단편, 3편은 외국 작품이다. 당시에 많은 관객들에게 깊은 인상을 남긴 작품들로는 '후방의 불(Lửa hậu phương)', '베트남의 고향(Một quê hương Việt Nam)', '전선이 부른다(Tiền tuyến gọi)', '추수하는 계절(Bức tranh mùa gặt)', '앞의 높은 정점(Đỉnh cao phía trước)', '쪼이(Anh Trỗi)', '청검과 부모님(Thanh gươm và bà mẹ)', '쯔엉 썬에서부터(Từ Trường Sơn)', '돌을 깨는 사람들(Những người bóc đá)', '나의 대대장(Đại đội trưởng của tôi)' 등이 있다. 1965-1975 기간 동안 연극은 인민의 전쟁과 혁명영웅주의를 높이 찬양하는 내용이 대세였다.

현대무용도 베트남에 나타났다. 당시의 성공적인 작품으로는 '응에-띵의 불꽃

(Ngọn lửa Nghệ-Tĩnh)', '독이 든 음식(Bả khó)', '해방의 깃발을 따라서(Theo cờ giải phóng)', '남부의 부모님(Bà má miền Nam)', '영웅 베반단(Anh hùng Bế Văn Đàn)', '쯔반토(Trừ Văn Thố)', '쓰(Chị Sứ)', '사랑스런 숲과 그리운 산(Rừng thương núi nhớ)' 등이 있다.

다양하고 풍부하며 독특성 때문에 베트남 무대예술은 세계의 주목을 받았다. 대미장기항전이 남베트남에서 격화되면서 많은 뚜옹·연극·까이 르엉·바이 쪼이 가극단이 위문공연을 위하여 남부로 보내졌다. 이 기간 동안에 다소 활발해진 국제교류에 힘입어 세계예술조류가 베트남에 유입되었고, 그 중 소련의 스탈리나프쓰키(Stanilapxki)예술학파나 동독의 브레쯧(Bréchť)예술 방법이 있다.

4. 영화

1954년 이후 베트남의 영화 예술 분야는 이전보다 발전할 수 있었다. 당시의 영화인들은 독학세대인 1세대를 포함하여 영화학교의 정규과정을 통하여 양성된 영화인들로 구성되었다. 이 두 층은 베트남 현대 영화의 발전에 많은 기여를 하였다. 부이 딩학(Bùi Đình Hạc)의 '북흥해로 간 물(Nước về Bắc Hưng Hải)'은 1959년 7월 모스코바에서 열린 국제영화제에서 단편 영화 부문에서 금상을 받았다. 이때부터 극영화, 기록영화, 과학영화, 활동영화 등 4종류로 구성된 베트남의 영화는 발전을 거듭하였다.

1956년 말에는 베트남 최초의 영화신문이 나왔다. 1959년에는 영화학교가 설립되었다. 이곳에서 1962년 17명의 연출자, 34명의 배우, 13명의 설계화가, 36명의 제작자가 배출되었다. 영화학교의 발전에는 지금까지 베트남영화 발전에 많은 도움을 주었던 소련의 도움이 컸다.

다른 예술분야와 같이 영화도 당시 국가의 통일사업에 대한 인민의 진심어린 소망과 국가의 통일사업을 위한 투쟁에서 동포들의 결연한 의지를 구현하였다. 1959년 베트남 최초의 극영화 '하나의 강(Chung một dòng sông)'이 만들어졌다. 이 영화는 베트남 영화사가 제작하였고 감독은 응우옌 홍 응이(Nguyễn Hồng Nghi)과 팜 히엔 전(Phạm Hiến Dân) 두 사람이 맡았다. 1960년 베트남 최초의 활동만화영화 '여우놈(Đáng đời thằng cáo)'이 제작되었다. '여우놈'은 1973년 베트남 국내영화제에서 황연상(黃蓮賞, bông sen vàng)을 수상했다. 베트남은 1970년 9월부터 텔레비전 방송활동에 들어갔다.

1960년까지 95편의 영화가 제작되었고, 이들은 상설과 이동영화관에서 개봉되었다. 당시 베트남에는 190개의 이동영화관이 있었고, 이동영화관은 농촌과 산간오지까지 설치되었다. 제네바협정직후 5년 기간 동안에 북베트남에서 영화 상연횟수는 2억 3200만 번으로, 이는 북부인 한 사람이 매년 3번 이상을 봤다는 수치이다.

대미장기항전이 치열해질수록 영화, 특히 극영화는 베트남 전쟁에서 군과 민의 노동과 투쟁활동을 부추기는 차원에서 발전하였다. 영화의 주제는 대부분 대미항전을 내용으로 하였다. '바람을 일으키다(Nổi gió)'는 1966년 휘 타잉(Huy Thành) 감독이 처음으로 베트남 전쟁을 소재로 제작한 극영화이다. '바람을 일으키다'는 1970년 베트남영화제에서 황연상(黃蓮賞, bông sen vàng)을 수상했다.

매년 제작된 영화의 수는 줄지 않고 늘어갔다. 1973년까지 1661편이 제작되었으며, 그 중 극영화는 54편이었다. 54편 중 '바잉 쿠옌 새(Con chim vành khuyên)', '뜨 허우 누나(Chị Tư Hậu)', '금동(Kim Đồng)', '어머니의 고향으로 가는 길(Đường về quê mẹ)' 등은 국제영화제에서 상을 받았다. 극영화는 이전에는 매년 2, 3편 정도만 제작했으나 베트남전쟁이 시작되면서 늘어났다. 전쟁초기인 1965년에 4편이었던 것이 1966년 이후 1975년까지 매년 5편씩 제작되었다.

베트남은 1970년부터 가장 우수한 영화에 금은연상을, 극본·감독·카메라 감독·미술 설계·음악·배우 등에 최우수 개인상을 수여하기 위하여 2, 3년에 한 번씩 영화제를 개최하였다. 1970년 8월 18일부터 25일까지 개최되었던 첫 번째 베트남영화제(당시에는 구국항미영화제라 함)에서는 개인상 수상은 없었다. 대신 전쟁기록영화 '풍전등화(Đầu sóng ngọn gió)', '바람을 일으키다', '응우옌 반 쪼이(Nguyễn Văn Trỗi)', '위도 17도선에서(Trên vĩ tuyến 17)' 등 수십 편이 황연상과 은연상을 수상했다. 이중 '위도 17도선'은 은연상을 수상했다. '풍전등화'는 1967년 멕시코에서 열렸던 국제영화제에서도 금메달을 수상했다. 2011년까지 베트남은 영화제를 17차례 개최하였다. 동시에 베트남 영화는 국제영화제에도 참가하였다. 국제영화제에서 상을 받은 베트남 영화는 지금까지 10편에 이른다.

5. 미술

미술 역시 당과 국가 및 인민의 대미장기항전의지를 그림, 상, 사진 등에 반영하는데 노력하였다.

1954년 이후 독자적인 미술 유형으로 자리를 잡은 라카페인팅은 계속 발전하여 많은 작품과 작가를 남겼다.

유화에서 부이 쒄 파이(Bùi Xuân Phái)가 오랫동안 작품 활동을 하면서 작품의 소재로 삼았던 하 노이의 옛 거리는 많은 사람들에게 향수를 느끼게 하였다. '하 노이의 옛 거리(Phố cổ Hà Nội)'는 그의 대표작 중 하나이다.

실크 위에 그림을 그렸던 응우옌 판 짜잉(Nguyễn Phan Chánh)은 여전히 이 영역의 최고봉을 유지하였다. 1964-1970년까지 베트남민주공화국의 국회의원이기도 했던 응우옌 판 짜잉의 대표작으로는 앞에서 언급했듯이 '오안 꾸안 놀이(Chơi ô ăn quan)'이다. 응우옌 띠엔 쭝(Nguyễn Tiến Chung)과 쩐반껀(Trần Văn Cẩn) 역시 실크 위의 그림으로 이름을 날렸던 화가들이다. 이들의 대표작으로는 각각 '호 떠이 합작사(Hợp tác xã Hồ Tây)'와 '머리 감기(Gội đầu)'가 있다. 이중 앞에서 언급했듯이 쩐반껀은 베트남 현대미술의 4대 거장 중 일인이다.

베트남 신앙과 풍속 습관

4

Vietnam

4 베트남 신앙과 풍속 습관

제1절 베트남 신앙

I. 베트남 신앙 개괄

다양한 문화 중에서 도작농업문화의 특징을 짙게 반영하고 있는 베트남의 신앙은 다음과 같이 몇 가지로 개괄해 볼 수 있겠다.

첫째, 베트남의 신앙은 자연을 존중하고 자연과 밀접하게 관련되어 있다는 것이다. 이는 자연숭배신앙으로 나타난다.

둘째, 베트남의 신앙은 농업문화의 소산으로서 음양의 원리를 짙게 반영한다. 음양의 원리는 하늘과 땅, 새와 짐승, 선과 용 등의 숭배 대상으로부터 두 세계 간 교류방식까지를 의미한다. 두 세계 간 교류방식은 '음양 요청(xin âm dương: 두 개의 동전을 뿌려 괘를 얻는 방법)', '음양시장(chợ âm dương: 낮에서 밤으로 바뀌는 시간에 열리는 시장)' 등의 형태를 말한다. 음양의 원리는 번식신앙에서 전체성과 집중성을 구현한다.

셋째, 농업 활동과 음양원리와의 관련은 많은 여신을 숭배하는 것과 함께 여자를 높이는 경향이 있다. 여신은 천신(Bà Trời), 지신(Mẹ Đất), 수신(Bà Thủy), 화신(Bà Hỏa), 운·우·뢰·전(Mây·Mưa·Sấm·Chớp), 삼부(三府: 天府, 地府, 水府)·사부(四府: 天府, 樂府, 水府, 地府), 12 삼신할머니 등 다양하다. 유교와 부권제도하에서도 베트남에서 여자의 역할은 약화되지 않았다. 모(母, Mẫu) 숭배 풍조는 바로 유교가 가장 홍성했던 후레왕조(1428-1527, 1533-1789) 하에 나타났다. 베트남에서 여자는 남편과 자식을 대표하여 조상을 숭배하는 제단 앞에 설 수 있다. 베트남에서 모를 숭배하는 일은 모도(母道, Đạo Mẫu)라는 명칭에서 보듯이 특이한 하나의 민족 종교로 여길 정도로 강하다.

넷째, 신앙에서 종합성의 표현은 다신성이다. 사람들처럼 신들의 집단도 공동체의 형태로 살면서 일을 한다. 신들은 민주적 원칙에 따라 신들끼리 혹은 사람과 관계를 갖는다.

신들의 공동성은 베트남의 많은 신성이 집체로 출현하고 일했던 자리에서 구현된다. 집체는 번식을 상징하는 한 쌍, 한 쌍의 선용(仙龍), 삼부여신(bà Tam Phủ), 토공위(vị Thổ Công), 3혼 7(9)백[3 hồn 7(9) vía], 시간신위(vị thần thời gian), 12 삼신할머니(12 bà mụ), 집체 조상신 등이다. 마을 성황 또한 보통 수십 위(位)의 집체이다.

신앙의 영역에서 농업문화의 전통적 민주성은 신령과 인간 사이에서 권리와 의무로 구현되었다. 즉 인간은 신을 숭배할 책임이 있는가 하면, 신은 인간을 보호할 책임이 있다. 그리고 권리는 인간이나 신이 서로에게 책임을 다한 것에 대한 대가다. 따라서 마을에서 가뭄 시에 신에게 도움을 요청했지만 오래도록 효험이 없다면 마을민은 신을 징벌하는 차원에서 나무로 된 신패위(神牌位)를 내다가 말리는 풍속이 있었다. 혹은 홍수 시에 신에게 도움을 요청했으나 효험이 없으면 흙으로 만든 신상을 물속에 넣었다. 만약 잘못이 하늘에 있다고 생각하면 바로 두꺼비가 소송을 한다. "두꺼비가 하늘을 소송한다(Cóc kiện Trời.)"는 고전도 여기에 근거한다. 하늘이 잘못하면 무식한 농부가 하늘을 세 번 때릴 수 있다는 말 역시 이를 근거로 한다. 이와 관련하여 "강포대왕(Cường Bạo đại vương)전"이 있다.

먼 옛날 지금의 남딩(Nam Định)성 티엔 본(Thiên Bổn)현 보이 쑤옌(Bối Xuyên) 마을에 한 여인이 있었다. 하루는 자신이 강포대왕과 교감하는 꿈을 꾸었다. 그 후 그녀는 배가 불러갔고 마침내 아들을 낳았다.

아이가 두려움을 모르는 대범한 아이로 성장하자, 그녀는 자신과 함께한 바 있었던 신의 이름을 따라 아이의 이름을 강포(强暴)라 하였다. 아이가 10살이 되었을 때, 그녀는 세상을 떠났다. 가난한 가운데 고아가 된 강포는 새우와 물고기를 잡아 살아갔다. 집에는 자신의 성기를 가릴 수 있는 코(khố) 하나밖에 없었다. 그는 자신을 낳은 자를 저주하며 기리는 제사를 지내지 않았고 자신의 아버지가 강포신임을 알았지만 자식을 돕지 않은 것 때문에 강포대왕에게 불경스러움을 드러냈다.

강포는 매우 절친하게 지내던 조군(灶君), 즉 부엌신과만 놀았다. 새우를 많이 잡았을 때 강포는 친구를 잊지 않고 새우를 구워 조군과 함께 먹었다.

강포신은 자신의 자식이 자신의 제사를 전혀 생각하지 않은 것을 알고 배역한 자식을 낳은 것을 불평하며 옥황상제에게 자식을 죽여 달라고 요청하였다. 옥황상제는 즉시 천둥신, 즉 천뢰(天雷)에게 강포를 죽이도록 명했다. 이를 알게 된 조군은 즉시 강포에게 그 사실을 전한 다음 뭉 떠이(mùng tơi) 잎을 취해 참기름과 혼합하여 이를 지붕 위에 뿌려 놓고 그 위에 바나나 잎을 깔아 놓는 대비책을 알려주었다. 강포는 이 일이 천뢰로 하여금 더 이상 자신에게 해를 끼치지 못하게 할 것으로 생각하고 몽둥이를 들고 숨어 천뢰가 내려오기를 기다렸다.

조용하던 하늘에 갑자기 검은 구름이 끼고 천둥 번개가 치는 가운데 천뢰가 높은 곳에서 도끼를 들고 강포의 지붕에 내려왔다. 주저 없이 강포의 지붕에 내려왔지만 천뢰는 기름과 같은 미끄러운 물을 밟고 마당으로 미끄러졌으며, 도끼는 땅에 떨어졌다. 만반의 준비를 하고 있던 강포는 즉시 뛰어 올라 몽둥이로 천뢰의 머리와 몸을 내리쳤다. 갑자기 당한 천뢰는 매우 화가 났지만 무기를 놓쳐버린 상황에서 어찌하지 못하고 비실비실 일어나 도망쳤다. 강포에게 엉덩이를 얻어맞은 천뢰는 도끼를 버린 채로 하늘로 돌아갔다.

강포는 천뢰의 도끼를 집어 들고 모든 사람들에게 천뢰와의 싸움 결과를 알렸다. 천당에 돌아간 천뢰는 온 몸이 아프고 부끄러웠지만 한마디도 못한 채 옥황상제에게 머리를 조아렸다.

천당의 체통이 무너진 것에 화가 난 옥황상제는 천뢰를 책망하고 만약 강포를 죽이지 못하면 천둥신의 직을 잃을 것이라 하였다. 옥황단은 수신을 불러 강포의 집을 물로 뒤엎고 파도로 강포를 죽이게 하였다.

조군은 또 다시 비밀리에 강포에게 이를 알리고 홍수를 피하기 위해 배를 만들며 복수를 위해 천뢰와 수신이 힘을 합친 것을 주의케 하였다.

이를 듣고 강포는 배 한척을 만들고 뭉 떠이와 참기름을 혼합한 물을 쓸어내는 바나나 잎으로 지붕을 엮어 하늘의 신들을 대처할 준비를 하였다.

과연 다음날 많은 비가 내리고 세찬 바람이 불어 강포의 집을 집어 삼켰다. 그는 배 위에 앉아 있었고, 수면은 높아졌다. 강포는 북을 치고 천뢰의 도끼를 휘두르며 "하늘을 무너뜨리기로 결정한 일을 보시오."라고 외쳤다.

천당에서 회의를 주재하고 있던 옥황상제는 강포의 외침과 북소리를 듣고 무슨 일인지 알아보도록 신을 내려 보냈다. 잠시 후 천신이 돌아와서 강포가 수신을 물리치고 있으며 하늘을 파괴하기 위하여 수면이 올라오고 있다고 알렸다.

강포가 천당까지 파괴할 난을 일으킬까 두려운 옥황상제는 즉시 수신에게 "생령들이 위험하지 않도록 바로 물을 거둬라. 천지를 거역한 강포가 나에게까지 항거하고 있다. 천뢰와 수신은 참으며, 그놈의 죄악을 다른 기회에 치리하도록 하라"는 영을 내렸다.

강포는 몇 차례 난을 피했음에도 이후에 천지를 더 이상 유념하지 않으면서 전처럼 조군과 가까이 하였다. 부엌신도 그에게 사전에 재화를 알려주지 않았다. 어느 날 강포가 들판에 나갔을 때 하늘에서 복수를 노리고 있던 천뢰는 강포가 전혀 방비가 없던 것을 알고 도끼날을 내려 강포를 죽였다.

사람들은 강포의 시체를 높은 언덕에 묻고 제사를 지내기 위하여 묘(廟)를 세웠다. 이를 보이 쑤엔 사당이라 부른다.

II. 번식신앙

만물의 생육과 번식은 창조의 섭리다. 지금이야 경제와 의학이 발전하고 사람들의 의식수준이 높아진 까닭에 생육과 번식의 양적 의미보다는 질적인 측면을 추구하는 경향이 강하다. 그러나 인류의 문명이 낙후하여 생육과 번식 자체마저 쉽지 않았던 과거 사람들은 이를 위해 보이거나 보이지 않는 것들에 깊이 의존하였다. 물론 이러한 경향은 지금도 정도의 차이는 있을지라도 계속 유지되고 있다.

만물의 생육과 번식은 일반적으로 음양의 결합을 거친다. 도작농업국가였던 베트남인들은 음양의 결합을 땅과 하늘, 즉 어머니와 아버지의 만남이라고도 하였다. 대지와 하늘이 만남을 통해서 새로운 생명을 탄생시킨다 할지라도 열악한 환경 때문에 생육과 번식은 쉽지 않았다. 하여 베트남인들은 유무형의 존재에게 이를 깊이 의존하게 되었다.

베트남인들은 아주 오래전부터 번식신앙을 가졌다. 이들은 번식을 위해 생식기뿐만 아니라 성교행위까지도 숭배하였다. 이중 생식기 숭배는 번식신앙의 간단한 형태로써 세계 도처의 농업문화에 보편화되어 있다. 많은 민족이 남자 혹은 여자의 생식기를 숭배하는 것에 비하여 베트남인들은 남녀 생식기를 동시에 숭배한다.

베트남인들의 생식기 숭배는 기원전으로 거슬러 올라간다. 하 노이(Hà Nội) 외성 타잉 찌(Thanh Trì)현 반 디엔(Văn Điển)시진에서 발견된 남자의 생식기는 기원전 1500-2000년 전에 만들어졌다. 남녀 생식기는 자연석을 다듬어 제작됐거나 바위에 새긴 형태이다. 싸빠(Sa Pa) 협곡의 남녀 생식기는 바위에 새겨진 형태이다. 오늘날도 떠이 응우옌 지역의 무덤 집 장식에는 남녀의 커다란 생식기가 사용된다.

많은 지역에서 노 느엉(nõ nường: nõ와 nường은 각각 남녀의 생식기를 상징하는 물건)을 숭배한다. 매년 정월 6일에 열리는 박닝(Bắc Ninh)의 동끼(Đồng Kỵ)마을 례회(禮會, lễ Hội: 제례와 축제)에서는 대나무로 된 한 쌍의 생식기를 맞는 풍속이 있다. 례회가 끝나면 사람들은 이를 태우고 남은 재를 모든 사람들에게 나눠준다. 이는 행운을 취한다는 의미가 있다. 마을 노인들은 이를 행하지 않은 해에는 마을에 좋지 않은 일이 많이 일어난다고 믿는다. 행운을 취한다는 것은 과거적인 것이 아니라 이 재가 논에 뿌려짐으로써 수확에 번성을 가져다준다는 의미이다. 푸토, 박닝, 하동, 썬 떠이, 화빙 등 많은 지역에서는 마을 례회 때 열여덟 쌍의 36개 생식기를 맞아들이면 사람들은 이를 얻으려고 격렬하게 몸싸움을 하는데, 이는 그해의 행운을 얻었다고 믿기 때문이다.

[사진 1] 잠 사찰

생식기 숭배는 각종 기둥(자연석 혹은 사당·묘·정·사찰 등의 문 앞에 세워진 글자를 새긴 다듬은 돌)이나 홈(나무 홈이나 동굴 속 혹은 바위 홈) 등을 숭배하는 것으로 구현된다. 박닝(Bắc Ninh)의 잠(Dạm)사찰에는 리왕조(Lý, 1009-1225) 시대의 용을 부조형태로 새긴 남자 생식기가 있다. 카잉 화(Khánh Hòa)성 닝 프억(Ninh Phước)사 혼도(Hòn Đỏ)섬의 어부들은 바위의 홈을 숭배한다. 바위의 홈 명칭은 로 르엉(Lỗ Lường)인데, 이곳 어민들은 로 르엉이 복을 준다고 하여 바 르엉(Bà Lường)이라 부른다. 바 르엉에 대한 숭배는 200년간 계속 지속되고 있다.

[사진 2] 다오 팅 동탑

생식기 숭배와 함께 성교행위 숭배는 베트남을 포함한 동남아시아의 독특한 번식신앙의 형태이다. 기원전 500년 전에 만들어진 것으로 추정되는 옌 바이(Yên Bái)성 다오 팅(Đào Thịnh)마을의 동기(銅器) 뚜껑 위에는 남녀 네 쌍의 성교행위 형상이 부착되어 있다. 동썬문화시대 남녀 성교행위상은 다오 타잉 동기에서 뿐 아니라 다른 곳에서도 볼 수 있다. 오늘날 무덤 집을 만들 때 떠이 응우옌 사람들은 남녀의 성교행위상을 크게 세운다.

[사진 3] 무덤집

성교행위상은 사람뿐만 아니라 동물까지도 소재로 삼는다. 다오 팅동기와 화빙의 황하(Hoàng Hạ)동고(銅鼓) 등은 악어, 새 등이 교배하는 모습을 문양의 소재로 삼았다.

홍사당의 례회에서는 뚱지(tùng dí)춤이 재현된다. 젊은 남녀가 '뚱'하고 치는 북소리와 '지'하고 치는 북소리에 맞추어 생식기를 상징하는 두 물건을 서로 넣었다 빼었다 하는 형태로 춤을 춘다. 카잉 화의 혼도에서는 수일 동안 고기잡이를 못하게 되면 혼도지역의 수장이 몸소 기원과 함께 삼배를 하며 남자의 생식기를 상징하는 물건을 로 르엉에 세 차례 넣다 뺐다 하였다.

하 떠이(Hà Tây)성 화이 득(Hoài Đức)현 즈엉 노이(Dương Nội)사 라까(La Cả)에서는 과거 음력 1월 7일에 열리는 례회에 마을의 부로(父老)가 북과 징을 느리게 세 차례 치는 시간에 불이 꺼지면 모든 금기 사항이 해제되는 가운데 청춘남녀

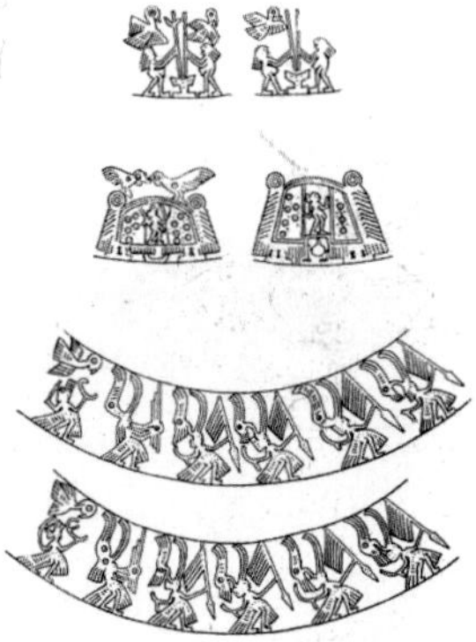
[사진 4] 동고 문양-절구질

는 서로 자유롭게 몸을 접촉할 수 있었다.

예부터 절구와 절구통은 동남아시아 도작농민들의 중요한 생활도구였다. 양자는 남녀의 생식기를 상징하는 것으로 쌀을 찧는 방법은 남녀의 성교행위를 암시했다. 베트남의 동고(銅鼓)는 남녀가 절구질하는 모습을 많은 문양의 소재로 삼았다.

절구질을 하여 쌀을 찧는 것과 번식신앙과의 관계를 이해해야 절구질을 하는 것과 며느리를 맞는 풍속이 이해된다. 신랑의 집에서는 집 문전에 절구와 절구통을 준비했다가 신부를 맞게 되면 신랑 측 사람이 절구질을 하면서 몇 마디 외친다. 이는 신랑·신부에게 많은 자손을 주도록 기원하는 의례이다. 이처럼 과거 농촌에서 보편화 되었던 절구질은 남녀가 하나가 되어 자식을 낳게 된다는 원리의 구현이었다. 푸토의 퐁 쩌우와 인근 지역에서 보편화 돼있는 배공 빼앗기 놀이 또한 남녀의 성교행위를 의미한다. 놀이의 방식은 양을 뜻하는 붉은색 배공을 놓고 싸우는 것으로 누군가가 그것을 취하면 음을 뜻하는 자기편의 구멍에 넣는다.

베트남인들의 동고는 사람들의 힘과 권력의 상징이면서 번식신앙의 모든 것을 상징한다. 첫째, 동고의 모형은 쌀을 찧는 절구와 절구통에서 발전하였다. 둘째, 동고를 치는 방법은 긴 북채를 잡고 동고의 면을 때린다. 셋째, 북채로 때리는 중앙의 면은 남자 생식기를 상징하는 햇살로 된 태양이며, 햇살 사이에 약간 벌어진 형태의 이파리 모양은 여자의 생식기를 상징한다. 넷째, 북면의 두꺼비, 즉 비를 가져와 수확을 좋게 한다는 '꺼우 옹 쩌이(cậu ông Trời)' 역시 번식신앙을 상징한다. 다섯째, 울려 퍼지는 동고 소리는 천둥 치는 소리를 모방한다.

떠이 응우옌(Tây Nguyên)의 무덤 집 꿋(Kút) 기둥과 끌라오(Klao) 기둥 위에는 여인의 유방을 상징하는 두 개의 상아가 있다. 유방 아래는 꽃잎이나 십자를 새겨 여인의 성기를 상징하였다. 한편 이 기둥에는 넓적다리, 허리, 사타구니와 생존과 농업의 주재(主宰)를 상징하는 떠이 응우옌 여신 허 커로이(Hơ Kroih) 음부가 있다. 주상가옥의 오르내리는 계단에도 여인의 유방이 새겨져 있다. 이 또한 번식신앙을 상징한다.

아주 오래전부터 존재했던 형상들까지도 번식신앙과 연관이 있었던 것처럼 보인다. 그 중 양을 상징하는 둥근 돌기둥과 그 위에 세워진 음을 상징하는 사각형의 일주사를 들 수 있다. 이 둥근 기둥은 음을 상징하는 사각형 연못 속에 솟아 있다. 사각형 연못은 리(Lý)왕조 때에 링 찌에우(Linh Chiểu) 연못이라 부르는 바깥의 양을 상징하는 둥근 연못 속에 놓였다. 그리고 양을 상징하는 절구형의 불탑(tháp bút)과 하 노이 응옥 썬(Ngọc Sơn) 사당 정문의 음을 상징하는 절구형의 응이엔(Nghiên)대가 있다. 한편 문묘의 음을 상징하는 사각형의 천광성(Thiên Quang Tỉnh) 연못에 자신을 비추는 규문각(奎文閣) 위의 규(奎)별을 상징하는 둥근(양을 상징) 창이 있다.

제사를 할 때 좌측과 우측에 각각 악기 모(mõ)와 쭈옹(chuông)을 두는 것은 우연이 아니다. 이는 오행과 번식신앙의 표현이다. 오행의 목을 상징하는 나무로 만들어진 모는 양을 상징하는 왼쪽에 놓고, 오행의 금을 상징하는 동으로 만들어진 종은 음을 상징하는 오른쪽에 놓는다. 탁한 모 소리가 청한 종과 조화를 이룬다는 것은 남녀, 즉 음양이 화합을 이루어야 영속적 삶이 가능함을 의미한다.

[사진 5] 일주사

[사진 6] 불탑

[사진 7] 응옥 썬 사당

한편 종의 유방이라 칭하는 종 네 쪽에 둥글게 튀어나온 부분 또한 우연이 아니다. 바로 종의 유방은 절구라고 부르는 종채로 때리는 자리이다. 징도 번식성을 갖는 여성을 상징하는 여성의 유방을 모방하였다. "남자의 명령이 여자의 징만 못하다(Lệnh ông không bằng Cồng bà.)"라는 속어도 이를 근거로 한다.

번식신앙은 농업을 생업으로 삼는 민족에게 존재한다. 다른 민족이 생식기만을 숭배하는 것과는 달리 베트남인은 결합을 중시하는 차원에서 번식과 성교행위까지 숭배하였다. 한편 인도인들과 인도의 영향을 받은 민족들이 링가(linga)라는 남근만을 숭배하지만 베트남인은 음양이 조화된 삶 차원에서 남녀생식기 모두를 숭배하였다.

III. 자연 숭배 신앙

도작농업에 종사하는 베트남인은 오래전부터 자연과 긴밀하게 관련을 가졌다. 베트남인은 자연의 여러 요소와 상호 연관 맺기를 지향했던 관계로 다신신앙을 갖게 되었다. 농업문화의 음성적 특징은 정감에 치우치고 여자를 중시하는 사회관계와 여신이 넘쳐나는 신앙에 빠져들게 하였다. 도티 하오(Đỗ Thị Hảo)·마이 티 응옥 쭉(Mai Thị Ngọc Chúc)의 『베트남 여신들』에는 75 여신이 나온다. 베트남인의 여신들은 번식신앙 때문에 젊고 아름다운 여인들이 아니라 바매(Bà Mẹ: 어머니), 머우(Mẫu, 母)들이다.

우선 베트남인의 여신으로는 천신(Bà Trời), 지신(Bà Đất), 수신(Bà Nước)을 들 수 있다. 이들 세 여신은 도작농민의 삶에서 가장 중요한 자연 현상을 다스린다. 여기에 음양은 양립한다는 의식에 의하여 남자 천신(Ông Trời)이 출현했으며, 중국 유목문화의 영향으로 옥황(玉皇), 토공(土公), 하백(河伯)의 개념이 더해졌다. 천신(Bà Trời), 지신(Bà Đất), 수신(Bà Nước)의 세 여신은 항상 나란히 존재하며, 그

중 천신은 구천현녀 혹은 모구중의 이름으로, 지신은 매덧(Mẹ Đất: 地母)의 이름으로, 수신은 바퉈(Bà Thủy, 물)의 이름으로 존재한다. 많은 가정의 마당 구석에 있는 노천제단 바 티엔(Bà Thiên, 天)은 여자 천신과 관련이 있다. 지신(Bà Đất)과 수신(Bà Nước)은 많은 지역에서 바 쭈어 쓰(Bà Chúa Xứ: 處神), 바 쭈어 쏭(Bà Chúa Sông: 江神), 바 쭈어 라익(Bà Chúa Lạch: 川神)처럼 지역의 여신으로도 존재한다. 민간에서 이 세 여신은 하늘, 땅, 물 세 지역을 다스린다는 삼부(三府: 天府·地府·水府)신앙의 형태 아래 삼위(三位)처럼 같이 숭배된다.

하늘 숭배는 동남아시아 도작농업사회의 보편적 신앙이다. 동고나 동기는 중심에 하늘이 새겨져 있다. 남방에서는 모두가 하늘을 숭배한다. 많은 지역에서는 마당 구석에 바 티엔 제단이 있다. 남교례(南郊禮)와 적전례(籍田禮)는 전통시대에 조정에서 하늘과 땅에 제사하는 의례였다. 이중 남교례는 음양에서 남방은 양이고 하늘이며 오행의 화에 속하는 관계로 경성의 남쪽에 단을 세워놓고 왕이 친히 매년 혹은 3년 1차의 형태로 제례를 하였다. 1802년의 천도 때문에 남교단(南郊壇)은 현재 훼에만 남아 있다.

이어 구름(Bà Mây), 비(Bà Mưa), 천둥(Bà Sấm), 번개(Bà Chớp)의 네 여신은 도작농민의 생활에서 중요한 역할을 한다. 불교가 베트남에 유입되었을 때, 이들 네 여신은 불교의 옷을 걸치게 되었다. 베트남 민간신앙 및 농경문화와 불교가 결합한 사법(四法)-4개의 사원-이 바로 그것이다.

사법 개념의 유래와 관련하여 마라지바카나 크수드라의 전설에 의하면 "크수드라는 신비한 도술을 부려 여러 차례 가뭄을 해결해주었다. 3년 동안 가뭄으로 어려움을 겪고 있던 중에 사섭(士燮)은 크수드라의 신비한 소식을 듣고 찾아 왔으나 입산해버린 그를 만날 수 없었다. 그때 아만(A Man: 크수드라의 아이를 낳은 여인)[1]이 크수드라가 앉아서 독경을 하였던 나무 위에 앉아 사섭의 요구를 외치매

1 이 같은 크수드라의 행적은 그가 밀교였음을 가능케 함.

그가 나타났으며 동시에 비가 내렸다. 이후 사섭은 그 나무로 4개의 조각상을 만들고 그것을 4방향에 지은 4개의 사찰에 각각 봉안하게 하였다. 그 후 어느 대한(大旱)에 사람들이 이곳에 와서 기우제를 지내자 비가 쏟아졌다. 이때부터 조각상이 있는 사원들은 법운사, 법우사, 법뢰사, 법전사라고 각각 불리게 되었다."라고 하였다.

브라만교의 주술적인 종교행위는 이후에도 계속되었다. 1057년 타잉 똥은 티엔 푹(Thiên Phúc)사와 티엔 토(Thiên Thọ)사를 건축하고 여기에 금으로 만든 범왕상과 제석상을 두었다. 이때 불자들은 이 신상들로 불상을 호위케 하였으나 불교계의 강한 반발로 무산되었다.

이러한 개념은 자연현상들을 과학적으로 증명할 수 없는 상황에서 불교의 자비가 인간을 구제했다는 당시 베트남인들의 불교적 해석에서 유래했다고 할 것이다. 이 같은 개념은 "하늘의 가호와 부처의 보호가 중생들을 만사형통케 한다."는 베트남의 속어나 농업과 관련한 상신(桑神), 두신(豆神) 등을 절에서 숭배하는 예에서도 찾아볼 수 있다.

사법에서 구름의 신 법운(法雲)은 바 저우(Bà Dâu)사에서, 비의 신 법우(法雨)는 바 더우(Bà Đậu)사에서, 천둥의 신 법뢰(法雷)는 바 뜨엉(Bà Tướng)사에, 번개의 신 법전(法電)은 바잔(Bà Dàn)사에서 숭배된다. 사람들의 믿음이 사법체계에 유입되어 리왕조에서는 기우제를 위하여 법운상을 수차례 탕롱에 옮겨오기도 하였다. 심지어 법운상을 가지고 전쟁에 나가기도 하였다.

이외에도 베트남인은 공간이나 시간과 같은 개괄적 자연현상들도 숭배한다. 오행은 분명하게 방위와 관련되었기 때문에 공간의 신은 오행에 따라 형상화된다. 즉 오행낭낭(五行娘娘)과 오방지신(五方地神)은 중앙과 사방을 돌본다. 오도지신(五道地神)은 도로가 나눠지는 지점을 돌본다.

시간의 신은 일 일과 일 년이 주야 각각 열두 시간과 열두 달의 체계와 같이 형상화되는 것처럼 지지(地支)에 따라 형상화 된다. 이 신은 십이행견(十二行遣)이라 불렀다. 십이행견은 십이신위(十二神位)로 구성되었으며, 각 위는 십이지간(十二支間)에 따라 매년을 돌봤다. 시간은 영속하는 바, 이들 열두 여신은 출생을 살피는 책임을 졌다. 이들이 열두 삼신할머니(12 Bà Mụ)이다.

자연계의 숭배신앙에는 동식물을 숭배하는 신앙도 있다. 강인함을 추구하는 유목문화에서는 호랑이나 늑대와 같이 사나운 짐승을, 베트남처럼 정감과 화해를 추구하는 농업문화에서는 사슴, 수우, 두꺼비 등의 동물을 숭배하는 경향이 있다. 베트남의 경우는 물에 사는 새를 포함하여 뱀, 악어 등 수중 동물들을 주로 숭배한다.

새, 뱀, 악어는 강에 사는 보편적 동물인 까닭에 가장 숭배되는 동물에 속한다. 베트남어의 일조이사삼어사상(一鳥二蛇三漁四象: 첫째는 새요, 둘째는 뱀이요, 셋째는 물고기요, 넷째는 코끼리이다)도 이를 뒷받침한다. 농업문화유형의 예술적 편향은 선(仙)과 용(龍)을 표상으로 할 정도로 이들 동물로 가득하다. 신화에 의하면 베트남인의 시조는 홍방씨(鴻厖氏) 경양왕(經陽王)이다. 여기서 홍방은 커다란 기러기를 의미한다. 선과 용은 음양의 조화를 상징하는 세트이다. 이중 선은 새로부터 추상화되었다. 그리하여 어우 꺼(Âu Cơ)가 알을 낳을 수 있다. 그리고 용은 동남아시아 지역에 많은 뱀과 악어로부터 추상화되었다. 새와 용 역시 오방(五方)에서 남방과 동방을 상징하는 동물이다.

용의 형상은 본래 남방 백월지역에서 출발하였다. 모든 월족의 특수한 동물로서 동남아시아에서 출발한 용은 중국에 이어 유럽까지 유입되었다고 한다. 언어학자들의 경우 백월족 언어 속의 용 명칭은 뱀과 악어를 지칭하는 글자에서 왔다고 한다.

도작농민의 정감과 화해를 추구하는 삶은 사나운 악어를 순한, 즉 도작농민을 가호하는 용으로 변화시켰다. 악어는 동썬(Đông Sơn, 東山)문화의 청동 도구에 매우 보편적 문양의 소재로 사용되었다. 악어는 므엉(Mường)족의 경우 부어 쿠[Bua Khú: 왕 악어]라는 이름으로 강을 지배하는 주재자이다. 월족은 이를 용군,

용왕이라 한다. 악어 외에도 동고의 문양 소재로 이용된 기러기도 있는데, 이것들은 용, 백계, 금귀와 더불어 고대 베트남인의 대표적 토템이었다.

도작농업에서 용은 종합과 영물(靈物)이라는 두 가지 기본 특징을 띤다. 전자는 악어의 머리·어깨·다리 부분과 뱀의 긴 몸체를 합한 결과이며, 후자는 물에서 태어났지만 하늘을 날 수 있고, 하늘을 날지만 날개가 필요 없으며, 입은 물과 불을 토해낼 수 있다는 것이다.

베트남의 지명에는 함종(Hàm Rồng, 涵龍), 함롱(Hàm Long, 涵龍), 탕롱(Thăng Long, 昇龍), 하롱(Hạ Long, 下龍), 끄우 롱(Cửu Long, 九龍), 롱몬(Long Môn, 龍門)처럼 '용(龍, Long)'자를 사용한 지명이 많다. 악어가 많았던 베트남 남부 지역의 사람들은 예부터 악어가 용이 되어 승천한다고 믿는다. 반면에 동남아시아의 여러 민족들은 뱀을 숭배하지만 나가(Naga)뱀이 된다는 상상에서 그친다.

앞에서 동남아시아지역에서 용 형상은 중국은 물론 유럽까지 유입되었다고 하였다. 이들 지역에서 용은 양성화(陽性化)되었다. 즉, 몸체는 작아졌고 짐승화되어 성질은 사나워졌다. 서양에서 용은 흉악하여 사람을 해치며 보물창고를 지키고 심지어 날개를 갖는 특징으로 묘사되었다. 중국 한대에 베트남에 왔던 중국인들은 사나운 악어를 처음 보고서 이를 상상을 통해 알고 있던 용처럼 형용하여 교룡(蛟龍), 즉 교지(交趾)의 용이라 불렀다.

도작농업문화였기 때문에 베트남인이 가장 숭배하는 식물은 벼였다. 월족은 물론 베트남 민족을 구성하는 모든 종족은 벼의 신을 턴 루어(Thần Lúa: 稻神), 혼 루어(Hồn Lúa: 稻魂), 매 루어(Mẹ Lúa: 稻母) 등의 형태로 숭배하는 신앙을 가졌다. 벼 신에 이어 베트남인은 빈랑나무, 보리수나무, 뽕나무 등도 숭배하였다.

Ⅳ. 인간 숭배 신앙

사람은 일반적으로 물질과 정신으로 구성되어 있다고 말한다. 그 중 후자는 추상적인 것인 바 형태로 확증하기가 힘들다. 하여 예부터 지금까지 사람들은 정신을 신성화하여 영혼(靈魂, soul, spirit)으로 개념화시켰다. 베트남인과 동남아시아의 일부 민족은 영혼을 혼(魂)과 백(魄)으로 분리한다. 이에 비하여 중국에서는 인간을 형성하는 음양이기의 양기(陽氣)와 음기(陰氣)의 영을 각각 혼백이라 한다.

혼과 백은 각각 정신과 육체를 지배한다. 사람이 죽으면 혼은 하늘로 올라가서 신(神)이 되며, 백은 지상에 머물러서 귀(鬼)가 된다고 믿는다. 하여 천수를 다하지 못하고 횡사한 자의 귀(鬼)는 강한 에너지를 가지며, 인간에게 재앙을 주는 악귀가 된다고 두려워하였다. 사람의 사후 바로 옥상에서 사자의 혼을 부르는 초혼(招魂)이나 진혼(鎭魂)의 습속은 이런 관념에서 생겼다.

실제로 혼백은 익숙한 숫자 3, 7, 9에 대한 인간의 추상적 산물로 보인다. 그 중 월족의 경우는 홀수, 즉 양의 수를 중시하는 문화의 산물이라 하겠다. 3혼은 정(精)·기(氣)·신(神) 등으로 구성되었다. 정은 정령(精靈)으로 부모에게서 물려받았으며, 기는 기력(氣力)으로 땅에서 받았고, 신은 신채(神采)로 우주에서 받았다고 한다. 그리고 백은 내부 혼과 외부 세계와의 매개자, 즉 기체가 주위 환경과 접촉하는 곳들을 말한다. 따라서 3혼 7백에서 7백은 얼굴의 구멍인 두 눈, 두 귀, 두 코, 입에 해당한다. 이를 칠규(七竅)라고 한다. 여자의 경우는 7백 외에 자궁과 항문을 더한 9백이다. 베트남 소수 종족의 하나인 뿌빼오(Pupéo)종족은 사람은 8혼 9백으로 구성되었다고 믿는다. 이에 비하여 월족은 3혼 7백(여자는 3혼 9백)이라고 믿는다.

이처럼 몸에서 백까지, 백에서 정까지, 정에서 기까지, 기에서 신까지는 하나의 사슬이면서 중요도가 점차 높아진다. 따라서 백이 약하나 혼이 있으면 사람은 여전히 존재한다. 만약 사람이 혼 중의 정을 잃으면 혼미한 상태에 빠지고, 기를 잃으면 살아 있으나 거동하지 못하며, 신을 잃으면 완전히 죽을 것으로 생각한다.

어린아이가 자주 아프거나 깊이 잠들거나 경기를 일으키거나 죽거나 하는 경우를 설명하기 위하여 사람들은 혼백을 들먹인다. 혼과 백에서 백은 몸에 부속되어 있다. 사람에 따라 백은 어질거나, 사납거나, 약하거나, 강하거나 등 다양하다. 따라서 백이 독한 사람을 만나거나 백이 느린 사람을 만나면 백을 태우거나 제하거나 벗어나야 한다. 혼은 좀 더 추상적인 바 몸과 독립됐다고 여긴다. 깊이 잠든 현상을 민간에서는 혼이 잠시 몸을 떠나 멀리 놀러 갔다고 한다. 아파서 인사불성이 되었을 때, 사망 시에 "저우(Dậu)의 3혼 7백은 처자식에게 돌아오소서."라는 형태로 혼백을 부른다.

민간에서 죽은 지 오래된 자의 혼은 죽은지 얼마 안 된 자의 몸에 들어간다고 믿었다. "쯔엉 바의 혼과 육체(Hồn Trương Ba, da hàng thịt)" 이야기의 출현도 여기에 근거한다. 사람이 죽게 되면 혼과 백은 몸을 벗어나는데, 혼보다 무거운 백은 몸 가까이 날다가 땅 위에서 소멸되지만 혼은 가벼워 다른 지역에 한동안 존재한다고 한다.

옛날에 장기를 매우 잘 두는 쯔엉 바(Trương Ba)란 사람이 있었다. 아직까지 그를 이긴 사람이 없었다. 어느 날, 그와 장기를 두는 사람이 있었다. 어려운 지경에 빠진 상대는 아무리 생각을 하여도 상황을 벗어날 수가 없었다. 그때 쯔엉 바가 말했다. "이 판은 장기의 신인 데틱(Đế Thích)이 있어야 모를까 이 세상 사람은 이길 수 없다.".

그때 늙은 거지가 쯔엉 바의 집에 구걸을 왔다가 두 사람이 장기를 두는 것을 보았다. 한 사람이 곤궁에 처한 것을 보고 한수 훈수를 해도 되겠냐고 여쭈었다. 쯔엉 바가 웃으면서 말했다. "이 판은 데틱이 나타나야 벗어날 수 있는데, 당신이 어찌 훈수를 할 수 있겠소?" 늙은 거지가 제안하였다. "내가 정말

한수 훈수해도 되겠소?"

쯔엉 바가 허락을 하자 늙은 거지는 바로 한수로 쯔엉 바를 패배시켰다. 쯔엉 바는 화를 내면서도 경악하여 노인을 오래도록 쳐다봤다. 그리고 땅으로 내려가 그에게 큰절을 하며 말했다. "어른은 장기의 신인 데틱이시지 범인이 아니라고 확신합니다.". 노인이 부정하면서 자신은 거지라고 말했지만 쯔엉 바가 믿지 않고 계속 절을 하자 마침내 노인은 사실을 밝혔다. "나는 데틱이다. 당신의 청을 받아들여 장기판을 보러 왔다. 과연 당신은 장기를 잘 둔다. 같은 마을에서 서로 장기를 두면서 당신에게 한 가지를 돕고 싶다. 당신의 수명이 다 됐다. 당신이 임종하면 향을 피우면서 내 이름을 부르도록 아내에게 당부하라. 그러면 내가 현현(顯現)하여 당신을 다시 살게 하겠다.".

말을 마치고 장기의 신은 사라졌다. 쯔엉 바는 즉시 아내를 불러 데틱이 한 말을 전했다. 얼마 후에 쯔엉 바는 세상을 떴다. 부인은 슬픔 가운데 장례를 걱정하느라고 데틱의 당부를 잊고 말았다. 한 달 후 집을 정돈하던 부인은 장기를 보게 되었다. 그때 남편이 자기에게 했던 말이 생각나자 즉시 향을 피우면서 데틱을 불렀다. 데틱의 현현에 부인은 상황을 언급하면서 남편의 환생을 간절히 부탁했다.

데틱은 "부인의 남편이 죽은지 오래되어 시체가 썩었는데 혼이 들어올 수 있겠는가?"라고 말했다. 쯔엉 바의 아내가 울면서 계속하여 남편의 환생을 부탁했다. 곰곰이 생각하고 있던 데틱은 이웃에 돼지고기 정육점 남편이 방금 전 죽었다는 소식을 알고 쯔엉 바 아내에게 말했다. "당신 남편의 혼이 정육점 남편의 몸에 들어와도 괜찮겠는가?" 쯔엉 바의 아내는 어떻게 해야 할지를 모르다가 그렇게 받아들였다.

데틱은 쯔엉 바의 혼이 정육점 남편의 몸에 들어가게 하였다. 정육점 아내는 남편이 살아나자 너무나 기뻤다. 그러나 남편은 자신을 알아보지 못했다. 정육점 남편에게는 주위의 모든 것이 낯설었다. 그때 쯔엉 바의 아내가 왔다.

정육점 남편은 뛰어나가 쯔엉 바의 아내를 자신의 아내로 알고 껴안았다. 데틱의 말을 들어 상황을 알고 있던 쯔엉 바의 아내는 정육점 남편을 자신의 남편으로 인정하고 함께 집으로 돌아갔다.

정육점 남편의 부인은 이들을 따라 나서면서 외쳤다. "이는 내 남편인데 당신이 왜 모시고 가느냐?"

쯔엉 바의 아내가 말했다. "내 남편인데 왜 당신이 따라오느냐?"

두 부인은 노상에서 말싸움을 하다가 급기야 치고받는 싸움을 하게 되었다. 마침내 관아에 소송을 하게 되었다.

관원은 정육점 남편에게 둘 중 누가 자기 아내인지를 물었다. 그는 쯔엉 바의 아내가 자기 부인이고 정육점 여자는 이웃집 여자라고 대답했다. 관원은 정육점 남편에게 어떻게 돼지고기를 파느냐고 물었으나 그는 대답을 못했다. 장기 두는 방법을 물어보자 그는 거침없이 대답했다. 이 사람의 혼이 다른 사람의 몸에 들어갔기 때문에 어떻게 처리해야 할지를 모르던 관원은 쯔엉 바의 부인에게 남편의 살아 있을 때 무슨 특별한 점이 있었는지를 가만히 물었다. 부인은 지난 과정을 자세하게 털어놓았다. 이야기를 듣고 난 관원은 정육점 남편에게 데틱을 아느냐고 물었다. 정육점 남편은 쯔엉 바의 아내가 했던 말을 그대로 번복했다. 하여 정육점 남자에게 쯔엉 바의 집으로 돌아가도록 판결을 내렸다. 정육점 아내는 남편을 잃을 수밖에 없었다.

몸의 모든 활동이 정지한 상태의 죽음을 음양에서는 혼이 양의 세계(陽世)에서 음의 세계(陰府)로 간 것이라고 말한다. 따라서 음부를 저세상이라고 한다. 도작농업사회에서 저세상은 구천[九泉: 황천(黃泉), 황토(黃土), 명도(冥途), 저승이라고도 함]으로 살아있는 사람을 떼어놓는 곳이다. 그곳을 가려면 반드시 배를 타야 한다. 동썬문화시대에 죽은 자를 선박형태로 만들어진 관 속에 매장했던 것도 구천을 고려해서였다. 베트남 북부 평야지역과 중부 연해지역은 영구(靈柩)가

집안에 있을 때, 밤에 여자들이 작은 노를 준비하였다가 죽은 자의 영혼을 구천에 보내는 노래를 부르는 째오 드어 링(chèo đưa linh)의식을 갖는다.

[사진 8] 조상 제사일 제단 위 음식 차리기

죽음은 조상이 있는 구천으로 간 것이요, 조상은 비록 구천에 있지만 언제나 돌아와 자손을 돌본다는 믿음이 베트남인의 조상제사신앙의 형성 토대가 되었다. 조상제사신앙은 동남아시아의 많은 민족에게 있으며 이 지역 문화의 특징이라고 할지라도 월족이 좀 더 보편화되고 체계화되었다.

베트남의 제사는 조상의 혼백을 불러와 인사를 드리고 술을 올리고 식사를 대접하고 차를 대접한 후 끝내는 형태다. 베트남의 조상제사는 신성을 믿지 않는 가정이라 할지라도 집안에 조상을 숭배하는 제단이 있을 정도로 종교화되었다. 이는 베트남 남부 사람들이 제사를 옹파도(Đạo Ông Bà, 翁婆道)라고 하는 데서도 입증된다.

태어난 날을 중시하는 서양과는 달리 베트남인은 죽은 날을 중시한다. 이는 사람이 영원한 곳에 갔다고 믿기 때문이다. 조상제사는 제삿날 외에도 삭망(朔望)인 음력 초하룻날과 보름날, 그리고 명절과 집안에 대소사가 있을 때도 지낸다. 후자의 경우는 혼인, 출생 등을 조상에게 알리기 위해서다. 그리고 집을 짓거나 멀리 출타하거나 시험을 보러갈 경우에도 조상의 보호를 기원하여 제사를 지낸다. 이뿐 아니라 시험에 합격했거나 멀리 출타했다가 편안히 귀가했을 경우에도 조상의 은혜에 감사하여 제사를 지낸다.

조상의 제단은 집에서 가장 중요한 곳에 세운다. 전통 월옥(越屋)의 홀수 간에서 조상의 제단은 가운데 간에 만들지만 지금처럼 양옥(洋屋)의 형태이거나 부유한 집에서는 조상의 제단을 옥상이나 별채에 따로 만들기도 한다.

조상제사에서는 음식, 의복, 도구, 지전 등이 필요하다. 과일의 경우 그 계절에 나오는 것이며, 음식은 물과 뭍의 고기와 야채 등 형편에 따라 다양하다. 이외에도 향, 꽃, 차, 술 등이 있다. 술은 있을 수도 있고 없을 수도 있다. 전자의 경우 반드시 미주(米酒)여야 하지만 후자의 경우라도 물 잔은 반드시 있어야 한다. 술은 가정형편이나 여타 상황에 따라서 유무(有無)할 수 있지만 물 잔은 어느 집, 어느 때나 있다고 생각되기 때문이다. 나아가 물은 도작농민의 땅 다음으로 중요하게 여겨지기 때문이다. 향을 피우고 지전 등을 태운 다음 제사를 지낸 술잔이 지전 등을 태운 재에 던져지면 죽은 자의 혼백이 젯밥을 받았다고 생각한다. 향의 연기가 하늘로 올라가고 술이 불과 화하는 것, 즉 땅에 침윤하는 것을 물불(음양)과 삼재(三才: 天地人)의 화합으로 여긴다.

가정에서 조상을 숭배하는 것 외에도 베트남인들은 토공(土公, Thổ Công)을 숭배하였다. 매덧(Mẹ Đất: 地母)의 한 형태인 토공은 집을 돌보며 사악한 신을 막고 가정에 복과 화를 주는 신이다. 베트남인은 사람이 사는 곳에는 반드시 토공이 있다고 믿는다. "땅은 토공이 있고, 강은 하백(河伯: 강의 신)이 있다(Đất có Thổ Công, sông có Hà Bá.)"라는 말이 이를 뒷받침한다.

3신의 하나인 토공의 출현과 관련하여 다음과 같은 전설이 있다.

[사진 9] 짚 더미

옛날에 금실이 좋지 못한 부부가 있었다. 이 때문에 아내는 가출을 하였고, 그 후 꽤 나이 먹은 남자를 만나 가정을 꾸렸다. 어느 날 한 거지가 그녀의 집에 동냥을 왔다. 쌀을 갖다 주려는 순간 그녀는 그 거지가 자신의 옛 남편임을 알았다. 점심시간이 다 되었고 새 남편이 집에 돌아왔던지라, 그녀는 남편의 오해를 염려하여 옛 남편에게 짚 더미에 잠시 숨어있으라고 했다.

집에 돌아온 새 남편은 논에 뿌릴 재를 얻기 위하여 부엌에 들어와서는 짚 더미에 불을 질렀다. 옛 남편이 짚 더미에서 죽어가는 것을 본 아내는 너무 슬픈 나머지 함께 죽기 위하여 불 속에 뛰어 들었다. 새 남편은 그것을 보고 전혀 이해할 수 없었지만 아내가 불쌍하여 함께 죽고자 불 속에 뛰어 들었다.

하늘은 세 사람의 넘치는 정의(情義)를 보고 이들을 부엌왕[Vua Bếp: Táo Quân(灶君) 혹은 Ông Táo(灶翁)라 하며, 부엌에 삼발이(ông đầu rau)가 있게 된 내력이 됨]에 봉했다. 그 중 토공인 새 남편은 부엌일, 토지(Thổ Địa, 土地)인 옛 남편은 집안일, 토기(Thổ Kỳ)인 아내는 시장 일을 돌봤다.

부엌이라는 한자 조(灶)에서 알 수 있듯이 중국이나 베트남 민간 신앙에서 조군(灶君) 혹은 조왕(灶王) 혹은 조옹(灶翁, Ông Táo)은 가정의 부엌을 관리하는 신이다. 베트남 민간 신앙에서 조군은 중국 도교의 토공, 토지, 토기 3신에 뿌리를 두고 있지만 두 남신(Ông, 翁)과 한 여신(Bà, 婆), 즉 토지신, 집신, 부엌신의 형태로 베트남화 되었다. 그렇지만 사람들은 이들을 삼위일체의 형태로 조군 혹은 조옹으로 부른다.

가정 내 지신인 토공과 인신인 조상과의 관계는 매우 흥미 있다. 토공은 가정의 화복을 결정하기 때문에 가장 중요하지만 조상은 후손들을 낳고 키웠기 때문에 가장 존경해야 한다. 신들 간의 화기(和氣)가 유지되고 애정을 잃지 않기 위하여 베트남인은 조상을 가운데 간(間)의 가장 우대하는 제단에 놓으며 토공을 중심 다음의 중요한 동쪽인 오행의 왼쪽 간(間)에 놓는다. 비록 지위는 인신보다 낮지만 권력은 더 크다. 따라서 가정에서 토신은 제일가지주(第一家之主)로 여긴다. 부모의 제사 시에 우선 토신에게 기원하며 토신에게 부모에게 향을 피울 수 있도록 허락을 요청한다.

베트남 문화의 다른 여러 현상처럼 토공의 전설은 많은 철학적 의미를 내포한다. 토공은 땅의 신이며 부엌의 신이다. 이는 거의 이동이 없이 한 지역에서 도작농업에 종사하는 베트남인에게 땅·집·부엌과 부녀자는 서로 동일하며 중요하기 때문이다.

3인(남자 두 사람과 여자 한 사람이 불 속에서 함께 죽음)은 부엌신이 되어 왼쪽에서 숭배를 받고 특별한 삼재가 된 것은 팔괘 중 이양효일음효(二陽爻一陰爻)라는 리괘(離卦)로 상징된다. 선천팔괘(先天八卦)에서 리는 왼쪽 동쪽에 있는 불을 의미한다. 불 속에서 죽고 왼쪽에서 숭배된다. 후천팔괘(後天八卦)에서 리는 아내의 중간 역할을 하는 중녀의 의미이다. 오행의 화행에 응하여 남쪽에 놓인다.

[사진 10] 옹 디어

남부에서 토공은 두 가지 특징을 갖는 옹 디어(Ông Địa, 翁地)로 대체된다. 그 특징은 지신은 반드시 땅으로 돌아가야 해서 옹 디어를 땅 아래 놓는 것과 모든 재물이 땅에서 나왔다고 해서 많은 곳에서는 옹 디어와 재신(財神)을 동일시한다는 것이다. 옹 디어는 비록 수염이 그려져 있더라도 매덧이나 번식과 확실히 관련이 있음을 알 수 있는 여성의 얼굴, 큰 가슴, 곧 해산할 산모의 배를 갖는다.

베트남의 신 숭배 신앙은 가정의 범위로 국한되지 않는다. 베트남인들은 오래전부터 가정, 마을, 국가 차원에서 인신과 자연신을 다양한 방법으로 숭배하였다.

마을의 범위에서 가장 중요한 것은 성황신을 숭배하는 일이다. 한 가정의 토공처럼 한 마을의 성황은 그 마을민의 생사화복을 결정하는 신이다. 중국에 뿌리를 두고 있는 성황[2]은 산간지역민이 마을의 마귀 형태로 베트남 촌락에서 오래전부터 존재해오던 개념을 설명하기 위하여 유입한 한월어(漢越語)이다. 마을 신 성황은 어떻든 오래된 뿌리를 갖는 상태로 보편화되었다. 따라서 어느 마을이나 성황신이 있다. 그 결과 1572년 조정은 한림원동각대학사 응우옌 빙(Nguyễn

2 성황(城隍)의 성은 도시를 둘러싸고 있는 성곽이고, 황은 성곽을 둘러싸고 있는 호(壕)이다. 성황신은 성지와 도시의 신을 의미한다.

Bính)에게 왕의 신 책봉을 위해 전국 성황신의 신적을 수집 편찬하도록 하였다. 신은 상등신, 중등신, 하등신 등 3항으로 나눠졌다.

[사진 11] 황제의 성황신 책봉

책봉을 통하여 이름·나이·작위 등을 갖게 된 마을의 신은 건촌(建村)에 기여하고 마을에서 생사를 같이 한 자였다. 국가에서 인정한 성황신 외에도 본래 어린이, 거지, 도적, 봉사, 원한으로 죽은 자 등 실로 다양한 사람들을 성황신으로 삼아 숭배하는 마을이 많았다. 이들은 사신(邪神)에 속했다. 사신이라 할지라도 숭배했던 것은 이들이 신적에 따라 마을민을 해코지한다고 믿었기 때문에 이를 방지하기 위해서였다. 성황신은 죽은 자 뿐 아니라 살아 있는 자도 성황신이 되어 숭배되었다.

[사진 12] 훙왕 사당

가정에서는 조상을 숭배하고, 마을에서는 성황신을 숭배하며, 국가에서는 베트남 최초의 국가 반랑의 훙(Hùng)왕을 숭배한다. 베트남인의 국제(國際)는 반랑의 수도였던 푸토(Phú Thọ)성 퐁 쩌우(Phong Châu)현에서 매년 3월 10일에 지낸다.

한편, 베트남인은 죽지 않은 네 사람 사불사(四不死)를 숭배하는 특이한 신앙이 있다. 사불사는 딴 비엔(Tản Viên, 傘圓), 프동 티엔(Phù Đổng Thiên, 扶董天)왕,[3] 쯔동뜨(Chử Đồng Tử, 褚童子) 그리고 리에우 하잉(Liễu Hạnh, 柳杏)이다.

딴 비엔 전설과 타잉 죵전설은 홍수라는 환경과 외침이라는 환경에 대처하기

3 쏙 티엔(Sóc Thiên, 朔天)왕 혹은 타잉 죵(Thánh Gióng, 聖杏)이라고도 함.

위하여 서로 긴밀하게 연합했던 도작농민의 힘을 상징한다. 동시에 이들 전설은 건국이 신성과의 결합에 있음을 보여준다. 딴 비엔 전설과 타잉 죵의 전설을 살펴보면 다음과 같다.

18대 홍왕은 절세가인의 딸이 있었다. 어느 날 썬띵(Sơn Tinh)과 튀띵(Thủy Tinh) 두 사람이 동시에 와서 혼인신청을 하자 왕은 결정하기가 어려웠다. 방법으로 왕은 누구든지 다음날 혼인예물을 먼저 가져온 자에게 딸을 주기로 했다. 다음날 썬띵이 먼저와 딸을 데리고 딴 비엔(Tản Viên: 썬 떠이 성에 위치)산으로 돌아갔다. 나중에 도착한 튀띵은 썬띵에게 공주를 놓친 것에 격분하여, 큰 비와 바람을 일으켜 썬띵을 공격했다. 홍수가 산을 덮치면 썬띵은 산을 높여 튀띵의 공격을 막았다. 썬띵이 천둥과 번개로 공격하자 튀띵은 물을 거두고 도망쳐야 했다. 그때부터 썬띵과 튀띵은 원수가 되어 매년 한 차례씩 심하게 싸웠으며, 그때마다 민은 어려움을 당했다.

홍왕 6대 때 강력한 언(Ân, 殷)적이 주변국들을 병합하고 우리나라를 침입했다. 적의 기세가 너무 강하여 관군은 저항할 수 없었다. 왕은 사자를 전국에 보내어 나라를 구원할 인물을 찾도록 했다. 그때 푸동(Phù Đổng)마을의 부유한 노부부의 가정에 사내아이가 태어났다. 아이는 3살이 되었지만 말도 한마디 못하고 누워만 있었다.

사자가 마을에 왔을 때 아이는 벌떡 일어나 사자를 만나보겠다는 형태로 말을 했다. 아이는 왕에게 철마(鐵馬), 철검(鐵劍), 철립(鐵笠)을 제조하도록 사자에게 요청했다.

그때부터 아이는 엄청나게 먹기 시작했다. 몇 달이 지나 아이는 장대하게 자랐다. 적이 쩌우 썬[Châu Sơn: 박닝성의 띠엔 주(Tiên Du)]을 침입했을 때 그는 사자가 가져온 말과 무기를 이용하여 적을 무찔렀다.

그 후 쏙썬(Sóc Sơn)산에 입산한 그는 말과 함께 사라졌다. 왕은 은혜를 기리기 위하여 푸동마을에 사당을 짓고 그를 푸동 티엔 왕으로 봉했다. 매년 4월 8일에 마을사람들은 제사를 지냈다.

건국 이후 삶이 안정되자 베트남인은 물질적·정신적으로 번영된 삶을 추구하는 일이 중요했다. 따라서 남자의 성기를 가릴 코(khố)마저 없을 정도로 가난했던 농민 쯔동뜨가 아내와 함께 장사를 하여 가정을 세워나가는 전설은 물질적으로 번영된 삶을 상징한다.

제3대 훙왕 때 일이다. 왕에게는 띠엔 중(Tiên Dung)이라는 딸이 하나 있었다. 공주는 나이가 열여덟이었으며 용모가 빼어났다. 그녀는 시집을 가려고 하지 않고 천하를 떠돌아다니며 놀기를 좋아했다. 왕은 공주를 무척 사랑하여 하는 대로 내버려 뒀다. (중략)

당시 지금의 훙옌(Hưng Yên)성의 쯔싸마을에 쯔꾸번(Chử Cù Vân)이란 사람이 아들 쯔동뜨와 함께 살고 있었다. 그들은 본래 가난했으나 집이 불에 타버린 이후에 더욱 가난해졌다. 그들에게 남은 것이라곤 하나의 코(khố)밖에 없었다. 부자는 바깥나들이를 할 때면 그것을 교대로 착용해야 했다. (중략) 병이 위독해 죽음을 눈앞에 두었을 때 아버지는 아들에게 "코는 남겨두고, 자신의 시체는 벌거숭이로 땅에 묻도록" 말했다.

그러나 아들은 아버지에게 코를 착용시켜 장례를 치렀다. 따라서 그는 자신의 몸을 가릴만한 것이 아무것도 없게 되었다. 낚시를 하기 위해 밤이 되기를 기다렸으며, 낮에는 하반신을 물에 담그고 물고기를 팔거나 구걸을 하기 위해 다른 배가 가까이 오기만을 기다렸다.

어느 날, 띠엔 중 공주가 타고 있는 배가 그 지역에 나타났다. 북소리와 피리 소리가 들리고 깃발과 시끄러운 사람들을 보자 쯔동뜨는 몹시 겁이 났다. 그는 몸을 구부려 강가 모래톱의 갈대숲으로 들어가 자신의 몸을 숨기고 모래로 몸을 덮었다.

배가 강가에 정박하였고, 공주는 모래사장을 거닐면서 수려한 경관을 구경하였다. 그리고 공주는 사람을 시켜 자신이 목욕을 할 수 있도록 천막을 치게 하였다. 그 자리는 바로 쯔동뜨가 몸을 감추고 있던 곳이었다.

공주가 천막 안에 들어가 옷을 벗고 물을 부어 몸을 씻자 모래가 흩어지면서 낯선 남자의 몸이 드러났다. 깜짝 놀란 공주는 한참 동안 부끄러워했다. 공주가 말했다. "나는 본래 혼인을 하지 않으려 했으나, 이렇게 갑자기 당신을 만나게 된 것은 필히 하늘이 맺어준 인연이리라. 얼른 일어나서 몸을 씻으세요."

(중략)

자신의 딸이 쯔동뜨와 혼인을 하겠다는 전갈에 몹시 분개한 흥왕은 "내 딸은 왕의 가문을 경시한 미천한 놈과 혼인할 마음을 먹었으니 나를 만날 이유가 없다. 이제부터 개를 내버려 둘 것이다. 어디 가고 싶다고 하면 가게하고, 다시는 궁에 돌아오지 못하게 하라."고 말했다.

띠엔 중은 아버지가 화난 것을 알고 돌아갈 수가 없어서 즉시 남편과 하 탐(Hà Thám) 시장을 열고, 사람들과 장사를 하였다. 얼마 되지 않아 시장은 커졌고, 외국 상인들까지도 와서 물건을 매매하였다. 어느 날 쯔동뜨는 한 대상(大商)으로부터 "금을 가지고 함께 해외에 나가 귀한 물건을 매입한다면 큰 이익이 될 것이다."는 말을 들었다.

(중략)

쯔동뜨는 상인들과 함께 장사를 떠났다. 일행을 실은 배가 바다 가운데 있는 뀡 띠엔(Quỳnh Tiên)산에 이르렀다. 그 산에는 조그만 암자가 있었다. 일행은 물을 길으러 그곳에 갔다. 쯔동뜨는 암자의 펏 꾸앙(Phật Quang)이라는 승려로부터 설법을 들었다.

(중략)

암자를 떠날 때 승려는 쯔동뜨에게 지팡이 한 개와 논(nón: 원뿔형 모자) 한 개를 주면서 "이것은 신통한 물건입니다."라고 말했다.

집에 돌아온 쯔동뜨는 부인에게 승려 펏 꾸앙의 가르침을 자세히 알려주었다. 이에 깨달은 부인은 장사를 그만두고 남편과 함께 도를 배우고자 스승을 찾아 나섰다. 어느 날 해가 지고 인가도 보이지 않자 먼 길에 지친 부부는 길에 지팡이를 세워두고 논으로 몸을 덮은 채 쉬고 있었다. 한밤중이 되자 갑자기 그곳에 성곽, 누각, 궁전, 대각(臺閣), 낭우(廊宇)가 나타났다. 창고와 사당에는 금은보화가 가득했고, 자리와 휘장 안에는 선동옥녀(仙童玉女)들이 있었으며, 장사와 호위병이 앞에 죽 늘어서 있었다.

(중략)

홍왕은 이 소식을 듣고 딸이 반역한 것이라고 여기고 서둘러 군대를 파견하여 공격하게 했다. 관군이 도착하려 하자, 신하들은 응전할 것을 청하였다. 이에 공주는 웃으며 말했다. "세상의 모든 일은 하늘에 의해서 정해지는 것이며 게다가 생사는 재천(在天)에 있거늘 어찌 감히 아버지에게 대들겠느냐? 하늘의 올바른 이치를 좇아 그들이 마음대로 도륙하도록 내버려 두어라."

(중략)

순식간에 부부의 무리와 성곽은 하늘로 올라갔다. 그리고 그곳은 함몰되어 큰 못이 되었다. 이튿날 사람들은 그 자리가 하나의 큰 연못으로 바뀐 것을 보고 놀랍고 신령스러우며 기이한 일이라고 여겼다. 그래서 사당을 짓고 매년 제사를 지냈다. 그 후 사람들은 쯔동뜨부부와 관련된 연못, 모래톱, 시장을 각각 일야택(一夜澤), 만주주(幔幮洲), 심시(深市)라고 불렀다.

훗날 찌에우 꾸앙 푹(Triệu Quang Phục)이 중국의 양나라 군대와 전쟁을 벌일 때, 그 연못은 몸을 숨기는 군사기지로 이용됐다. 찌에우 꾸앙 푹은 밤이 되면 몰래 통나무배를 타고 나가 적을 공격하여 양식을 탈취하였다. 이렇게 지구전으로 버티며 3, 4년간 교전을 하지 않았다.

(중략)

신인은 용의 발톱을 찌에우 꾸앙 푹에게 주면서 "이것을 투구에 꽂고 싸우면 적을 섬멸할 수 있을 것이다"라고 말했다. (중략) 찌에우 꾸앙 푹은 남제(南帝)가 서거했다는 말을 듣고 스스로 찌에우 비엣(Triệu Việt)왕이 되었다.

[사진 13] 하 노이의 떠이 호 부

[사진 14] 떠이 호 부의 리에우 하잉 제단

한편 리에우 하잉 형상의 출현은 유교가 국교이면서 여성의 지위가 심각하게 침범 당했던 후레왕조 하이다. 따라서 리에우 하잉 형상의 출현은 우연이 아닌 질서에 대한 반항이었다. 반항의 결과 천상의 왕은 굴복하고 리에우 하잉에게 자유를 주었다. 이는 권력을 잡고 있던 세력, 즉 유교 세력의 대표자 왕이 민중의 종교인 불교의 대표자 관음보살(Phật bà)에게 굴복했다는 의미이다. 리에우 하잉은 민들로부터 신성하게는 성모(Thánh Mẫu, 聖母)처럼, 자연스럽게는 유신[柳神, 바 쭈어 리에우(Bà Chúa Liễu)]처럼, 친근하기는 어머니(Mẫu, 母)처럼 숭배를 받았다. 후자와 관련된 속어로 "8월은 아버지 제사, 3월은 어미니 제사 (Tháng 8 giỗ Cha, tháng 3 giỗ Mẹ.)"가 있다. 그 결과 리에우 하잉을 제사하는 사당, 묘, 부 등이 곳곳에 생겨났다. 남하의 쟈이(Giày)부, 하 노이의 떠이 호(Tây Hồ)부, 타잉 화의 쏭(Sòng)사당과 포깟(Phố Cát)사당 등이 그것이다.

후레왕조 1557년 지금의 남딩(Nam Định)성 부반(Vụ Bản)현 번깟(Vân Cát) 마을 안 타이(An Thái)촌에 레(Lê)씨 가정이 있었다. 임신한 부인이 해산이 가까웠을 때 몸이 쇠약해지는 병에 걸려 과일 밖에 먹지 못했다. 백약이 무효했다.

어느 날, 한 도사가 나타나서 부인의 병을 고쳐주겠다고 하였다. 제단 앞에서 도사는 독경을 읽고서 옥도끼를 땅에 던졌다. 레 타이 꽁(Lê Thái Công, 려태공)은 갑자기 뒤로 넘어져서 정신을 잃어버렸고, 얼마 후 자신이 천정(天庭)에 있음을 알았다. 그는 옥황상제가 주체한 큰 연회에 참석하고 있었다. 그는 뀡 느엉(Quỳnh Nương)공주가 실수로 옥잔을 떨어뜨려 인간세상으로 유배되는 것을 보았다.

그가 깨어 났을 때, 부인은 딸을 해산했다. 그는 너무 기뻤다. 딸의 이름을 강선(降仙)이라 하였다. 자라면서 강선은 더욱 예뻐졌으며 시문이 좋았고 피리를 잘 불며 노래에도 뛰어났다. 18세 되던 해에 그녀는 같은 마을 관원의 양자인 다오 랑(Đào Lang)과 혼인을 하였다.

3년 후 3월 3일에 강선은 갑자기 죽고 말았다. 사람들은 그녀가 선녀라서 천상으로 돌아갔다고 말했다. 그녀의 유배기간이 끝나지 않았음을 알고 있던 옥황상제는 그녀를 인간 세상에 다시 내려 보냈다. 이번에 그녀는 여신의 형체로 나타났다. 두 옥녀 꿰 느엉(Quế Nương)과 티 느엉(Thị Nương)이 함께했다. 천정의 영에 따라 세 여신은 타잉 화(Thanh Hóa)성 포깟(Phố Cát)지역에 나타났다.

세 여신은 월국(越國)의 풍경이 수려한 곳에 머물기로 하였다. 얼마 지나지 않아 지역민들은 두 선녀의 영험함 때문에 이들 선녀들의 위대함을 알게 되었다. 민중은 은혜에 감사하여 산위에 사당을 짓고 숭배하였다. 이 사당은 리에우 하잉(Liễu Hạnh, 柳杏) 공주사당이라 불렀다.

리에우 하잉 공주는 종종 현현하여 세상에 복을 내렸다. 조정에서는 명성을 듣고 낭자를 상등 복신으로 책봉하였다.

후레왕조 말 80세의 관원이 있었다. 그는 어느 날 리에우 하잉 공주가 2000 선녀를 거느리고 와서는 자신에게 옥황상제의 칙지를 주는 꿈을 꾸었다. 그는 꿈속에서 리에우 하잉 공주가 구름 차를 타고 화려한 수많은 마차가 길을 인도하며 많은 악공이 뒤따르는 것을 보았다. 그는 공주가 인간세계에 있어야 할 기간이 다 차서 하늘로 올라가는 것으로 알았다.

타잉 화에 있던 기간에 리에우 하잉 공주는 월국의 여러 곳을 돌아다녔다. 특별히 랑썬(Lạng Sơn)이었다. 낭자는 수도의 명승지도 다녔다. 낭자는 명사 풍칵콴(Phùng Khắc Khoan)과 시를 주고받기 위하여 하 떠이(Hà Tây)에서 술을 파는 여인으로 가장하기도 했다.

리에우 하잉이 하늘로 올라가자 두 선녀 꿰 느엉과 티 느엉은 민중의 기원을 가지고 공주에게 가는 중계자 역할을 하였다. 바 쭈어 리에우를 믿는 사람들은 낭자가 처음으로 임신을 하였던 곳인 남딩의 푸 져이(Phủ Giầy)에 부인을 숭배하기 위하여 사당을 세웠다. 민간에서는 또한 낭자가 두 번째 출현했던 곳인 타잉 화의 포깟(Phố Cát)과 덴쏭(Đền Sòng)에 바 쭈어 리에우 사당을 세웠다. 하 노이의 항봇(Hàng Bột)에도 바 쭈어 리에우를 숭배하는 쑹썬(Sùng Sơn)사당이 있다.

부인의 고향에 있는 리에우 하잉 무덤은 넓고 트인 곳에 세워졌다. 리에우 하잉은 삼좌성모(Tam tòa Thánh Mẫu)라는 개별 신앙으로도 숭배된다. 리에우 하잉 성모의 역할은 응우옌 왕조의 동 카잉(Đồng Khánh)황제가 자원하여 트어 티엔-훼의 혼쩬(Hòn Chén)전(殿에)서 부인의 일곱 번째 제자가 될 정도로 컸다. 혼쩬전에서는 짬(Chăm)인의 여신 티엔 이아나(Thiên Y A Na)가 사부체계에 유입되어 천모(天母)로 숭배되었다고 한다. 이때부터 북베트남에서는 천모를 리에우 하잉 공주로 여긴다.

이같이 사불사 숭배 풍속은 베트남인의 정신문화이다. 이는 장구한 역사 속에서 선택된 정화로써 농토를 만들고 적을 막고 치기 위한 공동의 힘과 물질적으로 번영하고 정신적으로 행복한 삶을 이루기 위한 갈망을 상징한다.

제2절 베트남 풍속 습관

풍속 습관은 그 시대의 유행 및 풍습 뿐 아니라 예로부터 그 사회에 전해 오는 의·식·주 그 밖의 모든 생활에 관한 습관을 말한다. 다시 말하면, 풍속 습관은 오래전부터 인간의 사회생활 속에 깊고 넓게 녹아져 있는 익숙한 것이며 그 사회 사람들에 의하여 받아들여지고 계승되는 문화의 일부이다. 따라서 과거에서 현재에 이르기까지 지역 사회 이해를 위한 최상의 자료라 할 수 있다. 여기에서는 베트남인의 음양관, 인간관계, 의식주, 혼인, 장례, 제례, 명절(lễ Tết), 례회(lễ Hội), 성명, 호칭 등 몇 가지 두드러진 것들을 중심으로 간단히 살펴볼 것이다.

I. 음양관

베트남인은 여러 가지 면에서 음양의 원리와 조화를 간절히 추구하는 민족이다. 우리가 늘 쓰고 있는 음과 양의 용어는 추상적이고 모호한 개념이면서도 구체적이고 명확한 의미를 갖는다. 예컨대 땅과 하늘, 여자와 남자, 북과 남, 서와 동, 우와 좌, 저와 고, 차가움과 더움, 겨울과 여름, 야간과 주간, 밤과 낮, 어두운 색과 밝은 색, 짝수와 홀수, 정(情)과 리(理), 유와 강, 정(靜)과 동(動), 내향과 외향,

사각형과 원형, 느림과 빠름 등의 형태로 말이다.

베트남인의 음양 조화는 민족 기원 신화에서도 나타난다. 바로 자신들의 출현을 용(龍)과 선(仙)이 결합한 산물로 보는 견해 말이다. 이들은 가장 신성시 되는 상상의 동물이기는 하지만 베트남인의 토템이었다.

베트남인의 음양 조화는 이외에도 '남녀무당(ông Đồng-bà Cốt, đồng Cô-đồng Cậu, đồng Đức Ông-đồng Đức Bà)', '쩐훙 다오-리에우 하잉(Trần Hưng Đạo-Liễu Hạnh) '8월은 아버지 제사, 3월은 어머니 제사(Tháng Tám giỗ Cha, tháng Ba giỗ Mẹ)', '음양 요청(xin âm dương)', '음양시장(chợ âm dương)', '암수기와(ngói âm dương)', '암수 결합 목재(gỗ ghép âm dương)', '아버지와 산-양, 어머니와 물-음(cha và núi-dương, mẹ và nước-âm)', '태산과 같은 아버지의 공덕, 샘에서 흐르는 물과 같은 어머니의 은의[恩義 (Công Cha như núi Thái Sơn, Nghĩa Mẹ như nước trong nguồn chảy ra)]', '월로(月老, Nguyệt Lão: 부부의 인을 맺어주는 전설상의 늙은이, ông Tơ-bà Nguyệt)', '관우묘[4]-천후묘(chùa Ông-chùa Bà)', '남불-여불(Phật Ông-Phật Bà)' 처럼 무수히 많다. 이중 'ông Tơ-bà Nguyệt', 'chùa Ông-chùa Bà', 'Phật Ông-Phật Bà'는 베트남인 음양 조화의 극치를 보여준다. 'ông Tơ-bà Nguyệt'와 'chùa Ông-chùa Bà'가 중국에서는 떠홍(Tơ Hồng), 관공(關公, Quan Công), 천후(天后, Thiên Hậu)처럼, 'Phật Ông-Phật Bà'가 인도에서는 남불(Phật ông)처럼 하나로만 존재하는 것에 반하여 베트남에서는 쌍으로 존재하기 때문이다.

베트남인의 음양 조화는 속어와 가요(ca dao)에서도 찾아볼 수 있다. "불행 속에 행운이 있고, 무미건조함 속에 재미가 있으며, 화속에 복이 있다(Trong rủi có may, trong dở có hay, trong họa có phúc.)", "사탕수수는 벌레 먹은 마디가 있는가 하면 좋은 마디도 있다(Mía có đốt sâu đốt lành.)", "시장은 야채 진열대가 있는가 하면 금 진열대도 있다(Chợ có hàng rau hàng vàng.)", "사람은 영광스러울 때와 치

4 베트남에 관우묘(關羽廟), 즉 관성묘(關聖廟)가 세워지기는 1746년이다.

욕스러울 때가 있는가 하면, 물은 흐릴 때와 맑을 때가 있다(Người có lúc vinh lúc nhục, nước có lúc đục lúc trong.)", "수도(首都)에도 무례한 사람이 있고, 만이(蠻夷)에도 장원 생도가 있다(Kinh đô cũng có người rồ, man di cũng có sinh đồ trạng nguyên.)", "고생 끝에 낙이 온다(Vất vả có lúc thanh nhàn, không dưng ai dễ cầm tàn che cho.)"

다음은 베트남인의 음양 전이를 잘 보여주는 속어이다. "기쁨이 많으면 고통도 많다(Sướng lắm khổ nhiều.)", "불행이 다하면 행운이 온다(Bĩ cực thái lai, 否極泰來)", "욕망이 많으면 실패도 크다(Trèo cao ngã đau.)", "사랑이 큰 만큼 싸움도 크게 한다(Yêu nhau lắm, cắn nhau đau.)", "욕심이 과하면 망한다(Tham thì thâm.)", "지나치게 확신하면 작아진다(Chắc quá hóa lép.)", "지나치게 익으면 물러진다(Chín quá hóa nẫu.)", "지나치게 어질면 어리석다(Hiền quá hóa ngu.)", "지나치게 재면 망치게 된다(Kén qúa hóa hỏng.)", "지혜가 다하여, 바보가 되다(Hết khôn, dồn ra dại.)", "미워하면, 하늘이 그것을 준다(Ghét của nào, trời trao của ấy.)".

동남아시아의 종합사유와 백월족의 분석사유가 결합하여 음양사유를 발전시켰다. 이후 북방 한족은 남방의 초보 수준의 음양사유를 받아들여 완성시켰다. 하지만 백월족보다 좀 더 분석적 사유 능력을 가진 북방인에 의하여 결과는 북방사유와 남방사유가 나오게 되었다.

북방사유는 차가운 자연환경 때문에 양(陽) 혹은 동(動)을 중시하는 문화를 낳았다. 이 양성문화는 음의 요소를 중시하면서 더 강한 분석사유능력을 갖는 사유방법으로 강하게 대처하는 방식을 낳았다. 하여 북방의 사유는 음양을 양의(兩儀)라 부르고 짝수(음)의 수로 이뤄진 우주모형을 만들었다. 즉, 2는 4(四象: 춘·화·추·동 등)를 낳고, 4는 8(八卦: 건·태·리·진·손·감·간·곤)을 낳았다는 형식이다. 역경(易經)은 우주형성원리를 "태극(太極)은 양의(兩儀)를, 양의는 사상(四象)을, 사상은 팔괘(八卦)를 낳고, 팔괘는 길흉을 정하고, 길흉은 대업을 낳는다."는 형태로 설명하고 있다. 여기에는 오행이 설 자리가 없다. 따라서 음양, 오행, 팔괘 모두가 중국의 상품이라는 관념은 잘못된 것이다.

남방사유는 무더운 자연환경 때문에 음(陰) 혹은 정(靜)을 중시하는 농업문화를 낳았다. 이 음성문화는 종합사유와 양의 요소를 중시하는 방법으로 유연하게 대처하는 방식을 낳았다. 이는 홀수(양)의 수로 되어 있는 우주모형을 만들었다. 즉, 2는 3(三才: 天·地·人)을 낳고, 3은 5(五行: 수·화·목·금·토)를 낳았다는 형식이다. 남방 백월족 지역의 초나라 철학자 노자의 "1은 2를 낳고, 2는 3을 낳고, 3은 만물을 낳았다."는 관념은 우연이 아니다. 음양원리의 발전 양도(兩道)를 표로 나타내면 다음과 같다.

음양원리의 발전 양도

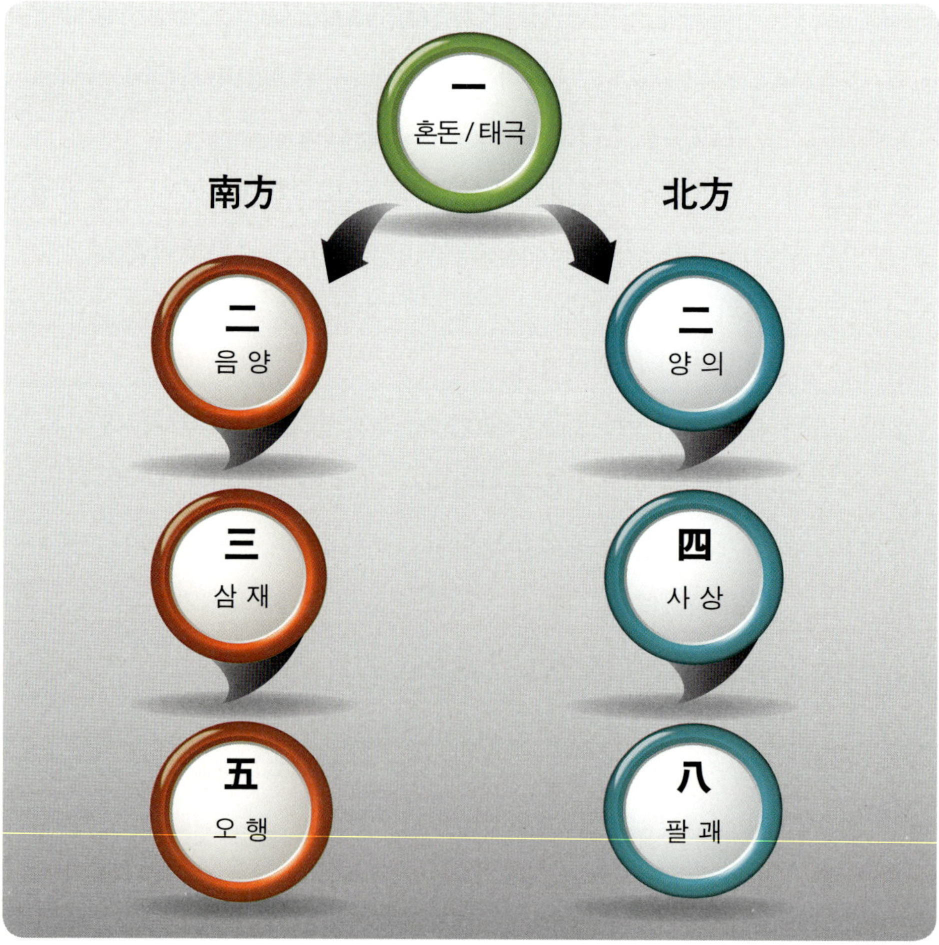

음양의 원리와 관련이 있는 1-2의 수를 분류해보면, 북방인들이 4, 6, 8 등 짝수를 좋아함을 알 수 있다. 짝수 4는 이웃의 사방(四方), 가족의 사대(四代), 여자의 사덕(사덕: 公容言行), 바다의 사해(四海), 마차를 끄는 사마(四馬), 문묘에서 제사하는 사배(四配: 안자·증자·자사·맹자), 중국어의 사성(四聲), 왕조정부에서 가장 높은 대신 사주(四柱) 등을 들 수 있다. 짝수 6은 예(禮)·악(樂)·사(射)·어(御)·서(書)·수(數)의 육예(六藝),[5] 지(知)·인(仁)·성(聖)·의(義)·충(忠)·화(和)의 육덕(六德), 효(孝)·우(友)·목(睦)·인(婣)·임(任)·휼(恤)의 육행(六行), 납채(納采)·문명(問名)·납길(納吉)·납폐(納幣)·청기(請期)·친영(親迎)의 육례(六禮), 말·소·염소·개·돼지 등의 육축, 왕조정부의 6부, 육미환(六味丸) 등을 들 수 있다. 그리고 짝수 8은 팔음(八音), 팔현(八賢), 팔진(八珍), 팔선(八仙)[6] 등을 들 수 있다.

홀수는 남방의 정(靜)을 중시하는 농업문화의 특징을 띤다. 베트남인의 고사성어나 속어는 3, 5, 7, 9 등의 홀수, 즉 양의 수와 결합하기를 좋아한다. "한마디 거짓말, 7일간 참회(1 lời nói dối, sám hối 7 ngày), 참는 한 문장, 좋은 아홉 문장(1 câu nhịn, 9 câu lành: 참는 게 좋다), 1개의 입은 비밀이 지켜지고, 9개의 입은 비밀을 지키기 어렵다(1 miệng thì kín 9 miệng thì hở), 명예를 사는 데는 3만동이고, 명예를 파는 데는 3동이다(Mua danh 3 vạn, bán danh 3 đồng), 삼당칠색(3 bè 7 mối, 三黨七色: 단합이 안 됨), 삼혼칠백(3 hồn 7 vía), 3번 걱정하고 7번 헤아린다(3 lo 7 liệu), 삼방칠계(3 vành 7 vẻ: 三方七計), 3명의 처에 7명의 시첩(3 vợ 7 nàng hầu: 三妻七侍妾: 남자의 능력을 상징), 3방형 7원형(3 vuông 7 tròn: 圓滿), 삼초실본(Tam sao thất bản, 三抄失本: 말이 옮겨지다 보면 본질에서 벗어난다), 삼침칠부표류(3 chìm 7 nổi 9 lênh đênh, 三沈

---

5 예는 예용(禮容), 악은 음악, 사는 궁술(弓術), 어(御)는 마술(馬術), 서는 서도(書道), 수는 수학(數學) 등 6종류의 기술이다. 육예는 또한 육경(六經)을 가리키기도 한다. 육경(六經)은 『시경(詩經)』, 『서경(書經)』, 『예기(禮記)』, 『악기(樂記)』, 『역경(易經)』, 『춘추(春秋)』는 사대부의 기초적 교양에 필요한 것이기 때문에 거기에 육예와의 공통점을 가지고 있다 하여 육예로도 불렀다.

6 중국에 전해 오는 8명의 선인(仙人)으로 일반적으로 종이권, 장과로, 한상자, 이철괴, 조국구, 여동빈, 남채화, 하선고를 합친 8명을 말한다. 팔선은 여러 예술 장르에서 주제가 되었고 오늘날에도 중국 민중에게 친근감을 주고 있다.

七浮漂流: 여자의 인생 부침), 삼혼구백(3 hồn 9 vía), 3마리 황우에 7마리 수우(3 bò 9 trâu: 부유함을 의미), 삼오성군(Túm 5 tụm 3, 三五成群), 오부삼모(5 cha 3 mẹ, 五父三母: 책임감 없음), 오당칠색(5 bè 7 mối: 단합이 안 됨), 오번칠차(5 lần 7 lượt, 五番七次: 반복), 다섯 번 기만하고 일곱 번 세탁하다(5 lừa 7 lọc: 속이다), 5명의 처에 7명의 첩(5 thê 7 thiếp, 五妻七妾: 능력 있는 남자), 5번 헤아리고 7번 걱정한다(5 liệu 7 lo)".

베트남인의 일상 언어나 민간문화에서 홀수를 써서 말하거나 상징하는 것이 보편화 되어 있다. 예컨대, 구층운, 구천, 머리 3개와 꼬리 9개의 뱀, 9개의 상아를 갖고 있는 코끼리, 9개의 벼슬을 갖고 있는 닭 등이다.

일단위에서 가장 큰 홀수 9의 배수는 큰 개념들을 지적하기 위하여 보편적으로 사용된다. 예컨대, 2×9=18 형태의 다(Đà)강 응옥 루(Ngọc Lũ)동고에 새겨진 열여덟 마리의 새, 반랑의 18 훙왕, 꼬라성의 18 화공퇴(火攻堆) 등과 3×9=27 형태의 3년 상(3년 상은 실제 27개월이었음), 4×9=36 형태의 하 노이 36방, 36척(삼십육계), 36개 노 느엉(nõ nường) 등이다.

베트남인은 홀수를 좋아하지만 홀수를 두려워하기도 한다. 그리하여 3, 5, 7의 수와 14와 23처럼 합하여 5[(14→1+4=5), (23→2+3=5)]가 되는 수를 꺼린다. 따라서 "7일 날 놀러가지 말고 3일 날 돌아오지 말라(Chớ đi ngày 7 chớ về ngày 3.)"와 "5일, 14일, 23일에는 놀러가든, 장사하러 가든 얻는 게 적다(Mồng năm, mười bốn, hai ba, Đi chơi cũng lỗ nữa là đi buôn.)"란 말이 있는가 하면 "5일, 14일, 23일에는 장가를 가지 말고, 집 짓는 것을 피하라(Mồng năm, mười bốn, hai ba, Lấy vợ thì tránh, làm nhà thì kiêng.)"와 "5일, 14일, 23일에 나무를 심으면 나무가 쓰러지고, 집을 지으면 집이 틀어진다(Mồng năm, mười bốn, hai ba, Trồng cây cây đổ, làm nhà nhà xiên.)"는 가요도 있다.

우주공간에 대한 남방의 이론, 즉 삼재와 오행의 모형은 다음과 같다. 삼재란 천, 지, 인이다. 천은 양, 지는 음, 인은 융화이다. 따라서 인은 천에 대하여는 음이 되고, 지에 대하여는 양이 된다.

음양과 삼재사상은 동썬의 청동괭이에 잘 묘사되어 있다. 여기서 음양은 암수 악어의 손과 발 접촉으로, 삼재는 세 마리 사슴(암수와 새끼), 세 사람(부모와 자식)으로 표현되어 있다.

동고에서는 삼재를 새·사슴·사람으로 표현하였다. 하늘·땅·사람, 즉 삼재는 실제로 삼부(하늘·땅·물), 아버지·어미니·자식, 사람·공간·시간, 썬띵·튀띵·미 느엉, 구장·빈랑·석회, 삼발이 등 서로 다른 셋이 한 세트가 되는 것을 대표하는 전형이다.

어떤 민족이든 흙, 물, 불은 중요한 요소이다. 말할 것도 없이 누구든 땅위를 걷고, 물을 먹으며, 불을 사용하기 때문이다. 우주의 구성요소에 대한 개념이 나라마다 약간씩 차이가 있다. 서양인들은 우주가 흙, 물, 불, 공기로 구성되었다고 생각한다. 인도는 흙, 물, 불, 바람으로 구성되었다고 한다. 중국인은 천, 지, 불, 물, 산, 천둥, 번개, 바람으로 구성되었다고 한다.

도작농업에 종사하는 동남아시아인들은 이러한 규율을 제시하지 않았다. 하지만 이러한 요소 외에 나무에 관심을 가졌다. 만약 흙이 좋다면 나무가 좋을 것이고, 돌과 금속이 있다면 반대일 거라고 생각하였다. 그러나 세월 속에서 돌과 금속이 식물에 이해(利害)의 양면성을 미친다고 알 게 되었다. 그 후 이것들은 백월인의 두 번째 삼재가 되었다.

'흙·물·불'과 '나무·흙·금속' 등의 두 삼재가 결합하였다. 이들 가운데 흙은 공동의 요소이기 때문에 다섯 가지 '물·불·나무·쇠·흙(수·화·목·금·토)'이 한 세트가 된다. 이중 불과 물은 서로 대립되는 음양의 한 세트이고, 나무와 금속은 두 번째 세트가 된다. 결국 흙은 중앙에서 조화를 이룬다.

오행, 즉 수·화·목·금·토는 추상적인 의미를 갖는다. 다시 말해 오행은 다섯 가지 요소가 아니라 다섯 가지 운동과 관계를 의미한다. 따라서 '수'나 '화'는 '물'이나 '불'이 아니라 다른 여러 가지가 된다. 이는 높은 개괄성을 띠는 개별적 개념을 갖는다.

II. 인간관계

오래전부터 한 지역에 정착하여 도작공동체사회를 형성·유지해왔던 베트남인들은 사귐이 자연스럽고 그 사귐이 깊었다. 그러나 그 사귐은 범위가 제한적이었다. 사귐의 범위가 자신이 소속돼 있는 공동체를 넘어선 것이 아니라, 자신이 속한 지역으로 한정되었다. 따라서 넓은 의미에서의 사귐은 자연스럽지 못했다. 즉, 공동체를 벗어나거나 낯선 사람에게는 매우 움츠리고 소심함을 드러냈다.

베트남인들은 사귐을 매우 중시한다. 동족 혹은 동업의 형태로 수대에 걸쳐 한 곳에서 함께하는 공동체에서 사귐을 떠나서는 생존이 어려웠다. 생산활동이나 혼상제 등은 사귐 없이는 불가능했기 때문이다.

그 사귐은 서양인들처럼 고개를 끄떡이거나 눈인사나 하는 정도가 아니라 모든 것을 보여주고 보는 정도이다. 따라서 베트남 사회는 사생활 유지와 비밀 유지가 쉽지 않다. 속속들이 알고 간섭하다 보니 말도 많고 탈도 많다. 하지만 사귐의 높은 밀도 때문에 크고 작은 일들에서 상부상조가 잘 된다. 이는 가정의 혼상제 혹은 마을의 성황제 또는 마을의 사조직 갑(甲) 등이 잘 보여준다.

베트남인은 사귐의 밀도를 높이고 유지하기 위하여 여러 가지 방법을 동원한다. 서로를 보여주고 보는 방식은 기본이다. 그 가운데 서로는 상부상조를 한다. 그 같은 사귐을 유지하기 위해 우리처럼 아이들이 태어나기도 전에 혹은 성장하기도 전에 사돈관계를 맺기도 한다. 시작은 쉽지 않지만 한 번 사귐이 이뤄지고 통하게 되면 외국인이라도 이 같은 관계를 기대할 수 있다.

베트남의 사귐에는 반드시 정의(情義)가 실려야 한다. "한 바구니의 이(理)는 조금의 정(情)만 못하다(Một bồ cái lý không bằng một tí cái tình.)"나 "물질보다는 정(情)과 의(義)가 있어야 한다(Có tình có nghĩa hơn cả của tiền.)"는 속어처럼 말이다.

베트남의 사귐에는 시공간 혹은 정도에서 적당한 거리 유지가 어렵다. 사귐이 냉정한 이성보다는 시시때때로 변할 수 있는 정의에 기초하기 때문에 애증관계도 심하다.

베트남인은 빈부귀천이나 낯설거나 지인이거나를 막론하고 손님 접대를 극진하게 잘한다. 이도 이성보다는 정의에 기초하기 때문이다. 극진한 손님 접대에는 내외국인을 구분하지 않는다. 베트남의 전통이 잘 보존되어 있는 농촌을 방문한 적이 있는 외국인이라면 이를 충분히 경험할 수 있을 것이다.

베트남인은 사귐에서 무엇을 주고받음이 익숙하다. 이는 "빈손으로 오는 것이 부끄러워 작은 것을 준비했다."는 우리말의 '작은 것'을 말한다. 베트남인은 이것을 정감의 표현으로 받아들인다. 물론 이것이 양국에선 종종 뇌물로 둔갑하곤 한다. 하지만 베트남 거주 외국인이라면 사귐에서 반드시 주고받는 것이 있다는 점을 명심하시라.

외국인과의 만남이라 할지라도 베트남인이 나이, 고향, 교육수준, 사회적 지위, 가정형편, 부모생사, 혼인유무, 자식유무, 자녀수, 봉급 등을 물을 때는 중요한 의미가 함축되어 있다. 무엇보다 상대방에 대한 호칭 설정을 위해서다. 베트남어는 호칭이 다양하고 복잡하여 외국인을 곤혹스럽게 만든다. 나이, 친분관계, 사회적 계층 등에 따라 이름 앞에 붙는 호칭이 다르기 때문이다.

한편 폐쇄적 공동체에서 오는 자기보호를 위해서다. 닫혀있는 사회에서 새로운 것, 낯선 것에 대하여 경계심을 갖고 가까이 하기를 주저하는 것은 당연하다. 따라서 사귐의 전단계로 베트남인은 상대를 관찰하고 이해하며 평가를 우선한다. 그렇다면 첫 만남에서 취재형태의 질문들은 매우 베트남적이라 할 수 있다. 누구든 베트남인과 사귐을 갖고 싶거든 반드시 이 과정을 거치라. 깊은 관계형성을 위한 과정으로 여겨라.

베트남인이 다른 사람을 관찰하고 이해하며 평가하기를 좋아하는 것은 자신과 공동체를 위해 유지되어온 전통이다. 오랜 세월 동안 대내외 침략으로부터 자신과 마을, 그리고 국가를 지켜온 이들로서는 외부인에게 깊은 관심을 갖는 것은 공동체를 지키기 위한 사회구성원의 책임이었다.

베트남의 폐쇄적이며 자치적인 공동체사회는 명예와 체면을 강조하였다. 여기에 많은 공동체가 동족의 형태로 유지되었던 것이나 유교의 영향은 이 같은 특징을 가중 시켰다. "마을에서 한 조각의 음식은 부엌에서 한 쟁반의 음식과 같다(Một miếng giữa làng bằng một sàng xó bếp.)"는 명예와 체면을 잘 드러내는 속어이다. 물론 관계에서 명예와 체면을 강조한다는 것은 상대방에 대한 예우로 비춰질 수 있다. 그러나 반대로 베트남인이 흔히 말하는 거만(oai, 威)으로 비춰질 수도 있다. 따라서 다른 사람에 대한 깊은 관심도 어쩌면 명예와 체면, 그리고 과시(誇示)와도 관련될 수 있다. 이중 과시와 관련해서는 공적인 행사나 사적인 혼례, 상례, 제례 등에서 축하객이나 조문객의 수를 주체의 부, 권력, 명예와 결부시키는 경향이 강하기 때문에 많은 비용과 시간을 들여 학연, 지연, 혈연 등을 최대한 동원하게 된다.

명예와 체면을 중시하는 것과 피아를 깊이 있게 공개하는 것 때문에 베트남은 소문이 크게 유행하는 사회이다. 공개가 보편화되었기 때문에 소문은 전파가 매우 빠르다. 그리고 소문은 진위와 상관없이 공동체 내에서 쉽게 여론을 만들어낸다. 따라서 베트남인들은 여론을 두려워한다.

소문은 정확한 근거가 불필요하다. 예컨대, 베트남인의 일상생활에서 빠질 수 없는 것으로 오토바이가 있다. 과거에 자전거를 많이 이용했던 것과 버스와 같은 대중교통의 일반화가 쉽지 않은 도로 상황에서 오토바이는 최상의 교통수단이다. 그 많은 오토바이 중 베트남인이 가장 선호하는 상품은 혼다이다. 일본에서 비슷하게 유행하는 스즈끼는 낄 자리가 없다. 같은 기종이라도 베트남에서 혼다와 스즈끼의 가격은 크게 차이가 난다. 바로 소문 때문이다.

베트남인들은 만남에서 소문을 가지고 상대와 인사를 나눈다. 좋은 소문인 경우는 격려하는 차원이다. 이때 상대방은 명예와 체면이 살아난다. 이 경우 소문의 당사자는 크고 작은 잔치로 공동체의 구성원에게 명예와 체면치레를 해야 한다. 이를 호망(犒望)이라 한다. 그러나 반대인 경우는 위로하는 차원이다. 심한 경우에는 공동체를 떠나기도 한다.

베트남인의 명예와 체면을 강조하는 습관은 진위를 떠나서 남을 치켜세우는 말로 잘 나타난다. 예컨대, "참 예쁘다.", "정말 멋있다." 등이다. 남을 치켜세우는 행위는 여기에서 그치지 않는다. 여기에 상대가 뭔가를 잘하면 그의 직업에 '터이(thầy: 師)'자를 붙인다. 예컨대 '훈장(thầy đồ)', '사부(thầy võ)', '약사(thầy thuốc=thầy lang)', '무신(thầy cúng: 巫神)', '복사(thầy bói: 卜師)', '산명선생(thầy số: 算命先生)', '지관(thầy địa lý)', '법사(thầy phù thủy)', '율사(thầy cãi)', '땅꾼(thầy rắn)' 등이다.

베트남인은 사람을 사귀는 방식에서 서양인처럼 직설적이지 않다. 문제를 직설적으로 말하지 않는다. 즉, 핵심을 피하고 빙빙 돌리는 경향이 강하다. 이러한 경향은 북부인이 심하다. "구장 잎은 담소의 시작을 만든다(Miếng trầu làm đầu câu chuyện.)"는 속어처럼 분위기 잡는 행위가 심하다. 다시 말해 뜸을 많이 들인다. 이 경우 성격이 급한 한국인은 힘이 든다. 이 같은 특징은 투쟁에서도 잘 나타난다. 장기항전이 그렇다.

권투의 잽처럼 상대를 알아가는 베트남의 대화는 일정한 틀이 있다. 상대방 부모님의 생사여부를 아는 대화로 "어르신은 건강하시지(Các cụ nhà ta vẫn mạnh giỏi cả chứ?)"가 있다. 혹은 상대 여인의 혼인 여부를 아는 대화로 "늦게 귀가하면 남편이 불평하지 않느냐 [Chị về muộn thế liệu anh nhà (hay ông xã) có phàn nàn không?]" 등이다.

서두가 길고 핵심을 피하는 것 때문에 베트남인은 결단성이 부족하다고 한다. 결단을 피하고 누구를 사랑하는 마음을 잃지 않으며 관계를 유지하려는 것 때문에 베트남인은 자주 웃는다. 이를 이해하지 못하면 자신을 비웃는 것으로 오해할 수 있다.

베트남인은 사귐에서 겸손과 체면을 드러낸다. 이 같은 특징은 일상 언어 속에서 다음과 같은 표현으로 나타난다. 예컨대, "선물을 받을 때(Con xin chú.)", "관심을 받았을 때(Chị chu đáo quá, quý hóa quá!, Anh tốt qúa.)", "은근한 접견을 받았을 때(Bác bày vẽ qúa.)", "손님이 방문했을 때(Quý hóa quá.)", "칭찬을 받았을 때(Anh quá khen!)", "도움을 받았을 때(Cậu đã cứu tớ một bàn thua trông thấy! Cháu được như hôm nay là nhờ cô đây!)", "실수에 대하여 미안하다고 할 때(Nói vô phép, Nói khi không phải.)", "잘 못하여 미안함을 나타낼 때[Tôi sơ ý (vô ý) quá, Tôi lỡ tay, Mong bác bỏ qua đi cho.)]" 등이 있다.

베트남어는 영어의 "please"에 응하는 단어가 없다. 따라서 베트남어는 "Phiền ông(bà).", "Ông làm ơn.", "Xin phép cụ.", "Xin gởi ông.", "Không dám.", "Có gì đâu." 등의 형태로 말한다.

인사말에서 서양인이 시간을 강조하는 것에 비하여 베트남은 공간, 환경, 사회관계 등을 중시한다. 하여 서양처럼 아침, 점심, 저녁에 따른 인사말이 없다. 대신에 인사말이 위로하고 동감하며 나누는 형태로 정감이 있고 따뜻하다. 따라서 "할아버지 안녕하세요(Cháu chào ông ạ!)"나 "할아버지 저 가겠습니다(Xin phép ông cháu về.)" 혹은 "할아버지 계세요, 저 가겠습니다(Ông ở lại, cháu về!)"하면 된다.

III. 의식주

1. 의복

베트남처럼 더운 지역에서는 의복이 갖는 의미가 크지 않다. 남부처럼 연중 여름만 존재하는 경우에는 더욱 그렇다. 자연환경에 적응하는 차원에서 베트남인의 의복은 매우 단순하다. 그러나 춘추와 겨울이 존재하는 북부는 남부에 비하여 의복에 대한 의미가 크다. 여기에 중국의 영향은 의복의 의미를 가중 시켰다. 중국의 영향은 복식에도 영향을 미쳤다.

의복과 관련한 베트남의 속어로 "사람이 예쁜 것은 비단 때문이고, 벼가 좋은 것은 퇴비 때문이며, 다리가 좋은 것은 신발 때문이고, 귀가 좋은 것은 귀걸이 때문이다(Người đẹp vì lụa, lúa tốt vì phân, chân tốt vì hài, tai tốt vì hoa.)"가 있다.

속어에서 알 수 있듯이 의복은 사회적 지위를 알 수 있는 요소가 된다. 아무리 옷을 단순하게 입었을지라도 질, 색감, 디자인 등이 같을 수 없기 때문이다. 그리고 의복에 따라 소품도 다르기 때문이다.

이뿐 아니라 베트남의 의복은 종족을 구분하기도 한다. 베트남은 54개 종족으로 구성되어 있다. 종족마다 독특한 디자인과 색깔 그리고 문양을 갖는다. 교통이나 통신시설 등의 발달로 웬만한 것이 일반화된 상황에서도 이들 소수 종족들의 의복은 우리의 한복처럼 유지되고 있다.

전통시대 베트남인의 옷감은 우리와 크게 차이가 없었다. 일찍부터 잠업이 발달했기 때문에 견직 옷감의 의복을 많이 착용하였다. 물론 가격 때문에 견직 옷감의 의복은 부유한 자들의 즐겨 입었고 일반인은 마직과 면직 옷감의 의복을 착용했다. 이외에도 바나나에서 실을 뽑아 옷을 만들어 입기도 하였다.

[사진 15] 코

남녀의 의복이 달랐다. 남자는 일본 스모 선수들이 착용하는 형태의 일명 성기가리개인 코(khố)를 착용하였다. 베트남처럼 무덥고 긴 여름의 날씨에서 코는 적격이었다. 베트남인의 코의 착용은 프랑스 식민지시대에도 남아있었다. "코는 찢어졌고 상의는 너덜거렸다(Khố rách áo ôm.)"나 "머리는 수건을 두르지 않고 엉덩이는 코를 착용하지 않았다(Đầu không khăn, đít không khố.)"처럼 코는 가난의 표현으로도 쓰였다.

여자 역시 무더운 날씨를 반영한 의복을 착용하였다. 하의는 사롱이라고 긴 천을 몸에 감싸는 형태거나 통치마였다. 사롱은 지금도 동남아지역에서 남녀가 즐겨 입는 옷이다. 요즘 베트남인들은 더 이상 사롱을 착용하지 않지만 라오스 등 일부 국가에서는 전통의상이기도 하다. 통치마는 1960-70년대에 한국에서 '월남치마'라는 이름으로 많은 여성들이 즐겨 입은 옷이기도 하였다.

베트남인의 의복에서도 중국의 문화 영향을 찾아 볼 수 있다. 남방의 무더운 날씨에 적응하기 위하여 치마 종류를 입었던 베트남인들이 중국의 식민지가 되면서 자의 혹은 타의에 의하여 중국인들이 입던 바지를 착용하게 되었다. 바지통은 처음에는 컸으나 나중에는 작아졌다. 동남아시아의 라오스, 캄보디아, 태국, 인도네시아, 말레이시아 등이 여전히 사롱을 착용하고 있는 점을 고려할 때 유독 베트남에서 이것이 사라진 것도 중국의 영향으로 보여 진다.

상의로는 태텀(the thâm)을 입었다. 그리고 머리에는 수건 혹은 논을 썼으며, 나무 슬리퍼를 신었고, 검은 우산을 들었으며, 수건으로 허리를 묶었다. 오늘날 베트남 젊은이들이 자주 쓰는 모자는 서구의 문화이다.

베트남인들은 몸에 장신구를 즐겨 착용하였다. 장신구는 목걸이, 팔찌, 발찌, 귀걸이 등이었다. 문신도 빠질 수 없는 치장의 수단이었다. 반랑시대부터 성행했던 문신은 악어의 피해로부터 자신들을 보호하고자 함이었다. 즉, 물 속 생활이 많았던 베트남인들은 자신들의 피부를 악어처럼 만들어서 악어를 속이고자 하였다. 한편, 문신은 악어를 토템으로 생각했던 신앙으로도 볼 수 있다. 전레왕조에 금위군의 이마에 '천자군'이란 문신을 새겼다는 것처럼 세월의 흐름 속에서 문신은 특수한 집단의 전유물이 되었는가 하면 죄인의 표징으로도 사용되었다. 하긴 지금은 국적과 성별을 불문하고 많은 사람들이 문신을 화장처럼 한다. 악어 피부형태의 문신 풍속은 쩐왕조 하에 사라졌다.

피부 문신뿐만 아니라 베트남인은 치아염색도 하였다. 치아를 검게 물들이는 염색은 성인식의 일부였다. 남녀가 16세가 되면 모두가 치아를 염색했다. 베트남인은 하얀 치아를 개 이빨 혹은 옥수수 같다는 형태로 비하하였다. 이외에도 베트남인은 치아 염색이 충치로부터 치아를 보호해주며 아름다움을 더해준다고 믿었다. 같은 차원에서 베트남인들은 손톱과 발톱도 물들였다.

의복에서 여자의 경우는 상의 속옷으로 옘(yếm)을 착용하였다. 옘은 속옷이지만 특별한 경우를 제외하고 집 안팎에서 입었다. 옘은 목 부분과 허리부분 뒤쪽으로 각각 묶었다. 옘의 평상시 색깔은 하얗고 혼인과 마을 축제와 같은 행사에서는 붉은, 분홍, 선홍이었다.

상의 형태는 네 조각 혹은 다섯 조각으로 나눠진 사신복과 오신복이었다. 이중 사신복이 보편적이었다. 중국의 영향 이전의 베트남 남자 상의의 단추는 지금 여자들의 형태처럼 왼쪽에 있었다.

더운 날씨 때문에 베트남 문화는 음성을 띤다. 베트남인들이 감추기, 즉 비밀스러움을 좋아하는 이유는 여기에 있다. 아오 자이(áo dài)는 이를 잘 반영하고 있다. 아오 자이는 상의가 긴 옷이라는 의미를 갖는다. 실제로 상의가 발목까지 내려온다. 여인의 아오 자이는 풍성하고 비밀스럽게 신체의 아름다움을 감춰준다. 색깔이 한국의 한복이나 일본의 기모노처럼 화려하지는 않다. 아오 자이의 평상시 색은 갈색이다. 하지만 염색술이 발달한 요즘에는 좀 더 화려하고 다양한 색깔의 아오 자이가 유행이다. 연중 여름만 있는 남베트남에서는 아오 자이가 중고여학생들의 교복이다. 교복은 모두 흰색으로 통일되었다. 그러나 교통수단이 주로 자전거와 오토바이인 상황에서 긴 옷자락이 체인 혹은 바퀴에 끼여 종종 사고를 일으키는 바람에 학생들의

[사진 16] 치아를 염색한 할머니

[사진 17] 옘

[사진 18] 사신복과 논틍

[사진 19] 아오 자이

아오 자이 착용을 강요하지 않는다. 하여 요즘에는 예전처럼 아오 자이를 착용하고 등하교를 하는 학생들을 보기는 흔치 않다. 혼인 등의 축제에서는 화려한 아오 자이를 입는다.

아오 자이는 베트남의 옷이라고 할 수 없다. 중국인들도 오래전부터 아오 자이(치파오)를 착용하고 있기 때문이다. 프랑스 식민지시대 서구문화의 영향으로 아오 자이는 1930년대 베트남의 두 화가 깟 뜨엉(Cát Tường)과 레포(Lê Phổ)에 의하여 지금처럼 형태가 약간 변형됐을 뿐이다.

2. 음식

베트남인은 음식에서도 자연환경을 고려한다. 이들은 더위를 피하기 위하여 찬 음식(음의 성격)을 많이 섭취한다. 우리가 여름에 차가운 음식을 즐겨 찾는 것과 같다. 반대로 겨울이 있는 북부에서는 더운 음식(양의 성격)을 많이 섭취한다. 북베트남인들이 겨울에 개고기를 많이 먹는 이유가 바로 여기에 있다.

베트남인의 개고기 먹는 풍속은 우리의 이열치열 개념과는 사뭇 다르다. 여름이 우리와 비교할 수 없이 덥고 긴 점을 고려한다면 그 개념이 통할리 없다. 한편, 베트남 북부인들의 개고기 먹는 문화는 우리보다 훨씬 보편화되어있지만 풍속 습관 때문에 음력 15일 이후에 먹는다.

서양인은 추위를 피하기 위하여 더운 음식을 많이 섭취한다. 동양인 그 중 동남아시아인이 육류(양)를 피하는 것은 더위를 피하려는 기후환경 때문이다. 이뿐 아니라 동양인이 육류를 피하는 것은 불교라는 종교영향도 크다.

[사진 20] 물담배 흡연

베트남인은 음식섭취에서 음양의 조화를 추구한다. 그 기준은 음식과 음식간의 음양 조화이고, 음식과 그 음식을 섭취하는 사람간의 음양 조화이며, 사람과 자연환경간의 음양 조화이다.

음양의 조화는 심지어 전통시대부터 지금까지 베트남인의 성인남녀가 즐기는 기호품에서도 찾아볼 수 있다. 빈랑열매 씹기는 삼재의 조화까지도 추구한다. 즉 빈랑열매와 석회는 각각 양과 음을, 이것들을 포장하는 구장 잎은 중간 화합을 상징한다. 그리고 우리의 곰방대와 비슷한 라오(lào)담배, 즉 물담배에서 담배와 물은 각각 양과 음을 상징한다. 술과 안주는 각각 양과 음을 상징한다.

[사진 21] 물담배 피우는 도구들

음양의 조화를 위하여 베트남인은 음식을 만들 때나 먹을 때에 음양의 조화와 오행을 고려한다. 여기서 음양은 정도에 따라 5가지로 나뉜다. 구체적으로는 한(寒, 陰多=水), 열(熱, 陽多=火), 온(溫, 陽少=木), 양(良, 陰少=金), 평(平, 中性=土)의 형태다. 따라서 베트남인은 요리를 할 때 가감과 전화(轉化)의 형태로 음양의 규칙을 엄격하게 혹은 느슨하게 준수한다. 베트남인의 조미료 사용은 맛을 촉진하는 작용 외에 음식의 음양과 한열(寒熱)의 조화 작용에 있다. 예컨대 양성의 생강과 고추를 음성의 호박, 무, 배추, 오리고기, 물고기, 새우, 게 등의 요리에 이용하는 형식이다. 그 외 레몬(良)을 닭고기(溫)에, 양파(溫)를 돼지고기(良)에, 마늘(溫)을 물소고기(良)에, 지엥[riềng(溫)]·매[mẻ(良)]·훙[húng(良)]·라머[lá mơ(良)] 등을 북부인들이 즐겨 먹는 보양식 개고기(熱)에 넣는 것도 같은 차원이다.

과일 등을 먹을 때도 베트남인들은 음양의 조화를 추구한다. 수박 혹은 우리의 단팥죽과 비슷한 쩨(chè)를 먹을 때 베트남인은 소금과 함께 먹는다. 이것들은 음의 성질을 갖기 때문에 양의 성질을 띠는 소금을 첨가함으로써 맛을 더 짙게 낸다. 반대로 마른 생선과 육포처럼 찬 맛이 나는 음식에는 음양의 조화를 위해 설탕을 조금 넣는다.

베트남인은 체내의 음양 조화를 위하여 음양의 조화를 갖춘 음식을 섭취하는

[사진 22] 여주

것 외에 체내의 상실된 음양 조화 조절을 위한 음식과 약재를 사용한다. 이는 병의 원인을 체내 음양 균형의 상실로 보기 때문이다. 따라서 음이 과하여 아프면 양한 음식을 먹어야 하고, 양이 과하여 아프면 음한 음식을 먹어야 한다. 예를 들어 배가 열(陽)한 아픔은 검은 콩 째나 계란과 같은 차가운(寒) 음식을 복용한다. 반대로 배가 한(寒)한 아픔은 생강과 같은 열(陽)한 음식을 복용한다. 차가움(음)을 느끼는 열병과 더위(양)를 느끼는 열병에서 각각 생강죽과 파죽을 먹는 경우도 같은 차원이다.

사람과 자연환경간의 음양 조화를 위하여 베트남인은 기후와 계절에 따른 식습관을 갖는다. 베트남은 더운(양) 지역에 속하기 때문에 사람과 자연과의 균형을 맞추기 위하여 베트남인의 대부분 음식은 한(寒, 음)과 양(良, 음)에 속한다. 따라서 베트남인의 전통 음식구조는 식물성 음식에 치우친다.

베트남인은 여름에 지방과 육류 보다 한(寒)하고 양(良)한 과일과 생선을 많이 먹는다. 요리를 할 때, 물기(음)가 많고 신맛(음)이 나며 해열이 있고 소화가 쉬우며 먹기에 편하도록 삶거나 소금에 절이거나 채를 만들거나 한다. 따라서 베트남인은 시고 쓴 맛이 나는 음식을 좋아한다. 써서 우리가 먹기 힘든 여주(khổ qua, 苦瓜, mướp đắng)는 베트남인, 그중에서도 남부 사람들이 좋아하는 식재료이다.

겨울에 북베트남인은 추위를 피하기 위하여 지방과 육류 섭취를 선호한다. 겨울에 부합하기 위하여 좀 더 건조한 요리방식을 취한다. 따라서 볶음, 튀김, 조림, 지짐처럼 양성이 강한 지방을 많이 사용한다. 식재료로 고추, 생강, 후추, 마늘 등을 많이 쓴다. 베트남 중부인이 고추를 많이 먹는 이유는 차가운(음) 해안지역에 거주하기 때문이다.

베트남인의 계절별 음식 취향을 알 수 있는 속어로 "여름에는 민물고기, 겨울에는 바다고기(Mùa hè cá sông, mùa đông cá bể.)", "개구리는 3월에, 닭은 7월에(Ếch tháng ba, gà tháng bảy.)", "개구리는 10월에, 사람은 1월에(Ếch tháng mười, người tháng giêng: 개구리는 가을 추수에 살이 찌고, 사람은 음식을 잘 먹는 설에 쌀이 찐다는 의미)", "9월에는 갯지렁이를 먹고, 10월에는 새우(바다의 작은 새우)를 먹는다(Tháng chín ăn rươi, tháng mười ăn ruốc.)", "무옹(공심초)은 9월, 며느리는 시어머니 식사를 위해 굶는다(Rau muống tháng chín, nàng dâu nhịn cho mẹ chồng ăn: 가을 무옹은 줄기가 뻣뻣하여 맛이 없기 때문에 시어머니를 미워하는 며느리가 자신은 이를 안 먹고 시어머니에게 대접한다는 의미로 고부간의 갈등을 담고 있음)". 계절별 음식 취향은 식재료의 생산 시기가 가장 관건이다.

[사진 23] 무옹(공심초)

음식마다 부위별 가치가 있다. 따라서 식재료의 먹는 부위는 제한되고 선호하는 부위도 다르다. 물론 이는 오랜 세월 속에서 경험학습으로 얻어진 결과이다. "미나리는 줄기를 먹고, 무옹은 잎을 먹는다(Cần ăn cuống, muống ăn lá.).", "마는 몸통을 먹고, 홍은 잎을 먹으며, 다이는 줄기를 먹는다(Cây rau má, lá rau húng, cuống rau đay.)", "바나나는 뒷마당에 심고, 빈랑나무는 앞마당에 심는다(Chuối sau, cau trước.)", "밋은 동그랗고, 즈어는 울퉁불퉁하며, 티는 비뚤어져있다(Mít tròn, dưa vẹo, thị méo trôn.)", "쨉·쪼이·매는 머리·아가미·입을 먹고, 흑연은 옆구리를 먹는다(Đầu chép, mép trôi, môi mè, lườn trắm.)", "100쌍의 혼인식 음식을 먹어도 메기의 아래 입만큼은 못하다(Một trăm đám cưới, không bằng hàm dưới cá trê.)", "가금류는 엉덩이가 제일 맛있고, 날개는 두 번째다(Nhất phao câu, nhì âu cánh.)".

한편 음식마다 특정 부위에 대한 의미가 있다. 따라서 베트남인은 음식을 먹을 때 종종 그 음식의 특정부위에 대한 이야기를 하거나 그를 특정인에게 제공한다. 이는 한국에서 식사 시에 어두육미하면서 그 부위를 제공하는 형태다.

식재료와 음식을 선택할 때 베트남인은 알려져 있는 정보에 의존하는 경향이

[사진 24] 무이와 텀 야채

[사진 25] 훙

[사진 26] 냄

강하다. 이러한 경향은 우리나라에도 강하다. 예컨대 개성 인삼, 영광 굴비, 이천 쌀, 춘천 닭갈비, 마산 아구찜, 남원 추어탕 등의 형태로 인식되어 값이 더 비싸다 할지라도 사람들은 그 지역의 것을 선호한다. 베트남의 경우 맛있는 찐쌀은 하 노이 시 꺼우 져이(Cầu Giấy)군의 봉(Vòng)찐쌀 마을, 맛있는 훙[húng: 박하처럼 생겼으며 쌀국수(phở)나 개고기 등을 먹을 때 먹음]야채는 하 노이 랑(Láng)훙 형태이다. 이는 "라 야자수(Dưa La), 랑훙(Húng Láng), 방냄(nem Báng), 번장(tương Bần), 반번 액젓(nước mắm Vạn Vân), 깨머 술(Rượu Kẻ Mơ), 쨈 소시지(giò Chèm), 배냄(nem Vẽ), 찌에우 쿡 고구마(Khoai lang Triều Khúc), 더 (bánh đúc Đơ), 봉 찐쌀(Cốm Vòng), 메찌 땀 쌀(gạo tám Mễ Trì), 번장, 랑훙보다 맛있는 게 있는가(Tương Bần, húng Láng còn gì ngon hơn.)" 등의 속어 혹은 민요로도 전승된다.

베트남인의 식사문화에는 공동체성이 짙게 스며있다. 방바닥에 음식이 차려진 둥근 쟁반을 놓고 온 가족이 빙 둘러 앉는다. 개인에 속한 것은 밥그릇과 젓가락 뿐이다. 우리의 개인에 속하는 수저와 국 역시 베트남에서는 공동에 속한다.

베트남의 나이, 계급, 성별 등에 입각한 계급사회의 특징은 식사를 통해서도 나타난다. 따라서 비교우위에 있는 사람이 가장 좋다고 생각하는 자리를 앉는다거나 식사를 권하거나 맛있다고 생각하는 음식의 부위를 권한다. 음식을 권할 때는 젓가락 뒷부분으로 집어서 상대의 밥그릇에 넣어준다.

베트남인은 식사시간에 대화를 많이 나눈다. 대화의 주제는 제한이 없다. 따라서 베트남인의 식사시간은 길다. 그 중 남부인의 식사시간이 가장 길다. 이를 프랑스의 식민지 영향으로 보는 경향도 있다. 대화가 많고 반주를 곁들이는 것 때문에 베트남인의 식사는 매우 시끄럽다. 과거의 한국처럼 담배를 선물로 하고 서로 권하며 금연이 없기 때문에 담배를 피우지 않거나 술을 마시지 않는 사람은 긴 식사시간에 고역을 겪기도 한다.

식사 시에 베트남인은 반주를 곁들인다. 베트남의 술은 대부분 알코올 농도가 높다. 술잔이 작은 것도 이 때문일 것이다. 그러나 식사시간이 길고 건배형태로 여러 잔을 마시는 까닭에 작은 잔으로 마신다할지라도 취하게 된다.

[사진 27] 전통 술

베트남인의 쌀밥은 우리의 쌀밥처럼 찰기가 없다. 이는 쌀의 종류가 다르기 때문이다. 하여 베트남인은 밥을 먹을 때 밥그릇을 입에 대고 젓가락으로 쓸어 넣는 형태가 된다. 국은 밥그릇을 비울 때마다 밥그릇에 두세 스푼의 국물을 퍼 담아 밥그릇을 씻는 형태를 취했다가 마실 뿐이다.

식사가 끝나면 식사를 했던 자리 혹은 탁자가 있는 자리로 옮겨 물을 마신다. 베트남인은 우리처럼 식사 후에 숭늉 혹은 일반 물을 마시는 것이 아니라 녹차를 마신다. 이때 베트남인은 이쑤시개로 치아에 끼인 음식물을 빼내면서 녹차를 마신다. 녹차 잔이 작은 이유도 되겠지만 앉은 자리에서 대화를 하면서 여러 잔의 녹차를 마신다.

베트남인의 녹차 마시는 풍속 습관은 시공을 초월한다. 손님 접대와 전송, 각종 명절, 혼인, 장례, 제례, 선물, 각종 기관의 회의, 례회 등에서 이용된다. 이처럼 시공을 초월하여 녹차를 이용하기 때문에 아침에 여인의 첫 일과는 물을 끓여 보온 통에 넣는 것과 쟁반, 주전자, 찻잔 등을 정돈하는 것이다.

베트남이 일찍이 녹차를 마셨던 남방의 문화권에 속했던 것과 고대사에서 일천년 이상을 중국에 병합되었던 것 때문에 베트남은 녹차문화가 발달했다. 하지만 중국, 한국, 일본처럼 차도(茶道)는 없다. 베트남인들이 차를 즐겨 마셨던 것은 남방문화의 영향도 크겠지만 석회가 많은 물도 큰 요인이 된다. 물을 끓임으로써 물속에 녹아있는 석회를 응고시키는가 하면 물맛도 높이기 위함이었다.

녹차가 북베트남인들이 주로 마시는 차라면, 커피는 남베트남인들이 주로 마시는 차다. 이는 역사성이나 자연환경에 있다. 점성과 진랍의 영토였던 하떵 이남은 북부인들이 점령하여 병합한 지역이다. 커피는 프랑스 식민지시대에 프랑스인 신부에 의하여 북쪽의 하남(Hà Nam)에 처음 유입되었지만 자연환경 때문에 주 경작지가 남부로 바뀌었다.

식사시간이 길고 여름이 길어 유유자적하며 늘어지는 듯한 베트남인의 생활습관이 차와 깊은 관련을 맺게 했는지도 모른다. 오전 식후에 큰 유리잔 밑바닥에 깔린 연유와 진한 원두 커피 그리고 얼음 덩어리가 어우러진 베트남 커피를 마셔본 이라면 강한 향기와 맛을 결코 못 잊을 것이다.

3. 주거

베트남의 가옥 역시 자연환경에 잘 부합된다. 베트남의 가옥특징은 집이 높고, 문이 넓다. 여기서 집이 높다는 것은 두 가지 의미를 갖는다. 첫째, 마루가 지상에서 높다. 마루는 보통 지상에서 1-2m정도이다. 그 공간은 형편에 따라 다양한 용도로 쓴다. 이 같은 구조를 주상가옥(nhà sàn)이라 한다. 이는 베트남을 포함한 동남아시아의 전통가옥의 전형이다. 마루를 높게 하는 이유는 물, 홍수, 습기, 짐승 등을 피하기 위함이다. 둘째, 지붕이 마루에서 높다. 이는 무더위와 많은 비를 피하기 위함이다.

이것들이 땅 위에 지어진 집이라면 같은 형태로 베트남에는 물위에 지어진 집도 있다. 물위에 지어진 집은 더위를 피함도 있지만 육지에 거처가 없기 때문이기도 하다. 이 경우는 집단의 수상가옥을 이루게 된다. 수상가옥들은 물길을 따라 길게 늘어서 있다.

[사진 28] 수상시장-껀터

한편 베트남에는 선상가옥도 많다. 선상가옥에 거주하는 사람들은 어업, 상업, 운송을 전문으로 한다. 선상가옥에 거주하는 사람들은 이동하는 생활이지만 활동반경이 대체적으로 일정한 가운데 공동체를 이루어 서로 상부상조한다.

베트남은 강이 많고 해안선이 발달하여 수상가옥과 선상가옥이 많은 나라이다. 수상가옥은 물속에 나무를 촘촘히 박아 그 위에 지은 집이다. 이러한 특징은 동고의 문양이나 지붕의 형태를 통해서도 유추된다. 즉 많은 동고들의 문양으로 선박이 이용된 점이나 건물의 지붕이 선박의 형태로 만들어진 점이 바로 그렇다.

베트남인의 집(nhà)은 거주라는 단순 의미 외에도 다른 중요한 의미도 갖는다. 첫째, "부모님은 외출하셨다(Cả nhà đi vắng.)", "집사람은 부엌에 있다(Nhà tôi đang ở trong bếp.)" 등에서 보듯이 '집(nhà)'은 부모님 혹은 아내를 지칭한다. 둘째, '공장(nhà máy)', '문화원(nhà văn hóa)', '출판사(nhà xuất bản)' 등에서 보듯이 기관을 지칭한다. 셋째, '베트남 정부(nhà nước Việt Nam)', '국영기업(doanh nghiệp nhà nước)' 등에서 보듯이 정부와 국가를 지칭한다. 넷째, 'nhà triết học(철학자)', 'nhà khoa học(과학자)', 'nhà chính trị(정치가)'에서 보듯이 사람을 지칭한다. 다섯째, 베트남의 집은 산자와 죽은 자가 함께하는 신앙의 의미를 갖는다. 이는 집안의 가장 중요한 자리에 제단(bàn thờ)을 만들어 조상의 위패를 모시고 섬기는 행위로 나타난다.

베트남은 풍수지리설의 영향을 많이 받은 나라다. 이 때문에 건물을 지을 때뿐 아니라 무덤을 만들 때도 반드시 지관의 지시를 따른다. 가옥을 지을 때 우선

방향과 지세를 선택한다. 방향은 남쪽을 택한다. 이는 서쪽의 더위, 동쪽의 태풍, 북쪽의 추위를 피하고 남쪽의 시원한 바람을 맞기 위함이다. 남쪽은 음양에서 양이다. 남쪽의 시원한 바람과 관련한 베트남의 속어로 "100명의 하녀가 있어도 바람 부는 곳만큼 시원하지 않다(Một trăm người hầu không bằng ngồi đầu ngọn gió.)", "남쪽의 시원한 바람에 눕기 전에 코 골다(Gió Nam chưa nằm đã ngáy.)" 등이 있다.

농업문화전통에 따라 왼쪽을 중시하여 상량(上樑)은 동서 방향으로 놓는다. 이 때문에 순수 베트남어는 상량(đòn nóc)을 동상량(東上樑, đòn đông)이라고도 부른다. 동쪽을 중시하는 베트남의 전통은 조군의 신위를 동쪽에 놓은 것에서도 알 수 있다.

부엌은 동쪽방향의 본채 모서리에 별채형태로 짓는다. 부엌은 방향을 서쪽을 향하게 한다. 부엌은 불을 이용하는 곳이라서 남쪽이나 동쪽에서 불어오는 바람을 피하기 위함이다. 그리고 음식을 먹게 될 본채와의 쉬운 왕래를 위해서다.

베트남인은 집이나 무덤을 만들 때 지세를 중시한다. 이들은 땅은 양기를 가져야 한다고 믿는다. 베트남인의 좋은 땅 선별법으로 오색실이나 물고기를 땅에 묻는 방법이 있다. 전자는 땅 속에 묻어 놓은 실의 색이 변하지 않으면 좋고 변하면 좋지 않다는 것이다. 후자는 땅 아래 통속에 넣어 놓은 물고기가 살면 좋은 땅이요 반대로 죽으면 나쁜 땅으로 판정한다.

거주지를 선택함에 있어서 베트남인은 시장을 가장 중시한다. 이 같은 특징은 베트남의 속어 '일근시이근강(一近市二近江)' 혹은 '일근시이근인삼근강사근로오근전(一近市二近隣三近江四近路五近田)'에 잘 반영되어 있다. 여기서 강은 강이 많은 베트남의 특징을 감안한 것이겠다. 즉, 농업용수, 식용수, 교통, 식재료, 주거 차원에서 중요했기 때문이다. 한편, 베트남인은 거주지 선택에서 이웃을 중시한다. 이주가 쉽지 않은 정착 폐쇄적 공동체 사회에서 이웃은 중요하지 않을 수 없다. 더구나 사생활이 잘 보호 안 되는 마을공동체사회에서 이웃은 거주지 선택에서 중요한 요소로 작용했다. 그리고 근로와 근전은 교통이 발달하지 못하여 왕래가 쉽지 않았고 모든 작업을 노동력에 의존했던 전통시대에 자신의 집이 마을의 도로에서 혹은 자신의 전답이 집에서 가까웠으면 하는 농부들의 심사를 반영한 것이다. 그 중 근로는 이주가 쉽지 않으면서 정착과 외부와의 관계 또한 쉽지 않았던 북베트남의 폐쇄적 공동체문화를 반영한다. 따라서 유목 북방문화에서 전차와 나침판이 발명되었던 것은 우연이 아니다. 필요가 발명을 낳는다는 원리와 같다. 베트남의 교통은 프랑스 식민지 하에 프랑스 식민정부가 원활한 식민착취차원에서 투자하면서 발전하기 시작했다.

베트남 가옥의 건축 자재 역시 자연환경을 잘 반영하였다. 지금도 베트남은 대나무가 많은 나라이다. 대나무와 나무가 많은 점을 충분히 살리면서 무덥고 습한 환경을 피하기 위하여 이것들을 재료로 많이 이용하였다. 지붕은 꼬(cọ), 야자잎, 억새풀 등을 썼다. 부유한 집은 지붕 소재로 기와를 썼다. 벽과 바닥은 흙벽돌과 타일을 썼다. 예부터 베트남인이 건축 소재로 흙벽돌과 타일을 썼던 것은 비가 많고 습도가 높은 점을 고려했기 때문이다.

베트남인은 건축구조에서 좌측, 즉 왼쪽을 중시한다. 이는 농업문화의 동쪽(왼쪽)을 중시하는 전통 때문이다. 음양에서 동쪽은 남쪽과 같이 양에 속한다. 따라서 상량과 부엌도 동쪽을 향한다. 문이 많이 있는 일부 건물에서 정문은 남쪽에 있다. 만약 남쪽에 커다란 두 개의 문이 있다면 정문은 왼쪽의 것이다. 많은 지역에서, 특히 남베트남에서 집안에 두 성씨의 제단이 있을 경우 내성(친가)의 제단은 왼쪽(동쪽)에, 외성(외가)의 제단은 오른쪽(서쪽)에 둔다. 부모와 조부모 모두가 세상을 떠났을 경우 부모의 제단은 왼쪽에, 조부모의 제단은 오른쪽에 둔다. 이는 부모가 조부모보다 가깝기 때문이다.

베트남인은 집칸을 반드시 홀수로 한다. 이는 과거에 대부분 집 구조가 일자였던 우리와도 같다. 하여 우리처럼 부유할수록 칸이 많았다.

홀수의 형태는 지상에서 건물까지의 계단에도 적용된다. 계단은 보통 3개이다. 계단도 부의 상징을 나타낸다. 하여 부유한 집의 계단은 3, 5, 7개의 형태로

[사진 29] 하 노이 문묘-국자감 내부 건물-9간 건물

[사진 30] 삼관-푸토성 훙사당

[사진 31] 흥옌의 포 히엔-삼관 형태

[사진 32] 오문-훼의 경성

많다. 가난한 집에서는 계단이 1개이다. 지상에서 건물까지의 계단은 물론 집안에서 2층 이상 혹은 옥상을 연결하는 계단에도 홀수가 적용된다.

이뿐 아니라, 홀수는 출입문에서도 적용된다. 일반 가옥은 출입문이 하나이고 사찰, 사원, 정, 사당, 묘, 궁전 등의 출입문은 3개이다. 이를 삼관(三關)이라 한다. 훼의 경성의 오문(五門, Ngọ Môn)처럼 출입문이 5개인 경우도 있다. 오문의 경우 안쪽 3개의 문은 임금과 관리가 이용하고, 바깥쪽 2개의 문은 병사나 가축이 이용한다.

큰 건물은 보통 3채를 종의 형태로 연결하여 짓는다. 하 노이의 낌 리엔(Kim Liên)사찰과 하 떠이의 떠이 프엉(Tây Phương) 사찰이 대표적이다. 푸토(Phú Thọ)성 쏭 타오(Sông Thao)현 히엔 다(Hiền Đa)마을의 바녹(Ba Nóc: 3개의 상량)정처럼 상량이 3개인 경우도 있다. 이러한 건물의 평면구조는 '공(工)'자 혹은 '왕(王)'자형태가 된다. 또한 꼬롸성과 훼 성처럼 성이 3겹으로 되어 있는 경우도 있다.

칸, 계단, 출입문에 홀수가 적용되

는 것은 홀수가 양, 즉 살아있는 사람의 수라고 생각하기 때문이다. 이 같은 풍속 때문에 장례식 조문에서 베트남인은 향을 피우고, 꽃을 바치며, 절을 할 때 짝수로 한다.

[사진 33] 오문-푸통사당

IV. 장례

베트남인의 장례는 가까운 사람과 헤어져서 슬퍼하는 것과 그 사람을 저 세상으로 보낸다는 것 두 가지 심리를 구현한다.

사람은 육체와 혼으로 구성되었다고 생각하기 때문에 사후에 혼은 저 세상으로 가는바 베트남인은 죽음을 평온하게 맞았다. 생전에 사람들은 자신 혹은 가까운 사람의 죽음을 주도면밀하게 준비하였고 죽은 사람을 다른 세상으로 기꺼이 보내주었다. 죽음에서도 늙어서 죽는 것을 기쁘게 여겼다. "어린이가 죽으면 장례를 치르고, 노인이 죽으면 축제를 한다 (Trẻ làm ma, già làm hội)"라는 속어도 바로 여기에 있다. 많은 곳에서는 노인이 죽으면 폭죽을 터뜨렸다. 증손 이하는 증조 이상의 장례에서 오색에 따라 붉고 노란 수건을 맨다. 붉은 색과 노란색은 각각 남방과 중앙의 색이며 좋은 색이다.

노인들은 살아있는 동안에 스스로 관과 상복을 준비했다. 전통 베트남인의 관은 음양의 원리에 따라 음을 상징하기 위하여 사각형으로 만든다. 일부는 관을 싸는 곽을 만들기도 한다. 내부의 관과 외부의 곽을 합하여 관곽(棺槨)이라 한다. 관이 완성되면 바로 집안의 제단 (bàn thờ) 아래 놓는다. 관이 완성되면 노인들은 지관에게 묘 자리를 부탁한다. 전통시대에 왕들은 즉위와 함께 이 모든 일들을 준비하였다. 예컨대 베트남 훼의 모든 왕릉은 이러한 과정 속에서 만들어졌다.

집안에 임종하려는 사람이 있을 경우에 가장 시급하고 중요한 일은 죽어가는 사람을 위하여 '햄(hèm)명' 혹은 '튀(thụy)명'이라는 이름을 지어야 했다. 베트남인들은 태어나서 죽을 때까지 몇 차례 이름을 가졌는데, 햄명은 생전의 마지막 이름으로서 죽기 직전에 본인이 스스로 작명하거나 자손이 작명했으며, 그 이름은 자손과 집안의 토공(土公)만 알았다. 죽기 직전의 작명은 고혼(孤魂)이 방황치 않고 제삿날에 돌아와 젯밥을 들 수 있도록 함이었다. 따라서 제삿날에 장자가 햄명으로 기원하면 토공은 살펴보고 그 같은 햄명을 가진 혼령으로 집에 들어가도록 허락한다. 하여 햄명은 '젯밥의 이름'으로도 불린다.

죽은 자를 관에 넣는 염(殮)을 하기 전에 반드시 목욕례(沐浴禮)와 반함례(飯含禮)를 행한다. 반함례는 사자의 입 안에 쌀과 동전 3개를 넣어 주는 것이다. 전자는 사자의 밥을, 후자는 사자의 필요한 물품 구입비용을 의미다. 부유한 가정에서는 동전을 금으로 대체하기도 하였다. 염을 할 때는 슬퍼할 자손들을 피하기 위하여 사자의 얼굴을 가릴 천이 있어야 한다. 훙왕시대부터 실제 물건 혹은 상징적인 물건들을 관 속 혹은 무덤 속에 넣었다. 이런 부장품은 지금도 발견되고 있다. 오늘날에도 베트남 사람들은 의복, 거울, 빗 등을 관속에 넣고 있다. 그리고 매년 제삿날에 종이로 된 돈, 금, 의복을 준비한다. 소수 종족 마(Mạ)족은 자신의 머리카락 일부를 잘라 죽은 자의 옷 속에 넣어두며 집을 지어준다. 매장하기 전에 머농(M'nông)족은 관을 열어 시체를 덮은 천을 칼로 자른다. 이는 죽은 자가 환생했을 때 숨이 막히지 않도록 하기 위함이다.

베트남인은 장례를 허락해 달라고 길이 여러 갈래로 나눠지는 지점을 돌보는 신에게 제사를 지낸다. 장지로 가는 길에는 불행을 피하기 위하여 마귀에게 도로 비용의 지전을 뿌린다. 장지에 도착하면 사자의 안장을 허락해 줄 것을 그 곳 토신에게 요청하는 하혈례(下穴禮)를 지낸다.

안장이 끝나면 무덤 위에 밥그릇, 계란, 한 쌍의 젓가락을 배설한다. 이때 젓가락은 밥그릇에 꽂아 둔다. 많은 곳에서는 지푸라기 혹은 대나무 껍질을 깎은 것으로 되어 있는 불쏘시개도 놓아둔다. 무덤에 이것들을 배설하는 이유는 음양원리의 일부 발전과정을 표현하기 위함이다. 즉 불쏘시개는 혼망한 세계, 즉 태극(밥그릇으로 상징)을 상징하고, 이들은 각각 양의(兩儀, 한 쌍의 젓가락으로 상징)와 음양(계란으로 상징)을 낳았다는 것이다. 떠이 응우옌과 다른 많은 지역에는 죽은 자를 위하여 최소한의 시설을 갖춘 무덤 집을 만드는 풍속이 있다.

삼년상(실제는 27개월)을 치른 이후에는 자손들은 죽은 자의 영혼이 안온하고 자신들을 건강하고 생업이 잘 되도록 돌봐 줄 것을 기원하여 이장(移葬)을 한다. 이장은 관을 열고 뼈를 내어서 향이 나는 물로 깨끗이 씻은 다음 작은 항아리에 넣어 다른 곳에 묻는다. 보통 풍수지리에 따라 양지에 묻는다. 이장은 대승불교의 영향을 받아 시신을 묻는 북베트남, 즉 하떵과 꾸앙 빙을 경계하는 화잉 썬(Hoành Sơn) 이북의 풍속 습관이다. 상좌부불교의 영향을 받아 화장을 하는 화잉 썬 이남사람들은 특별한 경우를 제외하고 이장을 하지 않는다.

장례에서 베트남인은 두 태극 사이에 붙들려 있다. 한쪽은 죽음은 다른 세상의 새로운 삶으로 들어간다고 여겨 장례를 산자들이 죽은 자를 저 세상으로 보내는 일로 보는 관념이다. 다른 하나는 죽음은 모든 것이 끝이라 하여 장례를 슬픈 일로 보는 진속(塵俗)의 관념이다.

보내야 하기 때문에 죽은 자가 구천에서 살 수 있는 모든 준비를 해야 한다. 한편 슬픔 때문에 오랫동안 붙잡아 두고 싶어 했다. 죽은 자가 다시 살아날 수 있기를 바라는 마음에서 혼을 부르는 풍속이 있다. 누군가가 집안에 죽으면 한 사람이 죽은 자의 옷을 취하고 지붕에 올라가 "3혼 7백(여자의 경우 3혼 9백)은 어디로 가셨나이까. 빨리 돌아오소서."라고 세 번 외친다. 곡을 하는 풍속(자식이 없으면 곡하는 이를 사야 함)과 장례 의식은 슬픈 감정과 죽은 자와의 친밀도에 대한 구현이었다.

고전 베트남 장례 의복의 일반 특징은 오색에서 가장 추한 색깔인 흰색과 검은 색이다. 오색에 의하면 붉은 색은 남방의 색으로 기쁨과 즐거움의 색이다. 하여 혼인식, 명절, 즐거운 일에는 붉은 색을 사용한다. 동방의 색인 파란 색은 삶의 색이다. 서방의 색인 흰색은 죽음의 색이다. 하여 전통 장례에서는 하얀 색을 사용하였다. 북방의 색인 검은 색은 두 번째 장례의 색이다. 후레왕조 타잉 똥이 1497년 임종했을 때 왕조 조정은 모든 관원은 100일간 하얀 색 의복을 착용하고 그 이후에는 알현 시에 검은 색 의복을 착용케 하였다.

장례에 사용되는 옷감은 질이 매우 떨어진 원단이었다. 디자인 역시 간단 그대로였다. 안장을 마치기 전까지 자손들은 위에 언급된 원단의 디자인이 단출한 옷을 착용한다. 아들은 볏짚 모자를 쓰고 지팡이를 짚었다. 딸과 며느리는 산발하고 얼굴을 가린 치마 형태의 모자를 썼다. 장지로 이동시에 딸과 며느리는 길 위에 드러눕는 풍속도 있다. 현손과 고손, 그리고 친족들은 흰색 천을 맨다. 안장을 끝내고 일정 기간 동안 자손들은 수건을 쓰고 옷을 접어 입으며 상의는 뒤집어 입고 머리카락을 감거나 빗지 않고 맨발로 다닌다.

장례 풍속 습관 역시 공동성을 찾아 볼 수 있다. 어느 집에 죽은 자가 생기면 경황이 없기 마련이다. 하여 이웃들은 만사를 제쳐놓고 달려와 도움을 준다. "멀리 있는 형제를 팔아 가까운 이웃을 산다(Bán anh em xa, mua láng giềng gần.)"는 속어가 이를 반영한다. 이와 비슷한 가요로 "친족은 3달이고, 이웃은 3일이다(Họ dương ba tháng, láng giềng ba ngày.)"와 "이웃은 3일 유하고, 고모와 삼촌은 1일 유한다(Láng giềng còn để ba ngày, Chồng cô, vợ cậu một ngày cũng không.)" 등이 있다. 도작농민은 이웃은 물론 자연과 밀접하게 살기 때문에 주인이 죽으면 정원의 나무도 장례를 위하여 슬퍼한다. 많은 곳에서 나무에게까지 흰색의 천 조각을 걸어둔다.

이미 언급했듯이 베트남의 장례 풍속은 남방의 오행 오색 음양 원리에 깊이 침윤했다. 베트남의 전통 장례에서는 흰색을 사용하였다. 오색에서 흰색은 서방의 색이다. 동남아시아인 뿐 아니라 베트남인에게 서쪽과 관련된 것은 모두 나쁘다고 여겨진다. 54개 베트남 종족의 공동묘지가 있는 곳은 마을의 서쪽이다. 소수

종족은 서쪽의 숲을 마귀의 숲이라 여긴다. 짬족은 북쪽을 죽은 자의 곳이고, 남쪽은 산자의 곳이며, 서쪽은 마귀의 곳이고, 동쪽은 성신의 곳으로 생각한다. 장례에서 흰색 다음으로 중요한 색은 검은 색이다. 검은 색은 오행에서 북방의 색이다. 만약 손자가 증조 혹은 고조의 장례를 치르게 된다면 장수에 대한 기쁨을 표현하기 위하여 붉은 색(남방)과 노란색(중앙)처럼 좋은 색을 사용하였다.

음양의 원리에 따라 음은 짝수에 응하고 양은 홀수에 응한다. 따라서 죽은 자와 관련된 것은 모두 짝수이다. 북월과 떠이 응우옌 종족들의 죽은 자를 위한 무덤 집의 모든 것은 짝수이다. 월족의 전통 풍속 습관은 죽은 자를 조문할 때 가져가는 꽃은 짝수이며 영구 앞에 두 개의 향을 피우고 합장한 상태로 두 번 절(혹은 두 번 큰 절을 함)을 한다. 만약 입관 시에 참석하지 못하고 영구를 안장지에 옮겼을 때 참석하게 됐다면 4개의 향을 피우고 4번 절을 한다. 장례가 끝난 이후에 조문하였을 경우에도 조문자는 4개의 향을 피우고 4번 절을 한다.

불신(佛神)을 숭배할 때나 장례 이후 조상을 제사할 때에도 생시처럼 생각하여 3개의 향을 피우고 3번의 절을 하는 형태로 홀수를 사용할 수 있다. 이와 반대로 살았을지라도 죽은 것처럼 여긴다면 짝수를 사용할 수 있다. 예컨대, 시집가는 딸이 이제부터 여식은 남자 집의 자식이 되었기에 이후에는 은혜를 갚기 위해 돌아 올 수 없다는 의미에서 집을 떠나기 전 부모에게 큰절을 두 번하는 경우이다.

음양의 원리에 따라 부모의 장례를 구별하였다. 부친의 장례에는 대나무 지팡이를, 모친의 장례에는 봉(vông)나무 지팡이를 사용하였다. 이는 대나무는 양을 상징하는 둥근 형태요, 다듬은 봉나무는 음을 상징하는 사각형이기 때문이다. 장지로 갈 때 부친의 장례에는 관을 뒤 따라 가고 모친의 장례에는 관 앞에서 관을 보며 뒷걸음친다. 부친의 장례에는 상의를 뒤집어 입고 모친의 장례에는 상의를 바로 입는다. 이 두 가지 풍속 습관은 음양의 원리를 구현한 것이다. 즉 상의를 뒤집어 입는 것은 외향으로 양이어서 부친에게 응하며 맞고 상의를 바로 입는 것은 내향으로 읍이어서 모친에게 응한다.

베트남의 수매가례(壽埋家禮)는 부모가 자식을 장례할 수 있다. 심지어 조, 증조, 고조가 손, 증손, 현손을 장례할 수 있었다. 당시에 중국은 부불배자(父不拜子)라 하여 자식이 부모보다 먼저 죽으면 역경(逆境) 혹은 불효라 하였다. 유학의 전통이 강하게 있었던 베트남 북부의 일부지방에서는 이 관념에 따라 자식이 부모보다 일찍이 세상을 떠나면 염을 할 때 흰 수건을 시체의 머리에 몇 차례 묶었다. 이는 음부에 사는 자식이 부모의 은혜를 갚기 위하여 장례를 치러야 한다는 의미였다.

V. 제례

신앙은 유형과 무형의 대상을 믿고 숭배 혹은 앙모하는 것을 말한다. 우리가 믿는 대상이나 숭배하는 방법은 국가마다, 민족마다, 종교마다 실로 다양하다. 그러나 신앙을 통해 추구하려는 궁극적 목적은 크게 차이가 없을 것이다. 예컨대, 기독교의 경우는 십자가 위에서 대속으로 죽은 예수를 믿어 영혼의 구원을 얻고 사랑하는 삶을 사는 것이다.

지구상의 모든 민족은 자신들에게 도움을 주거나 역으로 해를 줄 수 있다고 생각하는 유형과 무형의 다양한 대상들을 믿고 숭배했다. 그 중 자연을 주요 신앙의 대상으로 삼던 베트남의 신앙은 인도와 중국의 문화가 유입되면서 이해와 사고 등에서 많은 영향을 받게 되었다. 그 후 지리상의 발견을 시작으로 신앙의 대상은 더욱 다양해졌다. 따라서 기존의 자연이나 신격화 된 인간과 각종 종교의 창시자까지도 믿고 숭배하기에 이르렀다.

베트남의 신앙에서 독특한 것이 있다면 그것은 제례일 것이다. 이 역시 중국의 문화, 특히 유교가 유입되면서 좀 더 강화되고 체계화되었다. 그렇다고 중국의 제례형식을 그대로 모방하지는 않았다.

베트남의 다종족·다문화 특징은 신앙에서도 나타난다. 즉, 국가 차원의 다양한 종교가 가정에서도 존재하기 때문에 믿고 숭배하는 신앙의 대상 또한 다양하다. 따라서 부모의 종교는 불교이나 자식들은 기독교 혹은 민족 종교인 까오 다이 혹은 호아 화오인 가정을 흔히 찾아볼 수 있다. 심지어 부부의 종교마저도 불교와 기독교 혹은 유교의 형태로 각각인 경우가 많이 있다. 이는 일면 종교의 자유를 반영하는 것이기도 하다.

외국인들은 "베트남인은 종교와 미신이 분리되지 않은 혼돈된 신앙을 가지고 있다."고 흔히 말을 한다. 이는 특정 종교 속에 다종교적인 요인과 미신적 요인이 혼합되어있기 때문이다. 이러한 경향은 외부에서 유입된 종교가 뿌리를 내리는 과정에서 교리나 의식 등이 그대로 유지, 보존되지 않고 내지인들의 문화나 환경에 맞게 변화되었기 때문이다. 그리고 아무런 장애 없이 다른 종교가 한 종교의 입맛에 맞게 수용되는 문화적 풍토 때문이다. 이를 잘 표현하는 말로 베트남화, 즉 불교·유교·도교가 하나라는 삼교일치(三敎一致)를 들 수 있다.

유교의 영향을 깊이 받았던 베트남은 인의예지신을 중시하는 민족이다. 따라서 베트남인은 은혜에 대한 예, 즉 보답차원에서 무형과 유형의 존재를 믿고 숭배한다. 이를 간과하는 서양인들은 이를 미신이라고 하지만 베트남인은 이를 예를 지키는 행위로 설명한다. 예컨대, 수목을 푸르게 자라게 하고 열매를 풍성케 한 우신(雨神)의 은혜에 대하여 베트남인들은 일정한 의식을 통하여 감사하는 것이다.

그렇다면 교리가 있는 종교 이외의 것을 신앙하는 것을 미신이라 단정하는 경향은 제고되어야 한다. 우리는 종교의 이름으로 행해지는 각종 행위 속에서 미신이라고 치부되는 요소들을 쉽게 찾아볼 수 있다. 다만 그것이 종교의 이름으로 행해질 뿐이지 미신적인 것과 구분될만한 뚜렷하고 객관적인 잣대가 없기 때문이다. 불교의 불상 앞이나 천주교의 마리아상 앞에 기도하는 것이 성황에 기도하는 것과 뭐가 다른가. 불상이나 마리아상은 석가모니나 마리아를 상징하는 것이기 때문에 실체가 역사할 것이라는 생각은 인간의 생각이지 실체와는 전혀 다르지 않은가. 이는 결국 인간의 염원에 불과할 뿐이다.

베트남의 제례는 중국으로부터 "주례", "의례", "예기", "주자가례" 등의 유입으로 우리와 같이 제례가 정례화·정형화·엄격화 형태로 발전되었다. 이러한 제례는 자신의 조상을 섬기는 가제(家祭)로 국한되지 않고 동제(洞祭)와 국제(國祭)의 형태로 확대되었다. 한편, 제례는 공간적 분류 외에도 성격에 따라 사제(私祭)와 공제(公祭)로 분류할 수도 있다. 따라서 가제는 사제에, 동제와 국제는 공제에 해당한다. 폐쇄적이며 자치적인 마을 공동체가 발달한 베트남의 경우 동제와 국제가 매우 발달하였다.

경우에 따라서 사제의 숭배 대상은 공제의 숭배 대상이 되기도 한다. 예컨대, 쩐 꾸옥 뚜언[Trần Quốc Tuấn, 陳國峻: 쩐훙 다오(Trần Hưng Đạo, 陳興道)라고도 함]의 경우 쩐씨 문중의 가제 숭배 대상이지만 그가 전국 수십 마을의 정(亭, đình)이나 사당(đền)의 숭배 대상도 되기 때문이다.

베트남 최초의 국가 반랑의 훙왕 제례는 베트남사회주의공화국이 제정한 국제이다. 베트남 국회는 2007년 3월 7일을 국제일로 제정하고 이듬해부터 공휴일로 삼았다. 이 국제는 푸토(Phú Thọ)성의 응이어 링(Nghĩa Lĩnh)산의 훙왕릉에서 거국적으로 지낸다.

베트남인은 제례를 통하여 산 자와 죽은 자 간에 계속적으로 밀접한 관계를 갖는다고 생각한다. 즉, 제례는 유형과 신령 세계와의 만남이라고 할 수 있다. 이 때문에 장례를 마쳤다고 해서 망자와의 관계가 끝난 것은 아니다. 장례 이후에도 망자와 자손들과의 관계는 제례를 통하여 계속된다. 따라서 제례가 없다는 것은 죽은 자와 산 자와의 관계가 단절됐음을 의미한다.

"나무는 밑동이 있어야 푸르른 가지를 내고 세찬 비바람을 견딜 수 있으며, 물은 근원이 있어야 내와 강과 바다를 이룰 수 있다."는 말은 "사람은 조상이 있어야 자신이 있다."는 말과 같다. 이는 제례를 신앙의 행위로 여기는 베트남인들이 흔히 쓰는 말이다. 따라서 제례를 지내지 않는다는 것은 조상을 버렸다는 것으로 이는 바로 자신의 근원을 잊었다는 것과 진배없었다.

베트남인의 죽음에 대한 관념은 몸은 비록 죽었지만 영혼은 여전히 살아있어 가정과 함께한다는 것이다. 몸은 사라졌지만 영혼은 불멸한다고 생각하기 때문이다. 한편 베트남인은 살아있는 자나 죽어있는 자나 공히 삶이 있다고 생각한다. 즉, 살아있는 자가 먹는 것과 거처가 있어야 하듯이 죽은 자도 이것들이 있어야 한다는 것이다. 따라서 제례는 죽은 자를 받아들여 죽은 자에게 음식을 공급하는 행위도 되는 것이다. 이 때문에 제례는 단절되지 않고 열과 성의를 다해 지내야 한다. 이때 죽은 자는 산자에 대한 가호로 답례한다고 생각한다. 즉, 망자의 혼은 자손이 위험에 닥칠 때 꿈에 나타나 대비토록 하는 방식으로 자손의 생사화복에 간섭한다고 믿는다. 따라서 베트남인의 가제는 살아있는 자손과 세상을 떠난 조상과의 교통으로 추모와 감사, 그리고 기원을 담은 신앙의 행위인 것이다.

죽은 자의 혼은 자손들과 가까이 하기 위하여 항상 가정의 제단 위에 거하면서 일상생활 속에서 자손들을 따라다니고 자손들의 도움이 필요할 경우 돕는다. 조상의 혼이 제단에 거한다는 믿음은 살아있는 자의 행동에 많은 영향을 미친다는 것이다. 이 때문에 많은 사람들은 조상의 혼이 슬퍼하는 것이 두려워 좋지 않은 행동을 피하고 무슨 일을 할 때는 더욱 깊이 생각하며 조상이 그 일을 받아들일지 그 반대일지를 고려한다. 사람들은 조상의 혼이 자신들의 행동으로 치욕스럽게 되었다면 불효 죄를 졌다고 생각한다.

중국의 문화권에 속한 베트남은 효를 강조하는 유교 사회이다. 자식은 몸과 마음을 다해 부모를 봉양하고 부모에게 순종하며 부모를 기쁘게 해드려야 한다. 자식의 부모에 대한 효는 생전과 생후 구분이 없다. 바로 제례는 부모 생후에 대한 자식의 효 표현이다. 즉, 자신을 낳아주고 길러주며 보살펴주신 조상의 은혜에 대한 감사의 또 다른 표현으로써 집단공동체사회의 종교 신앙인 것이다.

자손이 조상에 대한 효행을 잘 하기 위해서는 기일은 물론 각종 절기에 정성껏 제례를 지내야 한다. 반대로 제례를 제대로 지내지 않는 것은 커다란 불효로 여겨지고, 제례를 지낼 자손이 없는 영혼은 고혼(孤魂)이 되어 굶주림과 추위로 구천을 떠돈다고 생각한다. 이 때문에 양자를 두거나 첩을 들여 아들을 낳는 형태로 제례가 단절되지 않도록 한다. 조상에 대한 제례는 단순히 영혼의 안녕을 비는 것만이 아니다. 여기에는 조상에 대한 감사, 가계혈통을 계속 이어나간다는 의미들이 함께 한다.

제례의 생활화, 일반화 때문에 모든 가정에는 조상에게 제례를 드리는 제단(bàn thờ)이 있었다. 심지어 공공기관에도 약식의 제단이 있다. 제단에는 중앙의 신위 외에 3-5가지 정도의 제수가 차려져 있다. 가제는 4대 이하만 지내고 5대 이상은 문중의 사당에서 지낸다. 적장자, 적장손의 경우에는 집 중앙의 한 칸을 사당으로 삼거나 부유한 문중에서는 문중의 조상을 모시는 사당을 따로 만든다.

우리처럼 가족이나 문중제례는 적장자, 적장손이 주관한다. 제례는 기일 외에도 원단(1월 1일), 상원(1월 15일), 한식(3월 3일), 청명(4월 5-6일), 단오(5월 5일), 중원(7월 15일), 중추(8월 15일)과 명절에도 한다. 기일이나 명절에 지내는 제례 외에 집안의 크고 작은 경조사 시에도 조상에게 행사를 보고하는 의례를 갖는다.

조상의 혼이 산자와 늘 가까이 하고 있다는 관념은 자손들로 하여금 제례를 통하여 무형의 세계와 항상 접촉하도록 부추겼다. 이 때문에 가정에서 어떤 변고가 생기면 집주인은 즉시 조상에게 기원을 하는데, 우선 가정에서 일어났던 일들을 조상에게 낱낱이 고하고 동시에 조상의 가호를 요청한다. 예컨대, 돼지를 쳐서 팔았을 경우 집주인은 돼지를 잘 치도록 도움을 준 조상에게 감사 제사를 지낸다. 밤중에 아이가 갑자기 심한 열이 날을 경우 집주인은 아이의 회복을 위하여 즉시 조상에게 빈다. 장사를 하러 갈 경우나, 물건을 좋은 가격에 팔았을 경우나, 아니면 그 반대의 경우에도 집주인은 조상에게 기원 제사를 한다. 새로운 과일을 수확하는 때가 되면 자손들은 벼 수확기처럼 이를 먹기 전에 먼저 조상에게 감사 제사를 지낸다. 이 같이 사소한 가사에서도 베트남인들은 가정의 제단에 향, 쩌우·까우, 술, 과일들을 올려놓고 조상에게 간단한 기원 제사를 한다.

그러나 아이가 태어났거나, 아이가 출생 이레(여자아이의 경우 아흐레)·한 달·돌이 되었거나, 아이가 학교를 가기 시작했거나, 아이가 시험을 보러 갔거나, 아이가 시험에 합격했거나, 아이가 혼인을 했거나, 마을에서 직위를 갖게 되었거나, 품함을 갖게 되었거나, 호망을 갖게 되었거나, 집을 지었거나, 경시대회에서 상을 받았거나 하는 경우와 같이 다소 대사라고 생각되는 일이 생기면 가장은 반드시 조상에게 제사를 지내야 한다.

이러한 경우는 가정의 경사에 속한다. 자손들은 경사를 또한 조상들과 나누기 위하여 조상에게 기원 제사를 지낸다. 동시에 경사를 맞도록 도움을 준 조상에게 감사한다. 이때 가장은 쏘이, 바나나, 술, 쩌우·까우, 과일, 냉수, 향, 종이로 만든 명기(冥器) 등의 제물을 제단에 올린다. 가정 형편과 경사의 경중에 따라 제물로 고기가 포함되기도 한다.

경사와는 반대로 가정에 장례가 있거나, 환자가 있거나, 장사로 큰 손실을 입었거나, 송사에 휘말렸거나, 멀리 출타하게 되었거나 하는 경우 역시 가장은 조상에게 세세히 알리고 속히 불행에서 벗어날 수 있도록 도움을 청한다.

가사 외에 국난이 발생했을 때나 전염병이 창궐했을 때나 마을에 갑자기 도적의 무리가 나타났을 때도 가장은 가정이 무사하도록 조상에게 기원 제사를 지낸다. 그리고 마을에 축제가 있을 시에도 자손들은 조상에게 기원 제사를 지낸다. 이때는 가정의 제단에서 뿐만 아니라 마을의 정에서도 기원 제사를 지낸다. 이처럼 살아있는 자손들은 자신들의 일상을 조상들에게 고하고 도움을 청하는 제사를 통하여 유형과 무형 간 하나 됨을 느끼는 것이다.

큰 명절의 경우 가장은 본인의 집 제단에서 제례를 지낸 후 문중 사당에 가서 한 번 더 제례를 지낸다. 적장자와 적장손 그리고 지파의 장은 책임을 지고 문중과 지파의 제례를 살핀다.

제례에는 많은 비용이 들었기에 가정에서는 향화(香火, hương hỏa: 우리의 位土를 의미함)를 두었다. 향화는 조상의 무덤이나 사당을 보수·관리하거나 북부지역에서 주로 하는 이장 비용으로도 이용되었다. 향화와 혈족의 세대를 구분하기 위한 족보는 족장(族長) 혹은 지장(支長)이 소장·관리했다. 1958년 합작화 시행이후 모든 토지의 국유화조치로 향화가 없어졌기 때문에 오늘날 사제의 경비는 가정과 문중 구성원들의 공동부담으로 충당된다. 동제의 비용은 마을의 공전에서 지출한다.

조상에게 제례를 지내는 일은 가장이 담당한다. 가장은 가정 내 모든 의례의 주재자이기 때문이다. 제단에 제물이 차려지면 가장은 깨끗한 의복을 입고 향을 피워 향로에 꽂고는 제단 앞에 서서 기원을 한다. 기원을 하기 전에 가장은 합장한 상태로 고개를 세 번 숙이고 나서 무릎을 꿇고 큰절을 네 번하고 이어 일어나서 다시 합장한 상태로 고개를 세 번 숙인다. 오늘날 도시인들의 기원 제사는 보통 큰절을 않는 경향이 있다. 가장이 기원 제사를 마치면 어린 아이들을 제외한 가정의 다른 구성원들이 순서대로 기원 제사를 한다. 이때는 보통 가장의 부인과 한 두 사람이 기원과 제사를 한다. 이것이 끝나면 전등을 켜거나 촛불을 켠다. 향에 불을 붙여 제단에 꽂을 때에는 하나, 셋, 다섯 등 홀수 형태로 한다.

VI. 명절

도작농업은 계절에 매우 민감하다. "얼굴은 땅에 팔고, 허리는 하늘에 판다(Bán mặt cho đất, bán lưng cho trời.)"는 속어처럼 농번기는 매우 바쁘다. 하여 한가할 때가 되면 농민들은 보상으로 쉬고 싶은 심리가 강하다. 베트남에서 명절과 다음 장에서 다룰 례회가 많은 것도 바로 이 때문이다.

명절은 년의 시간에 따라 분포되었다. 명절(lễ tết)의 '뗏(tết)'자는 시절(時節, thời tiết)의 '절'자에서 변형되었다. 베트남의 명절은 "조상에게 제례를 지낸다."와 "수고하고 일한 날에 대한 보상으로 먹고 마셔야 한다."라는 두 가지 의미를 갖고 있다. 후자는 "명절을 먹다(ăn Tết.)"라는 언어에서도 입증된다.

[사진 34] 원단절 댓귀-베트남어

[사진 35] 원단절 댓귀-한자

년에서 가장 중요하기는 년 초의 명절이다. 전통시대에 베트남인들은 년 초의 명절을 다른 작은 명절과 구별하기 위하여 '큰 명절(Tết Cả)'이라 하였다. 중국과의 교류시기에 큰 명절은 한월어로 '원단절(元旦節, tết Nguyên Đán)'로 부르게 되었다. 서방과의 교류시기에는 서양의 명절(양력 1월 1일)과 구별하기 위하여 '우리의 명절(Tết Ta)'로 부르게 되었다. 상고시대에 남방의 새해는 지금의 11월에 시작되었다. 그 후 베트남은 중국의 영향을 받아 지금처럼 1월을 새해의 첫 달로 여겼다.

베트남 원단절의 가장 전형적인 특징은 공동체의 삶이 녹아있다는 것이다. 조군(灶君)이 하늘로 올라가는 음력 12월 23일부터 사람들은 명절시장(chợ Tết)에 가자고 서로 부추긴다. 이는 산업화 이전인 1980년대까지 한국의 농촌에서 5일장이 다가올 때는 가까운 사람들끼리 시장에 가자고 부추겼던 것과도 비슷하다. 수십 리 길에 차량이 없었고 먼 거리를 혼자 가기도 뭐하여 누군가가 시장가기를 제안하면 잠시 몸과 마음을 쉬는 차원에서 몇몇이 무리를 지어 읍내 시장을 갔던 것과 유사하다. 베트남 산간지역의 경우는 시장이 멀고 차량도 없으며 바쁜 농사 등으로 자주 시장을 갈 수 없었기에 이때는 명절 준비를 위하여 전 가족이 시장에 가서 물건도 구입하고 구경을 하면서 하루를 보낸다. 명절시장은 명

[사진 36] 원단절에 태 옷을 입고 제례를 준비하는 장면

절 전에 열지만 많은 곳에서는 명절 이후, 즉 음력 1월 3일 혹은 4일에 열기도 한다. 어떤 지역은 음력 1월 1일 아침부터 시장을 열기도 한다.

원단절 명절을 쇨 물건을 구입하러 시장에 갔다 온 이후 사람들은 돼지를 잡고 쯩(chưng)떡을 만들기 위하여 이웃, 친인척, 친구들을 찾아간다. 공동체의 삶은 한 해에 한 가족의 산 자와 죽은 자가 다 모을 수 있는 유일한 기회인 명절에 구현된다. 자식들은 비록 어디에서 먹고 살든 가족과 함께 명절을 쇠려고 노력한다. 이 때문에 한국의 설과 중국의 춘절 기간에 민족의 대이동이 있는 것처럼 베트남에도 민족의 대이동이 일어난다.

명절에는 조상들도 자식들을 만나기 위해 돌아온다. 이때 조상들은 그동안 제례로 자신들을 숭배해온 자손들을 가호한다. 명절의 공동성은 나이를 축하하는 풍속 습관에서 드러난다. 베트남의 전통은 생일을 기념하는 풍속 습관이 없다. 베트남인은 생일에 나이를 먹는 것이 아니라 원단절에 모든 사람이 한결같이 한 살을 더 먹는다. 원단절에 나이를 먹는 것이 우리와 같아 베트남인의 나이 셈법도 우리와 같다.

묵은해를 보내고 새해를 맞기 위한 각별한 준비 때문에 2주 전부터 시작된다고 할 수 있다. 이날에 사람들은 집 앞에 깃대(Cây nêu)를 세우는 것[이를 상표(上標)라 함]을 시작으로 원단절을 시작한다. 준비하는 음식 중에는 산자와 죽은 자가 함께 나누는 음식 중에는 오과(五果)가 있다. 이는 고정된 것은 아니지만 보통 바나나, 복숭아, 감, 귤, 자몽 등이다.

제야(Giao thừa, 交承)는 천병(天兵, 즉 12行遣)을 맞기 위해 조직된다. 이 시간은 천병이 지하세계를 시찰하는 시간이라서 바쁘기 때문에 집안에 들어올 시간이 없다. 따라서 가정마다 천병을 위해 집 밖에 제사 음식을 배설한다. 이뿐 아니라 같은 시간에 모든 가정은 조상을 맞는 제사 음식을 집안의 제단에 배설한다. 가정 제단의 제사에는 부엌신 조군도 함께한다. 가정의 제단에서 조상과 조군의 신위는 각각 중앙과 왼쪽에 위치한다.

[사진 37] 원단절 매화

한해의 첫 날과 첫 달은 특별이 중요하다. 여기에 북베트남 도작농촌사회의 한 해 첫 달은 일도 많지 않다. 베트남의 가요도 "정월달은 놀고먹는 달이다(Tháng Giêng là tháng ăn chơi.)"라고 하였다. 그리하여 정월달의 명절 기간은 다른 달보다 많다. "1월은 쌀 가마니가 뉘어지게 먹는다(Tháng Giêng ăn nghiêng bồ thóc.)"라는 속어가 나온 것도 바로 여기에서 나왔다. 원단절 외에도 옛날에는 음력 1월 9일, 1월 10일, 1월 15일 등의 명절이 있었다.

[사진 38] 원단절 집안에 준비하는 꿪

음력 1월 9일과 1월 10일 명절은 지금은 존재하지 않는다. "9일은 하늘에 제례를 지내고, 10일은 땅에 제례를 지낸다(Ngày 9 vía Trời, ngày 10 vía Đất.)" 숫자 10은 하도(河圖)의 마지막 음의 수로서 땅의 수로 여겼다. 숫자 9는 락서(洛書, Lạc Thư)의 마지막 양의 수로서 하늘의 수로 여겼다. 하도와 락서는 공간의 원리다. 하여 이 두 수는 천지의 방향 수였다. 베트남의 속어에는 "하늘에는 아홉 번 절하고 땅에는 열 번 절한다(Lạy 9 phương Trời, lạy 10 phương Đất.)"는 말이 있다. 까오 다이(Cao Đài)교는 정월 9

[사진 39] 원단절 봉투

일을 지존일로 삼았다.

오늘날은 정월은 원단절 외에 큰 명절인 정월 보름이 있다. '크다'는 의미로써 우리 한국은 이날을 '대보름'이라고 한다. 크다는 것은 새해 들어 첫 번째로 맞는 둥근달이기 때문이다. 또한 크다는 것은 정월 보름은 아지다불의 출생일이기 때문이다. 이는 "일 년 내내 예불을 드려도 정월 보름의 예불만 못하다(Đi lễ cả năm không bằng Rằm Tháng Giêng.)"라는 베트남 속어가 말해준다. 또 한편 크다는 것은 정월 보름은 상원절(上元節), 하늘을 향해 복을 구하는 명절이기 때문이다.

음력 1월 15일의 상원과 음력 7월 15일의 중원, 그리고 음력 10월 15일의 하원을 합하여 삼원이라 한다. 중원은 중원지관(中元地官)이 망자의 죄를 사하는(赦罪亡人이라 함) 날이며 이날에 사람들은 보리수 잎(lá đa)으로 포장하여 길거리에 배설한 쌀죽으로 고혼에게 제례를 지낸다. 이날은 불교의 우란례(盂蘭禮)일이기도 하다. 그리고 하원은 하원수관(下元水官)이 액을 벗어나게 하는 날이며 햇곡식으로 새 밥을 지어 먹는 명절이라 하여 뗏껌 머이(Tết Cơm Mới)라 하였다.

보름은 음력 8월 15일 중추도 있다. 본시 이날은 모든 이들의 일반 명절로서 일 년 중 달이 가장 둥근 날이다. 이날에 옛날 월인(越人)들은 연놀이와 가무 등을 즐겼다. 그러나 오늘날 중추절은 아동의 날로 변했다. 하지만 중추절에 가정의 제단에 향을 피우고 제례를 지내는 것은 여전하다. 하여 제단에는 바나나, 붉은 감, 찐쌀 등이 느엉(nướng)·재오(dẻo) 떡과 함께 제사상에 차려진다.

[사진 40] 쯩떡

[사진 41] 져이 떡

쯩(chưng)떡과 져이(giầy) 떡이 원단절의 떡이라면, 느엉 떡과 재오 떡은 베트남 중추절의 떡이다. 이들 떡의 형태는 달과 땅을 상징하여 둥글고 네모지거나 혹은 물고기 모양이다.

[사진 42] 느엉 떡

중추절에 베트남인들은 느엉 떡과 재오 떡을 아이들에게 선물한다. 중추절이 어린이의 명절인 까닭에 가정과 각종 단체들은 어린이 놀이마당을 준비한다. 이날에 어린이들은 각종 등을 가지고 논다. 등놀이와 함께 아이들은 불놀이도 한다.

[사진 43] 중추절 등

보름과 함께 베트남인은 양의 수 홀 수로서 일과 달이 겹치는 중양(重陽) 음력 3월 3일, 5월 5일, 7월 7일, 9월 9일 명절이 있다. 이중 음력 3월 3일과 5월 5일을 살펴보면, 전자는 중국에 뿌리가 있으면서 한식이라고 불렀다. 이날에 베트남인은 조상에게 제례를 지내기 위하여 쪼이(trôi)떡과 짜이(chay)떡을 만들었다. 이 때문에 베트남에서는 이날을 '쪼이·짜이떡날'이라고도 한다.

이어 음력 5월 5일 단오절이다. 단오절은 남방 백월인의 명절이다. 이들은 연중 가장 더웠던 시기를 기념했다. 연중은 11월부터 시작하는 원시력에서는 중간이다. 즉 연초는 자(子)이고, 연중은 오(午)이다. 자월(子月)은 가장 추운 달이고, 오월(午月)은 가장 더운 달이다. 단오절(端午節)은 한자의 뜻에서도 알 수 있듯이 일 년 중 가장 더운 날이다. '덥다'는 양이다. 따라서 단오절은 '단양절(端陽節)'이라고도 부른다. 남방의 명절 외에도 단오는 행운을 구하는 명절, 삶의 명절로도 말한다. 일 년 중 가장 더웠던 시점이라서 많은 병이 발생하였기 때문에 베트남인들은 5월 5일을 '곤충을 죽이는 날'이라고도 하였다. 이날에 베트남인은 아침 일찍 찹쌀술을 마시고 신 과일을 먹는 풍속 습관이 있다. 이는 몸 안의 기생충을 죽이기 위함이었다. 그 외에도 단오절에 베트남인은 손과 발을 몽(móng)잎으로 손톱과 발톱을 물들인다. 이는 손톱과 발톱을 보호하고 아름답게 하기 위함이다. 이뿐 아니라 단오일 정오에 사람들은 식물 약재를 채취하였다. 이 시간에 양기가 가장 강하여 약효 또한 가장 좋다고 생각했기 때문이다.

음력 12월 23일은 조군절(灶君節)이다. 이날에 각 가정은 조군, 즉 세 신 토공신·토지신·토기신을 제사하기 위하여 모자 세 개(두 개는 남자용이고 한 개는 여자용임), 하의 없는 상의 세 벌, 살아 있는 잉어를 준비한다. 잉어는 부엌신이 지상의 삶을 보고하기 위하여 천상에 올라갈 때 사용하라는 교통편이다. 이는 조군에게 편의를 제공하여 조군으로 하여금 옥황상제에게 좋게 말해주도록 바라는 신앙에 근거했다. 제사가 끝나면 잉어를 호수나 강에 방생한다. 원단절로 한해를 열었다가 조군절로 한해를 마무리하고 섣달 30일 밤에 조군이 하늘에서 돌아오면 새로운 한해가 시작되는 절기 체계는 매우 주기적이다.

VII. 례회

명절이 시간에 따라 분배된 체계라면 례회(禮會, lễ Hội)는 공간에 따라 분배된 체계이다. 례회는 지역별로 열리고, 이 지역에서 저 지역으로 이어지는 연속성을 띠며, 규모나 내용이 지역에 따라 서로 다르다. 례회는 농촌의 일이 다소 한가한 봄과 가을 두 계절에 집중된다. 베트남의 봄과 가을은 벼가 들판에서 한창 자라는 시기이기 때문이다.

례회는 예와 회로 나뉜다. 먼저 예는 은혜에 감사하고 기원하는 의미를 갖는다. 즉, 지난 한 해 동안의 신의 가호에 감사하며 새해에도 신의 도움을 구하는 제례 혹은 예배이다. 례회의 이 같은 목적과 특징에 근거하여 례회는 자연환경 속의 삶과 관련된 례회, 사회환경 속의 삶과 관련된 례회, 그리고 공동체 삶과 관련된 례회로 구별할 수 있다.

자연환경 속의 삶과 관련된 례회로는 직업례회가 있다. 이중 가장 중요한 것은 농업례회이다. 그중 비를 구하거나 가뭄을 막는 례회가 있다. 박닝(Bắc Ninh)성 퉌 타잉(Thuận Thành)현의 저우(Dâu)사찰의 례회는 4월 8일에 열린다. 같은 지역 뜨팝(Tứ Pháp)사찰의 례회 역시 4월 8일에 열린다. 훙옌(Hưng Yên)성 미반(Mỹ Văn)현의 옌미(Yên Mỹ)와 반럼(Văn Lâm) 뜨팝사찰의 례회는 1월 17일에 열린다. 타잉화(Thanh Hóa)성 빙록(Vĩnh Lộc)현의 땀똥(Tam Tổng)례회는 대한(大旱)시에만 열린다. 농업례회는 떠이 응우옌(Tây Nguyên)의 바나(Ba Na)족이 풍년과 건강을 베풀어준 하늘에 감사하여 초봄에 개회하는 수우를 잡는 례회(lễ hội đâm trâu)와 벼농사의 풍년을 기원하여 10월에 개회하는 '찐쌀 만들기 례회(lễ hội cốm)'가 있다. 이외에도 서북쪽의 따이(Tày)족, 눙(Nùng)족, 타이(Thái)족은 초봄에 '들판에 나가는 례회(lễ hội xuống đồng)'를 개최한

[사진 44] 하 노이 화이 득 번콘 마을 례회-신위 운반

[사진 45] 례회-박닝 호림의 염소 잡기

[사진 46] 후에의 쩐년똥 사당 례회
-베트남에서 가장 긴 용

[사진 47] 빙푹-푸토의 례회-펫 뺏기

다. 썬라(Sơn La)의 커무(Khơ Mú)족은 '새밥 짓기 례회(lễ hội cơm mới)'가 있다. 농업례회는 이외에도 동기제조례회, 직조례회, 폭죽제조례회, 청동주물례회 등이 있다. 이밖에 강 주변에 거주하는 사람들이 조직한 카누례회도 있다.

사회환경 속의 삶과 관련된 례회로는 건국과 보국 영웅을 기념하는 례회가 있다. 홍왕을 제사하기 푸토(Phú Thọ)성 퐁 쩌우(Phong Châu)현 히 끄엉(Hy Cương)사에서 3월 10일에 열리는 훙(Hùng)사당례회, 은적(殷賊)을 물리친 푸동 티엔(Phù Đổng Thiên)왕을 제사하기 위하여 하 노이 시 쟈럼(Gia Lâm)현 푸동(Phù Đổng)마을에서 4월 9일에 열리는 죵(Gióng)례회, 하 노이 시 꼬롸(Cổ Loa)에서 1월 6일에 열리는 안 즈엉(An Dương)왕 사당례회, 하 노이 시 두 쯩 부인(Hai Bà Trưng)군 동년(Đông Nhân)마을에서 2월 3일에 열리는 두 쯩 부인 례회, 쩐 꾸옥 뛴(Trần Quốc Tuấn)의 기일을 기념하여 하이 즈엉(Hải Dương)성 찌링(Chí Linh)현에서 8월 20일에 열리는 홍도대왕의 끼엡 박(Kiếp Bạc)사당례회, 꾸앙 쭝(Quảng Trung)황제를 기념하는 빙딩(Bình Định)성 떠이 썬(Tây Sơn)의 떠이 썬례회, 꾸앙 쭝의 1789년 동다(Đống Đa)전승을 기념하여 1월 5일에 열리는 동다례회 등이 있다.

공동체 삶과 관련된 례회로는 종교와 문화례회가 있다. 그 중 종교례회는 하 떠이(Hà Tây)성 미득(Mỹ Đức)현의 봄에 열리는 흐엉(Hương)사 례회, 하 떠이 성 타익 텃(Thạch Thất)현의 3월 7일에 열리는 떠이 프엉(Tây Phương)사 례회 등과 같은 불교례회와 하 떠이성 벗밧(Bất Bạt)현의 딴 비엔(Tản Viên)신을 제사하기 위하여 1월 15일에 열리는 바(Và)사당 례회, 랑썬(Lạng Sơn)성의 흐우 룽(Hữu Lũng)현의 트엉 응아(Thượng Ngàn)모(母)를 제사하기 위하여 1월 초에 열리는 박레(Bắc Lệ)사당 례회, 띠엔 중(Tiên Dung)과 쯔동뜨(Chử Đồng Tử) 두 사람과 관련하여 열리는 하 떠이 성 트엉 띤(Thường Tín)현 뜨 니엔(Tự Nhiên)사 쯔동뜨례회, 홍옌성 쩌우 쟝(Châu Giang)현 빙밍(Bình Minh)사 다화(Đa Hòa)마을 례회, 홍옌성 쩌우 장현 자 짜익(Dạ Trạch)사 화자 짜익(Hóa Dạ Trạch) 사당 례회, 성모영산을 제사하기 위하여 1월에 열리는 떠 이닝의 바덴(Bà Đen)산 례회 등과 같은 민간신앙례회가 있다.

이어 회는 다양한 오락으로 구성되어 있다. 회의 근원을 살펴보면, 놀이의 대부분은 농민의 신성한 갈망에서 출발하였다. 예컨대, 봄 례회에서 폭죽을 터뜨리는 놀이는 비가 내릴 때 천둥이 치는 것을 모방하여 하늘에 비를 기원하는 차원에서 출발하였다. 여름 례회에서 연을 날리는 놀이는 바람이 불고 따뜻하여 지면을 뒤덮은 물이 빨리 빠졌으면 하는 차원에서 출발하였다. 배공을 빼앗아 구멍에 넣기 놀이, 동전 던지기 놀이, 배공 던지기 놀이, 그네타기 놀이, 항아리 속의 미꾸라지 잡기 놀이들은 번식을 갈망하는 차원에서 출발하였다. 밥 짓기 대회, 짐 지고 밥 짓기 대회, 아이 안고 밥 짓기 대회, 배 타고 밥 짓기 대회. 닭 삶기 대회, 밥상 차리기 대회, 돼지 잡기 대회, 오리 잡기 대회, 옷감 짜기 대회, 염소를 잡아 눈을 가리는 대회, 나무 위에 서서 걷기 대회 등은 신속하고 솜씨 있게 일을 했으면 하는 갈망에서 출발하였다. 그리고 씨름, 줄다리기, 닭싸움, 소싸움, 물고기 싸움, 귀뚜라미 싸움 놀이 등은 건강과 전투력을 증진하려는 갈망에서 출발하였다.

명절과 례회는 각각 형이상학(례회의 례 영역)과 형이하학(명절과 례회의 회 영역)의 유연한 결합이라고 하겠다. 구체적으로 명절이 물질(먹음)에 치우쳐있다면, 례회는 정신(놀이)에 치우쳐있다고 하겠다. 따라서 "절을 먹다(ăn Tết.)"라고 하고 "축

[사진 48] 그네타기

[사진 49] 씨름

[사진 50] 닭 싸움

[사진 51] 안쟝의 례회-소 몰이

제를 즐기다(chơi hội.)"라고 하는 것이다. 명절은 가정으로 제한하여 닫혀있지만, 례회는 누구나 참여할 수 있도록 열려있다. 명절은 가족 구성원 간에 상하관계가 있지만, 례회는 마을 구성원 간에 평등관계가 유지된다. 명절은 시간에 따라 분포하지만, 례회는 공간에 따라 분포한다. 이 두 가지는 서로 결합하여 오랜 세월 속에서 베트남인의 조화로운 음양의 삶을 만들었다.

VIII. 성명

인간이 인지하는 것들은 대부분 이름이 있다. 이름은 이것들을 구분하거나 부르기 위하여 지어졌다. 인간의 성명도 마찬가지다. 동남아시아의 미얀마처럼 성이 없는 나라도 있지만 일반적으로 성은 혈통을 구분하는 기능을 한다.

베트남인의 성명은 혈통, 성별, 종족, 사회계층 등의 구분 기능을 한다. 예외적인 경우도 있지만 의미어인 한자를 사용하기 때문에 대부분은 이름을 통해서 남녀를 구별할 수 있다. 다수족 월[越, Việt 혹은 경(京, Kinh)족이라고도 함]족과 소수 종족 간에는 성명 구조 등에서 차이가 있기 때문에 성명을 통해서 종족을 구분할 수 있다. 월족이라도 성명의 한자(漢越語) 표기나 아명(兒名), 휘(諱), 자(字), 필명(筆名), 예명(藝名), 법명(法名), 도호(道號), 별호(別號), 제호(帝號), 존호(尊號), 시호(諡號) 등의 사용 여부를 근거로 사회계층을 구분할 수 있다.

성명이 베트남에 언제부터 존재했는지는 정확히 알 수 없다. 하지만 역사가 길고 일찍부터 중국의 한자문화권에 있으면서 문자화된 성명 혹은 지명이 있었던 점을 감안할 때, 베트남의 성명 역사는 오래됐다고 볼 수 있다. 베트남의 문자로부터의 교육이 한자에서 시작되었던 것처럼 문자화된 베트남인의 성명 역시 한자에서 시작되었다. 베트남 건국신화에 나타난 인물들의 성명은 이를 잘 반영한다.

지명의 경우 '물소 마을(làng Trâu)', '뽕나무 마을(làng Dâu)', '야자수 개천 마을

(làng Rạch Dừa)' 등에서 알 수 있듯이 베트남인들은 중국의 문화가 유입되기 전부터 동식물의 명칭을 차용한 지명 사용이 있었다. 이뿐 아니라 문자는 없을 지라도 사람을 포함한 가시적 혹은 불가시적 존재들에 대한 순수 베트남어 이름도 있었다. 일부 소수 종족이 자신들의 성에 동식물의 명칭을 사용하는 경우는 토템에 있겠다.

베트남인의 성명과 베트남의 지명 간에는 상호 보완 관계가 있다. 하나의 씨족이 오랜 세월 속에서 성장하여 동족부락을 이룸으로써 부락 명칭은 씨족의 성을, 반대로 인명은 부락 명칭을 차용하여 짓는 것이 익숙하다. 따라서 레싸(Lê Xá: 레씨의 마을로 중국의 宋家村과 비슷), 도싸(Đỗ Xá), 부온 마 투옷(Buôn Ma Thuột), 호찌밍(Hồ Chí Minh)시처럼 지명들이 사람의 성과 이름에서, 딴다(Tản Đà), 동호(Đông Hồ), 응우이 느(Ngụy Như), 꼰뚬(Kon Tum)처럼 인명들이 지명에서 차용되었다.

베트남인의 성명 구조나 의미, 성명을 짓는 원리 등을 살펴보면 우리와 유사성이 얼마나 많은가를 다시 한 번 보게 된다. 말할 것도 없이 이점은 양국이 중국문화권에 있었기 때문이다. 따라서 본장에서 다루는 베트남인의 성명은 속명이 아닌 이상 한자로 표기되며 '첫 이름(성) +가운데 이름 +마지막 이름' 혹은 '첫 이름(성) +마지막 이름(이 경우 외자이름)'의 구조를 갖는다. 하 노이(Hà Nội, 河內)시, 하롱(Hạ Long, 下龍)만, 홍(Hồng, 紅)강처럼 지명 역시 속명이 아닌 이상 대부분 한자 표기가 가능하다.

베트남인의 작명에서 기본이 되는 것은 아름답고 의미를 갖는 단어로 짓는 것이다. 후술하겠지만 이는 다양한 형태의 이름이 출현하고 성 구분을 위해 여자의 가운데 이름으로 사용되었던 티(Thị, 氏)자가 사라지게 하는 요인이 되었다.

베트남인의 성명 구조는 '1음절 첫 이름(성)+1음절 가운데 이름+1음절 마지막 이름'의 3음절 형태가 일반적이다. 따라서 호찌밍(Hồ Chí Minh, 胡志明)의 경우 '호(Hồ)'가 성이고, '찌(Chí)'가 가운데 이름이며, '밍(Minh)'이 마지막 이름이다.

'1음절 첫 이름(성)+1음절 가운데 이름+1음절 마지막 이름'의 형태가 아닌 다른 3음절 형태의 성명 구조는 '1음절 첫 이름(성) +2음절 마지막 이름'과 '2음절 첫 이름(성) +1음절 마지막 이름'이 있다.

홍옌(Hưng Yên)성 코아이 쩌우(Khoái Châu)현 리엔 케(Liên Khê)사의 3개 촌 껌 케(Cẩm Khê), 보이 케(Bối Khê), 껌 보이(Cẩm Bối)의 9개 문중의 1000여명의 남자는 가운데 이름으로 시작한다. 따라서 Đỗ Tràng, Đỗ Văn, Đỗ Trí, Đỗ Đắc, Đỗ Khoa, Đỗ Trọng에서 Đỗ자는 성이 아니라 가운데 이름이며, Tràng, Văn, Trí, Đắc, Khoa, Trọng자는 모두 성이다. 그러나 여자는 Tràng Thị Xuân, Văn Thị Thu처럼 일반 베트남인의 성명구조를 갖는다.

베트남인 월족의 성명 구조는 중국이나 우리나라 외에도 일본, 헝가리, 알바니아 등에서도 찾아볼 수 있다. 베트남 소수 종족 중 타이(Thái)족, 따이(Tày)족, 눙(Nùng)족, 허몽(H'mông)족, 자오(Dao)족 등도 베트남인 월족의 성명 구조를 갖는다.

베트남인의 성명 구조는 3음절 외에도 2음절, 4음절, 5음절이 있다. 2음절의 경우는 '1음절 성 +1음절 마지막 이름'의 형태다. 4음절의 경우는 '1음절 성 +1음절 가운데 이름 +2음절 마지막 이름' 혹은 '1음절 성 +2음절 가운데 이름 + 1음절 마지막 이름' 혹은 '2음절 성 +1음절 가운데 이름 +1음절 마지막 이름' 혹은 '2음절 성 +2음절 마지막 이름'의 형태다. 5음절의 경우는 '1음절 성 +2음절 가운데 이름 +2음절 마지막 이름' 혹은 '2음절 성 +1음절 가운데 이름 +2음절 마지막 이름' 혹은 '2음절 성 +2음절 가운데 이름 +1음절 마지막 이름'의 형태다. 아직까지 사례는 찾아보지 못했지만 '2음절 성 +2음절 가운데 이름 +2음절 마지막 이름' 형태의 6음절 성명도 가능하다고 볼 수 있다.

베트남인은 이름에 다양한 의미를 부여하는 까닭에 이름을 통하여 당사자의 특징, 부모의 자식에 대한 심리 및 소망 등을 알 수도 있다. 오랫동안 아이를 갖지 못했다가 아이를 갖게 됐거나 혹은 여러 명의 딸만 있던 집이 아들을 갖게 됐을 경우 기쁨을 나타내기 위하여 꼬(Có: 있다)자를 쓴다거나, 자식이 많은 집이 더 이상의 자식 생산을 멈췄으면 해서 토이(Thôi: 그만)·웃(Út: 막내)·트어(Thừa: 남는)·즈(Dư: 남는)·두(Đủ: 충분한)·조이(Rồi: 됐다)자 등을 써서 부모의 심리를, 히엔(Hiền, 賢), 툭(Thục, 淑), 르엉(Lương, 良), 응완(Ngoan: 귀엽다), 년(Nhân, 仁), 레(Lễ, 禮), 응이어(Nghĩa, 義), 중(Dũng, 勇), 끄엉(Cường, 强), 짱(Tráng, 壯), 마잉(Mạnh, 孟), 쾌(Khỏe: 건강하다)자 등을 써서 부모의 소망을 드러내기 때문이다. 이중 한자 표기가 안 된 것은 순수 베트남어이다.

베트남인은 호명할 때 성이나 가운데 이름을 부르지 않고 마지막 이름 앞에 성별, 직업, 나이, 관계 등을 의미하는 호칭을 붙여 부른다. 예컨대 cháu Anh, anh Anh, chị Anh, em Anh, cô Anh, thầy Anh, giám đốc Anh, chú Anh, bác Anh, ông Anh, bà Anh 등의 형태다. 호명을 할 때 반드시 '호칭 +마지막 이름'의 구조가 아니다. 후술하겠지만 호칭만을, 마지막 이름만을, '호칭 +성' 등 다양한 구조를 갖기도 한다. 베트남어에는 호칭으로 쓰이는 단어가 60여개 있다.

1. 성

베트남인 성(姓)의 가장 중요한 기능은 혈통을 구분한다. 성을 뜻하는 베트남어의 호(họ)가 중국 한자의 호(戶)에 기초한다는 설은 베트남인 성 사용의 중국기원을 뒷받침한다. 베트남인의 성명 사와 관련하여 "성을 가운데 이름이나 마지막 이름보다 먼저 사용했을 것이다."는 주장[7]은 구분의 의미로써 인간을 포함한 가시적 혹은 불가시적인 존재들을 일컬었던 점, 성경의 유대인이 성이 없었던 점, 베트남의 다수족 월족이 중국의 성명 구조를 차용한 점, 본래 성이 없던 베트남의 여러 소수 종족이 스스로 혹은 하사 등을 통하여 월족의 성을 사용하게 된 점 등에 비춰볼 때 신빙성이 떨어진다.

특별한 경우를 제외하고 베트남인 월족의 성은 뿌리를 중국에 두고 있다. 예컨

7 Lê Trung Hoa, "Họ và tên người Việt Nam", Nxb KHXH, 1992, pp.16-17.

대 베트남 성의 38% 이상을 점하는 응우옌(Nguyễn, 阮)씨가 그것이다. 이는 국경선 1400km와 해안선이 중국과 서로 접해있는 관계로 많은 중국인들이 긴 역사 속에서 다양한 이유 하에 일찍부터 베트남에 이주·정착하게 된 요인 때문이다. 수차에 걸쳐 베트남 왕조를 열었던 인물 중 대부분이 이주 중국인이었던 점은 이를 방증한다.

특별한 경우는 켸우(Khiếu), 레우(Lều) 등을 말하며, 이중 전자는 성이 없던 자의 목탁을 만드는 직업을 고려하여 만들어졌고, 후자는 막씨의 한 지파가 막왕조 멸망 이후 후레왕조의 보복이 두려워 개성한 경우이다.

오늘날 베트남인 성의 90%를 점하는 성을 살펴보면 다음과 같다.

베트남인의 다수를 점하는 성

(단위 : %)

성	Nguyễn(阮)	Trần(陳)	Lê(黎)	Phạm(范)	Hoàng/Huỳnh(黃)	Phan(潘)	Võ/Vũ(武)
비율	38.4	12.1	9.5	7	5.1	4.5	3.9
성	Đặng(鄧)	Bùi(裵)	Đỗ(杜)	Hồ(胡)	Ngô(吳)	Dương(楊)	Lý(李)
비율	2.1	2	1.4	1.3	1.3	1	0.5

중국에서 유입된 성 외에도 베트남에서 만들어진 성도 많다. 리왕조(Lý, 1010-1225) 때 랑 쩌우(Lạng Châu)의 토족 추장 잡 트어 뀌(Giáp Thừa Quý)의 아들 턴 티에우 타이(Thân Thiệu Thái, 申紹泰)는 부마가 되었고 왕으로부터 턴(Thân, 申)씨 성까지 하사받은 경우가 있다. 임금이 성까지 하사한 것은 말할 것도 없이 종족을 포용하기 위한 정책이었다. 종족이 다양했고 지배체제가 정착되지 못했던 상황에서 베트남 왕들의 소수 종족과의 혼인과 성 하사정책은 역사 속에서 관행처럼 이어졌다.

전통시대에 베트남인은 한국인이나 중국인의 '제갈(諸葛)', '선우(鮮于)', '사마(司馬)', '하후(夏侯)' 형태의 복성이 없었다. 베트남인의 복성은 응우옌 왕조가 황족을 외척 등과 구별하기 위하여 사용했던 종실(宗室, Tôn Thất) 혹은 종녀(宗女, Tôn Nữ) 등의 단어가 후대에 성이 없던 사람들이 차용하면서 나타났다. 현대에 와서는 복성이 아버지 성과 어머니 성을 결합하는 형태로 나타났다. 현재 한국외대 일반대학원 국제관계학과에 재학중인 베트남 원생 응우옌 쩐 프엉 타오(Nguyễn Trần Phương Thảo)의 경우가 대표적 사례이다. 따라서 이 같은 복성의 남녀가 혼인하여 자녀의 성명을 짓는 과정에서 자신들의 부모와 같은 경우를 주장한다면 6음절 성명은 불가능하지 않다. 자녀의 성이 아버지 성과 어머니 성이 결합한 형태의 복성은 우리나라처럼 개인존엄과 양성평등의 개념이 강조되는 신세대에서, 그것도 서구적 경향이 강한 남베트남에서 주로 나타난다.

다수를 차지하는 월족을 포함한 대부분의 소수 종족은 아버지의 성을 따른다. 물론 이들은 부계사회이기 때문이다. 하지만 모계사회를 유지하고 있는 일부 에데(Ê Đê), 짬(Chăm), 쟈라이(Giarai), 머농(Mnông) 등은 어머니의 성을 따른다. 이 경우 성의 혈통 구분 의미는 사라진다. 그러나 후자의 경우도 발전한 다른 지역사회와 교류를 지속·확대하면서 아버지성을 따르는 경향으로 바뀌고 있다. 하지만 베트남 여성은 혼인 이후에도 자신의 성을 계속 유지한다.

베트남인 성의 유형은 자신들의 종족어로 된 성, 공용어인 베트남어(한자 표기가 안 되는 순수 베트남어)로 된 성, 한월어로 된 성 등이 있다. 이 때문에 일부 소수 종족 중에는 종족어와 순수 베트남어 혹은 종족어와 한월어로 된 성을 병용하기도 한다. 성뿐만 아니라 이름도 같은 형태로 병용한다. 한편 일부 성은 알파벳 일부 및 어음(語音)이 변화되었거나[8] 표기방식과 맞춤법이 통일되지 않았거나[9] 시공간 속에서 변하고 있거나 다른 성에서 파생된 경우도 있다. 이처럼 성의 유형이 다양한 것 외에 민족의 구성과 성의 형성배경이 복잡하여 베트남인의 성은

8 <표>의 Hoàng/Huỳnh, Võ/Vũ 등은 Chu/Châu, Lưu/Liu, Đái/Đới, Diệp/Giệp 등과 함께 알파벳 일부 및 어음이 변화된 경우임.

9 Ngọc Lang→ Ngọc Lan, Thu Cút→ Thu Cúc, Mặt Ê→ Mặc Ê, Giào→ Giàu 등이 여기에 해당됨.

딱히 몇 개라고 단정하기가 어렵다. 하지만 1992년에 출판된 레쫑화의 "베트남인의 성과 이름"에 931개의 성이 소개된 것으로 봤을 때 대략은 짐작이 된다. 단일민족으로 구성된 우리도 오늘날 국제화와 다문화로 인하여 새로운 성이 만들어지고 있어 성 파악이 쉽지 않다.

성을 바꾸는 이유는 여러 가지가 있다. 그 중 몇 가지를 살펴보면 다음과 같다. 첫째, 의학이 발달하지 못한 시대에 질병과 같은 위협으로부터 아이를 지키기 위해서였다. 이는 대장간, 사당, 사찰 등에 아이를 팔았다가 12세가 되면 되찾아 오는 형태였다. 여기서 팔았다는 것은 실제행위가 아니라 신령한 능력이 있다고 생각하는 성(聖), 불(佛) 등에 아이를 맡기는 행위였다. 이 경우 아이는 쩐(Trần)씨 혹은 마우(Màu)씨 등의 형태로 성 혹은 불의 자식이 되었기에 악령들로부터 보호받을 수 있다고 생각했다. 같은 차원에서 아들의 이름을 딸의 이름으로 작명하기도 하였다.

둘째, 호왕조(Hồ, 胡, 1400-1406)를 열었던 호뀌리(Hồ Quý Ly)에서 보듯이 양자가 된 경우이다. 호뀌리는 4대 조가 레(Lê, 黎)씨 집안의 양자가 되면서 레씨성을 갖게 되었다. 그는 왕조를 열고서 본래의 성인 호씨로 바꾸었다. 그러나 호뀌리처럼 특별한 경우를 제외하고 대부분은 개성을 유지한다.

셋째, 정치 등 외부의 압력에 의해서였다. 대표적으로 리(Lý, 李)씨 왕족이 정권을 잡은 쩐(Trần, 陳)씨 왕족에 의하여 응우옌(Nguyễn, 阮)씨로, 막왕조(1527-1592)를 열었던 막(Mạc, 莫)씨의 한 지파가 후레왕조의 정치적 보복을 피하기 위하여 르우(Lưu, 柳)씨로, 찡(Trịnh, 鄭)-응우옌(Nguyễn, 阮)주 대립시기에 찡씨에 의하여 축출당한 일부 응우옌 씨가 까오(Cao, 高)씨로, 찡주의 후손들이 응우옌 왕조(1802-1945)를 세운 쟈롱(Gia Long)황제의 응징을 피해 응우옌 씨로 개성하였다. 이같이 일부 성의 응우옌 씨로의 개명(改名)은 오늘날 베트남의 성비(姓比)에서 응우옌 씨가 가장 높게 된 이유가 되었다.

넷째, 호찌밍의 경우처럼 독립활동을 위해서도 성명을 바꾸었다. 그의 첫 번째 성명, 즉 아명은 응우옌 씽꿍(Nguyễn Sinh Cung)이었다. 12살 되던 1901년에 응우옌 떳 타잉(Nguyễn Tất Thành)으로 개명한 것을 시작으로 그는 수차례에 걸쳐 개명을 하였다. '호찌밍'이란 성명은 그가 제2차 세계대전이 한창이던 1942년 8월 연합군과의 연합을 모색하기 위해 중국국민당계의 군벌 장발규(張發奎)에게 접근하면서 사용했다. 이는 성과 이름을 모두 바꾼 경우이다. '호찌밍'이란 성명은 그때부터 지금까지 쓰이고 있다.

다섯째, 목표를 추구하기 위하여 스스로 개성한 경우이다. 떠이 썬 봉기를 일으켰던 응우옌 냑(Nguyễn Nhạc), 응우옌 르(Nguyễn Lữ), 응우옌 훼(Nguyễn Huệ) 삼 형제는 반란 성공을 위하여 자신들의 본래 성 호(Hồ)씨를 어머니의 성 응우옌(Nguyễn)씨로 바꾸었다. 이는 자신들이 봉기를 일으켰던 지역이 응우옌 씨 주가 지배하고 있는 지역임을 감안한 지지 세력의 확보차원이었다.

여섯째, 왕이나 주가 성을 하사한 경우이다. 이 경우 여인들은 자신들의 본래 성을 사용했다. 왕이나 주가 성을 하사하는 경우 자신들의 성을 혹은 자신들이 좋은 의미를 갖는 성을 내리는 형태였다.

개성 및 개명과 관련하여 1945년 8월혁명 이후 혁명이란 명목 하에 인명과 지명들을 바꾸었던 풍조를 언급하지 않을 수 없다. 역사 속의 위대한 인물들의 인명을 차용하여 불러지고 있는 베트남의 많은 도로명, 행정구역명, 회사명 등은 그때의 산물이다. 인명의 경우 홍썬(Hồng Sơn, 紅山), 타잉 썬(Thanh Sơn, 淸山), 찌 타잉(Chí Thanh, 志淸) 꾸앙 빙(Quang Vinh, 光榮), 비엣 탕(Việt Thắng, 越勝), 꾸앙 중(Quang Dũng, 光勇) 등이, 행정구역명은 뜨조(Tự Do, 自由)주, 응우옌 찌 프엉(Nguyễn Tri Phương)성, 황 지에우(Hoàng Diệu)시, 응우옌 짜이(Nguyễn Trãi)성, 도로명은 레 러이(Lê Lợi)로, 꾸앙 쭝(Quang Trung)로, 쩐흥 다오(Trần Hưng Đạo)로, 리 트엉 끼엣(Lý Thường Kiệt)로, 응오 꾸옌(Ngô Quyền)로, 유적지명은 쩐흥 다오(Trần Hưng Đạo)전적지, 황화탐(Hoàng Hoa Thám)전적지 등이 선호되었다.

이뿐 아니라 8월혁명, 제네바협정, 북남통일 이후 성이 없던 혹은 성이 있던 일부 소수 종족들이 호찌밍 주석이나 팜반동(Phạm Văn Đồng) 수상을 흠모하여 이들의 성으로 개성했거나 성을 차용하였다.

2. 가운데 이름

가운데 이름은 성과 마지막 이름 사이에 온다. 가운데 이름이 없는 경우를 우리는 통상 외자이름이라 한다. 베트남 왕조를 열어었던 응오 꾸옌(Ngô Quyền), 레환(Lê Hoàn), 레 러이(Lê Lợi), 응우옌 훼(Nguyễn Huệ) 등은 가운데 이름이 없는 대표적 인물이다. 가운데 이름이 없는 경우는 대부분 남자에 해당된다.

그렇다고 리껌(Lý Cầm), 리 띠엔(Lý Tiến), 풍흥(Phùng Hưng), 쿡 하오(Khúc Hạo), 리비(Lý Bí) 등과 같은 몇몇 역사 인물을 내세워 가운데 이름이 성보다 출현시기가 늦었다고 하는 주장[10]은 설득력이 부족하다. 외자가 아닌, 즉 '가운데 이름 + 마지막 이름'의 구조를 가졌던 인물들이 리옹쫑(Lý Ông Trọng), 찌에우 티찡(Triệu Thị Trinh), 리 티엔 바오(Lý Thiên Bảo), 쿡 트어 주(Khúc Thừa Dụ), 쿡 트어 미(Khúc Thừa Mỹ) 등이 있다. 이중 리옹쫑은 이들보다 훨씬 이전의 인물이며, 찌에우 티찡은 일찍이 여성의 가운데 이름 티자 사용을 보여주고, 리 티엔 바오는 리비의 형이며, 쿡 트어 주와 쿡 트어 미는 쿡 하오의 부친과 자식의 관계로 가운데 이름과 성의 출현 시기를 가늠할 수 있는 단서를 제공하지 못하고 있다.

가운데 이름이 반드시 가운데 위치하는 것만은 아니다. 특별한 경우이기는 하지만 일부가정에서는 가운데 이름과 마지막 이름이 위치가 꾹 흐엉(Cúc Hương), 리엔 흐엉(Liên Hương)의 형태로 바뀌는 경우가 있다. 이때 가운데 이름이 2음절인 경우는 똥티꾹 흐엉(Tống Thị Cúc Hương), 쩐 쑤언 리엔 흐엉(Trần Xuân Liên Hương)의 형태로 표기한다.

가운데 이름은 1음절 혹은 2음절 형태이다. 1음절은 다오 반훙(Đào Văn Hùng)

---

10 Nguyễn Kim Thản, 'Vải nét về tên người Việt Nam' "DTH" T 4, 1975, p.72.

이나 호티롱안(Hồ Thị Long An)의 형태이고, 2음절은 도반 꾸앙 밍(Đỗ Văn Quang Minh)이나 레 타잉 밍 쩌우(Lê Thanh Minh Châu)의 형태이다. 이중 호티롱안(Hồ Thị Long An)이나 도반 꾸앙 밍은 성명이 똑 같이 4음절이라 할지라도 마지막 이름이 각각 2음절 '롱안'과 1음절 '밍'의 형태이기 때문에 '호칭 +롱안'과 '호칭 + 밍'의 형태로 이름을 불러야 한다.

가운데 이름의 주요 기능은 성(性)을 구분하는 역할을 한다. 여자에게 흔히 쓰는 가운데 이름은 티(Thị, 氏), 지에우(Diệu, 妙), 느(Nữ, 女) 등이 있다. 이외에도 아이(Ái, 愛), 껌(Cẩm, 錦), 옌(Yến, 燕), 레(Lệ, 麗), 미(Mỹ, 美), 뀡(Quỳnh, 琼), 뚜옛(Tuyết, 雪), 퉈(Thùy, 垂), 퉈(Thúy, 翠) 등이 있다. 남자에게 흔히 쓰는 가운데 이름은 반(Văn, 文), 딩(Đình, 廷), 비엣(Viết), 득(Đức, 德), 씨(Sĩ, 士), 푸(Phú, 富), 쥐(Duy, 惟), 흐우(Hữu, 有), 칵(Khắc, 克), 쒄(Xuân, 春) 등이 있다.

여자의 가운데 이름으로 전에는 티자밖에 없었다. 티자는 중국, 한국, 베트남의 족보와 제사 등에서 부녀자를 부를 때 이름이 아닌 '성+씨' 형태, 즉 모씨(某氏)라고 했던 것에서 유래했다. 같은 차원에서 "대월사기전서"에서도 딩보링(Đinh Bộ Lĩnh)의 모친을 담(Đàm)씨, 레 다이 하잉(Lê Đại Hành)의 모친을 당(Đặng)씨, 리꽁원(Lý Công Uẩn)의 모친을 팜(Phạm)씨라고만 기록하였다. 오늘날 베트남어에서 씨는 아무런 의미가 없이 여자의 가운데 이름으로만 쓰일 뿐이다.

오늘날에는 여자들의 가운데 이름의 티자 사용도 도시, 특히 지식인 가정을 중심으로 줄어들고 있다. 주요인은 티자가 전통시대에 여자에 대한 차별 혹은 경멸의 의미로 사용됐다는 인식 때문이다. 이 같은 사회변화와 더불어 더 아름다운 이름을 갖고자 하는 사람들의 심리 때문이다. 하지만 이는 남녀의 구분을 어렵게 만드는 요인이 되었다. 예컨대, 티자가 없는 리낌 아잉(Lý Kim Anh)은 이름만 가지고서는 여자인지 남자인지 아무도 모른다.

그렇다고 가운데 이름이 반드시 성을 구별하지는 않는다. 남자 팜홍 쩌우(Phạm Hồng Châu)와 여자 쩐홍 리엔(Trần Hồng Liên), 남자 딩쒄 응우옌(Đinh Xuân

Nguyên)과 여자 호쒄 흐엉(Hồ Xuân Hương)이 가운데 이름으로 각각 홍(Hồng)과 쒄(Xuân)을 썼을지라도 성(性)은 다르다. 이는 한국인 중 남자가 여자 이름을 반대로, 여자가 남자 이름을 갖는 경우와도 비슷하다.

가운데 이름은 큰 문중에서 종지(宗支)와 지계(支系)를 구분하는 기능을 한다. 이는 하 떠이(Hà Tây)성 타잉 와이(Thanh Oai)현의 응오 티(Ngô Thì), 응오 비(Ngô Vi)나, 하 떠이(Hà Tây)성 꾸옥 와이(Quốc)현의 판휘(Phan Huy), 판쫑(Phan Trọng)이나, 꾸앙 응아이(Quảng Ngãi)성 모득(Mộ Đức)현의 응우옌 득(Nguyễn Đức), 응우옌 머우(Nguyễn Mậu)가 대표적이다. 이중 판휘는 판휘껀(Phan Huy Cận, 증조) → 판휘익(Phan Huy Ích, 조) → 판휘특(Phan Huy Thực, 부) → 판휘빙(Phan Huy Vịnh, 자)의 형태다.

호찌밍의 가계에서 보듯이 가운데 이름이 계승되다가 개명으로 바뀌거나 바뀐다할지라도 자식들은 통일시키는 경우도 있다. 즉 응우옌 씽싹(Nguyễn Sinh Sắc, 아버지)→ 응우옌 씽 키엠(Nguyễn Sinh Khiêm, 형), 응우옌 씽꿍(Nguyễn Sinh Cung, 호찌밍의 아명), 동생 응우옌 씽씬(Nguyễn Sinh Xin, 동생)처럼 아버지의 가운데 이름을 계승하였다가 응우옌 떳닷(Nguyễn Tất Đạt, 형)과 응우옌 떳 타잉(Nguyễn Tất Thành, 호찌밍의 휘)으로 각각 개명하였다.

일부 가정에서는 가운데 이름을 통하여 서열을 구분하기도 한다. 즉 문중의 장자와 차자는 바(Bá: 나이가 가장 많음)와 마잉(Mạnh: 시작)을, 가정의 장자·차자·차차자는 쟈(Gia)·쫑(Trọng)·툭(Thúc)을 각각 쓴다. 후자의 끝 자식에게는 뀌(Quý: 작음)를 쓴다.

이외에도 일부 가문에서는 우리가 오행을 이용하여 작명하는 것처럼 가운데 이름에 일정한 단어를 사용하여 작명한다. 예컨대 빙딩(Bình Định)의 막(Mạc)씨의 경우 당(Đăng), 딩(Đĩnh), 느(Như), 응우옌(Nguyên), 딩(Đỉnh)을 사용한다. 한학을 한 가정에서는 'Kỷ sở bất dục vật thi ư nhân(己所不欲勿施於人: 내가 하고 싶지 않은 일을 남에게도 시키지 말라)' 형태의 격언을 가운데 이름으로 이용한다. 이 때문에 가운데 이름은 같은 가문의 사람이 만났을 때 상하를 쉽게 구분할 수 있도록 도움을 준다.

가운데 이름은 단독으로 쓰이거나 마지막 이름과 결합하여 쓰이거나 성과 결합하여 쓰인다. 단독으로 쓰이는 경우는 마지막 이름 혹은 성과 상관없이 쓰이는 경우다. 마지막 이름이나 성과 결합하여 쓰이는 경우는 하나의 단어로 쓰이는 경우이다. 단독으로 쓰이는 형태는 응우옌 딩 찌에우(Nguyễn Đình Chiểu), 레 반썬(Lê Văn Sơn) 등이고, 마지막 이름과 결합한 형태는 레푸 꾸이(Lê Phú Quý, 黎富貴), 응우옌 안닝(Nguyễn An Ninh, 阮安寧) 등이며, 성과 결합한 형태는 황낌 부이(Hoàng Kim Vui, 黃金O), 보반쭝(Võ Văn Trung, 武文忠) 등이다. 이중 성과 결합한 형태는 흔치 않다. 가운데 이름이 2음절인 경우 첫음절은 독립적으로 쓰이고, 두 번째 음절은 마지막 이름과 결합하여 한월어 형태로 쓰인다. 예컨대 도반 꾸앙밍(Đỗ Văn Quang Minh, 杜文光明), 쩐티홍트(Trần Thị Hồng Thư, 陳氏弘誓)의 경우이다. 여기서 황낌 부이는 '한월어(黃金)+순수 베트남어(부이)' 형태의 성명이다.

성을 취해서 가운데 이름을 삼는 경우는 왕이 성을 하사하거나, 데릴사위나 양자로 입양되거나, 정치적 응징을 피하려는 경우 등이었다. 그렇더라도 자신의 성, 즉 아버지의 성을 취해서 가운데 이름을 삼았는데, 이는 후손들에게 자신들의 혈통을 알게 하고 동성동본혼을 예방하자는 수단이었다. 전통시대에는 어머니의 성을 취하여 가운데 이름을 삼던 사례가 없었으나 서구 식민지 영향을 받으면서 어머니의 성을 취하여 가운데 이름을 삼는 경우도 나타나기 시작했다. 이 같은 경향은 오랫동안 프랑스에 할양되었으며 그 후 미국의 영향을 받았던 남베트남에서 심하다.

자식의 가운데 이름을 만드는 방법은 다양하다. 첫째, 아버지의 가운데 이름을 취해서 아들의 가운데 이름은 짓지만 딸의 가운데 이름은 짓지 않는 경우가 있다: Nguyễn Đăng Liêm(아버지) → Nguyễn Đăng Trình(아들), Nguyễn Nhân Hòa(딸). 아버지의 가운데 이름을 취해서 아들과 딸의 가운데 이름을 짓는 경

우가 있다: Dương Kim Sánh(아버지) → Dương Kim Hải(아들), Dương Kim Hồng(딸). 아버지의 가운데 이름을 취해서 아들의 가운데 이름을 짓고 딸의 마지막 이름의 일부를 짓는 경우가 있다: Cao Xuân Huy(아버지) → Cao Xuân Hạo(아들), Cao Thị Xuân Lan(딸).

둘째, 어머니의 가운데 이름을 취해서 딸의 가운데 이름을 짓지만 아들의 가운데 이름을 짓지 않는 경우가 있다. 어머니의 가운데 이름을 취해서 아들과 딸의 가운데 이름을 짓는 경우가 있다. 어머니의 가운데 이름을 취해서 아들의 가운데 이름을 짓고 딸의 마지막 이름의 일부를 짓는 경우가 있다.

셋째, 아버지의 마지막 이름을 취해서 아들의 가운데 이름을 짓지만 딸의 가운데 이름을 짓지 않는 경우가 있다.

넷째, 어머니의 마지막 이름을 취해서 딸의 가운데 이름을 짓지만 아들의 가운데 이름을 짓지 않는 경우가 있다.

다섯째, 어머니의 마지막 이름 일부를 취해서 딸의 가운데 이름을 짓는 경우가 있다: Lưu Thị Thùy Dương(어머니) → Mai Thùy Linh(딸).

여섯째, 아버지의 가운데 이름과 마지막 이름을 취해서 아들만의 가운데 이름을 짓거나 아들과 딸 모두의 가운데 이름을 짓는 경우가 있다. 전자는 Phạm Long Trung(아버지) → Phạm Long Trung Duy(아들) 형태이며, 후자는 Trần Thành Đăng(아버지) → Trần Thành Đăng Chân Tín(아들), Trần Thành Đăng Chân Mỹ(딸) 형태이다.

3. 마지막 이름

세상에 태어나서 떠날 때까지 베트남인은 다양한 이름을 갖는다. 아명(兒名)으로부터 시작하여 휘(諱), 자(字), 애칭(愛稱), 비명(秘名), 세례명(洗禮名), 필명(筆名), 법명(法名), 도호(道號), 별호(別號), 존호(尊號), 제호(帝號) 등이 그것이다. 이것들이 생전에 지어진 이름이라면, 뗀튀[Tên thụy): 뗀햄(Tên hèm), 뗀꿍껌(Tên cúng cơm)

이라고도 함], 묘호(廟號), 시호(諡號) 등은 사후에 지어진 이름이다.

베트남인은 '성+가운데 이름+마지막 이름'의 구조에서 마지막 이름을 부른다. 이 때문에 베트남어는 마지막 이름을 '바른 혹은 정확한 이름(tên chính)'이라고 한다. 현재는 출생 신고 기간이 60일인 것을 감안하여 베트남인은 아이의 성명을 그 기간 내에 짓는다.

"상황을 보고 이름을 짓는다(Coi mặt, đặt tên)"는 속어에서 보듯이 베트남인들을 아이의 특징, 성별, 가정환경, 문중, 출생 배경, 소망 등 여러 가지 것들을 고려하여 부모 혹은 조부모가 작명한다. 아이의 작명에는 무엇보다 부모의 소망이 크게 작용한다. 따라서 아이의 작명 중 역사적 인물들의 이름이 많은 것도 여기에 있다.

8월혁명 이전에는 마지막 이름은 대부분 1음절이었다. 그렇지만 8월혁명 이후 2음절 마지막 이름, 특히 여자에게서 많이 나타나고 있다. 전통시대에 월족, 특히 지식인들은 작명에 한자를 사용하였다. 이러한 경향은 지금도 그렇다. 이는 의미어인 한자가 갖는 특징 외에도 순수 베트남어보다 한자가 더 문화적이라는 생각 때문인 것으로 오래 역사 속에서 자신들도 모르게 몸에 배어버린 습관이 되었다. 따라서 과거 남베트남에서 종종 보였던 져우(Giàu: 부유한), 꼬(Có: 가지고 있다), 텀(Thơm: 향기로운), 드억(Được: 얻다), 꾸어(Của: …의 것)와 같은 순수 베트남어 이름은 사라지고 있다.

마지막 이름도 성을 구별하는 일부 기능을 한다. 마지막 이름을 지을 때 베트남인은 통념상 남자의 경우 훙(Hùng, 雄), 호(Hổ, 虎), 롱(Long, 龍), 중(Dũng, 勇), 꽁 빙(Công Bình, 公平), 쭝 타잉(Trung Thành, 忠誠), 베 꾸옥(Vệ Quốc, 衛國) 등의 한자를, 여자는 항(Hằng, 姮), 화(Hoa, 華), 레(Lệ, 麗), 톼(Thoa, 釵), 껌뚜(Cẩm Tú, 錦繡), 돤 짱(Đoan Trang, 端裝), 튀중(Thùy Dung, 垂容) 등의 한자를 많이 쓰기 때문이다. 그러나 앞에서 언급했듯이 한국인의 이름처럼 예외가 있기 때문에 이것만으로는 정확한 성 구분이 안 된다.

전통시대의 작명 풍속 습관에서 마지막 이름을 지을 때 베트남인은 신(神), 성(聖), 왕, 주(主: 쩡주와 응우옌 주), 가족, 문중, 심지어 마을 윗사람의 이름과 중복되는 것을 피했다. 만약 두 형제나 자매의 이름이 중복될 경우는 구별을 위하여 lớn(nhớn 혹은 nậy), con(thiểu) 등의 단어를 첨가하였다. 이외에도 아랫사람의 이름을 'Mệnh→ Mạnh', 'Hồng→ Hương', 'Nhậm→ Nhiệm', 'An→ Yên'의 형태로 약간 다르게 발음을 하게 하였다. 중복을 피했던 것은 노란 혹은 붉은 색처럼 왕의 색을 이용한 의복 착용 금지, 문양 등에서 용의 발톱 사용 제한, 집 칸 수의 제한 등과 같은 사례에서 짐작할 수 있듯이 엄격한 계급 및 신분사회의 구조 때문이었다.

월족의 작명은 매우 다양하다. 베트남의 소수 종족, 특히 평야지역에 거주하면서 월족과 교류가 잦았던 소수 종족들은 성과 가운데 이름뿐만 아니라 마지막 이름을 짓는데도 월족의 영향을 받았다. 월족의 작명 방법에는 다음과 같은 것들이 있다.

첫째, 부모형제의 성명과 관련지어 작명한다. ① 아버지의 마지막 이름을 이루는 음절의 일부로 자식의 마지막 이름을 짓는다: Biên → Bình, Bồng, Bưởi, Bắc 혹은 Chình → Trinh, Vinh, Bình 등. ② 어머니의 마지막 이름을 이루는 음절의 일부로 자식의 마지막 이름을 짓는다: Thủy → Thanh, Thương, Thạc 혹은 Hà → Kha, Thoa 등. ③ 부모의 마지막 이름을 이루는 음절의 일부로 자식의 마지막 이름을 짓는다: Long + Lý → Liễu, Lài, Ly, Lan, Lai, Lịch, Lợi 혹은 Huyên + Duyên → Uyên, Luyến, Tuyến. ④ 아버지의 성, 가운데 이름, 마지막 이름의 첫음과 같이 자식의 성명을 짓는다: Đỗ Đại Đồng → Đỗ Đại Định 혹은 Lê Linh Lang → Lê Luyến Lưu Ly 등. ⑤ 부모의 마지막 이름을 결합하여 자식의 마지막 이름을 짓는다: Tiến + Giang → Giáng Tiên. ⑥ 부모의 마지막 이름의 철자를 바꾸어서 자식의 마지막 이름을 짓는다: Thu + Hân → Huân, Thuân. ⑦ 아버지의 가운데 이름과 어머니의 마지막 이름의 일부를 취하여 자식의 마지막 이름을

짓는다: Lê Hồng Phòng + Nguyễn Thị Minh Khai → Lê Hồng Minh. ⑧ 부모, 자식, 형제자매의 이름을 하나의 단어형태로 짓는다: Hội(會, 아버지)→ Nghị[議 혹은 Đồng(同, 자식)], Trang(妝, 어머니) → Điểm[點 혹은 Đài(자식)], Nết(형) → Na(남동생), Dung(容, 언니)→Nhan(顔, 여동생) 등. ⑨ 자식이 아버지보다 재능이 뛰어 났으면 하는 기대에서 자신의 이름 앞에 다른 단어를 첨가 한다: Khu(아버지) → Kỳ(자식): Kỳ Khu(崎嶇), Kiệt(아버지) → Tuấn(자식): Tuấn Kiệt(俊傑) ⑩ 형이나 언니의 이름을 역으로 하여 동생의 이름을 짓는다: Hùng Minh(형) → Minh Hùng(동생), Ngọc Bảo(언니) → Bảo Ngọc(동생) 등.

둘째, 부모의 직업이나 부모가 원하는 직업과 관련지어 작명을 한다. ① 크게는 Sĩ(士), Nông(農), Công(工), Thương(商) 등이 있다. ② 문예와 관련하여 Thơ(詩), Văn(文), Ca(歌), Vũ(舞) 등이 있다. ③ 수공예와 관련하여 Kim(바늘), Chỉ(실), Thêu(자수), Thùa(노리개) 등이 있다. ③ 공구와 관련하여 Chàng(자귀), Đục(끌), Bào(대패), Cưa(톱) 등이 있다. ④ 원료와 관련하여 Sắt(철), Thép(쇠), Gang(주철), Đồng(동), Bạc(은) 등이 있다. ⑤ 부모가 생산한 제품과 관련하여 Cột(기둥), Kèo(후네), Rui(서까래), Mè(서까래 일종) 등이 있다.

셋째, 시간과 관련지어 작명을 한다. ① 출생의 십이지와 관련지어 Tí(자), Sửu(축), Dần(인), Mão(묘) 등. ② 출생의 십간과 관련지어 Giáp(갑), Ất(을), Bính(병), Đinh(정) 등. ③ 계절과 관련지어 Xuân(춘), Hạ(하), Thu(추), Đông(동). ④ 절기와 관련지어 Thu(입추), Tuyết(대설), Quốc Khánh(9월 2일 독립일-국경일) 등. ⑤ 정치, 사회의 사건과 관련지어 Tản Cư(散居, 1946), Hòa Bình(和平, 1954), Hiệp Định(協定, 1954), Thống Nhất(統一, 1975) 등. ⑥ 시대의 구호와 관련지어 Trường Kỳ Kháng Chiến(장기항전), Thành Công(성공), Muôn Năm(영원히), Thực Hiện(실현), Cải Tiến(개선), Kỹ Thuật(기술), Nông Nghệp(농업) 등.

넷째, 부모의 고향, 의미가 있는 장소, 일터, 학습 장소, 자식의 출생지 등 공간과 관련지어 작명을 한다. ① 지명의 원형을 이용한다: Nguyễn Như Kontum,

Nguyễn Quang Phan Tiết 등. ② 지명의 일부를 이용한다: Hưng(Hải Hưng), Khoa(Mạc Tư Khoa). ③ 두 지명의 일부 음절을 서로 결합하여 작명한다: Ngọc Khương(Ngọc Hồi + Khương Thượng), Nguyễn Lân Tú(xã Đức Lân +thôn Tú Sơn). ④ 지역 구분 명을 차용하여 작명한다: Bắc(북: 북부), Trung(중: 중부), Nam(남: 남부). ⑤ 방향 명을 차용하여 작명한다: Đông(동), Tây(서), Nam(남), Bắc(북). ⑥ 국호를 차용하여 작명한다: Việt(越: 베트남), Nga(俄: 러시아), Mỹ(美: 미국), Anh(영: 영국), Trung Quốc(중국), Nhật Bản(일본), Thái Lan(태국) 등. ⑦ 6대주를 차용하여 작명한다: Âu(歐: 구주), Á(亞: 아주), Úc(澳: 오주), Phi(非: 비주), Mỹ(美: 미주).

다섯째, 희망적인 단어나 고사 성어 등을 차용하여 작명한다. ① 성 구별 없이 Nhân(仁), Lễ(禮), Nghĩa(義), Trí(智), Tín(信), Công Bình(公平), Thanh Liêm(淸廉), Trung Kiên(中堅) 등을 쓴다. ② 딸의 경우 Công(公), Dung(容), Ngôn(言), Hạnh(行), Ngoan(귀여운), Hiền(賢), Dịu(온화한), Thảo(효성스런) 등을 쓴다. ③ 아들의 경우 Trung(忠), Hiếu(孝), Dũng(勇) 등을 쓴다. ④ 이상적인 의미로 Chân(眞), Thiện(善), Mỹ(美) 등을 쓴다. ⑤ 삼다(三多)의 이미로 Phúc(福), Lộc(祿), Thọ(壽)를 쓴다. ⑥ 부유함을 추구하려는 의미에서 Phú(富), Quý(貴), Vinh(榮), Hoa(華), Công(功), Thành(成), Danh(名), Toại(遂), Vàng(금), Bạc(은), Châu(珠), Báu(귀한), Giàu(부유한), Có(있다) 등을 쓴다. ⑦ 건강을 추구하려는 의도에서 Mạnh(孟), Khỏe(건강한), Cường(强), Tráng(壯) 등을 쓴다. ⑧ 논어, 대학 등의 가르침을 따르는 차원에서 부반(Quân tử vụ bản, Bản lập nhi đạo sinh: 君子務本, 本立而道生: 군자는 근본에 힘쓰니, 근본이 서면 도가 생긴다), 찡떰(Dục tu kỳ thân giả, tiên chính kỳ tâm: 欲修其身者, 先正其心: 그 몸을 닦고자 하는 자는 먼저 그 마음을 바르게 하고) 등을 쓴다.

여섯째, 역사 인물, 예술가, 작품 속 인물들의 이름을 차용한다.

일곱째, 서수를 취하여 작명을 한다. 이 경우 순수 베트남어로는 Một(하나), Hai(둘), Ba(셋) 등이, 한월어로는 Nhất(一), Nhị(Nhì, 二), Tam(三) 등이 있다.

여덟째, 동물의 이름을 차용하여 작명한다. ① 아름답거나 아름다운 소리를 내는 새 이름을 차용한다: Loan(鸞: 란새), Phụng(Phượng, 鳳: 봉황새), Oanh(鶯: 꾀고리), Yến(燕: 제비), Quyên(鵑: 두견새), Họa Mi(畵眉: 화미새), Sơn Ca(백령새) 등. ② 사령: Long(龍), Lân(麟, 기린), Quy(龜: 거북), Phụng(鳳: 봉황). ③ 물고기: Rô, Mè, Chép, Trắm 등.

아홉째, 식물의 이름을 차용한다. ① 아름다운 꽃 명: Mai(梅: 매화), Hồng(紅: 장미), Lan(蘭: 난초), Huệ(蕙: 혜초), Cúc(菊: 국화), Hải Đường(海棠: 해당화) 등. ② 아름다운 나무 명: Tùng(松: 소나무), Bách(柏: 측백나무), Trúc(竹: 대나무), Mai(梅: 매화나무) 등. ③ 일반 나무 명: Ổi(구아바), Xoài(망고), Mận(자두), Mít(빵나무) 등.

열째, 사랑하는 사람이나 미워하는 혹은 원수의 이름을 차용하여 작명한다. 전자는 서로 사랑하였으나 여러 이유로 원하는 결실을 맺지 못했을 경우 사랑하는 사람의 이름을 자식의 이름에 사용하는 경우이고, 후자는 미워했거나 원한에 맺힌 사람을 잊지 않고 갚기 위해 그의 이름을 자식의 이름에 사용하는 경우이다.

열한째, 제왕이 시 등을 써서 후대 왕들의 이름을 결정한다. 예컨대 밍망(Minh Mạng)황제의 오언시(Miên hồng ưng bửu vĩnh, Bảo quý định long trường, Hiền năng kham kế thuật, Thế thụy quốc gia xương: 綿洪膺保永, 玉貴定隆長, 賢能堪繼述, 世瑞國家昌)에 근거하여 후대 왕들이 이름이 지어졌다: Miên Tông(Thiệu Trị), Hồng Nhậm(Tự Đức) 등.

열둘째, 과거 농촌지역에서 혼인을 했지만 오래도록 아이가 없다가 아이를 가졌을 경우에 아이를 마귀의 해코지로부터 지키려는 믿음에서 'Cu', 'Hĩm', 'Tèo(꼬맹이)', 'Đẹt(난쟁이)'처럼 순수 베트남어를 사용하여 작명하였다. 여기서 'Cu'나 'Hĩm'은 한국에서 아들을 고추로 표현하는 형태다. 이외에도 쪼꼰(Chó con: 강아지), 벤(Vện: 강아지), 바(Vá: 강아지), 튀(Thúi: 냄새↔Thơm), Cò(두루미), 매오(Mèo: 고양이), 꼼(Còm: 마른), 디(Đĩ: 계집애), 끈(Cún: 강아지), 뚠[Tũn 혹은 부범(Bụ Bẫm: 뚱보)], 댄(Đẹn: 말라깽이), 득(Đực: 숫놈), 띠(Tí: 새끼), 탭(Thẹp: 꼬마), 도(Đỏ: 핏

덩이), 전(Rận: 이), 찝(Chíp: 꼬마), 봉(Bông), 부이(Vui), 하(Há), 끄어이(Cười), 러이 (Lây), 빔(Bỉm: 기저귀) 등의 형태로 아명(兒名)을 짓기도 하였다. 오늘날에는 국제화시대를 반영하여 봅(Bốp), 비(Bi: 구슬), 포(Fo: Ford), 냇(Nét: Nescafe)의 형태로 영어를 차용하여 아명을 짓기도 한다. 이 같은 아명은 보통 출생 100일 기간에 불러지며 이 기간이 지나면 삼신할머니에게 감사례를 지내고 휘(諱)를 지었다.

열셋째, 외국의 영향, 특히 프랑스 식민지 이후 도시의 일부 지식인을 중심으로 프랑스어나 영어를 빌어 Trần Văn Pierre, Lê Văn Paul, Trần Thị Paulette, Nguyễn Thị Suzanne 등의 형태로 작명을 하였다.

여러 가지 이유로 베트남인들은 개성과 함께 개명도 하였다. 첫째, 베트남 근대 독립운동의 선구자였던 판 보이 쩌우(Phan Bội Châu, 潘佩珠)의 예에서 보듯이 본시 그는 성명이 판반싼(Phan Văn San, 潘文珊)이었으나 쥐떤(Duy Tân)황제의 휘(諱) 빙싼(Vĩnh San, 永珊) 중 싼(San, 珊)자와 동일하다고 하여 판 보이 쩌우로 개명하였다.

둘째, 왕이나 주가 이름을 하사하는 경우에 이름을 바꾼다. 후레왕조 때에 문장과 술수(術數)에 뛰어났던 까오 로(Cao Lô)는 타잉 똥(Thánh Tông)의 이름 하사로 까오 뀡(Cao Quýnh)으로 불리었다. 응우옌 왕조 때 그는 상등복신(上等福神)으로 책봉되었다.

셋째, 과거제도를 통해 관리를 선발하는 문화에서 낙방자가 행운 혹은 심기일전을 위해 개명을 하였다. 어떤 이는 낙방의 횟수에 따라 수차례 개명하는 이도 있었다. 쩐떼 쓰엉(Trần Tế Xương, 1870-1907)의 경우 본시 쩐쥐옌(Trần Duy Yên)이었으나 과시에서 낙방하면서 쩐께 쓰엉(Trần Kế Xương), 쩐 까오 쓰엉(Trần Cao Xương) 등으로 개명하였다.

여인의 과거 응시가 금지되었던 것 때문에 능력이 있는 여인의 경우 과거 응시 조건을 갖추기 위하여 개명과 남장을 하는 사례도 있었다. 이름을 응우옌 주(Nguyễn Du)로 바꾸고 남장을 하여 과거에 응시한 결과 진사에 합격했던 응우옌 티 주에(Nguyễn Thị Duệ)가 대표적 사례이다.

넷째, 이름이 좋지 않아 생활에서 어려움을 겪었거나 불행을 입었다고 생각한 사람들이 개명을 하는 경우이다. 이는 우리 한국에서도 흔히 있는 일이다. 전자의 경우는 1945년과 1954년 정부의 호적 재정리 때 많이 일어났다.

다섯째, 북남으로 장기간 분단되어 싸우던 시절에 남자들이 징집을 피하기 위하여 개명을 하였다.

여섯째, 프랑스 식민지 시절에 독립운동을 하기 위해 개명을 하였다. 대표적인 인물이 호찌밍이다.

일곱째, 혼인 이후 자식이 태어나면 부모의 이름 대신 큰 아이의 이름을 붙여 부른다. 이 경우 태어난 아이의 이름이 밍(Minh, 明)이라면 아이의 부모 ông A와 bà B는 ông Minh과 bà Minh의 형태로 부른다. 이는 한국의 '철수 아빠', '철수 엄마'와 비슷하다.

여덟째, 남베트남 도시의 일부 지식인들은 부인이 남편의 성명을 차용하는 것을 좋아한다. 이 경우 '부인 팜티 타잉 번(bà Phạm Thị Thanh Vân)'은 자신을 '부인 응오 바 타잉(bà Ngô Bá Thành)'이라 칭한다.

아홉째, 아이가 어느 정도 자라면 개명을 한다. 부모들은 아이의 특징, 출생 배경, 행동거지 등을 감안하여 아명을 짓는다. 명칭에서도 알 수 있듯이 이는 아이가 어렸을 때 사용하다가 일정한 시기가 되면 정식 이름으로 고쳐진다. 농촌의 사회계층이 낮은 가정에서는 토속적인 순수 베트남어로 아명을 짓는 반면에 사회계층이 높은 지식인들은 한월어로 아명을 지었다.

성명의 음절은 변하고 있다. 8월혁명 이전까지 마지막 이름이 2음절인 4음절 성명은 극소수였다. 오늘날에는 젊은 세대를 중심으로 2음절 마지막 이름의 증가로 4음절 나아가 5음절의 성명 비율이 높아지고 있다.

마지막 이름의 작명에서 선호되는 글자는 보편화되어있다. 예를 들어 남자는 Hùng(雄), Tuấn(俊), Sơn(山), Dũng(勇), Bình(平) 등을, 여자는 Nga(娥), Lan(蘭),

Vân(雲), Tuyết(雪), Thanh(淸) 등을 선호한다. 이는 우리나라에서도 비슷하다. 동명이인이 많은 것도 이 때문이다.

IX. 호칭

베트남의 호칭은 참으로 다양하고 복잡하다. 이 때문에 베트남인이라도 호칭에 대한 정확한 이해가 없다면 일상생활에서 실수할 수 있다. 이럴진대 베트남어를 잘 구사하는 외국인이라도 호칭이 얼마나 어려울까. 따라서 베트남어를 배우는 외국인이 하는 말이 "베트남의 호칭은 베트남어의 성조만큼 어렵다."는 것이다. 성조는 일정한 기간이 지나면 자연스러워지지만 호칭은 두고두고 부담이 된다.

베트남인은 관계 속에서 다양하고 복잡한 호칭을 사용한다. 인간관계에서 호칭이 다양하고 복잡하다는 것은 사회 계층이 다양하고 복잡함을 의미한다. 이 때문에 베트남어에는 호칭으로 사용하는 명사가 60개 이상 된다. 이는 정착혈통 농업문화의 특징을 구현한다고 할 수 있다.

호칭의 다양하고 복잡함은 한국도 예외가 아니다. 하여 한국인이라도 이를 제대로 알지 못하여 호칭 사용에서 실수하는 경우가 있다. 예컨대 1980년대 한국의 대학에서 여학생들이 나이 많은 학과의 남학생을 '형'이라고 불렀던 것이나, 요즘 한국의 음식점에서 봉사하는 여인들을 나이, 혈연 등과 전혀 상관없이 '언니'라고 부르는 것이나, 누구에게나 사장님, 사모님, 선생님으로 부르는 것이 그렇다. 이 때문에 베트남어나 한국어를 배우는 외국인이 호칭을 제대로 이해하고 사용할 줄 아는 것도 문화 이해 및 언어 수준의 척도가 될 수 있다.

베트남의 호칭에는 여러 가지 의미가 담겨있다. 몇 가지를 살펴보면 다음과 같다.

첫째, 친밀성이 담겨져 있다. 흔히 베트남은 정감이 넘치는 사회로 말해진다.

이 정감은 호칭에서도 짙게 묻어난다. 공동체 속의 모든 베트남인은 호칭으로써 한 가족 내 친족이 된다.

둘째, 구체성-유연성-이 담겨져 있다. 베트남 호칭 체계에서 고착화된 호칭은 존재하지 않는다. 왜냐하면 호칭이 나이, 관계, 사회적 지위 등과 같은 경우의 수 외에도 대화 시간과 공간과 같은 경우의 수에 의해서도 결정되기 때문이다. 따라서 영어에서처럼 관계와 상관없이 사용하는 '나(I)'가 없게 된다. 예컨대 1인칭 호칭 '나(tôi)'를 예로 들어보자. 베트남 호칭에서 '나(tôi)'는 전혀 사용되지 않는 것이 아니라 제한된 관계 속에서만 사용된다. 호칭 '나'는 상호 관계 속에서 'ông, bà, bác, chú, anh, chị, em, cháu, tớ, …' 등 여러 형태로 바뀐다. 이는 한국의 조부와 손주 혹은 부모와 자식 간의 대화에서 "할아버지가, 할머니가, 아버지가, 어머니가 …을 해줄게" 하는 형태와도 비슷하다. 이외에도 A가 B를 학교에서는 '선생님(thầy)'이라고 부르지만 집에서는 '동생(em)'이라고 부르는 예도 들어보자. 이는 B가 A의 남동생인 혈족관계이기 때문이다. 또한 두 남녀가 어렸을 때는 서로를 'mày-tao'라고 부르지만 자라서는 'cậu-tớ'라고 부르는 예도 들어보자. 이들이 부부관계를 맺게 되면 서로를 'anh-em'이라고 부른다. 이들 사이에 아이가 있게 되면 서로는 'bố(ba) nó-mẹ(má) nó'라고 부른다. 이후 손주가 있게 되면 서로를 'ông nó-bà nó' 라고 부른다. 베트남의 정상적인 호칭 사용에서 나이가 많거나 사회적 지위가 높은 청자에게 화자가 자신을 절대로 'tôi'라고 칭하지 않는 것이나 어느 누구도 나이가 많거나 사회적 지위가 높은 사람을 'nó'라고 부르지 않는 것도 같은 차원이다. "이때는 아저씨요, 다른 때는 나다(Chú khi ni, mi khi khác.)"라는 속어는 이 같은 베트남 호칭의 유연성을 잘 지적해 준다고 할 수 있다.

셋째, 공동체성-사회성-이 담겨져 있다. 두 사람이 대화를 나눌 때 호칭은 두 사람만의 관계만으로 결정되지 않고 제이, 제삼, 제사의 인물에 의해서도 결정된다. 즉 상대방을 아이의 이름, 손주의 이름, 아내의 이름, 남편의 이름 형태로 부른다. 그 결과 부부는 'bố(ba) nó-mẹ(má) nó, ông nó-bà nó'의 형태로 부른다. 이는 우리의 '애 아빠-애 엄마' 혹은 '철수 아빠-철수 엄마'의 형태와 같다. 이 같은 형태는 화자가 청자에게 자식 혹은 손주가 있음을 알리는 의미도 갖는다. 이외에도 공히 화자가 청자에게 화자의 나이를 고려하여 대화해 줄 것을 암시하지만, 전자의 경우는 화자가 유부남 혹은 유부녀임을 암시하기도 한다.

넷째, 다의성-종합성-이 담겨져 있다. 비록 화자와 청자 두 사람이지만 호칭은 종합성을 갖게 된다. 'ông-con', 'chú-con', 'bác-em'의 호칭은 'ông-cháu', 'chú-cháu', 'bác-cháu' 관계 혹은 'cha-con', 'anh-em' 관계를 구현한다. 나이 차이에서 'ông'은 화자의 할아버지와, 'bác'은 화자의 아버지 형과, 'chú'는 화자의 아버지 동생과 같은 청자에게 쓴다. 서열 차이에서 'ông'은 화자의 할아버지와 같은, 'chú'와 'bác'은 청자의 아버지와 같은 청자에게 쓴다. 두 사람의 대화에서 두 사람 모두가 자신을 'em' 혹은 'chị'라고 칭할 때 이는 모순이 아니다. 왜냐하면 한쪽은 나이가 적어서, 한쪽은 서열이 낮아서 서로 'em'이라고 칭하기 때문이다.

다섯째, 존비성과 함께 민주성이 담겨져 있다. 존비성은 가족이나 사회에서 나이와 서열 관계의 구현으로써 유학이 사회를 지배했던 전통시대의 호칭에 주로 나타났다. 민주성 혹은 공평성 역시 가족이나 사회에서 나이와 서열 관계의 구현이다. 이 때문에 서양인과는 달리 베트남인은 혼인한 부부를 각각 남편의 이름과 부인의 이름으로 부른다. 예컨대 '찌 타잉[chị Thanh(Thanh의 아내)]'은 남편의 친구들이 그 남편의 아내를, '아잉 응아[anh Nga(Nga의 남편)]'는 아내의 친구들이 그 아내의 남편을 부르는 형태이다. 물론 오늘날 부부관계의 호칭에서도 'anh-em'처럼 존비성은 나타난다.

여섯째, 겸양성과 화합성이 담겨 있다. 베트남인은 자신을 낮추고 상대를 높이는 원칙하에 호칭을 한다. 겸양은 사회성과 관련이 있다. 따라서 구별이 없는 수평관계라면 자신을 'tôi, tớ, tao, mình' 등으로, 상위관계라면 'em, con, cháu' 등으로, 하위관계라면 'anh/chị, cô/chú(bác), ông/bà' 등으로 칭한다. 수평관계에서 사용하는 호칭 중 'tôi'와 'tớ'는 두 개의 명사, 신하'(bầy tôi)'와 종'(tôi tớ)'이라는 명사에서 왔다. 존중과 배려는 어른의 마지막 이름을 부르는 것을 금기시하는 풍속 습관으로까지 이어졌다. 어른의 마지막 이름을 부르는 것을 엄청난 욕으로 생각하기 때문이다. 따라서 서로 싸울 때 욕의 차원에서 상대방 부모의 마지막 이름을 크게 부른다.

앞의 성명에서 언급했듯이 베트남인은 가족, 문중, 마을 등에서 위 사람과 이름이 겹치는 것을 피한다. 이 때문에 과거 베트남에는 "어느 집에 들어가면 그 집 주인의 휘를 묻다"는 입가문휘(入家問諱, nhập gia vấn húy)의 풍속 습관이 있었다. 만약 자신의 이름이 그 집 주인의 휘와 같다면 자신의 이름을 비슷한 형태로 발음하여 불편함을 비켜갔다.

휘의 겹침을 피하는 풍속 습관 때문에 수십 년 지기의 친구 본명을 장례식장에서 알게 되거나 TV 프로그램에서 친할머니의 존함을 알고 있는지를 알아보는 문제가 제시되거나 친구와의 싸움에서 친구가 자신의 부모 이름을 가지고 장난칠 것을 두려워하여 부모의 이름을 감추는 경우도 있었다. 우리나라에서도 혼인 이후 특히 여인들은 일상생활에서 자신의 이름을 사용하는 경우가 흔치 않기 때문에 아이들이 자기 조부모 이상의 존함을 알기는 쉽지 않다.

이외에도 베트남의 호칭은 시대성, 한시성, 제한성, 보편성, 이동성, 지역성 등을 띤다. 이는 만들어지는 시기가 있고, 사용 시기나 대상이 한시적, 제한적 혹은 일반적이며, 교류를 통해 옮겨 다니고, 일정한 지역으로 국한되기 때문이다. 이뿐 아니라 시간 속에서 의미나 용도가 변하기 때문이다.

베트남의 다양한 호칭은 존칭어가 없는 베트남어를 대신해 주기도 한다. 따라서 베트남인은 호칭을 쓸 때 나이, 항렬, 성, 관계, 직업, 존비, 사회 계층 및 지위 등 다양한 경우의 수를 고려한다. 이는 위에서 언급했던 호칭의 구체화 혹은 상황화이다.

일상생활 속에서 베트남인이 호칭을 써서 사람을 부르는 방식은 실로 다양하다. 이를 살펴보면 다음과 같다.

첫째, 호칭을 사용하지 않고 마지막 이름만 부른다. 이는 나이, 항렬, 관계, 사회 계층 및 지위 등에서 상위에 있는 사람이 하위에 있는 사람을 부르거나, 남녀가 서로 사랑하는 혹은 젊은 부부 사이이거나, 친구 사이이거나, 상대방을 낮춰 보거나 하는 경우이다.

상대방의 나이가 어린 경우 아들과 딸을 각각 'thằng', 'thằng cu'와 'cái', 'con' 등으로, 상대방에게 예를 갖추지 않거나 상대방을 경멸하는 의도에서 일반 남녀를 'thằng cha(일반 남자)', 'con mẹ(일반 여자)', 'tên(일반 남자)', 'thị(일반 여자)' 등으로 부른다. 'Bé'는 어린 남녀 모두에게 사용된다.

둘째, '호칭 +마지막 이름'의 구조로 부른다. 이는 구어체 혹은 문어체에서 상대방과 제삼자를 부를 때 가장 보편적으로 쓰는 방식이다. 이때 사용하는 호칭 'ông-bà', 'bố-mẹ', 'bác-chú-thím-cô', 'bác-cậu-mợ-dì-dượng', 'anh-chị-em', 'cháu-con' 등은 화자의 친인척관계에서 결정된다. 이중 'ông', 'bác', 'chú' 등은 다의성(多義性)을 토대로 결정된다. 이 경우 'ông'은 화자의 할아버지와 나이가 같은 사람에게, 'bác'은 화자의 아버지와 나이가 같은 사람에게, 'chú'는 화자의 아버지보다 나이가 어린 사람에게 쓴다. 그리고 'mày-tao→cậu-tớ→anh-em' 'nhà nó→bố nó-mẹ nó', 'ba nó-má nó→ông nó-bà nó' 등은 나이, 사회적 지위, 사귐의 시간과 공간에 의하여 결정된다.

대외개방이 오래된 지금은 잘 사용하지 않지만 경칭으로 베트남에서는 동지(同志, đồng chí), 동무(bạn), 선생(thầy), 수장(首長, thủ trưởng) 등의 호칭을 마지막 이름 앞에 붙여 쓰기도 하였다. 이중 북한을 통해 알고 있는 동지, 동무, 선생 등은 사회주의 국가에서 혁명과업과 무산계급을 실현하는 차원에서 썼던 호칭이다. 이중 선생은 우리의 사장님, 사모님처럼 호칭의 의미나 용도 변화를 잘 보여주는 예가 된다. 베트남 일부 농촌지역에서는 선생(thầy)이 아버지로 쓰이기도 한다.

베트남어는 선생을 터이(thầy)와 띠엔 씽(tiên sinh, 先生)으로 표기한다. 전자는 순수 베트남어이며, 후자는 한월어이다. 터이(thầy)와 후술할 띠엔 씽(tiên sinh, 先生)은 지금의 우리처럼 '님'이란 경칭을 쓰지 않더라도 학문, 의학, 종교, 예술 활동을 전문으로 하는 사람들을 경칭하는 호칭이었다.

셋째, '호칭 +성'의 구조로 부른다. 이는 특별히 존경과 추앙을 받는 사람들에게 사용한다. 예컨대, Đức Thành Trần(Trần Hưng Đạo), cụ Phan(Phan Bội Châu), Bác Hồ(Hồ Chí Minh)의 경우이다. 이 같이 부르는 경우는 성(聖) 혹은 신으로 인정되는 역사적 인물에 쓰기 때문에 많지 않으며 구어체와 문어체에서 공히 사용한다.

넷째, 성명 전체, 즉 '성 +가운데 이름 +마지막 이름'의 구조로 부른다. 이는 주로 문어체에서 역사적 인물을 다시 언급할 때 사용한다. 이 같은 형태는 과학 혹은 예술적 차원에서는 인물에 대한 존경을 나타내지만 일상의 구어체에서는 반대가 된다.

다섯째, '호칭 +성명'의 구조로 부른다. 이 경우 호칭은 직위, 학위 등을 의미한다. 따라서 쭈띡 쯔엉 떤쌍(Chủ tịch Trương Tấn Sang), 다이 뜨엉 보 응우옌 잡(Đại tướng Võ Nguyên Giáp) 등의 형태로 부른다. 여기서 쭈띡과 다이 뜨엉은 각각 주석과 대장의 한월어 표기이다.

여섯째, 문어체에서 '성'만을 혹은 'họ +성'의 구조로 부른다. 이는 'Trịnh' 혹은 'họ Trịnh'의 형태이다. 이 같은 기록은 많지 않지만, 후레왕조에서 장기간의 지역 대립을 일으켰던 두 가문, 'họ Trịnh'과 'họ Nguyễn'이 대표적이다.

일곱째, 호칭과 마지막 이름 사이에 자식의 장유유서(長幼有序)를 나타내는 쯔엉[Trưởng(長) 혹은 까(Cả)], 하이(hai: 둘째), 바(ba: 셋째), 뜨(tư: 넷째), 남(năm: 다섯째) 등의 단어를 써서 부른다. 이는 북중부, 즉 타잉 화(Thanh Hóa), 응에 안(Nghệ An), 하띵(Hà Tĩnh), 꾸앙 빙(Quảng Bình), 꾸앙 찌(Quảng Trị), 트어 티엔-훼(Thừa Thiên-Huế) 등을 제외한 다른 여러 지역에서 장성한 자식들을 부르는 경우이다. 따라서 'bác Cả Xà', 'ông Hai Thiện' 등의 형태로 부른다. 남베트남에서는 '까'

를 '하이'로 대체하며 이후의 순서에는 하나의 순서를 더하여 부른다. 이 경우 북베트남에서 'Hai Thơm'은 남베트남에서 'Ba Thơm'이 된다. 이 같은 경우는 남중부 베트남에서 마찬가지이지만 꾸앙 남에서는 '까'를 '하이'로 대체하거나 만약 '까'를 사용했다면 '하이'를 쓰지 않는다. 주목할 점은 북부에서는 아들에게만 이 같은 순서를 쓴다는 것이다. 여자는 친정에서는 순서를 사용하지 않지만 혼인을 하면 남편의 집에서는 순서와 남편의 이름을 따라 부르게 된다. 예컨대 'Chị Cả'로 부른다면 'chị dâu(형수)', 'vợ anh cả(큰 형의 아내)'의 의미가 된다. 반대로 꾸앙 남 이남은 순서를 부를 때 남녀를 구분하지 않는다. 따라서 '호칭 +순서'로 하면 된다. 예컨대 'bác Cả', 'anh hai'하면 된다. 남베트남에서는 가정이나 사회에서 이렇게 부르며 더 친절한 의미를 갖는다.

베트남의 호칭에 나이 순서를 붙여 부르는 형태는 우리의 큰형·작은형, 큰 누나·작은 누나, 큰형·둘째형·셋째형, 큰누나·둘째누나·셋째누나의 형태와 비슷하다. 이는 과거에 아이를 많이 낳고 여러 세대가 한 지붕아래 사는 상황에서 가족의 구성원들을 쉽게 구분하고 부르기 위하여 이름 대신 사용했던 형태이다. 지금도 둘이상의 형제자매가 있는 가정에서는 이 같이 부른다.

여덟째, 8월혁명 이전에 남베트남에서는 자식이 있는 남녀는 '호칭 +순서 +첫째 아이의 이름(보통은 아들)'의 구조, 즉 'chị Hai Tùng', 'anh Ba Hiển' 등으로 불렀다. 이 같은 형태는 지금도 농촌에 존재한다.

아홉째, 북베트남의 농촌에서는 자식이 있는 남녀는 'Đĩ', 'Hĩm', 'Cu', 'Cún'과 같은 자식의 속명을 이용하여 'bố cái Đĩ', 'bu con Cún'의 형태로 불리었다. 자식들은 'anh Đĩ', 'chị Hĩm' 등의 형태로 불렀다. 이 같은 형태는 가정 내에서 혹은 직접 교제할 때 쓴다. 자식이 있는 남녀를 자식의 이름이나 속명으로 부르게 된 것은 자신 혹은 상대방의 부모 이름을 부르지 않는 관습 때문이다. 이 경우는 조부모에게도 해당된다.

과거에 여인이 혼인을 하면 원칙적으로 자신의 이름을 썼다. 그러나 호칭에서 이웃이나 친구들은 남편의 이름으로 부르는 게 익숙했다. 남베트남의 지식층에서는 'bà Ngô Bá Thành', 'bà Nguyễn Đình Chi'처럼 '부인의 호칭 +남편의 성명'의 형태로 혼인한 여인을 불렀다. 이는 프랑스 식민지시대에 서구인들을 통하여 유입되었다.

열째, 혼인한 여인은 '여성의 호칭 +자신의 마지막 이름 +남편의 마지막 이름'의 구조로 불렀다. 예컨대 'chị Nguyễn Thị Út'의 남편의 마지막 이름이 'Tịch'이라면 'chị Út Tịch'이라 불렀다.

열한째, 8월혁명 전에는 직업에 근거하여 사람을 부르기도 하였다. 포(Phó)는 목수 등을, 부(Vú)는 젖 보모를, 벱(Bếp)은 요리사를, 쌔(Xe)는 인력거를 끄는 사람을, 따이(Tài)는 운전기사를 부를 때 썼다. 오늘날에는 이 같은 호명이 없으나 가끔 농담을 위해 사용하는 경우도 있다.

이외에도 전통시대의 왕과 사대부, 지금의 정치 지도자와 관료, 그리고 예술가와 종교인들은 시호, 존호, 제호, 호, 법명, 도호, 세례명, 예명, 필명 등을 가지고 있었기 때문에 다양한 호명 방식이 있었다. 이중 시호, 존호, 제호 등은 시대성, 한시성, 제한성을 갖는 호칭이다.

첫째, 왕의 호명 방식이다. ① '성 +시호'의 구조로 부른다: Lý Thái Tổ, Lê Thánh Tông 등. ② 제호, 즉 연호만을 부른다: Gia Long, Tự Đức 등. ③ 'vua(왕을 뜻하는 명사) +성 +시호' 혹은 'vua +제호'의 구조로 부른다. ④ 휘만을 부른다.

둘째, 주의 호명 방식이다. ① '작위 +성명'의 구조로 부른다: Võ Vương Nguyễn Phúc Khoát, Định Vương Nguyễn Phúc Thuần 등. ② 'Chúa(主) +일반 이름'의 구조로 부른다: Chúa Sãi(Nguyễn Phúc Nguyên), Chúa Hiền(Nguyễn Phúc Tần) 등. ③ 휘만 부른다.

셋째, 유사(儒士)의 호명 방식이다. ① '호 +tiên sinh(先生)'의 구조로 부른다: Băng Hồ tiên sinh(Trần Nguyễn Đán), Tố Như tiên sinh(Nguyễn Du) 등. ② 호만 부른다. ③ '직위 +고향명'의 구조로 부른다: Tướng công Uy Viễn(Nguyễn Công

Trứ) 등. ④ '학위 +고향'의 구조로 부른다: Trạng Bùng(Phùng Khắc Khoan), Tam Nguyên Yên Đổ(Nguyễn Khuyến) 등. ⑤ '학위 +품함'의 구조로 부른다: Trạng Trình(Nguyễn Bỉnh Khiêm) 등. ⑥ '학위 +마지막 이름'의 구조로 부른다: Trạng Quỳnh, Tú Xương 등. ⑦ '부인의 호칭 +직무 +남편의 근무지명'의 구조로 부른다: Bà huyện Thanh Quan 등.

넷째, 관리의 호명 방식이다. ① '직무 +마지막 이름'의 구조로 부른다: Huyện Thạnh, Tổng Lung, Hương Điểm, Xã Tài, Nghị Quế, Đề Thám 등. ② '품함 +마지막 이름'의 구조로 부른다: Thiên hộ Dương, Bá Nọn 등. ③ 직무만을 부른다: Lý(Lý trưởng), Tổng(chánh tổng), Xã(Xã trưởng), Châu(tri châu), Đốc phủ(đốc phủ sứ), Sếp(trưởng cơ quan) 등. ④ 품함만을 부른다: Thiếu(thái tử thiếu bảo), Cửu(cửu phẩm), Bát(bát phẩm), Bá(bá hộ) 등.

다섯째, 정치 지도자의 호명 방식이다. ① '호칭 +성'의 구조로 부른다: Cụ Huỳnh(Huỳnh Thúc Kháng), Bác Tôn(Tôn Đức Thắng) 등. 이 같은 구조는 많지 않지만 Cụ Đào(Đào Duy Anh)처럼 박학다식한 지식인에게도 'cụ'자를 쓴다. ② '성 +품함'의 구조로 부른다: Trần Hưng Đạo 등. ③ '성 +직무'의 구조로 부른다: Hồ Chủ tịch 등. ④ 가장 보편적인 방식으로 '품함 혹은 직무 +성함'의 구조로 부른다: Chủ tịch Tôn Đức Thắng, Thủ tướng Phạm Văn Đồng, Đại tướng Võ Nguyễn Giáp 등.

여섯째, 지식인의 호명 방식이다. ① '직위 혹은 학위 +마지막 이름'의 구조로 부른다: Giáo Cẩn, Tiến sĩ Dương, Kỹ sữ Hùng, Bác sĩ Tin 등. ② '직위 혹은 학위 +성' 혹은 '직위 +학위 +성'의 구조로 부른다: Phó giáo sư Bùi Mạnh Hùng, Tiến sĩ Bùi Mạnh Hùng, Giáo sư Tiến sĩ Nguyễn Văn Hiệp 등. ③ '성 +군(quân, 君)'의 구조로 부른다: Lê quân, Trần quân 등. 이는 지금도 한국에서 스승이 제자를 김군, 박군의 형태로 부르는 것과 같다. 이 또한 중국의 문화로 보인다.

일곱째, 예술인의 호명 방식이다. ① '자(字) 혹은 호 혹은 필명+성명'의 구조로

부른다: Ưu Thiên Bùi Kỷ, Thuần Phong Ngô Văn Phát 등. ② 필명 혹은 예명의 형태로 부른다: Đông Hồ, Út Trà Ôn 등. ③ '전공 +필명 혹은 예명'의 구조로 부른다: nhà thơ Tố Hữu, nghệ sĩ Kim Cương, ca sĩ Hồng Vân 등. ④ '성 +자 혹은 호'의 구조로 부른다: Nguyễn Tố Như, Lê Thọ Xuân 등.

여덟째, 종교인의 호명 방식이다. 불교인은 '직무 +불자(佛字) 혹은 불호(佛號)'의 구조로 부른다: Ni sư Huỳnh Liên, Đại đức Thích Trừng Cảnh, Thượng tọa Thích Thiên Hào, Hòa thượng Thích Tịnh Khiết 등. 천주교인은 3가지 형태로 부른다. ① '직무 +실제 성명'의 구조로 부른다: Linh mục Võ Thành Trinh, Hồng Y Trịnh Văn Căn 등. ② '직무 +세례명 +실제 성명'의 구조로 부른다: Giám mục Phao Lồ Nguyễn Văn Bình 등. ③ '직무 +마지막 이름'의 구조로 부른다: Cha Trinh, Đức Cha Bình 등.

부록

Vietnam

부록

부록 I. 베트남 역사 연표

년 대	베 트 남	한국과 중국
2000 년경-258 B.C.	반랑	고조선(古朝鮮), 하(夏)왕조
1500 년경 B.C.		상(은)왕조
1000 년경 B.C.		주왕조
770-221 B.C.		춘추전국시대
257-179 B.C.	어우 락	
221-207 B.C.		진(秦)
207-111 B.C.		남월(南越)
206 B.C.-8 A.D.		전한(前漢)
179-111 B.C.	남월의 병합시대(북속시대 시작)	위만조선
141 B.C.		중국 연호 시작: '건원(建元)'
111 B.C.	한의 남월 정복	
108 B.C.		한 4군 설치(?)
37 B.C.-676 A.D.		한반도 삼국시대
25-220 A.D.		후한(後漢)
40-43	두 쯩부인의 저항운동	
105		채륜의 종이 발명
184		황건적의 난
220-265		위·촉·오의 삼국시대
248	찌에우 부인의 저항운동	

년 대	베트남	한국과 중국
265-420		진(晉)
313		고구려의 낙랑군 병합
316-439		오호십육국시대
386-589		남북조시대
399-413	임읍의 침략	
420-479		송
479-502		제
502-560		양
544-602	리비의 저항운동	
581-618		수
587		중국의 과거제도 시행
612-907		당
668		신라에 안동도호부 설치
676-935		통일신라
679	안남도호부 설치	
699-926		발해
722	마이 툭롼의 저항운동	
755-763		안사의 난
791	풍흥의 저항운동	
862	남조의 침입	
875-884		황소의 난
906-923	쿡씨 절도사	
907-979		오대십국
916-1125		거란(요, 936)
936-1392		고려
937	남한(南漢)의 침략	
938-968	응오 왕조	
945-967	십이사군의 난	
958		고려의 과거제도 시행
960-1279		송(북송)
968-980	딩왕조: 다이 꼬 비엣(국호)	
981-1009	전(前)레왕조	
981	송의 침략	
982	독립왕조 하의 최초 점성침략	
922		고려의 국자감 설치
1000		중국의 나침반·화약 발명
1009-1225	리왕조	
1038	눙똔푹의 반란	
1069	최초의 점성 영토 확장	

년 대	베트남	한국과 중국
1075	과거제도 시행	
	최초의 중국(송) 침략	
1076	국자감 설치	
1115-1234		금(여진)
1125		금의 요와 북송(1127) 멸함
1127-1279		남송
1127		남송의 지폐 발행
1164	중국의 베트남 독립인정(안남국)	
1206		징기스칸 몽골 통일
1234		고려 금속활자 발명
1236		몽골의 유럽 원정
1271-1368		원
1225-1400	쩐왕조	
1231-1260		몽골의 고려 침략(1-6차)
1257	몽골의 제1차 침입	
1272	레반 흐우 『대월사기』완성	
1274		몽골의 일본 침략(1274, 1281)
1284	몽골의 제2차 침입	
1287	몽골의 제3차 침입	
1292		몽골의 자바 원정 실패
1368-1644		명
1383	점성의 탕롱성 침입	
1392-1910		조선
1396	서도천도	
1400-1406	호왕조	
1405-1433		정화의 남해원정
1406-1407	명의 침략	
1407-1427	명의 북속시대	
1418-1427	레 러이의 저항운동	
1428-1527	후(後)레왕조(레초시대)	
1442	진사제명비 설립	
1446		훈민정음 반포
1472	『대월사기전서』편찬	
1494		나관중의 『삼국지연의』
1508		시내암의 『수호지』
1527-1592	막왕조(북조)	
1532	응우옌 낌의 후레왕조 회복운동	
1533-1788	레중흥시대(북남조시대, 1533-1592)	
1545	찡씨가의 전횡	

년 대	베트남	한국과 중국
1558	응우옌 황의 퉨화 진수	
1590		오승은의 『서유기』
1592	찡씨가의 탕롱성 수복	임진왜란
1610		소소생의 『금병매』
1616-1912		후금→청(1636)
1627-1672	찡주·응우옌 주의 무력충돌	청의 제1차 침입(정묘호란)
1631		이자성의 난
1636		청의 제2차 침입(병자호란)
1644		명의 멸망
1673-1681		삼번의 난
1697	점성의 멸망	
1698-1757	남부 6성 획득	
1740		『대청율례』공포
1771	떠이 썬 반란	
1775	찡주의 푸쉰·꾸앙 남 점령	
1776	응우옌 냑의 쟈딩성 점령	
1778-1788	응우옌 냑의 칭제	
1783	응우옌 푹 아잉의 프랑스 지원요청	
1786	응우옌 훼의 사이암군 격파	
1788	후레왕조 멸망	
1788-1802	떠이 썬왕조	
1789	청의 침략	
1791		조설근의 『홍루몽』
1792	꾸앙 쭝제 사망	
1796-1804		백련교의 난
1799	응우옌 푹 아잉의 뀌년 회복	
1801	응우옌 푹 아잉의 푸쉰 점령	
1802-1945	응우옌 왕조	
1826	판바 바잉의 반란	
1839-1842		제1차 아편전쟁-남경조약
1851-1864		태평천국운동
1856-1860		제2차 아편전쟁-천진조약
1860		청의 영·불과 북경조약
1862	임술조약(동남부 3성 상실)	
1866		병인양요
1867	남서부 3성 상실	
1873	Francis Garnier 하 노이 공격(1차)	
1874	갑술조약	
1876		강화도조약

년대	베트남	한국과 중국
1882	Henri Rivière 하 노이 공격(2차)	임오군란
1883	아르망조약(계미조약)	
1884	푸르니에조약(갑신조약)	청불전쟁
		갑신정변
1885		천진조약
1885-1895	함 응이 제의 근왕운동	
1887	인도차이나연방제도 시행	
1888	함 응이 제의 체포	
1890	호찌밍 출생	
1894		청일전쟁
		동학농민운동
		갑오개혁(과거제도 폐지)
1897	뽈 두메르 인도차이나 총독 취임	대한제국성립
1898		강유위의 변법자강운동
1904	유신회 조직	러일전쟁
1905		을사조약
		중국의 과거제도 폐지
1905-1908	동유운동	
1907	동경의숙	
1908-1908	쭝끼의 조세 거부 운동	
1909		안중근의 이토 히로부미 사살
1910		한일합방
1910-1915		일본의 토지조사사업 시작
1911	호찌밍 도불(渡佛)	신해혁명
1912	베트남광복회 조직	청의 멸망-중화민국 설립
1914-1918		제1차 세계대전
1915	베트남인의 유럽전선 강제 이송	
1916	쥐떤제의 궁중 탈출	
1918	호찌밍의 프랑스사회당 입당	
1919	과거제도 완전 폐지	3·1운동
		5·4운동
		중국국민당 결성
		대한민국임시정부수립
1920	호찌밍의 프랑스공산당 입당	
1921		중국공산당 설립
1923	심심사 조직(중국 광주)	제1차 국공합작
1925	베트남청년혁명동지회(청년) 설립	조선공산당 조직
	복월회 성립	
1926	판 쩌우 찡 사망	

년 대	베 트 남	한국과 중국
1927	베트남국민당 설립	
1928	신월혁명당 설립	
1929	인도차이나공산당 설립	광주학생운동
	안남공산당 설립	
	인도차이나공산연단 설립	
1930	베트남공산당 설립(2월)	
	옌 바이 사건	
	인도차이나공산당 당명 개명(10월)	
	응우옌 타이 혹 사망	
1932		윤봉길 의거
1935	제1차 전당대회(마카오)	
1936	인도차이나반제인민통일전선	
1937		제2차 국공합작
		중일전쟁(1937-45)
1938	인도차이나민주통일전선	
1939	인도차이나반제민족통일전선	제2차 세계대전
1940	일본군의 베트남 진출	
	판 보이 쩌우 사망	
1941	베트남독립동맹(월맹)결성	태평양전쟁(1941-45)
1944	베트남민주당 성립	
	베트남 선전해방군대 창설	
1945	일본군의 무력 쿠테타(3월 9일)	제2차 세계대전 종결
	베트남제국 수립(남부)	한국 독립
	8월혁명과 독립선언	
	중국과 영국 연합군 진주	
	베트남민주공화국 수립(북부)	
1946	총선거	
	헌법 제정	
	프랑스군의 북베트남 진출	
	제1차 인도차이나 전쟁	
	남기자치공화국 수립(남부)	
1948		대한민국 설립
1949	베트남국가 수립(남부)	중화인민공화국 수립
		장개석 대만 천도
1950		중국의 베트남 정부 승인
		소련·북한의 베트남 정부 승인
		영·미의 바오 다이 정부 승인
		미국의 인도차이나 원조개시
		한국 토지개혁과 6.25 전쟁

년 대	베 트 남	한국과 중국
1951	제2차 전당대회(뚜옌 꾸앙)	
	베트남노동당	
1953	토지개혁법 채택	한국동란 정전협정
	토지개혁 착수	
1954	디엔 비엔 푸 전투 종료	
	제네바협정	
1955	베트남공화국 수립(남부)	한국의 베트남공화국 승인
	호찌밍의 소련·중국·몽고 방문	
1956		싸이 곤에 한국공사관 설치
1957	응오 딩 지엠 대통령 방한	
	호찌밍의 북한 방문	
1958	집단경제체제	싸이 곤에 한국대사관 설치
		이승만 대통령의 방월
		김일성의 북베트남 방문
1959	제1차 헌법 개정	
1960	남베트남공화국 수립	
	제3차 전당대회(하 노이)	4·19 의거
	남베트남해방민족전선 창설	주은래의 북베트남 방문
1961-1965	제1차 5개년경제개발계획	5·16 군사혁명
1961	남베트남해방군 발족	
1962	남베트남 인민혁명당 결성	
	북베트남·라오스 외교관계 수립	
1963	업박전투	
	틱 꾸앙 득 화상 분신자살	케네디 대통령 암살
1964	통킹만 사건-제2차 인도차이나 전쟁	이동외과병원 및 태권도교관파견
	북베트남·캄보디아 외교관계 수립	중국 최초 원폭실험 성공
1965		한·일국교정상화
		한국군 전투부대 베트남 파병
1966		중국 문화대혁명
1968	뗏공세 개시	
1969	호찌밍 사망	중국 최초 지하핵실험
1971		중국의 유엔 가입
1972		남북공동성명, 유신헌법
1975	북남통일	
1975-1986	전국적 배급제도시행	
1976	베트남사회주의공화국 수립	모택동 사망
	제4차 전당대회	강청 등 4인방 추방사건
	베트남공산당	
1976-1980	제2차 5개년경제개발계획	

년 대	베 트 남	한국과 중국
1977	유엔가입	
1978	베트남의 캄보디아 침공	중국 개혁·개방정책과 신헌법개정
1979	중국의 침공	10·26 사태
		중·미 국교 수립
1980	제2차 헌법 개정	한국 광주민중항쟁
1981	콴100	
1981-1985	제3차 5개년경제개발계획	
1982	제5차 전당대회	
1983		대 베트남 간접교역 개시
1984		등소평 대외개방·특구건립강조
1986	제6차 전당대회	
1986-1990	제4차 5개년경제개발계획	
1987	도이 머이(쇄신)정책 시행	
1988		대베트남 직접교역 개시
	베-중 스프래틀리군도 충돌	
	콴10	제24회 서울올림픽 개최
1989	베트남의 캄보디아 철수	천안문 사태
1991	제7차 전당대회	
	베트남·중국 국교정상화	
1991-1995	제5차 5개년경제개발계획	
1992	제3차 헌법 개정	한·베트남 수교
1993	보반 끼엣 수상 방한	
1994	미국 금수조치 해제	이영덕 국무총리 방베
1995	도 므어이 공산당서기장 방한	
	아세안 가입	
	미국과 수교	
1996	제8차 전당대회	
		김영삼 대통령 방베
1996-2000	제6차 5개년경제개발계획	
1998	APEC 가입	김대중 대통령 방베
2001	제9차 전당대회	
	쩐득 르렁 국가주석 방한	
2001-2005	제7차 5개년경제개발계획	
2002	폭죽 사용 금지	이한동 국무총리 방베
	쩐득 르엉국가주석 북한 방문	한국 월드컵개최
2003	판반 카이 수상 방한	
	SEA게임개최	
2004	제5차 ASEM회담개최	노무현 대통령 방베
2005	쩐득 르엉 국가주석 방한(APEC 참석)	이해찬 국무총리 방베
	판반 카이 수상 방미	한국 APEC 개최

년 대	베 트 남	한국과 중국
	농득 마잉 공산당서기장 방한	
2006	제10차 전당대회	
	APEC 개최	노무현 대통령 방베(APEC 참석)
	미의회 항구적 정상무역관계(PNTR)통과	
2006-2010	제8차 5개년경제개발계획	
2007	농득 마잉 공산당서기장 방한	김정일 베트남 방문
	농득 마잉 공산당서기장 방북	
	WTO 가입	
	연합국 안전보장이사회 비상임위원	
	오토바이 안전모 착용	
	응우옌 밍 찌엣 국가주석 방미	
	훙왕 제사 국제일 제정	
2008	수도 행정구역 확대	중국 올림픽 개최
	제1호 통신위성 소유	중국 유인 우주선 발사
2009	응우옌 떤중 수상 방한	이명박 대통령 방베
	월중국경선 확정	한·베 전략적 협력 파트너관계
	제1차 해외월교회의	
	ODA원조 80억 이상 기록	
	중 원유공장 가동	
2010	하 노이 수도 설립 1000년 기념	
	아세안 주석직 완수	
	비나신기업 파산	
2011	제11차 전당대회	
2011-2015	제9차 5개년경제개발계획	
	응우옌 떤쌍 국가주석 방한	
	황싸와 쯔엉 싸에 대한 주권 강조	
	호왕조 성과 핫싼 유네스코 등재	
2012	응우옌 떤중 수상 방한	
	제2호 통신위성 소유	
	베트남 해양법 정식 공포	
	푸토의 훙왕제사 유네스코 등재	
2013	제4차 헌법 개정	박근혜 대통령 방베
	인구 9천만 명 시대(세계 14번째)	한·베 전면적 협력 파트너관계
2014	중국의 파라셀군도개발과 반중시위	한·베 FTA 체결
	응우옌 푸쫑 공산당서기장 방한	한·아세안 특별정상회담
	응우옌 떤중 수상 방한	
2015	응우옌 푸쫑 공산당서기장 방미	
		한·베 FTA 발효
2016	제12차 전당대회	오바마 대통령 방베(무기금수전면해제)
2017	APEC 개최	문재인 대통령 방베

부록 II. 베트남 왕조 세보

·응오 왕조(Ngô, 吳) 세보

응오 왕 응오 꾸옌(Ngô Vương Ngô Quyền, 吳王 吳權, 939-944)→즈엉 빙왕(Dương Bình Vương, 楊平王, 945-950)→티엔 싸익 왕(Thiên Sách Vương, 天策王, 950-965)·남 떤왕(Nam Tân Vương, 南晉王, 951-968)

·딩왕조(Đinh, 丁) 세보

딩 띠엔 황 딩보링(Đinh Tiên Hoàng Đinh Bộ Lĩnh, 丁先皇 丁部領, 968-979)→페데(Phế Đế, 廢帝, 980)

·전레왕조(Lê, 黎) 세보

다이 하잉 레환(Đại Hành Lê Hoàn, 代行 黎桓, 980-1005)→쭝똥(Trung Tông, 中宗, 1005)→응와 찌에우(Ngọa Triều, 臥朝, 1006-1009)

·리왕조(Lý, 李) 세보

타이 또 리꽁원(Thái Tổ Lý Công Uẩn, 太祖 李公蘊, 1010-1028)→타이 똥(Thái Tông, 太宗, 1028-1054)→타잉 똥(Thánh Tông, 聖宗, 1054-1072)→년똥(Nhân Tông, 仁宗, 1072-1128)→턴똥(Thần Tông, 神宗, 1128-1138)→아잉 똥(Anh Tông, 英宗, 1138-1175)→까오 똥(Cao Tông, 高宗, 1176-1210)→훼똥 쌈(Huệ Tông Sảm, 惠宗 昰, 1211-1224)→찌에우 황 찌에우 타잉 공주(Chiêu Hoàng Chiêu Thánh công chúa, 昭皇 昭聖公主, 1224-1225)

·쩐왕조(Trần, 陳) 세보 I

타이 똥 까잉(Thái Tông Cảnh, 太宗 煚, 1225-1258)→타잉 똥(Thánh Tông, 聖宗, 1258-1278)→년똥(Nhân Tông, 仁宗, 1279-1293)→아잉 똥(Anh Tông, 英宗, 1293-

1314)→밍똥(Minh Tông, 明宗, 1314-1329)→히엔 똥(Hiến Tông, 憲宗, 1329-1341)→주똥(Dụ Tông, 裕宗, 1341-1369)→응에 똥(Nghệ Tông, 藝宗, 1370-1372)→주에 똥(Duệ Tông, 睿宗, 1372-1377)→페데(Phế Đế, 廢帝, 1377-1388)→퇸똥(Thuận Tông, 順宗, 1388-1398)→티에우 데(Thiếu Đế, 少帝, 1398-1400)

·쩐왕조 세보 II

쟌딩(Giản Định, 簡定, 1407-1409)→뀌쾅(Quý Khoáng, 季擴, 1409-1414)

·호왕조(Hồ, 胡) 세보

호뀌리(Hồ Quý Ly, 胡季犛, 1400-1401)→한 트엉(Hán Thương, 漢蒼, 1401-1407)

·후레왕조(Lê, 黎) 세보 I

타이 또 레 러이(Thái Tổ Lê Lợi, 太祖 黎利, 1428-1433)→타이 똥(Thái Tông, 太宗, 1434-1442)→년똥(Nhân Tông, 仁宗, 1443-1459)→타잉 똥(Thánh Tông, 聖宗, 1460-1497)→히엔 똥(Hiến Tông, 憲宗, 1497-1504)→뚝똥(Túc Tông, 肅宗, 1505)→위묵(Uy Mục, 威穆, 1504-1509)→뜨엉 즉(Tương Dực, 襄翼, 1510-1516)→찌에우 똥·꿍황(Chiêu Tông · Cung Hoàng, 昭宗·恭皇, 1516-1527)

·막왕조(Mạc, 莫) 세보

타이 또 막당중(Thái Tổ Mạc Đăng Dung, 太祖 莫登庸, 1527-1529)→타이 똥(Thái Tông, 太宗, 1530-1540)→히엔 똥(Hiến Tông, 憲宗, 1541-1546)→뚜옌 똥(Tuyên Tông, 宣宗, 1546-1561)→막 머우 헙(Mạc Mậu Hợp, 莫茂洽, 1562-1592)→막똰(Mạc Toàn, 莫全, 1592)→막낑찌(Mạc Kính Chỉ, 莫敬止, 1592-1593)→막낑꿍(Mạc Kính Cung, 莫敬恭, 1593-1625)→막낑콴(Mạc Kính Khoan, 莫敬寬, 1625-1638)→막낑부(Mạc Kính Vũ, 莫敬宇, 1638-1667)

·후레왕조 세보 II

짱똥 쥐닝(Trang Tông Duy Ninh, 莊宗 維寧, 1533-1548)→쭝똥(Trung Tông, 中宗, 1549-1556)→아잉 똥(Anh Tông, 英宗, 1557-1573)→테똥(Thế Tông, 世宗, 1573-1599)→낑똥(Kính Tông, 敬宗, 1600-1619)→턴똥 I(Thần Tông, 神宗, 1619-1643)→쩐똥(Chân Tông, 眞宗, 1643-1649)→턴똥 II(Thần Tông, 神宗, 1649-1662)→후옌 똥(Huyền Tông, 玄宗, 1663-1671)→쟈똥(Gia Tông, 嘉宗, 1672-1675)→히똥(Hy Tông, 熙宗, 1676-1705)→주똥(Dụ Tông, 裕宗, 1705-1729)→데(Đế, 帝, 1729-1732)→퉌똥(Thuần Tông, 純宗, 1732-1735)→이똥(Ý Tông, 懿宗, 1735-1740)→히엔 똥(Hiển Tông, 顯宗, 1740-1786)→먼데(Mẫn Đế, 愍帝, 1787-1789)

·후레왕조 찡(Trịnh, 鄭)씨 세보

평안왕 찡뚱(Trịnh Tùng, 鄭松, 1570-1620)→청도왕 찡짱(Trịnh Tráng, 鄭柟, 1623-1657)→서왕 찡딱(Trịnh Tạc, 鄭柞, 1657-1682)→정왕 찡깐(Trịnh Căn, 鄭根, 1682-1709)→안도왕 찡 끄엉(Trịnh Cương, 鄭棡, 1709-1729)→위남왕 찡장(Trịnh Giang, 鄭杠, 1729-1740)→명도왕 찡 조아잉(Trịnh Doanh, 鄭楹, 1740-1767)→정도왕 찡썸(Trịnh Sâm, 鄭森, 1767-1782)→단남왕 찡 카이(Trịnh Khải, 鄭楷, 1783-1786)→안도왕 찡봉(Trịnh Bồng, 鄭槰, 1786-1787)

·후레왕조 응우옌(Nguyễn, 阮)씨 세보

단군공 응우옌 황(Nguyễn Hoàng, 阮潢, 1600-1613)→서군공 응우옌 푹 응우옌(Nguyễn Phúc Nguyên, 阮福源, 1613-1635)→인군공 응우옌 푹란(Nguyễn Phúc Lan, 阮福瀾, 135-1648)→용군공 응우옌 푹떤(Nguyễn Phúc Tần, 阮福瀕, 1648-1687)→홍군공 응우옌 푹짠(Nguyễn Phúc Trăn, 阮福溱, 1687-1691)→조국공 응우옌 푹쭈(Nguyễn Phúc Chu, 阮福淍, 1691-1725)→정국공 응우옌 푹쭈(Nguyễn Phúc Chú, 阮福澍, 1725-1738)→무왕 응우옌 푹콧(Nguyễn Phúc Khoát, 阮福闊, 1738-1765)→정왕 응우옌 푹(Nguyễn Phúc Thuần, 阮福淳, 1765-1777)→완왕 응우옌 푹 아잉(Nguyễn Phúc Ánh, 阮福暎)

·떠이 썬왕조(Tây Sơn, 西山) 세보

타이 득 응우옌 냑(Thái Đức Nguyễn Nhạc, 泰德 阮岳, 1778-1793)→꾸앙 쭝 훼(Quang Trung Huệ, 光中 惠, 1788-1792)→까잉 팅 꾸앙 똰(Cảnh Thịnh Quang Toản, 景盛 光纘, 1792-1802)

·응우옌 왕조(Nguyễn, 阮) 세보

테또 쟈롱(Thế Tổ Gia Long, 世祖 嘉隆, 1802-1819)→타잉 또 밍망(Thánh Tổ Minh Mạng, 聖祖 明命, 1820-1840)→히엔 또 티에우 찌(Hiến Tổ Thiệu Trị, 憲宗 紹治, 1841-1847)→즉똥 뜨득(Dực Tông Tự Đức, 翼宗 嗣德, 1847-1883)→죽득(Dục Đức, 育德, 1883)·히엡 화(Hiệp Hòa, 協和, 1883)→쟌똥 끼엔 푹(Giản Tông Kiến Phúc, 簡宗 建福, 1883-1884)→함 응이(Hàm Nghi, 咸宜, 1884-1885)→까잉 똥 동 까잉(Cảnh Tông Đồng Khánh, 景宗 同慶, 1886-1888)→타잉 타이(Thành Thái, 成泰, 1889-1907)→쥐떤(Duy Tân, 維新, 1907-1916)→카이 딩(Khải Định, 啓定, 1916-1925)→바오 다이(Bảo Đại, 保大, 1926-1945)

부록 III. 베트남 왕조 연호

연호-베트남어	연호-한글(한자)	기간	황제-베트남어
Thiên Đức(Đại Đức)	천(대)덕[天(大)德]	544-548	Lý Nam Đế
Thái Bình	태평(太平)	970-980	Đinh Tiên Hoàng
Thái Bình	태평(太平)	980-980	Đinh Phế Đế
Thiên Phúc	천복(天福)	980-988	Lê Đại Hành
Hưng Thống	흥통(興統)	989-993	Lê Đại Hành
Ứng Thiên	응천(應天)	994-1005	Lê Đại Hành
Ứng Thiên	응천(應天)	1005-1007	Lê Ngọa Triều
Cảnh Thụy	경서(景瑞)	1008-1009	Lê Ngọa Triều
Thuận Thiên	순천(順天)	1010-1028	Lý Thái Tổ
Thiên Thành	천성(天成)	1028-1034	Lý Thái Tông
Thông Thụy	통서(通瑞)	1034-1039	Lý Thái Tông
Càn Phù Hữu Đạo	건부유도(乾符有道)	1039-1042	Lý Thái Tông
Minh Đạo	명도(明道)	1042-1044	Lý Thái Tông
Thiên Cảm Thánh Vũ	천감성무(天感聖武)	1044-1049	Lý Thái Tông
Sùng Hưng Đại Bảo	숭흥대보(崇興大寶)	1049-1054	Lý Thái Tông
Long Thụy Thái Bình	용서태평(龍瑞太平)	1054-1058	Lý Thánh Tông
Chương Thánh Gia Khánh	장성가경(彰聖嘉慶)	1059-1065	Lý Thánh Tông
Long Chương Thiên Tự	용장천사(龍彰天嗣)	1066-1068	Lý Thánh Tông
Thiên Huống Bảo Tượng	천황보상(天貺寶象)	1068-1069	Lý Thánh Tông
Thần Vũ	신무(神武)	1069-1072	Lý Thánh Tông
Thái Ninh	태녕(太寧)	1072-1076	Lý Nhân Tông
Anh Vũ Chiêu Thắng	영무소승(英武昭勝)	1076-1084	Lý Nhân Tông
Quảng Hựu	광우(廣祐)	1085-1092	Lý Nhân Tông
Hội Phong	회풍(會豐)	1092-1100	Lý Nhân Tông
Long Phù	용부(龍符)	1101-1109	Lý Nhân Tông
Hội Tường Đại Khánh	회상대경(會祥大慶)	1110-1119	Lý Nhân Tông
Thiên Phù Duệ Vũ	천부예무(天符睿武)	1120-1126	Lý Nhân Tông
Thiên Phù Khánh Thọ	천부경수(天符慶壽)	1127-1127	Lý Nhân Tông
Thiên Thuận	천순(天順)	1128-1132	Lý Thần Tông
Thiên Chương Bảo Tự	천장보사(天彰寶嗣)	1133-1138	Lý Thần Tông
Thiệu Minh	소명(紹明)	1138-1140	Lý Anh Tông
Đại Định	대정(大定)	1140-1162	Lý Anh Tông
Chính Long Bảo Ứng	정용보응(政龍寶應)	1163-1174	Lý Anh Tông
Thiên Cảm Chí Bảo	천감지보(天感至寶)	1174-1175	Lý Anh Tông
Trinh Phù	정부(貞符)	1176-1186	Lý Cao Tông
Thiên Tư Gia Thụy	천자가서(天資嘉瑞)	1186-1202	Lý Cao Tông

연호-베트남어	연호-한글(한자)	기간	황제-베트남어
Thiên Gia Bảo Hựu	천가보우(天嘉寶祐)	1202-1205	Lý Cao Tông
Trị Bình Long Ứng	치평용응(治平龍應)	1205-1210	Lý Cao Tông
Kiến Gia	건가(建嘉)	1211-1224	Lý Huệ Tông
Càn Ninh	건녕(乾寧)	1214-1216	Lý Nguyên vương
Thiên Chương Hữu Đạo	천장유도(天彰有道)	1224-1225	Lý Chiêu Hoàng
Kiến Trung	건중(建中)	1225-1232	Trần Thái Tông
Thiên Ứng Chính Bình	천응정평(天應政平)	1232-1251	Trần Thái Tông
Nguyên Phong	원풍(元豐)	1251-1258	Trần Thái Tông
Thiệu Long	소륭(紹隆)	1258-1272	Trần Thánh Tông
Bảo Phù	보부(寶符)	1273-1278	Trần Thánh Tông
Thiệu Bảo	소보(紹寶)	1279-1285	Trần Nhân Tông
Trùng Hưng	중흥(重興)	1285-1293	Trần Nhân Tông
Hưng Long	흥륭(興隆)	1293-1314	Trần Anh Tông
Đại Khánh	대경(大慶)	1314-1323	Trần Minh Tông
Khai Thái	개태(開泰)	1324-1329	Trần Minh Tông
Khai Hựu	개우(開祐)	1329-1341	Trần Hiến Tông
Thiệu Phong	소풍(紹豐)	1341-1357	Trần Dụ Tông
Đại Trị	대치(大治)	1358-1369	Trần Dụ Tông
Đại Định	대정(大定)	1369-1370	Dương Nhật Lễ
Thiệu Khánh	소경(紹慶)	1370-1372	Trần Nghệ Tông
Long Khánh	륭경(隆慶)	1372-1377	Trần Duệ Tông
Xương Phù	창부(昌符)	1377-1388	Trần Phế Đế
Quang Thái	광태(光泰)	1388-1389	Trần Thuận Tông
Kiến Tân	건신(建新)	1398-1400	Trần Thiếu Đế
Thánh Nguyên	성원(聖元)	1400-1400	Hồ Quý Ly
Thiệu Thành	소성(紹成)	1401-1402	Hồ Hán Thương
Khai Đại	개대(開大)	1403-1407	Hồ Hán Thương
Hưng Khánh	흥경(興慶)	1407-1408	Giản Định Đế
Trùng Quang	중광(重光)	1409-1413	Trần Quý Khoáng
Thiên Khánh	천경(天慶)	1426-1427	Trần Cảo
Thuận Thiên	순천(順天)	1428-1433	Lê Thái Tổ
Thiệu Bình	소평(紹平)	1434-1439	Lê Thái Tông
Đại Bảo 혹은 Thái Bảo	대보(大寶)	1440-1442	Lê Thái Tông
Đại Hòa(Thái Hòa)	대(태)화[大(太)和]	1443-1453	Lê Nhân Tông
Diên Ninh	연녕(延寧)	1454-1459	Lê Nhân Tông
Thiên Hưng	천흥(天興)	1459-1460	Lê Nghi Dân
Quang Thuận	광순(光順)	1460-1469	Lê Thánh Tông
Hồng Đức	홍덕(洪德)	1470-1497	Lê Thánh Tông
Cảnh Thống	경통(景統)	1498-1504	Lê Hiến Tông

연호-베트남어	연호-한글(한자)	기간	황제-베트남어
Thái Trinh	태정(太貞)	1504-1504	Lê Túc Tông
Đoan Khánh	단경(端慶)	1505-1509	Lê Uy Mục
Hồng Thuận	홍순(洪順)	1509-1516	Lê Tương Dực
Quang Thiệu	광소(光紹)	1516-1522	Lê Chiêu Tông
Thống Nguyên	통원(統元)	1522-1527	Lê Cung Hoàng
Minh Đức	명덕(明德)	1527-1529	Mạc Thái Tổ
Đại Chính	대정(大正)	1530-1540	Mạc Thái Tông
Nguyên Hòa	원화(元和)	1533-1548	Lê Trang Tông
Quảng Hòa	광화(廣和)	1540-1546	Mạc Hiến Tông
Vĩnh Định	영정(永定)	1547-1547	Mạc Tuyên Tông
Cảnh Lịch	경력(景歷)	1548-1553	Mạc Tuyên Tông
Thuận Bình	순평(順平)	1548-1556	Lê Trung Tông
Quang Bảo	광보(光寶)	1554-1561	Mạc Tuyên Tông
Thiên Hựu	천우(天祐)	1556-1557	Lê Anh Tông
Chính trị	정치(正治)	1558-1571	Lê Anh Tông
Thuần Phúc	순복(淳福)	1562-1565	Mạc Mậu Hợp
Sùng Khang	숭강(崇康)	1566-1577	Mạc Mậu Hợp
Hồng Phúc	홍복(洪福)	1572-1573	Lê Anh Tông
Gia Thái	가태(嘉泰)	1573-1577	Lê Thế Tông
Diên Thành	연성(延成)	1578-1585	Mạc Mậu Hợp
Quang Hưng	광흥(光興)	1578-1599	Lê Thế Tông
Đoan Thái	서태(端泰)	1586-1587	Mạc Mậu Hợp
Hưng Trị	흥치(興治)	1588-1590	Mạc Mậu Hợp
Hồng Ninh	홍녕(洪寧)	1591-1592	Mạc Mậu Hợp
Bảo Định	보정(寶定)	1592-1592	Mạc Kính Chỉ
Vũ An	무안(武安)	1592-1593	Vũ An Đế
Khang Hựu	강우(康祐)	1593-1593	Mạc Kính Chỉ
Càn Thống	건통(乾統)	1593-1625	Mạc Kính Cung
Thận Đức	신덕(愼德)	1600-1601	Lê Kính Tông
Hoằng Định	홍정(弘定)	1601-1619	Lê Kính Tông
Vĩnh Tộ	영작(永祚)	1619-1629	Lê Thần Tông
Long Thái	용태(龍泰)	1623-1638	Mạc Kính Khoan
Đức Long	덕용(德龍)	1629-1635	Lê Thần Tông
Dương Hòa	양화(陽和)	1635-1643	Lê Thần Tông
Thuận Đức	순덕(順德)	1638-1677	Mạc Kính Vũ
Phúc Thái	복태(福泰)	1643-1649	Lê Chân Tông
Khánh Đức	경덕(慶德)	1649-1653	Lê Thần Tông
Thịnh Đức	성덕(盛德)	1653-1658	Lê Thần Tông
Vĩnh Thọ	영수(永壽)	1658-1662	Lê Thần Tông

연호-베트남어	연호-한글(한자)	기간	황제-베트남어
Vạn Khánh	만경(萬慶)	1662-1662	Lê Thần Tông
Cảnh Trị	경치(景治)	1663-1671	Lê Huyền Tông
Dương Đức	양덕(陽德)	1672-1674	Lê Gia Tông
Đức Nguyên	덕원(德元)	1674-1675	Lê Gia Tông
Vĩnh Trị	영치(永治)	1676-1679	Lê Hy Tông
Chính Hòa	정화(正和)	1680-1705	Lê Hy Tông
Vĩnh Thịnh	영성(永盛)	1705-1720	Lê Dụ Tông
Bảo Thái	보태(保泰)	1720-1729	Lê Dụ Tông
Vĩnh Khánh	영경(永慶)	1729-1732	Lê Duy Phường
Long Đức	용덕(龍德)	1732-1735	Lê Thuần Tông
Vĩnh Hựu	영우(永祐)	1735-1740	Lê Ý Tông
Cảnh Hưng	경흥(景興)	1740-1786	Lê Hiển Tông
Thái Đức	태덕(泰德)	1778-1793	Nguyễn Nhạc
Chiêu Thống	소통(昭統)	1786-1788	Lê Mẫn Đế
Quang Trung	광중(光中)	1788-1792	Nguyễn Huệ
Cảnh Thịnh	경성(景盛)	1793-1801	Nguyễn Quang Toản
Bảo Hưng	보흥(寶興)	1801-1802	Nguyễn Quang Toản
Gia Long	가륭(嘉隆)	1802-1819	Gia Long
Minh Mạng	명명(明命)	1820-1840	Minh Mạng
Thiệu Trị	소치(紹治)	1841-1847	Thiệu Trị
Tự Đức	사덕(嗣德)	1848-1883	Tự Đức
Dục Đức	육덕(育德)	1883-1883	Dục Đức
Hiệp Hòa	협화(協和)	1883-1883	Hiệp Hòa
Kiến Phúc	건복(建福)	1883-1884	Kiến Phúc
Hàm Nghi	함의(咸宜)	1885-1888	Hàm Nghi
Đồng Khánh	동경(同慶)	1885-1888	Đồng Khánh
Thành Thái	성태(成泰)	1889-1907	Thành Thái
Duy Tân	유신(維新)	1907-1916	Duy Tân
Khải Định	계정(啟定)	1916-1925	Khải Định
Bảo Đại	보대(保大)	1926-1945	Bảo Đại

부록 IV. 베트남 의례일

1. 공휴일

명칭	날짜	의미	기간
양력설	1월 1일	국제 신년 기념일	1
원단절	1월 1일(음력)	민족 전통 명절	5
웅왕 제사일	3월 10일(음력)	웅왕들의 건국에 감사하는 날	1
남부해방, 국토통일	4월 30일	남부해방과 국토통일일	1
국제노동일	5월 1일	세계노동일 기념	1
국경일	9월 2일	호찌밍 주석의 독립선언낭독 기념	1

2. 다른 의례와 기념일

날짜	명칭
1월 9일	학생의 날
2월 3일	베트남공산당 설립일
2월 27일	약사의 날
3월 8일	국제부녀의 날
3월 20일	국제행복의 날
3월 22일	세계 청정수의 날(물의 날)
3월 26일	호찌밍공산청년단 설립일
3월 27일	체육의 날
4월 21일	책의 날
4월 22일	지구의 날
5월 7일	디엔 비엔 푸 전승일
5월 15일	호찌밍소년선봉대 설립일
5월 19일	호찌밍 주석 생일
6월 1일	국제 소녀의 날
6월 5일	세계 환경의 날
6월 28일	가정의 날
7월 27일	상병열사의 날
8월 19일	8월혁명 성공일
9월 7일	베트남 TV 방송 설립일
10월 13일	베트남 인물의 날
10월 20일	부녀회 설립일
11월 20일	스승의 날
12월 22일	인민군대 설립일
12월 25일	크리스마스

3. 현재 베트남인이 쇠는 명절 및 절기(음력)

날짜	명칭
1월 1일	원단절
1월 15일	원소절
3월 3일	한식
4월 15일	석가탄신일
5월 5일	단오절
7월 15일	우란례
8월 15일	중추절
12월 23일	조군절

참고문헌

. 도안 티 디엠(Đoàn Thị Điểm)저·배양수 옮김, "원정군 아내의 노래 정부음곡", PUFS, 2003.

. 송정남, "베트남 탐구", 한국외대 출판부, 2018.

· ______, "베트남 역사 탐구", 한국외대 출판부, 2018.

· ______, '베트남의 성개념' "세계의 성문화", 한국외대 출판부, 2005.

· ______, '베트남의 전통혼인' "혼인문화", 한국외대 출판부, 2005.

· ______, '베트남의 민간신앙' "세계의 민간신앙", 한국외대 출판부, 2006.

· ______, '베트남의 장례문화' "세계의 장례문화", 한국외대 출판부, 2006.

· ______, '정감이 넘치는 베트남의 예절' "세계인의 에티켓문화", 한국외대 출판부, 2008.

· ______, '호꾸리(Hồ Quý Ly)의 改革政策과 호(Hồ)朝의 失敗' "釜山史學" 第32輯, 1997.

· ______, '베트남 성황신제에 관한 연구' "국제지역연구" 6-3, 2002.

· ______, '베트남 딩(đình, 亭)에 관한 硏究' "국제지역연구" 7-3, 2003.

· ______, '왕조시대의 베트남 교육기관-국자감을 중심으로' "동남아연구" 15-1, 2005.

· ______, '베트남의 일반적 특징' "동남아연구" 15-2, 2006.

· ______, '16세기 베트남 천주교 유입과 성격' "동남아연구" 18-1, 2008.

· ______, '리왕조 科擧制度 一考察' "동남아연구" 20-2, 2010.

· ______, '쩐·호왕조의 教育과 科試에 관한 硏究' "동남아연구" 23-1, 2013.

· ______, '베트남의 姓名 一考察' "국제지역연구" 17-4, 2013.

· ______, '베트남 레初의 教育과 科試 一考察' "동남아연구" 24-3, 2015.

· ______, '베트남 北南朝 科試 一考察' "동남아연구" 25-2, 2015.

· ______, '베트남 당쫑의 政治와 科試 一考察' "동남아연구" 26-3, 2017.

· ______, '베트남 당 응와이의 科試 一考察' "동남아연구" 27-2, 2017.

· ______, '베트남 응우옌 왕조의 科試 一考察' "동남아연구" 28-3, 2019.

· 베트남 사회과학원·UNFPA·CEPED 통계, 1994.
. 최귀묵 지음, "베트남문학의 이해", 창비, 2010.
· 崔德卿, '7-13세기 漢喃銘文과 베트남史의 모색' "中國史研究" 第11輯, 2000.
. 崔常壽 著, " 韓國과 越南과의 關係", 韓越協會, 1966.
· 중앙일보 2013년 3월 25일 월요일 Business & money.
· Cao Xuân Hạo, "Tiếng Việt văn Việt người Việt", Nxb Trẻ, 2003.
· "Các văn bản pháp luật về hôn nhân và gia đình", Nxb PL, 1992.
· "Đại Nam thực lục" T VI, 1963.
· "Đại Nam thực lục" T XXIII, 1970.
· "Đại Việt sử ký toàn thư", Nxb KHXH, 1972.
· Đặng Phong, "Lịch sử kinh tế Việt Nam 1945-200" T I, Nxb KHXH, 2000.
· Đào Duy Anh, "Lịch sử Việt Nam", Nxb VHTT, 2002.
· ______, "Việt Nam văn hóa sử cương", Nxb TP HCM, 1992.
· ______, "Đất nước Việt Nam qua các đời", Nxb VH, 2006.
· ______, "Lịch sử cổ đại Việt Nam", Nxb VHTT, 2005.
· ______, "Lịch Sử Việt Nam", Nxb VH, 2002.
· Diep Dinh Hoa, "Làng Nguyễn", Nxb KHXH, 1994.
· Đỗ Ngọc Quỹ·Đỗ Thị Ngọc Oanh, "Khoa học văn hoa Trà thế giới và Việt Nam", Nxb NN, 2011.
· Đỗ Thái Đồng, 'Gia đình truyền thống và những biến thái ở Nam bộ Việt Nam' "XHH", 1994-2.
· Hà Văn Cầu, "Phong tục cưới gả Việt Nam", Nxb HNV, 1992.
· "Khâm định Việt sử thông giám cương mục", Nxb VSĐ, 1958.
· Huỳnh Công Bá, "Lịch sử văn hóa Việt Nam", Nxb TH, 2008.
· Khuất Thu Hồng, 'Mộy số biến đổi hôn nhân và gia đình ở Hà Nội' "Những nghiên cứu xã hội học về gia đình Việt Nam", Nxb KHXH, 1996.
· Lê Minh Quốc, "Kể chuyện danh nhân Việt Nam", Tập 1-10, Nxb Trẻ, 2009.
. Lê Trung Hoa, "Họ và tên người Việt Nam", Nxb KHXH, 1992.

· Lê Văn Hảo, "Hành trình về thời đại Hùng Vương dựng nước", Nxb TN, 1982.
· Lê Văn Siêu, "Việt Nam văn minh sử", Nxb Văn học, 2006.
· Lương Ninh, "Vương Quốc Champa", Nxb ĐHQG, 2006.
· Mai Huy Bích, "Đặc điểm gia đình đồng bằng sông Hồng", Nxb VHTT, 1993.
· Ngô Đức Thịnh, "Đạo Mẫu Việt Nam", Nxb TG, 2012.
· Nguyễn Bạt Tụy, 'Tên người Việt Nam' "Tập kỷ yếu Hội Khuyên học Việt Nam", 1954.
· Nguyễn Dược-Trung Hải, "Sổ tay địa danh Việt Nam", Nxb GD, 2001.
· Nguyễn Hữu Minh, 'Biến đổi kinh tế-xã hội và khả năng giảm chuẩn mực số con trong các gia đình nông dân Bắc bộ' "XHH", 1991-4.
· ______, 'Tuổi kết hôn lần đầu ở Việt Nam' "Những nghiên cứu xã hội học về gia đình Việt Nam", Nxb KHXH, 1996.
· Nguyễn Kim Thản, 'Vải nét về tên người Việt Nam' "DTH" T 4, 1975.
· Nguyễn Q. Thắng-Nguyễn Bá Thế, 1991, "Từ điển nhân vật lịch sử Việt Nam", Nxb KHXH.
· Nguyễn Trãi, "Nguyễn Trãi toàn tập", Nxb KHXH, 1976.
· Nguyễn Văn Âu, "Một số vấn đề về địa danh học Việt Nam", Nxb ĐHQG HN, 2000.
· Nguyễn Văn Huyên, "Góp phần nghiên cứu văn hóa Việt Nam", T I-II, Nxb KHXH, 1995.
· Nhiều tác giả, "Người Việt - Phẩm chất & Thố hư-tật xấu", Nxb TN-BTP, 2009.
· Tổng cục Thống kê, "Niêm giám thống kê", Nxb Thống kê, 1999.
· Phạm Ngọc Toàn-Phạn Tất Đắc, "Khí hậu Việt Nam", Nxb KH và KT, 1993.
· Phan Huy Chú, "Lịch triệu hiến chương loại chí" T II-III, Nxb SH, 1961.
· Phan Huy Lê, "The traditional village in Vietnam", Nxb TG, 1993.
· Phan Kế Bính, "Việt Nam phong tục", Nxb HCM, 1992.
· Sakaya, "Văn hóa Cham nghiên cứu và phế bình", Nxb PN, 2010.
· Toan Ánh, "Làng xóm Việt Nam", Nxb TP HCM, 1999.
· Toan Ánh, "Nếp cũ Làng xóm Việt Nam", Nxb TP HCM, 1992.

· Toan Ánh, "Nếp cũ Hội hè đình đám", QT-QH, Nxb TP HCM, 1992.
· Toan Ánh, "Nếp cũ Con người Việt Nam", Nxb TP HCM, 1992.
· Toan Ánh, "Nếp cũ Tín ngưỡng Việt Nam", QT-QH, Nxb TP HCM, 1992.
· Tương Lai, "Những nghiên cứu xã hội học về cơ cấu xã hội và chính sách xã hội", Nxb KHXH, 1994.
· Trung tâm Khoa học xã hội và nhân văn quốc gia, "Dân số và dân số tộc người ở Việt Nam", Nxb KHXH, 1995.
· Trần Đình Hượu, 'Về gia đình truyền thống Việt Nam và ảnh hưởng của Nho giáo' "XHH", 1989-2, Nxb VXHH.
· Trần Ngọc Thêm, "Tìm về bản sắc văn hóa Việt Nam", Nxb TP HCM, 2001.
· Trần Trọng Kim, "Việt Nam sử lược", Nxb TTHL, 1971.
· UBKHXHVN, "Lịch sử Việt Nam", Nxb KHXH, 1976.
· ______, "Các dân tộc ít người ở Việt Nam", Nxb KHXH, 1984.
· Viện Dân tộc học, "Dân số và Dân số tộc người ở Việt Nam", Nxb KHXH, 1995.
· Viên nghiên cứu Đông Nam Á, "Văn hóa Chăm Pa", Nxb VH-TT, 1994.
· Viện nghiên cứu chủ nghĩa Mac-Le Nin và tư tưởng Hồ Chí Minh, "Hồ Chí Minh biên niên tiểu sử" 1, Nxb TTLL, 1992.
· Viện sử học, "Lịch sử Việt Nam", Nxb KHXH, 2002.
· Vũ Tuấn Huy, 'Những khía cạnh của sự biến đổi gia đình' "Những nghiên cứu xã hội học về gia đình Việt Nam", Nxb KHXH, 1996.

· http://vi.wikipedia.org/wiki/T%C3%AAn_ng%C6%B0%E1%BB%9Di_Vi%E1%BB%87t_Nam
· http://vi.wikipedia.org/wiki/H%E1%BB%8D_ng%C6%B0%E1%BB%9Di_Vi%E1%BB%87t
· http://baovecovang2012.wordpress.com/2013/03/10/ten-ho-viet-nam-i/

사진 copyright

1장

[사진 1] 홍강, 위키피디아, Pierre De Hanscutter

[사진 2] 끄우 롱강 후강, 위키피디아, Dongson.vmvn (thao luan)

[사진 3] 후에의 흐엉 강, 위키피디아, LE TAN LOC

[사진 4] 다랏의 호쒄 흐엉 호수, 위키피디아, Tran Huy Phuong

[사진 5] 팡씨빵산, 위키피디아, Hadzunghiep

[사진 6] 홍수로 침수된 응우옌 짜이 거리, 위키피디아, Nam Hy Hoang Phong (thao luan)

[사진 7] 소수종족 허몽족, 위키피디아, Brian Snelson from Hockley, Essex, England

[사진 8] 소수종족 따이 족, 위키피디아, DXLINH

[사진 9] 낑족, 위키피디아, Betoseha

[사진 10] 소수종족 짬족, 위키피디아, Adam Jones Adam63

2장

[사진 1] 혼례, 위키피디아, Mike Fernwood

[사진 2] 빈랑-구장, 위키피디아

[사진 3] 전통 혼례 의복, 위키피디아, Hoangkid (thao luan)

[사진 4] 혼례-신부맞이, 위키피디아, LE TAN LOC

[사진 5] 가선례, 위키피디아

[사진 6] 푸테, 위키피디아, Lucas Jans from USA

[사진 7] 흐엉 사찰을 찾는 사람들, 위키피디아, Petr Ruzicka from Prague, CZ

[사진 8] 흐엉 사찰, 위키피디아, Tango7174

[사진 9] 진성 쩐홍 다오 사당, 위키피디아, Handyhuy

[사진 10] 박장의 토하마을 문, 위키피디아, Bui The Tam

[사진 11] 마을 보리수, 위키피디아, McKay Savage

[사진 12] 논, 위키피디아, terence from Singapore

[사진 13] 옹빙 보이-석회병, 위키피디아, Hungda

[사진 14] 타이 빙의 마을 들판, 위키피디아, Davutru

[사진 15] 싸빠 소수종족의 계단식 논, 위키피디아, Pedro Alonso

[사진 16] 카우 바이 정 시장, 위키피디아, Hoangvantoanajc

[사진 17] 긴 집-민속학박물관, 위키피디아, vi-User-Rungbachduong

[사진 18] 소수종족 에데족, 위키피디아, Bernard Gagnon

[사진 19] 선상가옥, 위키피디아, Gregor Dodson

[사진 20] 끄우 롱강 전강의 수상마을, 위키피디아, Silviculture (thao luan)

[사진 21] 미 프억 정의 성황신 제단, 위키피디아, Bui Thuy Dao Nguyen

[사진 22] 정 조각

[사진 23] 정-조각, 위키피디아, Duyphuong (thao luan)

[사진 24] 종집, 위키피디아, User-Doron

[사진 25] 쭈 꾸옌 정, 위키피디아, Duyphuong (thao luan)

[사진 26] 베트남 농민, 위키피디아, larouche.sebastien

[사진 27] 대나무와 마을, 위키피디아, Dongson.vmvn (thao luan)

[사진 28] 베트남 장기, 위키피디아, Howcheng.png

[사진 29] 홍강 제방, 위키피디아, Nguyen Thanh Quang

[사진 30] 농촌 풍경 위키피디아

[사진 31] 껀터 농촌 풍경-Dragfyre, 위키피디아

[사진 32] 36방 중 하나인 항보 거리, 위키피디아, Hoangvantoanajc

[사진 33] 화르 고도, 위키피디아, vi-Thanh vien-Kien1980v

[사진 34] 떠이 도 남문, 위키피디아, Cong Nam Thanh Nha Ho

[사진 35] 호이 안, 위키피디아, LE TAN LOC

[사진 36] 하이 퐁 항, 위키피디아, gnu

[사진 37] 다낭 전경, 위키피디아, Hoangvantoanajc

[사진 38] 껀터 전경, 위키피디아, NDS at Tieng Viet

[사진 39] 후에 시, 위키피디아, ntt

[사진 40] 다랏, 위키피디아, Hoangvantoanajc

[사진 41] 냐짱, 위키피디아, J Y White

[사진 42] 하롱만 전경, 위키피디아, Slaza- Sándor Laza

[사진 43] 하 노이 랜드마크, 위키피디아, Soyoungah

[사진 44] 하 노이, 위키피디아, Cheong

[사진 45] 서호, 위키피디아, Bui The Tam.jpg

[사진 46] 소고기 국수, 위키피디아, Kham Tran

[사진 47] 닭고기 국수, 위키피디아, Anonymous Cow

[사진 48] 국수와 함께 먹는 야채, 위키피디아, Jael from Ho Chi Minh City

[사진 49] 하 노이 교통, 위키피디아, Franzfoto

[사진 50] 대통령궁, 위키피디아, Jorge Láscar

[사진 51] 하 노이 대성당, 위키피디아, Ruud

[사진 52] 하 노이 문묘 내부 전경, 위키피디아, ntt

[사진 53] 호찌밍 묘지, 위키피디아, kinjosan

[사진 54] 주상가옥-호찌밍이 사용했던 대통령궁, 위키피디아, Jrwooley6

[사진 55] 진국사, 위키피디아, Rolfmueller

[사진 56] 호찌밍시 전경, 위키피디아, Me (CebuanoFan) and many others; Joshua Rappeneker, Vuong Chi Ky, Genghiskhanviet, Hanukikanker, Kevin1243, Riza, Jorge Lascar

[사진 57] 싸이 곤강, 위키피디아, ntt

[사진 58] 냐배강, 위키피디아, Dong Son (thao luan)

[사진 59] 떤썬녓 국제공항, 위키피디아, Luu Ly-5페이지

[사진 60] 싸이 곤항, 위키피디아7

3장

[사진 1] 동고, 위키피디아, MikeHS

[사진 2] 엠, 위키피디아, phalexanh2002

[사진 3] 엠2, 위키피디아, AP

[사진 4] 주상가옥, 위키피디아, Nam Hy Hoang Phong (thao luan)

[사진 5] 동고 선박문양

[사진 6] 꺼져에서 발견된 옥애문화-귀걸이, 위키피디아, Bui Thuy Dao Nguyen

[사진 7] 라오 까이, 위키피디아, Doan Hieu (thao luan)

[사진 8] 랑썬의 우의관, 위키피디아, Liftold at Tieng Viet

[사진 9] 후에 도성의 아홉개 정, 위키피디아

[사진 10] 바 저우 사찰, 위키피디아, Chitto

[사진 11] 바 저우 사찰의 여불상, 위키피디아, Bui The Tam

[사진 12] 쭈어 타이 사찰 불상, 위키피디아, Chitto

[사진 13] 점성, 위키피디아, Dong Son (thao luan)

[사진 14] 포 나가 여신, 위키피디아, Luu Ly (thao luan)

[사진 15] 시바신, 위키피디아

[사진 16] 동탑에서 발견된 2-3세기 것의 부남 비석, 위키피디아, Bui Thuy Dao Nguyen

[사진 17] 안쟝성 부남문화- 주상가옥 잔재, 위키피디아, Bui Thuy Dao Nguyen

[사진 18] 안쟝 박물관 소재 옥 애오 문화-링가, 위키피디아, Bui Thuy Dao Nguyen

[사진 19] 하 노이 성, 위키피디아, Nguyen Thanh Quang

[사진 20] 문묘 입구, 위키피디아

[사진 21] 몽골항쟁화, 위키피디아, Bui Thuy Dao Nguyen

[사진 22] 일주사-Ruud, 위키피디아

[사진 23] 포밍사 탑, 위키피디아, Howcheng

[사진 24] 수상인형극 공연, 위키피디아, Gryffindor

[사진 25] 수상인형극 악단, 위키피디아, GFDL

[사진 26] 뚜옹 공연, 위키피디아, Bui Thuy Dao Nguyen

[사진 27] 미썬 성지, 위키피디아, LE TAN LOC

[사진 28] 미썬 사적, 위키피디아, Nam Hy Hoang Phong (thao luan)

[사진29-1] 꾸잉 남성 방안탑, 위키피디아

[사진29-2] 열을 지은 링가, 위키피디아

[사진29-3] 미썬 성지의 링가-요니, 위키피디아

[사진29-4] 링가-밑부분 원형, 위키피디아

[사진29-5] 링가-세 부분 구성, 위키피디아

[사진 30] 쩌우 독의 이슬람 사원, 위키피디아, Adam Jones Adam63

[사진 31] 짬인의 압사라춤, 위키피디아, Jèrémy Couture

[사진32-1] 탑 위의 부조, 위키피디아, Nquten Van Huu

[사진32-2] 압사라 춤 부조, 위키피디아

[사진 33] 미썬 성지, 위키피디아, Nam Hy Hoang Phong (thao luan)

[사진 34] 미썬의 탑, 위키피디아, Étienne Aandré

[사진 35] 진사제명비, 위키피디아, vi-Thanh vien-Ngokhong

[사진 36] 대월사기전서, 위키피디아, Original uploader was Nguyen Thanh Quang

[사진 37] 전통 악기 연주, 위키피디아, Jean-Pierre Dalbera from Paris, France

[사진 38] 리에우 하잉-모도 사당, 위키피디아, Casablanca1911

[사진 39] 밧짱 도자기, 위키피디아

[사진 40] 호이 안, 위키피디아, Crazy3108

[사진 41] 호이 안의 다리 사찰-일본 다리라고도 함, Flickr, User dalbera

[사진 42] 호이 안의 복건회관, Flickr, User dalbera

[사진 43] 티엔 무 사 탑, 위키피디아, LE TAN LOC

[사진 44] 티엔 무 사찰 종, 위키피디아, LE TAN LOC

[사진 45] 도교 진무관, 위키피디아, Nguyen Thanh Quang

[사진 46] 응우옌 주, 위키피디아

[사진 47] 꾸안 호 공연, 위키피디아, Original uploader was Vanminhhanoi

[사진 48] 훼 황성-오문형태, 위키피디아, LE TAN LOC

[사진 49] 티에 찌 황제 능, 위키피디아, LE TAN LOC

[사진 50] 쟈롱황제 능, 위키피디아, LE TAN LOC

[사진 51] 밍망황제 능, 위키피디아, LE TAN LOC

[사진 52] 카이 딩 황제 능, 위키피디아, LE TAN LOC

[사진 53] 뜨득황제 능, 위키피디아, LE TAN LOC

[사진 54] 카이 딩 황제 능, 위키피디아, LE TAN LOC.jpg

[사진 55] 떠이 닝의 까오 다이 교 성전, 위키피디아, Nguyen Thanh Quang

[사진 56] 까오 다이 교 예배, 위키피디아, Jonathan Lewis from London i ′spose....., Blighty

[사진 57] 3색, 위키피디아

[사진 58] 삼성기화약, 위키피디아, Nguyen Thanh Quang

[사진 59] 천안, 위키피디아, Peter Beardsley from Kittery, ME, USA

[사진 60] 화 하오 교 브우 썬 사원, 위키피디아, Bui Thuy Dao Nguyen

[사진 61] 화 하오 교의 예배 장면, 위키피디아, Bui Thuy Dao Nguyen

[사진 62] 하 노이 대극장, 위키피디아, goldendragon613

[사진 63] 호이 안의 바이 쪼이 음악공연, 위키피디아, Liftold (thao luan)

[사진 64] 호찌밍시 시청, 위키피디아, Thomas Schoch

[사진 65] 호찌밍시 중앙 우체국, 위키피디아, alex.ch from Zurich, Switzerland

[사진 66] 호찌밍시 성모교회, 위키피디아, Kevin1243

[사진 67] 꼰뚬성당, 위키피디아, Rdavout

[사진 68] 씩로, 위키피디아, Jame Healy

[사진 69] 까이 르엉(개량)공연, 위키피디아, Liftold (thao luan)

[사진 70] 프랑스의 베트남 지배를 종식시킨 디엔 비엔 푸 전승, 위키피디아

[사진 71] 파리협정에 따라 남베트남에서 철수하는 미군, 위키피디아

[사진72] 베트남 전쟁의 잔재, 위키피디아, KenWalker kgw@lunar.ca

[사진 73] 베트남 전쟁 열사 무덤, 위키피디아, Liftold (thao luan)

4장

[사진 1] 잠 사찰, 위키피디아, Hoangvantoanajc

[사진 2] 다오 팅 동탑, 위키피디아

[사진 3] 무덤집, 위키피디아

[사진 4] 동고 문양-절구질

[사진 5] 일주사-Bui The Tam, 위키피디아

[사진 6] 불탑, 위키피디아, Bui Thuy Dao Nguyen

[사진 7] 응옥 썬 사당, 위키피디아, Bui Thuy Dao Nguyen

[사진 8] 조상 제사일 제단 위 음식 차리기, 위키피디아, Thang Nguyen from Nottingham, United Kingdom

[사진 9] 짚 더미, 위키피디아, Memberofc1

[사진 10] 옹 디어, 위키피디아, Bui Thuy Dao Nguyen

[사진 11] 황제의 성황신 책봉, 위키피디아, Bui Thuy Dao Nguyen

[사진 12] 훙왕 사당, 위키피디아, Thang Nguyen from Nottingham, United Kingdom

[사진 13] 하 노이의 떠이 호 부, 위키피디아, Bui Thuy Dao Nguen

[사진 14] 떠이 호 부의 리에우 하잉 제단, 위키피디아, Bui Thuy Dao Nguyen.jpg

[사진 15] 코, 위키피디아, Unknown

[사진 16] 치아를 염색한 할머니, 위키피디아, Uwe Strasser from Austria

[사진 17] 옘, 위키피디아, AP

[사진 18] 사신복과 논퉁, 위키피디아, Lionel Ng from Singapore

[사진 19] 아오 자이, 위키피디아, Chitto

[사진 20] 물담배 흡연, 위키피디아, Michael Scalet from India

[사진 21] 물담배 피우는 도구들, 위키피디아, Hungda

[사진 22] 여주, 위키피디아

[사진 23] 무옹, 위키피디아

[사진 24] 무이와 텀 야채, 위키피디아, Hungda

[사진 25] 훙, 위키피디아, Castielli

[사진 26] 냄, 위키피디아, SauceSupreme

[사진 27] 전통 술, 위키피디아, Khuong Viet Ha

[사진 28] 수상시장-껀터, 위키피디아, Benjamin Vander Steen

[사진 29] 하 노이 문묘-국자감 내부 건물-9간 건물, 위키피디아

[사진 30] 삼관-푸토성 홍사당, Flickr, Johnlemon

[사진 31] 훙옌의 포 히엔-삼관 형태, 위키피디아, Nguyen Thanh Quang

[사진 32] 오문-훼의 경성, 위키피디아, LE TAN LOC

[사진 33] 오문-푸퉁사당, 위키피디아, Chitto

[사진 34] 원단절 댓귀-베트남어, 위키피디아

[사진 35] 원단절 댓귀-한자, 위키피디아, Prenn

[사진 36] 원단절에 태 옷을 입고 제례를 준비하는 장면, 위키피디아

[사진 37] 원단절 매화, 위키피디아, Thang Nguyen from Nottingham, United Kingdom

[사진 38] 원단절 집안에 준비하는 꿧, 위키피디아, Luu Ly

[사진 39] 원단절 봉투, 위키피디아, GFDL

[사진 40] 쫑떡, 위키피디아, pmquan

[사진 41] 져이 떡, 위키피디아, Nguyen Thanh Quang

[사진 42] 느엉 떡, 위키피디아, misbehave

[사진 43] 중추절 등, 위키피디아, Tiamyaium

[사진 44] 하 노이 화이 득 번콘 마을 례회-신위 운반, 위키피디아, Original uploader was Dangthinh91

[사진 45] 례회-박닝 호림의 염소 잡기, 위키피디아, Original uploader was Nguyen Dong Son

[사진 46] 후에의 쩐년똥 사당 례회-베트남에서 가장 긴 용, 위키피디아, Luu Ly

[사진 47] 빙푹-푸토의 례회-펫 빽기, 위키피디아, haithanh

[사진 48] 그네타기, 위키피디아

[사진 49] 씨름

[사진 50] 닭 싸움-Nguyen Thanh Long, 위키피디아

[사진 51] 안장의 례회-소 몰이, 위키피디아, haithanh

찾아보기

ㄴ

ㄷ

ㄹ

ㅁ

ㅂ

ㅅ

ㅇ

ㅈ

베트남 사회와 문화 들여다보기

초 판 1쇄 발행 2013년 8월 31일
개정판 1쇄 발행 2016년 4월 21일
개정판 2쇄 발행 2019년 3월 4일

지은이 송정남
발행인 김인철
총괄 · 기획 가정준 Director, University Knowledge Press
편집장 신선호 Executive Knowledge Contents Creator
도서편집 박현정 Contents Creator
전자책편집 인은주 e-Contents Creator
재무관리 강현주 Managing Creator
사전 · 출판 정준희 Contents Creator
마케팅 파트장 백승이 Chief Marketing Creator
마케팅 이현진 Marketing Creator
발행처 한국외국어대학교 지식출판콘텐츠원
02450 서울특별시 동대문구 이문로 107
전화 02)2173-2493~7
팩스 02)2173-3363
홈페이지 http://press.hufs.ac.kr
전자우편 press@hufs.ac.kr
출판등록 제6-6호(1969. 4. 30)
디자인 · 편집 디자인퍼브 02)2254-4308
인쇄 · 제본 네오프린텍 02)718-3111

ISBN 979-11-5901-071-2 03300 정가 25,000원

*잘못된 책은 교환하여 드립니다.

HUEBOOKS는 한국외국어대학교 지식출판콘텐츠원의 인문학도서 Sub Brand이다. 한국외대의 영문명인 HUFS, 사람을 위하는 Humanism, 교육의 Education, 색조의 Hue의 다의적인 뜻으로 해석할 수 있으며, 인문학도서 출판에 대한 의지가 담겨있다.